부자는 매일 아침
경제기사를 읽는다

부자의 언어 '경제'를 배우는
가장 빠르고 확실한 방법 300

부자는 매일 아침 경제기사를 읽는다

임현우 지음

책들의 정원

들어가며

경제기사를 이해하면 세상 보는 눈이 달라진다

'어렵다, 딱딱하다, 눈에 안 들어온다.' 재테크 공부를 시작하기로 마음먹고 경제기사 읽기에 나선 사람들이 가장 먼저 맞닥뜨리는 장애물이다. 성공한 국내외 기업인과 투자자들이 경제기사 읽기로 하루를 시작한다는 것은 널리 알려진 사실이다. 많은 이들이 같은 습관을 들이고 싶어 하는데, 입문이 만만치 않다.

사실 경제기사는 대중적으로 인기 있는 상품은 아니다. 네이버의 뉴스 소비량 통계를 보면 연예와 스포츠 기사가 절반을 훌쩍 넘는다. 그 다음이 정치와 사회이고, 경제는 멀찌감치 5등이다. 경제뉴스는 불친절한 구석이 분명 있다. 용어부터 무미건조하고, 배경지식이 충분치 않으면 맥락이 잘 잡히지 않는다. 기자들이 기사를 쉽게 쓰려고 나름대로 노력은 한다. 하지만 매번 A부터 Z까지 설명할 수 없으니, 경제활동을 하는 사람들에게 어느 정도 익숙한 개념은 생략하게 된다. 뒤집어 말하면, 이런 약간의 간극만 극복하면 경제기사도 연예뉴스만큼 편하게 읽을 수 있다는 얘기다.

이 책은 경제기사와 더 친해지고 싶은 모든 사람들을 위한 길라잡이다. 경제뉴스에 자주 등장하는 300개 개념을 추리고, 최근 기사와 함께 쉽게 풀었다. 각 단어가 무슨 뜻인지, 어떤 맥락에서 등장하는지 큰 틀에서 이해를 돕는 데 초점을 맞췄다. 초보 단계에서 굳이 외울 필요가 없는 것은 과감하게 뺐다. 찬·반이 나뉘거나 긍정적·부정적 평가가 갈리는 사안에는 양쪽 시각을 모두 소개했다.

통계는 출간시점에 구할 수 있는 최신 수치를 반영했다. 1장부터 차근차근 읽어 나가도 좋고, 궁금한 단어를 그때그때 찾아봐도 좋을 듯하다.

경제기사를 꾸준히 읽으면 일단은 재테크나 취업에 이득이지만, 장기적으로 세상을 보는 시각을 넓히는 데도 많은 도움을 준다. 수요와 공급, 비용과 효용 등으로 대표되는 경제학의 기본원리를 활용하면 복잡다단한 현상들의 본질을 한결 명쾌하게 파악할 수 있다.

취업준비생과 사회초년생들은 경제기사가 어렵다고 너무 조급해할 필요는 없다. 경제활동의 경험이 쌓일수록 이해도는 자연스럽게 오르기 때문이다. 직접 월급을 받고 세금을 내기 시작하면 4대 보험이나 연말정산에 대한 기사가 다르게 와 닿을 것이다. 주식에 투자하거나 집을 한 번 사 보면 증권이나 부동산 뉴스도 알아서 술술 읽힌다. 경제를 보는 눈은 그렇게 차근차근 넓어지는 법이다.

'경제기사는 어렵다'고 생각해왔다면 이 책이 그 막연한 거리감을 좁히는 데 도움이 되었으면 한다. 출간을 무사히 마치기까지 도와준 책들의정원에 감사를 표한다. 사랑하는 가족들과 한경 식구들에게도 감사드린다.

2020년 3월

임현우

경제기사가 처음이라면 이렇게 시작하자

1

경제기사를 꾸준히 읽기로 했다면 포털이나 소셜미디어(SNS)보다는 종이신문으로 볼 것을 권한다. '가장 정제된 정보'를 '가장 뛰어난 가성비'로 접할 수 있다는 점에서다. 온라인 뉴스는 속보에 강하고 공짜이기도 하지만, 읽고 싶은 기사만 편식하게 만드는 단점이 있다. 종이신문은 뉴스가치가 높을수록 앞면에 크게 다루는 만큼 중요한 기사를 놓치지 않고 챙길 수 있다. 똑같은 기사도 스마트폰으로 보는 것과 종이로 보는 것은 느낌이 다르다.

2

조선·중앙·동아 등 종합지의 경제섹션은 소비자 생활에 밀접한 기사를 압축적으로 다룬다. 경제지보다 읽기 쉽지만 양이 조금 부족하다고 느낄 수도 있다. 한경·매경·서경 등 경제지는 경제기사의 양과 깊이 면에서 종합지를 앞선다. 다만 전문적인 내용도 있어 어렵게 느껴질 수도 있다.

3

경제지를 처음 읽는 독자들은 어떻게 활용해야 할까. 경제신문은 본지(A섹션)만 매일 40면 안팎이기 때문에 처음부터 모든 기사를 정독하긴 쉽지 않다. 우선 신문의 '얼굴'인 1면, '감초' 역할을 하는 2면, 다양한 분석과 기획이 실리는 3~10면에 집중해 보자. 특히 여러 신문 1면에 공통적으로 실린 뉴스라면 중요한 기사라고 확신해도 좋다. 2면에는 눈길을 끌 수 있는 화제성 기사가 배치되고, 3면부턴 1면에 나온 기사 또는 경제계 주요 현안에 대한 해설 기사를 상세하게 다룬다.

4 신문을 조금 더 뒤로 넘기면 '산업' 또는 '증권' 간판이 큼지막하게 달린 지면이 나온다. 이곳도 재계와 증시의 주요 뉴스를 따로 모아 공들여 만드는 지면이니 관심 있게 보는 것이 좋다. 국내 경제와 증시에서 대기업이 차지하는 비중이 높다보니 아무래도 삼성, 현대차, SK, LG 등의 기사가 자주 나온다. 한국의 주요 수출품목인 반도체, 자동차, 디스플레이, 석유화학, 철강 등의 업황을 연관 지어 읽으면 좋을 것 같다. 금리, 환율, 유가 등의 외부변수에 기업들이 어떤 영향을 받는지도 생생하게 볼 수 있다.

5 오피니언·사설 면에서는 경제이슈를 바라보는 관점을 얻을 수 있다. 사실 모든 경제신문은 시장경제 원칙과 기업활동의 자유를 중시하는 보수적 논조를 갖고 있다. 정치적 관점이 다른(?) 독자에겐 때때로 불편한 글도 있을 수 있다. 사설은 여러 언론사가 똑같은 주제를 놓고 각자 다른 주장을 내놓을 때가 많다. 여러 매체의 글을 비교하고 양쪽의 논거를 파악해보면 독자 개인의 생각을 정립하는 데 도움이 될 것이다.

6 '경제' '금융' 'IT' '중소기업' '생활경제' '부동산' 등의 간판이 달린 지면도 눈길이 가는 기사 중심으로 챙겨보자. A섹션과 분리된 B, C, D 등의 섹션은 시간에 여유가 있을 때 가벼운 마음으로 읽어봐도 된다고 생각한다.

CONTENTS
주제별 모아보기

경제기사를 이해하기 위해 반드시 알아야 할 주제별 용어를 모아놓았습니다.

들어가며 | 경제기사를 이해하면 세상 보는 눈이 달라진다 · **4**

경제기사 읽는 법 | 경제기사가 처음이라면 이렇게 시작하자 · **6**

1장 | 신문 1면에 가장 많이 등장하는 **기초 용어**

낯선 경제용어들을 어디서부터 익혀야 할지 막막하다면, 경제신문 1면에 자주 등장하는 핵심 개념에서 시작해 보자. 경제성장률은 왜 가장 중요한 통계지표일까. 물가상승률은 왜 항상 내가 체감하는 것과 다를까. 기준금리가 고작(?) 0.25%포인트 오르내리는데 왜 난리일까. 환율이 올라도 걱정, 떨어져도 걱정인 건 무엇 때문일까. 지금부터 그 해답을 알아본다.

경제성장률 · **28** | 물가상승률 · **30** | 환율 · **32** | 국제수지 · **34**
BSI/CSI/ESI · **37** | 고용률/실업률 · **39** | 주가지수 · **41** | 기준금리 · **43**
가계부채/국가채무 · **46** | 어닝 쇼크/어닝 서프라이즈 · **49**

2장 | 누가 경제를 움직이는가 경제 주역

미국 중앙은행(Fed) 의장의 말 한마디에 금융시장이 요동치는 이유는 뭘까. 무디스가 한국의 신용등급을 내리면 왜 난리가 날까. 이번 장에서는 국내외 경제를 움직이는 '귀한 분들'을 모셨다. 세계 패권을 놓고 경쟁하는 G2부터 투자시장의 큰손인 연기금과 사모펀드, 노동시장의 주축인 대기업과 노조 등도 모두 함께 만나보자.

중앙은행 · **54** | 국제금융기구 · **56** | G2/G7/G20 · **58** | 금융허브 · **60**
연기금/국부펀드 · **63** | 사모펀드/헤지펀드 · **65** | 3대 신용평가사 · **67**
상호출자제한기업집단 · **69** | 경제5단체 · **71** | 양대노총 · **73**

3장 | 호황과 불황의 계절 변화 경기 순환

1년에 사계절이 있듯 경제도 호황과 불황을 주기적으로 반복한다. 항상 봄 같다면 참 좋을 텐데, 한 번씩 시린 겨울이 찾아온다. 경기가 좋은지 나쁜지는 어떻게 판단할 수 있을까. 불황기와 호황기에는 무슨 일들이 벌어질까. 경기순환의 과정에서 나타나는 다양한 현상을 알아본다.

경기순환 · **78** | 경기종합지수 · **80** | 그린 북 · **82** | 잠재성장률 · **84**
골디락스 · **86** | 완전고용 · **88** | 부의 효과 · **90** | 3저 호황 · **92**
펀더멘털 · **94** | 황소장/곰장 · **96** | R의 공포 · **98** | 블랙 스완 · **100**
소프트 랜딩/하드 랜딩 · **102** | 안전자산 · **104** | 립스틱 효과 · **106**
절약의 역설 · **108** | 블랙 먼데이 · **110** | 매몰비용 · **112** | 구제금융 · **114**
신용부도스와프 · **116** | 공실률 · **118** | 디폴트/모라토리엄 · **120**
인플레이션 · **122** | 하이퍼인플레이션 · **124** | 디플레이션 · **126**
스태그플레이션 · **128**

4장 | 내가 낸 세금은 어디에 쓰일까 **재정과 세금**

누구도 피할 수 없는 두 가지는 '죽음'과 '세금'이라는 말이 있다. 연 500조원을 넘는 정부 예산은 주로 개인과 기업이 낸 세금에서 나온다. 정부는 재정을 활용해 국방·행정·복지 등 민간이 대신할 수 없는 다양한 일을 한다. 하지만 살림을 알뜰하게 챙기지 않으면 가계와 기업에 오히려 '민폐'를 끼칠 수도 있다. 정부 재정과 세금에 관련된 개념들을 살펴본다.

승수효과/구축효과 · **132** | 통합재정수지/관리재정수지 · **134** | 재정건전성 · **136**
본예산/추가경정예산 · **138** | 셧다운 · **140** | 국채 · **142** | 재정자립도 · **144**
SOC · **147** | 예비타당성조사 · **149** | BTO/BTL · **151** | 매칭펀드 · **153**
조세부담률/국민부담률 · **155** | 직접세/간접세 · **158** | 누진세/역진세 · **160**
준조세 · **162** | 지하경제 · **164** | 조세피난처 · **166** | 디지털세 · **168**
조세포괄주의 · **170** | 세무조사 · **172** | 래퍼 곡선 · **174** | 개별소비세 · **177**
피구세 · **179** | 죄악세 · **181** | 포퓰리즘 · **183** | 연금개혁 · **185**

5장 | 인류 최고의 경제 발명품 **화폐와 금융**

통장 하나, 카드 하나쯤 없는 사람이 드물지만 금융은 여전히 많은 이들에게 어려운 영역이다. 조폐공사에서 찍어낸 돈은 어떤 과정을 거쳐 시장에 공급되는 것일까. 부자가 되는 시간을 단축해주는 '72의 법칙'은 무엇일까. '현금 없는 사회'와 '마이너스 금리'는 정말 한국에서도 가능한 일일까. 화폐와 금융의 모든 것을 알아본다.

M1/M2 · **190** | 리디노미네이션 · **193** | 기축통화 · **195** | SDR · **197** | 암호화폐 · **199**
지역화폐 · **201** | 통화스와프 · **203** | 시뇨리지 · **205** | 현금 없는 사회 · **207**
비둘기파/매파 · **209** | 테일러 준칙 · **211** | 공개시장운영 · **213** | 지급준비율 · **215**
마이너스 금리 · **217** | 고정금리/변동금리 · **219** | 72의 법칙 · **221**
법정최고금리 · **223** | 콜금리/리보금리 · **225** | 코리보/코픽스 · **227**
1금융권/2금융권 · **229** | BIS 자기자본비율 · **231** | 스트레스 테스트 · **233**
뱅크 런/펀드 런 · **235** | PB · **237** | 로보어드바이저 · **239** | 보험사기 · **241**

6장 | 밥벌이의 경제학 **소득과 노동**

건강한 사회는 '누구든 열심히 일하면 성공할 수 있다'는 신뢰가 형성된 사회다. 하지만 좀처럼 개선되지 않는 양극화 문제는 이런 믿음을 흔들기도 한다. 이번 장에는 소득과 노동에 관해 탐구해 본다. 국민총소득과 지니계수부터 최저임금, 통상임금, 임금피크제, 연말정산, 퇴직연금 등까지 나의 '밥벌이'와 관련된 용어들을 모두 모았다.

국민총소득 · **246** | 낙수효과/분수효과 · **249** | 소득주도성장 · **251** | 가처분소득 · **253**
최저임금 · **255** | EITC · **258** | 지니계수/소득 5분위배율/상대적 빈곤율 · **260**
엥겔계수 · **263** | 기본소득 · **265** | 52시간 근무제 · **267** | 통상임금 · **269**
임금피크제 · **271** | 노동 3권 · **273** | 정규직/비정규직 · **275** | 취업유발계수 · **277**
생산가능인구/경제활동인구/비경제활동인구 · **279** | 합계출산율 · **281**
유리천장 · **283** | 4대 보험 · **285** | 연말정산 · **287** | 퇴직연금 · **289**

7장 | 올라가도 고민, 내려가도 고민 **부동산**

'부동산 공화국'이라는 말이 나올 정도로 한국인의 부동산에 대한 애착은 각별하다. 정부가 '투기와의 전쟁'을 선포해도 부동산에 대한 사람들의 관심은 좀처럼 식지 않는다. 집값은 과연 계속 오를까. 좋은 집을 고르려면 무엇을 봐야 할까. 내집 마련 자금은 어떻게 구해야 유리할까. 부동산 기사를 읽으려면 꼭 알아야 할 기본 개념들을 알아본다.

주택청약종합저축/청약가점제 · **294** | 부동산 공시가격 · **296** | LTV/DTI · **298**
DSR · **300** | RTI · **302** | 디딤돌대출/보금자리론/적격대출 · **304**
주택연금/농지연금 · **306** | 거래세/보유세 · **308** | 갭 투자 · **310**
재개발/재건축 · **312** | 토지공개념 · **314** | 그린벨트 · **316** | 토지거래허가구역 · **318**
투기지역/투기과열지구/조정대상지역 · **320** | 선분양제/후분양제 · **322**
분양가상한제 · **324** | 젠트리피케이션 · **327** | 공급면적/전용면적 · **329**
건폐율/용적률 · **331** | 역세권 · **333** | PF · **335** | 리츠 · **337**

8장 | 칠레에 든 풍년이 한국 물가를 떨어뜨리는 이유 **글로벌 경제**

한국은 반도체·자동차·디스플레이 등의 수출품목을 내세워 세계 9위의 무역대국으로 성장했다. 지구 영토의 70%를 차지하는 국가와 자유무역협정(FTA) 도 맺고 있다. 주식시장에서는 30% 이상이 외국인 자금이다. 활발한 무역과 개방은 우리 경제를 키운 원동력이지만, 때론 불안요인으로 작용하기도 한다. 글로벌 경제는 우리와 어떻게 연결돼 있는지 살펴본다.

WTO · **342** | FTA · **344** | 관세장벽 · **346** | 비관세장벽 · **348** | 교역조건 · **350**
일물일가 법칙 · **352** | 공정무역 · **354** | 발틱운임지수 · **356** | 쌍둥이 적자 · **358**
리쇼어링 · **360** | FDI · **362** | ISD · **364** | 커플링/디커플링 · **366** | 양적완화 · **368**
외환보유액 · **370** | 고정환율/변동환율 · **372** | 환율조작국 · **374**
캐리 트레이드 · **376** | 핫 머니/토빈세 · **378** | 수쿠크 · **380** | 할랄 · **382**
3대 원유 · **384** | OPEC · **387** | 사우디 비전 2030 · **389** | 희토류 · **392**
일대일로 · **394** | BRICS · **397** | 모디노믹스 · **399** | 브렉시트 · **401**
블랙 프라이데이/광군제 · **403**

9장 | 대기업도 1인 기업도 모두 같은 **기업**

세계 500대 기업의 평균수명은 20세가 채 되지 않는다. 1950년대 60세를 넘었는데 3분의 1로 짧아졌다. 기술혁신은 갈수록 빨라지고, 경쟁은 치열해지고 있다. 한국에는 350만개 넘는 기업이 뛰고 있다. 이들은 어떻게 탄생하고 성장했으며, 어떤 위기로 몰락의 길을 걸을까. 기업의 흥망성쇠(興亡盛衰)를 들여다본다.

주식회사/유한회사 · **408** | 지주회사 · **410** | 사회적 기업 · **412** | 페이퍼 컴퍼니 · **414**
히든 챔피언 · **416** | 한계기업 · **418** | 피터팬 증후군 · **420** | 상호출자/순환출자 · **422**
수직계열화 · **424** | 전방산업/후방산업 · **426** | 블루 오션/레드 오션 · **428**
네트워크 효과 · **430** | 메기 효과 · **432** | 규모의 경제 · **434** | 카니발리제이션 · **436**
글로컬라이제이션 · **438** | 파레토 법칙/롱테일 법칙 · **440** | 프레너미 · **443**
카피캣 · **445** | 특허괴물 · **447** | 워크아웃/법정관리 · **449** | 청산가치/존속가치 · **451**
빅 배스 · **453** | 분식회계 · **455** | 내부거래/내부자거래 · **457** | 담합/리니언시 · **459**
집단소송/징벌적 손해배상 · **461** | 배임 · **463** | 불완전판매 · **465** | C 레벨 · **467**

10장 | 숫자로 벌이는 공격과 방어의 드라마 **M&A**

매년 5000조원 넘는 돈이 오가는 곳, 냉정하다 못해 살벌한 '쩐의 전쟁'이 펼쳐지는 곳, 인수합병(M&A) 시장 얘기다. M&A로 새로운 성장동력을 확보하는 기업이 부쩍 늘고, 고수익을 노린 헤지펀드도 급성장하고 있다. 외부의 M&A 위협으로부터 경영권을 지켜내기 위한 방어작전도 치밀해지고 있다. 영화보다 더 재밌는 M&A의 세계로 가 보자.

M&A · **472** | 기업결합심사 · **475** | 승자의 저주 · **477** | 주주총회 · **479**
스튜어드십 코드 · **481** | 행동주의 투자 · **484** | ISS · **486** | 섀도 보팅 · **488**
그린 메일 · **490** | 흑기사/백기사 · **492** | 황금낙하산/포이즌 필 · **494**
차등의결권/황금주 · **496** | SPAC · **498**

11장 | 자본주의의 꽃 **주식시장**

"무릎에서 사서 어깨에서 팔아라." "계란을 한바구니에 담지 말라." 유명한 투자격언을 마음 깊이 새겼다 해도 막상 주식투자에 성공하긴 쉽지 않다. 대박의 꿈에 취하기 전에 주식시장에 관한 기본개념부터 철저히 다지고 가는 것은 어떨까. 돈 벌어다줄 좋은 종목을 골라내는 데 쓰는 PER, PBR, 배당수익률, EV/EBITDA 등의 지표도 함께 알아보자.

공시 · **502** | 포트폴리오 · **504** | 시가총액 · **506** | 증자/감자 · **509** | IPO · **511**
상장폐지 · **513** | 배당 · **515** | 보통주/우선주 · **517** | 황제주/동전주 · **519**
블루칩 · **521** | 스톡옵션 · **523** | 자사주 · **525** | 테마주 · **527** | 가격제한폭 · **529**
랠리 · **531** | 박스권 · **533** | 유동성 · **535** | 사이드 카/서킷 브레이커 · **537**
반대매매 · **539** | 블록 딜 · **541** | 공매도 · **543** | 대차거래/대주거래 · **546**
5% 룰/10% 룰 · **548** | 밸류에이션 · **550** | EV/EBITDA · **552** | EPS · **554**
PER · **556** | PBR · **558** | 배당수익률 · **560** | ROE · **562** | CMA · **564**
액티브 펀드/패시브 펀드 · **566** | 인덱스펀드 · **568** | 적립식 펀드/거치식 펀드 · **570**
클래스 · **572** | 파생금융상품 · **574** | ELS/DLS · **576** | 왝더독 · **578**
쿼드러플 위칭 데이 · **580** | 팻 핑거 · **582**

12장 | 기업을 중심으로 한 돈의 흐름 **자본시장**

기업들은 사업자금이 필요할 때 은행에서 대출받거나 증시에 상장하기도 하지만, 직접 채권을 찍어 자본시장에서 조달하기도 한다. 금융기법이 발달하면서 CB, BW, ABS, NPL, 영구채 등 대중에겐 생소한 상품도 활발하게 거래되고 있다. 많은 돈이 몰려드는 만큼 투명한 회계의 중요성도 높아졌다. 자본시장과 기업회계에 관련된 기본지식들을 살펴본다.

회사채/기업어음 · **586** | CB · **588** | BW · **590** | ABS · **592** | 영구채 · **594**
코코본드 · **596** | 후순위채 · **598** | NPL · **600** | 국제채 · **602** | 정크본드 · **604**
RCPS · **606** | 크라우드 펀딩 · **608** | 테슬라 상장 · **611** | 비상장주식 · **613**
레버리지 효과 · **615** | 세일&리스백 · **617** | IFRS · **619** | 외부감사 · **621**
감사의견 · **623** | 그림자 금융 · **625** | 대체투자 · **627**

13장 | 오늘보다 나은 내일을 위해 **혁신과 규제**

힘들고 어려울 때도 많았지만, 한국 경제의 미래는 여전히 밝다. 까다롭기로 소문난 규제환경 속에서도 차세대 스타 벤처의 탄생이 이어지고 있다. AI, 5G, 핀테크, 빅데이터, 바이오 등 다양한 영역에서 스타트업의 도전이 활발하다. 전통 대기업들도 개방과 혁신을 화두로 변신에 나섰다. 미래 신산업과 규제 혁신에 관련된 용어들을 한 데 모아봤다.

스타트업 · **632** | 유니콘 · **634** | 벤처캐피털/엔젤투자 · **637** | 엑시트 · **639**
FAANG · **641** | 오픈 이노베이션 · **643** | 애자일 조직 · **645** | 오픈 소스 · **647**
공유경제 · **649** | 긱 이코노미 · **651** | 모빌리티 · **653** | 전장 · **655**
바이오시밀러 · **657** | 원격의료 · **659** | AI · **661** | VR/AR/MR/XR · **663**
5G · **665** | Amazoned · **667** | MICE · **669** | 핀테크/테크핀 · **671** | 은산분리 · **673**
포지티브 규제/네거티브 규제 · **675** | 일몰제 · **677** | 풍선효과 · **679**
규제 샌드박스 · **681**

CONTENTS
가나다순으로 찾아보기

경제기사를 읽다가 궁금한 용어를 발견했을 때 쉽게 찾아볼 수 있도록 했습니다.

ㄱ

가격제한폭 · 529
가계부채 · 46
가계신용 · 47
가상현실 · 663
가상화폐 · 200
가처분소득 · 253
가치사슬 · 427
가치소비 · 107
간접세 · 158
감사의견 · 623
감자 · 509
개방형 혁신 · 644
개별소비세 · 177
갭 투자 · 310
거래세 · 308
거치식 펀드 · 570
건폐율 · 331
경기순환 · 78
경기종합지수 · 80
경상수지 · 35
경제5단체 · 71
경제성장률 · 28
경제심리지수 · 38
경제활동인구 · 279
계절관세 · 347
고용률 · 39
고정금리 · 219
고정환율 · 372
골디락스 · 86
곰장 · 96
공개시장운영 · 213
공급면적 · 329
공매도 · 543
공시 · 502
공실률 · 118
공유경제 · 649
공적자금 · 115
공정무역 · 354
관리재정수지 · 134
관세 · 346
관세장벽 · 346
광군제 · 403
교역조건 · 350
구글세 · 169
구제금융 · 114
구축효과 · 132
국가부채 · 47
국가채무 · 46
국내총생산 · 28
국민부담률 · 155
국민총소득 · 246
국부펀드 · 63
국제금융기구 · 56
국제부흥개발은행 · 57
국제수지 · 34

국제채 · 602
국제통화기금 · 57
국채 · 142
굴기 · 396
규모의 경제 · 434
규제 샌드박스 · 681
그린 메일 · 490
그린 북 · 82
그린벨트 · 316
그림자 금융 · 625
근로·자녀장려금 · 259
글로컬라이제이션 · 438
금융중심지 · 61
금융허브 · 60
기본소득 · 265
기업개선작업 · 450
기업결합심사 · 475
기업경기실사지수 · 37
기업어음 · 586
기업회생절차 · 450
기준금리 · 43
기축통화 · 195
긱 이코노미 · 651
긴급관세 · 347
긴축재정 · 132
깡통전세 · 311

ㄴ

나이키 커브 · 103
낙수효과 · 249
내부거래 · 457
내부자거래 · 457
네거티브 규제 · 675
네트워크 효과 · 430
노동 3권 · 273
농지연금 · 306
누진세 · 160

ㄷ

다우지수 · 42
단리 · 221
담보유지비율 · 540
담합 · 459
당기순이익 · 50
대주거래 · 546
대차거래 · 546
대체투자 · 627
대한상공회의소 · 71
더블 딥 · 103
데스 밸리 · 633
데카콘 · 635
동전주 · 519
동행종합지수 · 81
디딤돌대출 · 304
디레버리지 · 616
디지털세 · 168
디커플링 · 366
디폴트 · 120
디플레이션 · 126

ㄹ

래퍼 곡선 · 174
랠리 · 531
레드 오션 · 428
레버리지 효과 · 615
로렌츠곡선 · 261

로보어드바이저 · 239
롱테일 법칙 · 440
리니언시 · 459
리디노미네이션 · 193
리밸런싱 · 505
리보금리 · 225
리쇼어링 · 360
리츠 · 337
리커플링 · 367
립스틱 효과 · 106

ㅁ

마이너스 금리 · 217
마이너스 소득세 · 259
매몰비용 · 112
매출액 · 50
매칭펀드 · 153
매파 · 209
메기 효과 · 432
메자닌 · 591
모디노믹스 · 399
모라토리엄 · 120
모빌리티 · 653
모회사 · 411
무디스 · 67
무역장벽 · 346
물가 · 30
물가상승률 · 30
물가안정목표제 · 55
미수거래 · 539

ㅂ

바이오시밀러 · 657
박스권 · 533
반대매매 · 539
반덤핑관세 · 347
발틱운임지수 · 356
배당 · 515
배당성향 · 561
배당률 · 561
배당수익률 · 560
배임 · 463
백기사 · 492
백워데이션 · 579
밴드왜건 효과 · 431
밸류에이션 · 550
뱅크 런 · 235
범위의 경제 · 435
법정관리 · 449
법정최고금리 · 223
베어 마켓 · 97
베이시스 · 579
베이지 북 · 83
벤처캐피털 · 637
변동금리 · 219
변동환율 · 372
보금자리론 · 304
보복관세 · 347
보유세 · 308
보통주 · 517
보험사기 · 241
복리 · 221
본예산 · 138
본원통화 · 191
부동산 공시가격 · 296
부의 효과 · 90

분수효과 · 249
분식회계 · 455
분양가상한제 · 324
불 마켓 · 97
불완전판매 · 465
브렉시트 · 401
블랙 먼데이 · 110
블랙 스완 · 100
블랙 프라이데이 · 403
블록 딜 · 541
블루 오션 · 428
블루칩 · 521
비경제활동인구 · 279
비관세장벽 · 348
비둘기파 · 209
비례세 · 160
비상장주식 · 613
비정규직 · 275
비체계적 위험 · 505
비트코인 · 199
빅 배스 · 453

ㅅ

사모펀드 · 65
사우디 비전 2030 · 389
사이드 카 · 537
사이버 먼데이 · 404
사회적 기업 · 412
산타 랠리 · 532
상계관세 · 347
상대적 빈곤율 · 260
상장폐지 · 513
상호출자 · 422
상호출자제한기업집단 · 69
생산가능인구 · 279
생산자물가지수 · 30
섀도 보팅 · 488
서머 랠리 · 532
서비스면적 · 330
서킷 브레이커 · 537
선분양제 · 322
선행종합지수 · 81
세계은행 · 57
세무조사 · 172
세이프가드 · 347
세일&리스백 · 617
셧다운 · 140
소득 5분위배율 · 260
소득교역요건지수 · 350
소득대체율 · 186
소득주도성장 · 251
소비자동향지수 · 37
소비자물가지수 · 30
소프트 랜딩 · 102
소프트 패치 · 103
손자회사 · 411
수직계열화 · 424
수출입물가지수 · 30
수쿠크 · 380
수평계열화 · 425
순상품교역요건지수 · 350
순환변동치 · 81
순환출자 · 422
슈퍼 주총데이 · 480
스놉 효과 · 431
스타트업 · 632

스태그플레이션 · 128
스톡옵션 · 523
스튜어드십 코드 · 481
스트레스 테스트 · 233
스파게티볼 효과 · 345
승수효과 · 132
승자의 저주 · 477
시가총액 · 506
시뇨리지 · 205
시스템 트레이딩 · 240
신용거래 · 540
신용부도스와프 · 116
실업률 · 39
쌍둥이 적자 · 358

ㅇ

안전자산 · 104
알트코인 · 200
암호화폐 · 199
애그플레이션 · 123
애자일 조직 · 645
액티브 펀드 · 566
양대노총 · 73
양도소득세 · 309
양적완화 · 368
어닝 서프라이즈 · 49
어닝 쇼크 · 49
어닝 시즌 · 49
엑시트 · 639
엔젤계수 · 264
엔젤투자 · 637
엥겔계수 · 263
역모기지론 · 307
역세권 · 333
역자산효과 · 91
역진세 · 160
연금개혁 · 185
연기금 · 63
연말정산 · 287
영구채 · 594
영업이익 · 50
예금자보호제도 · 236
예대마진 · 215
예비타당성조사 · 149
오일 머니 · 387
오프쇼어링 · 360
오픈 소스 · 647
오픈 이노베이션 · 643
와타나베 부인 · 377
완전고용 · 88
왝더독 · 578
외국채 · 603
외부감사 · 621
외환보유액 · 370
용적률 · 331
우선주 · 517
우호적 M&A · 474
워크아웃 · 449
원격의료 · 659
유니콘 · 634
유동성 · 535
유동성 함정 · 536
유로채 · 603
유리천장 · 283
유한회사 · 408
은산분리 · 673

이자보상배율 · 418
인덱스펀드 · 568
인디언 랠리 · 532
인플레이션 · 122
인플레이션 조세 · 206
일대일로 · 394
일몰제 · 677
일물일가 법칙 · 352
임금피크제 · 271

ㅈ

자사주 · 525
자산효과 · 91
자연실업률 · 88
자회사 · 411
잠재성장률 · 84
재개발 · 312
재건축 · 312
재산세 · 309
재정 · 132
재정거래 · 353
재정건전성 · 136
재정자립도 · 144
적격대출 · 304
적대적 M&A · 474
적립식 펀드 · 570
전국경제인연합회 · 71
전국민주노동조합총연맹 · 73
전방산업 · 426
전세보증보험 · 311
전용면적 · 329
전장 · 655
절약의 역설 · 108
정규직 · 275
정크본드 · 604
제로섬 게임 · 429
젠트리피케이션 · 327
조세부담률 · 155
조세포괄주의 · 170
조세피난처 · 166
조정관세 · 347
조정대상지역 · 320
존속가치 · 451
좀비기업 · 418
종합부동산세 · 309
죄악세 · 181
주가지수 · 41
주기적 감사인 지정제 · 622
주말 효과 · 111
주식회사 · 408
주주 행동주의 · 485
주주총회 · 479
주택연금 · 306
주택청약종합저축 · 294
준조세 · 162
중소기업중앙회 · 71
중앙은행 · 54
증강현실 · 663
증자 · 509
지급준비율 · 215
지니계수 · 260
지역화폐 · 201
지주회사 · 410
지하경제 · 164
직접세 · 158
집단소송 · 461

징벌적 손해배상 · 461

ㅊ

차등의결권 · 496
차이나플레이션 · 123
채권 · 142
채무불이행 · 120
채무상환유예 · 121
처분가능소득 · 254
청년실업률 · 40
청산가치 · 451
청약가점제 · 294
체계적 위험 · 505
최저임금 · 255
추가경정예산 · 138
취득세 · 309
취업유발계수 · 277
치킨 게임 · 429

ㅋ

카니발리제이션 · 436
카피캣 · 445
캐리 트레이드 · 376
커플링 · 366
코리보 · 227
코스닥지수 · 42
코스트 애버리징 · 571
코스피지수 · 42
코코본드 · 596
코픽스 · 227
콘탱고 · 579
콜금리 · 225
콜옵션 · 575
쿼드러플 위칭 데이 · 580
퀀트 투자 · 240
크라우드 펀딩 · 608
클래스 · 572

ㅌ

탄력관세 · 347
테마주 · 527
테슬라 상장 · 611
테이퍼링 · 369
테일러 준칙 · 211
테크핀 · 671
토빈세 · 378
토지거래허가구역 · 318
토지공개념 · 314
통상임금 · 269
통합재정수지 · 134
통화 · 190
통화바스켓 · 198
통화스와프 · 203
통화승수 · 192
통화유통속도 · 192
퇴직연금 · 289
투기과열지구 · 320
투기지역 · 320
트리핀의 딜레마 · 359
특수고용직 · 276
특허괴물 · 447

ㅍ

파레토 법칙 · 440
파생금융상품 · 574
패스트 팔로어 · 446

패시브 펀드 · 566
팻 핑거 · 582
펀더멘털 · 94
펀드 · 65
펀드 런 · 235
페이퍼 컴퍼니 · 414
포이즌 필 · 494
포지티브 규제 · 675
포지티브섬 게임 · 429
포트폴리오 · 504
포퓰리즘 · 183
풋옵션 · 575
풍선효과 · 679
프레너미 · 443
피구세 · 179
피치 · 67
피터팬 증후군 · 420
핀테크 · 671
필립스 곡선 · 128

ㅎ

하드 랜딩 · 102
하이일드 채권 · 605
하이퍼인플레이션 · 124
한계기업 · 418
한국감정원 시세 · 296
한국경영자총협회 · 71
한국노동조합총연맹 · 73
한국무역협회 · 71
할당관세 · 347
할랄 · 382
합계출산율 · 281
핫 머니 · 378
행동주의 투자 · 484
허니문 랠리 · 532
헤지펀드 · 65
헥토콘 · 635
현금 없는 사회 · 207
혼합현실 · 664
확장재정 · 132
확장현실 · 664
환율 · 32
환율조작국 · 374
황금낙하산 · 494
황금주 · 496
황소장 · 96
황제주 · 519
회사채 · 586
후방산업 · 426
후분양제 · 322
후순위채 · 598
후행종합지수 · 81
흑기사 · 492
희토류 · 392
히든 챔피언 · 416

A

ABS · 592
AI · 661
Amazoned · 667
AR · 663

B

BIS 자기자본비율 · 231
BRICS · 397
BSI · 37

BTL · 151
BTO · 151
BW · 590

C

C 레벨 · 467
CB · 588
CDS 프리미엄 · 117
CMA · 564
CSI · 37

D

DB형 · 290
DC형 · 290
DLS · 576
DSR · 300
DTI · 298
D의 공포 · 99

E

EBITDA · 552
EITC · 258
ELS · 576
EPS · 554
ESI · 37
EV · 552

F

FAANG · 641
FDI · 362
FTA · 344

G

G2 · 58
G20 · 58
G7 · 58
GATT · 343
GDP · 28

I

IBRD · 57
ICO · 200
IFRS · 619
IMF · 57
IPO · 511
IRP · 290
ISD · 364
ISS · 486

K

KB 시세 · 296
K-OTC · 614

L

LTV · 298

M

M&A · 472
M1 · 190
M2 · 190
MICE · 669
MR · 663

N

NPE · 447

NPL · 600

O

OPEC · 387

P

PB · 237
PBR · 558
PER · 556
PF · 335

R

RCPS · 606
ROE · 562
RTI · 302
R의 공포 · 98

S

S&P · 67
SDR · 197
SOC · 147
SPAC · 498

V

VR · 663

W

WB · 57
WTO · 342

X

XR · 663

1

10% 룰 · 548
1금융권 · 229
1월 효과 · 532

2

2금융권 · 229

3

30-50 클럽 · 247
3대 신용평가사 · 67
3대 원유 · 384
3저 호황 · 92

4

4대 보험 · 285

5

5% 룰 · 548
52시간 근무제 · 267
5G · 665

7

72의 법칙 · 221

1000
10000
FG760337G
日本銀行券
壱万円
中国人民银行
BK34605051
10
10000

1장 | 신문 1면에 가장 많이 등장하는 기초 용어

001

경제성장률

실질 국내총생산(GDP)의 증감률. 일정 기간 동안 나라의 경제규모가 얼마나 커졌는지를 종합적으로 보여준다.

경제기사 읽기

지난해 한국의 경제성장률이 2.0%를 기록했다. 글로벌 금융위기 여파가 미친 2009년(0.8%) 후 10년 만에 가장 낮고 잠재성장률(한은 추정치 2.5~2.6%)도 밑도는 수준이다.

한국은행은 22일 연간 실질 국내총생산(GDP·속보치)이 1844조263억원으로 전년 대비 2.0% 늘었다고 발표했다. 시장이 추정한 1.9%보다 높지만 2017년 3.2%, 2018년 2.7%로 해마다 낮아지고 있다.

— 김익환, 재정 쏟아부어… 2% 성장 '턱걸이', 〈한국경제〉, 2020.01.23

경제신문에 쏟아지는 수많은 지표 중 가장 중요한 딱 하나만 고르라 한다면, 단연 경제성장률이다. 국가경제의 현재 상황과 향후 성장 잠재력을 압축적으로 나타내기 때문이다. 정부에게는 경제정책 운용의 중요 목표이자, 결과를 보여주는 종합 성적표이기도 하다.

경제성장률은 실질 국내총생산(GDP)의 증감률을 가리킨다. 'GDP'는 일정 기간 동안 한 나라 영토 안에서 가계, 기업, 정부 등 모든 경제주체가 생산한 부가가치를 다 더한 것이다. 그 자체로 국가의 경제규모를 보여준다. '실질'이라는 개념이 붙는 이유는 물가 변동으로 인한 착시현상을 제거하고, 순수하게 생산량 변동만을 계산하기 위해서다. '증감률'을 보는 것은 과거 시점과 비교해 늘었는지 줄었는지가 중요하기 때문이다.

실질 GDP가 성장했다는 것은 기업의 생산과 투자가 활발해졌고, 국민의 소득과 소비가 늘었으며, 투자와 고용도 증가했다는 의미다.

한국의 경제성장률 (단위: %)

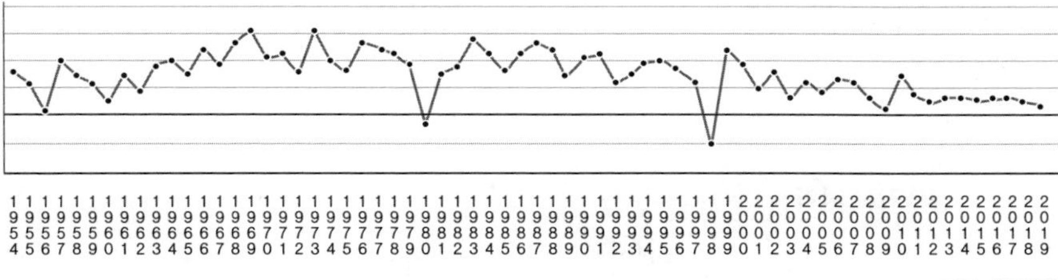

자료: 한국은행

한국의 경제성장률은 1970~1980년대 고도성장기에는 10% 안팎을 넘나들었고, 1997년 외환위기 전까지도 7%대를 기록했다. 하지만 최근엔 3% 달성도 버거워졌다. 성장률이 떨어지는 현상은 경제발전 과정에서 불가피한 측면이 있다. 0점 받던 학생이 50점 받긴 쉬워도, 90점 맞던 학생이 95점으로 오르긴 쉽지 않은 것과 같은 이치다. 하지만 성장률 하락은 경제의 활력이 식었다는 뜻인 만큼 '원래 그렇다'고 넘길 수 없는 일이다.

경제성장률은 한국은행이 분기 혹은 연간 단위로 발표한다. 이 지표는 많은 기업과 투자자의 의사결정에 중요한 잣대이기 때문에 최신 통계를 얼른 알고 싶어하는 사람이 많다. 그래서 속보치→잠정치→확정치의 순서로 공개한다. 속보치는 한 분기가 끝난 후 28일 안에 나오고, 잠정치는 좀 더 정확한 계산을 거쳐 70일 안에 발표된다. 잠정치가 속보치보다 떨어지면 투자심리에 악영향을 주기도 한다. 확정치는 연간 단위로만 발표되는데, 잠정치에 미세조정을 하는 정도라 큰 주목은 받지 못한다.

002

물가상승률

소비자물가지수의 변화율. 소비자들이 많이 구입하는 460개 품목을 정해 계산한다.

경제기사 읽기

소비자물가 상승률이 13개월 만에 1%대를 회복했다. 4일 통계청이 발표한 소비자물가동향에 따르면, 1월 소비자물가지수는 지난해 1월 대비 1.5% 상승했다. 소비자물가 상승률이 1%를 넘은 것은 2018년 12월(1.3%) 이후 처음이다. 소비자물가는 지난해 9월 사상 처음으로 마이너스(-0.4%) 상승률을 기록한 이후 4개월 연속 상승세를 이어갔다.

품목별로는 농축수산물이 전년 동월 대비 2.5% 상승했다. 무(126.6%), 배추(76.9%), 상추(46.2%) 등의 가격이 많이 올랐다. 공업제품도 2.3% 올랐는데, 특히 석유류가 12.4% 상승하면서 전체 소비자물가 상승률을 0.49%포인트 끌어올렸다.

— 안중현, 물가 상승률 13개월만에 1%대 진입, 〈조선일보〉, 2020.02.05

물가상승률만큼 '욕을 많이 먹는' 통계지표는 없을 것 같다. 소비자들은 정부가 발표하는 물가와 자신이 체감하는 장바구니 물가의 괴리가 늘 크다고 느끼기 때문이다. 물가상승률을 집계하는 원리를 이해하면 오해가 조금은 풀릴 것 같다.

물가는 시장에서 거래되는 상품과 서비스의 전반적인 가격수준을 의미한다. 손에 잡히지 않는 물가라는 개념을 알기 쉽게 파악하려고 작성하는 것이 물가지수다. 주요 물가지수로는 소비자물가지수, 생산자물가지수, 수출입물가지수 등이 있다. 흔히 언급되는 물가상승률은 이 중 소비자물가지수가 1년 전보다 얼마나 올랐는지를 뜻한다.

인플레이션의 대표적 지표인 소비자물가지수는 통계청이 매달 발표한다. 가계가 많이 구입하는 460개 품목군(2019년 기준)을 선정하고, 중요도에 따라 가중치를 부여해 산출한다. 2015년의 물가를 100으로 잡고 상대적인 수준을 계산한다. 조사대상 품목에는 쌀, 사과, 삼겹살 같은 식료품부터 대중교통요금, 학원비, 통신비 등까지 친숙한 것들이 두루 망라돼 있다. 예를 들어 이번 달 소비자물가지수가 121이고, 1년 전엔 110이었다고 하자. 물가상승률은 10%가 된다. 이번 달에 기준연도(2015년)와 똑같은 품질의 상품과 서비스를 똑같은 양만큼 소비했다면 총비용은 21% 늘어났다고 해석할 수도 있다.

체감 물가가 통계와 늘 다른 이유는, 서민들이 일상적으로 구입하는 품목의 가격이 변동이 전체 물가상승률에는 부분적으로 반영되기 때문이다. 가격이 오른 것은 잘 알아도 내린 것은 별로 기억하지 않는 심리적 요인도 작용한다.

물가는 경기가 상승 국면일 때는 수요 증가에 힘입어 상승하고, 하강 국면에선 수요 감소에 따라 하락하는 경향이 있다. 너무 가파른 인플레이션은 화폐의 구매력을 떨어뜨리고 불확실성을 높여 경제를 위축시킨다. 정부와 중앙은행이 경제성장을 해치지 않는 범위에서 안정적인 물가상승 수준을 뜻하는 '물가안정목표'를 정하고 공들여 관리하는 이유다. 물가상승률을 근거로 근로자의 임금, 국민연금, 최저생계비 등도 조정되니 온 국민의 생계와 직결된 경제지표라 할 수 있다.

생산자물가지수는 가계가 아닌 기업의 관점에서 작성된 물가지수다. 국내 생산자가 국내 시장에 공급하는 상품과 서비스의 가격 변동을 측정하는 것으로 878개 품목(2019년 기준)이 조사 대상이다. 수출입물가지수는 수출 또는 수입되는 상품의 가격 동향을 파악하고, 이것이 국내 물가에 미치는 영향을 사전에 측정하기 위한 물가지수다. 수출 206개, 수입 230개 품목(2019년 기준)이 조사 대상이다.

003

환율

서로 다른 두 나라 화폐 간의 교환비율. 우리나라 경제에서 가장 중요한 환율은 원·달러 환율이다.

경제기사 읽기

신종 코로나바이러스 감염증(코로나19) 확산으로 미국 뉴욕증시가 폭락한 여파로 원 · 달러 환율이 10년 만에 가장 높은 달러당 1240원대로 치솟았다.

17일 서울 외환시장에서 원 · 달러 환율은 전날보다 17원50전 상승(원화가치 하락)한 달러당 1243원50전에 거래를 마쳤다. 환율은 이날까지 4거래일 연속 상승했다. 이 기간 환율은 무려 50원50전이나 올랐다.

글로벌 증시 폭락 사태가 지속되면서 안전자산인 달러 수요가 늘어 환율 상승을 부채질하고 있다. 외국인의 주식 매도에 따른 달러송금, 신흥국 통화의 동반약세 등도 원화가치 하락에 영향을 줬다.

— 이태훈, 원 · 달러 환율 10년 만에 최고, 〈한국경제〉, 2020.03.18

평소 환율에 관심가질 일이 없던 사람도 해외여행이나 직구를 앞두고선 환율 변동에 민감하게 반응하게 된다. 하물며 매일 글로벌 시장을 무대로 뛰는 기업들은 어떨까. 항공사나 정유사의 경우, 다른 조건은 그대로이고 원 · 달러 환율만 10원 올라도 장부상으로 수백억원의 손실(환차손)을 본다. 개방화가 이뤄질 수록 환율이 국가경제에 미치는 영향력은 커진다.

경제신문을 처음 읽을 때 많이 헷갈리는 게 '환율'과 '원화가치'가 반대로 움직인다는 점이다. 원 · 달러 환율이 어제 1000원이었고 오늘 2000원이 됐다고 하자. 환율은 하루 새 두 배로 '상승'했다. 그런데 어젠 1000원을 내면 1달러를 받을 수 있었는데, 오늘은 2000원을 줘야 1달러를 얻을 수 있다. 원화의 가치는 반토막으로 '하락'했다. 환율 상승은 원화가치 하락, 환율 하락은 원화가치 상승과 똑같은 말이라는 것을 기억해 두자.

환율이 달라지면 국내 경제엔 어떤 영향을 줄까. '우산 장수와 부채 장수'라는 전래동화처럼 웃는 사람과 우는 사람이 동시에 생긴다.

환율 상승을 예로 들면, 우선 수출기업에는 호재다. 같은 상품을 팔아도 원화로 환산한 금액이 많아지니 이익이 늘어난다. 해외 판매가를 낮춰 가격 경쟁력을 높이는 전략도 가능해진다. 반면 수입이 많은 기업에겐 악재다. 같은 상품을 수입해도 더 많은 원화를 지불해야 한다. 환율 상승분을 반영해 국내 가격을 올리거나 자체적으로 감내해야 한다.

적정 수준을 넘어서는 환율 상승은 자본시장에 큰 충격을 준다. 원화가치가 떨어지면 국내에 투자했던 외국인들이 한국 주식과 채권을 팔아치우고 떠나는 '셀 코리아(Sell Korea)'에 나설 수 있어서다. 외국에 있는 자녀에게 정기적으로 송금하는 기러기 아빠에게도 환율 상승은 달갑지 않은 뉴스다. 외채를 갚기 위해 필요한 원화의 양도 늘어나 정부와 민간의 외채 상환부담이 커지는 측면도 있다.

한국은 수출에 많은 부분을 의존하는 나라이자, 천연자원이 부족해 원유를 비롯한 각종 원자재의 상당 부분을 수입에 의존하는 나라다. 환율 상승은 수출기업의 생산을 활발하게 하는 동시에 수입기업의 원가를 높이고 물가에 불안요인으로 작용하는 '양날의 검'이 될 수 있다.

환율 변동의 영향은 양면성이 있는 만큼 방향보다는 속도가 중요하다. 단기간에 출렁이면 수출 · 수입가격의 불확실성이 커져 무역이 위축되고, 곳곳에서 예상 밖의 투자손실이 터져 나오게 된다. 한국은 1997년 외환위기와 2008년 금융위기 당시 원 · 달러 환율이 수시로 널뛰기를 해 큰 혼란을 겪은 경험이 있다.

004

국제수지 (balance of payments)

일정 기간 동안 한 나라의 거주자와 비거주자 사이에 발생한 상품, 서비스, 자본 등의 모든 경제적 거래에 따른 수입과 지급의 차이.

경제기사 읽기

지난해 우리나라 경상수지 흑자가 약 600억달러로, 7년 만에 가장 적은 것으로 나타났다. 미중 무역분쟁, 반도체값 하락 등에 따른 수출 부진 영향이 컸다.

6일 한국은행에 따르면, 2019년 경상수지는 599억7,000만달러 흑자를 기록했다. 이는 2012년(487억9,000만달러) 이후 7년 만에 가장 낮은 흑자폭이다. 지난해 국내총생산(GDP) 대비 경상흑자 비율은 3.5~3.6%가량으로 추정됐다.

흑자폭이 줄어든 주 원인은 수출 부진이다. 2019년 상품수출(약 5,619억달러)은 전년 대비 10.3% 감소했다. 박양수 한은 경제통계국장은 "수퍼사이클로 불리던 반도체 호황이 종료되면서 단가가 크게 하락했고, 미중 무역갈등과 영국의 유럽연합(EU) 탈퇴, 홍콩 시위 등의 사건이 국제경기 둔화로 이어져 수출이 부진했다"고 밝혔다. 수입도 전년 대비 6% 줄어든 약 4,851억달러를 기록했다.

— 인현우, 작년 경상흑자 600억달러…7년 만에 최저,
〈한국일보〉, 2020.02.07

한 나라가 필요한 물건을 모두 자체 생산하는 건 불가능하기 때문에 다른 나라와 무역을 통해 해결하게 된다. 한국인이 해외에 나가 사업을 하고, 여행을 다녀오기도 한다. 국경을 넘은 거래에는 반드시 외화가 오가게 마련이다. 이런 외화 입출금의 차이를 국가 단위에서 가계부 쓰듯 체계적으로 기록한 것이 국제수지다. 나라 안으로 들어온 외화가 나라 밖으로 나간 외화보다 많을 경우 국제수지가 흑자라 하고, 반대의 경우 국제수지는 적자가 된다.

한국의 경상수지 (단위: 억달러)

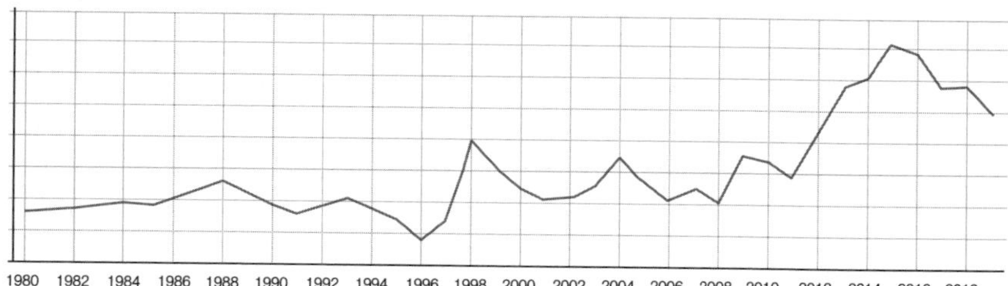

자료: 한국은행

국제수지는 거래 유형에 따라 크게 경상수지, 자본수지, 금융계정으로 구성된다. 이 중 경제신문이 가장 주목하는 것은 단연 경상수지다. 우리 경제에 큰 영향을 미치는 수출과 수입의 결과가 드러나기 때문에 중요하다.

경상수지는 상품 수출입의 결과인 상품수지, 운수 · 여행 등 서비스 거래의 결과인 서비스수지, 노동과 자본의 이용 대가(임금·이자)의 결과인 본원소득수지, 아무 대가없이 제공되는 무상 원조 등을 포함한 이전소득수지로 나뉜다. 우리가 보다 많은 상품과 서비스를 수출할수록 기업의 생산이 활발하져 일자리가 늘어나고 국민소득도 올라가는 효과를 누릴 수 있다. 따라서 상품수지와 서비스수지가 특히 중요하다고 할 수 있다. 1997년 외환위기 당시 한국이 보유한 외화가 부족해진 데는 장기간 이어진 경상수지 적자도 원인으로 작용했다.

하지만 흑자가 너무 커져도 문제다. 나가는 돈보다 들어오는 돈이 많아지면 결국 화폐 가치가 떨어지고 물가 불안으로 이어질 수 있어서다. 경상수지 적자를 보는 국가와 무역마찰이 생길 가능성도 높아진다. 도널드 트럼프 미국 대통령은 취임 이후 한국의 대미 무역수지 흑자가 과도하다는 점을 물고 늘어졌다.

종합해 보면, 국제수지는 대규모 흑자가 무조건 좋다고 할 수 없고 균형을 이루는 게 합리적하다. 다만 한국처럼 자원이 부족하고 수출에 의존하는 경제에서는 적정한 수준의 국제수지 흑자를 이어가는 것이 바람직하다고 볼 수 있다. 국제수지 통계는 한국은행이 매달 발표하는데, 원화로 표시하지 않고 달러로 기록한다.

005

BSI/CSI/ESI

BSI는 기업, CSI는 소비자의 체감경기를 보여주는 지표이며 ESI는 둘을 종합한 것이다. 100보다 낮으면 향후 경기에 대한 부정적 인식이, 100보다 높으면 긍정적 인식이 더 많다는 의미다.

경제기사 읽기

연말로 접어들면서 소비자와 기업의 체감경기가 엇갈리고 있다. 소비자 사이에선 연말 연초를 맞아 성과급 등 실질 임금이 오를 것이란 기대가 확산하고 있다. 내년 경기 반등에 대한 기대도 커졌다. 한국은행 소비자심리지수(CCSI)는 7개월 만에 기준선을 넘어섰다.

반면 기업 심리는 꽁꽁 얼어붙었다. 글로벌 경기침체와 미 · 중 무역갈등 등 대외 악재가 여전하다는 판단 때문이다. 한국경제연구원이 내놓은 기업경기실사지수(BSI) 전망치는 19개월째 기준선을 밑돌고 있다. 올해 평균 전망치는 2008년 글로벌 금융위기 후 최저 수준이다.

한은이 27일 내놓은 '소비자 동향조사'를 보면 이달 CCSI는 지난달보다 2.3포인트 오른 100.9를 나타냈다. 지난 4월 101.6 이후 7개월 만에 100을 넘었다. 지난해 초부터 고용 · 투자지표가 곤두박질치고 경기 하강 우려가 커지자 CCSI도 장기간 하락세를 지속했다. 올 8월 92.5를 바닥으로 반등에 나선 뒤 3개월째 오름세를 이어가고 있다.

— 고경봉 · 도병욱, 소비심리 회복 기미…기업은 19개월째 '암울', 〈한국경제〉, 2019.11.28

'경제는 심리'라는 말이 있다. 경제학 책에 나오는 이론이나 숫자로 된 지표만으로 설명할 수 없는 일이 많이 일어나기 때문이다. 경기에 대한 경제주체들의 주관적 평가를 보여주는 양대 지표로 기업인을 대상으로 조사한 기업경기실사지수(BSI·Business Survey Index)와 가계를 대상으로 조사한 소비자동향지수

(CSI·Consumer Survey Index)가 있다.

BSI는 전반적인 업황, 재고, 생산설비, 설비투자, 인력 등의 수준 판단과 신규 수주, 생산, 매출, 가격 등의 변화 방향, 경영 애로사항 등을 묻는다. 국내에선 한국은행, 산업은행, 대한상공회의소 등이 분기마다 BSI를 조사하고 있다.

CSI는 생활형편의 상태와 전망, 가계 수입과 소비지출에 대한 전망, 현재 경기 판단과 향후 전망 등이 주요 항목이다. 한국은행이 매달 전국 2200여개 가구를 상대로 조사한다. CSI 항목 가운데 현재 생활형편, 가계수입 전망, 소비지출 전망 등 6개 주요 지수를 뽑아 소비자심리지수(CCSI·Composite Consumer Sentiment Index)를 산출하기도 한다.

한국은행은 BSI와 CSI를 합성해 민간의 경제심리를 종합적으로 나타낸 경제심리지수(ESI; Economic Sentiment Index)도 작성하고 있다. BSI와 CSI에서 경기와 연관이 깊은 7개 항목을 선정해 가공한다.

BSI, CSI, ESI는 꽤 복잡한 개념 같지만 숫자를 해석하는 방법은 아주 간단하다. 세 지수는 공통적으로 0에서 200의 값을 갖는다. 기준치인 100은 긍정적 응답과 부정적 응답이 같다는 의미다. 100보다 크면 상황을 긍정적으로 보는 응답이 더 많고, 100보다 작으면 부정적인 응답이 더 많다는 뜻이다.

이들 지수는 단순한 조사방식 때문에 설명력에 한계가 있다는 지적을 받기도 한다. 다만 심리지표와 실물지표는 일정한 상관관계를 보인다는 점에서 여전히 주목받는 지표이기도 하다. BSI나 CSI가 오랫동안 100을 밑돌거나 크게 나빠지면 경제신문에서도 중요하게 다루곤 한다.

006

고용률/실업률

고용률은 생산가능인구 중 취업자가 차지하는 비율, 실업률은 경제활동인구 중 실업자가 차지하는 비율.

경제기사 읽기

통계청이 10일 발표한 6월 고용 동향은 빛과 그림자가 공존했다. 지난달 15세 이상 고용률은 61.6%로, 동월 기준 1997년(61.8%) 이후 가장 높았다. 취업자는 전년 동월보다 28만1000명 늘었다. 정부 목표(20만 명)보다 8만 명 이상 많은 수치다.

하지만 실업률(4.0%)도 1년 전보다 0.3%포인트 올라 외환위기 때인 1999년 6월(6.7%) 이후 가장 높았다. 실업률은 올 들어 6개월 연속 4%대 고공행진 중이다. 1999년 6월~2000년 5월에 12개월 연속 4%대를 기록한 뒤 처음이다. 취업준비생 등을 포함한 청년층 확장실업률(체감실업률)도 사상 최대인 24.6%였다.

기획재정부 관계자는 "고용시장에서 일자리 기회가 늘다 보니 취직에 성공한 사람과 구직에 나선 사람이 동시에 증가했다"고 설명했다. 하지만 전문가들의 분석은 다르다. 취업자가 증가한 것은 정부가 세금으로 마련한 '노인일자리' 영향이 크고, 민간의 질 좋은 일자리는 구하기 어려우니 실업자가 늘어난다는 해석이다. 재정일자리 착시 효과로 인해 고용지표가 왜곡돼 있다는 얘기다.

— 서민준, 고용률 '역대 최고'라지만…3040 일자리 21만개↓
60代 37만개↑, 〈한국경제〉, 2019.07.11

문재인 대통령의 청와대 집무실에는 '일자리상황판'이라는 게 설치돼 있다. 큼지막한 TV 화면에 고용률, 실업률, 취업자 수, 청년실업률, 비정규직 비중,

근로시간 등의 수치를 일목요연하게 띄워놨다. 이 상황판 맨 위에 자리잡은 지표가 고용률과 실업률이다. 일자리 사정을 파악하는 데 가장 중요한 숫자이기 때문이다.

실업률은 경제활동인구(만 15세 이상 인구 중 취업자+실업자) 가운데 실업자가 차지하는 비율이다. 취업을 원하지만 취업하지 못한 사람들의 비중을 나타낸다. 통상 취업준비자나 구직단념자(일자리 찾기를 아예 포기한 사람)는 '실업자'라 생각하기 쉽지만, 통계상으로는 실업률에 반영되지 않는다. 취업 상태도 실업 상태도 아닌 비경제활동인구로 분류되기 때문이다. 이 때문에 취업난이 장기간 지속돼 취업준비자와 구직단념자가 증가하면, 실업률은 오히려 떨어지는 현상이 나타날 수 있다.

고용률은 생산가능인구(만 15~64세) 중 취업자의 비율이다. 국가경제의 실질적인 고용창출능력을 보여주는 지표라 할 수 있다. 언뜻 보기에 고용률이 오르면 실업률은 떨어지고, 고용률이 낮아지면 실업률은 오르는 역의 관계가 성립한다고 생각할 수 있다. 하지만 그렇지 않을 수도 있다. 앞서 설명한 비경제활동인구가 고용률을 산출할 땐 포함되고 실업률을 계산할 땐 빠지기 때문이다.

이처럼 실업률만 봐서는 정확한 고용동향을 파악하는 데 한계가 있기 때문에 고용률 지표까지 동시에 봐야 한다는 게 통계 전문가들의 공통된 설명이다.

두 지표와 더불어 언론에 자주 거론되는 청년실업률(youth unemployment rate)은 청년층, 즉 통계상 만 15~29세에 해당하는 경제활동인구 중 실업자의 비율을 뜻한다.

007

주가지수(stock price index)

주식시장 전반의 움직임을 파악하기 위해 일정 시기의 주가를 기준삼아 작성하는 지수.

경제기사 읽기

신종 코로나바이러스 감염증(코로나19)이 세계적 대유행으로 확산될 것이란 공포가 세계 주식시장을 지배했다. 주요국 증시가 동반 급락했고, 코로나19 확진자가 2000명을 넘은 28일 코스피지수도 2000선이 무너졌다.

이날 코스피지수는 67.88포인트(3.30%) 급락한 1987.01로 마감했다. 코스피지수가 2000선 아래로 떨어진 것은 지난해 9월 4일 이후 6개월 만이다. 이날 하루에만 시가총액 55조6000억원이 증발했다. 외국인은 5거래일 연속 순매도에 나서 지수를 끌어내렸다. 지난 24일부터 닷새 동안 누적 순매도액은 3조4544억원에 달한다.

'나홀로 상승세'를 보이던 미국 시장도 완연한 조정 국면에 들어갔다. 27일(현지시간) 미국 다우지수와 나스닥지수는 각각 4.42%, 4.61% 폭락했다. 두 지수는 19일 고점 대비 12%가량 빠졌다. 뉴욕증시 폭락 영향으로 28일 일본 닛케이지수와 중국 상하이지수는 각각 3.67%, 3.71% 급락했다.

— 김기만, 확진 2000명 넘은 날, 코스피 2000 깨졌다,
〈한국경제〉, 2020.02.29

국내 주식시장에는 2000개 넘는 종목이 거래되고 있다. 누군가 "오늘 주식시장 어땠어?"라고 묻는다면 어떻게 답해야 할까. "삼성전자는 1% 올랐고, 현대차는 3% 떨어졌고, 하이닉스는 2% 상승, 네이버는 7% 하락…" 이렇게 일일이 나열하면 서로 머리만 아플 것이다. 주가지수를 활용하면 간단하게 설명할 수 있다. "코스피지수는 5%, 코스닥지수는 7% 올랐어. 잘 나가지?"

주가지수는 수많은 종목의 움직임을 종합해 주식시장이 전반적으로 좋은 상황인지 나쁜 상황인지를 보여준다. 한국의 대표적인 주가지수로는 유가증권시장의 '코스피지수'와 코스닥시장의 '코스닥지수'가 꼽힌다. 국내 증시가 문을 여는 평일 오전 9시부터 오후 3시 30분까지 10초 단위로 발표된다.

코스피지수는 1980년 1월 4일 유가증권시장에 상장된 모든 보통주의 시가총액을 100으로 기준 삼아 산출한다. 예컨대 지금 코스피지수가 2300이라면 유가증권시장 상장주식 가치의 총합이 기준시점(1980년 1월 4일)보다 23배 커졌다는 얘기다. 코스닥지수도 코스피지수와 기본적인 원리는 같다. 1996년 7월 1일 코스닥시장의 시가총액을 1000으로 잡고 비교한다.

미국의 간판 주가지수는 '다우지수'다. 정식 명칭은 다우존스 산업평균지수로, 뉴욕증권거래소의 대표 우량주 30개를 선별해 시세 움직임을 보여준다. 나스닥시장의 '나스닥지수'와 신용평가회사 스탠더드&푸어스가 만든 'S&P500지수'도 미국 관련 경제기사에서 자주 볼 수 있다. 일본의 '닛케이지수', 영국의 'FTSE100' 등도 영향력 있는 주가지수로 통한다.

주가지수는 증시와 경제의 흐름을 보여주는 거울인 동시에 그 자체로 별도의 투자상품이 되기도 한다. 대중에 친숙한 인덱스펀드나 상장지수펀드(ETF) 등은 특정 주가지수의 변화에 따라 수익률이 결정되는 대표적인 상품이다. 선물, 옵션 등 파생금융상품의 투자 대상으로도 주가지수는 광범위하게 활용되고 있다.

008

기준금리

한 나라의 금리를 대표하는 정책금리로 시중 각종 금리의 기준이 된다.

경제기사 읽기

한국은행이 16일 임시 금융통화위원회를 열어 기준금리를 연 1.25%에서 사상 최저인 연 0.75%로 끌어내렸다. 이번 인하로 한국 경제도 '0%대 금리 시대'가 열렸다. 신종 코로나바이러스 감염증(코로나19) 확산 영향으로 경제위기 발생 가능성이 커지자 이에 대한 대응 차원이다.

한은이 금리를 한꺼번에 0.5%포인트 낮추는 '빅컷'에 나선 것은 금융위기 막바지이던 2009년 2월 후 처음이다. 한은이 통화정책의 효과를 극대화하기 위해 코로나19 관련 추가경정예산안이 국회를 통과하는 17일을 앞두고 전격 인하했다는 평가가 나온다. 미국 중앙은행(Fed)이 15일(현지시간) 기준금리를 내린 것도 한은 금리 결정에 영향을 미쳤다.

이주열 한은 총재는 이날 금리 인하 배경에 대해 "코로나19가 세계적으로 확산하면서 금융시장 변동이 커졌다"며 "금융시장 변동성을 완화하고 성장과 물가에 대한 파급 영향을 줄여나갈 필요가 있다고 판단했다"고 말했다. 기준금리를 추가 인하할 뜻도 내비쳤다. 이 총재는 "코로나19로 인한 경제적 충격이 그 어느 때보다 크고 실물은 물론 금융으로 퍼질 가능성도 있다"며 "모든 수단으로 적절히 대응할 준비가 돼 있다"고 말했다.

— 김익환, 韓銀도 금리 인하…사상 처음 '0%대', 〈한국경제〉, 2020.03.17

언젠가부터 저축하는 재미를 느낄 수 없다는 사람들이 많다. 10년 전만 해도 연 5~6%대였던 은행 예금 금리는 1%대로 떨어진 지 오래. 돈을 많이 맡겨도

한국의 기준금리

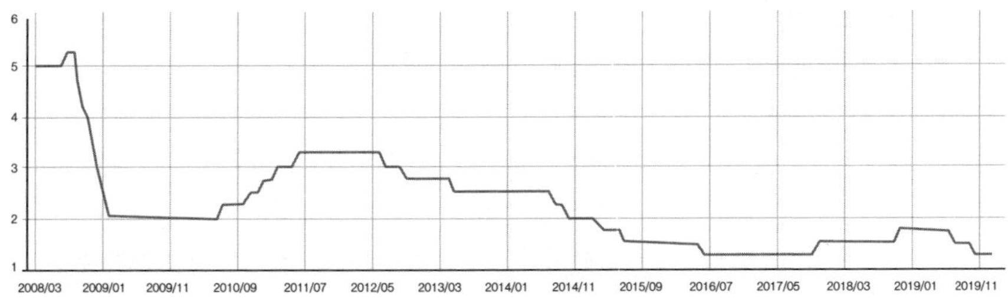

자료: 한국은행

좀체 불어나질 않는다. 2008년 금융위기 이후 세계 각국은 일부러 이자율을 확 낮추는 정책을 폈고, 한국도 마찬가지였다. 소비와 투자를 유도해 얼어붙은 경제가 활력을 되찾게 하기 위해서였다.

시장 원리에 따라 결정되는 금리를 정부가 어떻게 낮춘 걸까. 이때 동원된 것이 뉴스에 자주 나오는 기준금리다.

기준금리란 한 나라의 금리를 대표하는 정책금리로, 각국의 중앙은행이 정한다. '은행들의 은행' 격인 중앙은행은 일반인을 상대로 직접 영업하진 않지만 금융회사들과 자금을 거래하며 금융시장에 참여한다. 중앙은행이 이 거래에 적용하는 기준금리를 올리거나 내리면, 은행도 이를 반영해 개인과 기업을 대상으로 한 예금 · 대출 금리를 조절하게 된다. 돈의 가치가 달라지는 만큼 채권, 주식, 부동산 등 시장 전반에 파급효과가 크다.

기준금리는 여러 경로를 통해 실물경제에 영향을 미친다. 예를 들어 기준금리 인하는 시중에 돈을 푸는 효과가 있다. 시장금리가 낮아짐에 따라 저축할 유인은 줄어들고, 돈을 빌려 투자하거나 소비하기 수월해지기 때문이다. 금리가 내리면 국내 금융상품의 수익률은 상대적으로 낮아진다는 의미도 된다. 외국인의 국내 투자가 줄고, 기존 외국인 투자자금은 빠져나가 원화가치 하락(환율 상승)의 요인으로 작용한다. 환율 상승은 국내 수출품의 가격경쟁력을 높인다.

하지만 기준금리 인하가 반드시 경기를 살린다는 보장은 없다. 부동산 대출 급증을 유발해 '자산 거품'을 일으키는 부작용이 생길 수 있다. 최근처럼 금리가 이미 낮아질 대로 낮아진 상황에서는 더더욱 그렇다. 가계와 기업 사이에 미래에 대한 불안감이 높다면, 금리가 떨어지고 시중의 통화량이 늘어도 소비와 투자가 그다지 늘지 않는 '유동성 함정'에 빠질 수도 있다.

009

가계부채/국가채무

가계부채는 대출금, 외상구매 등 가계가 갚아야 할 빚의 총액. 국가채무는 국채, 차입금 등 정부가 갚아야 할 빚의 총액

경제기사 읽기

박근혜 정부 때 가계부채, 현 정부에선 정부부채가 급증하면서 이른바 '쌍둥이(가계+정부) 부채'가 저성장 국면에 진입한 한국 경제를 짓누를 최대 리스크로 떠올랐다는 지적이 나오고 있다.

8일 기획재정부에 따르면 정부의 초팽창예산 기조에 따라 국가채무는 지난해 680조5000억원에서 2023년 1061조3000억원으로 늘어날 전망이다. 공공기관 부채는 2017년 384조4000억원에서 2023년 477조2000억원으로 100조원가량 늘어날 것으로 추정된다. 이에 따라 국가채무와 공공기관 부채를 합친 '공공부문 부채(D3)'는 2017년 GDP 대비 56.9%에서 2019년 59.2%, 2023년 67.4%로 급증할 것으로 보인다. 부채비율 67%는 유럽연합(EU)이 운용하는 재정준칙상 기준 60%보다 7%포인트 높은 수준이기도 하다.

자영업자 대출을 포함한 가계부채는 2013년 1019조원에서 작년 1737조원으로 불어났고, 올해 말 1800조원을 넘어설 전망이다. GDP의 92%에 이른다. 이미 국제사회에서 통용되는 가계부채 임계치(GDP 대비 75~85%)를 넘어섰다. 이런 급격한 부채 증가는 민간 소비를 위축시켜 디플레이션(지속적 물가 하락) 가능성을 키울 것이라는 게 전문가들의 공통된 지적이다.

— 서민준 · 김익환, '쌍둥이 부채'에 짓눌린 대한민국,
〈한국경제〉, 2019.09.09

2000년대 한때 기업들 사이에서 '무차입 경영'이 화두로 떠오른 적이 있다. 외환위기 당시 무리한 차입으로 문어발 확장을 한 재벌들이 줄줄이 무너진 것

을 반면교사 삼아 보수적 경영에 나선 회사가 늘었기 때문이다. 사실 빚 자체가 반드시 나쁜 건 아니다. 경제생활을 하다 보면 적당한 이자를 지불하고 돈을 융통하는 게 오히려 효율적일 때도 있어서다.

가정의 빚인 가계부채와 나라의 빚인 국가채무도 마찬가지다. 경제규모가 커지는 과정에서 자산과 부채가 동시에 증가하는 것은 자연스러운 현상이다. 문제는 불어나는 속도가 너무 가파르거나, 감당하기 버거운 수준이 될 때다. 가계부채와 국가채무의 추이는 경제전문가들과 언론이 '매의 눈'으로 감시하는 주제다.

가계부채 규모는 한국은행이 분기마다 발표하는 '가계신용'으로 확인할 수 있다. 가계신용은 가계대출과 판매신용을 더한 것이다. 가계대출은 은행, 저축은행, 상호금융, 보험사, 카드사, 국민주택기금, 주택금융공사 등에서 받은 모든 대출을 가리킨다. 판매신용은 카드사, 캐피탈회사 등을 통한 외상거래를 의미한다. 결론적으로 일반 가정이 갚아야 하는 모든 빚이 가계신용에 포함된다.

가계부채는 수년 새 빠른 속도로 불어나면서 우리 경제의 '시한폭탄'이 될 수도 있다는 우려를 많이 받았다. 2014년 1000조원을 돌파했을 때 많은 사람들이 놀랐는데, 불과 4년 뒤인 2018년 1500조원을 넘어섰다.

국가채무는 범위를 잡는 기준이 여러 가지다. 국제통화기금(IMF) 기준에 따른 정의는 국가가 직접적인 원리금 상환의무를 지는 확정채무다. 정부의 차입금, 국채, 국고채무부담까지가 포함된다. 가장 넓은 의미의 국가채무는 정부와 지방자치단체는 물론 각종 공기업과 공단의 채무까지 포함한다. 이들 기관이 빚을 감당하지 못하면 결국 국가가 메꿔야 하기 때문이다.

국가채무의 적정 수준을 딱 잘라 말하긴 쉽지 않다. 2018년 한국의 국내총생산(GDP) 대비 국가부채 비중은 40%에 조금 못 미쳤다. 100%를 훌쩍 넘는 경제협력개발기구(OECD) 회원국 평균보다는 낮다. 다만 2000년 이후 국가채무 증가 속도는 OECD 국가 중 네 번째로 높았다.

언론에는 국가채무보다 범위가 더 넓은 '국가부채'라는 개념도 종종 등장한다. 재정건전성을 등한시하는 방만한 정책을 비판할 때 많이 언급된다. 국가부채에는 국가채무뿐만 아니라 국민연금, 공무원연금, 교직원연금, 군인연금 등의 충당부채와 건강보험, 고용보험, 산재보험 기금 등까지 포함된다. 미래에 국가가 지불해야 할 모든 돈을 포괄적으로 계산한 것이다.

010

어닝 쇼크/어닝 서프라이즈(earning shock/earning surprise)

어닝 쇼크는 기업의 실적이 시장 예상치를 밑도는 부진한 상황, 어닝 서프라이즈는 시장 예상치를 훨씬 뛰어넘는 상황을 가리킨다.

경제기사 읽기

'당초 예상 대비 디스플레이 · 메모리 사업의 환경 약세로 1분기 전사 실적이 시장 기대 수준을 하회할 것으로 예상됨.'

26일 오전 삼성전자가 올해 1분기(1~3월) 잠정 실적 발표를 열흘 앞두고 이례적으로 발표한 설명 자료다. 실적 발표 예정일은 4월 5일. 삼성전자가 사전에 이런 자료를 낸 것은 처음이다. 삼성전자는 "일부 사업의 부진으로 실적이 시장 전망보다 많이 낮을 것으로 보여 투자자의 이해를 돕기 위해 사전 자료를 냈다"고 설명했다. 소액주주가 크게 늘어난 가운데 올 1분기 실적이 시장 전망에 크게 못 미치는 '어닝 쇼크'가 예상되자 시장 충격 완화를 위한 예방주사를 놓은 것이다.

— 박순찬, 얼마나 안좋기에… 삼성전자, 1분기 어닝쇼크 첫 사전 고백, 〈조선일보〉, 2019.03.27

석 달에 한 번씩, 삼성전자와 현대자동차가 분기 실적을 발표하면 경제신문 1면에 대대적으로 소개된다. 왜 하필 두 회사의 실적이 많은 주목을 받을까. 한국의 '간판기업'으로서 경제에 미치는 파급력이 크기 때문이다. 두 회사 매출을 더하면 국내총생산(GDP)의 20% 정도나 된다. 이들 기업의 성과는 수많은 주식 투자자는 물론 협력업체, 전 · 후방산업에 영향을 미친다.

상장사들은 1년에 네 차례 분기별 실적을 발표한다. 기업들의 실적이 줄줄이 발표되는 시기를 어닝 시즌(earning season)이라 부른다. 발표된 실적이 시장의 예상치를 훨씬 뛰어넘으면 투자자들을 깜짝 놀래켰다고 해서 '어닝 서프라이즈'

라 부른다. 반대로 예상을 밑도는 부진한 실적은 투자자를 충격에 빠뜨렸다고 해서 '어닝 쇼크'라 한다. 당연히 서프라이즈는 주가에 호재로, 쇼크는 악재로 작용한다. 실적이 예상과 비슷하게 나오면 주가는 무덤덤한 반응을 보인다.

기업이 공개하는 경영실적에는 여러 지표가 들어있지만 핵심은 세 가지다. 매출액(sales), 영업이익(operating profit), 당기순이익(net profit)이다.

매출액은 상품 판매, 서비스 제공 등 기업의 주된 영업활동으로 벌어들인 금액이다. A라는 가구회사가 1000억원어치의 가구를 만들어 팔았다면 바로 이 1000억원이 매출액으로 잡힌다. 매출액은 기업의 '성장성'을 나타내는 주요 지표다. 판매가 계속 늘어야 기업이 크기 때문이다.

영업이익은 매출액에서 제품을 만드는 데 들어간 원가, 광고비, 임금 등을 차감한 것이다. 주된 영업활동을 통해 거둔 이익을 보여주는 만큼 기업의 '수익성'을 잘 보여준다. 매출액에서 영업이익이 차지하는 비율인 영업이익률로는 기업 간의 수익성을 비교할 수 있다. 예컨대 삼성전자 영업이익률이 10%, 애플은 20%였다면 같은 제품을 하나 팔아도 애플이 더 남는 장사를 했다는 뜻이다.

당기순이익은 기업의 주된 영업활동은 물론 영업과 무관한 활동으로 얻은 이익까지 반영한 것이다. A사가 가구 판매와 별개로 부동산을 매각하거나 주식을 처분해 올린 수익 등은 당기순이익으로 잡힌다. 이 때문에 1회성 요인에 따라 영업이익과 당기순이익이 큰 차이를 보이는 일을 종종 볼 수 있다.

1000
10000
FG760337G
BK34605051
10000

2장 누가 경제를 움직이는가
경제 주역

011

중앙은행(central bank)

화폐 발행, 통화정책 수립, 금융시스템 안정 등을 목적으로 운영되는 은행.

경제기사 읽기

"'멍청이들' 때문에 평생 한 번뿐인 기회를 놓치고 있다. 미국 중앙은행(Fed)은 금리를 제로(0)나 그보다 더 낮춰야 한다."

도널드 트럼프 미국 대통령이 지난 11일 트위터에 남긴 내용이다. 작년부터 계속 기준금리 인하를 압박해온 그가 육두문자까지 쓰면서 마이너스 금리를 요구한 것이다.

글로벌 경기 둔화가 이어지는 가운데 미국 인도 터키 멕시코 등 세계 각국에서 중앙은행의 독립성이 위협받고 있다. 경기 부양을 통해 득표하려는 정치인들이 중앙은행을 흔들고, 총재를 해임하거나 사퇴시키는 일까지 발생하고 있다. 중앙은행의 통화정책 신뢰성 확보를 위해 독립이 필요하다는 전통적 시각이 여전한 가운데, 저금리 · 디플레이션 시대에는 독립성보다 행정부와의 정책 공조가 필요하다는 주장도 나온다.

폴 볼커와 앨런 그린스펀, 벤 버냉키, 재닛 옐런 등 전 Fed 의장 4명은 지난 8월 6일자 월스트리트저널(WSJ)에 '미국은 독립적 중앙은행이 필요하다'는 공동 기고문을 실었다. 중앙은행이 단기 정치적 압력에서 자유로울 때 경제가 좋은 성과를 보인다는 내용이었다.

— 김현석, 트럼프 '마이너스 금리' 요구까지…세계 중앙은행 '수난시대', 〈한국경제〉, 2019.10.15

한국의 한국은행, 미국의 중앙은행(Fed), 유럽의 유럽중앙은행(ECB), 중국의 인민은행, 일본의 일본은행(BOJ), 영국의 영란은행(BOE)…. 중앙은행은 우리가 평소

거래할 일이 전혀 없는 은행이지만, 모든 국민의 금융생활과 경제 전반에 가장 큰 영향을 미치는 은행이다. 경제학자 폴 새뮤얼슨(Paul Samuelson)이 쓴 《경제학원론》에는 이런 말이 나온다. "인류의 가장 위대한 발명품 세 가지는 불, 바퀴, 중앙은행이다." 불은 인류를 원시에서 벗어나게 했고, 바퀴는 교통과 물류의 혁명을 불러왔다. 중앙은행은 어떤 일을 하기에 인류의 3대 발명품에 비견되는 것일까.

중앙은행의 특징은 크게 세 가지다. 화폐 발행을 독점하는 '발권 은행'이면서, 금융회사를 상대로 예금을 받고 돈을 빌려주는 '은행의 은행'이고, 정부가 거둔 세금과 국고금을 보관하고 내어주는 '정부의 은행'이다.

한국은행은 우리가 쓰는 모든 지폐와 동전에 쓰여 있으니 '돈 찍는 곳' 정도로 생각할 수 있다. 하지만 한국은행의 최우선 임무는 돈의 가치, 즉 물가를 안정시키는 것이다. 한국은행은 물가상승률 목표를 정해놓고 이를 달성하기 위해 다양한 통화정책을 운영하는데, 이런 방식을 '물가안정목표제'라 한다. 2019년 기준 한국은행의 물가상승률 목표는 2%. 시중에 돈이 너무 많이 풀려 물가가 들썩이면 통화량을 조이고 반대의 경우 돈을 더 공급한다. 시장에서 직접 채권을 사고팔거나(공개시장운영), 은행 예금 일부를 중앙은행에 맡기도록 강제하거나(지급준비제도), 은행들과 예금 · 대출 거래(여·수신제도)를 하는 방식을 쓴다.

중앙은행의 역사는 생각보단 길지 않다. 한국은행은 1950년, 미국의 Fed는 1913년에야 생겼다. 어느 나라에서든 중앙은행은 독립성을 보장하는 게 원칙이다. 정부 간섭 없이 중립적으로 통화정책을 펴야 돈의 가치를 안정시킬 수 있기 때문이다. 트럼프의 막말 트윗과 같은 외풍을 막아내는 것도 중앙은행 수장의 능력이다.

012

국제금융기구(international financial institutions)

금융분야에서 각국의 협력관계 구축과 자금 지원 등을 목적으로 하는 국제기구.

경제기사 읽기

국제통화기금(IMF)과 세계은행(WB)은 2일(현지시간) 세계 각국의 코로나19 대응을 뒷받침하기 위해 긴급자금 대출에 나서겠다고 발표했다. 크리스탈리나 게오르기에바 IMF 총재와 데이비드 맬패스 세계은행 총재는 이날 공동성명을 통해 "두 기관은 코로나19로 인한 인도적, 경제적 도전에 대응하기 위해 회원국들을 도울 준비가 돼 있다"며 "특히 보건 시스템이 취약한 저소득 국가에 특별한 관심을 두고 있다"고 밝혔다. 이들은 "긴급 대출, 정책 자문, 기술 지원 등 모든 수단을 최대한 사용할 것"이라며 "특히 국가들의 광범위한 요구에 대응할 수 있는 신속한 대출 창구도 갖고 있다"고 설명했다.

IMF와 세계은행이 나선 것은 전 세계 금융시장에 퍼진 불안을 줄여주기 위한 차원으로 풀이된다.

— 김현석 · 김동욱 · 강경민, '코로나 쇼크' 대응 글로벌 경기부양…
IMF · 세계銀 "긴급대출 준비", 〈한국경제〉, 2020.03.04

선진국에서 원조받아 먹고살던 나라가, 불과 반세기 만에 폭발적인 경제성장을 이뤄 다른 나라를 원조하는 국가로 변신한 사례는 한국이 유일하다. 한국의 발전상은 여러 국제금융기구에서 차지하는 위상에서도 엿볼 수 있다. 국제금융기구는 금융 분야의 협력관계 구축을 추구하는 국제기구들을 말한다. 국제금융기구의 유형은 크게 금융제도 안정성을 관리하는 '국제통화기구'와 저개발국 금융지원을 맡는 '다자개발은행'으로 나눈다.

국제금융기구가 생겨난 것은 1944년 브레튼우즈 협정으로 거슬러 올라간다.

두 차례 세계대전의 혼란 이후 새로운 국제통화제도의 필요성이 대두됐고, 45개 연합국 대표들은 국제통화기구인 국제통화기금(IMF)과 다자개발은행인 국제부흥개발은행(IBRD) 설립에 합의했다. '힘 센 나라 우선'인 국제무대의 냉정한 원칙은 금융기구에서도 적용된다. IBRD 총재는 미국인, IMF 총재는 유럽인이 계속 맡고 있다. 나눠먹기(?)라고 비판받기도 한다.

IMF는 환율과 국제통화체계의 안정성을 유지하기 위해 각종 감독을 수행하는 기구다. 1997년 외환위기 때 한국은 IMF에서 빌린 돈으로 급한 불을 껐고, IMF의 요구에 따라 혹독한 구조조정도 해야 했다. 2019년 기준 한국은 IMF 지분 1.8%를 보유하고 있어 189개 회원국 중 16번째로 큰 발언권을 행사할 수 있다.

IBRD는 국제개발협회(IDA), 국제금융공사(IFC), 국제투자보증기구(MIGA)와 함께 세계은행(WB)으로 불린다. 개발도상국에 재정과 기술을 지원해 잘 살게 만드는 게 목표다. 2012~2019년 한국계 미국인 김용 씨가 세계은행 총재를 맡은 적이 있다. IBRD 외에 각 지역 경제개발을 돕기 위해 설립된 아시아개발은행(ADB), 미주개발은행(IDB), 아프리카개발은행(AfDB), 유럽부흥개발은행(EBRD), 아시아인프라투자은행(AIIB) 등도 주요 다자개발은행으로 분류된다.

한국은 1955년 IMF와 IBRD를 시작으로 대부분의 국제금융기구에 가입돼 있다. 이들 기구 취업에 도전하는 인재들도 늘고 있다. 물론 채용인원이 적고 석사 이상 학력, 유창한 외국어 실력 등이 필요해 들어가기는 바늘구멍이다.

013

G2/G7/G20(Group of 2/7/20)

G2는 양대 경제대국인 미국과 중국을 뜻한다. G7은 주요 7개국, G20은 20개국이 모인 협의체를 가리킨다.

경제기사 읽기

'G20가 트럼프 · 시진핑 회담으로 빛을 잃다.' 일본 오사카 주요 20개국(G20) 정상회의를 다룬 파이낸셜타임스(FT)의 28일자 기사 제목이다. 29일 열리는 도널드 트럼프 미국 대통령과 시진핑 중국 국가주석 간 회담 결과에 따라 세계경제가 요동칠 수 있다 보니 정작 G20 정상회의 자체는 별 관심을 받지 못하고 있다.

경제정책 전문 싱크탱크 브뤼헤의 사이먼 타글리아피에트라 연구원은 "각국이 국제 무역시장 향배를 예상하고자 할 때 필요한 정보는 G20 회의가 아니라 미 · 중 정상회담에서 나올 것"이라며 "온 이목이 미국과 중국 등 G2 회담에 쏠려있다"고 말했다.

그럼에도 각국 정상과 국제기구 대표들은 28일 '세계경제 · 무역과 투자' '혁신(디지털 경제, 인공지능)' 등 2개의 세션에서 세계 경제의 갈 길을 놓고 토론을 벌였다. 각국 정상은 이날 플라스틱 쓰레기 문제도 논의했다. 일본은 2050년까지 플라스틱 쓰레기 해양 방출을 '제로(0)'로 하는 '오사카 블루오션 비전'을 제안했다.

— 선한결, G2 무역전쟁에 가려진 G20 오사카 정상회의, 〈한국경제〉, 2019.06.29

G2, G7, G20…. 국제뉴스를 읽다 보면 알파벳 G에 각종 숫자를 붙인 말이 자주 등장한다. 외교무대에서 큰 영향력을 가진 선진국들의 모임(group)을 가리키는 표현이다.

선진국 모임의 원조는 1975년 G6로 거슬러 올라간다. 당시 석유 파동에 대응하기 위해 프랑스 주도로 서독, 일본, 영국, 미국, 이탈리아 등 6개 선진국이 뭉쳤다. 이듬해 캐나다가 추가되면서 선진 7개국 정상회담(G7)이 매년 개최됐다. 러시아가 1997년 합류해 G8이 되기도 했지만, 우크라이나 갈등 문제로 2014년 퇴출돼 도로 G7이 됐다. G7은 오랫동안 세계 경제 현안을 논의하는 '선진국 클럽의 대명사'로 통했지만 G20의 급부상 이후 존재감이 줄어든 측면이 있다.

주요국 정상들이 모이는 국제회의로 널리 알려진 G20은 아시아 외환위기 이후인 1999년 결성됐다. 원래는 각국 재무장관과 중앙은행 수장들이 협력을 도모하기 위해 결성한 비공식 모임이었다. 그러나 미국발 금융위기가 세계를 뒤흔든 2008년 장관급에서 정상급으로 격상됐다. G7보다 폭넓은 국제 공조가 필요하다는 공감대가 형성됐기 때문이다. 서울에서 G20 정상회의가 개최된 2010년, 도심 곳곳이 삼엄한 경비태세에 들어갔던 모습도 많이들 기억할 것이다. 기존 G7을 포함해 아시아, 중남미, 유럽, 아프리카 등 지역별 핵심 국가가 대부분 회원국으로 들어가 있다.

G2는 G7이나 G20와 달리 공식적인 협의체가 아니다. 세계 양대 경제대국인 미국과 중국을 일컫는 말이다. 2006년 블룸버그의 칼럼니스트 윌리엄 페섹이 "앞으로 세계 경제는 G2가 주도할 것"이라 언급한 것을 계기로 유명해진 표현이다. 미국의 아성에 도전하는 중국, 중국을 견제하는 미국의 기싸움이 치열해지고 있어 G2는 당분간 뜨거운 관심을 받는 신조어가 될 것 같다.

014

금융허브(financial hub)

세계적 금융회사와 관련 기관이 밀집하고 금융거래가 활발히 이뤄져 국제 금융산업에서 중요한 위상을 차지하는 지역.

경제기사 읽기

문재인 대통령의 대선공약인 전북 금융중심지 지정 방안이 사실상 무산됐다. 기존 금융중심지인 서울과 부산이 제 역할을 못 하는 상황에서 전북을 추가 지정하면 행정력이 낭비될 수 있다고 정부는 판단했다.

금융위원회는 12일 금융중심지추진위원회 논의 결과 전북혁신도시를 제3의 금융중심지로 지정하기에는 전북의 기반 여건이 갖춰지지 않은 것으로 나타났다고 밝혔다. 전북을 추가하기보다는 서울과 부산 등 기존 금융중심지의 역할을 강화하는 데 초점을 맞춰야 한다고 판단한 것이다. 이날 최훈 금융위 금융정책국장은 "금융중심지 계획이 서로 기관을 뺏고 빼앗는 제로섬이 되지 않아야 한다"며 "농생명과 연기금의 특화 금융을 이루겠다는 전북도의 계획도 좀 더 구체화해야 할 것"이라고 말했다.

— 김형민 · 박영민, 文대통령 공약 '전북 금융중심지' 사실상 무산, 〈동아일보〉, 2019.04.13

세계 금융의 심장으로 누구나 미국 뉴욕의 월스트리트(Wall Street)를 첫손에 꼽는다. 브로드웨이에서 이스트리버에 이르는 이 지역에는 미국 증권거래소와 어음교환소, 뉴욕연방은행, 시티뱅크, 체이스맨해튼, 모건스탠리 등 핵심 금융기관과 기업들의 본사가 몰려있다. 유럽 금융의 중심은 영국 런던이다. 여의도보다 작은 행정구역인 시티(City)에 금융회사 5000개가 집결했다. 1997년까지 영국의 식민지였던 홍콩은 아시아 금융을 선도하고 있다.

세계 도시 금융경쟁력 순위

1위	뉴욕	4위	싱가포르	7위	베이징	10위	시드니
2위	런던	5위	상하이	8위	두바이	36위	서울
3위	홍콩	6위	도쿄	9위	선전	44위	부산

2019년 9월 기준. 자료: 영국 지옌

이처럼 세계 유수의 금융회사와 다국적기업이 한데 밀집해 시너지 효과를 내면서 금융산업이 발달한 지역을 금융허브라 부른다. 영국과 미국은 금융패권 1인자 자리를 놓고 치열한 자존심 싸움을 벌여 왔다. 최근에는 중국과 중동의 기세가 무섭다. 경제력 급성장과 핀테크(금융기술) 창업 열풍에 힘입어 상하이, 베이징, 두바이, 선전 등이 금융허브로서의 위상을 키우고 있다. 전통 제조업 중심의 성장에서 한계를 느낀 많은 나라들은 서비스업, 그중에서도 수익성과 고용창출 효과가 큰 금융업을 차세대 산업으로 육성하는 추세다.

한국 정부도 금융허브를 키우겠다고 나선 지 10년이 넘었는데 성과는 사실 별로다. 2003년 '동북아시아 금융허브' 청사진을 계기로 2009년 서울 여의도와 부산 문현동이 금융중심지로 지정됐다. 하지만 해외에서 존재감이 떨어진다는 지적이 많았다. 2018년 기준 국내에 진출한 외국계 금융회사는 163개, 국내 은행들의 해외자산 비중은 5.1%로 과거와 별 차이가 없다. 금융허브 경쟁력 지표로 많이 인용되는 영국 컨설팅업체 지옌의 '도시 금융경쟁력 순위'에서 서울은 2015년 6위, 2017년 27위, 2019년 36위 등 갈수록 순위가 떨어지고 있다.

금융허브는 정부가 작정하고 키운다고 만들어지는 게 아니다. 해외 금융회사들은 이미 홍콩이나 싱가포르에 아시아 본부를 두고 있다. 이걸 빼앗아 오려면 한국의 매력을 높여야 하는데 까다로운 금융규제, 경직된 노동시장,

언어의 장벽 등이 걸림돌로 작용하고 있다. 해외 도시 중에는 대형화 대신 전문화로 방향을 틀어 성공한 금융허브도 있다. 파생상품의 시카고, 보험의 취리히, 자산운용의 보스턴 등이 대표적이다.

015

연기금/국부펀드

연기금은 연금을 지급하는 원천이 되는 기금. 국부펀드는 정부가 외환보유액의 일부를 투자용으로 출자해 만든 펀드

경제기사 읽기

글로벌 투자시장이 긴박하게 돌아가고 있다. 5경원이 넘는 투자자산을 굴리는 글로벌 연기금 · 국부펀드들은 0.1%포인트의 수익률이라도 더 올리기 위해 국경을 넘나드는 '총성 없는 전쟁'을 벌이고 있다. 저금리 굴레에서 벗어나 국민의 노후 자산과 국부(國富)를 불리려는 몸부림이다.

19일 글로벌 컨설팅회사 타워스왓슨과 투자은행(IB)업계에 따르면 세계 연기금과 국부펀드가 운용하는 투자자산은 작년 말 현재 46조달러(약 5경5499조원)에 달했을 것이란 추산이다. 전년보다 3조달러가량 늘어난 것으로 사상 최대다. 고령화 추세로 연금자산이 증가하고 주요국의 국부펀드 결성이 확산되면서다.

— 이건호, 연기금 · 국부펀드 '연수익 2700조' 놓고 세계대전, 〈한국경제〉, 2016.01.20

누구나 투자를 하다보면 이익이 날 수도, 손실이 날 수도 있다. 하지만 손실을 봤다간 큰 비난을 받는 투자도 있다. 바로 국민의 호주머니에서 나온 돈을 굴리는 연기금과 국부펀드다.

연기금은 연금과 기금을 합친 말이다. 국민연금, 공무원연금, 사학연금 등이 대표적이다. 개인의 소득을 재원으로 조성한 기금을 적절히 투자해 가입자들에게 노후에 안정적인 소득으로 돌려주는 것이 이들의 주된 임무다. 한국의 국민연금 자산규모는 2019년 12월 기준 737조원. 국내총생산(GDP)의 37%에 달하는 액수다. 일본 공적연금, 노르웨이 국부펀드에 이어 세계 세 번째의 '투자시장 큰

손'이다.

연기금이 투자를 잘 해 생긴 수익은 모두 연금 가입자의 몫으로 돌아간다. 투자를 잘못해 손실을 보면 연금 고갈시기가 앞당겨지고, 이는 곧 가입자들의 부담으로 돌아온다. 1988년 국민연금 출범 이후 2019년까지 연평균 누적 수익률은 5.7%. 국내 상장사 중 국민연금이 지분을 5% 이상 보유한 상장사는 300곳을 넘는다. 국민연금의 최고투자책임자(CIO)인 기금운용본부장은 '자본시장 대통령'으로 대접받는다. 국민연금 사옥 1층 카페에 가면 투자금을 받기 위해 국내외 기라성 같은 거물급 금융계 인사들이 오가는 진풍경도 볼 수 있다.

국부펀드는 정부가 외환보유액의 일부를 투자용으로 출자해 만든 펀드다. 개인이 여윳돈을 은행에 저금하거나 펀드, 주식, 부동산 등으로 굴리듯 국가도 재정 운용에서 흑자가 남거나 자원 수출로 여유자금이 생겼을 때 이 돈을 투자해 불리는 것이 유리하기 때문이다. 우리나라의 한국투자공사(KIC)를 비롯해 중국의 중국투자공사(CIC), 싱가포르의 테마섹과 싱가포르투자청(GIC), 아랍에미리트연합(UAE)의 아부다비투자청 등이 주요 국부펀드다.

국부펀드의 투자대상은 해외 국채, 회사채부터 금융회사, 에너지회사, 항만, 통신, 원자재, 사모펀드 등 다양하다. 각국 정부가 국부펀드를 운영하는 데는 국제무대에서 정치적 영향력을 키우려는 포석도 깔려 있다. 미국과 유럽은 안보 문제를 이유로 전략산업에 대한 해외 국부펀드 투자를 규제하기도 한다.

016

사모펀드/헤지펀드(private equity fund/hedge fund)

사모펀드는 소수의 투자자에게서 자금을 모아 운용하는 펀드. 헤지펀드는 고위험·고수익을 추구하는 공격적 성향의 사모펀드

경제기사 읽기

사모펀드 규제 완화 이후 모험자본 활성화라는 취지와 달리 기업 성장을 지원하는 경영참여형 사모펀드(PEF)보다는 운용수익을 목표로 하는 전문투자형 사모펀드(헤지펀드)가 더 성장했다는 지적이 나왔다.

21일 국회 정무위원회 소속 제윤경 더불어민주당 의원이 금융위원회로부터 제출받은 자료에 따르면 2015년 사모펀드 규제를 완화한 자본시장법 개정 이후 헤지펀드가 PEF보다 훨씬 더 빠른 속도로 성장했다.

헤지펀드 설정액은 2014년 말 173조에서 올해 6월 말 380조로 119% 늘었고 헤지펀드를 운용하는 사모운용사 수는 2015년 20개에서 186개로 830% 증가했다. 이에 비해 같은 기간 PEF 출자액은 31조7천억원에서 55조7천억원으로 75% 늘고 PEF 운용사인 업무집행사원(GP) 수는 167개에서 271개로 62% 증가하는 데 그쳤다.

— 조민정, "사모펀드 규제 완화 이후 PEF보다 헤지펀드가 더 성장", 〈연합뉴스〉, 2019.10.21

여러 사람에게서 돈을 모아 다양한 자산에 투자하고 그 수익을 나눠주는 금융상품을 펀드(fund)라 부른다. 펀드는 크게 공모(公募)펀드와 사모(私募)펀드로 나눈다. 기준은 아주 간단하다. 투자금을 몇 명에게서 모았느냐다. 50명 이상(법인 포함)이면 불특정다수에게 판매했다고 판단해 공모펀드로, 49명까지는 소수의 제한된 투자자에게 판매했다고 판단해 사모펀드로 분류한다.

펀드는 은행 예·적금과 달리 원금이 보장되지 않는다. 펀드에 돈을 맡길 정

도라면 이익을 보든 손실을 보든 자기책임을 질 수 있는 사람이라 보기 때문이다. 사모펀드는 투자대상에 제한도 거의 없고 익명성이 보장된다. 최소 가입금액도 억대여서 고액 자산가나 전문 투자자들이 주로 찾는다. 공모펀드는 은행, 증권사 등을 통해 투자지식이 부족한 평범한 사람들에게도 많이 팔리기 때문에 투자자 보호장치가 좀 더 엄격한 편이다.

국내 사모펀드 시장은 1997년 외환위기 이후 부실기업 인수합병(M&A)이 급증하면서 생겨났다. 당시 론스타, 뉴브리지캐피탈, 칼라일 등 해외 사모펀드는 싼값에 나온 국내 기업을 사들인 뒤 비싸게 되팔아 큰 차익을 누렸다. 국부(國富) 유출을 의식한 정부는 토종 사모펀드 육성에 나섰다. 2004년 '경영참여형 사모펀드(PEF)'를 도입해 기업 지분 투자, 경영 참여, 사업구조 개선 등이 가능하도록 했다. 기업을 PEF가 인수하는 사례는 이제 아주 흔한 일이 됐는데, 보통 5년 안팎에 걸쳐 기업가치를 최대한 끌어올린 뒤 재매각하는 과정을 거친다.

사모펀드 중에서도 높은 수익률을 노리고 공격적으로 투자하는 펀드를 헤지펀드라 부른다. 헤지펀드는 1949년 미국에서 처음 만들어져 1980년대 금융자유화 바람을 타고 세계로 퍼져나갔다. 규제를 최대한 피해 주식, 채권, 파생상품, 통화, 금, 원유, 천연가스, 곡물 등 광범위한 자산에 투자하는 것이 특징이다. 국내에는 2011년 '전문투자형 사모펀드'라는 이름으로 헤지펀드가 허용됐다.

017

3대 신용평가사

국가와 기업의 신용등급 평가에서 세계적 권위를 인정받는 무디스, 스탠더드&푸어스(S&P), 피치를 가리킨다.

경제기사 읽기

국제신용평가사 무디스가 내년 한국 기업들의 신용등급이 무더기로 강등될 가능성이 높다고 경고했다. 미중 무역갈등과 홍콩 사태 등으로 글로벌 경제의 불확실성이 커진 데다 국내 경기 침체와 일본 수출 규제로 기업 영업실적이 악화될 것이란 예상에 따른 것이다.

무디스는 19일 서울 여의도 콘래드호텔에서 한국신용평가와 공동으로 진행한 '2020 한국 신용전망' 세미나에서 "무디스가 평가하는 총 24개 한국 민간기업(금융사·공기업 제외) 가운데 절반 이상인 14개 기업의 신용등급 전망이 '부정적'인 것으로 평가됐다"고 밝혔다. 이들 기업의 향후 신용등급이 떨어질 가능성이 높다는 뜻이다.

— 김자현, 무디스 "내년 한국기업 신용등급 무더기 강등 가능성 높아",
〈동아일보〉, 2019.11.20

신용점수가 낮은 사람은 은행에서 대출이 거절되듯, 국가와 기업도 신용등급이 좋아야 자금이 필요할 때 원활하게 조달할 수 있다. 이런 신용등급은 공신력 있는 국제기구가 아니라 민간의 신용평가 전문기업들이 매긴다. 세계 신용평가시장은 사실상 세 업체가 장악하고 있다. 3대 신용평가사인 무디스, S&P, 피치는 주요 국가와 기업의 장·단기 신용등급을 매기고 수시로 재평가해 발표한다.

업자들이 뭔데 감히 남들을 판단하냐고? 이들은 각자 100년 넘는 업력을 쌓으며 세계적 권위를 인정받고 있다. 국제 금융시장에서 투자자들은 3대 업체의 신용등급을 참조해 투자여부를 결정한다. 3대 신용평가사 중 하나라도 한국의 국가 신용등급을 올리면 경제신문에서 큰 뉴스가 되고, 떨어뜨리면 더 더욱 큰 뉴스가 되는 이유다.

무디스는 1900년 미국의 출판업자 존 무디가 설립한 업체다. 1909년 미국 최초로 200여개 철도채권에 대한 등급을 발표하며 미국 굴지의 신용평가사로 떠올랐다. 1929년 시작된 미국 대공황 당시 수많은 회사가 무너졌지만 무디스가 우량하다고 평가한 곳은 모두 살아남아 명성을 얻었다.

S&P는 1860년 미국에서 설립돼 3대 신용평가사 중 역사가 가장 길다. 회사채 신용평가를 하던 스탠더드스태티스틱과 푸어스가 1941년 합병하면서 지금의 이름을 갖게 됐다. 개별 국가와 기업의 신용등급뿐 아니라 폭넓은 투자정보를 제공하는 것으로 유명하다. 해외증시 뉴스에 매일 등장하는 S&P 주가지수를 만드는 게 바로 이 회사다.

피치는 1913년 설립된 후발주자로 미국 뉴욕과 영국 런던에 본사를 두고 있다. 1975년 3대 신용평가사 중 최초로 미국에서 국가공인 신용평가기관 인증을 받았다. 다만 무디스와 S&P에 비해 점유율은 다소 처지는 편이다. 상대적으로 점수를 후하게 준다는 평이 많다.

한국의 국가 신용등급은 2020년 1월 기준 무디스 Aa2(상위 3번째), S&P AA(상위 3번째), 피치 AA-(상위 4번째)로 세계 최상위권이다. 1997년 외환위기 때 투기등급으로 강등되기도 했지만 위기를 신속히 수습하면서 빠르게 회복한 결과다. 3대 신용평가사는 국가 신용등급을 매길 때 단순한 경제지표 외에 정치 상황, 정부의 규제여건, 사회 · 문화적 요인 등을 폭넓게 고려한다. 이들은 한국이 더 좋은 평가를 받기 위해서는 고비용 · 저효율 구조를 개선하고, 노동시장의 생산성을 높이는 등 구조개혁을 강화해야 한다는 조언을 꾸준히 내놓고 있다.

018

상호출자제한기업집단(대기업집단)

계열사 자산총액이 10조원 이상인 그룹. 공정거래위원회가 1년에 한 번씩 지정한다.

경제기사 읽기

공정거래위원회가 한진그룹 동일인(총수)으로 조원태 한진칼 회장을 직권 지정했다. 창업가문 4세대인 구광모 LG 회장과 박정원 두산 회장도 새로 총수 반열에 올랐다. 카카오는 정보기술(IT) 업계 최초로 자산 10조원 기준인 상호출자제한기업집단(대기업집단)에 편입됐다.

공정거래위원회는 15일 자산총액 5조원 이상인 59개 기업집단을 공시대상기업집단으로 지정 · 통지했다고 밝혔다. 이 중 34개사는 상호출자제한기업집단이다.

— 김현우, 조원태 한진그룹 총수로 지정… 카카오, 대기업 반열에,
〈한국일보〉, 2019.05.16

외국 경제신문의 한국 관련 기사에는 'chaebol'이라는 단어가 자주 등장한다. 재벌(財閥)이란 말을 영어로 옮길 마땅한 표현이 없어 소리나는 대로 적은 것이다. 여러 계열사를 거느린 대기업은 해외에도 많다. 그러나 소유와 경영이 분리되지 않고 오너 일가가 제왕적 영향력을 행사하는 것은 한국 재벌만의 특징으로 꼽힌다.

대기업 중심의 경제구조는 한국을 빠르게 성장시킨 원동력으로 작용했다. 하지만 소수의 경제력 독점, 불공정 경쟁, 일부 오너의 무소불위 행태 등 부작용도 적지 않았다. 대기업과 동의어처럼 쓰이는 재벌이라는 용어에 부정적인 어감도 많이 끼어있는 이유다. 정부는 1987년부터 일정 규모 이상의 대기업을 골라 경제력 독점을 억제하는 각종 규제를 시행하고 있다.

상호출자제한기업집단 수 (단위: 개)

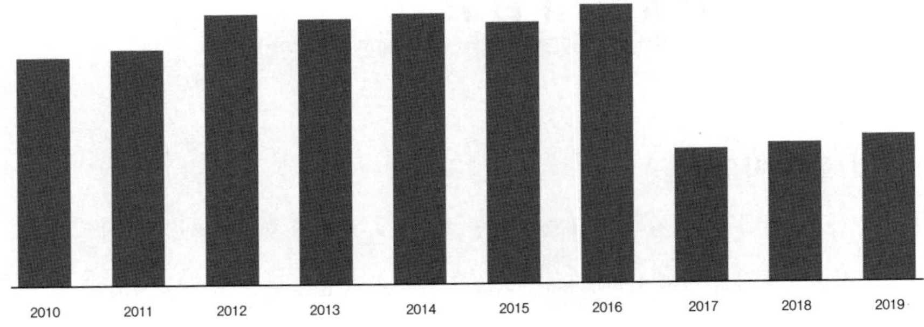

자료: 공정거래위원회

대기업의 공식적인 기준은 공정거래위원회가 1년에 한 번씩 지정하는 상호출자제한기업집단에 포함된 곳을 말한다. '대기업집단'이라고도 한다. 소속 회사의 자산총액 합계액이 10조원을 넘어가면 상호출자제한기업집단이 된다.

상호출자제한기업집단으로 지정되면 계열사 간에 주식을 취득 · 소유(상호출자)하거나 꼬리에 꼬리를 무는 지배구조(순환출자)를 만들 수 없다. 은행 대출에 계열사가 빚보증을 설 수 없고, 금융 · 보험 계열사 주식에는 의결권 행사도 제한된다. 이 외에도 총수일가 사익편취 금지, 대규모 내부거래 공시 등 총 30여개 규제를 적용받는다. 그래서 대기업집단에 지정되는 것을 별로 달가워하지 않는 회사도 있다.

상호출자제한기업집단의 변천사를 보면 한국 대기업의 흥망성쇠가 그대로 드러난다. 2019년 지정된 그룹은 34개다. 1~6위인 삼성 · 현대차 · SK · LG · 롯데 · 포스코는 10년 전과 순위가 같지만 나머지는 수시로 바뀌고 있다. 한때 10위 안에 들었던 금호 · 한진 · 동부 등은 밀려났고 카카오는 인터넷 벤처 최초로 대기업집단에 추가됐다. '재계 서열'은 자산을 기준으로 매긴다.

019

경제5단체

재계를 대표하는 다섯 개 단체인 전국경제인연합회(전경련), 대한상공회의소(대한상의), 한국무역협회(무협), 한국경영자총협회(경총), 중소기업중앙회(중기중앙회)를 가리킨다.

경제기사 읽기

경제단체들이 기업에 과도한 부담을 지우는 정부 정책에 대해 기업들의 이해관계를 제대로 대변하지 못한다는 비판이 끊이지 않고 있다. 경제단체들이 정부 눈치를 보면서 목소리를 제대로 내지 못하고 있다는 지적이다.

노동정책에 대한 재계 목소리를 대변해 온 경총은 임직원 간 '불화설'까지 불거지며 "직원들이 업무에서 손을 놓고 있다"는 얘기가 흘러나온다. 다른 경제단체들은 이런 상황을 '강 건너 불구경'하는 분위기다.

경제단체들이 현안에 공동 대응하거나 상호 협력하는 모습도 싹 사라졌다. 대한상의, 전경련, 무역협회가 과거 적절하게 협업과 분업을 해왔던 노동, 규제, 통상외교나 대통령 경제인 사절단 지원 등 현안에 대해 경제단체들의 목소리가 모이지 않고 있다.

— 좌동욱 · 도병욱, 기업 옥죄는 현안 쏟아져도… 내분 일으키고 제 살길만 찾는 경제단체, 〈한국경제〉, 2018.06.11

경제에 큰 이슈가 생겼을 때 경제5단체가 성명을 냈다거나, 대통령의 해외 순방에 경제5단체장이 동행했다는 등의 기사를 종종 볼 수 있다. 경제5단체는 대표적인 경제인들의 모임인 전경련, 대한상의, 무협, 경총, 중기중앙회를 뜻한다. 간혹 중견기업연합회를 더해 경제6단체가 되기도 한다.

전경련은 1961년 대기업들을 주축으로 출범했다. 자유시장경제 관점의 보수적 주장을 많이 내놓다보니 재벌을 대변한다는 비판을 받기도 한다. 최순실 사건 때 대기업 자금을 모으는 창구 역할을 한 사실이 드러나 위상에 타격을 입었다. 대한상의는 1884년 설립된 가장 오래된 경제단체다. 대기업부터 중소기업까지 모두 가입할 수 있고, 73개 지역별 상공회의소를 둔 폭넓은 조직이 특징이다.

무협은 1946년 무역업계의 권익 보호를 목표로 창립했다. 국내 기업들의 수출경쟁력을 높이기 위한 정책 제안과 지원사업에 주력한다. 경총은 1970년 설립됐으며 노사문제에서 경영자들의 입장을 전달하는 창구다. 최저임금, 통상임금, 52시간 근무제 등의 현안에 가장 적극적으로 대응했다. 중기중앙회는 1962년 출범해 중소기업들의 입장을 대변하고 있다. 다른 경제단체와 달리 회원들 투표로 회장을 뽑는 게 특징이다.

이들 단체는 사안에 따라 입장이 갈릴 때도 있지만, 기업하기 좋은 환경을 만들자는 점에서는 언제나 한목소리를 낸다. 정부나 국회의 눈치를 보느라 직접 나서기 힘든 개별 기업들을 대신해 '총대'를 메는 역할을 한다.

경제단체는 대부분 회원사들이 낸 회비로 운영되지만 부대사업도 많이 벌인다. 전경련은 민간 연구소인 한국경제연구원을 산하에 두고 정책 연구자료를 꾸준히 발간한다. 대한상의는 각종 국가자격시험을 주관하고 있다. 무협은 서울 삼성동의 대형 전시장인 코엑스, 중기중앙회는 중소기업 전용 홈쇼핑 채널인 홈앤쇼핑의 주인이다.

020

양대노총

노동계를 대표하는 두 조직인 전국민주노동조합총연맹(민노총)과 한국노동조합총연맹(한노총)을 가리킨다.

경제기사 읽기

전국민주노동조합총연맹(민주노총)이 1995년 출범 이후 23년 만에 제1노총이 됐다. 한국노동조합총연맹(한국노총)은 1946년 설립 72년 만에 최대 노총 자리를 내려놓게 됐다.

고용노동부가 25일 발표한 '2018년 전국 노동조합 조직현황'을 보면 민주노총 조합원 수는 96만 8000명으로 한국노총(93만 3000명)보다 3만 5000명이 많다. 전체 조합원의 41.5%가 민주노총 소속이고, 한국노총 소속은 40.0%다. 각각 법외노조라는 이유와 노조설립증이 교부되지 않았다는 이유로 이번 통계에서 제외된 전국교직원노동조합(전교조)과 화물연대 등 특수고용노동자들까지 포함하면 민주노총 규모는 사실상 100만명을 넘어선다.

— 이현정, 100만명 민주노총 '제1노총' 등극… "노정 새판 짠다",
〈서울신문〉, 2019.12.26

전쟁 후 고도성장에만 몰두했던 1960~1970년대 한국에서는 헌법상의 노동3권(단결권·단체교섭권·단체행동권)조차 제대로 보장되지 않았다. 노동운동을 상징하는 인물인 고(故) 전태일 열사는 하루 14시간 넘게 일하던 봉제노동자였다. 열악한 근로조건 개선을 요구하던 그가 "근로기준법을 준수하라! 우리는 기계가 아니다!"를 외치며 분신자살한 것은 1970년 11월이었다.

반세기가 지난 지금, 한국의 노동운동은 적어도 제도적 기반과 조직 규모 면에서는 몰라보게 발전했다. '강경파' 민노총과 '온건파' 한노총이 양대 축을 이루고 있다.

한노총은 우리나라에서 가장 오래된 전국 단위의 노동조합 연맹이다. 1946년 결성된 대한독립촉성노동총연맹이 모태이며 1960년 한노총으로 개편됐다. 경제사회노동위원회(옛 노사정위원회)에 적극 참여하고 여야 정당과 연대하는 등 현실주의적인 노선을 걷는다는 평가를 받는다.

민노총은 1987년 노동자 대투쟁을 계기로 여러 업종에서 생겨난 노조들이 기존 한노총을 대체할 새로운 연대조직을 만들자고 뭉쳐 1995년 출범했다. 급진적 성향과 강성 투쟁으로 논란의 중심에 설 때가 많다. 2018년 민노총의 조합원 수(96만명)는 한노총(93만명)을 앞질렀다.

오랫동안 이어진 양대노총 체제는 노동자 권리 향상 등에 기여한 측면이 있지만 한계도 드러내고 있다. 한노총이나 민노총이나 대기업 정규직 노동자의 기득권 보호에만 골몰한다는 '귀족노조' 비판이 대표적이다. 정작 노조의 울타리가 필요한 비정규직, 협력업체 노동자 등은 소외돼 있다는 얘기다. 국내 노조 가입률은 2018년 기준 11.8%에 불과하다.

4차 산업혁명으로 일자리 패러다임 자체가 바뀌는 상황에서 투쟁 일변도의 과거 노선에 얽매인다는 지적도 있다. 조선업의 몰락에서 볼 수 있듯, 노사가 경쟁력 향상을 위한 협력을 제쳐두고 싸움만 반복하면 기업 자체의 존립이 위태로워질 수 있다는 것이다.

1000
10000
FG760337G
日本銀行券
中国人民銀行
BK34605051
10000

3장 | 호황과 불황의 계절 변화

경기 순환

021

경기순환(business cycle)

경기가 불황기→회복기→호황기→후퇴기를 반복하는 현상.

경제기사 읽기

정부는 20일 "한국 경기가 2017년 9월 정점을 찍고 24개월째 하강하고 있다"고 공식 진단했다. 미 · 중 무역전쟁 등 대외 여건 악화와 글로벌 경기 둔화세 등을 고려하면 이번 경기 하강 국면은 산업화 이후 역대 최장을 기록할 전망이다.

통계청은 이날 민 · 관 경제전문가로 구성된 통계청 국가통계위원회 분과 회의를 열어 최근 경기 기준 순환일(경기 정점)을 2017년 9월로 잠정 결정했다고 발표했다. 국가통계위는 수년 단위로 각종 경제지표를 살펴보고 경기 정점과 경기 저점을 정한다. 과거 특정 시점을 정점으로 정하면 현재 경기가 하강 국면에, 반대로 특정 시점을 저점이라고 선언하면 현재 경기가 상승 국면에 있다는 의미다.

지금 한국 경제는 11번째 경기순환기에 있다. 2013년 3월 저점에서 시작해 54개월간 '역대 최장 상승'을 기록한 뒤 2017년 9월 꺾여 이달까지 24개월째 하락 중이다.

— 성수영, 경기 2년 前 꺾였는데…정부 '찬물'만 끼얹었다, 〈한국경제〉, 2019.09.21

"요즘 경기가 너무 안 좋아요." "경기가 바닥을 치고 좋아지고 있습니다."

우리가 일상적으로 많이 쓰는 경기(景氣)라는 단어는 국민경제의 총체적인 활동수준을 뜻한다. 1년마다 사계절이 있는 것처럼 경기도 상승과 하강을 되풀이한다. 경제학에서는 이처럼 경제활동이 좋고 나쁨을 되풀이하는 현상을 경기순

경기순환 이론

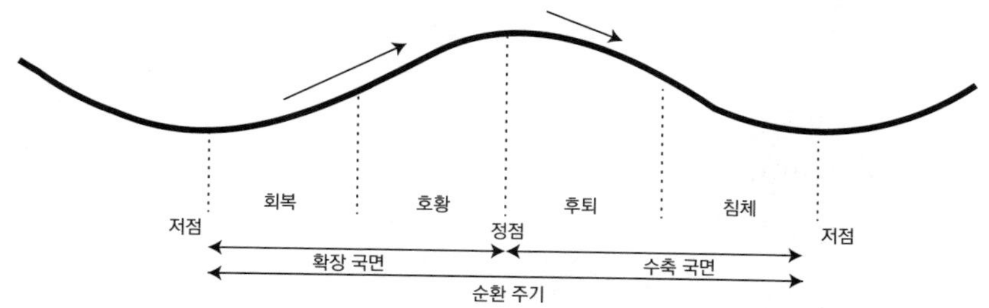

환이라 부른다. 불황의 긴 터널을 지나다가도 언젠가는 '경기가 바닥을 쳤다'는 기대감을 갖게 될 수 있는 이유다.

경기순환 이론에 따르면 경제는 불황기, 회복기, 호황기, 후퇴기를 반복한다. 불황기는 경기 부진이 극심한 국면으로, 기업들의 이익이 줄고 망하는 회사도 늘어난다. 회복기에는 낮은 이자율이 투자와 소비 수요를 이끌어내고 기업의 생산이 되살아난다. 호황기에는 경제활동이 활발해져 물가와 임금의 상승, 재고와 실업의 감소, 기업 이윤의 증가 등이 나타난다. 고점을 찍은 경기가 후퇴기에 접어들면 경제활동은 다시 위축된다.

경기순환의 국면을 구분하는 방식은 여러 가지가 있으나 저점에서 정점까지를 확장 국면, 정점에서 저점까지를 수축 국면으로 나누는 이분법이 많이 쓰인다. 저점에서 다음 저점까지, 또는 정점에서 다음 정점까지의 기간을 순환주기라 한다. 가장 높은 정점과 가장 낮은 저점 간의 차이는 순환진폭이라 부른다.

경기순환은 개별 국가만이 아니라 전세계 차원에서도 나타나는 현상이다. 10년 주기설부터 50~60년 단위의 대순환까지 다양한 이론이 있다.

022

경기종합지수(composite economic indexes)

경기변동의 국면과 전환점, 속도와 진폭을 측정할 수 있도록 고안된 경기지표의 일종.

경제기사 읽기

우리 경기의 하강 흐름이 이어지는 상황에 일본 수출규제까지 더해지면서 향후 경기 흐름이 '장기 침체'로 흐를 수 있다는 우려도 나온다.

5일 통계청에 따르면 6월 동행지수 순환변동치와 선행지수 순환변동치가 전월 대비 각각 0.1포인트, 0.2포인트 떨어지며 3개월 만에 다시 '동반하락'을 기록했다.

현재 경기 국면을 보여주는 동행지수 순환변동치는 98.5, 향후 경기 국면을 보여주는 선행지수 순환변동치는 97.9를 기록했다. 동행 · 선행지수 순환변동치는 100을 기준으로 100보다 높으면 경기가 좋은 것으로, 낮으면 안 좋은 것으로 해석한다.

— 박영준, 경기 동행 · 선행지수 동반하락… '장기침체' 시그널?, 〈세계일보〉, 2019.08.06.

유통업계 관계자들은 경기를 파악하는 저마다의 '촉'을 갖고 있다. 화장품 매장에서 올인원 제품이 잘 나간다거나, 마트에서 도시락통이 인기라거나, 편의점에서 로또 판매량이 늘어나는 것 등은 전형적인 불황의 신호라고 한다. 앨런 그린스펀 전 미국 중앙은행(Fed) 의장은 세탁소에 세탁물이 얼마나 쌓였는지를 수시로 관찰했다고 한다. 동네에서 배출되는 음식물쓰레기의 양으로 밑바닥 경기를 가늠한다는 CEO도 있다.

하지만 국가 차원에서 이런 정보를 수집해 경기를 판단할 수는 없는 일이다. 통계청은 생산, 소비, 고용, 금융, 투자 등 부문별로 경기흐름을 잘 드러내는 20

개 경제지표를 골라 매달 '경기종합지수'를 작성한다. 기준연도(2015년)의 수치를 100으로 잡고 상대적인 수준을 보여준다. 전달보다 올랐으면 경기 상승, 떨어졌으면 경기 하강을 나타낸다. 증감률의 크기로 경기 변동의 진폭도 알 수 있다.

경기종합지수에는 선행(先行), 동행(同行), 후행(後行)종합지수 세 종류가 있다. 선행종합지수는 8개 지표(재고순환지표, 소비자기대지수, 건설수주액, 기계류내수출하지수, 수출입물가비율, 코스피지수, 장단기금리차, 구인구직비율)로 구성된다. 이들 지표는 경기를 앞서가는 경향이 있어 6~9개월 후의 경기 예측에 유용하다. 동행종합지수는 7개 지표(광공업생산지수, 서비스업생산지수, 소매판매액지수, 내수출하지수, 건설기성액, 수입액, 비농림어업취업자수)로 이뤄진다. 현재 경기와 비슷하게 움직이는 지표들이다.

후행종합지수에는 5개 지표(생산자제품재고지수, 소비자물가지수변화율, 소비재수입액, 취업자수, CP유통수익률)가 포함된다. 경기를 뒤늦게 반영하니 아무래도 관심은 덜 받는다. 기사에 언급된 '순환변동치'는 정확한 비교를 위해 계절적 요인, 불규칙 변동 등을 제거한 숫자라는 뜻이다.

023

그린 북(Green Book)

국내외 경기흐름에 대한 정부의 분석을 담은 월간 경제동향보고서.

3장 경기순환

경제기사 읽기

기획재정부는 15일 발간한 '최근 경제동향(그린 북)' 11월호에서 "3분기 우리 경제는 생산과 소비가 증가세를 유지하는 한편 수출과 건설투자 감소세가 이어지면서 성장을 제약하고 있다"고 총평했다. 지난 4월호부터 줄곧 경기 진단 문구로 썼던 '부진'을 '성장 제약'으로 바꾼 셈이다.

앞선 7개월 간의 경기 부진 판단은 2005년 3월 그린북 첫 발간 이후 최장이었다. 정부는 4, 5월 그린 북에서 '광공업 생산, 설비투자, 수출 부진'이란 판단을 내렸다가 6월부터는 '수출과 투자의 부진한 흐름 지속'으로 표현을 바꿔 유지해왔다.

— 박세인, "지표 악화 멈춰"... 정부, 8개월 만에 '경기 부진' 표현 삭제, 〈한국일보〉, 2019.11.16

기획재정부는 정기적으로 〈최근 경제동향〉이라는 보고서를 발간한다. 매달 한 번씩 한국은행 금융통화위원회를 앞두고 나온다. 이 책을 일명 '그린 북'이라 부르는 이유는 좀 단순하다. 표지가 초록색이어서다.

이 자료는 경제동향에 대한 국민의 이해와 판단을 돕는다는 취지에서 통계청 조사 등을 바탕으로 작성되고 있다. 2005년 3월 처음 발행됐고 민간소비 · 설비투자 · 건설투자 · 수출입 등 지출부문, 산업생산 · 서비스업 활동 등 생산부문, 고용 · 금융 · 국제수지 · 물가 · 부동산 등 총 12개 분야로 구성된다.

그린 북은 단순히 각종 수치를 나열하는 수준을 넘어 경제 상황에 대한 진단과 평가까지 담는다. 정부가 경기를 어떻게 인식하고 있는지 공식 입장이라는 점에서 언론이 주목하는 자료다. 그린 북의 총평에서 "경기 부진"이라는 표현이 처음 등장하거나 수개월 연속 언급되는 상황은 경제신문의 주요 뉴스로 다뤄지곤 한다.

그린 북은 미국 중앙은행(Fed)이 연 8회 발행하는 미 경제동향 종합보고서인 '베이지 북'을 본딴 것이다. 이 자료 역시 표지 색깔이 베이지색이어서 이렇게 부른다. 베이지 북에는 Fed 산하 지역 연방준비은행이 기업인, 경제학자 등 시장 전문가의 견해와 각 지역의 산업생산활동, 소비동향, 물가, 노동시장상황 등 경기지표를 분석한 내용이 담겨 있다. 미국의 금리정책을 논의할 때 주요 참고자료로 활용된다.

024

잠재성장률(potential growth rate)

한 나라의 경제가 보유한 자본, 노동력, 자원 등 모든 생산요소를 사용해 물가 상승과 같은 부작용을 유발하지 않으면서 최대한 이룰 수 있는 경제성장률 전망치.

경제기사 읽기

한국의 잠재성장률이 2%대 초 · 중반대로 떨어졌다는 경제협력개발기구(OECD)의 분석이 나왔다.

28일 OECD에 따르면 한국의 잠재성장률은 올해 2.5%로 추산됐다. 1년 전(2.7%)보다 0.2%포인트 떨어졌다. 10년 전인 2010년(3.9%)에 비하면 1.4%포인트 낮은 수치다. 한국의 잠재성장률은 2009년 3.8%로 처음 3%대로 떨어진 이후 2018년에 2.9%로 낮아지며 2%대로 들어섰다. 이후로도 하락세는 멈추지 않았다. 지난해와 올해 각각 전년 대비 0.2%포인트씩 낮아졌다.

— 하남현 · 김도년, 잠재성장률 18년 만에 반토막…
투자 못 살리면 1%대 초읽기, 〈중앙일보〉, 2020.01.29

머리는 좋은데 공부를 열심히 하지 않아 반에서 늘 20등을 했던 중학생 A군, 고등학교에 입학하면서 마음을 고쳐먹었다. 친구들과 놀거나 잠자는 시간을 줄이고, 책상에 앉으면 최대한 집중하고, 영양제도 챙겨먹고 있다. 오랫동안 수많은 학생을 봐온 담임교사, A군 부모님과 상담하며 이렇게 장담했다. “A가 지금처럼 열심히 하면 3등까지 충분히 오를 수 있어요.”

잠재성장률은 한 나라가 갖고 있는 자본, 노동력, 자원 등을 활용해 달성할 수 있는 경제성장률의 최대치를 뜻한다. 공부에 올인한 A군이 3등까지 가능할 것이란 담임교사의 전망과 비슷한 개념이다. 다만 잠재성장률엔 전제조건이 하나 있다. 경기가 과열돼 물가가 치솟는 등의 부작용을 일으키진 않아야 한다. 매일 밤을 새서 공부하면 결국 쓰러질 테니 말이다.

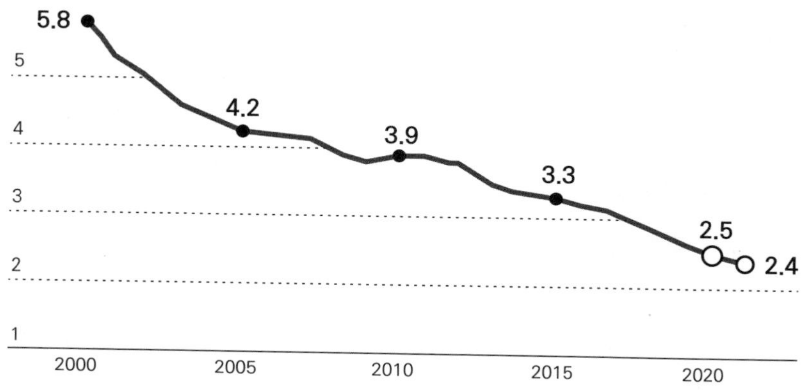

자료: 경제협력개발기구(OECD)

잠재성장률은 국가경제의 성장 잠재력 지표로 활용된다. 한국의 잠재성장률은 1990년대 말 외환위기, 2000년대 말 금융위기 같은 특수한 상황을 제외하곤 대체로 실제 성장률과 비슷한 흐름을 보였다. 정부와 한국은행은 통상 5~10년간 성장률 전망을 고려해 잠재성장률을 산출하고 있다.

한국의 잠재성장률 하락은 두 가지 측면에서 볼 수 있다. 하나는 경제가 성숙 단계에 접어들며 나타나는 불가피한 현상이란 점이다. 어느 나라든 선진국이 되면 성장률은 둔해진다. 다른 하나는, 그럼에도 불구하고 잠재력을 높일 돌파구를 찾아야 한다는 점이다. 기왕 공부할 바에 1등을 해야지 3등에 만족할 수는 없지 않은가.

잠재성장률을 끌어올리는 게 말처럼 쉽진 않다. 저출산과 고령화가 빠르게 진행되고 있어 노동 투입량을 확 늘리기 어렵다. 경제 규모가 이미 커져 자본 투입량을 늘리는 데도 한계가 있다. 이런 상황에선 생산성 향상이 유일한 해법이다. 효율성이 떨어지는 공공, 노동, 금융부문 등의 구조개혁을 통해 한국의 성장 잠재력을 높여야 한다는 게 많은 전문가들의 조언이다.

025

골디락스(Goldilocks)

경제가 견실하게 성장하고 물가는 안정을 유지하는 이상적인 호황 상태.

경제기사 읽기

미국 경제가 세계에 연일 '서프라이즈(깜짝 실적)'를 내놓고 있다. 높은 성장률과 낮은 물가에 더해 이번엔 50년 만의 최저 실업률 소식을 전했다. 미국 경제가 지나치게 과열되지도 않고 가라앉지도 않은 이상적 상태를 의미하는 '골디락스'를 구가하고 있다는 평가가 나오고 있다.

미 노동부는 지난달 실업률이 전달보다 0.2%포인트 낮아진 3.6%로 집계됐다고 지난 3일 발표했다. 1969년 12월(3.5%) 후 약 50년 만의 최저 수준이다. 미국 경제는 성장률, 물가, 노동생산성 등 각 부문에서 종전 기록을 갈아치우고 있다. 1분기 성장률은 3.2%(전 분기 대비 연율 환산)로 4년 만의 최고치(1분기 기준)를 나타냈다. 물가상승률은 1.55%로 미국 중앙은행(Fed)이 신경 쓰는 2%를 밑돌고 있고, 노동생산성은 8년 반 만에 가장 큰 폭으로 향상됐다. 이에 힘입어 나스닥지수는 3일 또다시 사상 최고치를 경신했다.

— 김현석, 성장 · 물가 · 고용 '트리플 홈런'…美 경제, 20년 만에 골디락스 진입, 〈한국경제〉, 2019.05.05

영국의 전래동화 '골디락스와 세 마리 곰'에는 골디락스라는 이름의 금발머리 소녀가 등장한다. 숲속을 헤매던 골디락스는 우연히 들어간 집에서 곰이 끓여 놓고 간 수프 세 그릇을 발견했다. 첫 번째 수프는 너무 뜨거웠고, 두 번째 수프는 너무 차가웠다. 세 번째 수프는 딱 먹기 좋은 따뜻한 상태였다. 너무 뜨겁지도 차갑지도 않은 적당한 온도의 수프를 싹싹 비운 골디락스는 단잠에 빠져들었다.

1992년 미국 경제학자 데이비드 슐먼은 경제성장률과 물가상승률이 모두 안정적인 수준을 유지하면서 견실하게 성장하는 상황을 동화 속 소녀에 빗대 '골디락스 경제'라고 이름 붙였다. 이 표현이 유행하면서 골디락스라는 말은 경제용어로 자리잡았다.

성장, 고용, 물가 등이 동시에 호조를 보이는 골디락스는 모든 나라가 꿈꾸는 경제상황이다. 골디락스의 대표적 사례는 1996~2005년 미국이 누린 장기 호황이었다. 당시 미국 경제는 연 4% 이상의 고성장을 기록하면서도 물가는 그다지 요동치지 않았다. 정보기술(IT) 산업과 인터넷이 발달하면서 기업의 생산성이 크게 향상된 덕분이었다.

골디락스의 개념은 마케팅 전략에서 '골디락스 가격(Goldilocks pricing)'이란 이름으로 응용되기도 한다. 고가 상품, 저가 상품, 적당한 가격의 물건을 동시에 진열해 소비자들이 중간 가격 상품을 집어들도록 유도하는 것이다. 양극단보다 평균에 가까운 선택을 추구하는 사람들의 심리를 이용한 방식이다.

026

완전고용(full employment)

일할 의사와 능력이 있고 취업을 희망하는 사람은 모두 고용되는 상황. 통상 실업률이 2~3% 정도면 완전고용으로 본다.

경제기사 읽기

일본의 대졸자와 고졸자의 취업률이 각각 100%에 근접하고 있다. 아베노믹스로 인한 경제 활성화와 해외 관광객의 급증으로 젊은이들이 사실상 '완전 고용'을 맞이했다는 분석이 나온다.

18일 아사히신문 등에 따르면 일본 후생노동성과 문부과학성은 전날 전국 국공립대 24곳과 사립대 38곳의 졸업생 취업 현황을 분석한 결과를 발표했다. 올 3월 졸업생 중 취업을 희망한 43만6700명 중 97.6%인 42만6000명이 일자리를 얻었다. 조사가 시작된 1997년 후 사상 최고였던 작년보다 0.4%포인트 낮지만 여전히 역대 두 번째로 높은 수준이라고 일본 정부는 밝혔다.

— 박형준, 日 올 대졸 취업률 97.6%… 사실상 '완전 고용', 〈동아일보〉, 2019.05.20

실업률이 0%가 아닌데 왜 완전고용이라고 할까. 경제학에서 완전고용의 정의는 '실업자 제로'가 아니다. 일을 할 의사와 능력이 있고 취업을 희망하는 사람이라면 원칙적으로 전부 고용되는 상황을 가리킨다. 즉 노동시장에서 수요와 공급이 일치하는 상태다. 완전고용의 반대말은 '불완전고용'이다. 일할 능력과 의사를 갖고 취업을 희망하는 사람들에게 일자리가 충분히 공급되지 못하는 상태를 가리킨다.

실업률 0%는 현실에서 불가능하다. 아무리 호황이어도 구직, 이직 등의 과정에서 일시적인 실업(마찰적 실업)은 어느 정도 발생하기 때문이다. 경제가 사실상의 완전고용을 유지하는 중에서도 지속되는 실업률을 '자연실업률'이라 부른다.

실업률이 얼마일 때 완전고용이라는 획일적인 기준은 없다. 과거에는 실업률 6% 정도를 완전고용으로 보기도 했지만 최근에는 그 비율이 2~3%대로 낮아졌다. 미국에서는 2019년 4월 실업률(3.6%)이 50년 만에 최저를 기록하자 노동시장이 완전고용에 근접했다는 분석이 나왔다. 일본에서도 2012년 4%대였던 실업률이 2019년 2%대 초반으로 내려오자 완전고용 상태에 접어들었다는 평가를 받았다.

비슷한 시기 한국의 실업률은 3~4%대를 기록했지만 완전고용이란 말은 나오지 않았다. 실제 노동시장의 분위기는 차가웠기 때문이다. 한국은 원래 외국보다 실업률이 낮게 나오는 편이다. 구직활동을 하지 않아 실업자 통계에서 빠지는 고령자, 경력단절여성 등이 많은 것이 주된 요인으로 분석된다.

027

부의 효과(wealth effect)

주식, 부동산, 채권 등 자산 가치가 상승하면 그 영향으로 소비가 증가하는 현상.

경제기사 읽기

지난 6월 중순 이후 중국 주식시장이 폭락하면서 증시 거품이 실물경제의 발목을 잡을 수 있는 새로운 위험 요인으로 급부상했다.

모건스탠리와 크레디트스위스 등은 중국 증시 하락세가 앞으로도 지속될 경우 중국의 실물경기에 실질적인 위협 요인이 될 수 있다는 관측을 내놓고 있다. 우선 증시가 침체 상태에 빠지면 각종 거래 감소가 금융부문의 국내총생산(GDP) 기여도를 떨어뜨릴 수 있다. 또 앞다퉈 증시에 뛰어든 개인투자자들이 대거 손실을 보게 돼 자동차를 비롯한 내구재 소비가 둔화되는 '역(逆)자산 효과'가 발생할 수 있다는 분석이다.

골드만삭스 웰스파고 등은 그러나 중국 증시가 급락하더라도 실물경제에 미치는 영향이 크지 않을 것이란 분석을 제시하고 있다. 골드만삭스는 중국 증시에서 개인투자자가 차지하는 비중이 80%를 넘어서지만 가계의 전체 자산에서 주식이 차지하는 비중이 9.4%에 불과해 증시 급락이 소비에 미치는 영향이 생각보다 크지 않을 것이라고 전망했다.

— 김동윤, 상하이지수 '불안한 급등락'…소비 둔화로 이어질까 우려,
〈한국경제〉, 2015.07.16

증시나 부동산시장이 고공행진하면 외제차나 명품시계 매장도 덩달아 장사가 잘 된다. 사실 보유자산 가치가 높아졌다 해도 되팔아 현금화하지 않는 이상 당장 큰돈을 쥐는 것은 아니다. 그러나 주머니가 두둑해졌다고 생각한 투자자들은 과감하게 지갑을 연다. 주식, 부동산, 채권 등 자산 가치가 상승함에 따라

소비도 늘어나는 현상을 '부(富)의 효과' 또는 '자산효과'라고 부른다. 현재의 소비가 미래의 소득에 영향을 받는 것이다.

영국의 아서 피구를 필두로 많은 경제학자들은 자산가치가 소비의 중요한 결정요인이 된다고 봤다. 사람들은 평생에 걸쳐 예상되는 소득과 부를 효율적으로 배분하려 하는데, 자산가치가 높아지면 미래에 더 많은 돈을 버는 것과 마찬가지이므로 저축을 줄이고 소비를 늘린다는 것이다.

한국에서도 부의 효과는 오랫동안 정설로 통했다. '부동산 불패' 신화가 이어지던 2000년대 돈을 신나게 쓴 사람이 많았다. 하지만 앞으로는 고령화의 영향으로 그 효과가 예전만 못할 것이란 연구 보고서도 나오고 있다. 고가 주택을 고령층이 많이 갖고 있는데, 노후자금 확보 혹은 상속 걱정 때문에 소비를 크게 늘리지 않는 경우가 늘고 있다는 것이다.

자산가치 하락이 소비 위축을 유발하면 '역(易) 자산효과'라고 한다. 1990년대 장기 불황에 빠진 일본에서는 주식, 부동산 등 자산가격이 급락하자 가계가 소비도 줄이기 시작했다. 미국에서도 2008년 금융위기 이후 집값 폭락이 소비 감소로 이어지는 역 자산효과가 나타났다.

028

3저 호황

저달러·저유가·저금리의 3저(低) 현상에 힘입어 1986~1988년 한국이 누린 경제 호황.

경제기사 읽기

A씨의 직장생활은 순탄한 편이었다. 저유가 · 저금리 · 저달러의 '3저 호황'에 힘입어 1990~1995년 명목임금상승률은 13.7%에 달했다. 5년이 지나면 급여가 두 배 가까이 올랐다는 얘기다. 2017년(3.8%)과 2018년(5.3%) 임금상승률의 2~3배에 달하는 수준이다.

'내 집 마련'도 지금보다 훨씬 쉬웠다. 1988년 주택 200만 가구 건설과 1989년 경기 분당 · 일산 등 1기 신도시 건설 등 공급 확대 정책에 힘입어 1990년대 중반까지 아파트가 쏟아져 나온 덕분이다.

— 성수영 · 서민준, 추천서에 이름 쓰면 취업, 집 샀더니 몇배 뛰어… 천운을 타고난 586, 〈한국경제〉, 2019.10.14

"택이 아빠, 무조건 땅 사요. 요새 일산이 뜬대." "강남 은마아파트 사이소. 그거 5000만원 한다카데."

몇 년 전 큰 인기를 누린 드라마 〈응답하라 1988〉에는 바둑소년 최택이 받은 상금 5000만원을 어디에 투자할지를 놓고 가족들이 옥신각신하는 장면이 나온다. 드라마의 배경인 1988년은 한국이 3저 호황의 절정을 지나던 때다. 주식도 부동산도 하루가 다르게 가격이 뛰었다.

3저 호황은 1986~1988년 세계적인 저달러 · 저유가 · 저금리 현상에 힘입어 한국이 누린 호황기를 가리킨다. 당시 한국의 경제성장률은 1986년 11.3%, 1987년 12.7%, 1988년 12.0%로 3년 내리 10%를 웃돌았다. 저달러 ·

저유가 · 저금리가 왜 호재로 작용했는지 하나씩 살펴보자.

우선 저달러. 쌍둥이 적자(재정적자+무역적자)에 시달리던 미국은 1985년 영국 · 독일 · 프랑스 · 일본 재무장관을 불러 플라자 합의를 맺었다. 미국 달러화 가치를 떨어뜨리고 일본 엔화와 독일 마르크화 가치는 높이는 게 핵심이다. 이후 2년 동안 엔화 가치는 70% 가까이 높아졌지만, 한국 원화의 가치는 10% 정도 절상되는 데 그쳤다. 이는 수출시장에서 한국산 제품의 가격경쟁력이 최대 경쟁상대였던 일본보다 높아지는 효과를 가져왔다.

다음 저유가. 1973년과 1978년 두 차례 석유 파동(oil shock)을 경험한 세계 각국은 중동산 석유 의존도를 낮추기 위해 유전 개발에 속속 나섰다. 석유수출국기구(OPEC) 회원국들은 점유율 수성을 위해 석유 생산량을 대폭 늘리는 것으로 맞불을 놨다. 그 결과 1985년 배럴당 28달러였던 국제유가는 1986년 14달러로 1년 만에 반토막이 났다. 석유를 원료로 쓰는 주요 원자재 가격도 동반 하락했다. 원유 전량을 수입에 의존하는 한국으로선 제조원가를 크게 절감하게 됐고, 수출시장에서의 경쟁력을 한층 높일 수 있었다.

마지막으로 저금리. 주요 국가들은 석유 파동 이후 침체된 경제를 되살리기 위해 금리를 경쟁적으로 인하했다. 금리가 낮아지면 기업들이 돈을 빌리기 수월해져 생산과 투자를 촉진하게 된다. 1980년대 초반 불어난 외채에 시달리던 한국의 빚 상환부담이 한결 가벼워졌다.

이런 우호적인 여건에 힘입어 한국은 1986년 사상 처음 46억달러의 경상수지 흑자를 기록했다. 1988년 서울올림픽 특수에 힘입어 내수도 괄목할 만한 성장을 보였다. 하지만 1989년부터 저달러 · 저유가 · 저금리 현상이 사라지자 한국의 3저 호황도 신기루처럼 사라지고 말았다. 3저 호황은 우리 경제가 한 단계 도약하는 기반을 다진 계기였지만, 대외적 요인에 크게 흔들리는 취약한 구조였음을 보여주는 사례이기도 하다.

029

펀더멘털(fundamental)

국가 또는 기업이 얼마나 건강하고 튼튼한지를 나타내는 종합적인 기초여건.

경제기사 읽기

일본이 한국을 화이트리스트(수출절차 간소화 국가)에서 제외하고 미국이 중국을 환율조작국으로 지정하는 등 한국 경제를 둘러싼 대외 환경이 악화하고 있다. 1997년 외환위기나 2008년 글로벌 금융위기 같은 '퍼펙트 스톰'(여러 가지 악재가 한꺼번에 터져 생긴 초대형 위기)이 발생하는 것 아니냐는 우려도 나온다.

정부와 청와대는 "한국 경제의 펀더멘털(기초체력)은 괜찮다"고 설명했다. 홍남기 부총리 겸 기획재정부 장관은 7일 "한국 경제의 대외 건전성은 과거보다 획기적으로 개선됐다"고 했고, 김상조 청와대 정책실장도 전날 "금융 또는 경제 펀더멘털 상황이 (과거 위기 때와는) 매우 다르다"고 말했다.

외환보유액, 단기외화부채비중 등 금융지표는 비교적 양호하다는 평가가 우세하다. 하지만 경제성장률, 수출, 투자 등 거시지표는 가장 최근 경제위기가 발생했던 2008년에 비해 오히려 좋지 않다. 전문가들은 "수출 등의 하락 속도가 빠른 상황에서 강력한 외부 충격이 발생하면 큰 혼란에 빠질지 모른다"고 지적했다.

— 이태훈 · 김익환 · 서민준, 외환보유액 · 단기외채는 '양호'…
수출 · 투자 등 실물경제는 '취약', 〈한국경제〉, 2019.08.08

한국은 수출로 먹고사는 나라이자, 대외의존도가 높은 경제구조를 갖고 있다. 해외에서 예측하지 못한 돌발변수가 터져나올 때면 '우리 경제가 버텨낼 수 있는가'를 놓고 많은 우려가 나온다. 경제관료들이 자주 쓰는 펀더멘털이라는 단어는 사람에 비유해 '기초체력'으로 이해하면 쉽다. 영어사전에서 펀더멘털은

'기본적인, 근본적인'이란 뜻의 형용사다. 이 말이 경제용어로 쓰이면 특정 국가나 기업이 얼마나 건강하고 튼튼한지를 의미하게 된다.

국가의 펀더멘털은 경제성장률, 물가상승률, 재정수지, 경상수지, 외환보유액 등의 거시지표를 고려한 종합적인 경제여건을 가리킨다. 나라 경제가 제대로 돌아갈 수 있도록 뒷받침하는 법과 제도 역시 펀더멘털의 요소로 포함되기도 한다. 펀더멘털이 탄탄한 나라는 해외 경기가 불안해져도 상당한 면역력, 즉 위기대응 능력을 갖췄다고 평가할 수 있다.

펀더멘털은 증권 뉴스에서도 많이 볼 수 있다. "OO기업은 펀더멘털에 비해 주식시장에서 저평가되어 있다" "반도체, 디스플레이 등 국내 주력산업의 펀더멘털은 탄탄하다"는 식의 투자전문가 멘트가 대표적이다.

개별 기업 또는 산업의 펀더멘털은 매출과 순이익이 잘 나오는지, 앞으로 성장 가능성이 뛰어난지 등을 뜻한다. 특정 주식시장의 펀더멘털이 좋다는 것은 여기에 상장된 주요 종목들이 투자할 만한 가치와 매력을 갖고 있다는 말로 해석할 수 있다.

030

황소장/곰장(bull market/bear market)

증시에서 황소장은 상승장, 곰장은 하락장을 뜻한다.

경제기사 읽기

미 · 중 무역합의 기대에 다우지수가 지난 15일 사상 최초로 28,000선을 돌파했다. 소비 · 고용이 견조하고 기준금리 인하까지 세 차례 이어진 상황에서 무역갈등 우려가 잦아들면 '미 경기가 부활할 것'이란 기대가 투자심리를 달궜다.

미국 증시의 이번 강세장은 2차 세계대전 이후 최장기간(128개월) 이어지고 있다. 기존 1949~1956년 강세장의 454% 상승률(S&P500 기준)을 넘어선 최고 상승률(473%) 기록까지 세웠다.

올 들어 뉴욕 금융시장에선 장 · 단기 국채 수익률 곡선이 역전되면서 경기침체 우려가 컸다. 하지만 이달 들어 그런 걱정은 사그라들었다. 3분기 S&P500 기업의 70% 이상이 시장 예상을 넘는 실적을 내놓은 것도 증시 상승세에 힘을 보태고 있다. 밥 브로니 노던트러스트 최고투자책임자(CIO)는 WSJ에서 "지난 한 달간 랠리의 대부분은 침체 우려가 줄어든 덕분"이라며 "연말까지 이런 모멘텀이 이어질 것"으로 전망했다.

— 김현석, 美 · 中협상 합의 임박, 고용 호조, 소비 증가…"美 황소 랠리 계속된다", 〈한국경제〉, 2019.11.18

서울 여의도의 한국금융투자협회, 부산에 있는 한국거래소의 건물 앞에는 커다란 황소 동상이 서 있다. 미국 뉴욕, 중국 상하이, 독일 프랑크푸르트 같은 금융 중심지에서도 웅장한 황소상을 볼 수 있다. 왜 증권가에 하나같이 황소를 세워놨을까. 주식시장의 상승세를 상징하는 동물이기 때문이다.

경제용어 중에는 동물에서 유래한 표현이 많다. 증시가 상승세를 타면 불 마켓(bull market), 우리말로는 '황소장'이라 표현한다. 반대로 증시가 하락세를 보이면 베어 마켓(bear market), 이른바 '곰장'이라 부른다.

두 동물이 이런 상징적 의미를 갖게 된 데는 여러 설(說)이 있다. 가장 유력한 것은 두 동물의 자세와 공격 성향이다. 황소는 뿔을 높이 치켜들고 있고, 다른 동물을 공격할 때 위로 들이받는다. 곰은 느릿느릿 굼뜨게 움직이는 데다, 싸울 때 상대방을 아래로 내리찍는다. 황소가 상승, 곰이 하락을 의미하게 된 이유다.

미국 작가 찰스 존슨이 1715년에 쓴 책에도 강세장과 약세장을 뜻하는 단어로 황소와 곰이 등장한다는 점에서 역사가 매우 깊은 표현이라는 게 중론이다. 1900년대까지 미국 캘리포니아에서는 황소와 곰 간의 싸움이 스포츠로 인기를 누렸다고 한다. 수시로 등락을 거듭하며 투자자들을 바짝 긴장시키는 주식시장의 속성과 잘 들어맞는다.

031

R의 공포

경기 침체(recession)에 대한 불안 심리.

3장 경기 순환

경제기사 읽기

미국의 장 · 단기 국채금리 역전으로 촉발된 'R(recession·경기 침체)의 공포'가 아시아 금융시장까지 확산됐다. 한국을 비롯해 일본 중국 등 아시아 증시가 25일 일제히 1~3% 이상 급락했다.

이날 코스피지수는 42.09포인트(1.92%) 하락한 2144.86에 마감했다. 미 · 중 무역분쟁 위기가 한창 고조되던 작년 10월 23일(55.61포인트) 후 가장 큰 폭으로 떨어졌다. 외국인과 기관이 각각 703억원, 2241억원어치 순매도했다. 코스닥지수도 16.76포인트(2.25%) 떨어진 727.21에 마감했다. 일본 닛케이225지수는 3.01% 급락했고, 중국 상하이종합지수 1.97%, 홍콩 항셍지수 2.1%, 대만 자취안지수는 1.5% 하락했다.

지난주 미국 중앙은행(Fed)이 금리를 동결하고 진행 중인 자산 축소를 오는 9월 종료하겠다고 밝히면서 경기 침체 우려가 커졌고, 여기에 미국 장 · 단기 금리 역전, 주요국 제조업지표 동반 하락 등 악재가 겹쳤다. 이 여파로 지난주 금요일 미 증시가 2% 가까이 급락한 것이 아시아 시장에도 영향을 미쳤다는 분석이다.

— 강영연 · 강동균, 커지는 'R의 공포'…亞증시 동반 급락, 〈한국경제〉, 2019.03.26

영어권에서 'fuck'이라는 단어는 비속어 중에서도 정말 상스러운 욕설로 통한다. 입에 올리기 거북한 이 단어를 언급해야 할 때 점잖은 사람들과 언론은 'F워드'라고 부른다. 'F로 시작하는 그 단어'라고 돌려 말하는 것이다.

금융시장에서도 사람들이 언급 자체를 불편해 하는 단어가 있다. 경기 침체를 뜻하는 리세션(recession)이다. 경제뉴스에 종종 등장하는 'R의 공포'는 경기 침체에 대한 불안감을 의미한다. 주요국 증시가 일제히 급락하거나 안전자산에 대한 수요가 급증하는 등 심상찮은 조짐이 나타날 때 R의 공포가 확산되고 있다는 분석을 많이 볼 수 있다.

경기 침체의 공식적인 정의는 실질 국내총생산(GDP) 성장률이 2개 분기 연속 마이너스를 기록하는 것이다. 경기가 침체기에 접어들면 살림살이를 팍팍하게 만드는 여러 악재가 이어진다. 기업의 영업활동이 위축되고, 투자와 고용이 줄어 실업자가 늘어난다. 구매력이 약해진 소비자들은 지갑을 닫게 된다. 공급이 수요를 초과함에 따라 재고가 누적되고, 상품 · 서비스 가격 하락으로 이어지기도 한다.

R의 공포와 비슷한 표현으로 'D의 공포'도 있다. D의 공포는 물가가 지속적으로 하락하는 디플레이션(deflation)에 대한 불안 심리를 가리킨다. 경제학자들은 디플레이션이 물가가 상승하는 인플레이션(inflation)보다 더 위험할 수 있다고 본다. 1930년대 미국의 대공황, 1990년대 일본의 장기 침체 등이 디플레이션에서 시작했다.

R의 공포나 D의 공포만큼 자주 쓰이진 않지만 한때 유행했던 말 중에 'J의 공포'라는 것도 있다. 실업자(jobless) 급증에 대한 위기감을 뜻한다.

032

블랙 스완(Black Swan)

극히 예외적이어서 발생 가능성이 없어 보이지만 일단 발생하면 엄청난 충격을 가져오는 사건.

경제기사 읽기

도널드 트럼프 미국 정부가 2000억달러 규모의 중국 상품에 고율 관세 부과를 강행하고 중국도 보복관세로 맞서면서 글로벌 금융시장에 긴장감이 감돌고 있다. 세계 경제의 최대 악재로 지목되는 미 · 중 무역전쟁이 전면으로 확대되면서 '금융위기 10년 주기설' 논란이 가열되고 있다.

금융위기를 우려하는 전문가들은 이달 말 미국 중앙은행(Fed)의 기준금리 인상까지 겹치며 금융위기 발발이 현실화될 수 있다고 경고하고 있다. 설사 이 고비를 넘기더라도 중국의 부채 위기와 영국의 '하드 브렉시트' 등 다른 악재가 겹겹이 대기 중이어서 한시도 안심할 수 없다고 주장한다.

반면 대부분 전문가들은 글로벌 경제의 기둥인 미국이 흔들리지 않는 한 신흥국 위기가 전방위로 확산될 가능성이 낮다며 금융위기 발발 우려를 일축하고 있다. 금융위기론은 경제 체력이 약한 아르헨티나와 터키 등 일부 신흥국 위기를 과대 평가한 것이란 반론이다.

17일(현지시간) 블룸버그통신에 따르면 이른바 '블랙 스완 지수'로 불리는 미국 시카고옵션거래소(CBOE) S&P500 SKEW지수가 150을 넘어 역대 최고 수준에 근접했다. SKEW지수는 콜옵션과 풋옵션의 차이를 지수화한 투자심리 지표로, 100을 기준으로 높을수록 주가 하락에 베팅한 사람이 많다는 의미다.

— 이현일, "통상 전면전이 '블랙 스완' 부른다" vs "신흥국 위기 과장 말라",
〈한국경제〉, 2018.09.19

블랙 스완은 우리말로 '검은 백조'다. 누군가는 이렇게 물어볼 것 같다. "백조는 원래 흰색인데, 상상 속의 동물을 말하는 건가요?" 검은 백조는 쉽게 볼 수 없을 뿐 현실에 존재하는 동물이다. 1697년 네덜란드 탐험가 윌리엄 드 블라밍은 서부 오스트레일리아에서 흑고니라는 새로운 종(種)을 찾아냈다. 이전까지 백조는 모두 하얀 줄 알았던 유럽인들로선 놀라운 발견이었다.

이를 계기로 블랙 스완은 '불가능하다고 생각했지만 현실이 된 상황'을 비유하는 말로 쓰이게 됐다. 요즘 국내 언론도 경제에 큰 타격을 줄 수 있는 돌발 악재를 언급할 때 블랙 스완이라는 표현을 자주 사용한다.

이 단어가 경제계에 널리 퍼진 계기는 2007년 월스트리트의 투자 전문가인 나심 니콜라스 탈레브(Nassim Nicholas Taleb)가 쓴 《블랙 스완(The Black Swan)》이라는 책이다. 그는 이 책에서 월스트리트의 문제점을 조목조목 비판하면서 이듬해 터진 서브프라임 모기지 사태를 예언해 유명해졌다. 탈레브는 "극단적인 0.1%의 가능성이 모든 것을 바꾼다"고 주장했다. 그러면서 블랙 스완의 속성을 세 가지로 정의했다. 일반적인 예상을 벗어나는 사건이고, 극심한 충격을 동반하며, 현실화하고 나서야 그에 대한 사후적 설명이 가능하다는 것이다. 미국인을 충격으로 몰아넣었던 경제 대공황이나 9 · 11 테러 등을 대표적 사례로 들 수 있다.

경제에서는 지나친 비관론이 시장 불안을 자가 증폭시킬 때도 있지만, 모두가 낙관론에 젖은 상태에서 초대형 위기가 찾아온 사례도 적지 않았다. 블랙 스완은 언제든 물 위에 나타날 수 있다는 사실을 경제관료와 투자자들이 기억해야 할 것이다.

033

소프트 랜딩/하드 랜딩(soft landing/hard landing)

소프트 랜딩은 경기가 서서히 둔화하는 연착륙을, 하드 랜딩은 경제가 급격히 추락하는 경착륙을 뜻한다.

경제기사 읽기

일부 지표가 회복세를 보이고 있지만 수출 · 투자가 다시 둔화돼 '더블딥'에 빠질 수 있다는 경고가 나왔다. 현대경제연구원은 8일 '경기 바닥론 속 더블딥 가능성 상존' 보고서에서 "지난 2분기부터 경기 바닥론이 나왔지만 하방 위험이 부각될 경우 더블딥에 빠질 수 있다"고 진단했다. 연구원은 최근의 경기지표를 거론하며 반등 신호가 미약하다고 지적했다. 현재 경기를 종합적으로 보여주는 동행지수 순환변동치는 7월 99.3에서 9월 99.5로 소폭 올랐지만 10월 99.4로 다시 하락했다. 3분기 경제성장률은 시장 추정치(0.5~0.6%)를 밑도는 0.4%에 그치며 올해 연 2%대 성장을 장담하기 어렵다.

현대경제연구원은 한국 경제의 방향이 친디아(Chindia·중국과 인도) 경기와 설비투자 회복 여부에 달려 있다고 평가했다. 내년 중국 성장률은 6.0%를 밑돌 것이란 예상이 나오고, 인도 성장률 역시 둔화되는 양상이다. 두 나라 경기가 살아나지 않으면 한국의 수출 경기 회복 시점 역시 미뤄질 것이란 게 연구원의 설명이다.

주원 현대경제연구원 경제연구실장은 "중국 · 인도 경제의 경착륙에 대비해 아세안(동남아국가연합) 수출 시장을 더 많이 개척해야 한다"고 조언했다.

— 김익환, "경기 바닥론 섣불러…더블딥 가능성", 〈한국경제〉, 2019.12.09

경기 침체를 달가워할 사람은 아무도 없다. 하지만 불황은 주기적으로 찾아온다는 경제의 법칙을 거스를 수 없다면, 충격이라도 최소화하는 것이 낫다. 경제가 불황에 빠졌다가 회복하기까지의 과정과 관련된 다양한 표현들을 알아보자.

소프트 랜딩과 하드 랜딩은 경기 침체를 착륙하는 비행기에 빗댄 표현이다. 소프트 랜딩은 활주로에 부드럽게 내려앉는 연착륙(軟着陸)에서 유래했다. 급격한 경기 침체나 실업 증가를 야기하지 않고 경제가 서서히 가라앉는 것이다. 반면 하드 랜딩은 비행기가 부서질 듯 거칠게 내려앉는 경착륙(硬着陸)이다. 경기가 갑자기 얼어붙으면 가계, 기업, 정부 모두에 충격이 크고 회복에도 오랜 시간이 걸릴 수 밖에 없다.

반짝 좋아질 조짐을 보이던 경기가 다시 속절없이 주저앉는 상황은 더블 딥(double dip)이라 부른다. 두 번이라는 뜻의 '더블'과 급강하를 의미하는 '딥'을 합친 말이다. 기업 생산이 반등하더라도 소비가 이를 뒷받침하지 못하면 불황에 재진입할 수 있다.

경기 회복 국면에서 일시적인 둔화에 빠지면 소프트 패치(soft patch)라 한다. 골프장에서 잔디가 잘 자라지 않아 공을 치기 어려운 땅에서 유래한 말이다. 2002년 앨런 그린스펀 당시 미국 중앙은행(Fed) 의장은 경제의 단기 불확실성이 높아졌으나 곧 회복세를 보일 것이라 자신하며 이 표현을 처음 썼다.

경제가 단기간에 급속히 추락했다가 장기간에 걸쳐 서서히 회복하는 모습은 나이키 커브(nike curve)라고 한다. 미국 나이키의 유명한 로고 모양을 떠올리면 된다. 2008년 금융위기 당시 경제가 언제 되살아날지를 놓고 갑론을박이 벌어지는 과정에서 등장한 신조어다. 주가 예측 등 여러 영역에서 '급격한 하락, 완만한 회복'을 상징하는 말로 쓰이고 있다.

034

안전자산(riskless asset)

손실을 볼 위험이 매우 적은 투자자산. 금, 달러, 선진국 국채 등이 대표적 사례다.

경제기사 읽기

신종 코로나바이러스 감염증인 '우한 폐렴'이 전 세계로 확산하면서 금융시장에서 안전자산 쏠림 현상이 나타나고 있다. 대표적인 안전자산인 달러화, 금, 미국 국채에 대한 선호가 커지고 있는 것이다.

28일 서울 외환시장에서 원 · 달러 환율은 전 거래일 대비 8원 오른 1,176원70전으로 마감했다. 이는 올해 들어 최고치다.

이날 환율은 우한 폐렴 공포로 9원80전 급등한 1,178원50전으로 개장한 후 숨 고르기 장세로 들어갔다. 환율은 1,175원30전으로 상승폭을 줄이다 1,176원70전에서 마무리됐다. 설 연휴 동안 우한 폐렴 확진자가 늘어나면서 안전자산으로 분류되는 미 달러화가 강세를 나타낸 반면 위험자산인 원화가 약세를 보였기 때문이다.

— 김기혁, 뭉칫돈 몰리는 안전자산, 〈서울경제〉, 2020.01.29

안전자산이란 투자해서 손실을 볼 가능성이 거의 없는 자산을 말한다. '무위험자산'이라 부르기도 한다. 일반적으로 금융자산 투자에는 여러 위험이 뒤따른다. 시장가격이 변동하거나 인플레이션(물가 상승)으로 자산의 실질가치가 하락할 수 있고, 채권의 경우 돈을 떼일 위험도 있다. 안전자산은 주로 채무불이행 위험이 없는 자산이라는 뜻으로 사용되고 있다.

금은 언제 어디서든 다른 자산으로 쉽게 바꿀 수 있는 데다, 녹슬거나 닳아 없어지지 않고 본래 가치를 꾸준히 유지한다는 점에서 안전자산으로 꼽힌다. 2차 세계대전을 계기로 출범한 브레튼우즈 체제는 1971년까지 금본위제도를 운영했는데, 당시에는 전 세계 화폐가 금과의 교환가치로 평가되기도 했다. 어수선한 시국에는 항상 금 찾는 사람이 늘어난다. 오일 쇼크가 터진 1970년대 금값은 3년 만에 세 배 올랐다. 2008년 미국발 금융위기와 2011년 유럽발 재정위기가 불거졌을 때도 금은 상한가였다.

금과 더불어 대표적인 안전자산으로 미국 달러화를 빼놓을 수 없다. 달러는 국제무역과 금융거래에서 세계적으로 통용되는 기축통화다. 수많은 화폐 중 달러가 가장 안전하다고 평가받는 까닭은 미국이 세계 최대 경제대국이기 때문이다. 개발도상국이나 후진국에서는 경제가 휘청이면 화폐가치가 급락해 휴짓조각이 되는 일이 종종 벌어지지만, 미국은 망할 가능성이 거의 없다는 게 보편적인 인식이다.

미국, 일본, 독일, 스위스 등 선진국들이 발행한 채권도 돈을 떼일 위험이 크지 않기 때문에 안전자산으로 분류된다. 경기 하강기에는 이들 국채의 수요가 늘면서 큰 폭의 가격 상승(채권금리 하락)을 보인다.

035

립스틱 효과(lipstick effect)

불황기에 적은 비용으로 품위를 유지하고 심리적 만족감을 느낄 수 있는 소비재가 잘 팔리는 현상. 대표적인 품목이 립스틱이라고 해서 붙은 이름이다.

경제기사 읽기

연말 소비심리가 얼어붙으면서 내수주 중에서도 저가제품이나 사치품 대체재가 주력인 종목이 강세를 보이고 있다. 불황기에 립스틱 같은 저가 화장품 매출이 늘어나는 '립스틱 효과'가 증시에 나타나고 있다는 분석이다.

17일 금융정보 분석업체 에프앤가이드에 따르면 유가증권시장과 코스닥시장에 상장된 내수 관련주 220개 가운데 비교적 저가제품을 주력 상품으로 삼고 있는 종목의 올해 주가 상승률(이하 올 연초 이후 16일까지 기준)이 두드러졌다.

대표적인 것이 '서민 술'로 불리는 소주 관련주다. 소주 제조업체 무학은 올해에만 95.57% 급등했을 뿐 아니라 하이트진로도 같은 기간 10.66% 오르는 강세를 보였다. '여성들이 고가 의류 구입을 망설일 때 속옷이나 립스틱 구매가 늘어난다'는 속설을 반영하듯, 남영비비안(28.28%) 신영와코루(13.82%)의 상승률도 쏠쏠했다.

저가의 군것질 관련주도 강세를 보였다. 외식비에 대한 가계의 부담이 커졌기 때문이다. 찐빵 제품을 주력으로 삼고 있는 삼립식품은 겨울주 특수와 함께 불경기 속 호황 효과를 동시에 누리며 올 들어 138.37% 상승했다. 믹스커피 제품으로 널리 알려진 동서도 연초 이후 주가가 41.84% 올랐다.

— 김동욱, '푼돈 상품' 내수株만 잘 나가네, 〈한국경제〉, 2014.12.18

미국이 기나긴 경제 대공황에 허덕이던 1930년대, 산업별 매출 통계를 분석하던 경제학자들은 흥미로운 대목을 하나 발견했다. 소비가 극도로 위축된 상황에서 립스틱 매출만큼은 쑥쑥 올랐기 때문이다. 학자들은 "돈은 절약하되 최대한의 만족감을 누리려는 소비자들의 심리가 반영된 것"이라 결론내렸다. 립스틱은 입술에 한 번 스윽 바르는 것만으로 여성의 이미지를 확 바꿀 수 있는 상품이면서, 가격은 다른 화장품보다 훨씬 저렴한 게 특징이다. 불황기 경제 동향을 분석하는 기사에 단골로 등장하는 '립스틱 효과'라는 말은 이렇게 탄생했다.

립스틱 효과는 호황기에 즐기던 소비습관을 불황 때도 쉽게 버리지 못하는 소비자들의 특성에서 비롯된다. 단지 립스틱뿐만 아니라 합리적인 비용으로 높은 만족감을 충족할 수 있는 다양한 소비재에 적용할 수 있다. 비슷한 표현으로 넥타이 효과, 미니스커트 효과, 매니큐어 효과 등도 있다.

미국 화장품업체 에스티로더는 2001년 립스틱 판매량에 따른 경기 지표로 '립스틱 지수' 발표를 시작하기도 했다. 하지만 최근엔 립스틱 효과가 현실과 잘 들어맞지 않는다는 지적도 심심찮게 나온다. 소비자들이 쓰는 화장품의 종류가 다양해지면서 단순한 립스틱 판매량은 소비지표로서 영향력을 잃고 있다는 것이다.

대중의 소비패턴이 이른바 '가치소비' 중심으로 달라지고 있다는 분석도 주목할 만하다. 가치소비란 자신이 가치 있다고 생각하는 제품은 가격에 관계 없이 과감하게 구입하고, 별로 중요하지 않다고 느끼는 제품엔 지갑을 닫는 경향을 말한다. 호황기엔 과시적 소비, 불황기엔 절약형 소비가 뜬다는 전통적인 구분법은 더 이상 통하지 않는다는 얘기다.

036

절약의 역설(paradox of thrift)

저축이 지나치게 늘어나면 총수요가 감소해 사회 전체의 부가 오히려 감소한다는 이론.

경제기사 읽기

소비는 흔히 일본 경제 부활의 마지막 남은 '퍼즐'로 불린다. 국내총생산(GDP)과 수출지표, 고용지표 등 주요 경제지표가 2차 세계대전 이후 최장기 경기회복 수준에 근접하고 있지만 소비지표만은 기대에 못 미치고 있기 때문이다.

거시지표 개선과 물가 하락에도 불구하고 소비가 늘어나지 않는 '미스터리'의 원인을 일본 국민 특유의 근검 · 절약에서 찾는 일이 많다. 제로(0)금리가 지속되고 있으나 8월 일본 시중은행 예금잔액은 684조엔으로 올 들어 4.5% 늘었다.

— 김동욱, 돈 풀고 심야관광 활성화까지…일본, 소비 진작 '전력투구', 〈한국경제〉, 2017.09.29

한국 사회에선 오랫동안 저축이 미덕이었다. 정부는 1964년부터 10월 마지막 화요일을 '저축의 날'로 정하고, 저축유공자에 훈장을 주는 등 성대한 행사를 벌였다. 초등학교에서 모든 학생이 통장을 개설하도록 하고 저축을 많이 하면 상을 주던 시절도 있었다. 과소비를 지양하고 저축을 권장하는 것은 당연한 얘기다. 하지만 사람들이 저축을 '너무 열심히' 하면 경제에 오히려 해로울 수 있다. 경제학자 존 메이너드 케인스가 주장한 '절약의 역설'의 핵심이다.

절약의 역설이란 사람들이 저축을 늘리면 개인적으론 부유해지지만, 총수요가 위축돼 사회 전체의 부(富)는 오히려 감소한다는 이론이다. 개별적으로

한국의 가계저축률 (단위: %)

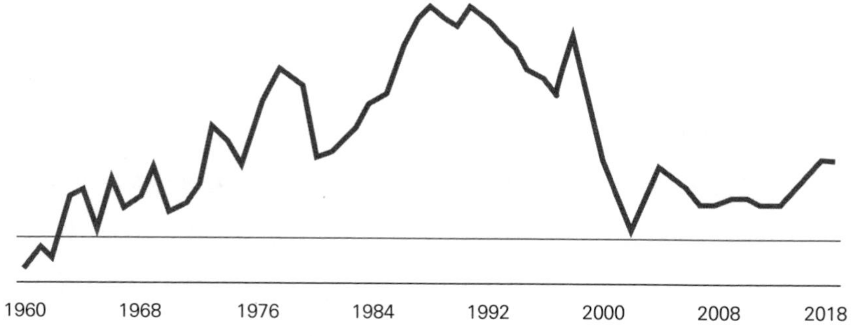

자료: 한국은행

맞는 선택이 전체적으론 틀리는 현상을 뜻하는 '구성의 오류'의 대표적 사례로 자주 언급되기도 한다.

저축이 늘었다는 것은 같은 금액만큼 소비가 줄었다는 뜻이다. 상품이 팔리지 않고 재고로 쌓이면 기업들은 생산 · 고용 · 투자를 억제할 수 밖에 없고, 이는 국민소득 감소와 불황으로 이어질 수 있다.

'잃어버린 20년'으로 불리는 장기 불황에 시달렸던 일본에서 이런 악순환이 나타났다. 1990년대 일본인들이 장롱이나 통장에 돈을 묶어둔 채 지출을 최대한 조이면서 디플레이션 국면에 빠졌다. 결국 일본 정부는 '6개월 안에 쓰지 않으면 무효'라는 조건을 달아 7000억엔어치의 상품권을 나눠주는 현금 살포 정책까지 동원해야 했다.

절약의 역설은 저축한 돈이 투자로 연결되지 않기 때문에 발생한다. 저성장기에 접어들수록 돈이 부족한 것보다 돈이 돌지 않는 것이 더욱 심각한 문제다. 오랜 역사를 자랑하던 한국의 저축의 날은 2015년을 마지막으로 조용히 사라졌다. 더 이상 저축이 미덕만은 아닌 사회가 됐다.

037

블랙 먼데이(Black Monday)

월요일이었던 1987년 10월 19일 미국 뉴욕 증시가 사상 최대 폭으로 급락한 사건.

경제기사 읽기

열흘 간의 춘제(春節·중국 설)를 끝내고 개장한 중국 증시가 3일 8% 가까이 폭락했다. 신종 코로나바이러스 감염증 확산 공포가 연휴를 마친 증시에 한꺼번에 몰아친 탓이다. 예상을 벗어나지 않은 중국 증시의 '블랙 먼데이'에 아시아 증시도 동반 약세를 보이며 금융시장이 신종 코로나 공포에 연일 짓눌리고 있다.

중국 상하이종합지수는 이날 전 거래일(지난달 23일)보다 7.72% 급락한 2,746.61로 거래를 마감했다. 이는 '위안화 절하 충격'으로 지수가 폭락했던 2015년 8월 24일(종가 기준 8.49%) 이후 4년여 만의 최대 하락폭이다. 로이터통신은 이날 하루새 중국 증시에서 시가총액 4,200억달러(약 501조원)가 증발했다고 추산했다.

— 조아름, 中 증시 '신종 코로나發 블랙 먼데이'…
하루 새 501조원 날아갔다, 〈한국일보〉, 2020.02.04

미국의 대표 주가지수인 다우지수가 폭락하는 일은 종종 있지만, 시장의 충격이 가장 컸던 날은 1987년 10월 19일로 기록된다. 이날 다우지수는 하루 만에 22.6% 곤두박질했다. 경악한 투자자들이 주식을 내다팔려는 주문을 쏟아내 거래가 마비될 지경이었다. 미국 증시 역사상 일일 최대 하락 폭으로, 아직까지 기록이 깨지지 않고 있다. 이때부터 월요일 증시가 크게 하락하면 블랙 먼데이라는 표현이 보통명사처럼 쓰이고 있다.

당시 대폭락은 이전까지 5년 넘게 상승장을 이어가던 다우지수를 순식간에 무너뜨렸다. 원인은 계속되는 금리 인상, 무역적자와 인플레이션에 대한 우려, 과도하게 오른 주가에 대한 불안심리 등이 복합적으로 작용했다. 뉴욕을 강타한 블랙 먼데이의 충격은 해외로 번져나갔다. 그해 10월 말까지 홍콩(-45%), 호주(-41%), 영국(-26%) 등 세계 증시가 동반 폭락했다.

'검은 날'의 원조는 1929년으로 거슬러 올라간다. 대공황의 방아쇠를 당긴 1929년 10월 24일 목요일 뉴욕 증시의 폭락을 '블랙 서스데이'라고 불렀는데, 이것이 1987년 블랙 먼데이로 변형됐다.

주식 투자자들을 놀라게 하는 주가 급락은 월요일에 나타나는 경우가 많았다. 평균적으로 월요일 수익률이 다른 요일보다 낮다는 주말 효과(weekend effect)라는 말도 있다. 기업들이 불리한 정보를 금요일 폐장 직전 공시하는 경향이 있고, 한국 주식시장은 지리적 특성상 월요일에 가장 일찍 개장해 대외 악재를 먼저 반영하기 때문이라는 분석이다. 물론 합리성은 떨어지는 '속설'일 뿐이다.

한국에서 주가가 가장 큰 폭으로 떨어진 날은 미국 9 · 11 테러 다음날인 2001년 9월12일이었다. 이날 종합주가지수는 12.02% 폭락했다. 당시 한국거래소는 증시 충격을 우려해 평소보다 3시간 늦게 거래를 시작했지만, 개장 직후부터 하한가로 곤두박질하는 주식이 속출했다. 이 기록 역시 아직 깨지지 않고 있다.

038

매몰비용(sunk cost)

한 번 지불하고 나면 회수할 수 없는 비용.

경제기사 읽기

정부가 6기의 신규 원전 건설을 백지화하면서 매몰비용을 놓고 논란이 일고 있다.

24일 한국수력원자력이 자유한국당 윤한홍 의원에게 제출한 자료에 따르면 신규 원전 건설 중단에 따른 매몰비용은 신한울 3 · 4호기 1539억원, 천지 1 · 2호기 3136억원 등 4675억원이다. 여기에는 이미 지출된 설계용역비와 토지보상금 등이 포함돼 있다. 이름과 장소가 미정인 나머지 2기는 아직 투입 비용이 없는 것으로 알려졌다.

그러나 윤 의원은 이날 국정감사에서 신한울 3 · 4호기와 천지 1 · 2호기 등 4기의 매몰비용이 9955억원으로 추산된다는 자체 분석 결과를 내놨다.

— 장세훈, "4675억" "1조 육박"…원전 4기 백지화 매몰비용 논란, 〈서울신문〉, 2017.10.25

매몰비용이란 이미 지불이 끝나 어떤 선택을 내리더라도 회수가 불가능한 비용을 말한다. 문자 그대로 땅에 파묻어버린 돈이란 얘기다.

정부 정책과 기업 경영에서 매몰비용은 중요한 고려 요인이 된다. 기사에 언급된 탈원전 논란의 경우, 원자력발전소를 줄이는 과정에서 발생하는 비용 손실을 놓고 첨예한 공방이 벌어졌다. 계획대로 지으면 문제없이 가동할 수 있는데, 이미 투입된 조(兆) 단위 예산을 매몰비용으로 만들면서까지 취소해야 하느냐가 쟁점이었다.

이와 별개로 매몰비용을 감수하더라도 포기하는 것이 나은 상황에서 매몰비용이 아까워 잘못된 선택을 내리는 경우도 있다. 경제학 교재에 등장하는 이른바 '콩코드의 오류'다. 영국과 프랑스는 1969년 콩코드라는 이름의 세계 최초 초음속 여객기를 개발하는 사업을 시작했다. 파리~뉴욕 비행시간을 7시간에서 3시간으로 줄인다는 야심찬 목표를 내걸었다. 콩코드는 1976년 첫 상업 비행까진 성공했지만 적지 않은 문제점을 드러냈다. 연료를 너무 많이 먹어 수지타산이 안 맞았고, 기체 결함과 소음도 심했다. "이제라도 접자"는 지적이 나왔지만 두 정부는 그때까지 쏟아부은 연구개발(R&D) 비용을 날릴 수 없다고 판단해 투자를 이어갔다.

콩코드 비행기는 어떻게 됐을까. 결론부터 말하면 총 190억달러를 투입한 끝에 2003년 운영을 중단했다. 전문가들의 우려대로 누적적자가 눈덩이처럼 불어난 탓이다. 이런 오류는 미래 가치보다 과거에 편향된 의사결정을 내릴 때 발생한다. 남은 음식을 억지로 먹다 체한다거나, 공연이 재미없는데 표값이 아까워 끝까지 보는 것과 마찬가지다.

039

구제금융(bailout)

기업이나 국가가 도산, 지급불능 등의 위기에 처했을 때 이들을 구제하기 위해 자금을 지원하는 것.

경제기사 읽기

미국 재무부가 경영난에 허덕이고 있는 미국 항공사들과 구제금융 지원 방안에 합의했다. 재무부와 항공사들은 2조달러 규모 경기 부양책 중 항공업계에 배정된 자금을 누구에게 어떻게 쓸 것인지를 두고 논의를 진행해 왔다.

14일(현지시간) 월스트리트저널(WSJ)과 파이낸셜타임스(FT) 등에 따르면 스티븐 므누신 미국 재무부 장관은 이날 델타항공, 아메리칸항공, 유나이티드항공, 사우스웨스트항공, 제트블루 등 10개 미국 항공사들과 250억달러(약 30조 4000억원) 규모의 대출 방안에 최종 합의했다고 밝혔다. 항공사들은 대출받은 금액의 30%를 나중에 갚는 대신, 금액의 10%를 신주인수권 형태로 재무부에 제공하기로 했다. 미국 재무부가 여러 항공사들의 주주가 된다는 의미다.

미국 의회는 지난달 2조달러 규모의 경제 부양책을 통과시키면서 미국 항공업계에 최대 500억달러의 구제금융을 수혈하기로 했다. 이날 재무부와 항공업계가 합의한 지원금은 75만명의 고용유지에 초점을 맞춘 250억달러다.

— 방성훈, 美재무부, 항공업계와 250억달러 구제금융안 합의,
〈이데일리〉, 2020.04.16

구제금융은 말 그대로 어려운 처지에 빠진 누군가를 '구제'하기 위해 자금을 지원하는 것을 뜻한다. 신규 자금을 빌려주는 방법도 있고, 기존 대출금의 상환을 늦춰주는 방법도 있다.

한국도 1997년 외환위기 때 IMF에서 구제금융을 받았다. 외환보유액이 바닥

난 상태에서 급한 불을 끄는 데 큰 도움이 됐다. 그러나 돈을 빌려준 IMF의 요구에 따라 가혹한 구조조정을 단행하는 과정에서 많은 기업과 국민이 고통을 분담해야 했다.

구제금융의 대상은 국가가 될 수도 있고, 기업이 될 수도 있다. 한국 정부는 외환위기 당시 국내 부실 금융회사를 정리하기 위해 '공적자금'이라는 이름의 구제금융을 공급하기도 했다. 공적자금은 1997~2002년 총 168조원이 투입됐고, 2019년 말까지 이 중 69%(116조원)가 회수됐다.

미국 정부는 1930년대 대공황, 1970년대 록히드항공의 파산 위기, 1980년대 저축대부업계 도산 사태 등에서 대규모 구제금융을 공급한 적이 있다. 2008년에는 리먼브러더스를 비롯한 굴지의 투자은행이 줄도산하면서 금융위기가 걷잡을 수 없이 퍼지자 7000억달러의 구제금융을 쏟아부었다. 이 자금은 AIG, 패니메이, 프레디맥 등 여러 금융회사에 공급됐다. 2008년 경제뉴스를 도배하다시피 했던 구제금융은 사전 출판사 메리엄웹스터가 선정하는 '올해의 단어'에 꼽히기도 했다.

구제금융은 특정 국가나 기업의 자금난이 외부로 전이돼 거대한 충격으로 번지는 일을 막는 역할을 한다. 하지만 구제금융에 부정적인 쪽도 있다. 자유시장경제 원칙에 위배된다는 이유에서다. 망해야 할 곳은 망해야 하는데, 부실 처리를 지연시키고 도덕적 해이를 유발한다는 것이다. 하지만 위기가 주기적으로 찾아오는 경제와 금융시장의 특성상 구제금융은 사라지지 않을 것이라는 게 지배적인 관측이다.

040

신용부도스와프(CDS, Credit Default Swap)

기업이나 국가의 파산 위험을 사고팔 수 있도록 만든 파생금융상품.

경제기사 읽기

국가 부도위험이 역대 최저 수준으로 떨어졌다. 미 · 중 무역갈등, 브렉시트 등 글로벌 불확실성이 커져가고 있지만 글로벌 투자자들은 한국 경제 기초체력을 신뢰하고 있는 것으로 보인다.

6일 기획재정부에 따르면 지난 5일(현지시각) 뉴욕시장에서 거래된 5년물 한국 CDS(Credit Default Swap, 신용부도스와프) 프리미엄은 27bp(1bp는 0.01%p)를 기록했다. 한국 정부는 달라진 유동성 환경 등에 따라 유의미한 분석이 가능한 2008년 이후부터 CDS 프리미엄 추이를 지켜보고 있다.

— 민동훈, 외환위기 때보다 힘들다는데…"국가 부도위험 역대 최저", 〈머니투데이〉, 2019.11.07

신용부도스와프(CDS)는 평범한 사람들은 거래할 일이 없는 생소한 파생금융상품이다. 하지만 나라 안팎이 뒤숭숭할 때면 신문에 자주 등장한다. 이 상품이 거래되는 추이를 분석하면 한국의 상황을 해외 투자자들이 어느 정도 심각하게 받아들이는지 가늠할 수 있기 때문이다.

CDS란 기업이나 국가의 파산 위험 자체를 사고팔 수 있도록 만든 파생금융상품이다. 거래 당사자 중 한쪽이 상대방에 수수료를 내고, 특정 기업이나 국가가 부도나거나 채무불이행이 발생하면 상대방으로부터 보상을 받는 형태다. 보증이나 보험 계약과 비슷하다. 예를 들어 A기업이 파산하면 A사 회사채를 보유한 투자자들은 돈을 날리게 되는데, CDS를 활용하면 손실 위험을 털어낼 수 있다.

CDS 매입자가 위험을 떠넘긴 대가로 CDS 매도자에게 주기적으로 지급하는 것이 'CDS 프리미엄'이다. 신용 위험도에 따라 bp(0.01%포인트) 단위로 표시된다. CDS 프리미엄이 낮으면 시장에서 해당 기업이나 국가의 부도 위험을 낮게 본다는 뜻이다.

대내외 여건이 어수선할 때 한국의 CDS 프리미엄이 '국가부도 위험 지표'라는 수식어와 함께 경제기사에 소개되는 것은 이런 이유에서다. 한국의 CDS 프리미엄은 국제정세 영향을 크게 받는다. 북한이 핵실험을 단행해 안보 위기가 고조되면 이 수치가 급등했다가 차츰 안정화된 전례가 여럿 있다.

CDS 프리미엄은 신용평가회사들이 매기는 신용등급과 더불어 기업과 국가의 건전성을 드러내는 지표 역할을 하고 있다.

041

공실률(空室率)

상업용 부동산에서 임대되지 않고 비어있는 공간이 차지하는 비율.

경제기사 읽기

올해 국내 상가 공실률이 통계 작성 이후 최고 수준까지 높아진 것으로 나타났다. 26일 한국은행의 '2019년 하반기 금융안정보고서'에 따르면 국내 중대형 상가 공실률은 올해 3분기(7~9월) 말 기준 11.5%로 관련 통계가 집계된 2013년 1분기(1~3월) 이후 가장 높은 것으로 나타났다. 특히 수도권과 지방의 공실률 격차가 뚜렷했다. 수도권의 공실률은 9.6%로 평균을 밑돌았지만 지방 광역시(13.3%)와 그 외 지방(14.6%) 등 비수도권의 공실률은 상대적으로 높았다.

— 김자현 · 박영민, 무너지는 자영업… 상가 공실률 역대 최고,
〈동아일보〉, 2019.12.27

경기가 얼어붙을 때 경제신문에서 자주 보여주는 사진 중 하나가 빌딩 곳곳에 '임대' 현수막이 붙어 있는 장면이다. 이런 사진엔 "주요 상권의 공실률이 급등했다"는 내용의 해설 기사가 따라붙는다. 공실은 말 그대로 비어있는 방이나 집을 뜻한다. 공실률은 상가, 오피스 빌딩 등의 상업용 부동산에서 임대되지 않고 비어있는 공간의 비율을 가리킨다.

공실률은 경기에 크게 영향을 받는 지표 중 하나로 꼽힌다. 경기가 좋을 때는 새로 창업하거나 사무실을 늘리는 수요가 늘어나므로 공실률이 낮아진다. 반대로 경기가 나쁠 땐 폐업과 인력 감축이 이어지면서 공실률이 높아진다. 관련 업계에서는 통상 공실률이 10%를 넘어가면 상황이 좋지 않다는 신호로

전국 중대형 상가 공실률 (단위: %)

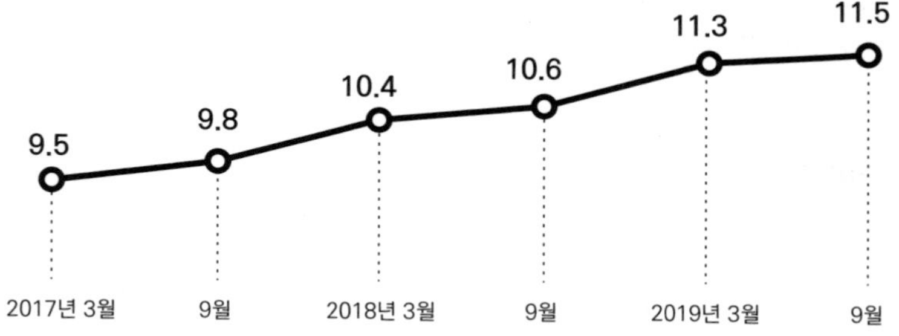

자료: 한국감정원

해석한다.

경기와는 무관하게 빌딩 자체에 문제가 있어서 공실률이 높게 나올 때도 있다. 엄청나게 큰 랜드마크 빌딩이 들어섰는데, 주변에는 유동인구와 임대수요가 충분히 발달하지 못했다면 한동안 높은 공실률을 감수해야 한다. 여의도 IFC 빌딩이나 잠실 롯데월드타워 등은 서울의 대표적인 초고층 빌딩으로 완공됐지만 빈 사무실을 채우느라 애를 먹었다.

건물주 입장에서는 공실률이 높아지면 손해가 이만저만이 아니다. 빈 공간을 채우기 위해 임대료를 낮추고 무상임대기간(렌트 프리)을 제공하거나, 인테리어 공사비까지 지원하는 등 다양한 유인책을 내놓는 일이 많다.

042

디폴트/모라토리엄(default/moratorium)

디폴트는 빚 상환이 불가능하다고 선언하는 것, 모라토리엄은 빚 상환을 유예해 달라고 선언하는 것을 말한다.

경제기사 읽기

채무불이행(디폴트) 위기에 몰린 아르헨티나 정부가 외화 통제라는 '극약처방'을 내놨다. 아르헨티나는 다음달 대통령 선거에서 좌파 포퓰리즘(대중인기 영합주의) 후보의 집권 가능성이 커지면서 통화가치와 주가가 폭락하고 국가 신용등급은 부도 직전 등급으로 떨어졌다.

아르헨티나 정부는 1일(현지시간) 관보에 외환시장 변동성 축소 등을 위한 긴급조치를 발표했다. 이에 따르면 아르헨티나 기업들은 2일부터 연말까지 미국 달러화 등 외화를 사서 외국에 보내려면 중앙은행의 허가를 받아야 한다. 기업들은 보유 목적으로 외화를 사들일 수도 없다.

아르헨티나의 총 외채는 2000억달러를 웃돈다. 이 가운데 절반가량인 1010억달러에 대해 아르헨티나 정부는 상환을 미루겠다고 최근 일방적으로 발표했다. 외국의 채권기관 대다수는 아직 이에 대해 반응을 내놓지 않고 있다.

— 안정락, 아르헨티나, 외화거래 전격 통제…디폴트 위기 해소엔 역부족, 〈한국경제〉, 2019.10.02

도저히 빚을 갚을 수 없는 상황이 됐을 때 선택은 두 가지다. 하나는 "돈 없으니 배 째라". 다른 하나는 "갚을 테니 조금만 여유를 달라". 재정이 파탄 직전에 몰린 국가가 전자를 선택하면 디폴트, 후자를 선택하면 모라토리엄이 된다.

디폴트는 빚을 갚을 수 없다고 선언하는 것이다. 우리말로는 '채무불이행'으로 번역한다. 채무자가 이자나 원리금 상환을 계약대로 이행할 수 없는 상황이라는 의미다. 돈을 빌려간 쪽(채무자)의 빚 상환이 불가능하다고 판단되면 빌려준 쪽(채권자)이 디폴트를 선언하고 조기 회수에 나서는 것도 가능하다.

모라토리엄은 빚을 갚을 의지는 있지만 여유가 안 되니 시간을 조금 달라고 요청하는 것이다. 우리말로는 '채무상환유예'라고 부른다. 모라토리엄이 선언되면 그 나라에 돈을 빌려준 채권자들은 채권단을 꾸려 협상에 들어간다. 빚을 얼마나 탕감해줄 것인지, 상환유예 기간은 얼마나 줄지, 깎아준 빚을 언제까지 갚을 것인지 등을 논의한다.

국가 차원의 디폴트는 '막장 중의 막장'인 만큼 현실에서 발생하는 사례는 많지 않다. 외채 상환에 문제가 생길 것 같으면 모라토리엄을 선언하고, 돈을 빌려준 곳과 협상하는 것도 가능하기 때문이다. 멕시코, 아르헨티나, 브라질, 베네수엘라, 러시아 등이 모라토리엄을 택한 바 있다.

디폴트든 모라토리엄이든 해당 국가는 돌이키기 힘든 타격을 입는다. 통화가치가 급락하고, 금리가 치솟고, 실물경제도 고꾸라지는 게 보통이다. 무엇보다 '돈을 빌려줘선 안 될 나라'라는 불명예스러운 딱지가 오래 간다.

043

인플레이션(inflation)

물가가 전반적, 지속적으로 상승하는 현상.

경제기사 읽기

터키가 고삐 풀린 인플레이션에 재갈을 채우기 위한 특단의 조처들을 내놨다. 기업과 상점들이 '자발적으로' 제품 값을 10% 할인하는 캠페인을 시작하고, 전기 · 가스 요금을 연말까지 올리지 않기로 했다. 은행들은 고금리 대출에 대한 이자를 깎아주는 방안도 포함됐다.

그러나 전문가들은 이같은 편법으로는 물가를 잡기 어려울 것이라며 리라 가치를 다시 끌어올릴 수 있는 근본적인 방안을 찾거나 아니면 고통스럽지만 경기침체를 통해 물가가 자연적으로 떨어지도록 해야 할 것이라고 지적했다. 10일(현지시간) 파이낸셜타임스(FT)에 따르면 터키는 전날 '인플레이션과 전쟁'을 선언했다.

— 송경재, 터키 '인플레와 전쟁' 선언… "바보 같은 계획" 비난 봇물,
〈파이낸셜뉴스〉, 2018.10.10

미국의 경제학자 조지 윌슨은 인플레이션을 날씨에 비유했다. 모든 사람이 일상적으로 쉽게 얘기하는 주제이지만, 어느 누구도 마음대로 조절할 수 없는 점이 닮았다는 이유에서다. 인플레이션은 원인에 따라 크게 '수요 견인 인플레이션'과 '비용 상승 인플레이션' 두 가지로 나뉜다. 전자는 경기 과열, 후자는 원자재 가격 상승 등이 원인이다.

선을 넘은 인플레이션은 경제에 불안요인으로 작용한다. 인플레이션이 발생하면 화폐가치는 하락하고 부동산 등 실물자산의 가치는 상승한다. 물가 상승분만큼 소득이 늘지 않으면 급여나 연금을 받는 사람들은 불리해진다. 사람들

이 열심히 저축하지 않고 부동산 투기 등에 몰리게 만들 수 있다. 근로의욕 저하와 생산활동 위축은 건전한 경제 성장에 걸림돌이 된다. 수입품은 상대적으로 저렴해지고, 수출품은 비싸지는 효과가 있어 국제수지에도 악영향을 준다.

하지만 물가 상승은 경제 성장의 과정에서 자연스레 따라오는 측면도 있다. 한국 최초의 라면인 삼양라면이 출시된 1963년 가격은 10원이었다. 요즘은 한 봉지에 800원이 넘는다. 비슷한 시기 15원이던 짜장면은 5000원, 12원이던 영화 관람료는 1만원을 훌쩍 넘겼다. 가격 자체만 놓고 비교하면 엄청난 상승이겠지만, 그동안 우리 경제규모 또한 커졌고 삶의 질은 풍요로워졌다.

한국, 미국, 일본, 유럽연합(EU) 등의 중앙은행들은 물가상승률의 중기(中期) 목표치를 2% 안팎으로 잡고 있다. 물가가 전혀 안 오르는 것이 좋은 게 아니라 경제가 감내할 수 있는 범위에서 안정적으로 올라야 좋다는 얘기다.

경제기사에는 인플레이션과 관련된 신조어도 꾸준히 등장한다. 중국 내수소비와 제조원가 급증이 해외 물가까지 끌어올리는 차이나플레이션(China+inflation), 곡물 가격 상승이 소비자물가 전반의 상승을 유발하는 애그플레이션(agriculture+inflation), 수산물과 관련된 피시플레이션(fish+inflation), 철강재와 연관된 아이언플레이션(iron+inflation) 등이 대표적이다.

3장 경기 순환

044

하이퍼인플레이션(hyper inflation)

물가 상승(인플레이션)이 통제 불가능한 수준으로 심각해진 상황.

3장 경기순환

경제기사 읽기

남미 최대 산유국인 베네수엘라의 볼리바르화는 종잇조각으로 전락한 지 오래다. 볼리바르화 지폐를 활용한 공예품이 성행할 정도다. IMF 등은 올해 베네수엘라의 물가상승률이 100만%에 달할 것으로 전망하기도 했다. 국민은 굶주림 탓에 작년 한 해 몸무게가 평균 11kg 줄어들었다는 조사도 나왔다.

베네수엘라의 위기는 유가 하락과 미국의 경제 제재가 겹친 영향이 크다. 하지만 본질적으로는 우고 차베스 전 대통령과 그의 정치적 후계자 니콜라스 마두로 대통령의 실정(失政) 때문이다. 총수출의 90%를 원유 · 가스에 의존한 취약한 경제구조를 바꿔나가기는커녕 과거 고유가 시절엔 온갖 선심성 정책을 앞다퉈 도입했다. 베네수엘라 정부는 부족한 재정을 메우기 위해 돈을 마구 찍어내기까지 했다. 베네수엘라가 하이퍼인플레이션(물가가 통제를 벗어나 수백% 이상 상승)의 늪에 빠진 배경이다.

— 이현일, 달콤한 복지 잔치의 최후, 〈한국경제〉, 2018.10.30

하이퍼인플레이션은 '뛰어넘을 초(超)'라는 뜻의 하이퍼(hyper)와 물가 상승을 뜻하는 인플레이션을 합친 말이다. 통상 한 달 물가상승률이 50%를 넘어서면 초인플레이션에 접어든 것으로 본다. 하이퍼인플레이션이 벌어지면 국민들의 삶은 어떻게 될까. 화폐를 기반으로 한 물물거래가 붕괴되고 생산 위축, 국민소득 감소, 실업 증가 등이 이어진다.

베네수엘라에 앞서 2000년대 후반 초인플레이션을 경험했던 아프리카 짐바브웨의 사례를 보자. 당시 짐바브웨 사람들은 상점에 가려면 돈다발을 수레에 싣고 다녀야 했다. '100조 짐바브웨달러'를 들고 가도 달걀 세 개밖에 살 수 없었다. 물가가 통제불능 속도로 치솟아 돈의 가치가 속절없이 추락했기 때문이다. 결국 짐바브웨 정부는 2009년 자국화폐 사용을 전면 중단하고 미국 달러화를 쓰기로 했다. '통화주권 포기 선언'이었다.

하이퍼인플레이션은 전쟁, 혁명 등으로 혼란에 빠졌거나 정부가 재정을 방만하게 운영한 나라에서 주로 나타났다. 독일은 1차 세계대전 후 전쟁비용과 배상금을 조달하려고 통화 발행을 무리하게 늘렸다가 혹독한 대가를 치렀다. 1922년 8월 물가상승률이 50%를 넘어선 이후 1923년 11월까지 물가가 100억배 올랐다는 기록이 있다. 1923년 산업생산은 전년 대비 40% 가까이 떨어졌고, 실업률은 30%에 육박했다. 짐바브웨의 혼란 역시 무상분배 등 선심성 정책을 도입하면서 화폐를 마구 찍어낸 데 따른 후폭풍이었다.

정부가 재정지출을 늘리려면 세금을 더 걷거나 다른 씀씀이를 졸라매는 게 정석이다. 중앙은행에서 돈을 찍어내는 손쉬운 길을 택할 때 장기적으로 더 큰 고통이 돌아온다는 것은 역사에서 검증된 경험이다.

045

디플레이션(deflation)

물가수준이 지속적으로 하락하는 현상. 인플레이션의 반대말.

경제기사 읽기

사상 초유의 마이너스 물가가 두 달 연속 이어졌다. 물가 하락이 장기간 지속되면 소비가 위축되고 '내수 침체→기업 실적 악화→고용 부진→소득 감소'의 악순환에 빠진다는 점에서 일본식 장기 불황이 현실화할 것이라는 우려가 커지고 있다.

통계청은 지난달 소비자물가가 작년 같은 달보다 0.4% 하락했다고 1일 발표했다. 1965년 통계 작성 이후 처음으로 물가상승률이 '0' 아래로 떨어진 지난 8월(-0.04%)에 이어 두 달 연속 마이너스다. 지난해 소비자물가 상승률은 1.5%였다. 올해 들어선 매달 0%대에 머물다가 8월부터 바닥이 뚫렸다.

— 서민준, 두 달 연속 마이너스 물가…더 커진 D의 공포, 〈한국경제〉, 2019.10.02

물가가 하락하면 좋은 일이라 생각하는 사람이 많지만 실상은 전혀 그렇지 않다. 너무 올라도 문제지만, 떨어져도 문제다. 경기 침체와 맞물려 물가가 지속적으로 하락하는 상황을 디플레이션이라 부른다. 물론 물가가 한두 달 떨어졌다고 디플레이션이라 하진 않는다. 국제통화기금(IMF)은 2년 이상 물가 하락이 이어지는 상태를 디플레이션으로 정의한다.

이런 상황에선 돈을 당장 쓰기보다 그냥 갖고 있는 게 이득이다. 물건값이 더 싸질 텐데 서둘러 살 필요가 없기 때문이다. 신규 투자를 계획하던 기업들도 부동산, 기계 등의 가격이 더 내려갈 것으로 예상하고 계획을 미룬다. 너도나도 씀씀이를 줄이면 시중에 돈이 잘 돌지 않는다. 판매가 위축된

2019년 국내 물가상승률 (단위: %)

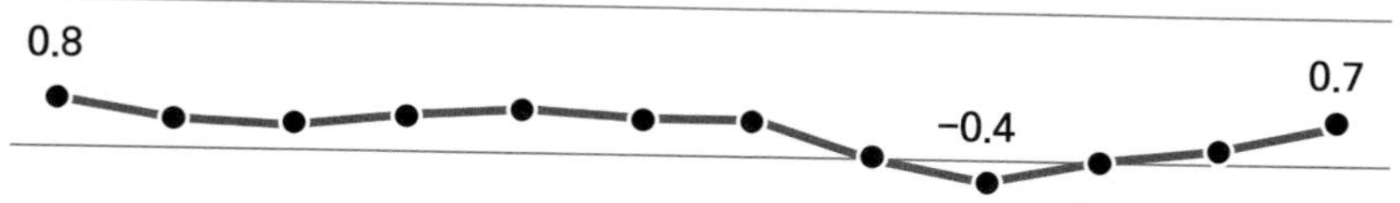

자료: 통계청

기업들은 투자와 고용을 줄일 수 밖에 없다. 근로자의 임금이 오르지 않고, 실업자는 늘어난다. 이는 다시 가계소득을 떨어뜨려 소비 침체를 부추기는 악순환을 낳는다.

빚을 내 집을 샀거나 주식에 투자한 사람들도 타격이 크다. 디플레이션이 깊어지면 이들이 보유한 자산의 가치는 자동으로 하락한다. 반면 물가상승률 하락은 곧 실질금리(명목금리-물가상승률) 상승을 의미하므로 부채 상환 부담이 커진다. 빚을 갚기 빠듯해진 사람들이 집과 주식을 내다팔기 시작하면 실물경제는 더 깊은 침체의 수렁으로 빠져든다. 장기 불황이 현실화될 수 있다는 얘기다. 국내 물가상승률이 사상 첫 마이너스를 기록했던 2019년 8~9월, 위 기사처럼 모든 경제신문이 'D의 공포'를 심각하게 우려했다.

디플레이션에 빠진 경제는 무기력증에 걸린 사람에 비유된다. 흥분한 사람에겐 진정제를 주면 되지만, 아무 것도 하기 싫다는 사람이 활력을 되찾게 만드는 것은 훨씬 어렵다. 이런 이유로 경제전문가들은 "인플레이션보다 디플레이션이 더 위험하다"고 입을 모은다.

046

스태그플레이션(stagflation)

경기가 침체된 상황에서 오히려 물가가 오르는 현상.

경제기사 읽기

경제활동이 침체하고 있는 가운데 지속적으로 물가가 상승하는 스태그플레이션의 그림자가 중국 경제에 짙게 드리우고 있다. 중국의 지난 1월 소비자물가지수(CPI)가 5% 넘게 폭등했다. 아프리카돼지열병(ASF) 확산으로 돼지고기 가격이 치솟은 데다 춘제(중국의 설) 연휴와 신종 코로나바이러스(우한폐렴)까지 겹친 데 따른 여파다. 반면 경제성장률은 지난해 29년 만에 최저치를 기록한 데 이어 신종 코로나 여파로 추가하락이 불가피할 전망이다.

— 신정은, 中경제에 드리우는 스태그플레이션 그림자..1월 물가 5.4% 폭등, 〈이데일리〉, 2020.02.11

일반적으로 인플레이션은 경기가 팽창하는 도중에 발생한다. 성장이 과열되고 수요가 공급을 초과할 때 물가 또한 뛴다. 하지만 경기가 좋지 않아 생산활동이 위축되고 실업률이 높아지는 상황에서 물가가 뛰는 경우도 있다. 바로 스태그플레이션이다.

스태그플레이션은 경기 침체(stagnation)와 물가 상승(inflation)을 합친 말이다. 이 단어는 1·2차 오일 쇼크가 세계 경제를 덮친 1970년대에 처음 등장했다. 핵심 원자재인 원유 가격이 급등하자 기업들은 늘어난 생산비용을 가격 인상으로 만회하려 했다. 연쇄 급등하는 물가에 놀란 소비자들은 지갑을 꽉 닫았다. 기업들은 투자와 고용을 줄여야 했고, 일부는 수익성 악화를 견디지 못하고 도산하기도 했다. 결국 경기는 엉망인데 물가는 고공행진하게 됐다.

이전까지 경제학자들은 임금상승률(물가상승률)과 실업률은 반비례한다는 '필립

필립스 곡선

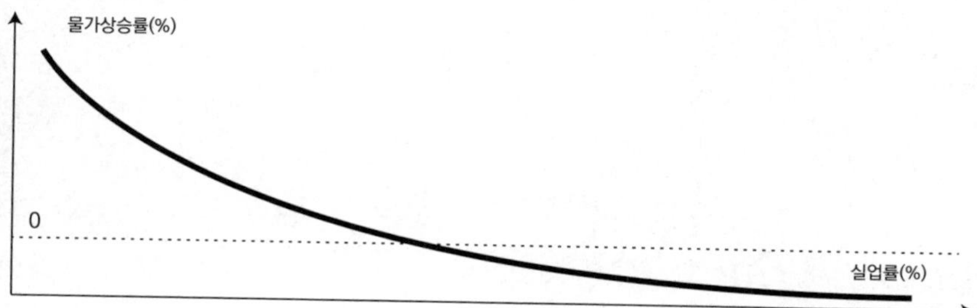

스 곡선'을 굳게 믿고 있었다. 바꿔 말하면 경제 성장과 물가 안정 중 어느 하나를 포기하면 나머지 하나는 자동으로 달성할 수 있다고 믿었다. 스태그플레이션은 그런 이분법을 깨 버렸다.

스태그플레이션이 무서운 것은 정부가 내놓을 수 있는 해결책이 마땅치 않다는 점이다. 돈을 풀면 물가를 자극하고, 돈을 죄면 경기가 얼어붙는다. 정부는 이러지도 저러지도 못하고 국민은 이중고에 시달리는 상황이 이어질 수 있다. 디플레이션이 무기력증이라면 스태그플레이션은 난치병에 비유되는 이유다.

1000
10000
FG760337G
日本銀行券
壱万円
1000
1000
10000
BK34605051
中国人民銀行
10
10
10000

4장 | 내가 낸 세금은 어디에 쓰일까

재정과 세금

047

승수효과/구축효과 (multiplier effect/crowding-out effect)

승수효과는 정부 지출을 늘리면 그 금액보다 많은 수요를 창출하는 현상. 구축효과는 정부 지출을 늘리면 그만큼 민간의 투자가 감소하는 현상.

경제기사 읽기

정부가 '깜짝' 재정지출을 1조원 실행하는 경우 5년간 1조2700억원가량의 국내총생산(GDP) 증가 효과가 나타난다는 한국은행의 연구 결과가 나왔다. 정부의 재정지출이 민간소비와 민간투자를 밀어내기 때문에 경기 진작 효과가 크지 않다는 그간의 연구에 배치되는 결과다. 추가경정예산도 예상보다 효과가 크다는 계산이 나온다.

박광용 한국은행 경제연구원 부연구위원은 16일 '새로운 재정지출 식별방법을 이용한 우리나라의 정부지출 승수효과 추정'을 발표하면서 "5년간 누적된 정부지출 승수효과가 1.27로 계산된다"며 "정부가 국민이 예상치 못한 재정지출을 1조원 늘리는 경우 5년간 1조2700억원가량 경기를 진작한 효과가 있다는 뜻"이라고 말했다.

— 김정현, "6조 추경 5년간 GDP 7.6조 늘려…예상 넘는 파격시 효과 커", 〈이데일리〉, 2019.09.17

정부는 국방, 외교, 치안, 행정 등 국가의 기본업무 외에도 복지, 교육 등 민간에만 맡겨둘 수 없는 여러 업무를 도맡아 한다. 모두 돈이 들어가는 일이다. 정부의 주된 수입원은 두 가지다. 세금을 징수해 현금을 거둬들이거나, 국채를 발행해 빚을 내는 것이다. 이러한 정부의 각종 수입 · 지출 활동을 재정(財政)이라 부른다.

정부는 재정을 경기 변동에 대응한 정책수단으로 활용할 수도 있다. 불경기에는 재정지출을 늘리고 세금을 깎아주는 '확장재정' 정책으로 경기를 부양한다. 반대로 경기가 과열되면 재정지출을 줄이고 세금을 올리는 '긴축재정' 정책으로 경제를 진정시킨다. 경기가 어려울 때 재정을 활용해야 한다는 주장에는 승수효과에 대한 믿음이 깔려 있다.

승수효과는 정부 지출을 늘리면 국민경제 규모는 그 금액보다 더 크게 증가한다는 이론이다. 예컨대 새 도로를 짓는 데 100억원의 예산이 투입됐다고 하자. 당장 건설사의 이익이 늘고 고용도 증가한다. 세금이 없고 이윤의 일부를 기업에 남겨놓지 않는다면, 노동자와 주주에 돌아가는 소득이 100억원만큼 증가한다. 사람들이 이 중 50억원을 소비에 지출한다면, 총수요는 그만큼 또 늘어난다. 결론적으로 확장재정의 효과가 250억원(=100억원+100억원+50억원)에 이른다는 것이다.

하지만 경제는 여러 주체의 상호작용으로 움직인다. 정부 지출만 늘린다고 경제가 자동으로 살아나진 않는다. 승수효과를 정면으로 반박하는 게 구축효과다.

구축효과는 정부가 지출을 늘리면 민간 투자가 위축된다는 이론이다. 정부가 빚을 내 재정지출을 늘리면 가계와 기업에 돌아가는 돈은 그만큼 줄고, 이로 인해 시장금리가 높아진다. 이자율이 상승하면 투자의 기회비용이 비싸지므로 민간 투자는 감소하게 된다. 구축효과는 정부 지출이 민간 투자를 밀어낸다는 뜻에서 '밀어내기 효과'라고도 부른다.

재정정책의 '약발'은 경제학계에서 늘 논란거리였다. "정부 지출은 민간에 돌아갈 자금을 가져다 쓰는 것일 뿐"이라는 고전학파와 "경기가 침체되면 정부가 단기 지출을 늘려 국민소득 감소에 대해 대응해야 한다"는 케인스학파의 주장이 대립해 왔다. 어느 쪽 주장이 더 힘을 얻느냐는 시대에 따라 달라졌다. 승수효과가 구축효과보다 크면 확장재정이 효과를 보겠지만, 반대의 경우 별다른 효과를 미치지 못할 수도 있다.

048

통합재정수지/관리재정수지

통합재정수지는 정부의 총수입과 총지출의 차이. 관리재정수지는 통합재정수지에서 국민연금 등 사회보장성기금의 수지를 제외한 것.

경제기사 읽기

통상 정부의 수입 · 지출 가계부로 불리는 '관리재정수지'의 지난해 적자폭이 당초 계획보다 커질 전망이다. 국민연금 등 사회보장성기금까지 반영한 '통합재정수지'도 2015년 이후 4년만에 다시 적자로 돌아서게 됐다.

8일 기획재정부가 발간한 '월간 재정동향' 1월호에 따르면, 지난해 11월까지 관리재정수지 적자폭은 45조6,000억원으로 지난해 추가경정예산 편성 당시 정부 계획(42조3,000억원 적자)보다 3조3,000억원 더 크다. 이 추세라면 12월까지의 연간 적자폭도 계획보다 클 것으로 정부는 전망하고 있다.

— 박세인, 작년 재정수지 4년만에 적자 유력… "구멍 난 세수, 부동산이 떠받쳐", 〈한국일보〉, 2020.01.09

4장 재정과 세 금

가정이나 기업은 수입을 최대한 늘리고 지출은 최대한 줄여 이익을 많이 내야 좋은 평가를 받는다. 하지만 정부는 얘기가 좀 다르다. 많은 경제학자는 재정의 수입과 지출이 일치하도록 균형을 맞추는 게 바람직하다고 본다. 재정흑자(수입>지출)는 국민들한테서 필요 이상으로 돈을 걷었다는 뜻이고, 재정적자(수입<지출)는 국민들이 미래에 갚아야 할 부담을 늘렸다는 뜻이기 때문이다.

나라 살림이 흑자인지 적자인지, 그 규모가 얼마인지는 통합재정수지로 알 수 있다. 정부의 모든 수입에서 모든 지출을 뺀 것으로 일반회계, 특별회계, 기금이 모두 포함된다. 그런데 통합재정수지에는 국민연금, 사학연금, 고용보험, 산재보험 등 사회보장성기금의 흑자가 재정수입으로 잡힌다. 이 돈은 미래에 지급하기 위해 쌓아뒀을 뿐 정부가 운용할 수 있는 재정여력으로 보기 어렵다. 이런 한계를 보완하기 위해 함께 작성하는 것이 관리재정수지다.

관리재정수지는 통합재정수지에서 사회보장성기금의 수입 · 지출을 제외한 것이다. 국가의 실질적인 살림살이를 보다 명확하게 관찰하는 데 도움을 준다. 정부는 재정이 경제에 미치는 영향은 통합재정수지를, 재정건전성은 관리대상수지를 기준으로 판단한다. 다만 관리재정수지는 우리나라가 만든 지표여서 다른 나라와 비교하긴 어렵다.

한국의 통합재정수지와 관리재정수지는 1990년대 이후 경제상황에 따라 흑자, 균형, 적자를 오갔다. 문재인 정부 들어서는 정부 지출을 적극 확대하는 과정에서 두 재정수지의 적자 규모가 급증해 논란이 일기도 했다.

049

재정건전성(fiscal soundness)

정부가 수입을 고려해 합리적으로 지출하고, 국가채무를 안정적으로 관리함으로써 지속가능한 재정상태를 유지하는 것.

경제기사 읽기

올 1분기 '성장률 쇼크(-0.3%)' 여파에 국가 재정건전성도 급격히 나빠질 것이란 우려가 커지고 있다. 나랏돈 씀씀이는 갈수록 커지는데 국가의 소득인 국내총생산(GDP) 증가율이 정체되면 빚 부담이 늘어날 수밖에 없어서다. 이에 따라 2016~2018년 3년 연속 38.2%로 억제됐던 국가채무비율이 올해 40%까지 치솟을지 모른다는 관측도 나온다.

28일 기획재정부에 따르면 올해 중앙·지방정부 부채(국가채무)는 731조8000억원으로 GDP 대비 국가채무비율은 39.5%로 예상된다. 3조6000억원의 적자국채를 발행하는 이번 추가경정예산까지 반영된 수치다. 정부가 '건전재정'의 기준으로 삼는 40%에 육박하게 되는 것.

— 서민준, '성장률 쇼크' 여파…국가채무비율 40% 육박,
〈한국경제〉, 2019.04.29

재정건전성은 매우 추상적인 개념이다. 그래서 획일적인 잣대를 들이대 평가하기도 곤란한 면이 있다. 유럽중앙은행(ECB)은 재정건전성을 "단기적으로는 재정의 안정성, 장기적으로는 재정의 지속가능성을 의미한다"고 정의했다. 우리나라 국가재정법은 "건전재정을 유지하기 위해 국가채무를 적정 수준으로 유지하도록 노력해야 한다"고 규정하고 있다.

그럼에도 불구하고 재정건전성은 중요하다. 비상상황이 생겼을 때 재정이 본연의 역할을 수행할 수 있는 전제조건이기 때문이다. 불경기에 정부는 재정지출을 늘려 경기 활성화를 유도해야 한다. 하지만 재정건전성이 부실한 상태에

선 '실탄'을 확보하기 어렵다. 재정건전성은 3대 신용평가회사가 국가 신용도를 매길 때 중요하게 보는 항목 중 하나이기도 하다.

재정적자가 심각하거나 국가채무가 과다한 나라는 대외적으로 자금을 조달하기 쉽지 않다. 2010년대 초 그리스, 포르투갈 등에서 이어진 유럽 재정위기에서 볼 수 있듯 방만한 재정 운용은 걷잡을 수 없는 혼란으로 돌아온다. 평소 씀씀이가 헤프고 빚을 쉽게 내는 사람은 자금 사정이 조금만 쪼들려도 휘청이기 쉬운 것과 똑같은 이치다.

재정건전성을 평가하는 기준이 아예 없는 것은 아니다. 유럽연합(EU)은 회원국들에게 재정적자는 국내총생산(GDP) 대비 3%, 국가채무는 60%를 넘지 말 것을 권고한다. 유럽 기준대로라면 한국의 재정건전성이 당장 위험수위라고 보기는 어렵다. 하지만 앞으로가 문제다. 나라 빚의 증가 속도가 빠른 데다 저성장 · 저출산 · 고령화가 굳어지고 있어 재정건전성에 더 신경써야 한다는 지적이 끊이지 않고 있다. 경제성장이 둔화하면 예전만큼 세금을 거두기 어렵고, 노년층이 늘면 복지지출은 급증하기 때문이다. 유권자의 인기를 얻기 위한 선심성 정책을 의미하는 '포퓰리즘'에 대한 냉정한 검증도 중요해지고 있다.

050

본예산/추가경정예산

본예산은 매년 국회 동의를 받아 확정하는 1년치 예산. 추가경정예산은 연중 대내외 상황을 반영해 추가로 편성하는 예산.

경제기사 읽기

국회가 17일 신종 코로나바이러스 감염증(코로나19) 사태에 대응하기 위한 추가경정예산안을 통과시켰다. 정부 원안에서 총액은 유지하고 일부 사업 예산을 감액해 대구 · 경북 지역 지원 예산을 약 1조원 늘렸다.

국회는 이날 본회의를 열어 11조7000억원 규모의 추경 수정안을 찬성 222표, 반대 1표, 기권 2표로 통과시켰다. 정부가 지난 5일 추경안을 국회에 제출한 지 12일 만이다. 국회는 정부안에서 3조2000억원 규모이던 세입경정 예산을 2조4000억원 삭감하고, 일부 세출 사업에서 7000억원을 줄였다. 대신 감액분 중 1조원은 대구 · 경북 지역 지원에 쓰고, 2조1000억원은 소상공인 · 자영업자 지원, 민생안정 사업, 감염병 대응 사업으로 돌렸다.

— 임도원 · 박재원, '코로나 추경' 국회 통과…대구 · 경북 지원 1兆 증액,
〈한국경제〉, 2020.03.18

국가 예산은 대부분 국민의 세금에서 나오기 때문에 정부 마음대로 편성할 수 없다. 1년 동안 쓸 총액과, 어떤 사업에 얼마를 쓸지 구체적인 계획을 정해 국회 동의를 얻는 절차를 거친다. 헌법은 새해가 시작하기 30일 전, 즉 12월 2일까지 예산안을 확정해야 한다고 정하고 있다.(다만 여야가 옥신각신 싸우느라 법정처리시한인 12월 2일을 지키지 않을 때가 훨씬 많다. 국회의원들이 대놓고 법을 어기는 것이다.)

정부는 매년 9월 시작하는 정기국회에 다음 1년치 예산안을 제출하고, 국

회는 이를 심의 · 의결해 12월께 확정한다. 정부는 이듬해 1월부터 12월까지 국회에서 허락받은 금액과 용도에 맞춰 돈을 쓴다. 이렇게 맨 처음 정해진 예산을 본예산이라 부른다.

그런데 국가를 운영하다 보면 예상치 못한 돈이 더 필요한 상황이 생길 수 있다. 이럴 때 본예산에 추가 또는 변경을 가한 예산을 추가경정예산이라 한다. '추경'이라는 줄임말이 더 자주 쓰인다. 추경은 경기 침체, 대량 실업, 전쟁, 대규모 재해 등 대내외 여건의 중대 변화가 있을 때 편성할 수 있다. 추경 재원은 주로 국채 발행이나 전년도에 쓰고 남은 세금, 한국은행 잉여금, 각종 기금의 여유자금 등을 활용해 마련한다. 본예산과 마찬가지로 국회 동의를 받아야 한다.(추경을 편성하겠다는 정부 · 여당과 추경에 반대하는 야당의 공방도 해마다 반복된다.)

위기상황에만 허용되는 게 추경의 원칙이지만 잘 지켜지지 않고 있다. 정권에 관계없이 거의 매년 추경이 편성됐다. 2000년 이후 추경이 없었던 해는 2007, 2010, 2011, 2012, 2014년 다섯 차례 뿐이다. 2001, 2003년에는 추경이 연중 두 차례 집행됐다. 모든 추경이 불필요했다고 단정할 순 없지만 '습관성 추경'이라는 비판이 자주 제기되는 이유다. 정부의 세수 예측과 경기 진단이 부실했음을 자인하는 것이라는 지적도 있다.

051

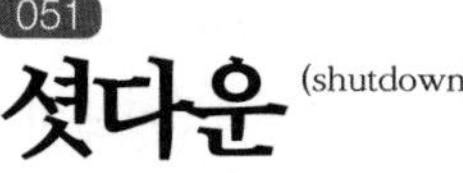

셧다운 (shutdown)

예산안 처리 지연으로 인한 미국 연방정부의 일시적 업무정지 상태.

경제기사 읽기

미국 연방정부 셧다운(일시적 업무정지)을 둘러싼 도널드 트럼프 대통령과 민주당 1인자 낸시 펠로시 하원의장의 힘겨루기가 35일 만에 트럼프 대통령의 완패로 일단락됐다. 트럼프 대통령은 국경 장벽건설 예산은 한 푼도 확보하지 못한 채 시한부 정부운영 재개라는 타협안을 택했다.

트럼프 대통령과 여야 지도부는 지난 25일(현지시간) 다음달 15일까지 3주간 셧다운을 풀고 정부를 재가동하기로 합의했다. 정부부터 열고 국경장벽 예산을 협상하자는 민주당 요구를 수용한 것이다. 상 · 하원은 곧바로 임시 예산안을 표결에 부쳐 만장일치로 통과시킨 뒤 트럼프 대통령이 예산안에 최종 서명했다. 트럼프 대통령이 지난달 22일 장벽 예산 57억달러를 요구하며 자발적 셧다운을 택한 지 35일 만에 원점으로 돌아간 셈이다.

— 박영환, 미국 최장 셧다운 해제…트럼프, 35일간의 힘겨루기 완패,
〈경향신문〉, 2019.01.27

신문 국제면에는 미국 연방정부가 셧다운 상태에 들어가 업무가 마비됐다는 기사가 몇 년에 한 번씩 등장한다. 셧다운에 돌입하면 국방, 안보, 소방 등 필수 분야를 제외한 공무원들은 '일시 해고' 통보를 받는다. 월급을 줄 예산이 없기 때문에 강제 무급휴가를 보내는 것이다. 미국에서 셧다운은 트럼프, 오바마, 클린턴 등 역대 여러 행정부에서 총 19차례 발생했다. 사태가 장기화하면 미국 곳곳이 마비될 수밖에 없기 때문에 중요한 뉴스로 분류된다.

셧다운의 발생 원인은 의회에서 예산안이 통과되지 않기 때문이다. 미국의

양대 정당인 공화당과 민주당의 정치적 갈등에 기인할 때가 많다. 미국 법률은 예산안이 의회를 통과하지 못하면 치안과 같은 필수 서비스를 제외한 모든 공공 부문의 운영을 중단하도록 규정하고 있다.

미국 정부의 기능이 정지되면 경제에 미치는 타격도 크다. 역대 최장 셧다운 기록은 2018년 말 트럼프 정부로, 장장 35일 간 이어졌다. 미국 의회예산국은 이 여파로 미국 경제가 110억달러의 직 · 간접적인 피해를 봤다고 분석했다. 재정 집행이 지연된 데다 100만명 안팎의 공무원은 물론 민간 기업들의 생산 활동도 감소했다는 설명이다.

셧다운은 국내에서 뜨거운 논란의 대상이 된 게임 규제 정책의 이름이기도 했다. 여성가족부는 2011년 만 16세 미만 청소년이 자정부터 오전 6시까지 온라인게임에 접속할 수 없도록 하는 '게임 셧다운제'를 시행했다. 정보기술(IT) 업계는 게임을 죄악시하고 산업을 위축시키는 제도라며 강하게 반발했으나 사회적 분위기에 밀려 도입됐다. 하지만 실효성을 놓고 아직도 평가가 엇갈리고 있다.

052

국채(government bonds, 國債)

국가가 공공목적에 필요한 자금을 확보하거나 기존 국채를 상환하기 위해 발행하는 채권.

경제기사 읽기

올해 상반기 국채 발행 규모가 반기(半期) 기준 처음으로 100조 원을 넘겼다. 국채는 정부가 보증하는 채권으로 언젠가 갚아야 하는 '나랏빚'이다.

3일 금융투자협회에 따르면 상반기 국고채와 재정증권 등 국채 발행액은 104조8000억 원으로 작년 동기 67조6552억 원보다 55.8% 늘었다. 종전 최고액은 2015년 상반기의 87조2000억 원이었다. 남은 채무인 발행 잔액은 691조 원이 됐다.

— 김자현, '나랏빚' 국채 발행, 상반기 첫 100조 넘어, 〈동아일보〉, 2019.07.04

목돈이 필요한데 당장 통장 잔고가 부족하다면 사람들은 대출을 받아 돈을 조달한다. 정부도 마찬가지다. 이것저것 지출이 많은데 세금 수입은 부족하다면 채권(債券)을 발행해 돈을 빌리게 된다. 채권은 '얼마를 빌렸고, 언제까지 갚겠으며, 연 몇% 이자를 주겠다'는 약속이 적혀 있는 증서다. 국가가 발행하는 채권은 국채라 부른다.

현재 우리나라가 발행하는 국채는 네 종류다. ①재정정책에 필요한 자금을 조달하는 국고채 ②환율 안정에 쓸 재원을 마련하는 외화표시 외국환평형기금채권(외평채) ③국민주택사업 자금을 조달하는 국민주택채권 ④일시적인 재정자금 부족을 메우기 위한 재정증권이 있다.

국채 중 발행물량이 가장 많고 거래가 활발한 것은 단연 국고채다. 특히 3년 만기 국고채 유통수익률은 시중자금 사정을 나타내는 지표금리 역할도 한다.

국민주택채권은 부동산을 사는 사람은 의무적으로 매입해야 하는 국채여서 개인들에게도 친숙한 이름일 것이다.

국채는 정부가 원리금 지급을 보장하는 만큼 기업이 발행하는 회사채에 비해 안전하다는 게 장점이다. 일반적으로 국채 발행금리는 미래 경제성장률과 물가상승률을 반영한다. 그래서 선진국보다 신흥국 국채 금리가 높은 편이다. 미국 등 선진국 국채는 돈 떼일 우려가 없는 '안전자산'으로 분류돼 세계 경제가 혼란스러울 때 수요가 급증한다.

우리나라 최초의 국채는 정부 수립(1948년) 이듬해인 1949년 12월 발행된 건국국채. 나라를 세우는 데 필요한 자금을 모은다는 뜻에서 붙은 이름이다. 현재 국고채는 만기에 따라 3, 5, 10, 20, 30, 50년의 여섯 종류가 있다. 초장기인 50년짜리 국고채는 2016년부터 발행되기 시작했다. 50년 뒤 갚아도 되는 돈을 빌려왔다는 것은 우리 정부의 자금조달 능력과 부채관리 역량을 투자자에게 입증받았다는 의미여서 긍정적인 평가를 받기도 했다. 하지만 발행이 쉽고 금리가 낮다고 무작정 찍어내선 안 된다. 정부가 발행하는 국채는 고스란히 나랏빚(국가부채)으로 잡히기 때문이다.

053

재정자립도

지방자치단체 총수입에서 자체수입(지방세+세외수입)의 비중.

경제기사 읽기

전라남도 전라북도 충청북도 등 광역지방자치단체들이 '농민수당' 지급을 결정하거나 추진 중이어서 논란이 되고 있다. 예산을 자체 조달하지 못해 3분의 2 정도를 중앙정부에서 타 쓰는 이들 지자체가 과도한 포퓰리즘(대중인기영합주의) 정책을 펴고 있다는 비판이 나온다. 농민이라는 이유만으로 별도 현금성 복지수당을 주는 것에 대해 "다른 직종과의 형평성 문제가 제기될 것"이란 지적도 있다.

전라남도는 지난 25일 도내 22개 시 · 군과 내년부터 농어가 24만3000가구에 연 60만원(지역화폐)의 농민수당을 주기로 합의했다. 농민수당 조례 제정안이 다음달 도의회를 통과하면 광역지자체 중 처음으로 농민수당을 도입하게 된다. 도의회 여야 모두 농민수당 도입에 찬성하고 있다.

전라북도 충청북도 등도 농민수당 도입을 위한 절차를 진행 중이다. 기초지자체 중에는 이미 농민수당 지급을 시작한 곳이 있다. 전남 해남군은 지난 6월부터 연 60만원의 농민수당을 주고 있다. 경북 봉화군은 오는 10~11월부터 연 50만원을 지급할 예정이다. 전라남도의 재정자립도는 25.7%로 17개 광역지자체 중 꼴찌다. 전라북도는 26.5%로 16위, 충청북도는 35.9%로 13위다.

— 이태훈, 청년수당도 모자라 농민수당…지자체 '퍼주기 경쟁' 어디까지, 〈한국경제〉, 2019.07.29

사람과 마찬가지로 도시에도 '빈부격차'가 있다. 시 · 군 · 구 등의 지방자치단

전국 평균 재정자립도 (단위: %)

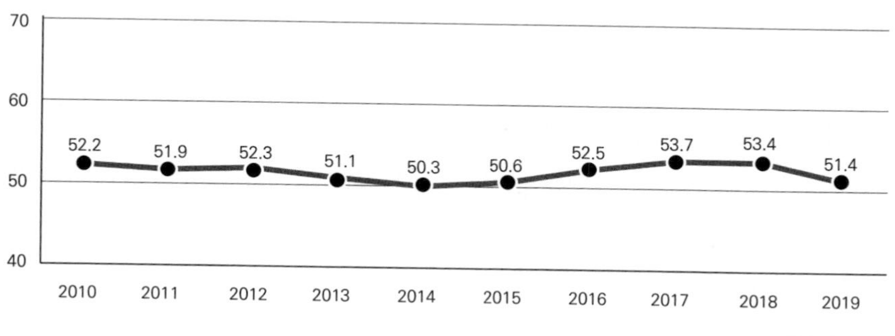

자료: 행정안전부

체는 중앙정부가 지원하는 돈과 지역 내에서 스스로 벌어들인 돈을 합쳐 살림을 꾸려간다. 도시마다 경제여건이 다르다 보니 곳간 사정은 제각각이다. 재정자립도는 지자체가 스스로 살림을 꾸릴 수 있는 능력이 어느 정도인지를 보여주는 지표다. 이 수치가 높을수록 중앙정부 의존도가 적고, 자립 기반이 탄탄하다는 뜻이다.

국내에 지방자치제가 본격 시행된 것은 1995년 7월 1일. 안타깝게도 20년이 훌쩍 지난 요즘도 전국 평균 재정자립도는 50% 남짓밖에 안 된다. 행정안전부에 따르면 2019년 재정자립도는 51.4%로 1년 전보다 2%포인트 떨어졌다. 전국 꼴찌인 충북 보은군(7.74%)을 비롯해 10% 미만인 곳이 다섯 곳이나 된다. 최상위권인 서울 강남구(66.23%) 등과는 비교조차 민망한 수준이다.

지방 소도시의 재정자립도가 계속 떨어지는 원인은 여러 가지다. 우선 인구감소와 지역경기 부진이 한몫 했다. 저출산이 심화하면서 서울 인구조차 해마다 줄고 있다. 조선업 불황의 직격탄을 맞은 거제, 군산, 통영 등은 기업 실적 악화로 재정 확보가 버거워진 사례다. 재정자립도가 악화되는 가운데서도 지자체 지출은 방만해지는 점도 문제로 지적된다. 선거로 뽑는 단체장들이 선심성 공약과 치적 사업에 돈을 펑펑 쓰는 행태가 좀처럼 개선되지 않고 있어서다. 지자체들이 재정자립도를 끌어올리려 노력하기보다 중앙정부에 보조금이나 교부세를 요구해 재원을 충당하려는 경향이 강해지는 악순환이 반복되고 있다는 것이다.

지방자치제가 원활히 운영되려면 지자체들의 재정자립도가 높아야 한다. 재정자립도가 낮으면 주민들 삶의 질을 유지하는 복지제도나 기본적인 시설 유지 · 보수조차 힘들어질 수 밖에 없다. 국내엔 아직 사례가 없지만, 미국 디트로이트시나 일본 유바리시는 재정 악화로 파산 선고를 받았다.

054

SOC(social overhead capital, 사회간접자본)

생산에 직접 사용되지 않지만 간접적으로 생산에 도움을 주거나 국민생활에 없어서 안 되는 시설. 도로, 항만, 철도, 전기 등이 대표적이다.

경제기사 읽기

지난해 한국이 가까스로 2%대 경제성장률을 달성한 것은 4분기에 전기 대비 1.2% '깜짝 성장'을 한 덕분이다. 정부가 경기 부양을 위해 건설 · 토목 사업을 대거 일으킨 점이 주효했다는 평가가 나온다. 작년 4분기 성장률의 내용을 뜯어보면 건설 효과가 여실히 나타났다. 4분기 건설투자 성장률은 6.3%로 2001년 3분기 이후 18년3개월 만에 가장 높았다. 업종별로도 사회간접자본(SOC) 분야가 4분기 성장세를 이끌었다. 제조업과 서비스업 성장률은 각각 1.6%, 0.7%에 그쳤지만 건설업은 4.9%, 전기 · 가스 · 수도사업은 3.9% 성장했다. 지난해 4분기 1.2%의 성장률에서 건설투자 기여도는 0.9%포인트에 달했다. 무려 75%가량을 공헌한 셈이다.

— 고경봉, 부양 카드로 안쓴다더니…토목공사 대거 앞당겨 '성장률 2%' 맞췄다, 〈한국경제〉, 2020.01.22

SOC 예산 규모 (단위: 조원)

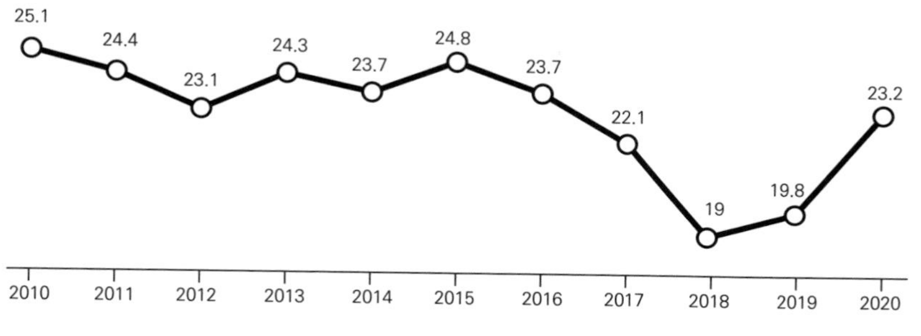

자료: 기획재정부

세상이 참 좋아졌다는 것을 느낄 때가 지방에 갈 때다. 어린 시절 서울에서 무궁화호를 타면 6시간 넘게 걸렸던 광주를 요즘 KTX는 단 2시간에 주파한다. 꼬불꼬불 도로를 지나야 했던 강원도에도 산을 관통하는 터널이 곳곳에 뚫렸다. 이처럼 이동이 편리해진 것은 사회간접자본(SOC)에 대한 투자가 꾸준히 이뤄졌기 때문이다.

SOC에는 도로 외에도 항만, 철도, 전기, 가스 등 산업 발전의 기반이 되는 여러 공공시설이 포함된다. SOC는 생산에 직접 사용되지 않지만 국민과 기업들의 활동에 없어서는 안 될 시설이다. 건설하는 데 막대한 비용이 들어가고, 일단 지어두면 혜택이 특정 계층이나 특정 지역에 한정되지 않고 사회 전체에 돌아간다는 점도 특징이다.

이런 특성 때문에 SOC는 시장원리에만 맡겨서는 제대로 공급되지 않는다. 정부가 투자하고 직접 소유 · 관장하는 것이 일반적이다. 최근 수익형 민간 투자사업(BTO)이나 임대형 민간 투자사업(BTL)처럼 자본을 민간에서 조달하는 방식이 활성화되고 있긴 하다. 다만 이런 경우에도 SOC를 운영하거나 보유한 민간기업은 정부의 통제를 받는 경우가 대부분이다.

기사에 언급된 사례처럼 SOC는 정부의 경기부양 수단으로 활용되기도 한다. 도로를 뚫고 철도를 놓는 등의 사업에 국가 예산을 투입하면 일자리 창출과 내수 활성화에 큰 도움을 주기 때문이다. 낙후된 지역에 대규모 SOC 투자가 이뤄지면 지방경제를 활성화하고 균형발전을 도모할 수 있는 측면도 있다. 다만 일부 대기업이 혜택을 독식하는 건축 · 토목공사에 불과하다는 이유로 SOC 투자에 비판적 입장을 보이는 이들도 있다.

055

예비타당성조사

대규모 예산이 투입되는 사업에 착수하기 앞서 사업의 타당성을 사전 검증하는 제도.

경제기사 읽기

경북 김천과 경남 거제를 잇는 남부내륙철도, 대전 트램(도시철도), 새만금 국제공항 등 그동안 경제성이 떨어진다고 판명돼 보류된 전국 23개 사업이 올해부터 순차적으로 추진된다. 국비와 지방재정 등 24조1000억 원이 투입되는 이들 사업에 예비타당성조사(예타)를 건너뛰는 '급행 티켓'을 줌으로써 지방 경기를 살리고 일자리를 만들겠다는 취지다.

— 이새샘 · 최혜령, 지역 대형사업 23건 예타 면제, 24兆 푼다, 〈동아일보〉, 2019.01.30

국내 공항 중엔 승객도 비행기도 없어 파리만 날리는 곳이 적지 않다. 김포공항, 김해공항, 제주공항 등 일부를 빼면 대부분이 만년 적자다. 세금만 축내는 이들 지방공항엔 공통점이 있다. "제가 당선되면 이 지역에 공항을 짓겠습니다!"와 같은 정치인들의 선거 공약에 따라 지어졌다는 것이다.

예비타당성조사는 이런 선심성 사업으로 인한 예산 낭비와 사업 부실화를 막고, 재정 운영의 효율성을 높이자는 취지에서 1999년 도입된 제도다. 줄여서 '예타'라고 많이 부른다. 예타 결과 타당성이 인정돼야만 예산을 배정받을 수 있다. 국가재정법은 대규모 사업에 대한 예산 편성 전 예타를 거치도록 규정하고 있다.

예타는 총사업비가 500억원 이상이고 국가 재정지원이 300억원 이상인 신규 사업이 대상이다. 철도, 도로, 공항, 항만 등을 짓는 토목사업이나 통신망 구축 등의 정보화 사업, 국가 차원의 연구개발(R&D) 사업 등이 대표적이다. 이런 신규 사업에 예산을 받기 원하는 정부 부처는 기획재정부에 예타를 요구하게 된다. 기재부는 객관성과 중립성을 확보하기 위해 한국개발연구원(KDI)과 같은 별도 기관에 조사를 맡긴다.

예타 도입 후 2018년까지 154조원 규모의 300개 사업이 부적합 판정을 받아 제동이 걸렸다. 재정 낭비를 막는 데 상당한 기여를 한 셈이다. 하지만 예타를 면제받을 수 있는 길도 있어 완벽하다고 보긴 어렵다. 이명박 정부 때인 2009년 4대강 사업, 2010년 영암 포뮬러원(F1) 건설 사업 등이 예타를 건너뛰고 강행돼 엄청난 국고 부담을 남겼다. 문재인 정부도 2019년 지역별 숙원사업을 대거 묶어 예타 면제 대상으로 지정해 논란을 불러왔다. 혈세 낭비를 차단하기 위한 최소한의 안전장치로 도입된 예타의 취지를 고려하면 아쉬움이 남는 대목이다.

056

BTO/BTL (수익형 민간 투자사업/임대형 민간 투자사업)

민간 투자로 공공시설을 짓는 대표적인 두 방식. 민간이 시설을 건설한 뒤 일정 기간 직접 운영하면 BTO, 정부에 임대하면 BTL이다.

경제기사 읽기

경기연구원이 지난해 말 일부 구간을 착공한 수도권광역철도(GTX)의 요금이 기존 광역철도 및 버스보다 2배 이상 높은 수준이 될 것으로 전망했다.

경기연구원은 5일 'GTX 2라운드의 과제와 해법'이라는 보고서를 통해 이같이 밝혔다. 연구원은 "GTX 건설 사업이 재정사업이 아니라 민간투자사업(BTO) 방식으로 전환하면서 높은 요금 수준에 대한 우려가 제기된다"며 "BTO 방식은 민간투자비를 이용자 요금으로 회수하기 때문에 일반적으로 요금 수준이 높다"고 주장했다.

— 양길성, "GTX, 요금 비싸고 역 간격 멀어 비효율", 〈한국경제〉, 2019.03.06

도로, 철도, 항만, 학교 같은 사회기반시설(SOC)은 일반적으로 정부가 직접 공급하는 공공재로 통한다. 하지만 경제 발전에 따라 급증하는 SOC 수요를 정부의 한정된 예산으로 모두 충족하는 데는 한계가 있다. 이를 해결하기 위해 "공공시설을 민간이 짓고, 정부는 빌려서 쓰면 효율적이지 않을까?"라는 아이디어가 나오게 됐다. 민간 자본을 유치해 SOC를 확충하는 대표적인 방식으로 수익형 민간 투자사업(BTO)과 임대형 민간 투자사업(BTL)이 있다.

단어가 어려워 보이지만 각각의 머리글자를 이해하면 쉽다. BTO는 민간자금으로 건설(Build)하고, 소유권을 정부로 이전(Transfer)하되, 민간 사업자가 시설을 일정 기간 동안 직접 운영(Operate)하는 것이다. 투자금은 시민들에게서 통행료, 사용료 등을 거둬 회수한다. BTO는 1994년 '사회간접자본시설에 대한 민자유치촉진법' 제정을 계기로 국내에 도입됐다. 비교적 최근에 뚫린 도로나 철도가

BTO·BTL 어떻게 다른가

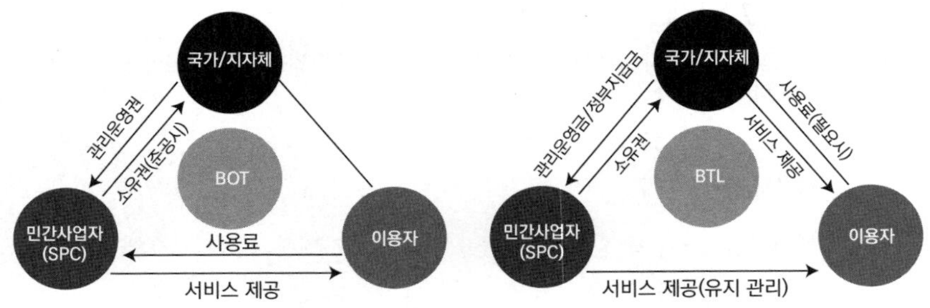

자료: 한국개발연구원(KDI)

이 방식을 많이 활용했다. 서울 지하철 9호선, 신분당선, 인천공항 고속도로, 부산 김해 경전철 등이 대표적이다.

한동안 정부는 BTO에 민간 사업자를 끌어들이기 위한 유인책으로 최소운영수입보장(MRG)이라는 제도를 운영했다. 이용자가 적어 수익이 나지 않으면 정부가 보조금을 지급해 일정 수익률을 맞춰주는 것이다. 하지만 잘못된 수요 예측으로 막대한 혈세가 지급되는 부작용이 문제가 되면서 2009년 이후 추진하는 민간 투자사업에는 MRG 조항이 폐지됐다.

BTL은 민간자금으로 건설(Build)하고, 소유권을 정부로 이전(Transfer)한 뒤 정부에 임대(Lease)를 주는 방식이다. 임대료 명목으로 정부로부터 공사비와 이익을 분할 상환받아 투자금을 회수한다. BTL은 BTO보다 다소 늦은 2005년 국내에 도입됐다. 이용자에게서 사용료를 받기 어려운 학교, 기숙사, 군부대, 복지시설, 문화시설 등에 주로 활용되고 있다.

민간 투자사업에는 BTO와 BTL 외에도 다양한 유형이 존재한다. BOT(Build-Own-Transfer)는 건설 후 민간업체가 일정 기간 소유권과 운영권을 함께 갖다가 만료 시 정부에 넘기는 방식인데, 세금 부담이 커 기업들이 별로 선호하지 않는다. BOO(Build-Own-Operate)는 준공 후 소유권과 운영권을 민간업체가 계속 갖는 것으로, 특혜 논란의 소지가 커 잘 활용되진 않는다. 이와 함께 BTO 방식으로 짓되 정부와 민간이 손익을 일정 비율로 나눠 위험을 분산하는 위험분담형 민자사업(BTO-rs) 등도 생겨났다.

057

매칭펀드 (matching fund)

중앙정부, 지방자치단체, 기업, 개인 등 간에 일정 조건을 전제로 공동 투자함으로써 자금 규모를 불리는 방식.

경제기사 읽기

새해 500억원 규모의 연구개발(R&D) 매칭 펀드가 조성된다. 주로 출연과 보조금 지원 방식으로 운영되던 R&D 지원에서 벗어나 투자 방식 R&D 지원이 처음으로 이뤄진다. 벤처캐피털(VC) 등 민간 투자자가 유망 기업을 발굴해 투자하면 한국벤처투자가 심사를 거쳐 같은 금액을 R&D 자금으로 지원하는 방식이다.

22일 한국벤처투자는 새해에 500억원 규모의 R&D매칭 펀드를 도입한다고 밝혔다. 한국벤처투자가 운용하는 엔젤투자매칭펀드, 일자리매칭펀드처럼 VC 등 민간 투자자가 투자하는 같은 금액으로 매칭투자하는 방식이다. 다른 펀드와 달리 벤처투자가 투자하는 자금 전액이 R&D 용도로 활용할 수 있다. 예컨대 VC가 유망 기업을 발굴해 5억원을 투자했다면 한국벤처투자가 투자하는 5억원을 전액 R&D 비용으로 쓸 수 있는 셈이다.

— 유근일, 투자받은 만큼 R&D자금 지원..500억 규모 'R&D 매칭펀드' 도입, 〈전자신문〉, 2019.12.20.

서울시가 운영하는 복지 프로그램 중 인기가 높은 것으로 '희망두배 청년통장'이라는 게 있다. 저소득 청년이 매달 10~15만원씩 저축하면, 서울시가 똑같은 금액만큼 추가로 적립해 주는 제도다. 가입자가 저축한 원금의 두 배가 쌓이는 것이다. 매칭펀드 방식으로 운영되는 이 복지 프로그램은 '양쪽이 힘을 합쳐 규모를 키우는' 매칭펀드의 특성을 잘 보여주는 사례다.

매칭펀드는 경영, 증권 분야에서 시작해 이제는 재정, 복지 분야에서까지 다양하게 사용되고 있는 용어다.

재정용어로 매칭펀드는 중앙정부가 민간이나 지방자치단체에 예산을 지원할 때, 이들의 자구노력에 연계해 자금을 배정하는 방식을 가리킨다. 지자체가 무조건 중앙정부에 예산을 요구할 것이 아니라 자체적으로 노력한 만큼 상응하는 예산 지원을 하는 것이다. 스타트업 투자를 활성화할 목적으로 엔젤투자에 정부가 매칭펀드 형태로 추가 자금을 투자하는 사업도 있다.

기업의 사회공헌활동에 매칭펀드 개념을 활용하는 사례도 늘고 있다. 직원들이 자발적으로 낸 기부금과 동일한 금액만큼 회사 측이 추가 기부함으로써 거액의 기부금을 조성하는 것이다.

경영학에서는 공동 자금 출자라는 의미로 쓰인다. 여러 기업이 컨소시엄을 이뤄 함께 출자한 자금을 매칭펀드라고 부른다. 증권 부문에서는 투자신탁회사가 국내외 투자자에게서 자금을 모아 국내 증시와 외국 증시에 동시에 투자하는 펀드를 가리킨다.

058

조세부담률/국민부담률

조세부담률은 국내총생산(GDP)에서 국민이 낸 세금이 차지하는 비율. 국민부담률은 GDP에서 국민이 낸 세금과 사회보장기여금이 차지하는 비율.

경제기사 읽기

각종 세금과 준조세가 큰 폭으로 오르면서 국가가 국민이 번 소득에서 떼어가는 몫이 점점 커지고 있다. 급격한 저출산 · 고령화 추세, 복지 확대 정책을 감안하면 머지않은 시기에 경제협력개발기구(OECD) 평균을 넘어설 것이란 전망도 나온다.

12일 국회예산정책처에 따르면 2018년 국민부담률은 26.8%로 집계됐다. 국민부담률은 한 해 동안 국민이 내는 세금에 국민연금보험료와 건강보험료 고용보험료 등 사회보장기여금을 더해 이를 국내총생산(GDP)으로 나눠 산출한다. 국민부담률이 높아진다는 건 국민이 실제 내는 세금과 준조세 부담이 커진다는 의미다.

현재 한국의 국민부담률은 OECD 회원국 평균(34.2%, 2017년 기준)에 비해 낮은 편이다. 하지만 증가 속도는 OECD 평균의 세 배에 달했다. OECD 회원국 평균 국민부담률은 2013년 33.4%에서 2017년 34.2%로 5년 동안 0.8%포인트 오르는 데 그쳤다. 같은 기간 한국 국민부담률은 2.3%포인트 상승했다. 문재인 정부 들어 복지 확대 정책이 본격화된 2018년에는 한 해에만 1.4%포인트 뛰었다.

— 성수영, 월급서 떼가는 세금 늘어나는데…또 증세?, 〈한국경제〉, 2020.01.13

납세는 국방, 근로, 교육과 함께 헌법상 '국민의 4대 의무'로 꼽힌다. 우리나라 국민들은 해마다 300조원 넘는 세금을 낸다. 정부가 2018년 거둔 국세와 지방

국민부담률 비교 (단위: %)

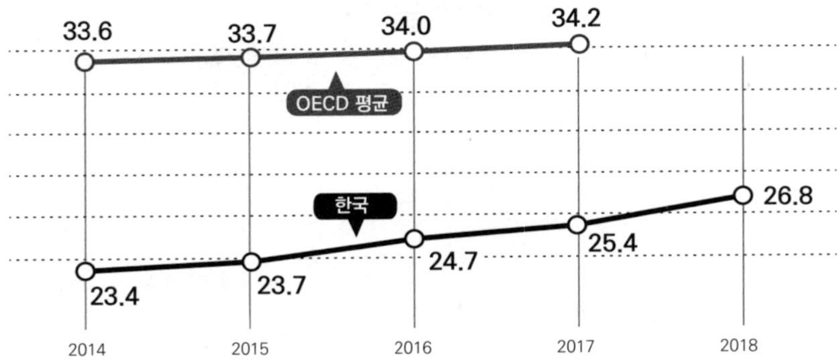

자료: 국회예산정책처

세는 총 378억원으로, 1년 전보다 32조원 늘었다. 한국인의 소득 대비 세금 부담은 어느 정도일까. 다른 나라 국민들과 비교하면 어떤 수준일까. 이에 대한 답을 주는 지표가 조세부담률과 국민부담률이다.

조세부담률은 GDP에서 조세(국세+지방세)가 차지하는 비중을 말한다. 쉽게 말해 국민들이 번 소득 중 얼마를 세금으로 냈는지다. 일반적으로 개발도상국에서 선진국이 될수록 조세부담률도 높아지는 경향을 보인다. 국민소득이 오를수록 세금을 부담할 여력이 커지고, 사회복지 제도가 강화되는 과정에서 많은 재정이 필요하기 때문으로 볼 수 있다.

조세부담률은 단순한 GDP 대비 세금 총액이기 때문에 과세의 형평성 등은 보여주지 못한다. 조세부담률의 또다른 한계는 세금이 아니지만 사실상 강제 납부하는 국민연금, 건강보험, 고용보험, 산재보험 등이 빠져 있다는 점이다. 이 때문에 경제협력개발기구(OECD)는 세금에 연금 · 사회보험 납부액까지 더한 국민부담률을 따로 계산하고 있다.

국민부담률은 GDP에서 조세(국세+지방세)와 사회보장기여금이 차지하는 비중을 말한다. 사람들은 사회보장기여금을 세금과 비슷하게 받아들이므로 국민부담률이 국민의 체감수준을 더 정확히 나타낸다는 평가를 받는다.

한국의 조세부담률과 국민부담률은 OECD 회원국 평균에 비해 아직 낮은 수준이다. 그러나 증가 속도는 OECD 평균보다 세 배가량 빠르다. 국민들이 늘어난 세금 부담만큼 실생활에서 혜택을 느낄 수 있도록 해야 조세저항을 방지할 수 있다고 전문가들은 조언한다.

059

직접세/간접세

직접세는 납세의무자와 조세부담자가 일치하는 세금. 간접세는 납세의무자와 조세부담자가 일치하지 않아 부담이 타인에게 전가되는 세금.

경제기사 읽기

한국경제신문이 18일 한국조세재정연구원에 의뢰해 받은 'OECD 국가의 직접세 및 간접세 비중'을 보면 한국은 직접세 비중이 57.3%, 간접세 비중이 42.7%였다. OECD 평균은 직접세가 51.6%, 간접세가 48.4%였다.

— 김일규, 한국 간접세 비중은 42.7%… OECD 평균보다 5.7%P 낮아, 〈한국경제〉, 2017.08.18

우리는 살면서 다양한 종류의 세금을 낸다. 그런데 이 중엔 내가 내야 할 세금을 내는 경우가 있고, 내가 낼 세금이 아닌데 대신 내는 경우도 있다. 세금은 조세부담의 전가(떠넘기기)가 이뤄지는지 여부에 따라 직접세와 간접세로 구분할 수 있다.

직접세는 세금을 부담하는 사람과 실제 세금을 내는 사람이 같은 세금이다. 소득세, 법인세, 종합부동산세, 상속세, 증여세 등이 포함된다. 간접세는 세금을 부담하는 사람과 내는 사람이 다른 세금을 말한다. 대표적인 것이 부가가치세다. 부가가치세를 국가에 납부하는 주체는 물건을 판 기업이지만, 실제 부담하는 사람은 물건을 구입하는 소비자가 된다. 업체가 부담하는 부가가치세가 제품 가격에 포함돼 결과적으로 소비자에게 떠넘겨지기 때문이다.

사람 심리라는 게 묘해서, 직접세를 낼 때는 '내 돈이 세금으로 나간다'는 생각을 강하게 갖지만 간접세에는 '내가 세금을 내고 있다'는 사실이 잘 와닿지 않는다. 그래서 직접세는 조세 저항이 상대적으로 크다는 평가를 받는다. 반면 간접세는 조세 저항이 비교적 적고, 세무 행정에 드는 비용도 적다는 것이 장점이다. 모든 납세자에 동일한 세율을 적용하기 때문에 소득 재분배 효과를 기대하긴 어렵다.

급증하는 복지재정 수요에 대응하려면 직접세보다 세수 증가 효과가 뛰어난 간접세를 올리는 것이 효율적이라는 주장이 있다. 하지만 부유층이 더 많은 세금을 부담하는 누진적 증세의 취지를 살리려면 직접세 증세가 바람직하다는 반론도 만만찮다.

060

누진세/역진세

누진세는 소득이나 재산이 늘어날 수록 세율이 증가하는 세금이며, 역진세는 오히려 세율이 감소하는 세금을 말한다.

경제기사 읽기

정부는 유가 상승에 따른 서민 · 자영업자 부담 완화를 위해 다음달 6일부터 6개월간 휘발유 등에 붙는 유류세를 15% 인하하기로 했다. 유류세 인하에 따라 휘발유 가격은 L당 최대 123원, 경유는 최대 87원 인하될 전망이다.

일각에선 국제 유가가 계속 올라 유류세 인하 효과가 크지 않을 것이라는 지적도 나온다. 고소득층이 더 많은 혜택을 보는 것 아니냐는 분석도 있다. 고소득층의 휘발유 소비량이 상대적으로 많을 가능성이 크기 때문이다. 고형권 기재부 1차관도 "역진적인 측면이 있다"고 말했다. 그러나 전체 승용차 중 2500*cc* 미만이 84%를 차지하고 있고, 전체 화물차 가운데 영세 자영업자가 운행하는 1t 이하 트럭이 80%라는 점 등에서 취약계층에도 도움이 될 것이라는 게 정부 설명이다.

— 김일규, 휘발유값 L당 123원 · 경유 87원 싸진다, 〈한국경제〉, 2018.10.25

여름철 집에서 에어컨을 펑펑 틀지 못하는 이유는 전기요금이 누진제로 매겨지기 때문이다. 전기를 10배 쓰면 요금이 10배가 되는 게 아니라 10배 이상으로, 눈덩이처럼 불어난다.

세금 역시 세율의 증가 폭에 따라 누진세, 비례세, 역진세라는 세 유형으로 구분할 수 있다. 소득, 재산 등 과세표준이 상승함에 따라 평균세율이 증가하는 조세는 누진세라 부른다. 과세표준에 관계 없이 평균세율이 일정하면 비례세라 하고, 오히려 감소하면 역진세라 한다.

누진세의 대표적 사례는 소득세다. 2019년 기준 연소득(과세표준)이 1200만원 이하인 사람은 6%를 내고, 연소득이 늘어날수록 세율도 높아져 5억원 이상은 42%를 뗀다. 이런 방식은 부자일수록 세금을 왕창 내기 때문에 소득 재분배 효과가 높다. 하지만 부유층에 적용되는 세율을 과도하게 높이면 이들의 근로의욕이 꺾이기 때문에 선을 잘 지키는 게 관건이다.

비례세의 대표적 사례는 부가가치세다. 부가가치세는 과세표준에 관계 없이 평균세율이 항상 일정하고 부자라 해서 더 내지 않는다. 마트에서 재벌이 장을 보든, 노숙자가 장을 보든, 부가가치세는 물건 값의 10%다.

역진세는 부자일수록 오히려 부담이 가벼워지는 세금인데, 현실에는 존재하지 않는다. 다만 식료품과 같은 생활필수품에 붙는 비례세는 '역진세 성격을 가진다'고 간주된다. 소득수준이 다르다고 해서 먹는 양이 어마어마하게 차이나진 않는다. 결과적으로 저소득자가 고소득자에 비해 무거운 부담을 지는 것이나 마찬가지라는 얘기다.

061 준조세(quasi-tax, 準租稅)

조세는 아니지만 실질적으로 조세와 비슷한 성격을 갖는 각종 부담금, 기부금, 성금 등을 통칭하는 말.

경제기사 읽기

"한국에서 기업하려면 준조세를 잘 따져봐야 합니다. 4대 보험과 각종 부담금으로 나가는 돈이 법인세보다 더 많거든요."(중견 제조업체 대표 A씨)

'세금 아닌 세금'으로 불리는 기업 준조세 규모는 법인세의 두 배에 이른다. 과도한 준조세가 기업 활력을 해치고 고용을 막는다는 분석이 나온다. 16일 한국경제연구원에 따르면 2018년 국내 기업이 부담한 준조세는 141조4000억원으로 법인세(70조9000억원)의 두 배에 달했다. 준조세 규모는 2016년 129조2000억원, 2017년 132조9000억원 등으로 꾸준히 늘고 있다.

— 이태훈, '보이지 않는 세금' 기업 준조세 141兆…법인세의 두 배, 〈한국경제〉, 2020.01.17

준조세는 법적 용어가 아니고 통일된 개념도 정립돼 있지 않다. 일반적으로 세금 외에 법정부담금, 사회보험료, 수익자 부담원칙에 따른 수수료, 기부금, 성금 등 기업이 지는 일체의 금전적 의무를 통칭하는 의미로 쓰인다. 기업 입장에선 경제적 부담으로 느껴지는 만큼 달갑지 않은 존재다. 소비자와 주주들의 부담으로 전가될 가능성도 있다.

정부에겐 준조세가 재원 조달에 매력적인 수단이다. 하지만 부과와 집행의 투명성이 조세에 비해 떨어진다는 게 문제다. 법정부담금은 기금이나 특별회계 형태로 관리되기 때문에 감독이 엄격하지 않다. 합리적으로 걷고 투명하게 쓰는 원칙을 지켜야 "국민과 기업에 과중한 부담을 준다"는 비판을 막을 수 있을 것이다.

준조세 중에는 대체로 타당성이 인정되는 것이 많지만 꼭 그렇지 않은 경우도 있다. 극단적인 사례로 자발적으로 내야 할 기부금이나 성금이 반강제로 징수될 때가 있다. 2016년 말 온나라를 떠들썩하게 했던 K스포츠재단 · 미르재단 사건을 기억하시는지. 대통령의 비선 실세라는 최순실 씨 주도로 만든 재단에 삼성, 현대차, LG, SK 등 굴지의 대기업들이 기부금을 냈다. 뇌물 여부를 놓고 검찰과 법원의 판단은 엇갈렸지만, 기업들의 항변은 똑같았다. "내고 싶어서 낸 게 아니라, 내라고 해서 어쩔 수 없이 냈다."

정권 실세가 요구한 기부금은 일종의 준조세로 받아들일 수밖에 없었다는 취지다. 지금은 고인이 된 구본무 LG그룹 회장은 최순실 청문회에 불려나와 준조세에 대한 소신 발언을 남겼다. 다른 정권에서 비슷한 요구가 있을 때 또 출연금을 내겠냐는 의원들의 추궁에 그는 "국회에서 입법을 잘 해서 기업의 준조세 부담을 막아 달라"고 했다.

062

지하경제(underground economy)

정보가 파악되지 않아 공식 통계에 잡히지 않는 경제활동.

경제기사 읽기

한국조세재정연구원이 한국 지하경제 규모를 국내총생산(GDP)의 8.0%인 124조원으로 추정하면서 그 규모의 적정성을 놓고 논란이 일고 있다. 국내외 연구기관들의 추정치와 너무 차이가 나기 때문이다. 그동안 국내외 연구기관이나 학자들은 국내 지하경제 규모가 적게는 GDP의 약 17%, 많게는 25%에 달한다고 추정해왔다.

지하경제 규모의 추정치 차이가 최대 수백조원에 달하는 이유에 대한 궁금증도 커지고 있다. 이에 대해 전문가들은 "어떤 가정과 변수를 적용해 산출하느냐에 따라 지하경제 추정치는 극단적으로 달라진다"며 "절대 규모보다는 연도별 증감 추세를 보는 것이 바람직하다"고 권고했다.

— 이상열, 124조~290조…지하경제 규모는 '고무줄'인가, 〈한국경제〉, 2017.02.18

"현금으로 내면 2만원 깎아 드릴게요." 전자상가나 의류상가에서 카드 결제나 현금영수증 발급을 피하기 위해 이처럼 현금 결제를 유도하는 곳을 종종 볼 수 있다. 사실 불법인데, 돈을 절약하기 위해 이런 요구에 순순히 응하는 사람도 많다. 자영업자와 소비자에겐 누이 좋고 매부 좋은 일일 수 있지만, 거래내역을 파악할 수 없는 과세당국 입장에선 세금을 떼어먹는 '지하경제'다.

지하경제란 정보가 파악되지 않아 사회가 공식적으로 계측하는 경제활동 추계에 포함되지 않는 경제활동을 가리킨다. 마약, 성매매, 밀수 등과 같이 음지에서 이뤄지는 불법 행위가 대표적이지만 이게 전부는 아니다. 합법적인 경제

한국의 GDP 대비 지하경제 비중 (단위: %)

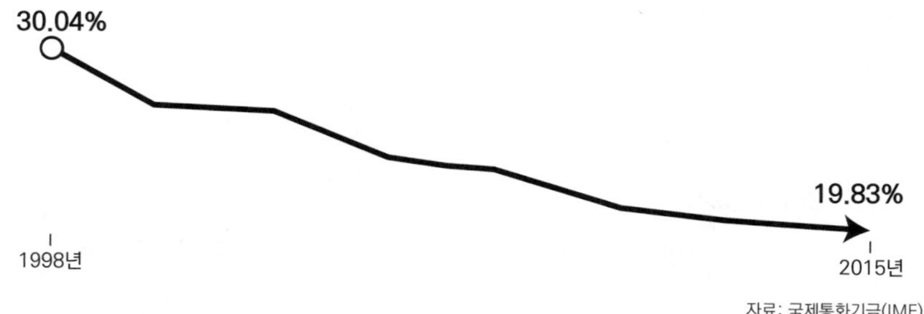

자료: 국제통화기금(IMF)

활동을 하고 있지만 세금을 피하기 위해 이뤄지는 현금 거래, 비자금 등도 모두 지하경제의 범주에 들어간다.

지하경제는 왜 나쁠까. 탈세가 공공연하게 이뤄지면 재정적자가 확대되고, 성실한 납세자의 부담을 늘려 근로의욕을 떨어뜨린다. 경제자원의 분배를 왜곡해 국가경제 전반에 악영향을 미친다. 지하경제 양성화는 세원 확보는 물론 중장기적으로 경제의 투명성과 효율성을 높이기 위해 반드시 필요하다는 얘기다.

국제통화기금(IMF) 보고서에 따르면 2015년 기준 한국의 지하경제 규모는 국내총생산(GDP) 대비 19.83%로 추정됐다. 1998년 30.04%에 이르던 것이 그래도 많이 낮아졌다. 역대 정부마다 신용카드 사용 장려, 세무조사 강화 등을 통해 지하경제 양성화를 꾸준히 추진한 것이 영향을 준 것으로 보인다. 지하경제 규모를 정확히 추산하는 것은 불가능하다. 다만 여러 학자들의 연구를 종합하면 선진국일 수록 지하경제 규모가 확실히 줄어드는 경향을 보인다. 그만큼 경제 시스템이 치밀하게 갖춰져 있다는 의미로 해석할 수 있다.

063

조세피난처(tax haven)

법인세, 소득세 등 세금이 완전히 면제되거나 현저히 경감되는 국가나 지역.

경제기사 읽기

2일 박광온 더불어민주당 의원실이 관세청, 금융감독원 등에서 받은 국정감사 자료에 따르면 지난 8월 말 기준 국내에 등록된 외국인 투자자(법인 및 개인) 4만2692명 중 최소 1만2785명(29.9%)의 국적이 조세피난처인 것으로 조사됐다.

이번에 파악된 조세피난처 투자자 중에서는 케이맨제도 국적자가 3274명으로 가장 많았다. 다음은 캐나다(2459명), 룩셈부르크(1768명), 아일랜드(1242명), 홍콩(1046명), 버진아일랜드(877명) 등의 순이었다. 박 의원은 "미국 투자자 1만4243명 중 조세피난처로 분류되는 델라웨어주 투자자가 따로 분류되지 않아 '최소 1만2785명'으로 파악된 것"이라고 설명했다.

— 김주완, 외국인 투자자 30%, 조세피난처에 국적, 〈한국경제〉, 2016.10.02

케이만제도, 버뮤다, 버진아일랜드, 파나마…. 직접 가 볼 일은 거의 없는데 뉴스에서 '조세피난처'라는 이름으로 자주 듣게 되는 지명이다. 애플, 구글, 페이스북 등 다국적기업들은 조세피난처를 적극적으로 활용해 꾸준히 도마에 오른다. 여러 진출국에서 발생한 매출을 조세피난처에 설립한 회사 매출로 잡는 방식으로 세금 부담을 줄여왔기 때문이다. 국내 재벌이 이들 지역에 유령회사를 세워 세금을 피해간다는 의혹도 종종 제기된다.

조세피난처는 말 그대로 세금 부담을 피할 수 있는 지역이다. 경제협력개발기구(OECD)는 소득세나 법인세를 부과하지 않거나 세율이 15% 이하인 국가와 지역을 조세피난처로 정의한다. 무조건 세율이 낮다고 조세피난처가 되는 건 아니다. 조세행정이 투명하게 이뤄지는지, 조세정보를 외부와 잘 공유하는지, 기업들이 실질적인 경제활동을 수행하는지 등도 고려 요소다. 납세를 회피하기 좋은 환경이 종합적으로 조성돼야 한다는 얘기다. 그 결과 지구상에 40곳 안팎이 조세피난처로 분류된다.

조세피난처는 세 가지 세부 유형으로 나뉜다. ①택스 파라다이스(tax paradise)는 모든 세금에 낮은 세율을 매기거나 면세하는 곳으로 바하마, 버뮤다, 케이먼군도 등이 대표적이다. ②택스 셸터(tax shelter)는 외국에서 들여온 소득에 한해 혜택을 주는 곳으로 홍콩, 라이베리아, 파나마 등이 있다. ③택스 리조트(tax resort)는 특정 업종에 혜택을 주며 룩셈부르크, 네덜란드, 스위스 등이 해당한다.

재산을 외국에 숨기는 방식의 조세회피는 1789년 프랑스혁명 때 처음 등장한 것으로 알려져 있다. 사회가 혼란스러운 시기에 프랑스 귀족들이 수수료를 주고 스위스 은행에서 '비밀 서비스'를 받았던 게 시초다. 상품과 자본이 국경 없이 이동하는 현대자본주의가 자리잡으면서 조세피난처는 더욱 번성했다.

조세피난처에 흘러들어간 자금 규모는 베일에 가려 정확히 알 수 없다. 기관들이 추정하는 규모 역시 적게는 5조달러, 많게는 20조달러 이상으로 제각각이다. 전 세계 외국인직접투자(FDI)의 30%가 조세피난처를 경유한다는 분석도 있다. 이들 자금이 '합법적 절세'를 추구한다곤 하지만 정부의 조세형평성을 훼손하는 데다 자금세탁, 테러, 금융범죄 등에 악용될 수 있다는 점에서 비판받고 있다.

064

디지털세(digital tax)

국경을 넘나들며 많은 매출을 올리면서 세금은 적게 내는 글로벌 정보기술(IT) 기업을 겨냥한 세금.

경제기사 읽기

'고래 싸움에 새우 등 터진다.' 세계적으로 논의가 활발한 '디지털세'가 한국에 주는 영향을 압축적으로 보여주는 말이다. 여기서 고래는 미국과 유럽연합(EU), 새우는 한국을 비롯한 중진국이다. 중진국들이 어느 정도 영향을 받는 것은 불가피해졌다.

지난 27~30일 국제사회 논의 결과 소비자를 상대로 한 제조업 기업에까지 디지털세를 물리기로 결정됐기 때문이다. 당초 구글, 페이스북 등 '정보기술(IT) 공룡'을 주된 타깃으로 하던 데서 적용 대상이 크게 넓어진 것이다. 이로써 삼성전자, LG전자, 현대자동차 등 한국의 다국적기업도 디지털세 적용 범위 안에 들어가게 됐다.

디지털세를 어떻게 얼마나 거둘 것인지는 아직 정해지지 않았다. 지금까지 논의된 내용을 보면 다음과 같은 과정으로 과세될 것으로 보인다. 삼성전자는 현재 한국에서 주로 세금을 내지만 앞으로는 영국 등 해외에서 올린 매출의 일정한 비율(가령 20%)에 대해 현지 과세당국에 세금을 내야한다. 그만큼 한국에 내는 세금은 줄어드는 식이다. 해외 매출의 20%는 디지털 환경의 도움을 받아 올린 '초과 이익'이라고 보는 것이다.

— 서민준, 삼성, TV · 휴대폰 판 나라에 세금 더 내야…
국내 세수 '타격' 우려, 〈한국경제〉, 2020.02.01

"프랑스가 우리의 위대한 IT 기업에 디지털세를 부과하려 한다. 우리는 마크롱의 어리석음에 상응하는 조치를 곧 발표할 것이다."

도널드 트럼프 미국 대통령은 2019년 7월 트위터에서 에마뉘엘 마크롱 프랑스 대통령을 공개적으로 비난했다. 프랑스가 대형 IT 기업들의 프랑스 내 연매출 3%를 디지털세로 부과하는 법안을 통과시킨 뒤였다. 마크롱의 디지털세가 겨냥한 회사는 구글, 애플, 아마존, 페이스북 등 대부분 미국계다. 트럼프는 프랑스 특산물인 와인에 보복관세를 매길 수 있다고 했다.

다국적 IT 기업을 겨냥한 디지털세 도입을 놓고 세계 각국의 신경전이 치열하다. 디지털세는 제도를 도입한 나라에 기업 본사가 있는지에 관계없이 디지털 서비스 매출에 따라 세금을 물리는 게 특징이다. 현행 국제조세조약에 따르면 각국은 고정 사업장과 유형자산을 근거로 기업에 과세한다. 하지만 IT 기업은 국가마다 생산 · 판매 시설을 두지 않는 사례가 많다. 데이터나 특허 같은 무형자산에 주로 의존하다 보니 과세 근거를 찾기 힘들다.

디지털세는 국경을 넘나들며 사업하는 IT 기업들이 돈은 많이 벌면서 세금을 제대로 내지 않는다는 비판에서 출발했다. 조세 형평성에 어긋난다는 것이다. 그 대표적 사례가 구글이라 해서 디지털세를 '구글세(Google tax)'라 부르기도 한다. 국내에서도 비슷한 문제 제기가 많았다. 구글은 한국에서 광고로만 1년에 5조원 가까운 매출을 올리는 것으로 추산되지만 세금은 거의 내지 않는 것으로 알려져 있다. 구글코리아보다 덩치가 작은 네이버가 매년 법인세로 수천억원을 내는 것과 대조적이다.

디지털세가 안착하려면 많은 나라가 합의를 이뤄 동시에 도입해야 하는데, 쉽지 않아 보인다. 미국은 디지털세 도입에 강력히 반대하고 있다. 유럽연합(EU)은 공동 디지털세 도입을 추진했지만 아일랜드, 네덜란드, 스웨덴, 덴마크 등의 반대로 무산됐다. 국내 IT업계도 디지털세에 찬성하진 않는다. 이 세금이 확산되면 한국 기업들이 해외에 진출할 때도 세금 부담이 커질 수 있어서다.

065

조세포괄주의

세법에 규정되지 않았어도 비슷한 행위에 모두 세금을 물릴 수 있다는 원칙. 과세대상과 요건을 법에 명시하는 조세열거주의와 반대 개념이다.

경제기사 읽기

기업인들이 2 · 3세가 대주주로 있는 회사에 주식 등 재산을 증여하는 사례가 잇따르고 있다. 재산을 자손이 아닌 회사에 넘기면 세율이 높은 증여세(최고 50%) 대신 법인세(최고 22%)만 부과되는 점을 눈여겨본 것 아니냐는 분석이다. 하지만 과세당국은 회사를 통한 증여가 경영권 간접 승계로 이어진다고 보고 법인세 대신 증여세를 부과하는 방안을 검토하고 있다.

26일 금융감독원 전자공시에 따르면 배선화 문배철강 회장은 보유하고 있던 27억원 상당의 문배철강 지분 123만7680주(6.04%)를 회사에 무상 증여했다고 지난 20일 공시했다. 문배철강은 배 회장의 장남(배종민 대표이사)과 손자(배승준 씨)가 최대주주(15.05%)와 2대 주주(14.29%)로 특수관계인 지분이 42.76%에 달한다.

하지만 국세청은 이 같은 증여 방식이 '증여세 완전 포괄주의'에 해당한다고 보고 증여세를 물리겠다는 방침이다. 자녀가 대주주로 있는 회사에 주식을 몰아주고 회사의 가치와 이익을 늘려주는 것은 '편법 증여' 소지가 있다는 것. 그러나 경제계는 과세당국이 증여세 포괄주의를 지나치게 확대 해석하고 있다고 반발한다.

— 김우섭, 자녀 회사에 증여하는 '우회상속' 증가…국세청 "증여세 물릴 것", 〈한국경제〉, 2015.05.27.

나이 지긋한 중소 · 중견기업 창업주들에게 "요즘 고민이 뭡니까"라고 물으면 "상속 문제"라고 털어놓는 사람이 많다. 국내에선 기업인이 재산과 지분을 물려

줄 때 기본 상속세율 50%에 대주주 경영권 승계 할증이 더해져 최대 65% 상속세율이 적용된다. 자녀가 기업을 물려받으려 해도 상속세를 낼 현금이 없어 포기하는 사례가 꽤 있다.

사실 탈세와 절세는 한 끗 차이다. 자산가들은 세금을 한 푼이라도 아끼기 위해 법 규정 안에서 최대한 우회로를 찾아내려 한다. 하지만 평범한 국민들 관점에선 이런 시도에 박탈감을 느낄 수도 있다. 1990년대 일부 재벌은 복잡한 금융상품을 동원해 '합법적 절세' 효과를 누리며 재산을 물려주기도 했다. 세법의 허점을 이용한 게 아니냐는 논란이 거세지자 정부는 상속 · 증여를 중심으로 조세포괄주의 개념을 도입하기 시작했다.

조세포괄주의는 크게 '유형별 포괄주의'와 '완전포괄주의'로 나뉜다. 유형별 포괄주의는 부동산, 현금, 주식 등 세금을 부과할 수 있는 유형을 법에 정해놓고 여기에 속하는 각종 행위에 세금을 부과하는 것이다. 완전포괄주의는 해당 세금과 관련된 모든 행위에 과세하는 것으로, 유형별 포괄주의보다 한층 강력한 방식이다. 한국은 2000년 상속 · 증여세법에 12종의 상속 · 증여 행위를 열거한 유형별 포괄주의를 도입했다. 2004년엔 다시 법을 바꿔 상속 · 증여세 완전포괄주의를 시행하고 있다.

조세포괄주의는 "조세의 종목과 세율은 법률로 정한다"는 헌법 59조의 조세법률주의 원칙에 반한다는 비판을 받기도 한다. 국세청이 자의적으로 세금을 부과해 권력을 남용할 소지가 있다는 주장이다. 하지만 조세 형평성 강화라는 순기능이 명확한 데다 미국, 일본 등 선진국이 두루 도입한 원칙이라는 반론도 설득력을 얻고 있다.

066

세무조사

납세 의무자가 세금을 제대로 신고하고 납부했는지 세무당국이 검증하는 절차.

경제기사 읽기

자영업자와 소상공인에 대한 세무조사 유예가 2020년 말까지 1년간 연장된다. 김현준 국세청장은 12일 부산 남포동 자갈치시장에서 전통시장 상인을 대상으로 세정지원 간담회를 열고 이같이 밝혔다. 김 청장은 "내년에도 자영업자와 소상공인의 경영상 어려움이 계속될 것으로 예상된다"며 "세무검증 배제 조치를 내년 말까지 1년 연장하고 세금 납부 및 체납 처분 유예도 계속 시행할 것"이라고 말했다.

— 조재길, 자영업자 세무조사 내년 말까지 안 한다, 〈한국경제〉, 2019.12.13

경제가 어려울 때는 위의 기사처럼 국세청장이 "세무조사를 최대한 자제하거나 면제하겠다"고 말하는 것을 종종 볼 수 있다. 세금을 정확하게 냈는지 따져보는 세무조사는 국세청의 당연한 업무 중 하나다. 하지만 받는 쪽 입장에선 탈세 여부를 떠나 조사 자체가 부담과 압박으로 작용한다. 세무조사 자제가 경제 살리기를 위한 배려(?)가 되는 게 현실이다.

국세청이 모든 납세자를 수시로 들여다보는 것은 현실적으로 불가능하다. 그래서 정기조사와 비정기조사가 돌아가며 이뤄진다. 기업들이 5~10년 주기로 정기검사를 받는 것은 통상적인 일로 보면 된다. 언론이 주목하는 세무조사는 서울지방국세청 조사4국이 투입되는 비정기조사, 일명 '특별 세무조사'다. 서울청 조사4국은 '국세청의 중수부'라는 별명을 갖고 있다. 구체적인 정황을 잡고 탈세, 비자금 등의 혐의를 캐는 조직이라 기업들에겐 저승사자로 통한다.

세금을 탈루한 연예인, 운동선수, 유튜버 등이 국세청에 대거 적발됐다는 뉴스도 틈틈이 세간의 주목을 받는다. 기업이 아닌 개인도 세무조사의 대상이 될 수 있다. 자금 출처가 불분명한데 거액의 부동산을 구입했거나, 소득에 비해 지나치게 많은 자산을 보유한 사람 등을 주로 겨눈다.

세무조사 결과 탈루가 드러나면 그동안 안 낸 세금을 추징당하고, 경우에 따라 형사처벌로도 이어질 수 있다. 국세청이 통보한 세무조사 결과를 받아들일 수 없다면 이의신청, 심사청구, 심판청구 등 불복할 수 있는 절차가 보장돼 있다. 납세자의 조세불복이 받아들여져 국세청이 돌려주는 돈은 해마다 증가하는 추세다. 정부가 세수를 확충하기 위해 과도하게 세무조사를 벌이기 때문이란 해석도 있고, 해마다 개정되는 세법이 누더기처럼 변하면서 세무당국이 무리하게 과세하는 일이 많아진 탓이라는 지적도 있다.

067

래퍼 곡선(Laffer curve)

세율과 정부 조세수입 간의 관계를 설명한 곡선. 세율이 적정수준을 넘어서면 경제주체들의 의욕을 떨어뜨려 세수가 줄어든다는 점을 나타내고 있다.

경제기사 읽기

전체 근로자의 4.3%에 불과한 연봉 1억원 초과 고소득자 80만 명이 전체 근로소득세의 절반 이상을 부담하는 것으로 나타났다. 반면 근로소득자 열 명 중 네 명은 세금을 한 푼도 내지 않는다. 고소득층과 대기업을 타깃으로 한 '부자증세'가 2012년 이후 8년째 이어지면서 '넓은 세원, 낮은 세율'이란 조세정책의 기본원칙이 훼손되고 '세금 불공평'만 키운다는 비판이 나오고 있다.

12일 국세청에 따르면 2018년 기준 전체 근로소득자(1857만 명)의 4.3%에 해당하는 연봉 1억원 초과 소득자 80만1839명이 전체 근로소득세(38조3078억원)의 55.4%(21조2066억원)를 냈다. 이들의 소득이 전체에서 차지하는 비중은 18.1%였다.

한국 고소득층의 세 부담이 다른 선진국보다 크다는 사실은 다른 통계에서도 확인된다. 국회예산정책처에 따르면 2017년 기준 통합소득(근로소득과 종합소득 등을 합한 소득) 상위 10%가 전체 소득에서 차지하는 비중은 36.8%였다. 하지만 이들은 전체 소득세의 78.5%를 냈다. 비슷한 시기 미국(70.6%) 영국(59.8%) 캐나다(53.8%) 등 주요국 중 가장 높은 수준이다. 정부가 2012년 이후 소득세 최고 세율 인상(35%→42%) 등 부자증세를 지속적으로 추진한 여파다.

— 오상헌 · 서민준, 상위 10%가 '소득세 79%' 내는 나라, 〈한국경제〉, 2020.01.13

2013년 프랑스에서 부자들이 국적을 포기하고, 기업들이 본사를 다른 나라로 옮기는 등 '탈출 러시'가 이어졌다. 진보 성향의 프랑수아 올랑드 대통령이 집권

4장 재정과 세금

래퍼 곡선

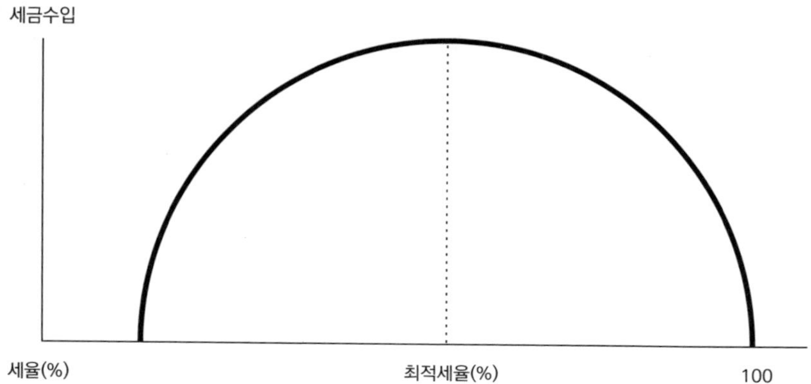

하자마자 추진한 '부자 증세'에 대한 반발이었다. 올랑드는 1년 전 치러진 대선에서 연소득 100만유로 이상 고소득자에게 75%를 세금으로 물리고, 대기업에 주던 법인세 감면 혜택도 줄이겠다는 공약을 내세웠다. 당시 프랑스의 최고세율은 소득세 41%, 법인세 33%로 이미 상당히 높은 수준이었다.

올랑드가 당선 후 증세 추진을 본격화하자 프랑스의 국민배우로 불리던 제라르 드파리드외가 불만을 표시하며 러시아 국적을 취득했다. 스위스, 영국, 벨기에 등에도 프랑스 갑부와 기업들의 '세금 망명'이 줄을 이었다.

미국의 대표적인 공급주의 경제학자인 아서 래퍼가 고안한 래퍼 곡선은 프랑스에서 왜 이런 일이 벌어졌는지 설명하는 근거를 제공한다. 래퍼 곡선은 세율과 정부 조세수입 간의 관계를 나타낸 그래프로, U자를 거꾸로 뒤집어놓은 모양이다.

일반적인 조세 이론에서는 세율이 높아질수록 세수가 증가한다. 래퍼의 생각은 달랐다. 일정 수준의 세율까지는 조세수입이 증가하지만, 세율이 적정 수준(최적세율)을 넘어서면 경제주체들의 의욕이 떨어져 조세수입이 감소한다고 주장했다. 쉽게 말해 "세금을 이렇게 심하게 떼는데 뭐하러 일하냐"고 생각하게 만든다는 것이다. 이런 상황에선 세율을 낮추는 것이 경기를 살리고 세수도 증가

시키기 때문에 정부에도 이득이라고 봤다.

래퍼는 1974년 리처드 닉슨 대통령 때 백악관 예산국 수석경제학자로 일하면서 래퍼 곡선을 완성했다고 한다. 래퍼 곡선은 1980년대 도널드 레이건 대통령이 단행한 조세 인하 정책의 이론적 토대가 됐다. 레이건 행정부는 감세를 통해 경제의 활력을 높이고자 했으나, 이 과정에서 막대한 재정적자를 안게 됐다.

068

개별소비세

사치성 상품이나 서비스의 소비에 대해 물리는 세금.

경제기사 읽기

정부가 지난해까지 한시적으로 적용한 자동차 개별소비세 인하 조치가 부활했다. 코로나19(신종 코로나바이러스 감염증) 확산으로 꽁꽁 얼어붙은 자동차 내수 시장을 활성화하기 위해서다.

정부는 1일부터 6월 30일까지 5%인 자동차 개소세를 1.5%로 70% 인하한다. 한도는 100만원 이내다. 자동차값은 개소세 100만원, 교육세 30만원, 부가가치세 13만원 등 143만원 저렴해진다.

— 이영준, 개소세 6월까지 인하… 차값 최대 143만원 싸진다, 〈서울신문〉, 2020.03.02

평소 명품백과 보석을 즐겨 사고, 주말에는 골프장이나 경마장을 자주 찾는 사람을 서민으로 보긴 어렵다. 충분한 재력을 갖추고 '럭셔리 라이프'를 즐긴다고 볼 수 있다. 개별소비세는 이런 사람들에게 국가가 부과하는 일종의 사치세다.

개별소비세는 사치성 물품의 소비를 억제하고 재정수입을 확대한다는 취지에서 특정 물품이나 특정 영업장에 부과하는 세금이다. 1976년 특별소비세라는 이름으로 도입돼 2008년 개별소비세로 이름이 바뀌었다. 줄여서 '개소세'라고 많이 부른다.

1970년대 정부는 경제개발에 필요한 돈을 조달하기 위해 특별소비세를 신설했다. 생활필수품이 아닌 값비싼 물건에 똑같이 부가가치세만 매기는 건 불합리하다는 비판이 많았고, 사치스러운 고가품 소비를 억제할 필요도 있었기 때문이다. 이 세금의 부과 대상은 개별소비세법에 열거돼 있다. 보석, 귀금속, 고

개별소비세 규모 (단위: 조원)

2010	2011	2012	2013	2014	2015	2016	2017	2018
5.5	5.7	5.3	5.6	5.8	8.3	9.0	9.7	10.5

신고세액 기준. 자료: 국세청

급 시계, 고급 모피, 고급 가구, 배기량 2000cc를 초과하는 승용차, 휘발유, 경유, 담배, 경마장, 골프장, 카지노, 유흥주점 등이 대표적이다.

개별소비세는 사실상 역진세의 성격을 갖는 부가가치세의 한계를 일정 부분 보완하는 역할을 했다. 하지만 시대 흐름을 제대로 반영하지 못한다는 비판도 많이 받아왔다. 논란이 가장 큰 품목이 승용차다. 예전에나 사치품이었지 지금은 생필품과 다름없기 때문이다. TV, 에어컨, 세탁기, 냉장고 등에도 오랫동안 개별소비세가 부과됐으며 폐지된 지 그리 오래 되지 않았다.

정부는 경기가 좋지 않을 때 일부 품목의 개별소비세를 일시적으로 낮춰 소비 진작 수단으로 활용하기도 한다. 승용차의 경우 외환위기 이후 1998, 2001, 2004, 2008, 2012, 2015, 2018, 2020년까지 여덟 차례에 걸쳐 개별소비세가 인하됐다. 내수 활성화를 위한 조치라지만, 내렸다올렸다를 반복하지 말고 차라리 폐지하는 게 낫지 않느냐는 얘기도 나온다.

정부가 개별소비세로 거두는 세수는 연간 10조원 안팎에 이른다. 개별소비세의 긍정적 효과를 극대화하기 위해선 운영 과정에서 합리성과 형평성을 유지하려는 노력도 이어져야 할 것이다.

069

피구세(Pigouvian tax)

환경오염 등과 같은 부정적 외부효과를 줄일 목적으로 원인 제공자들에게 부과하는 세금.

경제기사 읽기

정부가 친환경 아이스팩 확대를 위해 고흡수성 수지를 사용한 아이스팩 제조 · 수입업자에게 폐기물부담금을 물리는 방안을 검토한다. 이에 앞서 홈쇼핑에서 사용한 아이스팩을 전통시장에서 재사용하기로 했다.

환경부는 친환경 아이스팩 생산 확대를 위해 고흡수성 수지를 충전물질로 사용한 아이스팩 제조업자나 수입업자에게 '폐기물부담금' 부과 · 징수를 검토하고 있다고 11일 밝혔다.

— 임재희, 환경부, 미세플라스틱 소재 아이스팩에 '폐기물부담금' 검토, 〈뉴시스〉, 2019.12.11

공장의 오염물질 배출은 많은 사람에게 피해를 주는 부정적 외부효과의 대표적 사례다. 정부가 부정적 외부효과를 줄이기 위해 활용할 수 있는 방법은 여러 가지가 있다. 가장 손쉬운 방식은 "공장마다 오염물질 배출량을 100t으로 줄이라"고 명령하는 것이다. 하지만 이런 직접 규제는 산업활동에 상당한 부담을 주는 데다, 공장들이 배출량을 100t 이하로 추가 감축할 이유도 없다는 한계가 있다.

경제학자들은 외부효과의 원인을 제공하는 자에게 세금을 부과하는 방식이 더 효율적이라고 주장한다. 이른바 교정적 조세(corrective tax)를 물리는 것이다. 처음 아이디어를 낸 영국 경제학자 아서 세실 피구의 이름을 따서 '피구세'라고 부른다.

피구세 방식대로라면 정부는 "오염물질 1t당 100만원을 세금으로 내라"고 하면 된다. 오염물질 배출권을 돈 받고 파는 것과 같다. 이렇게 되면 공장들은 각자 이익을 극대화하기 위한 방법을 찾아나선다. 생산량을 줄이거나 친환경 설비를 도입하는 업체가 나올 것이고, 수지타산이 안 맞는다고 판단해 문을 닫는 공장도 생길 수 있다. 피구세는 세금 부과를 통해 경제주체들의 행동을 변화시킬 수 있음을 보여준다.

우리 일상에서 친숙한 피구세의 사례는 '쓰레기 종량제'다. 집집마다 배출하는 쓰레기의 양을 제한하진 않지만, 쓰레기를 버리려면 무조건 유료로 판매하는 종량제 봉투에 담아야 하는 제도다. 1995년 1월 1일 전국적으로 시행된 이 제도는 초창기 일부 반발에도 불구하고 성공적으로 안착했다는 평가를 받는다. 환경부에 따르면 종량제 도입 이후 20년 동안 국내 생활폐기물 배출량은 약 15% 감소한 것으로 집계됐다.

일회용품, 합성수지, 유독성 물질을 생산하거나 수입하는 자가 쓰레기 처리비용의 일부를 내도록 하는 '폐기물부담금 제도' 역시 피구세 원리를 차용한 정책 중 하나다.

죄악세(sin tax)

술, 담배, 도박, 경마 등 사회에 부정적 영향을 주는 것에 부과하는 세금이다.

경제기사 읽기

지난 1분기 국산 담배 수출이 급감했다. 최대 수출국인 아랍에미리트(UAE)가 '죄악세(sin tax)' 명목으로 특별소비세 100%를 부과한 여파다.

15일 농림축산식품부 및 업계에 따르면 올 1~3월 담배(권련) 수출액은 2억 1060만달러(약 2251억원)로 전년 같은 기간보다 28.3% 줄었다.

우리나라 담배 최다 수출국인 UAE는 지난해 10월부터 담배에 100% 세율을 적용했다. 또 올 1월1일부터 5%의 부가가치세도 추가 부과했다. 이 여파로 한국산 담배의 현지 가격은 두 배 가까이 올랐다.

— 김형욱, 국산 담배 1분기 수출 28% 급감…UAE '죄악세' 여파, 〈이데일리〉, 2018.04.15

담배에 붙는 세금은 '죄악세'의 가장 대표적 사례 중 하나다. 죄악세란 술, 도박, 경마 등 사회적으로 권장하지 않는 것들에 붙는 세금을 가리킨다. 이 세금은 사회적 부작용을 예방하는 특수사업에 쓰이거나 정부 곳간으로 들어간다.

중동뿐 아니라 국내에서도 담배에는 배보다 배꼽이 더 큰 세금과 부담금이 붙는다. 4500원짜리 제품을 기준으로 보면 74%인 3323원이 세금 · 부담금이다. 세금으로 담배소비세 1007원, 개별소비세 594원, 지방교육세 443원을 물린다. 부가가치세로 출고가격의 10%인 409원이 추가된다. 여기에 건강증진부담금 841원, 폐기물부담금 24원, 연초생산안정화기금 5원도 부과된다. 흡연자들이 "나는 세금을 많이 내니 애국자"라고 농담하곤 하는 이유다. 애국은 다른 방법으로 하고, 끊는 게 낫지 않을까 싶지만.

담배 한 갑에 붙는 세금·부담금 (단위: 원)

20개비 일반 담배 기준. 자료: 기획재정부

죄악세는 제품을 소비하는 사람의 소득과 관계 없이 동일한 금액을 부과하는 간접세다. 특히 술이나 담배는 '서민 물가와 밀접하다'는 인식이 강해 값을 올릴 때마다 진통이 컸다. 2014년 정부가 담뱃값을 2000원 올릴 때는 온나라가 시끌시끌할 정도였다. 몇 년에 한 번 500원 정도 오르던 담배 가격이 단숨에 2000원 올랐으니 애연가들 가슴이 쓰릴 만 했다. 표면적 이유는 '국민건강 증진'이었으나 불어나는 복지재원을 충당하기 위한 '증세' 의도가 강했다는 게 정설이다. 당시 박근혜정부는 복지를 늘리더라도 증세는 없다고 강조해 왔기 때문에 다른 세금에는 손을 대기 어려웠다. 국민건강을 명분으로 세금 수입을 늘릴 수 있다는 점에서 담뱃값 인상이 매력적인 카드였던 셈이다.

미국에선 콜라나 사이다를 많이 마시면 비만이 될 가능성이 높다는 이유로 탄산음료에 죄악세를 부과하자는 주장이 나온 적이 있다. 영국에선 환경오염을 유발하는 비닐봉지에 세금을 붙일지를 놓고 거센 논란이 일기도 했다.

071

포퓰리즘 (Populism)

대중의 인기에 영합하는 정치행태를 비판적으로 가리키는 말.

경제기사 읽기

민주주의 국가 중 인구가 가장 많은 인도를 비롯해 호주, 캐나다, 인도네시아 등이 올해 선거를 치른다. 유럽연합(EU) 의회 선거도 예정돼 있다. 선거를 치르는 나라의 인구를 합치면 세계 인구의 3분의 1에 달한다. 선거 판도에 따라 정치 지형이 크게 요동쳐 각국 정치권은 물론 대규모 투자자는 촉각을 곤두세울 수밖에 없다.

올해 세계 각지 선거판에선 포퓰리즘(대중인기 영합주의) 바람이 거세다. 좌파는 선심성 정책을, 우파는 반(反)이민 정책 등을 앞세워 표심을 공략하고 있다. 정치 성향이 왼편이냐 오른편이냐에 상관없이 대중의 인기만을 노리고 무리한 정책을 추진한다면 포퓰리즘일 수밖에 없다. 지난해 출범한 멕시코의 좌파 정권과 브라질의 우파 정권이 대표적이다.

— 이현일, 세계 곳곳 선거판에 '포퓰리즘 광풍'…글로벌 경제 리스크로 부상, 〈한국경제〉, 2019.01.21

2007년 대통령 선거에 나왔던 허경영 씨를 기억하시는지. 자신의 IQ는 430이라는 등의 황당한 자기소개 못지않게 파격적인 '현금 살포' 공약으로 세간의 관심을 끌었다. 결혼하면 1억원, 출산하면 5000만원을 주고 전업주부에게 100만원, 노인에게 매달 70만원을 준다는 식이다. 기자들이 그에게 재원 조달방안을 묻자 이런 황당한 답이 돌아왔다. "1만원 이상은 현금을 못 쓰게 해서 세금 탈루를 200조원 줄이고, 지방선거를 없애서 160조원을 절약하고…."

허씨 같은 극단적 수준은 아니더라도, 정치인들이 대중의 인기를 얻기 위해 선심성 정책을 쏟아내는 모습은 숱하게 볼 수 있다. 이런 대중영합주의적 정치 행태를 꼬집는 말이 바로 포퓰리즘이다.

포퓰리즘의 어원은 1891년 미국에서 결성된 포퓰리스트당에서 유래했다. 이들은 미국의 양대 정당인 민주당과 공화당에 맞서 농민과 노조의 지지를 이끌기 위해 경제적 합리성을 도외시한 파격적인 정책을 내세웠다. 국내에서는 무상급식, 기초연금, 아동수당 등 복지정책의 대상과 규모가 확대되는 과정에서 포퓰리즘 논란이 거세게 일곤 했다.

원래 포퓰리즘의 핵심은 일반 대중을 정치의 전면에 내세우는 것으로, 소수의 지배집단이 통치하는 엘리트주의와 대립되는 의미를 가졌다. 하지만 포퓰리즘 성향의 정치지도자들이 오직 대중의 입맛을 사로잡을 목적으로 선심성 정책을 남발한 사례가 많았던 탓에 이들을 비판하는 뉘앙스가 강해졌다. 최근 유럽에서 태동한 이탈리아 '오성운동', 프랑스 '국민전선', 독일 '독일을 위한 대안(AfD)' 등의 정당도 포퓰리즘 세력의 계보를 잇고 있다.

072

연금개혁

연금의 고갈시기를 늦추고 혜택의 형평성을 높이기 위한 제도 개편. 일반적으로 납부액을 높이고 지급액은 낮추는 방향이어서 반발이 거세다.

경제기사 읽기

정부가 1년여간 작업한 국민연금 개편안 네 가지 조합을 14일 내놨다. 당초 검토안에 없었던 '현행 유지안'이 포함됐다. 여기에 기초연금만 10만원 인상하는 방안이 더해졌다. 보험료 인상안도 포함됐으나 선택될 가능성이 크지 않다는 관측이 나온다. 사실상 '연금개혁'을 포기했다는 게 전문가들의 지적이다.

가장 유력한 안은 국민연금은 그대로 두고, 기초연금만 40만원으로 올리는 안이다. 기초연금은 전액 세금으로 충당된다. 내년 예산만 11조5000억원(국비 기준), 2022년엔 20조9000억원이 들어간다는 게 정부 추산이다.

보건복지부는 14일 '소득대체율(생애평균소득 대비 연금액) 및 보험료율'을 네 가지 방식으로 조합한 국민연금 종합운영계획안을 발표했다.

— 김일규, 대통령에 퇴짜 맞고 결국 '현행유지' 무게…'더 내고 덜 받는' 개혁 외면, 〈한국경제〉, 2018.12.15

안정적인 노후자금을 마련하기 위한 방법으로 전문가들은 '3층 연금'을 탄탄히 쌓을 것을 강조한다. 1층은 국민연금 · 공무원연금 · 군인연금 · 사학연금 등 공적연금, 2층은 직장 퇴직금인 퇴직연금, 3층은 개인이 선택적으로 추가 저축하는 개인연금이다. 세 가지 유형의 연금에 모두 가입해 충분한 금액의 노후소득을 확보해 놓으면 나이 들어 곤란할 일이 없다는 얘기다.

1층을 차지하는 공적연금은 국가가 국민을 강제로 가입시킨 것이다. 미래 어떠한 경우에도 지급을 보장한다는 조건으로 소득의 일부를 떼어가고 있다. 하지만 저출산 · 고령화가 심해지면서 국민연금은 2050~2060년 고갈이 확실시되고 있다. 기금이 바닥을 드러내면 정부 예산을 쏟아부어야 한다. 국민연금 가입자들은 공무원 · 군인 · 사학연금에 비해 혜택이 적다는 불만도 많다. 연금제도 전반에 과감한 개혁이 시급하다는 주장이 오래 전부터 제기돼 왔다.

모든 개혁은 어렵지만 연금개혁은 더더욱 어렵다. 기존 가입자가 손해이기 때문이다. 기금의 투자수익률을 어마어마하게 끌어올리면 고갈을 늦출 수 있지만 현실적으로 불가능하다. 결국 가입자들이 돈을 더 내거나 덜 받는 방법 밖에 없다. 하지만 전 국민이 이해당사자이고, 노후와 직결되는 만큼 누구도 선뜻 양보하려 하지 않는다.

국민연금의 노후보장 기능은 이미 많이 약해졌다. 연금 수령액이 은퇴 전 월급의 몇 %인지를 '소득대체율'이라 한다. 국민연금이 도입된 1988년 가입자는 소득대체율 70%를 적용받았으나 2028년 가입하는 사람은 40%로 낮아진다.

역대 정부마다 연금개혁을 공언했으나 용두사미로 끝났다. 해외도 사정은 비슷하다. 프랑스 마크롱 대통령은 직업별로 42개에 달하는 연금을 단일 체제로 통합하는 연금개혁을 추진했다가 전국 총파업과 지지율 급락에 시달렸다. 러시아의 절대권력 푸틴 대통령도 여론의 반발을 넘지 못하고 연금개혁을 거둬들여야 했다. 연금개혁이 노년층 표를 의식해 포퓰리즘으로 변질되기도 하는데, 이런 현상은 연금정치(pension politics)라 부른다.

1000
10000
FG760337G
日本銀行券
壱万円
1000
1000
10000
中国人民银行
BK34605051
10
拾
圆
10
10000

5장 인류 최고의 경제 발명품 화폐와 금융

073

M1/M2(협의통화/광의통화)

시중에 유통되는 돈의 양을 측정하는 통화지표. M1은 민간보유 현금과 유동성 높은 예금을 더한 것, M2는 M1에 유동성이 다소 낮은 금융상품까지 더한 것이다.

경제기사 읽기

시중 부동자금이 가파르게 늘고 있지만 소비 · 투자로 연결되지 않는 '돈맥경화' 현상이 뚜렷해지고 있다. 전문가들은 대내외 경제 불확실성이 커지면서 경제주체들의 투자심리가 위축된 결과로 보고 있다.

15일 한국은행에 따르면 현금과 현금성 자산을 의미하는 부동자금은 지난 6월 말 기준 983조3875억원으로 사상 최대치를 기록했다. 하지만 돈이 얼마나 잘 도는지를 나타내는 통화승수(광의통화÷본원통화)는 올해 1, 2분기에 모두 15.7을 기록하며 역대 최저치로 떨어졌다. 통화승수는 2014년 20 밑으로 내려갔고 2017년 이후엔 하락 속도가 더 빨라졌다.

통장 잔액 대비 인출금 비율을 나타내는 은행 요구불예금 회전율도 6월 17.3회를 기록, 역대 최저치로 떨어졌다. 요구불예금 회전율은 2008년 금융위기 직전까지 월평균 30회를 웃돌았지만 이후 내림세를 지속하고 있다. 경제주체들의 현금 보유 성향이 강해지면서 돈이 생산 · 투자 활동에 쓰이지 못하고 통장에 묶여 있다는 의미다. 연간 명목 국내총생산(GDP)을 시중통화량으로 나눈 통화유통속도도 지난해 0.72로 사상 최저치를 기록했다.

— 김익환, 시중자금 넘치는데…돈이 안 돈다, 〈한국경제〉, 2019.09.16

경제가 안정적으로 성장하려면 돈이 잘 돌아야 한다. 사람들이 쓰는 돈, 즉 통화(通貨)의 양은 경제규모에 비례한다. 국내총생산(GDP)이 커지면 통화량도 늘고, GDP가 증가하지 않으면 통화도 늘지 않는 게 정상이다. 그런데 통화량은 통화의 범위를 어디까지로 잡느냐에 따라 다양하게 측정될 수 있다. 돈은 지갑에 지

한국의 통화량 (단위: 조원)

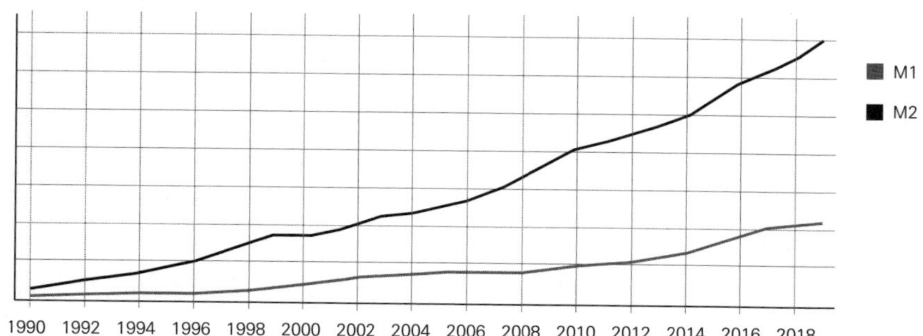

평잔 기준. 자료: 한국은행

폐로 들어있거나, 월급통장에 숫자로 찍혀있거나, 예 · 적금 같은 금융상품에 묻혀있는 등 여러 형태로 존재하기 때문이다.

통화량의 기본 원천이 되는 것은 본원통화(monetary base)다. 중앙은행에서 풀려나간 1차적인 화폐 공급량을 말한다. 본원통화는 화폐발행액과 금융기관 지급준비예치금을 더한 것이다. 예컨대 한국은행이 화폐를 1조원어치 찍어내면 본원통화는 1조원만큼 늘어난다.

통화지표의 핵심은 M1(협의통화)과 M2(광의통화)다. M은 돈(money)의 머릿글자. M1은 돈의 기능 중 물건을 사고팔 때 지불수단으로서의 기능을 중시한 지표다. 민간이 보유한 현금과 입출금이 자유로운 결제성예금을 더한 것이다. 요구불예금, 수시입출식예금 등을 M1에 포함하는 까닭은 언제든 돈으로 뽑거나 송금할 수 있어 현금과 다를 바 없기 때문이다.

M2는 M1에 정기 예 · 적금, 양도성예금증서(CD), 환매조건부채권(RP), 수익증권, 금융채 등까지 합친 것이다. 이들 상품은 당장의 거래를 위한 지불수단보다는 돈을 모으기 위한 저축수단의 성격이 강하다. 하지만 약간의 이자만 포기하면 현금으로 바꾸기 쉽다는 점에서 넓은 의미의 통화에 포함시킨다. 다만 만기가 2년을 넘는 상품은 장기투자 목적으로 봐서 제외한다.

통화지표가 다양한 것은 어느 기준을 채택해도 통화량을 정확히 추계한다는 보장이 없기 때문이다. 여러 시각에서 다각도로 관찰하는 게 정책에 훨씬 효과적이다. M2를 본원통화로 나눠 '통화승수'를 구하면 한국은행이 공급한 돈이 시중에 얼마나 잘 풀렸는지를 볼 수 있다. 명목 GDP를 M2로 나눈 '통화유통속도'로는 경제가 얼마나 활기차게 돌아가는지를 가늠할 수 있다.

한국은행은 통화지표와 함께 Lf(금융기관유동성)과 L(광의유동성)이라는 유동성지표도 작성해 참고하고 있다. Lf에는 M2에서 빠지는 만기 2년 이상 금융상품 등이 포함되며, L에는 정부와 기업이 발행한 채권 등까지 들어간다. 쉽게 말해 M1→M2→Lf→L로 갈수록 규모가 커진다.

074

리디노미네이션(redenomination)

화폐의 액면가를 동일한 비율의 낮은 숫자로 변경하는 조치.

경제기사 읽기

정치권이 리디노미네이션(화폐 단위 변경)을 공론화한다. 화폐 단위를 1000원에서 1원으로 변경하는 데 들어가는 비용과 편익 등을 따져보고 여론을 조성하겠다는 취지다.

17일 정치권에 따르면 국회 기획재정위원회 소속 이원욱 · 심기준 더불어민주당 의원 등은 다음달 13일 국회에서 '리디노미네이션을 논한다'라는 이름의 정책 토론회를 열기로 했다. 여당 의원들이 이 주제로 공개 토론회를 하는 것은 이번이 처음이다. 2003~2004년 노무현 정부 때 한국은행이 리디노미네이션의 필요성을 제기하며 논의에 불이 붙었지만 인플레이션을 우려한 기획재정부가 반대해 흐지부지됐다.

— 고경봉 · 김소현, 1000원을 1원으로…고개드는 리디노미네이션, 〈한국경제〉, 2019.04.18

요즘 카페나 레스토랑의 메뉴판을 보면 1000원 이하 단위를 생략하는 곳이 꽤 있다. 4000원짜리 아메리카노는 '4.—', 1만8000원짜리 파스타는 '18.—'으로 적는 식이다. 가격에 0이 많이 붙으면 거추장스러우니 임의로 줄여버린 것이다. 만약 이런 조치를 정부가 국가 차원에서 공식적으로 단행한다면? 이것은 '리디노미네이션'이 된다.

리디노미네이션은 화폐의 실질가치는 그대로 두고 표기단위만 하향 조정하는 것이다. 실질 화폐가치를 낮추는 평가절하(devaluation)와는 다른 개념이다. 리디노미네이션은 물가 상승이 누적돼 돈의 자릿수가 늘어남으로써 생기는 계산

한국의 리디노미네이션 사례

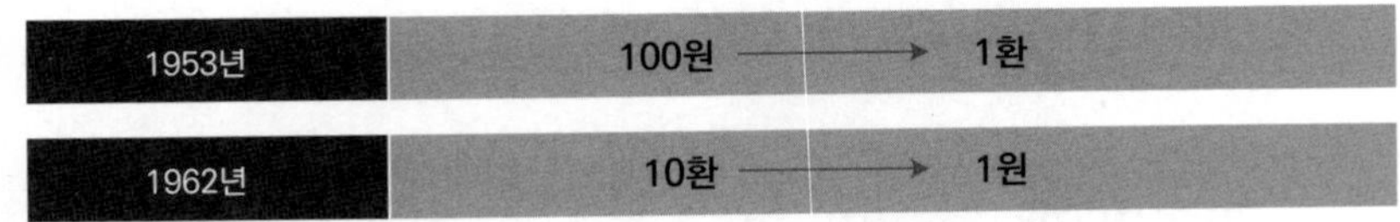

상 · 지급상의 불편을 해소할 목적으로 이뤄진다. 예를 들어 1000분의 1로 리디노미네이션을 하면 1만원→10원, 1000원→1원 등으로 일괄 조정된다.

리디노미네이션을 단행하면 거래 편의 제고, 회계처리 간소화, 인플레이션 기대 심리 차단, 대외 위상 제고 등의 장점을 기대할 수 있다. 하지만 화폐 단위 변경에 따른 불안, 부동산 투기 심화, 화폐 주조비용 증가 등 적지 않은 사회적 비용도 감수해야 한다.

한국에서 리디노미네이션은 두 차례 있었다. 1953년 전쟁 이후 물가가 가파르게 오르자 100원을 1환으로 바꿨다. 1962년에는 지하경제 양성화를 위해 10환을 지금의 1원으로 바꿨다. 이후 정권이 바뀔 때마다 리디노미네이션이 틈틈이 거론됐지만, 번번이 없던 일이 됐다. 순기능과 부작용 중 어느 쪽이 더 클지 예단하기 어려워서다.

한국은행이 2004년 리디노미네이션에 소요되는 직접비용을 계산해 본 결과 2조6000억원으로 추정됐다. 기존 화폐를 폐기하고 새 화폐를 찍는 데만 3000억원이 들 것으로 예상됐다. 금융회사의 결제 전산망, 상점의 메뉴판, ATM과 자동판매기 등을 교체하는 데도 많은 비용이 예상됐다. 가장 큰 걸림돌은 물가 상승이었다. 9500원짜리 설렁탕이 9원이 아닌 10원으로, 3억9000만원 아파트는 390만원이 아닌 400만원으로 슬그머니 가격이 오를 수 있어서다. 한국은행의 분석에는 물가상승 가능성이나 경제 혼란에 따른 간접비용은 반영되지 않았다.

075

기축통화(key currency)

국제무역과 금융거래에서 결제수단으로 널리 쓰이는 화폐. 미국 달러화가 가장 강력한 기축통화로 인정받고 있다.

경제기사 읽기

장클로드 융커 유럽연합(EU) 집행위원장이 유로를 달러에 맞서는 국제 금융시장의 기축통화로 끌어올리겠다고 밝혔다.

미국이 이란 핵협정을 일방적으로 탈퇴한 뒤 달러를 무기로 유럽을 압박하는 등 달러를 무기화하면서 대응할 필요성이 높아진 데 따른 것이다.

융커 위원장은 외교정책에서도 유럽이 한목소리를 낼 수 있도록 만장일치제를 없애야 한다고 촉구했다. 유럽 위상 제고와 그 수단 가운데 하나로 유로 기축통화 논의가 유럽에서 부상하고 있다.

12일(현지시간) 파이낸셜타임스(FT)에 따르면 융커 위원장은 이날 스트라스부르 유럽의회에서 시정연설을 통해 유로를 기축통화로 끌어올리겠다는 포부를 밝혔다.

— 송경재, 유로 기축통화 추진… 달러 무기화에 맞불,
〈파이낸셜뉴스〉, 2018.09.14

세계 각국이 저마다 화폐를 발행하지만, 가장 보편적으로 통용되는 돈은 단연 미국 달러화다. 달러화는 세계 무역거래의 50% 이상, 외환보유액의 60% 안팎을 차지하고 있다. 어느 나라에 가든 환전도 쉽다. 저개발국 중엔 아예 자국화폐를 대신해 달러화를 쓰는 달러라이제이션(dollarization)이 일어난 곳이 적지 않다.

기축통화 발행국이 되려면 힘이 있어야 한다. 그 힘은 경제력뿐 아니라 정치적 영향력과 군사력을 포함한다. 그래서 로마제국 시절에는 로마 돈이, 대영제

국의 전성기에는 영국 파운드화가 기축통화 역할을 했다. 기축통화는 거래당사자들이 결제수단으로 신뢰할 수 있어야 하고, 언제라도 쓸 수 있도록 시장에 충분히 공급돼야 한다.

달러가 세계의 기축통화 자리를 차지하게 된 건 2차 세계대전이 끝날 즈음이다. 금융위기 이후 달러의 기축통화 지위가 위협받고 있다는 말이 많이 나왔다. 유럽연합(EU)의 유로화, 중국 위안화 등이 후보로 거론되기도 한다. 하지만 달러화를 넘어설 대항마로 인정받진 못하고 있다.

유로화는 거래규모가 달러화 못지않게 넓지만, 유럽 일부 국가가 경제위기를 겪고 있고 EU 회원국 간의 이해관계가 대립할 때도 많아 안정성은 떨어진다. 위안화 역시 중국 정부의 강력한 자본시장 통제 때문에 기축통화로서 기본조건을 충족시키지 못한다는 지적을 받는다. 결론적으로 달러화의 기축통화 지위가 예전만은 못하더라도, 상당 기간 유지될 수밖에 없다는 게 전문가들의 대체적 시각이다.

076

SDR (Special Drawing Rights, 특별인출권)

국제통화기금(IMF)의 특별인출권. IMF 회원국들이 경제위기에 빠졌을 때 인출해 쓸 수 있는 가상의 통화다.

경제기사 읽기

다음달 1일부터 중국 위안화가 세계 기축통화 대열에 합류한다. 신흥국 통화 중에선 처음으로 국제통화기금(IMF)의 특별인출권(SDR)에 정식 편입되는 것으로, 미국 중심의 국제금융시장에 상당한 변화를 불러올 전망이다. 특히 중국이 달러화 중심의 세계경제에 불만을 표해온 만큼 국제금융시장의 주도권을 놓지 않으려는 미국과 주도권을 쥐려는 중국의 힘겨루기가 본격화할 것으로 보인다.

29일 IMF에 따르면 다음달 1일부터 SDR에 포함되는 위안화의 비율은 10.9%로, 미국 달러화(41.7%), 유로화(30.9%)에 이어 3번째다. 이미 SDR에 속한 엔화(8.4%), 파운드화(8.1%) 비율을 뛰어넘는 수치로, 중국 위안화가 달러화ㆍ유로화와 함께 세계 3대 기축통화로 부상하게 됐다는 뜻이다. 이번 조치는 IMF가 위안화의 SDR 편입 심사를 시작한 지 5년, 지난해 11월 집행이사회에서 편입 결정을 내린 지 10개월 만이다.

— 변태섭, 위안화 SDR 편입… 달러와 경쟁 '통화 굴기' 첫발,
〈한국일보〉, 2016.09.30.

IMF는 위기상황에 빠진 나라에 자금을 빌려주는 '세계의 중앙은행' 역할을 한다. SDR은 바로 이 IMF가 발행하는 돈이다. 미국 중앙은행(Fed)이 달러화를, 유럽중앙은행(ECB)이 유로화를 찍어내는 것과 비슷한 원리다. 그런데 IMF는 190개국이 가입한 국제기구이기 때문에 SDR은 특정 국가 화폐와 성격이 다르다. SDR은 100원짜리 동전이나 1달러짜리 지폐처럼 눈에 보이는 화폐가 아니다. IMF와

각국 정부 · 중앙은행 간의 거래에만 쓰이는 가상의 통화다.

1945년 출범한 IMF는 초창기에 달러와 금으로만 거래했다. 하지만 세계 무역이 급성장하면서 달러와 금을 충분히 확보하기 어려워졌다. 1969년 IMF 회원국들은 SDR이라는 새로운 통화를 만들기로 합의한다. 각국이 IMF에 출자한 비율에 따라 SDR을 배정받고, 그 한도에서 SDR을 인출할 수 있도록 한 것이다. SDR을 IMF 회원국에 부여되는 '특별인출권'이라 부르는 이유다. 실물이 없는 통화이기 때문에 SDR을 결제할 때는 달러 등 주요 화폐로 바꿔 받는다. 국가별로 보유한 SDR은 외환보유액으로 인정된다.

SDR의 가치는 많이 쓰는 주요 화폐 5개를 가중평균해 정해진다. 여러 화폐를 바구니(basket)에 담아 환율을 계산하는 '통화바스켓'의 대표적 사례다. 현재 미국 달러(41.73%), 유럽 유로(30.93%), 일본 엔(8.33%), 영국 파운드(8.09%), 중국 위안(10.92%)이 SDR 통화바스켓을 구성하고 있다. 국제사회에서 영향력이 강한 나라여야 여기에도 낄 수 있다는 얘기다. 위안화는 2015년 SDR에 편입됐는데, 달라진 중국의 위상을 보여주는 상징적 사건으로 평가받았다.

해외에서는 한국 원화도 향후 SDR 통화바스켓에 들어갈 가능성이 꽤 높다는 예상이 나온다. 우리나라 무역규모도 세계 열손가락 안에 들기 때문이다. 한국은 1997년 외환위기 때 IMF에서 155억SDR을 빌린 적이 있다. 이 SDR을 달러화로 바꿔 201억달러를 수혈받았다.

077

암호화폐(cryptocurrency)

실물 없이 블록체인을 기반으로 발행·유통되는 통화. 중앙은행이 아닌 민간이 운영 주체이며 비트코인, 이더리움, 리브라 등이 대표적이다.

경제기사 읽기

세계 최대 소셜 서비스인 페이스북이 내년부터 암호화폐 결제 서비스에 들어간다고 미 월스트리트저널(WSJ)이 18일(현지시간) 보도했다. 암호화폐의 명칭은 '리브라(Libra)'로 별자리 가운데 하나인 천칭자리를 뜻한다.

페이스북은 내년까지 메신저와 왓츠앱 등에서 리브라의 사용이 가능해진다고 밝혔다. 암호화폐로 온라인상에서 물건을 구매하거나 송금할 수 있게 된다. 실사용자만 24억명에 달하는 페이스북이 가세하면 암호화폐의 흐름을 주도하면서 시장지형을 근본적으로 뒤흔들 것으로 보인다고 WSJ는 전망했다.

— 이재유, "내년 암호화폐 '리브라' 서비스" 페북, 글로벌 결제시장 뒤흔드나, 〈서울경제〉, 2019.06.20

2008년 10월31일 세계 암호학 전문가들은 나카모토 사토시라는 정체불명의 발신자가 보낸 이메일 한 통을 받았다. 사토시는 "나는 신뢰할 만한 중개인의 필요 없이 P2P(개인 대 개인) 방식으로 운영되는 새로운 전자통화 시스템을 연구하고 있다"며 아홉 쪽짜리 보고서를 보냈다. 암호화폐의 대명사인 비트코인이 세상에 처음 알려진 날이다. 2017년 비트코인 투기 광풍이 한국 사회를 휩쓴 이후 암호화폐는 온 국민에 익숙한 용어가 됐다.

암호화폐의 핵심 특징은 세 가지다. ①정부가 아닌 민간이 발행하고 ②실물 없이 디지털 방식으로 유통하며 ②블록체인 기술로 암호화돼 이론적으로 위·변조가 불가능하다는 것이다. 언론에선 가상화폐와 암호화폐를 섞어 쓰지만,

엄밀히 말하면 비트코인 등은 암호화폐로 부르는 게 정확하다. 가상화폐(virtual currency)는 실물이 없는 디지털 자산을 의미해 사이버머니, 포인트, 마일리지 등도 포함되기 때문이다. 우리 정부는 가상통화라는 명칭을 쓴다. 법정통화의 반대 개념으로, 제도권 화폐가 아니니 인정할 수 없다는 의미도 담겨 있다.

비트코인 이후 세계 곳곳에서 이더리움, 비트코인캐시, 라이트코인 등 1000종 넘는 암호화폐가 개발됐다. 비트코인을 뺀 나머지 모든 암호화폐를 알트코인(altcoin)이라 부른다. 다만 영향력 면에서 비트코인을 뛰어넘는 알트코인은 아직 나오지 않고 있다.

국내외 블록체인 업체들은 투자금을 모으기 위해 가상화폐공개(ICO)를 할 때가 많다. 증시에 상장할 때 거치는 기업공개(IPO)를 본뜬 것이다. 업체들은 자신들의 기술과 사업계획에 대한 정보를 담은 백서(白書)를 공개하고, 현금을 투자한 사람들에게 자체 개발한 암호화폐를 나눠준다. 투자자들은 이 암호화폐가 업비트, 빗썸, 코인원 같은 암호화폐 거래소에 상장되면 가격이 뛰어 큰 차익을 볼 것을 기대한다. 하지만 ICO는 사업계획을 검증하기 어렵고 법적인 투자자 보호장치도 없어 많은 피해를 불러오기도 했다.

암호화폐는 '미래 혁신기술'과 '초대형 사기극'이라는 양극단의 평가를 동시에 받아 왔다. 결론이 나려면 시간이 더 걸릴 것 같다. 비트코인 시세가 수차례 폭락한 이후 암호화폐 거래와 ICO는 눈에 띄게 위축됐다. 하지만 JP모간, 페이스북 등 세계적 기업들이 암호화폐 사업에 진출하는 사례는 꾸준히 이어지고 있다. 암호화폐 없이 블록체인 기술 자체에 집중하는 회사도 늘고 있다.

078

지역화폐

전 국민이 쓰는 법정화폐와 별개로 특정 지역에서 현금처럼 사용할 수 있는 화폐. 지방자치단체들이 지역경제 활성화, 복지 강화 등의 목적으로 도입을 확대하고 있다.

경제기사 읽기

부산에 사는 직장인 최주은 씨(28)는 출근길에 회사 1층 카페에서 지역화폐인 '동백전' 카드로 커피를 산다. 점심을 먹을 때와 편의점에서 음료수를 살 때도 마찬가지다. 결제액의 10%를 되돌려받는(캐시백) 혜택이 쏠쏠하기 때문이다.

지방자치단체가 캐시백 혜택으로 무장한 지역화폐를 앞다퉈 출시하고 있다. 대형마트와 백화점 등에서는 사용할 수 없다. 영세 자영업자를 지원해 지역경제를 활성화하자는 취지다.

부산시는 지난해 말 지역화폐 동백전을 출시했다. 지역 내 영세 가맹점에서 결제하면 결제액의 10%를 돌려준다. 10% 캐시백 혜택은 지난 1월 말까지만 유지할 계획이었지만 코로나19 확산으로 6월 말까지로 연장했다. 캐시백 혜택에 힘입어 동백전은 지난 1일 기준 가입자 수 29만 명을 넘어서며 큰 인기를 끌고 있다. 부산시 관계자는 "당초 계획했던 올해 동백전 발행 규모는 3000억원"이라며 "국비를 지원받아 1조원대로 늘릴 계획"이라고 말했다.

— 송영찬, 코로나로 망가진 지역경제, 지역화폐로 살린다고?,
〈한국경제〉, 2020.03.21

지역화폐는 한국은행이 발행하는 공식 화폐와 달리 특정 지역 내에서만 쓰는 화폐다. 지자체 사이에서 지역화폐 발행은 유행처럼 확산되고 있다. 행정안전부에 따르면 지역화폐를 발행한 지자체는 2016년 53개에서 2019년 177개로 세 배 이상 늘었다. 전국 243개 광역 · 기초자치단체의 70%를 넘는다. 발행액은 같은 기간 1168억원에서 2조2573억원으로 치솟았다. 과거엔 종이상품권 형태가 대부분이었는데, 최근엔 핀테크를 접목해 스마트폰으로 편하게 결제하는 지역화폐가 늘고 있다.

지자체마다 '그들만의 화폐'를 만드는 이유는 소비를 해당 지역 안에 묶어 지역경제를 활성화하는 효과 때문이다. 신용카드 등과 달리 결제수수료를 떼지 않기 때문에 자영업자의 부담을 덜어준다는 것도 장점이다. 대도시보다는 농어촌 지방 소도시일수록 큰 효과를 기대할 수 있다는 분석이 많다.

하지만 우후죽순처럼 생겨나는 지역화폐에 비판적 시각도 있다. 다 예산이 들어가는 일이기 때문이다. 상당수 지역화폐가 할인이나 캐시백(현금 환급) 혜택을 주는데, 비용은 지자체가 전액 부담하고 있다. 지역화폐 사용처를 제대로 통제하지 않는 바람에 고가의 자동차나 귀금속을 할인 구매하는 데 악용된 사례도 있다. 상점에서 쓰지 않고 현금화하는 속칭 '깡'이 암암리에 이뤄지는 점도 골칫거리다. 지역 골목상권을 살리자는 본래 취지와 어긋나는 일이다. 카드나 앱 형태로 운영되는 지역화폐는 보안 문제도 숙제다.

지역화폐는 실제 화폐라기보다 지역 내 소비에 보조금을 주는 복지정책에 가깝게 운영되고 있다. 정확한 수요예측에 기반하지 않고 유행처럼 발행했다간 예산만 낭비할 수 있다는 얘기다. 국내 지자체의 재정자립도는 평균 50% 안팎에 그치고 있다.

079

통화스와프(currency swap)

두 나라가 필요시 각자의 통화를 사전에 정한 환율로 교환하는 외환거래. 경제위기 상황에 대비하는 수단으로 활용된다.

경제기사 읽기

한국은행이 미국 중앙은행(Fed)과 600억달러 규모의 통화스와프 계약을 체결했다. 최근 달러화 수요가 치솟으면서 원 · 달러 환율이 급등한 국내 외환시장 안정화에 상당한 기여를 할 것으로 예상된다.

한은은 Fed와 600억달러 규모의 통화스와프 계약을 체결했다고 19일 발표했다. 계약기간은 이날부터 최소 6개월(오는 9월 19일)이다. 한은은 통화스와프로 조달한 달러화를 금융시장에 바로 공급할 계획이다.

Fed는 이날 한국은 물론 덴마크 · 노르웨이 · 스웨덴 · 호주 · 뉴질랜드 · 브라질 · 멕시코 중앙은행, 싱가포르통화청과도 스와프계약을 체결한다고 발표했다. Fed는 직전까지 유럽연합(EU) 스위스 일본 캐나다 영국 등과만 스와프계약을 맺고 있었다.

미국과의 통화스와프 계약은 글로벌 금융위기 때인 2008년 10월 30일 체결한 300억달러 계약에 이어 이번이 두 번째다. 당시 계약은 2010년 2월 1일 종료됐다. 이번 스와프 계약으로 최근 요동치고 있는 환율과 주식시장도 빠르게 안정을 찾을 것이란 기대가 커졌다.

— 김익환, 韓 · 美 통화스와프 600억달러 체결, 〈한국경제〉, 2020.03.20

통화스와프는 서로 다른 두 통화를 맞바꾼다(swap)는 뜻이다. 원래는 금융시장에서 위험 회피나 외화 조달 목적으로 거래되는 파생상품의 하나지만, 국가 간의 통화 맞교환 계약을 의미하는 용어로 더 널리 쓰이고 있다.

통화스와프를 쉽게 말하면, 필요할 때 언제든 상대국의 통화를 빌려쓸 수 있도록 약속하는 '외화 마이너스 통장'이라 할 수 있다. 통화스와프는 외환보유액과 더불어 국가 외환위기를 예방할 수 있는 양대 안전판으로 통한다. 한국이 맺은 통화스와프 계약은 2020년 3월 기준 2000억달러 이상 규모다. 캐나다(한도 무제한), 미국(600억달러), 스위스(100억스위스프랑), 중국(3600억위안), 호주(120억호주달러), 말레이시아(150억링깃), 인도네시아(115조루피아), 아랍에미리트(200억디르함), 아세안+3 국가(384억달러) 등이다.

통화스와프는 평소엔 별 필요가 없어도 위기상황에서 진가를 발휘한다. 이를 잘 보여주는 사례가 2008년 10월 미국과 맺은 300억달러 규모의 통화스와프다. 글로벌 금융위기로 세계 경제가 흔들리는 가운데, 국내 금융시장은 급격한 기준금리 인하에도 불구하고 곤두박질치고 있었다. 한 · 미 통화스와프 체결 소식 한 방에 하루 새 원화가치가 177원 뛰어올랐고 주가도 12% 치솟으면서 시장의 불안심리가 가라앉았다.

국제통화기금(IMF)은 2016년 보고서에서 신흥국이 위기 때 활용할 수 있는 유동성 조달 수단으로 통화스와프가 가장 유용하다고 분석했다. 외환보유액을 소진하거나 IMF 대출을 받는 것보다 신속한 대응이 가능하고 정치적 부담도 적다는 이유에서다. 한국과 같은 소규모 개방경제일수록 주요 선진국과의 통화스와프 체결이 더더욱 유용한 안전장치로 평가된다.

다만 국가 간의 거래인 만큼 정치 · 외교적 상황이 변수가 될 수 있다. 한 · 일 통화스와프가 대표적 사례다. 한국과 일본은 2001년 20억달러짜리 첫 통화스와프 계약을 시작으로 2011년 700억달러까지 규모를 증액했다. 하지만 이명박 정부 때 독도 문제, 박근혜 정부의 위안부 소녀상 문제 등을 빌미로 일본이 연장을 거부하면서 계약이 완전히 종료됐다.

080

시뇨리지(seigniorage, 화폐주조차익)

국가가 화폐 발행으로 얻게 되는 이득. 화폐의 액면가에서 제작비용을 뺀 것이다.

경제기사 읽기

한국조폐공사는 5만원권 발행 10년을 맞아 지난 18일 경북 경산시 화폐본부의 화폐 제작 공정을 언론에 공개했다. 축구장만 한 이 공장에서 하루종일 찍어내는 5만원권은 10만 장 안팎에 달한다. '대세 화폐'답게 전 종의 지폐 중 가장 많다. 공정의 정확도를 위해선 온도와 조도가 중요하다. 공장 안은 사시사철 '23도±3도'를 유지하고 2000여 개의 백색 형광등이 구석구석까지 빛을 뿜어낸다. 온종일 울리는 기계 소음에 대다수 조폐공사 직원이 귀마개를 끼고 작업한다.

공장에 자리 잡은 기계 수십여 대는 부여 제지공장에서 공수한 흰 종이를 5만원권으로 탈바꿈시킨다. 이 종이 한 장에 5만원권 지폐 28개가 인쇄된다. 지문과 금액, 위조를 방지하기 위해 홀로그램을 부착하는 등 8단계 제조공정을 거친다. 공정을 마친 지폐는 40일 남짓 잉크를 말린 뒤 시중에 풀린다.

이 공장은 최근 10년 동안 5만원권 185조9392억원어치, 37억1878만 장을 찍어냈다. 한 줄로 늘어놓으면 지구 130바퀴를 돌 수 있는 거리다.

— 김익환, 40일 걸려 5만원권 제조…10년간 '완벽 검수',
〈한국경제〉, 2019.06.20

우아한 신사임당 초상화가 새겨진 5만원짜리 지폐의 제조원가는 얼마나 될까. 정부가 정확히 공개하진 않지만 대략 100~200원 정도로 알려져 있다. 그런데 한국은행이 이 지폐를 한 장 찍어내 보관하는 순간 자산은 5만원이 불어난다. 4만9800원 이득을 보는 셈이다.

이처럼 국가가 화폐 액면가와 제작비용의 차이에서 얻는 이익을 '화폐주조차익', 프랑스어로 시뇨리지라고 부른다. 시뇨리지는 중세 봉건시대 영주였던 시뇨르(seigneur)에서 유래한 말이다. 당시 유럽에선 조폐 권한을 시뇨르가 갖고 있었다. 이들은 공급받은 금이나 은에 불순물을 섞어 액면가보다 실제 가치가 떨어지는 화폐를 만든 뒤 차액을 챙겼다.

현대 사회에서는 화폐 주조권이 각국 중앙은행에 있다. 한국보다 경제규모가 큰 미국 중앙은행(Fed)이 누리는 화폐주조차익은 훨씬 크다. 달러화는 세계적으로 수요가 가장 많은 기축통화이기 때문이다. Fed가 1억달러를 찍어내면 해외 어느 나라에서든 1억달러 상당의 지급능력을 행사할 수 있다. 극단적으로 얘기하면, 빚이 많아도 달러를 더 찍어서 갚으면 땡이다.

따라서 기축통화를 보유한 국가는 경제적으로 매우 유리한 위치를 차지하게 된다. 이런 현상은 '시뇨리지 효과'라 부른다. 실제 미국은 재정적자에 시달리는 상황에서 달러 발권량을 늘리고 국채를 판매해 경제를 유지해 왔다.

돈을 많이 찍어내면 국가가 얻는 시뇨리지 효과는 극대화되겠지만 부작용이 있다. 바로 물가 상승이다. 공급량이 늘면 가격이 낮아지듯, 돈이 많이 풀리면 화폐가치가 떨어지게 된다. 정부가 통화 발행으로 재원을 조달함에 따라 발생하는 물가 상승은 전 국민에게 세금을 물리는 것이나 마찬가지라고 해서 '인플레이션 조세(inflation tax)'로 부른다.

비트코인 등 가상화폐를 열렬히 지지하는 사람들은 시뇨리지에 대해 비판적이다. 가상화폐를 확산시킴으로써 중앙은행의 시뇨리지 독점과 인플레이션 조세를 줄여야 한다고 주장한다. 주요국 정부가 가상화폐의 존재를 인정하지 않고 규제를 가하는 것도 '화폐 권력'을 놓치지 않기 위해서라고 본다.

081

현금 없는 사회(cashless society)

대금 지급, 결제 등이 정보기술(IT) 기반으로 이뤄짐에 따라 지폐, 동전 등 현금을 사용할 필요가 없는 사회.

경제기사 읽기

신용카드와 모바일 결제 등의 증가로 '현금 없는 사회'로 진입한 나라들이 늘어나고 있지만 고령층과 장애인을 비롯한 금융 취약계층이 소외되는 부작용도 커지고 있는 것으로 나타났다. 이에 따라 '현금 없는 사회'의 선두주자였던 스웨덴은 은행의 현금 취급을 의무화하는 방향으로 돌아서고 있다.

한국은행은 6일 낸 보고서에서 2000년대 이후 비현금 지급수단 이용이 크게 늘고 있는 스웨덴, 영국, 뉴질랜드 등 3개국의 현황을 이같이 전했다. 현금 결제 비중은 스웨덴이 13.0%로 가장 낮으며 영국 28.0%, 뉴질랜드 31.0% 등이다. 한국도 19.8%로 낮은 편이다.

— 최민영, '현금 없는 사회' 소외 받는 사람들, 〈경향신문〉, 2020.01.07

요즘 직장인 중엔 지갑 없이 휴대폰과 신용카드만 들고 다니는 사람이 많다. 단돈 몇백원짜리 물건도 카드나 모바일로 결제할 수 있게 되면서다. 주머니를 무겁게 하고 짤랑짤랑 요란한 소음을 내는 동전은 애물단지 취급을 받고 있다. 한국인이 가장 많이 이용하는 지급수단은 2015년을 기점으로 신용카드(39.7%)가 현금(36%)을 앞질렀다.

현금 사용이 줄어드는 건 세계적 추세다. 몇몇 선진국은 공식적으로 '현금 없는 사회'를 지향하고 나섰다. 스웨덴은 현금거래 비중이 20% 아래로 떨어졌다. 현금을 비축하지 않는 은행이 늘면서 금고를 턴 강도가 아무 것도 못 훔치고 잡힌 황당한 일도 있었다. 덴마크는 화폐 자체 생산을 중단했으며, 필요할 때만 다른 나라에 위탁 생산하기로 했다. 프랑스, 스페인, 벨기에, 이스라엘 등은 고액

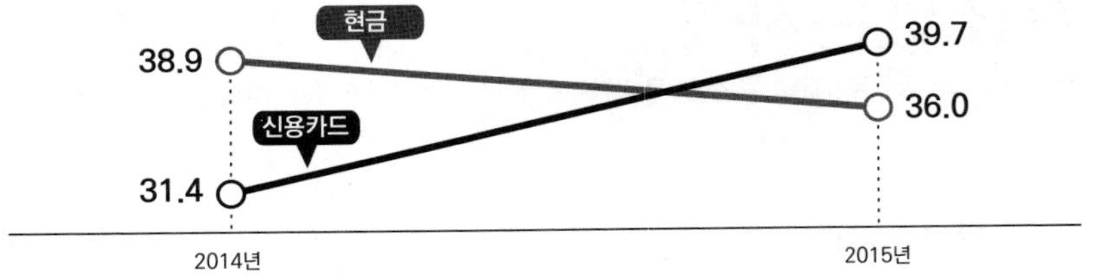

자료: 한국은행

현금거래를 금지하는 쪽으로 제도를 바꾸고 있다.

현금 없는 사회의 장점은 투명성, 효율성, 안전성, 간편성 등에 있다. 모든 금융거래 내역이 서버에 기록되기 때문에 탈세, 뇌물 등 불법거래를 줄이는 효과도 기대된다. 현금을 대체할 전자화폐는 세계적으로 이미 700종 이상 개발됐다. 하지만 장점만 있는 건 아니다. 해킹, 금융사기, 사생활 침해 같은 부작용을 우려하는 전문가도 많다. IT에 익숙치 않은 노년층, 장애인, 저소득층의 경제생활에 걸림돌이 될 것이란 지적도 있다.

한국은행은 현금 없는 사회의 이전 단계인 '동전 없는 사회'를 목표로 잔돈 줄이기 작전에 나섰다. 주요 유통업체와 협약을 맺고 거스름돈을 전자화폐, 포인트, 선불카드 등으로 주고받도록 하는 사업을 벌이고 있다. 잘 쓰지도 않는 동전에 제조 · 유통 비용이 많이 들기 때문이다. 한국은행은 새 동전을 찍는 데 해마다 500억원 이상을 쓴다. 시중에 풀린 10 · 50 · 100 · 500원 동전은 200억개를 넘는데, 서랍에 처박히는 일이 많아 환수율은 20%대에 그치고 있다.

082

비둘기파/매파(the doves/the hawks)

비둘기파는 기준금리 인하를 주장하는 통화완화론자, 매파는 기준금리 인상을 주장하는 통화긴축론자를 비유하는 말.

경제기사 읽기

오는 4월 한국은행 금융통화위원회 위원 4명의 임기가 끝난다. 시장 전문가들은 금통위원 과반수의 임기 만료가 금리정책의 핵심 변수로 떠올랐다고 평가했다. 교체를 앞둔 위원들이 추가 기준금리 인하에 표를 던질 가능성이 거론되는 가운데 누가 후임자가 될지 벌써부터 관심이 쏠리고 있다.

2일 한은에 따르면 4월 20일 이일형 · 조동철 · 고승범 · 신인석 금통위원의 임기가 끝난다. 금통위 위원 7명 가운데 이주열 한은 총재(금통위 의장 겸임)와 윤면식 부총재(당연직), 지난해 5월 임명된 임지원 위원을 제외한 4명이 교체된다. 한은법에 따르면 금통위원 임기는 4년으로 한 차례 연임이 가능하다. 하지만 1998년 금통위원이 상근직이 된 이후 연임한 사례가 없는 점으로 미뤄볼 때 전원 교체 가능성에 무게가 실린다.

현 금통위원 가운데 조동철 · 신인석 위원은 '비둘기파'(통화완화 선호), 이일형 · 임지원 위원은 '매파'(통화긴축 선호), 고승범 위원은 '중도파'로 분류된다. 4월에 비둘기파가 모두 떠나는 셈이다.

— 김익환, 4월 韓銀 금통위원 4명 교체…금리인하 변수로,
〈한국경제〉, 2020.01.03

국내외 중앙은행과 관련된 기사를 읽다 보면 '매'와 '비둘기'가 자주 등장한다. 전자는 물가 안정을 중시하는 통화긴축론자, 후자는 경제 성장을 중시하는 통화완화론자를 상징한다.

중앙은행의 결정은 매파와 비둘기파의 치열한 내부 토론을 거친 결과물이다.

통화정책에 있어 매파와 비둘기파는 서로 대립되는 주장을 내세우며 팽팽히 맞서곤 한다. 매파는 돈이 너무 풀리면 경제가 과열되니 기준금리 인상으로 시중의 통화를 거둬들이자고 주장한다. 반면 비둘기파는 경제가 원활하게 돌아갈 수 있도록 기준금리 인하로 시중에 돈을 풀자는 입장이다. 매파도 비둘기파도 아닌 중립적 입장을 가진 쪽을 '올빼미파'라 부를 때도 있다.

매와 비둘기의 비유는 원래 외교정책 분야에서 먼저 쓰였다. 1960년대 베트남전 당시 확전을 주장하는 강경파를 매에, 전쟁의 최소화를 원하는 온건파를 비둘기에 빗댄 것이 통화정책 분야로 확장돼 쓰이는 것으로 알려져 있다.

경제분석 전문가들은 기준금리 결정권을 쥔 중앙은행 내 인사를 매파와 비둘기파로 분류해 향후 정책 방향을 예측하기도 한다. 하지만 대내외 경제상황에 따라 성향이 바뀌는 사례도 꽤 많아 단정은 곤란하다. 2014~2018년 미국 중앙은행(Fed) 의장을 지낸 재닛 옐런은 미국 경제가 호황이던 1990년대엔 매파로 꼽혔지만, 의장 취임 후엔 비둘기파에 가까운 행보를 보였다.

083

테일러 준칙(Taylor's Rule)

중앙은행이 금리를 결정할 때 경제성장률과 물가상승률에 맞춰 조정해야 한다는 원칙.

경제기사 읽기

"시장 중심의 정책은 어떤 국가에서든 유효한 성공 방정식입니다." 존 테일러 몽펠르랭 소사이어티(Mont Pelerin Society·MPS) 회장(스탠퍼드대 경제학과 교수)은 지난 16일 미국 스탠퍼드대 후버연구소에서 한 한국경제신문과의 인터뷰에서 이렇게 강조했다. 미국 경제가 호전된 근본적인 이유도 시장 친화적인 정부 정책에서 찾았다.

그는 "(도널드 트럼프 행정부가) 기업 투자를 촉진하려고 과감하게 세금을 깎고, 기업 투자와 혁신을 유도하기 위해 규제를 적극 완화한 것이 경제 성장으로 이어지고 있다"고 분석했다. 세계적인 저금리 정책으로 인한 집값 상승 문제의 해법에 대해서도 "규제를 풀어서 놀고 있는 땅에 주택을 더 지어 공급하는 게 최선책"이라고 덧붙였다. "미국 경제가 중국 경제보다 튼튼한 것도 미국이 중국보다 시장 지향적이며 중앙정부의 통제가 상대적으로 적기 때문"이라고 설명했다.

테일러 회장은 중앙은행의 기준금리를 설정하는 공식 '테일러 준칙'으로 유명하다. 미국 중앙은행(Fed) 의장 후보로도 거론된다. 그런 그가 "현 단계에서 Fed의 기준금리 정책은 올바른 방향으로 나아가고 있다"고 진단했다. 올해 Fed의 통화정책 행보에 글로벌 시장의 관심이 쏠리는 가운데 내놓은 발언이어서 의미가 있다.

— 좌동욱, "규제완화 · 감세로 투자 촉진…트럼프정부 親시장 정책이 美경제 호전 이끌어", 〈한국경제〉, 2020.01.18.

한국은행이나 미국 중앙은행(Fed)이 기준금리를 결정할 시기가 임박하면 경제 신문에는 전문가들의 입을 빌려 기준금리의 향방을 예측하는 기사가 쏟아진다. 기준금리가 경제에 미치는 영향력이 크다는 건 많은 사람들이 안다. 그런데 과연 기준금리를 정하는 기준은 뭘까.

주요국 중앙은행은 테일러 준칙을 통화정책의 기본 모델로 삼고 있다. 중앙은행이 물가상승률과 경제성장률 등 경제 기초여건을 고려해 적정 범위에서 정책금리를 결정해야 한다는 원칙을 말한다. 1993년 이 논문을 쓴 존 테일러 스탠퍼드대 교수의 이름을 땄다. 테일러 준칙에 따르면 중앙은행은 실제 경제성장률과 잠재 경제성장률의 차이인 GDP 갭과 실제 물가상승률과 목표 물가상승률과의 차이인 인플레이션 갭에 가중치를 부여해 금리를 조정한다.

예를 들어 물가상승률이 목표치를 웃돌거나 경제가 완전고용 상태에 이르렀을 때는 기준금리를 높여 경기를 안정시켜야 한다는 것이다. 테일러는 중앙은행이 물가 변동에 대응해 금리 수준을 선제적으로 조정하는 것도 중요하다고 봤다. 이 준칙을 활용하면 과거 기준금리가 당시 경제상황에 적절한 수준이었는지를 사후적으로 검증할 수 있다. 중앙은행이 물가안정과 경제성장 중 어느 쪽에 더 중점을 뒀는지도 볼 수 있다.

시장을 중시하는 원칙주의자로 유명한 테일러는 트럼프 정부에서 강력한 Fed 의장 후보로 거론되기도 했다. 경제주체에 통화정책에 대한 신뢰를 심어주고, 시장의 예측 가능성을 높이기 위해 테일러 준칙과 같은 원칙에 입각한 통화정책 운용을 법으로 명시하자는 주장도 나온다.

084

공개시장운영(open market operation)

중앙은행이 금융시장에서 채권 등을 사고팔아 시중의 통화량과 금리를 조절하는 정책수단.

경제기사 읽기

한국은행이 바뀌었다. 조용하면서도 소극적이라는 의미에서 '절간'이란 별명을 얻었지만 이제 '파이터'로 바뀌고 있다. 신종 코로나바이러스 감염증(코로나19) 사태가 예상보다 매우 심각하다는 판단을 내리면서부터다. 이주열 한은 총재는 기준금리 추가 인하 가능성을 언급했다. 양적완화도 제한적 수준의 '한국형'에서 미국과 유럽에서 쓰는 '일반형'으로 돌아섰다. 국채를 적극 매입하기로 했으며 산업은행 수출입은행 기업은행의 채권도 사들이기로 했다. 그만큼 시중에 돈을 더 풀겠다는 의지다. 한은은 여기에다 정부가 함께 나서준다면 미국 중앙은행(Fed)처럼 회사채와 기업어음(CP)도 사들일 수 있다고 밝혔다.

한은은 9일 국채와 정부 보증채로 좁혀놓은 공개시장운영을 위한 단순매매 대상증권에 산업금융채권(산금채) 중소기업금융채권(중금채) 수출입금융채권(수은채) 주택금융공사 주택저당증권(MBS)을 포함하기로 결정했다. 한은의 단순매입 대상 증권 확대는 2008년 글로벌 금융위기 이후 처음이다. 이 조치는 오는 14일부터 내년 3월 31일까지 적용된다.

— 김익환 · 임현우, 韓銀 "산은 등 국책銀 채권 매입"… 코로나 지원자금 충분히 댄다, 〈한국경제〉, 2020.04.10

공개시장운영은 오랫동안 공개시장조작이라 불렸다. 하지만 '조작'의 어감이 너무 부정적이라 해서 2016년부터 공개시장운영으로 이름을 바꿨다. 이 방식은 중앙은행의 주요 정책수단 중 하나다. 중앙은행이 시장에서 국채를 비롯한 각종 증권을 사고팔아 시중에 유통되는 화폐의 양이나 금리 수준에 영향을 미치는 것이다. 규모와 시기를 유연하게 조절할 수 있어 정책목표를 정밀하게 달성할 수 있고, 시장에 뛰어들어 다른 경제주체들과 직접 거래한다는 점에서 매우 시장친화적인 방법으로 평가받는다.

한국은행을 포함해 오늘날 대부분의 선진국 중앙은행이 적극적으로 활용하는 이유다. 중앙은행은 공개시장운영을 통해 시중의 통화량을 능동적으로 조절할 수 있다. 중앙은행의 의사결정 후 정책의 파급효과가 신속하게 나타난다는 것도 장점으로 꼽힌다.

중앙은행이 채권을 사들이면 매입대금으로 지급한 돈이 시중에 풀려 통화량이 증가한다. 또 채권 수요가 늘어나 채권가격이 오르면 금리는 자동으로 떨어진다. 이와 반대로 중앙은행이 통화량을 줄이는 게 목표라면 시장에서 채권을 팔아치우면 된다.

중앙은행이 공개시장운영을 수행할 때 가장 중요한 것은 시중의 자금상황을 정확히 파악하는 것이다. 유동성이 풍부한데 되레 돈을 풀거나, 유동성이 부족한데 돈을 빨아들이면 역효과만 불러올 수 있다. 민간과 원활한 의사소통도 필수다. 수행하려는 공개시장운영의 규모와 시기, 의도를 시장참가자들과 적절한 수준에서 공유할 필요가 있다. 공개시장운영은 1830년대 영국이 맨 처음 시행했다. 채권 물량이 풍부해야 효과를 내는 만큼 금융시장이 어느 정도는 발달한 나라여야 활용할 수 있다.

085

지급준비율(reserve repuirement ratio)

은행이 거둬들인 예금 중 중앙은행에 의무적으로 적립해야 하는 비율.

경제기사 읽기

중국 중앙은행인 인민은행은 오는 16일부터 중국 금융회사의 지급준비율을 0.5%포인트 낮춘다고 6일 발표했다. 중국의 지준율은 대형 은행 13.5%, 중소형 은행 11.5%인데 16일부터는 추가로 0.5%포인트씩 내려간다.

중국의 전면적인 지준율 인하는 올 1월 후 처음이다. 중국은 지난해 네 차례 지준율을 인하한 데 이어 올해 1월에도 두 차례에 걸쳐 지준율을 총 1%포인트 내렸다. 인민은행은 또 지준율 인하와는 별도로 상대적으로 규모가 작은 도시상업은행의 지준율은 10월 15일과 11월 15일 두 차례에 걸쳐 0.5%포인트씩, 총 1%포인트 더 내리도록 했다. 이 자금은 소기업과 민영기업 대출에만 쓰도록 용도가 한정된다.

— 서욱진, 中, 지준율 0.5%P 인하…150조원 유동성 공급, 〈한국경제〉, 2019.09.07

은행에는 예금자들이 맡긴 돈이 어마어마하게 들어온다. 예금자에게 약속한 이자를 주려면 이 돈을 그냥 쌓아둬선 안 되고, 대출 등으로 굴려 수익을 내야 한다. 대출이자가 늘 예금이자보다 비싼 이유다. 대출금리와 예금금리의 차이에서 나오는 수익을 예대마진(預貸margin)이라 하는데, 전통적으로 은행들의 핵심 수입원이다.

만약 은행이 들어온 예금을 전부 대출하면 수익은 극대화된다. 하지만 중앙은행은 이를 허용하지 않는다. 예금자는 언제든 은행에서 예금을 인출할 권리가 있다. 이에 대비해 예금의 일부는 중앙은행에 지급준비금으로 맡기도록 의

무화했다. 이 때 전체 예금의 몇 %를 지급준비금으로 맡겨야 하는지 정한 비율이 지급준비율이다. 줄여서 '지준율'이라 한다.

지준율은 기준금리만큼 자주 바뀌진 않는다. 2018년 3월 이후 국내 은행들은 예금 종류에 따라 0~7%의 지준율을 적용받고 있다. 은행 입장에선 지준율이 높은 것은 달갑지 않다. 대출 영업에 활용할 수 있는 돈이 적어지는 데다 지급준비금에는 이자도 붙지 않는다.

지급준비제도의 본래 취지는 예금자 보호지만, 실제론 금융정책 수단으로 더 많이 쓰였다. 중앙은행이 지준율을 움직이면, 은행을 통해 풀리는 돈의 양을 조절할 수 있어서다. 국내에선 과거에 비해 쓰임새가 많이 줄었다. 1980년대 이후 세계적으로 통화정책이 통화량 중심에서 금리 중심으로 전환된 영향이다. 반면 중국은 지준율을 적극 활용하고 있다. 둔화하는 경제성장률을 방어하기 위해 지준율 인하를 연이어 단행해 왔다.

086

마이너스 금리(negative interest rates)

금리가 0% 이하인 상태. 시중에 돈을 풀어 침체된 경기를 되살리기 위한 정책이다.

경제기사 읽기

덴마크 은행이 세계 최초로 마이너스 금리 주택담보대출(주담대)을 내놨다. 대출을 받으면 이자를 내지 않는 것은 물론이고 빌린 원금보다 적은 금액을 상환하면 된다는 얘기다. 마이너스 주담대 등장은 유럽에서 초저금리가 이어지면서 장기 상품 이자율이 마이너스로 떨어진 데 따른 것으로 분석된다. 덴마크의 기준금리는 2012년부터 연 0% 이하로 떨어져 현재 연 -0.65% 수준을 유지하고 있다.

마이너스 주담대가 은행에 돈을 저축하는 이들에겐 손해를 끼치고 있다는 점이 문제라는 지적도 나온다. 가디언은 "위스케뱅크 등은 자본시장에 진출해 기관투자가로부터 마이너스 이자율로 돈을 빌린 뒤 이를 고객에게 떠넘기고 있다"고 꼬집었다. 이어 "덴마크 은행들의 예금금리는 연 0% 수준인데 조만간 마이너스로 전환될 가능성이 높다"고 전했다.

— 설지연, 마이너스 금리 주택대출…덴마크 은행, 세계 첫 판매,
〈한국경제〉, 2019.08.15

요즘 국내 은행 이자가 쥐꼬리라곤 하지만, 그래도 월급통장에 예금하면 연 0.1%는 준다. 그런데 저금리가 극단적인 상황으로 치달아 마이너스로 떨어진다면 어떻게 될까. 은행에 돈을 맡기면 이자를 받는 게 아니라 보관료 명목으로 수수료를 내야 한다. 또 은행에서 돈을 빌리면 이자를 내는 게 아니라 오히려 받게 된다. '마이너스 금리 실험'에 나섰던 해외 몇몇 나라에서 실제 벌어진 일이다.

마이너스 금리는 말 그대로 금리가 0% 아래인 상태다. 중앙은행이 지급준비금을 많이 맡긴 시중은행에 수수료를 부과하는 방식으로 이뤄진다. 은행들로 하여금 돈을 쌓아놓지 말고 가계와 기업에 많이 풀도록 유도해 경기 부양과 물가 상승을 노리는 정책이다. 2012년 덴마크가 시중은행의 중앙은행 예치금에 마이너스 금리를 도입한 게 시초다. 2014년 스위스와 유럽중앙은행(ECB), 2015년 스웨덴, 2016년 일본 등이 뒤를 따랐다.

물가상승률을 반영한 실질금리가 마이너스인 경우는 종종 있었어도 명목금리가 마이너스인 것은 과거 상상하기 힘든 일이었다. 금융위기 이후 저성장이 불러온 기현상이다.

통상 마이너스 금리는 시중은행과 중앙은행 간의 예금에만 적용한다. 개인과 기업의 예금에는 적용하지 않는 게 보통이다. 일반 고객에도 마이너스 금리를 주면 금융 전반에 혼란이 극심할 수 있어서다. 하지만 스위스에서 −0.125% 금리의 개인 예금이 등장하고, 덴마크에서 빌린 원금보다 덜 갚아도 되는 대출이 출시되는 등의 사례도 나왔다.

경기 부양을 위한 극약처방인 마이너스 금리에는 치명적 부작용도 도사린다. 시중자금이 부동산으로 쏠리면서 가계부채가 급증하는 게 대표적이다. 스웨덴은 집값 폭등을 감당하지 못하고 4년 만인 2019년 기준금리를 0%로 올렸다. 마이너스 금리의 실효성을 둘러싼 논란은 여전히 현재진행형이다.

087

고정금리/변동금리

고정금리는 처음 약속한 금리가 만기까지 변하지 않는 금리. 변동금리는 일정 주기로 시장금리를 반영해 달라지는 금리.

경제기사 읽기

고정금리가 변동금리보다 낮은 금리 역전 현상이 지속되면서 대출자들의 고민이 깊어지고 있다. 당장은 금리가 더 낮은 고정금리가 나아보이지만 변동금리도 하락세를 보이고 있기 때문이다. 게다가 미국의 금리 인하로 한국은행의 금리 추가 인하 가능성이 점쳐지면서 금리 선택 방정식은 더 복잡해지고 있다.

대출을 어떻게 받는 게 유리할지는 투자전문가들도 어려워하는 부분이다. 다만 "금리 예측은 누구도 섣불리 할 수 없는 만큼 시장 상황을 좀 더 지켜보는 게 낫다"는 조언이 많은 편이다.

— 장윤정, 격차 줄어드는 고정-변동금리… 대출 갈아탈까 말까, 〈동아일보〉, 2019.09.24

은행에서 대출을 받을 때 고정금리와 변동금리 중 선택할 수 있는 경우가 있다. 고정금리는 처음 대출받을 때 약정금리가 만기까지 그대로 유지된다. 변동금리는 통상 3~6개월 단위로 시장금리를 반영해 약정금리가 조정되는 방식이다.

일반적으로 다른 대출조건이 같다면 고정금리가 변동금리보다 높다. 은행 입장에선 고정금리로 빌려줬다가 나중에 시장금리가 오르면 손해를 떠안기 때문에, 이런 위험을 미리 반영해 비싸게 매겨두는 것이다. 돈을 빌리는 사람 입장에선 향후 시장금리가 상승할 것으로 예상한다면 고정금리를, 하락할 것으로 본다면 변동금리를 이용하는 것이 유리하다.

길게는 20~30년에 걸쳐 갚는 주택담보대출의 경우 민간 은행에서는 완전한 고정금리 상품을 판매하진 않는다. 첫 5년은 고정금리, 이후에는 변동금리를 적용하는 '혼합형'으로 많이 판다. 대신 정부가 서민을 지원할 목적으로 운영하는 주택담보대출인 보금자리론, 디딤돌대출 등에서는 최장 30년까지 고정금리로 돈을 빌릴 수 있다.

위의 기사처럼 고정금리가 변동금리보다 낮은 역전현상은 드문 일이다. 원인은 두 금리의 기준이 다르기 때문이다. 고정금리는 만기가 긴 금융채(5년짜리 AAA 신용등급)가 기준이고, 변동금리는 시장 움직임을 수시로 반영하는 코픽스에 연동된다. 당시 경기 불확실성이 높아짐에 따라 안전자산인 채권 가격이 크게 상승(채권금리 하락)하면서 나타난 현상이었다.

088

72의 법칙 (The rule of 72)

복리를 전제로 자산이 두 배로 불어나는 데 걸리는 시간을 계산하는 방식. 72를 연이율로 나누면 소요기간이 나온다.

경제기사 읽기

토털리턴(TR) 상장지수펀드(ETF) 시장이 빠르게 성장하고 있다. 시장 규모는 2년 반 만에 7배로 커졌다. 배당금을 자동으로 재투자해주고, 세금을 이연하는 효과까지 있어 투자자의 관심이 커지고 있다. 최근 신종 코로나바이러스 감염증(코로나19) 사태 영향으로 한국 주식을 팔아대는 외국인들도 이 상품은 꾸준히 사들이고 있다. 자산운용사들은 빠르게 커지는 시장을 선점하기 위해 잇따라 신제품을 출시하고 있다.

27일 한국거래소에 따르면 올 들어 26일까지 외국인 상위 투자 종목 10개 중 4개가 TR ETF인 것으로 나타났다. TR ETF는 지수에서 나오는 배당을 분배금으로 나눠주지 않고 자동으로 재투자하는 방식의 상품이다. 김남기 미래에셋자산운용 ETF운용본부장은 "세금 부분도 재투자에 사용돼 장기투자에 따른 복리 효과가 크다"고 평가했다.

— 강영연, TR ETF가 뭐길래…장바구니에 담는 외국인,
〈한국경제〉, 2020.02.28

"이자에 이자가 붙는 복리 효과를 누려보세요." 새로 나온 금융상품 광고에서 복리를 장점으로 내세운 것들을 볼 수 있다. 실제로 이런 상품은 인기가 좋아 잘 팔린다. 투자자에 유리하기 때문이다.

금리를 계산하는 방식은 단리(單利)와 복리(複利)가 있다. 단리는 원금에만 이자가 붙는 구조다. 예를 들어 1000만원을 연 10% 단리의 3년짜리 예금에 넣었다면 이자는 첫해에도, 둘째 해에도, 셋째 해에도 똑같이 100만원(=1000만원×10%)이

어서 만기 시점에 총 300만원이 된다. 복리는 원금에서 발생한 이자를 원금에 합쳐 다시 이자를 지급하는 구조다. 앞서 소개한 예금이 복리였다면 첫해 이자는 100만원(=1000만원×10%), 둘째 해에는 111만원(=1100만원×10%), 셋째 해에는 121만원(=1211만원×10%)으로 만기 시점에 총 332만원이 된다. 이자율이 같다면 단리보다 복리에서 이자가 많다.

천재 과학자 알버트 아인슈타인은 "복리는 인간의 가장 위대한 발명"이라 했다. 투자기간이 길어질수록 이자가 눈덩이처럼 불어나는 '복리의 마술'을 보여주기 때문이다. 복리를 전제로 자산이 두 배로 늘어나는 데 걸리는 시간을 쉽게 계산하는 방법이 있는데, 이를 72의 법칙이라 한다. 72를 수익률로 나누면 대략적인 기간이 산출된다. 예컨대 연 5% 복리로 꾸준히 투자하면 내 자산이 두 배가 되는 데는 약 14.4년(=72÷5)이 걸린다고 보면 된다.

간접적으로 복리 효과를 누릴 수 있는 또다른 방법은 펀드 투자다. 복리의 핵심은 이자를 원금에 합산해 '재투자'한다는 것. 펀드는 은행 예금처럼 확정된 금리를 약속하진 않지만, 자금을 운용해 이익이 나면 그 수익을 원금에 고스란히 합쳐 다시 굴린다. 다만 펀드는 원금이 보장되지 않기 때문에 수익률을 안정적으로 관리하는 게 관건이다.

빚도 복리로 불어날 수 있는 점을 유의해야 한다. 직장인들이 비상용으로 많이 만들어두는 마이너스 통장이 대표적이다. 마이너스 통장은 미리 한도를 정해놓고 필요할 때 돈을 꺼내쓸 수 있도록 한 수시입출금통장이다. 편하다고 습관적으로 쓰면 어느 순간부터 이자가 빠르게 불어나 정리하기 힘들어질 수 있다. 복리는 투자자에겐 마술, 채무자에겐 저주가 될 수 있다.

089

법정최고금리

대출로 폭리를 취하지 못하도록 법으로 정한 금리 상한선.

경제기사 읽기

지난해 법정 최고금리보다 높은 이자를 매긴 불법 사채의 평균 이자율이 1,170%에 달하는 것으로 나타났다.

한국대부금융협회는 지난해 사법당국과 소비자에게 신고 받은 불법 사채 피해 내역 1,679건을 대상으로 대출원금과 상환액을 분석한 결과 평균 이자율이 1,170%로 집계됐다고 11일 밝혔다. 지난해 법정 최고금리 연 27.9%(현재 24%)의 42배에 달하는 폭리를 미등록 대부업자들이 취해온 셈이다.

— 이훈성, 불법사채 이자율 평균 1170%… 법정 최고금리의 42배 폭리, 〈한국일보〉, 2018.03.12

16세기 셰익스피어(William Shakespeare)가 쓴 희극 《베니스의 상인》에는 샤일록이란 이름의 고리대금업자가 등장한다. 샤일록은 빌려간 돈을 갚지 못한 안토니오의 살을 베려 한다. 하지만 "살을 도려내되 피를 흘려선 안 된다"는 판결에 포기하고 만다.

서민을 울리는 고리 사채, 그리고 이를 막기 위한 제도적 안전장치가 요즘은 '법정최고금리'라는 제도로 구체화됐다. 한국은 대부업법과 이자제한법에 따라 대출금리가 연 24%(2020년 기준)를 넘을 수 없도록 규정하고 있다. 이를 초과하는 이자는 무효이고, 이미 지급했더라도 돌려받을 수 있다. 1 · 2 · 3금융권 대출은 물론이고 개인과 개인 간에 돈을 빌려줄 때도 적용된다.

주요 선진국 중에는 미국의 일부 주(州)와 영국, 일본, 프랑스 등이 법정최고금리를 설정하고 있다. 나머지 국가는 금리는 완전히 시장 자율에 맡겨 두고, 채무자 피해 방지와 재기 지원 등에 주력하고 있다.

정부가 법정최고금리를 두는 이유는 서민층을 보호하기 위해서다. 살인적 고금리 대출의 피해는 대부분 소득이 적고 신용도가 낮은 사람들이 보기 때문이다. 경제학적으로 보면 정부가 시장에 직접 개입하는 가격통제라는 점에서, 부작용의 소지를 일정 부분 갖고 있는 것도 사실이다. 대부업에 적용하는 법정최고금리가 2002년 연 66%에서 2018년 연 24%로 급격히 인하되는 과정에서 폐업한 대부업체가 1만개에 달했다. 이 중 일부는 정부에 대부업체로 등록하지 않고 고금리 대출을 계속하는 불법 사채업자가 됐을 것으로 추정되고 있다. 이런 '풍선효과'를 최소화하도록 정책을 정교하게 짜는 게 중요하다는 얘기다.

090

콜금리/리보금리 (call rate/London Inter-Bank Offered Rate)

콜금리는 금융회사끼리 단기자금을 빌려주고 받는 콜시장에서 형성된 금리. 리보금리는 영국 런던 우량은행들의 단기자금 거래에 적용되는 금리.

경제기사 읽기

약 2,000조원에 달하는 국내 금융상품과 연계된 리보(LIBOR·런던 은행 간 금리)의 산출이 오는 2022년 중단된다. 정부는 올해 6월 이를 대체할 무위험 지표금리(RFR)를 선정할 계획이다.

손병두 금융위원회 부위원장은 20일 정부서울청사에서 '지표금리 개선 추진단' 회의를 열고 이 같은 방침을 정했다. 리보는 지난 2012년 일부 해외 대형 투자은행(IB)이 조작한 사실이 드러나며 파문을 낳았고 그 결과 2022년 산출이 중단될 것으로 전망된다. 이에 세계 각국은 리보를 대체하는 지표금리를 개발하고 있다. 리보를 대체할 국내 무위험 지표금리 후보는 '익일물 콜금리'와 '익일물 환매조건부채권(RP) 금리' 두 가지다.

— 이태규, 2,000조 상품 연계 '리보금리' 2022년 중단, 〈서울경제〉, 2020.01.21

동네 시장 상인들이 거스름돈이나 식재료가 갑자기 뚝 떨어지면 평소 친하게 지내던 이웃가게로 달려가 구해오는 모습을 볼 수 있다. 은행들도 급전이 필요하면 다른 은행에서 "금방 갚을게"라며 빌려쓴다. 다음날 바로 갚는 하루짜리 거래가 대부분이다. 금융회사끼리 남거나 모자라는 자금을 초단기로 빌려주거나 받는 시장을 콜시장, 이 시장에서 형성되는 금리를 콜금리라 부른다.

콜금리는 소비자들과 직접 관련은 없지만, '돈 장사'를 하는 기업들의 자금 사정을 반영하는 만큼 전체 금융시장의 주요 지표로 꼽힌다. 콜금리는 한국은행이 기준금리로 전체 시장금리를 조절하는 과정에서도 역할을 한다. 기준금리가 움직이면 초단기금리인 콜금리가 가장 먼저 영향을 받는다. 한국은행이 정책수단을 동원해 콜금리가 기준금리 수준을 크게 벗어나지 않도록 유도하기 때문이다. 이후 장 · 단기 시장금리, 예금 · 대출금리 등의 변동으로 이어져 실물경제에 영향을 미치게 된다.

세계적 금융중심지인 영국 런던에서 우량은행 간의 단기자금 거래에 적용되는 금리는 리보금리라 부른다. 정부나 중앙은행과 관련 없이 순수 민간에서 결정된 이자율로, 오랫동안 세계 각국의 금융거래 금리는 '리보+α'로 정해질 만큼 영향력이 컸다. 하지만 2012년 대형은행들이 금리를 담합한 '리보 조작사건'이 터지면서 신뢰도에 금이 갔다. 영국은 2021년까지 리보금리를 폐지할 예정이다. 1960년대 이후 오랜 명성을 이어온 리보의 퇴출은 국제금융시장에서 50년 만의 최대 변화이기도 하다.

091

코리보/코픽스(KORIBOR/COFIX)

코리보는 국내 은행 간의 자금거래에 적용되는 금리. 코픽스는 국내 은행들의 자금조달 비용을 반영한 대출금리.

경제기사 읽기

주요 은행의 주택담보대출 최저금리가 모두 연 3% 밑으로 떨어졌다.

17일 은행권에 따르면 신한 · 국민 · 우리 · 농협은행의 신규 취급액 기준 주택담보대출 금리는 모두 종전보다 0.16%포인트씩 하락했다. 최저금리는 모두 연 2%대로 낮아졌다. 주요 은행의 주택담보대출 최저금리가 모두 연 3% 밑으로 떨어진 것은 이번이 처음이다.

신규 취급액 기준 주택담보대출 금리는 농협은행이 가장 낮았다. 종전 연 2.67~4.18%에서 2.51~4.02%로 하향 조정됐다. 신한은행은 연 3.13~4.39%에서 2.97~4.23%로 내렸다. 국민은행은 연 2.74~4.24%, 우리은행은 2.92~3.92%로 떨어졌다. 변동형 주택담보대출 금리가 일제히 하락한 것은 금리 결정의 기준이 되는 코픽스가 떨어졌기 때문이다. 8월 신규 취급액 기준 코픽스는 1.52%까지 내려갔다. 2017년 11월 이후 22개월 만의 최저치다.

— 정지은, 은행 주담대 최저금리, 모두 年 2%대로 하락,
〈한국경제〉, 2019.09.18

은행에서 대출을 받으면 "어떤 금리를 선택하겠느냐"는 질문을 받을 때가 있다. 고정금리, 코픽스에 연동되는 변동금리, 코리보에 연동되는 변동금리…. 소비자에게 선택의 기회가 있다는 건 좋은 일이지만, 코픽스나 코리보에 생소하다면 무엇을 골라야 할지 난감해지기도 한다.

코리보는 영국 런던 리보금리의 원리를 본떠 만든 '한국판 리보금리'다. 국내 은행끼리 돈을 빌릴 때 적용하는 호가금리로, 2004년부터 매일 산출되고 있다.

11개 은행이 금리수준을 제시하면 상 · 하위 3개를 제외한 나머지를 산술 평균해 공시한다. 그러나 실거래가가 아닌 은행들이 부르는 호가에 불과하다는 점에서 지표금리로 과연 적절하냐는 지적이 꾸준히 제기되기도 했다.

코픽스는 은행의 자금조달 비용을 반영한 금리로, 2010년부터 매달 한 차례씩 발표되고 있다. 시중은행에서 주택담보대출을 받을 때 기준으로 많이 쓰인다. 8개 대형은행이 정기 예 · 적금, 금융채, 양도성예금증서(CD) 등 주요 수신상품을 통해 시장에서 자금을 조달하는 평균비용을 가중 평균해 계산한 것이다.

코픽스는 계산법에 따라 '신규취급액기준 코픽스'와 '잔액기준 코픽스'로 나뉜다. 신규취급액기준은 매월 신규조달 자금을 대상으로 산출하는 방식으로, 시장금리 변동을 비교적 신속히 반영한다. 잔액기준은 매달 말 조달자금 잔액을 기준으로 계산하는 방식으로, 시장금리 변동을 서서히 반영하는 편이다. 어떤게 더 좋다는 정답은 없다. 다만 일반적으로 대출받는 입장에선 금리 상승기에는 잔액기준, 금리 하락기에는 신규취급액기준 코픽스를 선택하는 것이 유리하다고 볼 수 있다.

092

1금융권/2금융권

금융회사의 업권별 분류. 1금융권은 은행이며 2금융권은 은행을 제외한 상호금융, 저축은행, 보험, 카드, 증권 등이다.

경제기사 읽기

금융도 수요와 공급으로 작동한다. 1금융권인 은행에서 대출을 거부당하면 저축은행, 캐피털사, 카드사 등 2금융권에서 더 많은 이자를 물어야 한다. 여기서도 밀려난 저신용자들은 합법과 불법이 혼재된 또 다른 금융권을 기웃거리게 된다. 공식용어는 아니지만 3금융, 4금융으로 불린다. 금융권을 의미하는 숫자가 올라갈수록 대출자의 삶이 위험에 노출될 확률은 높아진다.

서민이 법의 보호를 받으며 돈을 빌릴 수 있는 최후 보루인 대부업체들이 수익성 악화를 막기 위해 대출심사를 강화하고 있다. 나이스평가정보에 따르면 주요 대부업체의 대출 승인율은 2018년 기준 12.6%다. 대출 신청 10건 중 8~9건을 거부하고 있다는 의미다. 2015년(21.2%)과 비교하면 거의 반 토막 수준이다.

— 김대훈, 대부업체들 수익성 나빠지자 심사 강화…10명 중 9명 '대출 거절', 〈한국경제〉, 2019.09.23

스포츠에 1부 리그와 2부 리그가 있듯 금융에도 '급'에 따른 분류가 있다. 바로 1금융권과 2금융권이다. 나누는 기준은 간단하다. 1금융권은 은행, 2금융권은 비(非)은행이다.

1금융권에는 시중은행, 지방은행, 특수은행, 인터넷전문은행 등이 포함된다. 시중은행은 전국에 영업망을 둔 신한 · 하나 · 국민 · 우리은행 등을 가리키고, 지방은행으론 특정 지역에 뿌리를 둔 부산 · 광주 · 대구 · 제주은행 등이 있다. 특수은행은 기업 지원과 같이 특별한 임무를 부여받은 기업 · 산업 · 수출입은행 등이며, 인터넷전문은행으로는 카카오 · 케이뱅크 등이 있다.

1금융권의 장점은 안정성이다. 예 · 적금 이자가 후하지 않아도 신뢰도가 탄탄해 많은 사람들이 돈을 맡긴다. 대출 이자도 다른 곳보다 저렴하지만 그만큼 심사가 깐깐하다. 다른 금융회사에 비해 정부 규제를 가장 엄격하게 적용받는다.

2금융권은 은행을 제외한 금융회사를 가리킨다. 농협 · 수협 · 새마을금고 등 상호금융, 저축은행, 신용카드, 보험, 캐피탈, 증권 등이 대표적이다. 이들 회사는 은행법을 적용받지 않지만 때론 은행과 비슷한 기능을 한다.

상호금융과 저축은행은 예 · 적금 이자가 1금융권보다 높아 저축에 유리하다. 대출 금리도 높지만 은행보다 문턱이 낮고 한도를 후하게 주는 편이다. 은행이 다 채워주지 못하는 금융 수요를 충족하는 순기능을 맡고 있는 셈이다. 다만 개별 금융회사의 안정성은 1금융권에 비해 떨어진다는 점을 기억해야 한다.

저신용자들이 많이 찾는 대부업체는 일명 3금융권이라 부르기도 한다. 정식 용어는 아니고 사금융에 속하는 대부업을 제도권의 1 · 2금융권과 구분하기 위해 생긴 말이다. 법정 최고금리에 가까운 비싼 이자로 대출하는 것이 특징이다. 이용하지 않길 권한다. 1 · 2금융권이나 정책금융기관에서 돈을 구할 방법을 먼저 알아보는 게 좋다.

093

BIS 자기자본비율(BIS capital adequacy ratio)

국제결제은행(BIS)이 정하는 은행의 자기자본비율. 은행의 건전성을 보여주는 지표다.

경제기사 읽기

지난해 말 은행의 자본 비율이 1년 전보다 소폭 하락했다.

19일 금융감독원에 따르면 지난해 말 기준 국내 은행의 국제결제은행(BIS) 기준 총자본비율은 15.25%로 1년 전보다 0.16%포인트 떨어졌다. 기본자본비율(13.20%)과 보통주 자본 비율(12.54%) 역시 각각 0.05%포인트, 0.12%포인트 낮아졌다.

금감원은 지난해 위험가중자산 증가율(5.3%)이 자본 증가율(총자본 기준 4.2%)을 소폭 웃돌아 자본 비율이 떨어졌다고 설명했다.

— 김남권, 작년말 국내은행 자본비율 0.16%p 하락…케이뱅크 5.65%p↓, 〈연합뉴스〉, 2020.03.19

건강검진에서 체지방률, 혈압 등이 높게 나오면 "건강에 해로우니 이 수치를 잘 관리하라"는 조언을 듣게 된다. 은행의 안정성과 건전성을 들여다보는 지표로는 BIS자기자본비율이 활용된다. 경제신문에선 'BIS비율'로 줄여 적을 때가 많다.

BIS자기자본비율은 은행의 자기자본을 위험가중자산으로 나누고 100을 곱해 구한다. 자기자본은 은행의 총자산 중 부채를 뺀 것이고, 위험가중자산은 총자산에서 자산별 위험도에 따라 각각의 위험가중치를 곱한 뒤 모두 합산한 것이다. 안전한 현금에는 위험가중치를 0%으로, 민간부문 대출금과 주식 등엔 100%로 부여하는 식이다. 결론적으로 위험자산을 많이 보유했거나 대출을 많이 내준 은행일수록 BIS자기자본비율은 떨어지게 된다.

BIS는 1930년 스위스 바젤에서 출범한 국제금융기구로, 원래는 1차 세계대전 이후 배상 문제를 다루는 곳이었다. 업무 범위가 차츰 넓어져 은행의 건전성을 평가하는 국제기준을 제정하고, 국가 간 금융 협력을 증진하는 역할을 맡고 있다.

BIS는 1988년 자기자본비율 기준을 마련했고 1992년부터 은행들이 최소 8%를 유지하도록 권고하고 있다. 국내 금융당국도 이 기준을 받아들여 은행 감독에 활용하고 있다. 형식상 '권고'지만 8%를 지키지 못하면 은행들은 해외 자금조달 비용이 높아지고 정부의 집중 관리대상에 들게 돼 경영이 어려워진다. 시중의 대형 은행들은 BIS자기자본비율이 10% 이상을 기록하고 있어 걱정할 일은 없다.

은행 외에 보험, 증권업 등에도 비슷한 가이드라인이 있다. 보험사는 계약자에게 보험금을 제대로 지급할 수 있는지를 나타내는 지급여력(RBC)비율이 100%를 넘어야 한다. 증권사는 자금 조달 · 운용의 건전성 지표인 영업용순자본비율(NCR)이 150% 이상을 유지해야 한다.

094

스트레스 테스트 (stress test)

경제위기 상황을 가정하고 금융회사의 재무건전성과 잠재적 취약점을 평가하는 분석기법.

경제기사 읽기

미국 등 주요국이 통화정책 정상화에 속도를 내고 있는 가운데 국내 시중금리가 급등하면 은행의 건전성에 문제가 생길 수 있다는 경고가 나왔다.

한국은행은 20일 국회에 제출한 '금융안정 보고서'를 통해 국내 은행의 건전성 점검을 위한 스트레스 테스트를 했다. 국내 은행들이 시중금리 상승과 경기 둔화 등 대외 충격에 얼마나 준비돼 있는지를 알아보기 위해서다.

테스트 결과 국내 시중금리가 2019년 말까지 2017년 말 대비 2%포인트 상승하면 국내 은행의 국제결제은행(BIS) 기준 총자본비율은 지난해 말 15.2%에서 14.4%로 떨어지는 것으로 나타났다. 3%포인트 오르면 13.7%까지 하락했다.

한은은 경기 충격이 발생해 올해와 내년 국내 경제성장률이 각각 1.3%, 1.2%가 되는 상황도 가정했다. 이 경우 BIS 비율은 14.3%로 낮아졌다. 올해와 내년 성장률이 각각 -0.5%, -0.6%가 되는 '심각한 경기 둔화' 상황에서는 BIS 비율이 13.2%까지 하락하는 것으로 추산됐다.

— 김은정, "시장금리 3%P 이상 오르면 은행 건전성 빨간불", 〈한국경제〉, 2018.06.21

만병의 근원이라는 스트레스. 하지만 적절히 관리하고 긍정적으로 활용하면 개인의 발전에 도움이 되기도 한다. 정부가 금융회사 관리 · 감독에 활용하는 스트레스 테스트도 어찌 보면 '약이 되는 스트레스'라 할 수 있다.

스트레스 테스트는 가상의 위기상황을 설정하고 테스트 대상이 얼마나 잘 견될 수 있는지를 보는 것이다. 원래 의학 분야의 심장기능 검사나 정보기술(IT) 분야의 전산망 검증 등에 활용되던 개념인데, 2008년 미국발 금융위기를 계기로 금융 분야에서도 익숙한 용어가 됐다.

금융에서 스트레스 테스트는 과거 사례 또는 가상의 상황을 설정하거나 환율, 금리, 물가, 유가 등 주요 변수의 변동을 가정하고 부실이 어느 정도 발생하는지를 평가한다. 모든 금융회사에 획일적인 잣대를 들이대진 않는다. 업체마다 영업환경과 보유자산이 다르기 때문이다. 각국 중앙은행과 금융당국은 다양한 스트레스 테스트 모형을 개발해 활용하고 있다.

당시 미국은 서브프라임 모기지에서 시작한 '부실 폭탄'이 금융권 전체로 퍼져나가자 주요 은행에 대한 스트레스 테스트를 실시했다. 부실은행과 건전은행을 가려내 시장의 불안감을 해소하자는 취지였다. 2009년 5월 발표된 결과를 보면 19개 대형 은행 중 10개가 기준을 통과하지 못했다. 그러나 오히려 경제주체들이 갖고 있던 막연한 불신을 걷어내는 데 기여했다는 평을 받았다. 경제에선 불황보다 불확실성이 더 무서운 법이다.

스트레스 테스트가 허술하면 별 도움이 안 되기도 한다. 2010년 유럽 재정위기 때 유럽연합(EU) 91개 은행에 대한 스트레스 테스트 결과 7개 은행이 통과하지 못했다. 시장 전문가들의 예상보다 훨씬 적은 숫자만 부실은행으로 찍힌 것이다. 너무 안이한 기준을 적용해 은행들의 진짜 위기대응 능력을 측정하지 못했다는 이유로 "빈 수레가 요란했다"는 혹평만 받았다.

095

뱅크 런/펀드 런 (bank-run/fund-run)

뱅크 런은 은행의 대규모 예금 인출 사태. 펀드 런은 펀드 투자자 이탈로 인한 주식 투매 현상.

경제기사 읽기

18년째 묶여 있는 예금보험 한도(5000만원)를 올려야 한다는 주장이 제기됐다. 예금보험 제도가 '뱅크런'(예금 대량 인출 사태) 차단 효과가 크다는 연구 결과까지 나오면서 한동안 잠잠했던 '한도 인상론'이 다시 고개를 들 전망이다.

10일 예금보험공사 예금보험연구센터가 내놓은 조사 자료에 따르면 저축은행 부실 사태가 불거진 2011년 1월 13~20일 부산저축은행의 5000만원 초과 예금자 중 돈을 인출한 비율은 14.7%였다. 5000만원 이하 예금자 인출 비율(5.0%)과 비교하면 비보호 예금의 인출 위험이 3배 가까이 높은 것이다. 예금보험제도가 금융 안전망 기능을 한다는 점은 널리 알려져 있지만 구체적인 수치로 증명된 것은 처음이다.

당시는 저축은행 부실이 본격화됐을 때로 2011년 1월 14일 삼화저축은행에 이어 한 달 뒤에는 부산저축은행까지 영업 정지 사태가 빚어졌다. 보호 예금은 전체 예금액 중 4.5%만 인출된 반면 비보호 예금은 8.7%가 빠져나갔다.

— 조용철, "예금보호 한도 올려 뱅크런 가능성 낮춰야", 〈서울신문〉, 2018.10.11

OO은행에 뭔가 문제가 생겼다는 소문이 돌면 어떤 일이 벌어질까. 당장 OO은행에 돈을 맡긴 예금주들이 돈을 찾으러 뛰어갈 것이다. 은행에 예금 인출 요구가 폭주하는 혼란스러운 상황을 뱅크 런이라 한다. 뱅크 런으로 자금이 바닥나면 은행의 영업활동도 사실상 불가능해진다. 경영난이 가중되는 악순환에 빠져들게 된다.

'외환위기의 주범'으로 낙인찍혔던 종합금융회사는 뱅크런 사태를 겪은 이후 대부분 문을 닫았다. 1998년 1월 5일 전국 종금사 지점마다 이른 새벽부터 긴 줄이 섰다. 한 달 전 14개 종금사에 내려졌던 영업정지가 풀리자 돈을 빼러 온 예금주들이었다. 이들 종금사에서는 사흘 동안 2만명이 1조1000억원을 찾아갔다. 당시 전체 종금사 개인예금의 40%에 육박하는 규모가 순식간에 사라졌다.

정부는 이런 혼란을 막기 위해 예금자보호제도를 운영하고 있다. 금융회사가 망하더라도 예금자보호법에 따라 일정 금액은 정부가 지급을 보장하는 제도다. 금융회사들이 평소 예금보험공사에 납부하는 보험료가 재원이다. 금융회사마다 1인당 5000만원(원금+이자)이 한도다(2020년 기준). 여러 금융회사에 5000만원씩 분산 예금하면 돈 떼일 걱정을 하지 않아도 된다.

주식시장에서도 뱅크 런과 비슷한 일이 나타날 수 있는데, 이를 펀드 런이라 부른다. 펀드 투자자들이 수익률 하락을 우려해 앞다퉈 펀드 환매를 요구하는 것을 말한다. 대량 환매가 쏟아지면 운용사는 보유하고 있던 주식을 한꺼번에 처분해야 하고, 이로 인해 주가가 더 떨어지는 악순환이 반복될 수 있다. 펀드 런은 주로 주가 폭락기나 장기 하락기에 일어난다.

PB(private banking)

금융회사가 고액 자산가들의 자산 관리, 투자 상담, 세무·법률 지원 등을 종합적으로 관리해 주는 서비스

경제기사 읽기

은행 최우수고객(VVIP)이 되면 전담 프라이빗뱅커(PB)가 생긴다. PB는 평범한 은행 직원이 아니다. 자산관리 경력이 길고 성과가 우수해야 하는 것은 기본이다. 국제공인재무설계사(CFP)와 국제재무분석사(CFA) 자격증도 따야 한다. 자산관리 전문 교육을 비롯해 인성 교육까지 받은 PB만이 VVIP를 챙길 '자격'이 생긴다. VVIP를 상대하는 PB는 자산가의 금융비서 격이기 때문이다.

국내 4대 은행(신한·국민·KEB하나·우리은행)은 VVIP 전담 조직을 따로 뽑아 관리한다. VVIP 전용센터 전담 PB는 신한은행이 128명으로 가장 많고 국민은행(99명), KEB하나은행(97명), 우리은행(52명) 순이다. PB 한 명이 평균 20명 안팎의 VVIP를 상대한다는 게 은행권 얘기다.

— 정지은 · 정소람, 30억 맡기면 PB가 '특급 서비스'…자녀 숙제 돕고, 경매 대리 구매도, 〈한국경제〉, 2019.09.21

한국에선 돈이 얼마나 있어야 부자일까. 일단 '금융자산 10억원 이상'으로 보면 대체로 합리적일 것 같다. 금융회사들이 부자들에게만 제공하는 프라이빗뱅킹(PB)의 이용 자격을 보통 그 정도로 잡기 때문이다.

KB금융지주 경영연구소의 〈2019 한국 부자 보고서〉에 따르면 국내 금융자산 10억원 이상 부자는 32만3000명으로 추산됐다. 연평균 가구소득은 2억2000만원, 월 소비지출은 1040만원으로 평범한 가구보다 네 배 많았다. PB는 이들 자산가에게 단순한 금융상품 추천이나 예금, 주식, 부동산 등 자산관리를 넘어 세무 상담, 상속 · 증여 준비, 자녀 교육과 결혼, 가업 승계에 이르기까지 전방위적

금융자산 10억원 이상 부자 수 (단위: 만명)

자료: KB금융지주 경영연구소

인 서비스를 제공한다.

PB는 고액 자산가를 전담하는 직원인 프라이빗 뱅커(private banker)를 의미하기도 한다. '조국 사태' 때 한 PB가 온갖 잔심부름을 처리한 것이 알려져 세간을 놀라게 했는데, 실제로 개인 비서에 가까운 역할을 한다. 고객 지인의 경조사를 대신 챙겨주고, 미혼 자녀가 있으면 소개팅도 주선해 준다. 수시로 공연에 초청하는 것은 물론 경매에 나오는 미술품을 대리 구매하기도 한다. 최상위급 PB 한 명이 관리하는 고객 자산은 보통 수천억원대. 고된 일을 하는 만큼 상당수가 억대 연봉과 거액의 성과급을 받는다.

금융회사들은 VIP 전용 점포인 PB센터를 도심 곳곳에 늘리는 등 고액 자산가 대상 영업을 강화하는 추세다. PB의 문턱을 낮춰 '미래의 잠재적 부자'를 끌어들이려는 시도도 나오고 있다. 일부 은행은 금융자산이 1억원 이상만 있어도 이용할 수 있는 PB 서비스를 선보였다.

097

로보어드바이저(robo-advisor)

인공지능(AI)이 투자자를 분석해 맞춤형 자산관리를 도와주는 자동화 서비스

경제기사 읽기

최근 악화된 증시 환경에서 로보어드바이저(RA)가 비교지표(BM, benchmark)보다 높은 수익률을 거둔 것으로 나타났다.

RA 테스트베드 운영 사무국인 코스콤은 8일 유형별 수익률을 공개했다. 올 상반기 중 위험중립형과 적극투자형은 각각 7.90%, 10.20%의 수익률로 BM인 코스피200(5.92%)을 앞섰다. 연초 이후 미 · 중 무역분쟁으로 증시가 충격에 빠졌던 5월까지 누적 수익률은 코스피200이 0.73%에 그친 반면, 위험중립형(6.05%), 적극투자형(7.63%), 안정추구형(4.80%)은 비교적 높은 수준을 유지했다.

— 강승연, 하락장서 더 돋보인 로보어드바이저, 〈헤럴드경제〉, 2019.08.08

고학력 · 고연봉 전문직의 대명사로 통했던 '금융맨'. AI 시대가 다가오면서 위상이 예전같지 않다. 사람 대신 컴퓨터가 경제 분석과 투자 판단을 척척 해내고 있어서다. 세계 최대 투자회사 골드만삭스는 1990년대 500~600명에 달했던 주식 트레이더를 2010년대 후반에는 두 명만 남기고 모두 해고했다. 인간의 빈자리는 '켄쇼'라는 이름의 AI 투자 알고리즘이 채웠다.

반대로 소비자들에겐 로보어드바이저를 통해 전문적인 자산관리 조언을 손쉽게 받을 수 있는 길도 열렸다. 로보어드바이저는 로봇(robot)과 상담사(advisor)를 합친 말이다. 가입자가 입력한 투자성향, 자산정보 등과 주가, 환율, 시장상황 등을 AI가 종합적으로 분석해 개인 맞춤형 투자 포트폴리오를 제시해 준다.

고액 자산가의 전유물이었던 자산관리를 저렴한 수수료로 시 · 공간 제약 없

이 받을 수 있다는 게 장점이다. 다양한 곳에 분산투자하고 싶지만 정보가 부족해 포기했던 사람들도 유용하게 활용할 만하다. 국내에선 아직 걸음마 단계다. 2016년 정부가 로보어드바이저 기반의 투자자문 · 자산운용 업무를 허용하면서 첫선을 보였다.

국내 로보어드바이저들은 간혹 시장 평균보다 높은 수익률을 올리기도 하지만, 운용규모가 미미해 '진짜 실력'은 더 지켜봐야 한다는 지적을 받기도 한다. 로보어드바이저를 전문으로 하는 스타트업들이 등장했고, 초보적 수준의 로보어드바이저는 주요 은행 스마트폰 앱에서도 이용할 수 있다. AI의 오류를 바로잡기 위해 빅데이터 전문가들의 분석을 더한 '휴먼 로보어드바이저'라는 새로운 영역도 생겨났다.

로보어드바이저 이전부터 사람의 감(感)을 배제하고 오직 숫자로만 투자결정을 내리려는 시도는 꾸준히 있었다. 수학적 모델을 이용한 계량분석 기법으로 투자대상을 찾는 퀀트(quant) 투자, 컴퓨터가 일정 조건에서 주식을 자동으로 사고팔도록 설계한 시스템 트레이딩(system trading) 등은 많은 투자자에 친숙하다.

098

보험사기

보험사고의 발생, 원인, 내용에 관해 보험사를 속여 보험금을 청구한 행위

경제기사 읽기

올해 상반기 보험 사기 적발액이 4000억원을 넘어서며 역대 최고치를 기록했다. 자동차 보험 등을 이용한 사기 시도가 꾸준히 늘고 보험사도 대응을 강화하며 덜미를 잡히는 사람이 많아진 것이다.

31일 금융감독원에 따르면 올해 상반기 금감원과 보험사의 보험 사기 적발금액은 4134억원으로 지난해 상반기보다 3.4%(134억원) 늘었다. 반기 기준으로 가장 많은 금액이다. 앞서 작년 보험 사기 적발액은 금감원 통계 집계 이후 최대인 8000억원에 육박했다. 그러나 올해 또다시 역대 최고 기록을 갈아치울 가능성이 커졌다.

— 박종오, 상반기 보험사기 적발액 4100억 '역대 최대'…청소년 車사기 급증, 〈이데일리〉, 2019.11.01

한국은 전체 가구의 98.4%가 한 개 이상의 보험에 가입한 '보험대국'이다. 국내 보험사들이 2018년 거둬들인 보험료는 201조원, 세계 7위 규모다. 보험의 기본 원리는 조상 대대로 내려온 십시일반(十匙一飯), 상부상조(相扶相助) 정신과 맥이 통한다. 갑자기 아프거나 다칠 때에 대비해 여러 사람들이 소액을 모았다가 불의의 사고를 당한 사람을 돕는 것이다. 하지만 보험금을 '눈먼 돈'이라 생각해 엉뚱한 짓을 하는 사람이 적지 않다. 보험사기 적발은 해마다 신기록을 경신하고 있다.

보험사기의 역사(?)는 생각보다 길다. 생명보험 최초의 살인범죄는 1762년 영국 이네스 사건으로 알려져 있다. 이네스라는 남성은 수양딸을 1000파운드짜

리 생명보험에 가입시킨 뒤 독살해 사형을 받았다. 한국 최초의 보험사기는 일제강점기 때였다. 1924년 매일신보 기사 〈보험외교원(보험모집인)의 협잡〉에는 보험금을 타려고 허위 사망신고를 했다가 적발된 사건이 실렸다. 1975년엔 언니, 형부, 조카를 방화로 살해하고 시동생은 우유로 독살해 보험금 147만원을 타낸 박분례 사건이 사회를 경악케 했다.

뉴스에 나오는 끔찍한 자작극이 아니더라도, 보험금을 더 타내기 위해 암암리에 저지르는 꼼수도 엄밀히 말하면 보험사기다. 차 범퍼만 긁혔는데 문짝까지 바꾸거나, 안 아픈데 일부러 입원하는 나이롱 환자 등이 모두 포함된다. 보험업계는 보험사기가 갈수록 지능화 · 조직화 · 흉포화되고, 평범한 일반인까지 발을 들이는 사례가 많아지는 점을 우려한다. 10대 청소년도 1년에 1000명 넘게 적발된다.

보험사기의 문제는 선량한 다수의 가입자에 금전적 피해를 준다는 것. 새는 보험금이 늘면 보험사는 손실을 메꾸기 위해 보험료를 올릴 수밖에 없다. 보험연구원은 드러나지 않은 것까지 포함하면 연간 보험사기 규모가 4조원을 넘는다고 추정한다. 이로 인해 가입자의 보험료 부담액이 가구당 23만원, 1인당 8만 9000원 늘었다고 분석했다.

1000
10000
FG760337G
日本銀行券
BK34605051
10000

6장 | 밥벌이의 경제학

소득과 노동

099

국민총소득(GNI, Gross National Income)

한 나라 국민들이 국내외에서 벌어들인 소득의 합계. 1인당 GNI는 국민의 생활수준을 보여주는 지표다.

경제기사 읽기

지난해 1인당 국민소득이 10년 만에 최대폭으로 줄었다. 저성장과 저물가, 원화 약세 등이 겹친 결과다.

한국은행이 3일 발표한 '2019년 국민소득'(잠정)을 보면 지난해 1인당 국민총소득(GNI)은 3만2047달러(약 3735만6000원)로 전년(3만3434달러)에 비해 4.1% 줄었다. 국민소득이 감소한 것은 2015년(-1.9%) 후 처음이다. 감소율로 보면 글로벌 금융위기 직후인 2009년(-10.4%) 후 최대폭이다.

1인당 국민소득이 급감한 것은 이를 구성하는 실질 성장률, 물가(GDP디플레이터), 원화 가치 등 세 가지 지표가 모두 전년 대비 크게 낮아진 탓이다. 지난해 달러화 대비 원화 가치는 5.9% 떨어졌다. 달러로 환산한 국민소득은 그만큼 줄어든다.

여기에 실질 성장률도 2.0%에 그쳤다. 2009년(0.8%) 후 최저치다. 물가는 마이너스로 돌아서 -0.9%를 기록했다. 이에 따라 실질성장률에 물가를 반영한 명목 성장률은 1.1%로 외환위기를 겪은 1998년(-0.9%) 후 최저를 나타냈다.

— 김익환, 1인당 국민소득, 4년만에 '뒷걸음', 〈한국경제〉, 2020.03.03

한 나라의 경제가 얼마나 잘나가는지 보여주는 지표는 이 책에서 맨 처음 설명했듯 실질 국내총생산(GDP)의 증감률, 즉 경제성장률이다. GDP는 국가의 경제력을 나타내지만 개인의 삶의 질까지 설명하진 못한다. 그렇다면 그 나라 국민 개개인이 얼마나 잘사는지 궁금하면 무엇을 봐야 할까. 정답은 국민총소득

한국의 1인당 GNI (단위: 달러)

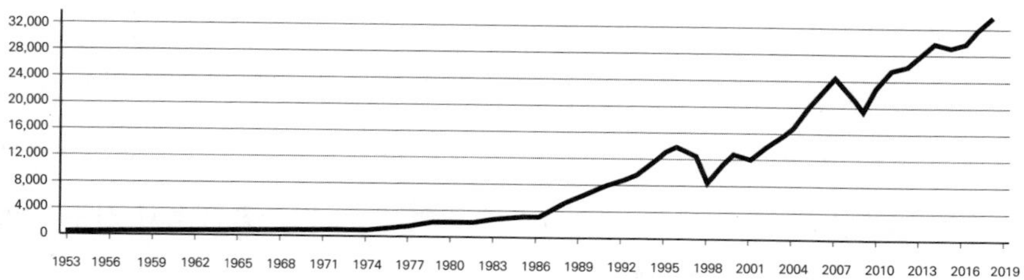

자료: 한국은행

(GNI)을 인구 수로 나눈 값, 즉 1인당 GNI다.

GNI는 국민이 국내는 물론 해외에서 생산활동에 참여한 대가로 벌어들인 총 소득을 의미한다. GDP에서 자국민이 해외에서 받은 소득은 더하고, 외국인에게 지급한 소득은 빼면 GNI를 계산할 수 있다. GNI를 인구로 나눈 1인당 GNI는 국민의 평균적인 소득 · 생활 수준을 나타낸다. 유럽, 중동 등에는 1인당 GNI가 미국 등을 앞지르는 강소국도 많다.

1인당 GNI가 3만달러를 돌파하면 선진국에 진입했다는 의미로 받아들여진다. 한국은 2017년 3만1734달러를 기록해 사상 처음 3만달러를 넘어섰다. 인구가 5000만명 이상이면서 1인당 GNI가 3만달러 이상인 국가는 일명 '30-50 클럽'이라 부른다. 이 클럽에 들어간 나라는 미국, 독일, 영국, 일본, 프랑스, 이탈리아 뿐이었는데 한국이 합류하면서 일곱 개가 됐다.

한국의 1인당 GNI는 6 · 25전쟁이 끝난 1953년 67달러였다. 고속성장의 길을 달리면서 1977년 1000달러, 1994년 1만달러, 2006년 2만달러를 넘겼다. 이후 11년 만에 3만달러를 돌파한 것이다. 우리나라가 양적으로 보나 질적으로 보나 선진국 대열에 올라섰다고 자부해도 좋다.

다만 1인당 GNI에는 착시현상을 부를 수 있는 요인도 숨어있다는 점을 감안해야 한다. GNI는 기본적으로 GDP를 따라 움직이지만, 환율에도 많은 영향을 받는다. 국가별로 비교하기 위해 미국 달러화로 환산하기 때문이다. 한국의 GNI

는 오랫동안 3만달러 문턱 앞에서 정체됐다가 국제 금융시장의 원화 강세에 힘입어 쭉 올라갔다.

서민의 체감경기와 괴리가 발생할 수도 있다. GNI에는 가계소득뿐 아니라 기업과 정부의 소득이 모두 포함되기 때문이다. 한국 GNI에서 가계가 가져가는 비중은 2000년 62.9%에서 2017년 56%로 줄었다. 이 기간에 기업과 정부의 벌이가 더 가파르게 늘었다는 얘기다.

100

낙수효과/분수효과(trickle down effect/fountain effect)

낙수효과는 고소득층·대기업의 소득 증대, 분수효과는 저소득층·중소기업의 소득 증대가 경기 활성화를 촉진할 수 있다는 이론.

경제기사 읽기

대기업과 중소기업의 영업이익률 격차가 역대 최고 수준으로 벌어졌다. 반도체 수출에 대한 의존도가 높아지면서 '낙수효과'를 기대하기 어려운 구조로 바뀌었기 때문이다.

16일 한국은행에 따르면 3분기(7~9월) 대기업의 영업이익률은 1년 전보다 0.51% 포인트 상승한 8.39%를 기록했다. 2015년 현재와 같은 방식으로 관련 통계를 작성한 이후 최고치다. 2015~2016년만 해도 5~6%대였던 대기업 영업이익률은 지난해 1분기 7%대로 올라선 뒤 지난 3분기에는 처음으로 8%대를 찍었다.

중소기업의 영업이익률은 1년 전보다 2.48% 포인트 하락한 4.13%였다. 중소기업 영업이익률이 4%대로 주저앉은 것은 이번이 처음이며 역대 최저치다.

— 장진복, 사라진 낙수효과… 대 · 중기 영업이익률 격차 최대,
〈서울신문〉, 2018.12.17

모든 국가는 경제 발전을 원한다. 하지만 경제 발전에 쓸 수 있는 자원은 한정돼 있다. 그렇다면 어느 쪽에 집중적으로 지원해야 효과를 극대화할 수 있을까. 이를 놓고 팽팽하게 대립하는 두 가지 시각이 바로 낙수효과와 분수효과다.

낙수효과는 정부가 투자 증대를 통해 대기업과 부유층의 부를 먼저 늘려주면, 경기가 살아나면서 중소기업과 저소득층에도 혜택이 돌아가고, 결국 경제 전체에 이롭다는 주장이다. 흘러내린 물이 바닥을 적신다는 '트리클 다운(trickle down)'에서 유래한 말이다.

낙수효과를 지지하는 쪽은 분배보다 성장을 중시하는, 정치적으론 보수 성향

의 사람들이다. 미국에선 1980년대 레이건 대통령과 1990년대 부시 대통령 등이 낙수효과에 근거한 경제정책을 폈다. 기업의 법인세를 낮추고, 부유층의 소득세를 낮춰 침체된 경기를 살리고자 했다. 한국이 1960~1970년대 고도성장기에 대기업을 집중 지원해 경제를 빠르게 키운 것도 낙수효과의 사례로 꼽힌다.

분수효과는 낙수효과의 대척점에 서 있는 이론이다. 정부가 서민과 저소득층의 소득부터 늘려주면, 총수요 진작과 경기 활성화로 이어져 궁극적으로 고소득층의 소득까지 높인다는 주장이다. 물이 아래에서 위로 솟구치면서 주위를 적시는 분수(fountain)에서 따왔다.

분수효과의 지지자들은 성장보다 분배를 중시하는 진보 성향이 많다. 부유층보다는 저소득층이 정부 지원을 받을 때 소비에 더 적극적으로 나서기 때문에 경기 회복에 도움이 된다고 생각한다. '경제민주화'나 '소득주도성장'의 이론적 토대가 된다고 할 수 있다.

낙수효과가 맞느냐, 분수효과가 맞느냐는 논쟁은 예나 지금이나 치열하다. 낙수효과는 부자들에 혜택을 몰아줘 양극화를 심화시킬 뿐이라는 비판을 줄기차게 받았다. 국제통화기금(IMF)은 2015년 낙수효과가 허구라는 보고서를 냈다. 150여개국 사례를 실증 분석한 결과 상위 20% 소득이 1%포인트 늘면 이후 5년 경제성장률은 오히려 0.08% 하락했다는 것이다. 분수효과가 현실에서 한계를 드러내기도 했다. 유럽연합(EU) 일부 국가는 분수효과를 노리고 복지지출을 대대적으로 늘렸지만, 이렇다 할 효과를 보지 못하고 재정난에 빠져들었다.

101

소득주도성장

노동자 임금과 가계 소득을 높여 소비 증대→기업 투자·생산 확대→가계 소득 증가의 선순환구조를 추구한 문재인 정부의 경제정책.

경제기사 읽기

경제학계를 중심으로 소득주도성장(소주성) 정책에 대한 비판과 반성이 이어지는 가운데 한국 이념 지형에서 가장 왼쪽에 있는 마르크스 경제이론 연구자들도 소주성에 대한 비판적 견해를 밝혀 주목된다. 마르크스 연구자들조차 급격한 최저임금 인상 등 소주성 정책의 실현 가능성에 문제를 제기하고 나선 것이다.

한지원 노동자운동연구소 연구원은 최근 펴낸 '최저임금 · 소득주도 성장의 한계와 대안' 보고서에서 "저성장 · 저물가 상황에서의 최저임금 인상은 세계적으로 유례를 찾기 어렵고, 저임금 노동자들의 임금 인상에 긍정적 영향을 미치지도 못했다"며 "최저임금은 시장을 이길 수 없기 때문에 저임금 문제를 해결하기 위한 다른 접근법이 필요하다"고 주장했다.

— 김도년, 마르크스 연구자도 소주성 비판 "소득 늘려 성장? 인과 바뀐 주장", 〈중앙일보〉, 2019.05.17

문재인 정부는 3대 경제정책으로 혁신성장, 공정경제, 소득주도성장을 내세웠다. 이 중 가장 뜨거운 주목을 받은 것은 단연 소득주도성장이다. 사회적 찬반 논쟁이 팽팽했던 최저임금 인상, 문재인 케어, 복지 확대 등의 조치가 모두 소득주도성장 정책에 근거한 것이었다.

소득주도성장은 가계의 부담을 줄이고 소득은 높이면, 늘어난 가계소득이 소비를 진작해 경제성장을 이끌고, 경제성장의 성과가 일자리 창출로 이어지는 선순환 구조를 만드는 경제정책을 지향하고 있다. 소득주도성장은 '낙수효과'로 대표되는 과거 보수정권의 경제정책은 철저히 실패했다는 문제의식에서 출발한다. 대기업과 수출을 중시하던 경제 접근법을 바꾸자는 것이다.

소득주도성장의 중점 추진방향은 크게 ①가계 소득 높이기 ②가계 부담 줄이기 ③사회안전망 강화 세 축으로 나눌 수 있다. 우선 가계 소득 증대를 목표로 최저임금 인상, 일자리안정자금 확대, 카드수수료 인하, 임대료상한제 도입 등을 추진했다. 가계 지출을 줄여주자는 취지로 건강보험 혜택을 넓히는 '문재인 케어', 통신비 인하 등도 이뤄졌다. 또 소외계층의 복지를 확충할 목적으로 아동수당 신설, 기초연금 확대, 실업급여 인상 등을 추진했다.

학문적으로 분석해 보면, 소득주도성장론은 포스트케인지언 경제학자들의 '임금주도성장론'에 뿌리를 뒀다. 임금주도성장론은 2012년 국제노동기구(ILO) 보고서에 발표된 이론이다. 소득주도성장은 자영업자가 많은 한국 현실을 반영해 임금(wage)을 소득(income)으로 바꿨다. 하지만 임금주도성장은 학계의 소수의견에 그쳤기 때문에, 경제학자 사이에서 "검증 안 된 이론을 현실에 적용했다"는 문제 제기가 많았다.

주류 경제학은 소득 상승을 경제 성장에 따른 결과물로 본다. 소득을 높여 경제를 성장시킨다는 주장은 인과관계가 뒤바뀐 것이고, 노동생산성이 늘지 않은 채 임금만 높이면 곧바로 실업이 증가할 것이라고 지적한다.

청와대의 의욕과 달리 가시적인 성과가 뚜렷하지 않은 점도 논란을 키웠다. 최저임금의 급격한 인상에 대기업들은 그럭저럭 버텼지만, 자영업자와 중소기업의 인건비 부담이 급증했다. 나라빚으로 복지예산을 늘려 미래세대에 부담을 지웠다는 비판도 있다. 정부는 소득주도성장이 경제체질을 바꾸는 접근법인 만큼 시간이 걸릴 것이라고 반박하고 있다. '소주성'의 공과를 둘러싼 논란은 한동안 치열하게 이어질 것으로 보인다.

102

가처분소득 (disposable income)

소득에서 세금, 사회보험료, 이자비용 등을 제하고 실제 소비나 저축에 쓸 수 있는 금액.

경제기사 읽기

소득 하위 20% 가구의 올해 1분기 월평균 소득이 1년 전에 비해 2.5% 감소했다. 이들 가구 소득은 작년 1분기부터 5분기 연속 감소하고 있다. 국내 전체 가구의 처분가능소득도 10년 만에 줄었다.

통계청이 23일 발표한 '2019년 1분기 가계동향조사'(소득부문)를 보면 1분위(소득 하위 20%) 가구의 명목소득은 월평균 125만5000원(2인 이상 가구)으로 전년 동기 대비 2.5% 줄었다.

지난 1분기 전체 가구의 처분가능소득(소득에서 세금 연금 이자비용 등을 제외한 실제 쓸 수 있는 돈)은 월평균 374만8000원으로 전년 동기 대비 0.5% 감소했다. 처분가능소득이 줄어든 것은 2009년 3분기(-0.7%) 후 10년 만이다. 처분가능소득을 늘려 소비를 활성화해 경제를 성장시킨다는 소득주도성장의 첫 단계부터 제대로 작동하지 않고 있는 것이다.

성태윤 연세대 경제학부 교수는 "처분가능소득이 감소하는 건 금융위기처럼 외부 충격이 있을 때나 나타나는 모습"이라며 "최저임금 인상 여파 등으로 전반적인 경기 상황이 매우 어렵다는 걸 보여준다"고 설명했다.

— 이태훈, '소주성 2년' 쪼그라든 가계살림…'소비에 쓸 돈' 10년 만에 줄었다, 〈한국경제〉, 2019.05.24

어느 직장인의 월급이 100만원이라고 해서 그가 100만원을 온전히 다 쓸 수 있는 것은 아니다. 우선 회사에서 통장으로 월급이 입금될 때부터 소득세, 주민세 등 세금과 국민연금, 건강보험 등 4대보험료가 빠진다. 은행에서 받은 대출이 있으면 원금과 이자를 갚아야 한다. 자녀가 있다면 교육비가 들어가고, 부모님이 계시면 용돈도 드려야 한다. 뭘 마음대로 써보기도 전에 빠져나가는 돈이 적지 않다.

가처분소득은 이처럼 벌어들인 소득 중 꼭 써야 하는 돈을 제하고 남은 돈을 가리킨다. 통계청은 '처분가능소득'이란 용어를 쓰는데, 의미는 똑같다. 소득에서 세금, 사회보장부담금, 이자비용, 비영리단체나 다른 가구로의 이전 등 비소비지출을 공제한 나머지 금액이다.

통계에서 가처분소득이 중요한 이유는 사람들이 실질적으로 소비하거나 저축할 수 있는 돈이라는 점에서다. 국민경제에서 소득분배가 얼마나 평등한지를 가늠하는 기초자료로 쓰이기도 한다. 가계는 가처분소득을 토대로 소비와 저축에 관한 의사결정을 내린다. 소비수요와 투자수요는 경기에 직접적인 영향을 주는 만큼 기업과 정부도 민감하게 주시할 수 밖에 없다.

가계소득 자체가 늘어난다 해도 비소비지출이 더 빠르게 늘면 가처분소득은 오히려 줄어들 수 있다. 2019년 1분기의 경우 가계 명목 처분가능소득이 전년 대비 0.5% 줄어 세계 금융위기가 한창이던 2009년 3분기(-0.7%) 이후 10년 만에 감소했다. 이 때문에 당시 정부의 소득주도성장 정책이 효과를 내지 못하고 소득분배를 악화시킨 게 아니냐는 논란이 일기도 했다.

103

최저임금(minimum wage)

사업주가 근로자에게 의무적으로 지급해야 하는 최소한의 임금.

경제기사 읽기

지난해 임금 하위 10~20% 노동자들의 시간당 임금이 최저임금 인상 효과로 올랐지만, 월 임금으로 비교하면 외려 한해 전보다 임금 수준이 더 낮아졌다는 분석이 나왔다. 정부 정책에 따른 단시간 일자리 증가 등 복합적 요인이 영향을 끼친 것이지만, 사업주의 노동시간 쪼개기에 따른 부작용이 드러난 측면도 있어 제도개선이 필요하다는 지적이 나온다.

5일 한국노동사회연구소가 낸 '2018~2019년 최저임금 인상이 임금불평등 축소에 미친 영향 보고서'를 보면, 시간당 임금 기준으로 임금 하위 1분위와 2분위의 2018년 대비 2019년 인상률은 각각 8.3%와 8.8%로 5~10분위의 인상률(0.6~8.2%)에 견줘 높은 수준이다. 반면에 같은 기간 월 임금의 변화를 보면, 1분위와 2분위는 임금인상률이 각각 -4.1%와 -2.4%를 기록했다. 7~8분위가 0.1~0.2% 수준에서 미세하게 감소하긴 했지만 다른 분위에서는 월 임금이 모두 오른 것과는 대조적이다.

— 황보연, 최저임금 노동자, 시급 올랐어도 월급은 줄었다, 〈한겨레〉, 2020.01.06

2018년 7530원→2019년 8350원→2020년 8590원. 국내 모든 근로자에 적용되는 최저임금의 변화다. 한국에서 최저임금제가 본격 시행된 것은 1988년부터다. 하지만 이 3년 동안만큼 많은 논쟁을 불러온 적은 없었을 것이다. 2018~2019년치는 인상률이 너무 높아 자영업자들이 반발했고, 2020년치는 인상률이 너무 낮아졌다며 노동계가 들고 일어났다.

국내 최저임금 (단위: 시간당 원)

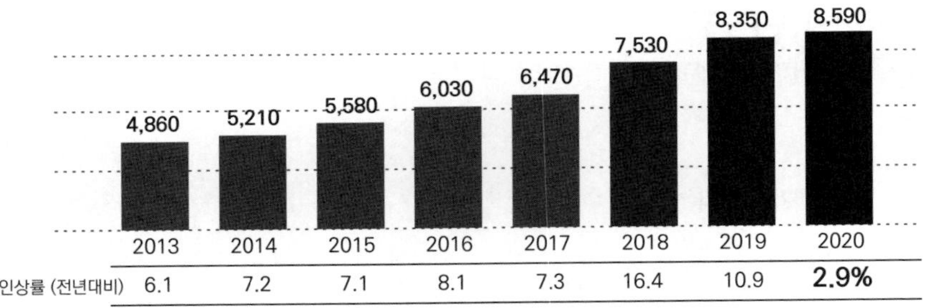

자료: 고용노동부

최저임금은 국가가 임금의 최저 수준을 정하고, 어느 일터에서든 그 이상의 임금을 지급하도록 법으로 강제하는 제도다. 헌법 32조는 국가가 최저임금제를 시행해야 한다고 규정했다. 저임금 근로자에 최소한의 삶의 질을 보장해야 한다는 취지에서다. 근로자를 한 명 이상 고용했다면 무조건 지켜야 하고, 위반 시 징역이나 벌금을 받을 수 있다.

최저임금은 매년 근로자 대표 9명, 사용자 대표 9명, 공익위원 9명 등 총 27명으로 구성된 최저임금위원회가 인상안을 의결해 정부에 제출하면, 고용노동부 장관이 8월5일까지 결정해 고시하는 방식으로 운영된다. 위원회 협상 때마다 최대한 올리려는 노동계와 조금만 올리려는 재계의 '기싸움'을 연례행사처럼 볼 수 있다.

2017년 대선에선 보수 · 진보를 막론하고 모든 후보가 "최저임금을 1만원으로 인상하겠다"고 공약했다. 최저임금 인상의 취지는 당연히 선(善)한 것이고 대다수가 공감할 일이다. 다만 한 가지 생각해볼 점은, 최저임금은 직접적인 '가격통제' 정책이라는 것이다. 원칙적으로 시장에서 정해져야 할 가격에 정부가 개입하면 순기능과 부작용을 동시에 불러온다. 사실 연봉 높은 대기업이나 공기업은 최저임금이 올라도 별 타격이 없다. 하루 벌어 하루 먹고사는 중소기업과 자영업자가 문제다. 이들이 흔들리면 아르바이트를 구하는 청년, 50~60대 중장년층, 주부 등의 일자리부터 줄어들 수 있다.

사용자들은 최저임금을 업종, 지역, 연령 등에 따라 차등 적용하자는 대안을 제시하고 있다. 하지만 특정 직종이 '저임금 일자리'로 낙인찍히거나, 사회 평등을 저해한다는 반론도 커 현실화하기는 쉽지 않아 보인다.

104

EITC (Earned Income Tax Credit, 근로장려금)

열심히 일하지만 벌이가 적은 사람에게 세금 환급 형태로 장려금을 주는 근로연계형 소득지원 제도.

경제기사 읽기

역대 최대 규모인 5조300억원의 근로 · 자녀 장려금이 추석 전에 473만 가구에 지급된다. 국세청은 2018년도분 근로 · 자녀 장려금 정기신청을 받아 심사한 결과, 근로장려금은 388만 가구에 4조3003억원, 자녀장려금은 85만 가구에 7273억원을 지급하기로 결정했다고 2일 밝혔다. 63만 가구는 근로장려금과 자녀장려금 둘 다 받는다. 우리나라 전체 가구의 21%인 410만 가구가 평균 122만원씩 현금을 지원받는 셈이다.

장려금은 신청자가 신고한 예금계좌로 오는 6일까지 입금이 완료될 예정이며, 예금계좌를 신고하지 않은 사람은 국세환급금 통지서와 신분증을 지참해 우체국에서 현금으로 수령할 수 있다.

올해 근로장려금 지급 대상과 지급액은 지난해에 비해 가구 수는 2.3배, 금액은 3.4배로 늘었다. 저소득층 · 자영업자 대책의 일환으로 지원 대상과 금액이 올해부터 대폭 확대됐기 때문이다.

— 최규민, 근로 · 자녀장려금 5조300억 역대 최대, 〈조선일보〉, 2019.09.03

정부는 빈곤층도 최소한의 인간다운 삶을 누릴 수 있도록 생계비, 의료비, 주거, 교육 등을 지원하는 기초생활보장제도를 운영하고 있다. 하지만 저소득층에게 무조건 현금 · 현물 지원을 늘리는 방식은 재정에 많은 부담을 준다. 빈곤층을 영원한 빈곤층으로 눌러앉게 하는 부작용을 불러올 수도 있다. 단번에 고임금 일자리를 구하기 어려운 이들로선 '고생해서 일하느니 차라리 지원금을 받고 살자'고 생각하도록 만들 수 있다는 얘기다.

근로장려금(EITC)은 일을 하고 있지만 생계가 어려운 저소득층을 위한 복지 제도다. 핵심은 소득이 높아질수록 지원금액도 커진다는 점이다. 저소득층이 경제활동에 적극적으로 참여할 의욕을 북돋우기 위해서다. 처음부터 현금을 주는 게 아니라 납부해야 할 소득세를 돌려주는 방식이어서 '마이너스 소득세(negative income tax)'라 불리기도 한다. 1975년 미국에서 처음 도입된 EITC는 정책효과가 입증되면서 영국, 프랑스, 뉴질랜드, 캐나다 등 주요 선진국이 뒤이어 채택했다.

한국은 2009년 아시아 최초로 EITC를 시행했다. 당시 우리나라 사회안전망은 일반 국민을 위한 4대 보험과 절대빈곤층을 위한 국민기초생활보장제가 양대 축이었다. 이른바 '워킹 푸어(working poor·근로빈곤층)'로 불리는 차상위계층이 복지의 사각지대에 놓이는 것을 개선하자는 취지에서 EITC가 도입됐다.

EITC 혜택을 받으려면 근로소득이나 사업소득이 있어야 하며 소득과 재산이 일정 금액 미만이어야 한다. 지원대상과 규모는 매년 바뀌는데, 계속 확대되는 추세다. 2019년 기준 근로장려금은 단독가구 최대 150만원, 홑벌이가구 최대 260만원, 맞벌이가구 최대 300만원이다.

우리 정부는 2015년 저소득 근로자의 출산 · 양육을 지원하기 위해 '자녀장려세제(Child Tax Credit)'라는 제도도 도입했다. EITC와 CTC를 묶어 '근로 · 자녀장려금'으로 부르고 있다.

105

지니계수/소득 5분위배율/상대적 빈곤율

부의 불평등 정도를 측정하는 3대 소득분배지표. 모두 숫자가 높아질수록 불균형이 심하다는 뜻이다.

경제기사 읽기

지난해 3대 소득 분배지표가 모두 좋아졌다. 정부의 저소득층을 위한 현금성 복지 정책 등이 소득 양극화를 좁혔다. 다만 고소득 자영업자의 소득 감소도 양극화 해소에 한몫했다. 또 소득 불평등은 나아졌지만 자산 불평등은 여전했다. 부동산을 중심으로 실물자산이 많은 상위층(소득 상위 20~40%)의 순자산은 늘어난 반면 빈곤층(소득 하위 20%)의 순자산은 감소했다.

통계청은 17일 '2019년 가계금융복지조사'를 발표하고 지난해 지니계수, 5분위배율, 상대적 빈곤율이 하락했다고 밝혔다. '0'이면 완전 평등, '1'이면 완전 불평등을 나타내는 지니계수는 지난해 0.345를 기록했다. 상하위 20%의 격차를 나타내는 균등화처분가능소득 5분위배율은 6.54배, 중위소득의 50% 미만인 계층이 전체에서 차지하는 비중을 보여주는 상대적 빈곤율은 16.7%였다. 세 지표 모두 통계 작성이 시작된 2011년 이래 가장 낮은 수준을 보였다.

— 전슬기, 소득 격차 줄었지만… 부자만 부동산으로 돈 버는 한국,
〈국민일보〉, 2019.12.18

부유층은 더 부유해지고, 빈곤층은 더 빈곤해지는 양극화 문제는 모든 국가가 직면한 숙제다. 정부의 여러 노력에도 불구하고 한국의 3대 소득분배지표는 경제협력개발기구(OECD) 회원국 가운데 최하위다. 기사에 나온 통계에 따르면 36개 회원국 중 지니계수는 28번째, 소득 5분위배율은 29번째, 상대적 빈곤율은 31번째로 낮다.

한국의 3대 소득분배지표

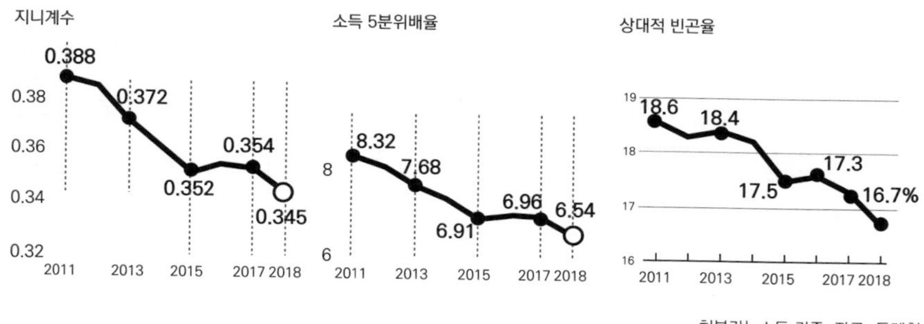

처분가능소득 기준. 자료: 통계청

지니계수는 부의 불평등 정도를 나타내는 가장 대표적인 소득분배지표다. 지니계수는 0에서 1 사이의 값을 갖는다. 0에 가까울수록 평등, 1에 가까울수록 불평등이라는 점만 기억하면 웬만한 경제기사를 읽는 데 어려움이 없다. 통상 지니계수가 0.5를 넘어가면 폭동이 일어날 법한 심각한 불평등 상태로 여겨진다. 한국을 포함한 경제협력개발기구(OECD) 회원국은 평균 0.3 안팎을 유지하고 있다.

지니계수는 경제학 교과서에 나오는 '로렌츠곡선'을 이용해 계산한다. 로렌츠곡선은 소득이 낮은 사람부터 높은 사람 순으로 줄세운 인구누적비율과, 이 사람들의 소득을 차례로 누적한 소득누적비율 간의 관계를 표현한 것이다. 지니계수를 이용하면 국가 간 또는 계층 간의 소득분배 상황을 쉽게 비교할 수 있고, 시간의 흐름에 따라 한 국가의 소득분배 균형이 어떻게 변화했는지 파악할 수도 있다.

소득 5분위배율은 부유층 소득이 빈곤층 소득의 몇 배인지를 말한다. 전체 인구를 소득 순으로 5개 그룹으로 나눈 뒤, 최상위 20% 그룹(5분위계층)의 평균 소득을 최하위 20% 그룹(1분위계층)의 평균소득으로 나눈 값이다. 기사처럼 한국의 소득 5분위배율이 6.54배라면 최상위 20%의 소득이 최하위 20%보다 6.54배 많다는 뜻이다. 분배가 완전히 평등하다면 소득 5분위배율은 1이 되고, 불평등이 극단적으로 심해지면 무한히 커질 수도 있다.

상대적 빈곤율은 빈곤 위험에 처한 인구의 비중을 의미한다. 소득이 중위소득의 절반도 안 되는 계층이 전체 인구에서 차지하는 비율을 말한다. 2018년 상대적 빈곤율은 16.7%, 중위소득 50% 이하를 가르는 기준인 빈곤선은 1378만원이었다. 인구의 16.7%는 가처분소득이 연 1378만원 이하였다고 해석하면 된다.

106

엥겔계수(Engel's coefficient)

가계 소비지출 중 식료품비의 비중. 보통 소득이 높아질수록 하락한다.

경제기사 읽기

식료품 물가 상승으로 가계 소비에서 식료품비가 차지하는 비중을 뜻하는 엥겔계수가 17년 만에 최고로 나타났다.

20일 한국은행의 국민계정 통계를 보면 지난해 1~3분기 가계의 국내 소비지출은 573조6688억원으로, 1년 전 같은 기간보다 3.3% 증가했다. 그중 '식료품 및 비주류 음료품' 지출은 78조9444억원으로 4.7% 늘었다. 이를 바탕으로 가계 소비지출 대비 식료품비 비율을 뜻하는 엥겔계수를 구해보면 13.8%로 나타난다. 이는 전년 같은 기간보다 0.2%포인트 상승한 수치로, 1~3분기 기준으로 보면 2000년 13.9% 이후 가장 높다.

엥겔계수는 통상 소득이 높아질수록 낮아진다. 소득이 늘고 소비가 증가함에 따라 가계가 식료품 및 비주류 음료 같은 필수재 외에 다른 소비지출을 늘리는 탓이다. 실제로 엥겔계수는 2000년 이후 꾸준히 낮아져 2007년에는 11.8%까지 떨어졌다. 하지만 2008년 12.0%로 오르면서 상승세로 전환됐고 2011년 13.0%를 찍고 상승세를 지속하며 14%대 문턱까지 오른 것이다.

— 조은임, '장바구니 물가' 허리 휜다…엥겔계수 17년來 최고,
〈아시아경제〉, 2018.02.20

1875년 근로자 가계지출 통계를 들여다보던 독일의 통계학자 에른스트 엥겔은 저소득층일수록 지출총액에서 식료품비의 비율이 높고, 고소득층일수록 낮아진다는 점을 확인했다. 이 현상을 자신의 이름을 따 '엥겔의 법칙'이라 불렀다. 그리고 가계 소비지출에서 식료품비가 차지하는 비중은 엥겔계수라 이름

붙였다.

엥겔의 법칙이 나타나는 건 식료품의 특성 때문이다. 식료품은 소득이 많든 적든 반드시 일정량을 소비하게 된다. 다른 건 다 줄여도 먹는 것을 줄이는 데는 한계가 있기 때문이다. 이와 동시에 돈이 아무리 많아도 일정 수준 이상은 소비할 필요가 없는 상품이기도 하다. 통상 엥겔계수가 20% 이하면 상류층, 25~30%는 중류층, 30~50%는 하류층, 50% 이상이면 극빈층 등으로 분류한다.

엥겔계수와 정반대 경향을 보이는 것이 엔젤계수(angel coefficient)다. 엔젤계수는 가계 소비지출에서 자녀 교육비가 차지하는 비중을 말한다. 교육비에는 학교 수업료, 학원비, 과외비 등은 물론 용돈, 장난감 구입비 등이 모두 포함된다. 영 · 유아 관련 산업을 '엔젤산업'이라고 부른 데서 유래했다.

일반적으로 엔젤계수는 소득이 높을수록 오르는 것으로 알려져 있다. 기본적인 의식주가 충족된 이후 자녀를 위한 교육 등에 아낌없이 투자할 수 있는 여력이 생기기 때문이다. 엔젤계수는 경기가 좋지 않을수록 올라간다는 분석도 있다. 학부모들이 교육비를 '미래에 대한 투자'로 인식해 불황일 때 지출을 늘린다는 것이다. 다만 이런 설명은 사교육 열풍이 거센 한국의 상황에는 잘 들어맞지 않는다는 지적도 나온다.

107

기본소득(basic income)

소득, 재산, 직업 등에 관계없이 모든 국민에게 일정 금액을 지급하는 복지제도.

경제기사 읽기

핀란드 정부가 2017년 세계 최초로 시험 도입한 기본소득 보장 제도가 실업자들의 고용을 늘리는 데 효과가 없었던 것으로 결론 났다.

핀란드 사회보장연구원은 8일 보고서를 통해 "지난 2년간 실험을 했지만 기본소득제가 근로 의욕 고취, 실업률 개선 등에 효과가 있다는 결론을 도출할 수 없었다"고 발표했다. 막대한 재정 부담에도 핀란드의 복지 실험은 일단 실패했다는 평가다.

연구팀은 보고서에서 "실험 결과 기본소득 수혜자들이 노동시장에서 일자리를 찾는 데 있어 비교 대상인 다른 그룹에 비해 더 낫지도, 못하지도 않았다"고 밝혔다. 다만 기본소득 수령자들이 기존의 사회보험 수령자들과 비교해 스트레스를 덜 받고 장래에 대해 높은 자신감을 갖는 등 '웰빙' 측면에선 긍정적인 반응을 보였다고 전했다.

핀란드 정부는 당초 지난해 말까지 2년간 시험해본 뒤 적용 대상을 확대할 방침이었다. 하지만 이 같은 결론이 나오면서 구직 활동에 따라 수당을 지급하는 등 대안을 모색하기로 했다.

— 설지연, "月 560유로 기본소득, 실업 해결에 효과 없어"…핀란드, 실험 실패 최종 결론, 〈한국경제〉, 2019.02.09

국가마다 저소득층과 소외계층을 보호하기 위해 다양한 복지제도를 운영하고 있다. 하지만 자격 기준과 선정 방식, 혜택의 내용이 제각각이어서 갈수록 복잡해지고 있다. 그러자 이런 아이디어가 나오기 시작했다. "모든 국민에게 묻지도 따지지도 말고 똑같은 금액을 지급하자. 대신 다른 복지제도는 싹 없애자." 세계 곳곳에서 논쟁거리로 떠오른 '기본소득'의 기본 콘셉트다.

기본소득은 소득이나 자산 규모, 직업 유무 등에 관계 없이 전 국민에게 일정 금액을 지급하는 제도를 말한다. 누구에게나 최소 수준 이상의 생계를 보장하고, 소비를 촉진해 내수 활성화에도 도움을 주자는 취지다. 하지만 국가 재정에 부담이 큰 데다 근로의욕을 떨어뜨릴 것이란 우려가 크다. 이 때문에 '복지 천국' 유럽에서도 선불리 도입하진 않고 있다.

일찍부터 저성장과 경제적 무기력증을 경험한 유럽에서는 1980년대 일부 좌파 정치세력을 중심으로 기본소득에 대한 논의가 시작됐다. 2016년 6월 스위스에서는 시민단체 주도로 모든 성인에게 매달 2500스위스프랑(약 300만원)을 주자는 기본소득 법안이 국민투표에 부쳐졌다. 하지만 유권자의 76.9%가 반대표를 던져 부결됐다. 스위스는 이미 소득 · 연금 수준이 전반적으로 높은 데다 복지를 확대하면 결국 증세로 이어진다는 점에 대한 반감이 컸기 때문으로 분석됐다.

2017년 핀란드 정부는 2000명을 무작위로 선정해 아무 조건 없이 2년 동안 매달 560유로(약 70만원)를 지급하는 기본소득 보장제를 시범 도입했다. 그러나 위의 기사처럼 이 제도를 시행하지 않기로 결정했다. 빈곤 해소 효과가 예상처럼 크지 않았고, 실업률 낮추는 데도 별 도움이 되지 않는다고 판단했다.

미국과 영국에서도 진보진영을 중심으로 기본소득 제안이 나왔지만 구체적인 논의로 이어지진 못했다. 미국에서는 2016년 대선 때 버니 샌더스 민주당 경선후보 등을 중심으로 소득 보장에 대한 제안이 이뤄진 정도다. 영국도 야당인 노동당이 "앞으로 연구해보겠다"는 의견을 밝힌 수준이다.

108

52시간 근무제

주당 근로시간을 기존 68시간에서 52시간으로 단축한 정책.

경제기사 읽기

주52시간 근로제 도입에도 한국 임금근로자들은 미국과 일본보다 연간 200시간을 더 일하고 있다. 남성 육아휴직 사용자가 크게 늘었지만, 여전히 육아휴직 사용 가능 근로자 100명 가운데 실제 육아휴직 사용자는 5명도 안 되는 것으로 조사됐다.

통계청이 18일 발표한 '2019 일 · 가정 양립지표'에 따르면 지난해 한국 임금근로자의 연간 근로시간은 1967시간이다. 1996시간 일했던 2017년보다 29시간 줄었다. 다만 경제협력개발기구(OECD) 주요 회원국보다 장시간 일하고 있다. 미국 임금근로자는 연간 1792시간, 일본은 1706시간, 영국은 1513시간, 독일은 1305시간을 일하는 것으로 집계됐다.

— 이종선, '주52시간'에도… 한국 근로자, 美 · 日보다 연간 200시간 더 일한다, 〈국민일보〉, 2019.12.19

한국인의 근로시간이 세계 최상위권이라는 것은 오래 전부터 통계로 입증돼 왔다. 52시간 근무제는 주당 최대 근로시간을 정하는 법률인 '근로기준법' 개정안이 2018년 2월 국회를 통과하면서 도입이 확정됐고, 같은해 7월부터 기업 규모에 따라 단계적으로 적용했다.

이전까진 법정근로 40시간+연장근로 12시간+휴일근로 16시간으로 주당 최대 68시간을 일할 수 있었다. 이를 바꿔 법정근로 40시간+연장 · 휴일근로 12시간으로 주당 최대 52시간까지만 일할 수 있도록 했다. 직원 300명 이상인 기업에는 2018년 7월, 50인 이상 300인 미만인 기업은 2020년 7월, 5인 이상 50인 미만인 기업은 2021년 7월부터 시행 예정이다.

정부가 노동시간 단축에 나선 것은 일과 삶의 균형(워라밸)을 높이고 고용도 늘리자는 취지에서다. 학계 연구에 따르면 노동시간이 1% 감소할 때 시간당 노동생산성은 0.79% 오르고, 산업재해율은 3.7% 감소한다는 것이 정부의 설명이다. 신규 채용을 최대 13만7000명~17만8000명 늘리는 효과도 있을 것으로 기대했다.

52시간 근로제에는 명과 암이 모두 존재한다. 기업은 이전까지 관행처럼 이뤄졌던 야근과 휴일근무를 줄이는 데 많은 노력을 기울이기 시작했다. 위법이 적발되면 기업 대표이사가 처벌받을 수 있기 때문이다. 불필요한 회식과 음주문화가 줄고, 직장인의 여가시간이 풍부해진 것도 긍정적으로 평가할 수 있다.

현장의 현실을 고려하지 않은 채 제도가 너무 급격히 도입됐다는 비판도 많았다. 어디까지를 근로시간으로 볼지에 대한 기준이 모호하다는 것이 대표적이다. 특정 시점에 일이 몰리거나 연중무휴 가동되는 정보기술(IT), 금융, 보안, 운수, 서비스 등의 업종에서는 기업들이 인력 관리에 어려움을 호소했다. 채용을 갑자기 늘릴 여력이 안 되는 중소기업들이 특히 많은 부담을 느꼈다. 근로시간이 줄면서 월급까지 줄어든 저소득층 근로자가 적지 않았다는 점도 정부로선 뼈아픈 대목일 것이다. 열악한 환경에서 일하는 노동자를 위한다고 만든 정책이 오히려 피해를 주는 역설적 상황이었기 때문이다.

과거 주 5일 근무제가 도입될 당시에도 많은 논란과 시행착오가 있었고, 모든 일터에 정착되기까진 상당한 시간이 걸렸다. 52시간 근무제 역시 비슷한 과정을 거쳐야 할 것으로 보인다.

109

통상임금

근로자에게 정기적, 일률적으로 지급하는 임금. 각종 수당과 퇴직금을 결정하는 기준이 된다.

경제기사 읽기

기아자동차가 3분기(7~9월) 실적에서 10년 만에 분기 영업 적자를 기록했다. 통상임금 소송 1심에서 패소해 1조 원 가까운 충당금을 쌓은 여파가 반영됐기 때문이다.

27일 기아차가 발표한 3분기 실적에 따르면 매출액이 14조1077억 원으로 지난해 같은 기간보다 11.1% 늘어났지만 4270억 원의 영업 손실을 봤다. 8월 31일 통상임금 1심 판결에서 패해 쌓은 충당금 등 관련 비용 9777억 원이 반영된 탓이다. 기아차는 2007년 3분기 1165억 원의 영업 손실을 본 후 줄곧 영업 흑자를 올리다가 10년 만에 적자 전환됐다.

1심 재판부가 회사가 근로자에게 지급하라고 판결한 금액은 4223억 원이었다. 적용 대상을 기아차 전체 인원으로 확대하고 소송 제기 기간에 포함되지 않았지만 판결 결과를 적용해야 하는 기간 등을 추가하면서 지급액이 늘어났다.

— 한우신, 기아차 "끼익"… 통상임금 여파 10년만에 적자, 〈동아일보〉, 2017.10.28

지난 수 년 동안 기아자동차 외에도 수백개 기업이 '통상임금 소송'에 휘말리면서 몸살을 앓았다. 이름부터 딱딱하고 낯선 통상임금, 대체 뭐기에 이렇게 난리일까.

통상임금은 근로자에게 정기적, 일률적으로 주는 시간급, 일급, 주급, 월급 또는 도급금액을 말한다. 쉽게 말해 근로계약에서 정한대로 일하면 누구든 확정적으로 받을 수 있는 돈은 통상임금으로 분류된다. 하지만 개인 실적이 좋아서 받은 성과급, 단발성으로 받은 보너스 등은 통상임금에 해당하지 않는다.

통상임금이 중요한 이유는 단기적으론 각종 수당, 장기적으론 퇴직금 등을 산정하는 데 영향을 주기 때문이다. 직장인들은 연장 · 야간 · 휴일 근무를 하면 돈을 50% 더 받는데, 이 때 통상임금을 기준으로 계산한다. 통상임금이 늘어날수록 근로자에겐 이득이고 기업은 인건비 지출이 늘어난다.

노동계가 줄줄이 소송을 낸 것은 통상임금의 범위를 어디까지로 잡을지가 애매했기 때문이다. 국내 기업에는 기본급엔 포함되지 않지만 관행적으로 꼬박꼬박 지급해 온 임금이 많다. 격월이나 분기, 명절마다 지급되는 정기상여금이 대표적이다. "마땅히 통상임금에 포함됐어야 할 정기상여금이 통상임금 계산에서 빠져 그동안 수당을 적게 받았으니 지금이라도 달라"는 게 소송의 요지다. 한국 기업의 임금체계는 기본급 비중이 낮고 각종 수당이 복잡하게 얹어진 기형적인 구조라는 지적을 많이 받았는데, 결국 노사 분쟁의 불씨가 된 것이다.

대법원은 2013년 12월 통상임금의 조건으로 정기적으로 지급(정기성), 사전에 금액이 확정(고정성), 모든 근로자에게 지급(일률성) 등을 제시했다. 하지만 이후에도 개별 사안마다 판단이 엇갈려 법적 혼란이 말끔히 해소되지 않고 있다.

110

임금피크제(salary peak system)

일정 연령에 이른 근로자의 임금을 삭감하는 대신 정년까지 고용을 보장하는 제도.

경제기사 읽기

임금피크제 대상 공공기관 직원의 임금삭감률이 시중은행의 3분의 1에도 미치지 못하는 것으로 나타났다. 고령자 정년 연장에 따라 임금 감액을 통해 청년 일자리를 늘리겠다는 임금피크제의 취지가 무색하다는 지적이 나온다.

추경호 자유한국당 의원이 30일 85개 공공기관 및 신한 · 국민 · 우리 · 하나 등 4대 은행에서 제출받은 임금피크제 운영 현황을 분석한 결과에 따르면 85개 공공기관의 임금피크제 적용 기간은 평균 2.8년으로, 4대 은행(평균 5년)보다 2년 이상 짧았다.

85개 공공기관은 연차별 임금 감액 비율도 낮아 은행처럼 5년 적용을 기준으로 하면 5년간 총임금지급률이 피크임금의 423.9%에 달했다. 5년 기준 임금삭감률은 15.2%에 불과하다. 반면 은행은 5년간 총임금지급률이 피크임금의 250%로, 임금삭감률이 50%에 달하는 것으로 나타났다.

— 김일규, 공기업 '무늬만 임금피크제' 임금삭감률, 은행의 3분의 1,
〈한국경제〉, 2017.10.31

한때 '사오정'(45세가 정년) '오륙도'(56세까지 회사에 있으면 도둑)라는 말이 유행한 적이 있다. 정년을 채우긴커녕 40~50대에 접어들면 다가올 퇴직을 걱정해야 하는 직장인들의 고민을 보여준다. 통계청에 따르면 국내 50~64세 인구가 '가장 오래 근무한 일자리를 그만둔 연령'은 계속 낮아져 평균 49.1세(2017년 기준)를 기록했다.

축복이어야 할 '100세 시대'는 근로자와 기업에 어려운 숙제를 안기고 있다.

기업 입장에선 중장년층을 계속 고용하는 것이 부담이다. 능력보다 근속연수에 따라 임금이 올라가는 호봉제 문화가 뿌리 깊게 남아있기 때문이다. 이들에 대한 인건비 지출이 커질수록 청년층 신규 채용을 줄일 수밖에 없다.

중장년 근로자의 실직 불안을 줄이면서 기업의 비용 부담도 덜어주는 절충안으로 나온 것이 임금피크제다. 임금피크제는 일정 연령부터 임금을 깎는 조건으로 정년 혹은 그 이후까지 기존 근로자의 고용을 보장하는 제도를 말한다. 정년 보장과 임금 삭감을 맞교환하는 것이다. 임금이 절정(peak)을 찍고 감소한다는 데서 유래한 용어다.

임금피크제의 유형은 크게 세 가지로 나눌 수 있다. ①정년을 보장하되 정년 이전 시점부터 임금을 조정하는 '정년보장형' ②정년을 연장하는 조건으로 정년 이전부터 임금을 조정하는 '정년연장형' ③정년 퇴직자를 계약직으로 재고용하되 정년 이전부터 임금을 조정하는 '고용연장형'이 있다. 국내에선 2003년 신용보증기금이 임금피크제를 처음 도입한 이후 금융회사와 공공기관을 중심으로 확대되는 추세다. 일본이 1990년대 도입한 '시니어 사원 제도'를 차용한 것이다.

임금피크제를 통해 근로자는 고용 안정, 기업은 인건비 부담 완화와 인사적체 해소, 사회적으로는 고령인력 활용과 복지비용 부담 완화 등의 효과를 기대할 수 있다. 더 많은 청년을 채용할 여력도 생겨난다. 하지만 연봉이 줄면 일할 동기도 줄기 때문에 임금피크제 대상자에 적절한 업무를 배분하고 효율적으로 관리하는 것도 과제로 떠오르게 된다.

111

노동 3권

노동자 권익 보호와 근로조건 향상을 위해 헌법이 보장하는 단결권, 단체교섭권, 단체행동권을 말한다.

경제기사 읽기

대리운전 기사들도 노동조합법상 근로자에 해당한다는 판결이 처음 나왔다. 노조법상 근로자로 인정받으면 노조 결성, 단체교섭, 파업 등 '노동 3권'을 행사할 수 있다.

부산지법 동부지원 민사합의1부(부장판사 서정현)는 최근 손오공과 친구넷 등 대리운전업체 2곳이 부산 대리운전산업노조 소속 조합원 3명을 상대로 제기한 근로자 지위 부존재 확인 소송에서 원고 패소 판결했다고 19일 밝혔다.

재판부는 "업무 내용, 시간, 기사 배정 등에 비춰 볼 때 대리기사들이 겸업을 하는 것이 현실적으로 쉽지 않아 근로 전속성 등을 인정할 수 있다"고 밝혔다. 실질적으론 해당 업체에 고용된 것과 다름없다는 것이다.

— 이호재 · 강성명, "대리운전 기사도 근로자", 〈동아일보〉, 2019.11.20

유럽 국가에서는 노조 파업으로 버스, 지하철, 항공 등의 운행이 중단되는 일이 종종 있다. 놀라운 것은 파업으로 인한 교통 불편을 담담하게 받아들이는 현지인들의 반응이다. 진보정치와 노동운동의 역사가 뿌리 깊은 유럽에선 파업이 '법으로 보장된 정당한 권리'라는 인식이 강하다. 나도 언제든 파업할 수 있으니 다른 노동자의 파업으로 생긴 불편도 기꺼이 감수할 수 있다는 것이다. 정부도 합법적인 파업에 공권력을 동원하지 않는다.

주요 국가들은 모든 근로자가 노조를 만들어 가입할 수 있고, 근로조건을 협상할 수 있으며, 정당한 요구가 받아들여지지 않으면 파업할 수 있는 권리를 보장하고 있다. 우리나라 헌법 역시 33조 1항에서 "근로자는 근로조건의 향상을 위해 자주적인 단결권, 단체교섭권, 단체행동권을 가진다"고 규정했다. 이 세 가지 권리를 묶어 '노동 3권'이라 부른다.

단결권은 근로자가 노조를 단체를 결성 · 운영하며 단체활동을 할 수 있는 권리를 말한다. 단체교섭권은 노조가 사용자와 근로조건에 관해 교섭하고 단체협약을 체결하는 권리다. 단체행동권은 노동쟁의가 발생한 경우 근로자들이 주장을 관철하기 위해 업무의 정상적인 운영을 저해하는 권리를 가리킨다.

헌법이 노동 3권을 기본권으로 담은 취지는 노동자의 '인간다운 생활'을 보장하기 위해서다. 다만 업무의 특수성 때문에 노동 3권이 제한되는 사람도 있는데, 바로 공무원이다. 우리나라는 공무원의 노동 3권 중 단결권과 단체교섭권은 일부 인정하되 단체행동권은 용인하지 않고 있다. 노조를 운영할 수 있지만 파업할 권리는 없는 것이다. 공무원노조가 이 조항에 문제가 있다며 헌법재판소에 헌법소원을 낸 적도 있지만 받아들여지지 않았다. 법적으로 근로자로 인정받지 못하는 특수고용직의 노동 3권 문제도 오랜 논란거리다.

112

정규직/비정규직

정규직은 기업에 직접 고용돼 4대 보험, 정년 등을 보장받는 근로형태다. 비정규직은 정규직을 제외한 나머지 근로형태를 통칭한다.

경제기사 읽기

'316만5000원 vs 172만9000원.' 29일 통계청이 내놓은 '근로형태별 부가조사 결과'에 나온 올해 6~8월 정규직 근로자와 비정규직 근로자의 월평균 임금이다. 차이는 작년 136만5000원에서 올해 143만6000원으로 사상 최대 수준(금액 기준)으로 벌어졌다. 올해 임금 상승률은 5.2%로 똑같았지만 절대금액의 차이가 이런 결과를 낳았다.

통계청이 관련 통계를 처음 낸 2004년만 해도 정규직(176만9000원)과 비정규직(115만3000원) 간 임금 격차는 61만6000원에 불과했다.

하지만 이후 정규직 급여가 상대적으로 높게 뛰면서 해를 거듭할수록 격차는 벌어졌다. 이런 추세는 '비정규직의 정규직화'를 핵심 국정과제로 내세운 문재인 정부에서도 계속됐다. 정규직 대비 비정규직 월평균 임금 비율은 2017년 55.03%에서 2018년 54.64%, 올해 54.63%로 2년 연속 하락했다. 근속기간 격차도 확대됐다. 정규직의 평균 근속기간(8월 기준)은 지난해 7년9개월에서 올해 7년10개월로 소폭 늘어난 반면 비정규직은 2년7개월에서 2년5개월로 쪼그라들었다.

— 오상헌, 173만원 vs 317만원…비정규직-정규직 임금격차 더 벌어져, 〈한국경제〉, 2019.10.30

웹툰으로 큰 인기를 얻고 드라마로도 제작된 〈송곳〉은 한 대형마트에서 해고당한 비정규직 노동자들의 아픔을 생생하게 다뤘다. 1990년대까지 한국에서 비정규직 문제는 큰 논란이 되지 않았다. 하지만 외환위기 이후 근로자 파견제와 정리해고제가 확대

정규직·비정규직의 월평균 임금 (단위: 만원)

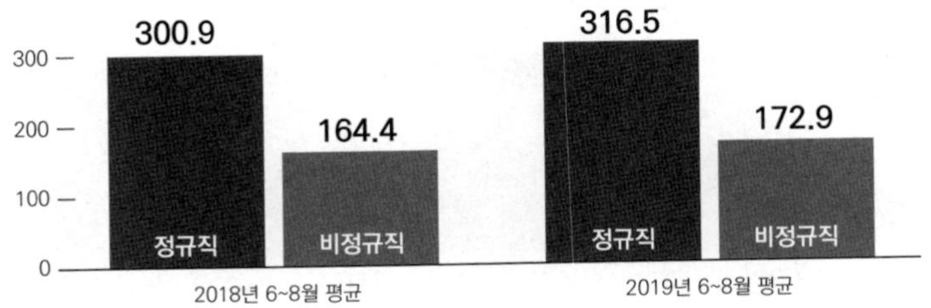

자료: 통계청

되고, 노동시장의 양극화가 심각해지면서 얘기가 달라졌다. 단순한 고용형태의 차이를 넘어 한국 사회의 불평등을 상징하는 화두가 됐다. 같은 일터에서 같은 일을 하는 동료끼리도 정규직과 비정규직이라는 차이 하나로 어색한 상황이 벌어지기도 한다.

정규직과 비정규직은 법적 용어가 아니다. 그래서 어디까지를 비정규직으로 보느냐도 논쟁거리다. 정규직 근로자는 일반적으로 직장과 직접 근로계약을 맺고, 전일제(full-time)로 일하면서, 4대 보험과 정년 등을 보장받는 사람을 가리킨다. 비정규직은 정규직을 제외한 나머지 근로형태로 보면 된다. 계약직(한시적근로자), 파트타이머(시간제근로자), 파견 · 용역 · 특수고용직(비전형근로자) 등이 정부의 비정규직 통계에 포함되는 대표적 유형이다.

통계청에 따르면 2019년 기준 국내 근로자 중 비정규직 비율은 36.4%로 집계됐다. 비정규직 중에는 계약이 계속 연장되는 무기계약직, 하청업체에 정규직으로 고용된 근로자 등 정규직과의 경계가 애매한 경우도 있다. 최근에는 정규직과 같은 업무를 처리하면서 정규직과 동등한 대우를 받지 못한다면 비정규직으로 폭넓게 보기도 한다.

특수고용직은 법적으로 개인사업자지만 실상은 회사에 소속된 근로자처럼 일하는 경우다. 학습지 교사, 보험 설계사, 택배기사, 골프장 캐디, 방문판매원 등이 대표적이다. 특정 업체로부터 업무상 관리 · 감독을 받지만 4대 보험과 노동 3권 등을 제대로 인정받지 못해 왔다.

113

취업유발계수(employment inducement coefficient)

특정 제품의 수요가 10억원어치 생겨날 때 직·간접적으로 늘어나는 취업자 수.

경제기사 읽기

한국 산업의 일자리 창출 효과가 갈수록 떨어지고 있다. 자동화 · 기계화로 산업구조가 고도화되면서 '고용 없는 성장' 추세가 굳어졌다.

25일 한국은행의 '2016-2017년 산업연관표 연장표'에 따르면 전체 산업의 취업유발계수는 2017년 10.5명으로 전년(11.0명)에 비해 0.5명 줄었다. 생산액 10억원이 발생할 경우 직 · 간접적으로 생긴 취업자수가 10.5명에 그쳤다는 뜻이다. 12년 전인 2005년(20.3명)과 비교하면 반토막 났다.

— 한애란, 취업유발계수 13.9→10.5명…일자리 못 낳는 한국 경제, 〈중앙일보〉, 2019.09.26

6장 소득과 노동

경제는 계속 커지는데 일자리는 좀처럼 늘지 않는 '고용 없는 성장'은 여러 나라의 심각한 고민거리다. 정보기술(IT)이 발달하면서 많은 업무가 자동화되고, 노동집약형 생산공장은 인건비가 싼 해외로 빠져나가고 있어서다. 한국도 예외가 아니다.

취업유발계수는 생산규모가 증가할 때마다 고용은 얼마나 늘어나는지를 보여주는 지표다. 특정 재화나 서비스에 대한 최종수요가 한 단위(10억원) 발생할 때 해당 산업의 생산을 위한 취업자 수와 생산파급효과에 따라 다른 산업에서 유발되는 취업자 수를 더해 직 · 간접적인 고용유발 인원을 집계한 것이다.

한국은행에 따르면 국내 취업유발계수는 2000년 25.7명에서 2005년 20.3명, 2010년 13.9명, 2015년 11.3명 등으로 계속 떨어지고 있다. 뒤집어보면 취업유발계수의 하락은 노동생산성의 상승으로 해석할 수도 있다. 똑같은 값어치의 물건을 만드는 것이 더 적은 인원으로 가능해졌다는 뜻도 되기 때문이다.

취업유발계수는 여러 산업별로 상세히 구분해 산출된다. 각 산업의 고용 창출 능력을 비교하기 위해서다. 2015년 기준으로 제조업은 7.2명, 서비스업은 14.4명을 기록했다. 많은 경제전문가들은 "일자리를 많이 만들려면 제조업에 비해 서비스업 육성이 훨씬 효율적"이라고 강조하고 있다. 한국개발연구원(KDI)은 서비스산업의 생산성을 선진국 수준으로 끌어올리면 경제성장률을 매년 1%포인트 이상 높일 수 있고, 15만개 안팎의 일자리를 추가로 만들 수 있다고 분석했다.

114

생산가능인구/경제활동인구/비경제활동인구

생산가능인구는 만 15~64세 인구. 경제활동인구는 취업자와 실업자를 합친 것이며, 나머지는 비경제활동인구라 한다.

경제기사 읽기

지난해 생산가능인구(만 15~64세)가 전체 인구에서 차지하는 비중이 2008년 관련 통계를 집계한 이후 최저치로 추락했다. 전년 대비 전체 인구 증가율과 증가량도 최저치를 기록했다.

12일 행정안전부에 따르면 2019년 말 주민등록 인구는 5184만9861명으로 집계됐다. 전년 말과 비교해 2만3802명 늘어난 것으로 증가율은 0.05%에 불과하다. 생산가능인구는 3735만6074명으로 전년보다 19만967명 감소했다. 2016년 3778만4417명으로 정점을 찍은 뒤 줄어들고 있으며 전체 인구에서 차지하는 비중은 72%였다. 만 14세 이하 유소년 인구도 16만1738명 감소한 646만6872명이었다. 역시 2008년 이후 최저치다.

반면 만 65세 이상 노인인구는 사상 최대치를 나타냈다. 노인인구는 37만6507명 증가해 802만6915명으로 집계됐다. 노인인구가 800만 명을 넘어선 건 이번이 처음이다. 노인인구와 유소년인구의 격차는 156만 명으로 벌어졌다.

평균연령은 42.6세로 2008년 이후 가장 높았다. 평균연령은 2008년 37세에서 꾸준히 올라 2014년부터 40세를 넘어섰다. 40대(16.2%)와 50대(16.7%)가 전체 인구의 3분의 1을 차지했다.

— 추가영, '초고령화 사회'로 가는 한국…작년 생산가능인구 19만명 급감, 〈한국경제〉, 2020.01.13

2017년 우리나라 생산가능인구가 사상 처음 줄어들면서 '인구 절벽'에 대한 우려가 한층 심각해졌다. 한국의 생산가능인구는 다른 나라보다 훨씬 빠른 속도로 줄고 있다. 저출산으로 인해 생산가능인구에 새로 진입하는 유소년층은 줄고 있고, 고령화로 인해 65세 이상 고령인구로 빠져나가는 사람은 늘고 있어서다.

생산가능인구는 생산가능연령인 만 15~64세 인구를 가리킨다. 우리 경제가 활용할 수 있는 노동력의 규모를 의미한다. 통계청 장래인구추계에 따르면 국내 생산가능인구는 2017년 3757만명에서 2030년 3395만명, 2067년에는 1784만명으로 떨어질 것으로 예상된다. 50년 만에 반토막이 날 것이라는 얘기다. 특히 베이비부머 세대(1955~1963년생)가 고령인구로 진입하는 2020년대에는 연평균 33만명, 2030년대엔 연평균 52만명이 감소할 것으로 통계청은 예상하고 있다.

생산가능인구는 경제활동인구와 비경제활동인구로 나뉜다. 경제활동인구에는 수입이 있는 일을 한 취업자와 구직 활동을 한 실업자가 포함된다. 언뜻 실업자는 경제활동인구가 아닐 것이라고 생각하기 쉽지만, 공식적으로 경제활동인구에 포함된다. 통계조사 시점에 구직 중이었을 뿐 일반적인 상태에선 충분히 일하고 있었을 사람으로 보기 때문이다.

비경제활동인구는 취업 상태도 실업 상태도 아닌 사람을 가리킨다. 취업 의사가 없어 구직활동을 하지 않는 구직단념자, 가사에 전념하고 있는 주부, 취업준비자와 재학생 등 경제활동인구에 해당하지 않는 나머지 계층이 두루 포함된다.

115

합계출산율 (total fertility rate)

여성 한 명이 낳을 것으로 예상되는 평균 출생아 수.

경제기사 읽기

지난해 합계출산율(0.92명)이 또 역대 최저치를 경신했다. 경제협력개발기구(OECD) 36개 회원국 중 유일한 '출산율 0명대 국가'라는 불명예가 이어졌다.

통계청이 26일 발표한 '출생 · 사망 통계 잠정 결과'에 따르면 작년 한국의 합계출산율은 0.92명이었다. 여성 한 명이 평생 낳는 아이가 채 한 명도 되지 않는다는 뜻이다. OECD 회원국 가운데 출산율이 1명도 안 되는 나라는 한국이 유일하다. 지난해 태어난 아이는 30만3054명, 사망한 사람은 29만5132명이었다. 출생아가 사망자보다 7922명 많았다.

통계청은 올해부터는 사망자가 출생아보다 많은 인구 자연감소, 이른바 '데드크로스'가 시작될 것으로 보고 있다. 월 단위로는 이미 자연감소가 시작됐다. 작년 11월 1682명 줄어든 데 이어 12월엔 5628명 감소했다.

— 서민준, 올해 '인구 데드크로스' 확실, 〈한국경제〉, 2020.02.27

"덮어놓고 낳다 보면 거지꼴을 못 면한다."(1960년대) → "아들딸 구별 말고 둘만 낳아 잘 기르자."(1970년대) → "한 자녀보다 둘, 둘보다는 셋이 더 행복합니다."(2000년대)

인구 문제와 관련한 우리나라 공익광고는 불과 반세기 만에 방향이 180도 바뀌었다. 세계에서 가장 빠른 속도로 저출산 문제에 직면한 한국의 상황을 잘 보여준다.

저출산 문제와 관련한 경제기사에 늘 등장하는 지표가 바로 합계출산율이다. 합계출산율은 출산 가능한 여성의 나이인 15세부터 49세까지를 기준으로, 여성

한국의 합계출산율 (단위: 명)

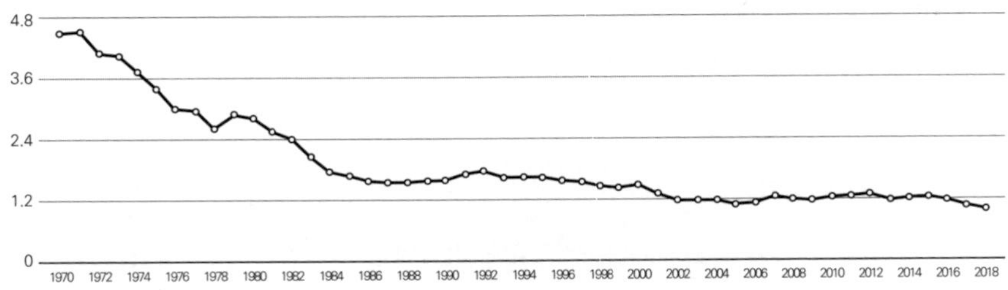

자료: 통계청

한 명이 평생 낳을 것으로 기대되는 평균 출생아 수를 계산한 것이다. 연령별 출산율을 모두 더해서 구한다.

한국의 합계출산율은 1970년만 해도 4.71명에 달했다. 이후 정부의 가족정책과 초혼연령 상승, 미혼 증가 등의 영향으로 지속적으로 하락했다. 1984년 1.74명을 기록해 처음으로 2명 아래로 떨어졌다. 2001년 초저출산(합계출산율 1.3명 미만) 사회에 진입한 이후로는 경제협력개발기구(OECD) 회원국 중 최하위를 맴돌고 있다. 2018년(0.98명)에 1명대가 무너졌고, 2019년에는 더 낮아져 0.92명이 됐다. OECD에서 합계출산율이 1명 아래로 내려간 나라는 없었다는 점에서 예사로 넘길 일이 아니다.

경제력이 올라갈수록 출산이 줄어드는 것은 일정 부분 자연스러운 현상이다. 하지만 한국은 그 속도가 지나치게 빠르다. 통계청은 지금 추세라면 100년 뒤 한국 인구가 지금의 절반인 2500만명 정도로 줄어들 것이라는 우울한 전망까지 내놨다.

정부는 2005년 '저출산 · 고령화사회 기본법' 제정 이후 10여년 동안 100조원이 넘는 예산을 쏟아부었다. 하지만 한 번 굳어진 저출산 현상은 좀처럼 개선되지 않고 있다. 보조금이나 수당을 늘리는 단순한 방식으로는 문제를 해결할 수 없다는 점이 명확해지고 있다.

116

유리천장(glass ceiling)

여성들이 승진에서 받게 되는 보이지 않는 차별.

경제기사 읽기

국내 상장회사의 여성 임원 비율이 4%에 불과한 것으로 나타났다. 여성가족부는 올해 1분기(1~3월) 사업보고서를 제출한 상장회사 2072개의 임원 2만 9794명 중 여성은 1199명(4%)으로 집계됐다고 16일 밝혔다. 여성 임원이 1명도 없는 곳은 1407개(67.9%)에 달했다.

정부는 2017년부터 매출액 상위 500대 기업을 대상으로 여성 임원 비율을 매년 발표해왔는데, 상장사 전체를 대상으로 조사한 것은 이번이 처음이다. 500대 기업으로 따져 보면 여성 임원 비율은 3.6%로 더 낮지만, 여성 임원이 1명도 없는 기업의 비율(62%)은 낮았다.

— 허상우, 상장사 女임원 비율 4%… 깨지지않는 유리천장, 〈조선일보〉, 2019.10.17

많은 회사원의 꿈은 직장에서 '별'을 다는 것, 즉 임원으로 승진하는 것이다. 그런데 이 기회가 여성들에겐 쉽게 열리지 않고 있다. 여성이 직장 내 승진에서 받는 차별을 '유리천장'이라고 부른다. 겉보기엔 쉽게 올라갈 수 있을 것처럼 투명하지만 실제론 막혀 있다는 얘기다. 유리천장은 한국뿐 아니라 미국, 유럽 등 선진국에서도 논란의 대상이다.

유리천장이라는 말을 만든 사람은 미국의 경영 컨설턴트 메릴린 로덴으로 알려져 있다. 그는 여러 대기업에서 여성 임원의 비율이 현저히 낮다는 점을 발견했다. 인사 규정에는 이들이 불이익을 받을 만한 명시적 조항이 없었다. 미국 기업들이 승진에서 암묵적으로 백인 남성을 우대했고, 여성은 리더십이 부족한

국내 500대 기업 여성임원 비율 (단위: %)

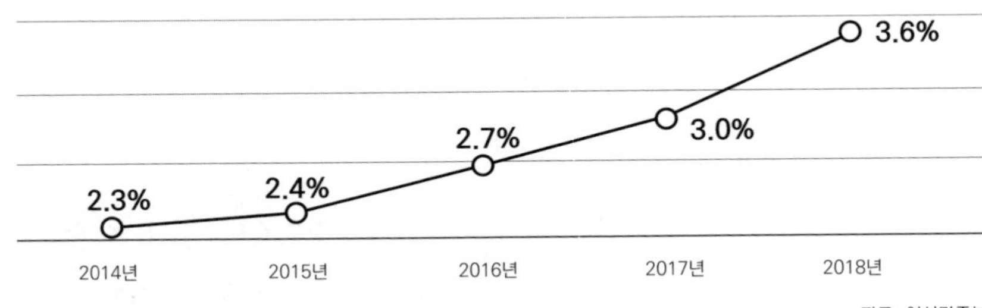

존재로 여겨왔다고 결론지었다. 로덴은 1978년 뉴욕에서 열린 한 여성단체의 행사에서 유리천장이라는 표현을 처음 꺼냈다.

몇 년 뒤인 1986년, 월스트리트저널에 '유리천장'이라는 제목의 기고문이 실리면서 이 표현은 세간에 널리 알려지게 됐다. 이후 유리천장은 여성뿐 아니라 유색인종과 소수자에 대한 차별로도 의미가 넓어졌다. 여성이면서 흑인이라면 승진이 더더욱 힘들어져 '콘크리트 천장'에 막힌다는 얘기까지 나왔다.

주요 국가마다 유리천장을 없애기 위해 다양한 정책을 시도하고 있다. 한국 정부는 여성의 공직 진출을 확대한다는 취지로 1996년 신규 채용하는 공무원 중 일정 비율 이상을 여성으로 뽑는 '여성채용목표제'를 도입했다. 군(軍) 가산점 폐지 이후 남성에 대한 역차별 논란이 불거지자 2003년 '양성평등채용목표제'로 이름을 바꿔 남녀 중 어느 한쪽이 전체 합격자의 70%를 넘지 못하도록 제한하고 있다.

독일, 노르웨이, 스웨덴 등 유럽 일부 국가에서는 공기업과 상장사를 대상으로 '여성임원할당제'를 도입했다. 여성 임원 비중이 일정 수준에 미달하면 정부 지원금 축소, 벌금 부과 등 불이익을 주는 강력한 제도다. 한국도 2020년부터 자산 2조원 이상 상장사를 대상으로 사내 · 사외이사를 특정 성(性)으로만 채우지 못하게 하는 제도를 시행한다.

117

4대 보험

근로자 누구나 가입해야 하는 사회보험인 국민연금, 건강보험, 고용보험, 산재보험.

경제기사 읽기

4대 사회보험의 보험료가 급등하면서 직장인의 월급여에서 차지하는 비중이 9%에 육박하게 됐다. 최저임금 인상, 문재인 케어(건강보험 보장성 확대) 등 소득주도성장 정책을 위한 비용이 직장인들에게 청구되고 있다는 분석이 나온다.

22일 각 부처에 따르면 내년 직장인 월급여에서 4대 보험 납부액이 차지하는 비중은 8.9%에 이를 전망이다. 2018~2020년 3년간 총보험료가 6.1% 인상되기 때문이다. 이는 박근혜 정부(4년간 2.7%)와 이명박 정부(5년간 7.6%) 때보다 연평균 2~3배 높은 인상폭이다.

전문가들은 문재인 정부 5년간 4대 보험료 인상률이 15.7%에 이를 것으로 추산하고 있다. 월급여 대비 4대 보험료 비중은 2022년 9.73%에 달할 전망이다.

— 노경목, 4大보험료 급등…결국 날아온 '소주성 청구서', 〈한국경제〉, 2019.09.23

누구나 살면서 병에 걸리거나, 사고로 다치거나, 직업을 잃는 등 예상치 못한 위험을 겪을 수 있다. 평소 저축을 넉넉히 해 두거나 보험을 들어 위험에 개인적으로 대비해 두면 좋겠지만 누구나 그렇게 하진 못한다. 이 때문에 많은 국가는 국민을 질병, 재해, 장애, 실직 같은 사회적 위험에서 보호하기 위해 사회보험제도를 운영하고 있다. 사회적 위험은 당사자는 물론 가족들의 생계에도 영향을 주고, 이런 국민이 급증하면 사회에 불안 요인이 될 수 있어서다.

근로자, 4대 보험 얼마나 내나

	보험료율	부담 비율
국민연금	9%	근로자 50% 사용자 50%
건강보험	6.67%	
장기요양보험료	건강보험료의 10.25%	
고용보험	1.6%	
산재보험	업종별 차등	사용자 100%

2020년 2월 기준.

한국은 모든 근로자가 4개 사회보험에 반드시 가입하도록 하고 있다. 국민연금, 건강보험, 고용보험, 산재보험(산업재해보험)이며 이를 흔히 '4대 보험'으로 묶어서 부른다.

4대 보험은 국가가 제공하는 최소한의 사회안전망이라는 점에서 긍정적 역할이 크다. 하지만 가입하기 싫다고 해서 안 할 수 있는 것이 아니고, 보험료를 월급에서 자동으로 떼어가기 때문에 근로자들은 '사실상 세금'으로 느끼고 있다.

내 월급에서 공제되는 4대 보험료는 어느 정도일까. 국민연금은 월소득의 9%를, 건강보험은 6.67%를, 실업급여를 받기 위한 고용보험은 1.6%을 보험료로 떼어가고 있다. 다만 직장(사용자)과 근로자가 보험료를 반반씩 나눠 낸다. 따라서 근로자의 실질적인 부담은 국민연금 4.5%, 건강보험 3.335%, 실업급여 0.8%이 된다. 산재보험은 업종별 보험료 차이가 큰데 전액 직장 측이 부담하도록 되어 있어 근로자 부담은 없다.(모두 2020년 2월 기준이며 요율은 해마다 조정될 수 있다.)

118

연말정산

국가가 1년 동안 대략적인 기준에 따라 떼어간 근로소득세를 정확하게 다시 계산해 실제 내야 할 세금보다 더 냈다면 환급하고, 덜 냈다면 추가 징수하는 절차.

경제기사 읽기

지난해 연말정산을 통해 국내 근로소득자 3명 중 2명이 평균 58만원의 세금을 돌려받은 것으로 나타났다.

5일 국세청 '2019년도 국세통계연보'에 따르면 2018년 귀속 근로소득세 연말정산 신고 근로자는 모두 1858만명으로, 이들의 평균 연급여는 3647만원으로 집계됐다.

연말정산 결과 근로소득자의 67.3%에 해당하는 1250만 8569명이 세금을 돌려받았다. 세금을 돌려받는 이유는 회사 등에서 1년 동안 미리 뗀 세금이 실제로 내야 하는 세금보다 많았기 때문이다. 이들의 환급 세액은 모두 7조 2430억 7400만원으로, 1인당 평균 58만원이었다. 반면 18.9%에 해당하는 351만 3727명은 평균 84만원의 세금을 토해내야 했다.

— 나상현, 작년 근로소득자 3명 중 2명 연말정산 평균 58만원 환급,
〈서울신문〉, 2020.01.06

직장인이라면 새해 초마다 연례행사로 돌아오는 작업이 연말정산이다. 연말정산을 처음 하면 낯설고 딱딱한 용어들은 둘째 치고 이걸 왜 하는지부터 이해하기 어렵다.

우선 연말정산은 왜 할까. 직장인의 급여명세서를 보면, 회사가 월급을 줄 때 소득세를 떼고 지급한다는 점을 확인할 수 있다. 회사가 세금을 대신 걷어 국가에 전달하는 이 행위를 '원천징수'라 한다. 하지만 원천징수는 월급을 기준으로 어림잡아 세금을 뗀 것이어서 정확한 금액이 아니다. 따라서 1년에 한 번씩 전

년도 소득과 그에 따른 세금을 정확하게 계산하고, 이미 원천징수로 납부한 금액과 비교하는 과정을 거친다. 실제 냈어야 할 세금보다 더 냈다면 차액을 돌려주고, 덜 냈다면 추가 징수하는 것이 연말정산이다.

직장인이 내야 할 근로소득세는 어떻게 정해질까. 일단 총급여액(급여액-비과세소득)에서 각종 소득공제 항목에 해당하는 금액을 빼면 과세표준이 나온다. 과세표준에 기본세율(6~42%)을 곱하면 산출세액이 나온다. 산출세액에서 각종 세액공제 항목에 해당하는 금액을 빼면 결정세액, 즉 내가 납부해야 하는 1년치 세금이 최종 결정된다.

연말정산을 잘 한다는 것은 '소득공제'와 '세액공제'를 최대한 늘려 내야 할 세금을 최소화하는 것을 의미한다. 소득공제를 많이 받으면 과세표준이 줄고, 세액공제를 많이 받으면 결정세액이 준다. 소득공제의 대표적 항목은 신용 · 체크카드, 현금영수증, 주택담보대출 상환액 등이다. 세액공제의 대표적 항목은 교육비, 의료비, 연금저축 등이다.

국세청의 '연말정산 간소화' 홈페이지에 들어가면 웬만한 소득공제 · 세액공제 내역이 자동으로 정리돼 나온다. 이 자료와 함께 홈페이지에 나오지 않는 일부 소득공제 · 세액공제 서류를 챙겨 회사에 제출하면 된다.

과거에는 연말정산을 통해 세금을 환급받는 사람이 많아 일명 '13월의 월급'이라 불렸다. 하지만 정부가 세금을 최대한 더 걷기 위해 소득공제 · 세액공제 항목을 줄이면서 돈을 뱉어내는 사람이 많아지고 있다. 귀찮더라도 연말정산을 꼼꼼하게 챙겨야 하는 이유다.

119

퇴직연금

회사가 근로자의 퇴직급여를 금융회사에 맡겨 운용한 뒤, 근로자가 퇴직할 때 적립된 퇴직급여를 재원으로 연금을 지급하는 제도.

경제기사 읽기

직장인들의 노후 대비 자산인 퇴직연금 수익률이 지난해 1%를 가까스로 넘긴 것으로 나타났다. 적립 규모는 빠르게 불어나고 있지만 수익률이 낮고 연금 형태로 받아가는 사람도 많지 않아 내실은 여전히 떨어진다는 지적이 나오고 있다.

7일 금융감독원이 발표한 '퇴직연금 적립 · 운용 현황'에 따르면 지난해 말 기준 퇴직연금 적립금은 190조원으로 1년 전(168조4000억원)보다 12.8%(21조6000억원) 늘었다. 수수료 등 각종 비용을 뺀 연간 수익률은 1.01%로 전년(1.88%)에 비해 크게 하락했다. 은행 정기예금 금리(작년 말 기준 연평균 1.99%)의 절반 수준이다. 소비자물가 상승률(1.5%)을 감안하면 실질 수익률은 '마이너스'인 셈이다.

금감원은 수익률 부진의 원인으로 '원리금보장형 상품 중심의 자산 운용'과 '주식시장 불황'을 꼽았다. 퇴직연금 전체 적립금 가운데 예 · 적금 등 원리금보장형 상품 비중은 90.3%에 달했다. 나머지 9.7%만 펀드 등 실적배당형 상품으로 운용됐다.

— 임현우, 작년 퇴직연금 수익률 겨우 1%…정기예금 금리보다 낮아,
〈한국경제〉, 2019.04.08

6장 소득과 노동

직장인들에게 퇴직금은 소중한 돈이다. 오랫동안 일하던 회사를 떠나는 데 대한 보상이자, 노후 대비에 든든한 밑천이 된다. 과거의 퇴직금은 회사가 직접 보관하고 있다가 퇴직 때 한꺼번에 주는 방식이라 경영이 어려워지면 제대로

지급하지 못하는 사례가 적지 않았다.

이런 문제점을 해결하기 위해 정부는 2005년 퇴직연금 제도를 도입했다. 핵심은 퇴직의 대가를 회사가 아닌 외부 금융회사에 정기적으로 적립하도록 한 것이다. 아직 과도기이다 보니 퇴직금을 도입한 회사와 퇴직연금을 도입한 회사가 섞여있는데, 정부는 장기적으로 모든 기업이 퇴직연금을 도입하게 할 계획이다.

퇴직연금은 계약 내용에 따라 확정급여형(DB형), 확정기여형(DC형), 개인형퇴직연금(IRP)으로 나뉜다. DB형은 근로자가 퇴직할 때 받을 금액이 미리 확정되는 방식이다. 회사는 매년 퇴직급여를 금융회사에 적립한 뒤 책임지고 운용한다. 근로자는 운용결과에 관계 없이, 퇴직시점의 월급에 근속연수를 곱한 돈을 받게 된다. 직원들 입장에서 DB형은 기존 퇴직금 제도와 별 차이가 없다.

DC형은 근로자가 퇴직할 때 받을 금액이 적립금 운용결과에 따라 달라지는 방식이다. 회사는 매년 정해진 금액(연간 임금총액의 12분의 1 이상)을 금융회사에 입금할 뿐 돈을 어떻게 굴릴지는 근로자 스스로 정해야 한다. 수익률이 높으면 기존 퇴직금보다 유리할 수 있지만, 상대적으로 손해를 볼 수도 있다. 내 퇴직연금이 DC형이라면 어디에 투자해 얼마나 수익을 내고 있는지 관심을 갖고 관리할 필요가 있다.

IRP는 DB · DC형 퇴직연금과 별개로 개인적으로 추가 개설하는 계좌다. 이직할 때 이전 직장에서 받은 퇴직급여를 이곳에 옮겨 계속 적립 · 운용할 수 있고, 재직 중 자발적으로 돈을 더 넣을 수도 있다. 정부는 노후자금 마련을 장려하기 위해 IRP 납입금액에 세액공제 혜택을 주고 있다.

1000
10000
日本銀行券
FG760337G
壱万円
中国人民銀行
BK34605051
10

7장 | 올라가도 고민, 내려가도 고민 부동산

120

주택청약종합저축/청약가점제

주택청약종합저축은 새 아파트의 분양신청 자격을 갖추기 위해 가입하는 통장. 청약가점제는 무주택기간, 부양가족 수, 청약통장 가입기간을 반영해 당첨자를 선정하는 제도.

경제기사 읽기

청약가점제를 통해 공급되는 주택 비율이 20일부터 높아지면서 젊은 신혼부부와 1주택자는 청약을 통해 내집을 마련하는 것이 어려워졌다. 올해 당첨자 가점을 고려할 때 서울에선 적어도 청약가점이 50점은 넘어야 당첨을 기대할 수 있다. 무주택 기간이나 청약통장 가입기간이 짧을 수밖에 없는 30대는 가점이 낮아 청약을 통한 내집 마련이 사실상 불가능해졌다는 지적이다.

금융결제원에 따르면 올해 서울에서 분양한 아파트 25여 곳의 전용면적 59㎡의 가점 평균 커트라인은 54.7점이었다. 이는 부양가족이 세 명인 10년 이상 무주택자가 청약통장을 10년 이상 유지해야 나오는 점수다.

젊은 신혼부부나 1주택자이면서 새집으로 옮겨가려는 실수요자들은 불만이 높다. 30대 강모씨는 "가점이 17점에 불과하다"며 "청약통장을 개설해 매월 꾸준히 돈을 넣었는데 무용지물이 됐다"고 말했다.

— 설지연, 올해 서울 청약가점 커트라인 54점…2030 신혼부부는 웁니다, 〈한국경제〉, 2017.09.21

살면서 한번쯤 내 집 마련을 계획한다면 사회생활을 시작하자마자 만들어둬야 할 통장이 있다. 바로 '주택청약종합저축'이다. 주택청약은 새로 지은 아파트를 구입하겠다고 신청하는 절차를 말한다. 청약에서 당첨돼야 분양받을 수 있는데, 청약하려면 일반적으로 주택청약종합저축이 필요하다.

과거에는 청약통장 종류가 주택 유형에 따라 청약저축, 청약예금, 청약부금으로 나뉘어 있었다. 2009년 어느 주택이든 '만능 청약'이 가능한 주택청약종합저축으로 통합됐다. 누구나 가입해 월 2만~50만원 범위에서 자유롭게 납입할 수 있다. 이미 2000만명 넘게 가입한 통장이니 무주택자라면 일찌감치 시작하길 권한다. 은행 예 · 적금과 비슷한 금리로 이자도 붙는다.

주택 청약은 1순위와 2순위로 나눠 순차적으로 이뤄진다. 청약 경쟁이 치열할 때는 1순위에 못 들면 당첨 기회는 사실상 없는 것에 가깝다. 1순위 기준은 정부 정책에 따라 달라질 수 있다. 일반적으로 무주택자면서 청약통장 가입기간과 납입횟수가 일정 기준을 채워야 1순위가 된다.

1순위에 들었다 해도 당첨은 바늘구멍이다. 새 집이 절실한 사람에 더 많은 기회를 준다는 취지에서 2007년 도입된 '청약가점제' 때문이다. 청약가점제는 무주택기간, 부양가족 수, 청약통장 가입기간을 점수화해 분양 당첨자를 선정하는 제도다. 청약가점은 84점 만점으로 부양가족 수에 35점, 무주택기간에 32점, 청약통장 가입기간에 17점이 배정된다. 이 때문에 30대 이하 젊은 층에게 불리한 제도라는 지적도 많이 받는다.

국내 청약제도는 40년 동안 140번 바뀌었다. 경우의 수가 너무 복잡해져 누더기에 가까워졌다. 정부가 부동산 경기에 맞춰 임기응변식으로 청약제도를 뜯어고쳤던 탓이다. 규정을 꼼꼼히 확인하지 않고 청약하면 당첨되더라도 취소될 뿐만 아니라 다른 아파트 청약까지 제한되니 유의해야 한다.

121

부동산 공시가격

정부가 조사해 발표하는 토지와 주택의 가격이다. 세금, 부담금, 복지 등 60여개 행정업무의 기준이 된다.

경제기사 읽기

정부가 시세 9억원 이상 아파트의 내년도 공시가격을 집중적으로 올린다. 시세 9억원 이상 아파트들이 밀집한 서울 '강남4구'(강남·서초·송파·강동)와 용산 · 마포 등은 내년도 공시가격이 20~30% 이상 상승할 것으로 예상된다.

공시가격 인상으로 내년에 서울 주요지역 다주택자들은 올해보다 50%가량 늘어난 보유세(재산세+종부세) 고지서를 받게 된다. 정부는 앞으로도 공시가격을 실거래가격 수준으로 올릴 방침이어서 보유세 부담이 지속적으로 늘어날 전망이다.

국토교통부는 17일 정부세종청사에서 '2020년 부동산 가격공시 및 공시가격 신뢰성 제고방안'을 발표했다. 국토부는 내년 공시가격을 결정할 때 올해 상승분을 적극 반영하기로 했다. 아파트 등 공동주택의 경우 가격대별로 현실화율을 차등 적용한다. 시세 9억~15억원 주택은 공시가격에 시세의 70% 미만을 반영한다. 15억~30억원 주택은 75% 미만, 30억원 이상은 80% 미만을 각각 적용한다. 올해 공동주택 공시가격의 현실화율은 평균 68.1%다.

— 최진석 · 양길성, 서울 내년 단독주택 공시가 6.8% 올라…동작구 10.6% '상승 1위', 〈한국경제〉, 2019.12.18

부동산의 경제적 가치는 가격으로 드러난다. 그런데 하나의 부동산에 가격이 하나만 존재하는 게 아니다. 신문에서 자주 볼 수 있는 실거래가, 공시가격, KB 시세, 한국감정원 시세 등 다양한 가격들이 무슨 의미이고 어떻게 활용되는지 알아보자.

실거래가는 특정 부동산이 시장에서 거래된 실제 가격이다. 2006년 '부동산 실거래가 신고제도'가 시행된 이후 토지, 주택, 상가 등을 거래하면 반드시 실거래가를 신고해야 하며 인터넷으로 모두 공개된다. 세금을 줄일 목적의 다운계약서 작성 등을 막기 위한 제도다. 중개업소를 끼고 계약했다면 중개업자에 신고 의무가 있으니 크게 신경쓰지 않아도 된다.

KB시세와 한국감정원 시세는 주요 아파트의 시세 동향을 분석할 때 많이 활용되는 통계다. 은행 대출도 두 가격을 기준으로 한도를 정하기 때문에 소비자와 밀접하다. KB시세는 국민은행이 전국 50세대 이상 아파트를 대상으로 실거래가와 거래동향을 종합해 매주 발표한다. 공기업인 한국감정원도 매주 아파트 시세를 집계하는데, KB시세보다 보수적으로 잡는 편이다. 한국감정원은 아파트는 물론 단독주택, 상가, 오피스텔, 토지 등의 시세도 조사하고 있다.

부동산 공시가격은 정부가 1년에 한 번씩 조사하는 토지와 주택의 가격을 말한다. 재산세, 취득세, 양도소득세, 상속세 등 각종 세금을 부과하는 기준이 된다. 토지에 적용되는 것은 공시지가, 주택에 적용되는 것은 주택공시가격이라 한다.

전국 구석구석을 전수조사하는 작업이 만만치 않기 때문에 국토교통부와 지방자치단체가 역할을 분담한다. 국토부는 지역, 가격, 용도 등에 따라 대표성 있는 토지(50만필지)와 단독주택(22만채)를 골라 '표준지 공시지가'와 '표준 단독주택 공시가격'을 매긴다. 지자체는 이를 바탕으로 나머지 모든 토지와 단독주택에 '개별 공시지가'와 '개별 단독주택 공시가격'을 정한다. 아파트 · 연립 · 다세대에 대한 공시가격은 국토부가 '공동주택 공시가격'이라는 이름으로 발표한다.

정부의 공시가격은 통상 시장 가격보다 30% 이상 낮게 매겨져 왔다. 공시가격을 높여 시세와의 괴리를 줄이는 정책을 '공시가격 현실화'라고 한다. 공시가격이 올라가면 보유세가 그만큼 많이 나오기 때문에 부동산 투기를 억제하는 효과를 노린 것이다.

122

LTV/DTI (담보인정비율/총부채상환비율)

LTV는 주택담보대출을 받을 때 인정되는 자산가치의 비율, DTI는 소득에서 부채의 원리금 상환액이 차지하는 비율.

경제기사 읽기

"걸려 오는 전화에 다른 업무가 마비될 지경입니다."(신한은행 A지점장)

3일 시중은행 창구는 하루 종일 시끄러웠다. 정부가 투기지역 · 투기과열지구의 담보인정비율(LTV), 총부채상환비율(DTI)을 40%로 낮추겠다는 방침을 내놓자 '이제 대출을 못 받는 거냐'는 문의가 줄을 이었다. 당장 한두 달 사이에 아파트 구입자금을 조달해야 하는 실수요자의 불만도 속출했다.

금융감독원은 이날 '8 · 2 부동산 대책'에 따른 대출한도 축소 예상치를 내놨다. 이에 따르면 대출규제가 강화되는 투기지역 · 투기과열지구의 차주는 10만9000명으로, 이 가운데 8만6000명의 대출한도가 줄어들 것으로 전망됐다. 1인당 평균 대출한도는 약5000만원, 전체 대출 한도는 4조3000억원 가량 감소할 것으로 예상됐다.

— 안상미 · 이현일, 어제부터 'LTV · DTI 40%' 전격 시행…
"대출 불가능합니다" 거절 사례 속출, 〈한국경제〉, 2017.08.04

어마어마한 현금 부자가 아니고서야 요즘 100% 자기 돈으로 주택을 구입하는 일은 흔치 않다. 대부분 은행 등에서 대출을 끼고 사게 된다. 담보인정비율(LTV·Loan To Value ratio)와 총부채상환비율(DTI·Debt To Income ratio)는 주택담보대출을 받을 때 대출한도를 결정하는 중요한 숫자다.

정부는 LTV와 DTI의 상한선을 정해 부동산 투기를 억제하는 규제 수단으로 활용한다. 모든 국민에 일률적으로 적용할 수도 있고 지역, 소득, 주택 보유여부 등에 따라 차등 적용하기도 한다.

LTV는 집값 대비 얼마까지 대출할 수 있는지를 가리킨다. 예를 들어 LTV가 70%라면, 시세 5억원 아파트를 담보로 빌릴 수 있는 금액은 최대 3억5000만원이다. DTI는 대출받은 사람이 소득 중 대출 상환에 얼마까지 쓸 수 있는지를 의미한다. DTI가 60%라면, 연봉 5000만원인 사람은 연간 원리금(원금+이자) 상환액이 3000만원을 넘지 않는 범위에서 돈을 빌릴 수 있다.

LTV · DTI 상한선을 높이면 주택담보대출 한도가 늘면서 부동산 거래가 활발해지는 경향이 있다. 사람들이 더 많은 돈을 끌어다 더 좋은 집, 더 비싼 집을 살 수 있기 때문이다. 예를 들어 부동산 경기 부양에 나섰던 박근혜 정부는 조여져 있던 LTV를 70%로, DTI는 60%로 풀었다. 이 조치는 시장에서 일명 '빚 내서 집 사라'는 신호로 받아들여졌다.

반대로 LTV · DTI를 낮추면 부동산 거래를 위축시키는 효과가 있다. 문재인 정부는 서울 1주택자가 집을 한 채 더 사거나 초고가 아파트를 구매할 때 LTV를 0%로 낮췄다. '무리하게 대출받아 살 생각 말라'는 신호였다. 반면 일부 대도시를 제외한 지방은 부동산이 침체된 점을 고려해 LTV · DTI 규제를 조이지 않았다.

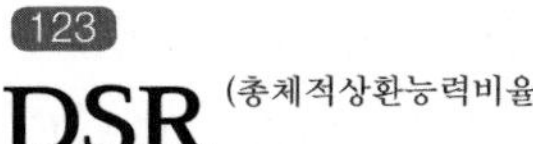

DSR (총체적상환능력비율)

담보대출, 신용대출 등 모든 금융부채의 원리금 상환액을 연소득으로 나눈 비율.

경제기사 읽기

오는 23일부터 서울 전역을 비롯한 투기지역 · 투기과열지구에서 시가 9억원이 넘는 집을 사면 주택담보대출 한도가 확 줄어든다. 담보인정비율(LTV)이 낮아지고, 총체적상환능력비율(DSR) 규제도 추가되기 때문이다. 실수요자라고 해도 무리해서 고가주택을 사지 말라는 게 정부가 보내는 신호다.

우선 9억원 초과분에 대한 LTV가 40%에서 20%로 차등 적용된다. 이와 동시에 개인별 DSR이 40%를 넘을 수 없다는 규제가 적용된다. DSR은 개인 소득에 따라 달라지기 때문에 40% 규제의 영향을 일률적으로 말하긴 어렵다. 예컨대 연소득 1억원이고 신용대출을 1억5000만원 쓰고 있는 사람이 집을 한 채 산다고 가정하면, 주택담보대출 한도는 종전에 비해 33% 줄어든다. 기존에는 총부채상환비율(DTI) 40%를 적용해 총 7억1000만원(신용 1억5000만원+주택담보 5억6000만원)을 빌릴 수 있었다. 23일부터 DSR 40%가 적용되면 총 4억7000만원(신용 1억5000만원+주택담보 3억2000만원)까지만 빌릴 수 있다.

— 임현우, DSR 개인별 적용…고가주택 대출 더 조인다, 〈한국경제〉, 2019.12.21

오랫동안 부동산 대출 규제수단으로 활용된 담보인정비율(LTV)과 총부채상환비율(DTI)에 이어 2018년 추가로 도입된 것이 총체적상환능력비율(DSR·Debt Service Ratio)이다. 금융회사에서 대출받을 때는 LTV · DTI와 함께 DSR 기준도 충족해야 원하는 만큼 돈을 빌릴 수 있다.

DSR의 기본적인 원리는 DTI와 비슷하다. 대출받는 사람이 총소득 중 빚을 갚는 데 얼마나 쓰는지를 나타낸 비율이다. DTI와 가장 큰 차이점은 원리금(원금+이자) 상환액을 계산할 때 주택담보대출 외에 모든 금융부채를 반영한다는 것이다.

기존 DTI는 애초부터 주택담보대출에 초점을 맞춰 만들어진 지표여서 다른 대출은 중요하게 따지지 않았다. 주택담보대출은 원금과 이자를, 신용대출 등 나머지 대출은 이자만 계산했다. DSR은 모든 유형의 금융부채에 대한 상환능력을 종합적으로 보는 지표다. 주택담보대출의 원금과 이자는 물론 신용대출, 마이너스통장, 카드론, 자동차할부금, 신용카드 미결제액 등의 원금과 이자도 일정 비율로 반영한다. 예를 들어 연소득 5000만원인 직장인이 3개 금융회사에서 1년 간 원금 1500만원, 이자 500만원을 갚아야 한다면 DSR은 40%다.

DSR은 LTV · DTI 못지않게 강력한 대출 규제로 평가받는다. 주택담보대출을 받고 나서 신용대출까지 싹싹 끌어다 집을 사는 것이 어려워졌기 때문이다. 정부는 도입 초기 소비자들의 혼란을 막기 위해 DSR을 은행별 자율관리지표 정도로 활용했다. 이후 1 · 2금융권 전체로 도입이 확대됐으며, 규제지역에서는 DSR에 따라 개인별 대출한도를 직접 통제하는 등 적용범위가 넓어지는 추세다.

124

RTI (임대업이자상환비율)

임대사업자의 연간 임대소득을 연간 이자비용으로 나눈 비율.

경제기사 읽기

은행들은 26일부터 1억원을 초과하는 부동산임대업 대출을 내줄 때 연간 임대소득과 대출이자비용을 비교해 대출 적정 여부를 심사해야 한다. 이를 위한 심사지표가 임대업이자상환비율(RTI)이다. RTI는 개인사업자 대출에 속하는 부동산임대업 대출이 무분별하게 늘어나는 것을 막기 위해 도입됐다.

25일 은행연합회가 발표한 '개인사업자 대출 여신심사 가이드라인'에 따르면 RTI는 임대업 대출을 받으려는 부동산의 연간 임대소득을 해당 부동산 대출에서 발생하는 연간이자비용으로 나눈 값으로 산정된다. 즉 분자인 임대소득이 많을수록, 분모인 이자비용이 적을수록 RTI가 높아진다.

— 안상미, 임대업자 돈줄 죄는 RTI… 15억 신도시 상가 대출 9억→7.8억, 〈한국경제〉, 2018.03.26

개인이 집을 살 때 적용되는 대출 규제가 담보인정비율(LTV)과 총부채상환비율(DTI)이라면, 임대업이자상환비율(RTI·Rent To Interest)는 전문 부동산 임대업자에 적용되는 대출 규제다.

RTI는 임대업자가 아파트, 상가, 오피스텔 등을 구입하기 위해 대출받을 때 그 건물에서 얻는 임대료로 이자를 갚을 수 있는지를 보는 지표다. 연간 임대소득을 연간 이자비용으로 나눠 계산한다. RTI가 1을 넘는다면 임대소득으로 이자를 감당할 능력이 된다는 뜻이다.

예를 들어 정부가 주택에 대한 RTI를 1.5배로 설정했다고 하자. 임대업자가 은행에서 대출을 받아 주택을 사려 하고 연간 이자는 2000만원이라면, 임대료 수입이 연 3000만원(=2000만원×150%)을 넘는다는 것을 입증해야 돈을 빌릴 수 있다.

과거 부동산 규제가 꾸준히 강화되는 와중에도 임대사업자는 개인에 비해 비교적 수월하게 돈을 빌릴 수 있었다. 하지만 사업자로 등록하고 갭 투자에 뛰어드는 편법이 활개를 치자 이들한테도 LTV · DTI 같은 규제비율이 필요하다는 지적이 높아졌다. 국내에 RTI가 도입된 건 2018년이다. 초반에는 은행 자율에 맡기는 가이드라인에 가까웠으나 정부는 RTI의 적용범위도 점차 높여가는 추세다.

RTI 기준이 올라갈수록 임대사업자가 대규모 대출을 일으켜 부동산을 사기 어려워진다. 무리하게 빚을 낸 임대업자가 어려워져 임차인까지 피해를 보는 일을 예방할 수 있다. 다만 RTI를 급격하게 조이면 부작용이 발생할 수도 있다. 임대사업자가 임대소득을 높여 더 많은 대출을 받을 목적으로 임대료를 올리는 게 대표적이다. 주택의 경우 임대사업자가 전세를 월세로 대거 전환하는 유인으로 작용해 전셋값 상승을 불러올 수 있다는 지적도 있다.

125

디딤돌대출/보금자리론/적격대출

정부가 서민·중산층의 내집 마련을 돕기 위해 주택금융공사를 통해 판매하는 저리·장기 주택담보대출 상품.

경제기사 읽기

지난해 보금자리론 신규대출을 받은 20~30대의 비중이 70%에 육박한 것으로 나타났다. 이는 집값이 하락한 지난 2013년과 비교하면 약 2배 증가한 것으로 최근 부동산시장이 들썩이면서 집을 사는 청년층이 그만큼 늘었다는 의미다.

22일 주택금융공사에 따르면 지난해 연령구간별 보금자리론 대출금액 중 40대 미만의 비율이 69.59%로 집계됐다. 이는 2017년 65.44%보다 4.15%포인트 상승한 수치다. 집값이 한창 내리막길을 걷던 5년 전인 2013년만 해도 해당 연령층의 비율이 34.35%까지 떨어졌지만 이후 부동산시장이 상승세에 접어들면서 함께 상승하고 있다.

— 박지영, 젊은 집주인이 온다..작년 보금자리론 70%가 20 · 30대,
〈파이낸셜뉴스〉, 2019.09.23

내집을 마련할 때는 은행에 가기 전에 정부가 지원하는 정책대출상품도 알아보는 게 좋다. 훨씬 유리한 조건에 대출받을 수 있다. 금리가 상대적으로 낮고, 끝까지 고정금리라는 게 가장 큰 장점이다. 통상 주택담보대출은 억 단위이기 때문에 길게는 30년까지 나눠서 갚게 되는데, 은행에선 첫 5년만 고정금리이고 이후에는 변동금리인 상품을 판다. 하지만 정책대출은 최장 30년까지 고정금리여서 시장금리 상승에 따른 위험 부담을 없앨 수 있다. 서민과 중산층을 돕기 위해 만들어진 상품이므로 고가주택(시세가 9억원을 넘는 주택)은 신청 대상이 아니다.

정책대출을 이용하려면 주택금융공사의 문을 두드리면 된다. 주택 규모와

집값에 따라 ①디딤돌대출 ②보금자리론 ③적격대출 세 가지 상품이 있다.(지금부터 내용은 2020년 3월 기준이다. 신청자와 지역에 따라 달리 적용하는 내용도 많으니 구체적인 조건은 상담을 통해 다시 확인하길 바란다.)

디딤돌대출은 소형 주택을 마련하는 서민층을 위한 상품이다. 가격 5억원 이하, 전용면적 85m^2 이하인 주택이 대상이다. 최대 2억원까지 빌려 최장 30년 고정금리로 갚아나가면 된다. 부부 합산(미혼이면 본인) 연소득이 6000만원 이하인 무주택 세대주만 신청할 수 있다.

보금자리론은 이보다 조금 넓은 집을 원하는 중산층에 적합한 상품이다. 가격 6억원 이하 주택이 대상이다. 대출한도는 최대 3억원이고, 최장 30년 고정금리로 상환한다. 부부 합산 연소득 7000만원 이하인 무주택자 또는 1주택자가 신청할 수 있다.

적격대출은 소득이 많아 디딤돌대출 · 보금자리론 자격이 안 되는 사람도 신청할 수 있는 상품이다. 가격 9억원 이하 주택을 담보로 최대 5억원까지 빌려준다. 역시 최장 30년 고정금리로 갚으면 된다는 게 매력이다. 무주택자나 1주택자가 신청할 수 있고 소득은 따지지 않는다.

126

주택연금/농지연금

보유 주택이나 토지의 소유권을 금융기관에 넘긴 뒤 매달 연금을 받는 상품. 부동산만 갖고 있고 현금소득이 적은 노년층의 생활비 걱정을 덜기 위해 만들어졌다.

경제기사 읽기

집을 담보로 맡기고 평생 연금을 받는 '주택연금'의 문턱이 1일부터 한층 낮아진다. 만 60세였던 가입 가능 연령이 만 55세로 내려가 1961~1965년생도 신청할 수 있게 된다.

금융위원회는 "이번 조치로 115만 가구가 추가로 주택연금 가입이 가능해졌다"고 설명했다. 국민연금은 만 61~65세부터 나오기 때문에 조기 은퇴한 중장년층은 '연금소득 제로'인 채로 수년을 버텨야 하는 사례가 적지 않았다. 주택연금 가입 대상을 넓힌 것은 이런 공백기를 메우기 위해서다.

2007년 도입된 주택연금은 가입자 1만 명을 돌파하기까지 5년이 걸렸다. '자식에게 물려줄 재산이 사라진다'는 선입견 때문에 인기가 신통치 않았다. 하지만 노후 준비에 대한 인식이 달라지면서 최근 해마다 1만 명꼴로 가입자가 늘고 있다.

만 55세에 주택연금을 신청한다고 가정하면, 집값에 비례해 월 최대 138만원을 받을 수 있다. 집값이 3억원이면 월 46만원, 5억원이면 월 77만원, 7억원이면 월 107만원, 9억원이면 월 138만원을 평생 지급받는다.

— 임현우, '65년 뱀띠'도 오늘부터 주택연금 가입 가능, 〈한국경제〉, 2020.04.01.

'믿을 건 역시 부동산'이라는 믿음 때문일까. 한국인 재테크의 가장 큰 특징은 부동산 편중 현상이 유독 심하다는 것이다. 미래에셋은퇴연구소에 따르면 한국의 가계 총자산 중 부동산 비중은 51.3%로 미국(43.8%), 영국(37.4%) 등을 크게 앞셨다. 거주주택 외 부동산을 보유한 비율은 32.2%로 역시 미국(3.2%)이나 영국(2.8%)보다 높았다. 한국인은 꾸준히 현금을 확보할 수 있는 퇴직연금, 주식, 펀드 등의 투자에는 소극적인 편이다. 은퇴 후 부동산만 쥔 상태에서 노후자금 부족에 시달릴 위험이 높다는 얘기다. 이런 인식을 바꾸기 위해 정부가 내놓은 것이 주택연금과 농지연금이다.

주택연금은 만 55세 이상 고령자들이 보유하고 있는 주택을 담보로 맡기면, 평생 또는 일정 기간 동안 매달 현금을 지급하는 금융상품이다. 전통적인 모기지론(주택담보대출)과 정반대 원리라 해서 '역(逆)모기지론'으로 부르기도 한다. 정부는 주택연금을 활성화하기 위해 가입 가능연령을 더 낮출 것으로 예상된다.

특별한 소득이 없어도 살던 집에 계속 살면서 연금처럼 돈을 받을 수 있다는 게 주택연금의 장점이다. 집은 연금을 받는 부부가 모두 사망한 이후 처분하기 때문에 평생 거주를 보장받는다. 주택 가격이 비쌀수록 받을 수 있는 금액은 당연히 높아진다. 연금으로 지급한 돈이 집값보다 적었다면 나머지 금액을 상속인에게 주고, 연금 수령액이 집값을 초과했어도 상속인에게 청구하지 않는다. 다만 소유권이 넘어가기 때문에 '집을 가족에게 물려주겠다'는 생각은 접어야 한다. 주택금융공사에 따르면 2020년 1월 말 기준 주택연금 가입자의 평균 연령은 72세이며 월 101만원을 연금으로 받고 있다.

농지연금은 땅을 소유하고 있는 만 65세 이상 고령 농업인을 위한 제도다. 기본적인 원리는 주택연금과 똑같다. 농지를 담보로 맡기고 매달 노후자금을 연금 형식으로 받게 된다.

127

거래세/보유세

부동산을 사고팔 때 내는 취득세와 양도세 등을 거래세, 부동산을 갖고 있으면 내는 재산세와 종합부동산세 등은 보유세로 분류한다.

경제기사 읽기

홍남기 부총리 겸 기획재정부 장관이 '12 · 16 부동산 대책'과 관련해 "장기적으로는 보유세를 더 높이고 거래세를 낮추는 방향으로 가야 한다"고 말했다.

홍 부총리는 20일 한 라디오 방송에 출연해 "이번 부동산 대책은 고가 아파트를 중심으로 한 투기 수요를 줄이기 위해 마련했다"며 이같이 말했다. 그는 "한국은 경제협력개발기구(OECD)의 다른 나라에 비해 보유세가 낮고 거래세가 높다는 지적이 많았다"며 "정부도 장기적으로는 그런 방향으로 정책을 펼 계획"이라고 설명했다.

이는 정부가 지난 16일 내놓은 부동산 대책에서 종합부동산세 최고 세율을 4.0%로 인상하기로 한 것과 같은 맥락이다.

— 성수영, "주택 보유세 더 높이고, 거래세 낮춰야", 〈한국경제〉, 2019.12.21

7장
부동산

부동산은 살 때도, 팔 때도, 갖고만 있어도, 모든 과정에 세금이 붙는다. 부동산으로 거둔 세금은 95%가 지방자치단체로 넘어가 지방정부의 주요 재원으로 쓰이고 있다. 세율 조정을 통해 과열된 부동산시장을 안정화하는 정책수단으로 활용되기도 한다.

부동산 관련 세금의 종류는 12개인데 크게 거래세와 보유세로 나눌 수 있다. 거래세는 부동산을 매매할 때 내는 세금, 보유세는 부동산을 소유하는 대가로 내는 세금이다. 보유세는 삼국시대부터 다양한 이름으로 부과돼 왔다. 거래세는 토지 소유권이 체계적으로 파악된 1920년대에야 도입된 것으로 알려져 있다.

GDP 대비 보유세·거래세 비중 (단위: %)

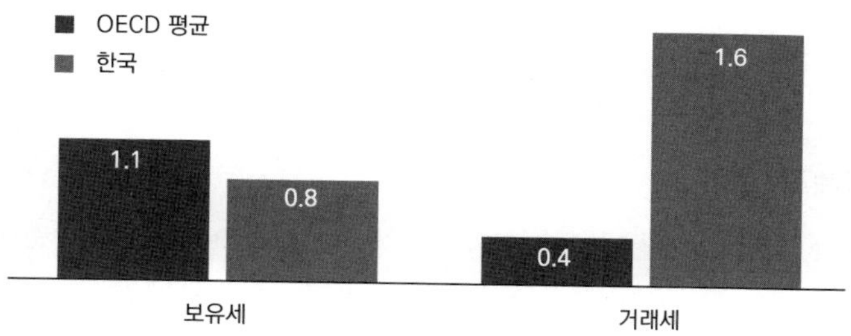

2015년 기준. 자료: 국회예산정책처

거래세의 대표적인 세목은 취득세와 양도소득세다. 취득세는 부동산을 사는 사람이 낸다. 비싼 주택일수록 세율이 무거워져 집값의 1%에서 3%까지 부과된다. 집을 네 채 갖고 있는 사람에겐 4%를 적용한다. 양도소득세는 부동산을 파는 사람한테서 차익의 일부를 환수하는 세금이다. 집이 한 채 뿐이고 오랫동안 실거주했다면 양도세 걱정은 하지 않아도 된다. 하지만 다주택자라면 최고 62%까지 내야 한다.

보유세의 대표적인 세목은 재산세와 종합부동산세다. 재산세는 매년 6월1일을 기준으로 토지, 주택 등을 소유한 사람에게 부과한다. 국토교통부가 정한 주택 공시가격에 공정시장가액비율이라는 것을 곱해 산출한 과세표준의 0.1~0.4%다. 종합부동산세는 부동산 부자들에게서 재산세와 별개로 걷는 일종의 '부유세'다. 과세표준이 1주택자 9억원, 다주택자 6억원을 넘어가는 주택에 부과된다.

부동산 기사를 읽다 보면 "한국은 보유세는 너무 낮고 거래세는 너무 높다"며 세제 개편의 필요성을 강조하는 전문가가 많다는 점을 알 수 있다. 경제협력개발기구(OECD)에 따르면 2015년 기준 국내총생산(GDP) 대비 보유세 부담은 OECD 회원국 평균이 1.1%, 한국은 0.8%이다. 반면 거래세 부담은 OECD 회원국이 0.4%, 한국은 1.6%를 기록했다. 낮은 보유세를 높은 거래세로 메꾸는 구조라 할 수 있다.

128

갭(gap) 투자

매매가와 전세가의 차이가 크지 않은 주택을 골라 전세를 끼고 매입하는 투자 방법.

경제기사 읽기

서울 아파트의 전세가율(매매가격 대비 전세가격 비율)이 50%대 초반 수준으로 떨어졌다. 31일 부동산114 조사에 따르면 7월 말 현재 서울 아파트 평균 전세가율은 53.60%를 기록했다. 7년 전인 2012년 평균 52.61%와 비슷한 수준이다. 2015년 평균 70.92%, 2016년 평균 69.05%와 비교하면 차이가 많이 벌어졌다.

최근 2~3년간 매매가격이 크게 오른 영향이 컸다. 윤지해 부동산114 수석연구원은 "전세가율이 하락하면 매매 전환에 투입되는 비용 부담이 늘어나면서 전세 레버리지를 활용한 갭 투자도 어렵다"며 "대출 규제까지 겹쳐 집을 사려는 전세입자와 투자 수요가 모두 줄 것"이라고 말했다.

— 이유정, 서울 전세가율 53.6%…7년 전으로 후퇴, 〈한국경제〉, 2019.08.01

수도권 집값이 바닥을 치고 반등하기 시작하던 2013년, 새로운 부동산 투자법이 유행처럼 번지기 시작했다. 한국에만 존재하는 독특한 제도인 '전세'를 활용해 집을 여러 채 사 모으는 갭 투자다.

갭 투자는 매매가에서 전세가를 뺀 차액(gap)만 투자하면 집을 살 수 있다는 뜻에서 생긴 말이다. 예를 들어 가격이 3억원인 아파트에 2억7000만원 전세로 세입자가 살고 있다고 하자. 세입자를 내보내지 않고 집주인과 매매 거래만 한다면 필요한 돈은 3000만원뿐이다. 이자 부담이 전혀 없는 남의 돈(세입자의 전세 보증금)을 활용해 손쉽게 집을 마련한 것이다.

서울 아파트 전세가율 (단위: %)

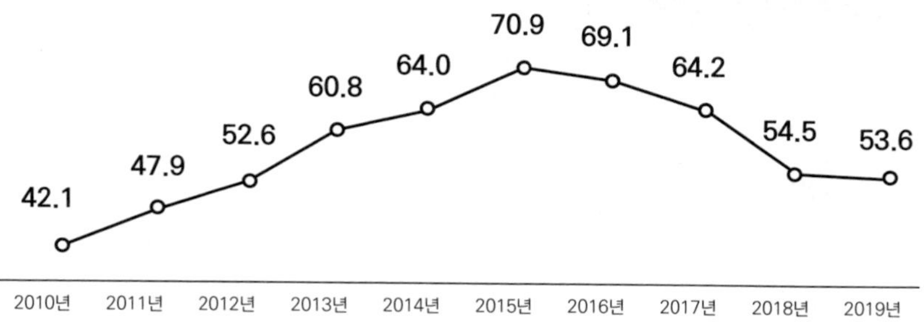

매매가격 대비 전세가격 비율. 자료: 부동산114

갭 투자자들은 매매가와 전세가 차이가 크게 나지 않는 지역을 집중 공략한다. 이런 지역은 전세 매물이 귀한 곳이 많다. 기존 전세 계약이 끝났을 때 보증금을 올려 내놓아도 금방 잘 나간다. 전세가가 계속 오르면 최종적으로는 매매가도 동반 상승할 것이라는 게 이들의 계산이다. 이때 생기는 시세차익은 고스란히 집주인인 갭 투자자의 몫이다.

전세 끼고 집을 사는 것은 불법이 아니다. 그러나 실제 거주할 뜻 없이 시세차익만을 목적으로 한다는 점에서 투기 측면이 있는 게 사실이다. 문제는 부동산 경기가 나빠졌을 때다. 집주인의 투자 실패로 끝나지 않고 애꿎은 세입자까지 피해를 보게 된다. 매매가가 큰 폭으로 하락해 기존 전세가보다 낮아질 경우 집을 팔아도 세입자의 보증금을 돌려주지 못하는 '깡통 전세'로 전락하게 된다. 부동산 시장이 얼어붙은 2017년, 갭 투자가 집중됐던 수도권 다세대주택과 빌라촌에서 보증금을 돌려받지 못한 세입자가 속출한 사례가 있다. 갭 투자로 수십~수백채를 사들인 집주인이 파산하거나 잠적하는 일도 잇따랐다.

전세 세입자들은 이런 피해를 막기 위해 주택도시보증공사나 SGI서울보증을 통해 '전세보증보험'에 반드시 가입하는 게 좋다. 전세 계약이 끝났을 때 집주인의 자금 사정에 문제가 생겨도 보증금을 돌려받게 해 주는 상품이다. 보험료는 전세보증금의 0.1~0.2% 정도이며 집주인 동의를 받을 필요가 없다.

129

재개발/재건축

재개발은 기반시설과 건축물 모두 낡은 지역을 통째로 다시 조성하는 사업. 재건축은 기반시설은 양호하나 주거 시설이 낙후된 지역에서 주택만 다시 짓는 사업.

경제기사 읽기

올 들어 서울에서 공급된 신규 아파트 분양의 대부분이 재개발 · 재건축 정비사업을 통해 나온 것으로 나타났다.

12일 부동산114에 따르면 올해 1~10월 전국에서 분양물량 26만4천487가구 가운데 재개발 · 재건축 정비사업 물량(7만4천748가구)이 차지하는 비중은 28%로 집계됐다. 부동산114는 "2000년부터 관련 통계를 집계한 이래 역대 두 번째로 높은 수준"이라며 "이달과 내달 분양 예정 물량을 고려하면 역대 최고치를 경신할 가능성이 높다"고 설명했다.

특히 서울은 올해 재개발 · 재건축 정비사업 분양 물량(1만6천751가구)이 전체 물량(2만1천988가구)의 76%에 달해 전국에서 비중이 가장 높았다. 또 서울에 이어 부산(68%), 광주(56%), 대전(50%) 등 지방 광역시를 중심으로 도시정비사업 공급 비중이 높은 것으로 나타났다. 이는 서울과 주요 지방 광역시를 중심으로 구도심 재정비가 활발하게 진행되고 있기 때문이다. 이들 지역에서 재개발 · 재건축 사업이 지연되면 공급감소 가능성이 그만큼 커지는 것이다.

— 홍국기, "올들어 서울 아파트 분양 76%가 재개발 · 재건축 물량", 〈연합뉴스〉, 2019.11.12

어느 지역 집값이 급등한다는 기사를 읽다 보면 원인은 재개발 · 재건축일 때가 많다. 재개발과 재건축은 묶어서 자주 언급되다 보니 둘 다 '집값 오르는 호재' 정도로 알고 넘어가는 사람이 적지 않다. 하지만 차이점이 꽤 많다.

국내에는 급격한 산업화 · 도시화가 진행된 1970~1980년대 대량 공급된 주택이 많다. 시간이 흘러 이들이 노후화함에 따라 체계적으로 정비할 필요성이 생겼다. 어떤 지역은 도로, 상하수도, 공원, 공용주차장 등 살아가는 데 필요한 기반시설은 상태가 그럭저럭 괜찮지만 낡은 아파트, 빌라 등이 문제다. 혹은 달동네처럼 주택과 기반시설이 모두 뒤처진 곳도 있다.

재개발은 기반시설을 포함해 주거환경 전반을 개선하는 사업을 말한다. 재개발은 특정 지역을 아예 싹 갈아엎고 주택, 도로, 상권 등을 다시 배치한다. 과거 서울 곳곳에서 이뤄진 '뉴타운' 사업이 대규모 재개발의 전형적인 사례다. 재개발은 도시계획 관점에서 이뤄지는 정책으로 공공성을 매우 강조한다. 그래서 토지 강제수용까지 허용된다.

재건축은 기반시설은 그대로 두고 노후 · 불량 건축물들만 철거해 새로 짓는 사업이다. 양질의 주택을 공급하는 것이 목적이다. 재개발에 비해 상대적으로 지역 범위가 좁고 공공성과도 거리가 있다. 기존 주택 소유자들이 큰 혜택을 보는 사익성 사업이어서다. 재건축을 추진하는 강남의 주요 아파트단지에 정부 · 서울시가 자꾸 제동을 거는 것도 이 때문이다.

재건축은 토지와 건축물을 모두 갖고 있어야 조합원이 될 수 있고 재개발은 토지, 건축물, 지상권 중 하나만 보유해도 혜택을 본다는 것도 큰 차이점이다. 원래 그런 취지가 아니었는데도 재개발과 재건축이 집값 상승의 수단으로만 주목받는 현실은 씁쓸한 일이다.

130

토지공개념

토지의 사적 소유를 인정하되 공공의 이익을 위해 토지의 소유와 이용을 일부 제한할 수 있다는 철학.

경제기사 읽기

사실상 유명무실한 토지공개념 제도가 다시 부활할 가능성이 커지고 있다. 이해찬 더불어민주당 대표가 11일 "토지공개념을 도입해놓고 20년 가까이 공개념의 실체를 만들지 않다 보니 집값이 폭등할 수밖에 없는 구조가 됐다"며 "이를 극복할 수 있는 종합적인 대책을 중앙정부가 모색하고 있다"고 밝혔다. 최근 서울 · 수도권을 중심으로 한 부동산시장 과열 양상이 나타나는 가운데 정부 여당이 '토지공개념' 도입을 재추진할 것으로 보여 논란이 예상된다.

이 대표는 이날 경기도 수원 경기도청에서 열린 예산정책협의회에서 "요즘처럼 집값이 요동을 칠 적에는 주택정책을 어떻게 쓰느냐가 매우 중요하다"면서 "토지공개념을 도입한 것이 지난 1990년대 초반인데 개념으로는 도입해놓고 20년 가까이 공개념의 실체를 만들지 않아 토지가 제한 공급된다"고 말했다.

— 김현상 · 박윤선, '토지공개념' 불 지핀 이해찬, 〈서울경제〉, 2018.09.12

"지대(地代·토지 이용의 대가)는 많은 경우 그 소유자가 관심이나 주의를 전혀 기울이지 않고도 향유할 수 있는 수입이다. 따라서 지대는 그 위에 부과되는 특수한 조세를 가장 잘 감당할 수 있다."

땅으로 번 돈은 불로소득이니 세금을 팍팍 매겨도 된다는 이 얘기, '과격 좌파'의 주장일까? 뜻밖에도, 자유시장주의의 창시자인 애덤 스미스의 글이다. 토지공개념은 공공의 이익을 위해서라면 정부가 토지의 사유재산권을 일정 부분

제한할 수 있다는 이론이다. 땅은 개인 재산이 될 수도 있지만 공공성이 강한 재화이기도 하다는 생각이 토지공개념의 밑바탕을 이룬다.

한국을 포함해 많은 나라는 공공복리를 위해 토지소유권을 제한할 수 있는 법적 근거를 두고 있다. 우리나라 헌법 122조는 "국가는 토지소유권에 대해 법률이 정하는 바에 따라 제한과 의무를 과할 수 있다"고 규정했다. 토지공개념 정신이 반영된 상징적 조항이다.

국내에 토지공개념을 도입한 주인공은 또 한 번 뜻밖에도, 보수정권인 노태우 정부다. 1989년 불어닥친 부동산 투기 광풍을 잠재우기 위해 이른바 '토지공개념 3법'(택지소유상한제법·토지초과이득세법·개발이익환수법)을 만든 것. 땅을 많이 갖고 있거나 가격 상승으로 큰 이득을 봤으면 세금이나 부담금을 왕창 물리는 내용을 담았다.

토지초과이득세법과 택지소유상한제법은 재산권 침해 등을 이유로 1990년대 위헌 또는 헌법불합치 결정을 받아 폐기됐다. 하지만 토지공개념이 완전히 부정된 것은 아니었다. 제한 자체가 문제가 아니라 대상과 방식을 얼마나 합리적으로 정했는지가 중요하다는 얘기다. 현재 시행 중인 토지거래허가제, 종합부동산세, 토지이용규제 등은 토지공개념을 반영한 제도로 꼽힌다.

131

그린벨트 (green belt, 개발제한구역)

도시의 무질서한 확장을 방지하고 도시 주변의 자연환경을 보전하기 위해 설정하는 지역. 도시 주변을 띠처럼 둘러 개발행위를 엄격히 제한한다.

경제기사 읽기

경기도 고양시 창릉동과 부천시 대장동에 총 5만8000가구 규모의 3기 신도시가 추가 조성된다. 사당역 복합환승센터(1200가구)와 창동역 복합환승센터(300가구), 왕십리역 유휴부지(300가구) 등 서울권 택지에도 모두 1만517가구의 주택이 들어선다. 최근 서울 강남권을 중심으로 급매물이 소진되는 등 다시 부동산 가격이 꿈틀거리자 '공급 확대를 통한 시장안정' 의지를 서둘러 강조해 사전 대응에 나선 것이다. 특히 고양 창릉지구는 전체의 97.7%가 그린벨트로 문재인정부가 '그린벨트는 절대 손댈 수 없다'는 원칙까지 깨면서 집값안정 의지를 밝힌 것으로 분석된다.

국토교통부는 7일 정부서울청사에서 이 같은 내용을 담은 '수도권 주택 30만호 공급방안:제3차 신규택지 추진계획'을 발표했다.

— 서혜진, 그린벨트까지 풀어가며 '집값 잡기', 〈파이낸셜뉴스〉, 2019.05.07

조선시대에는 한양도성 4대문을 기점으로 반경 10리(약 4km)의 외곽지역을 성저십리(城底十里)라 불렀다. 성저십리 안에서는 나무를 베거나 산을 깎는 일이 엄격히 금지됐다. 농사나 장사도 마음대로 할 수 없었다. 왕족과 고위관리들에 쾌적한 환경을 유지하기 위해서였다고 한다. 지금으로 치면 개발제한구역과 유사한 성저십리를 '조선의 그린벨트'라 부르는 이유다.

1960년대 산업화를 거치면서 많은 사람이 서울로 몰려들었다. 공장과 빈민촌이 늘어났고 도시 외곽의 녹지지구는 빠르게 줄어들었다. 1971년 박정희 대통령은 서울에 그린벨트를 전격 지정했다. 1977년까지 여덟 차례에 걸쳐 14개 도시권, 총 5397㎢로 확대됐다.

그린벨트에서는 개발사업이 제한되는 것은 물론 건물 증 · 개축이나 용도 변경도 마음대로 할 수 없다. 도시를 둘러싼 지역의 자연환경을 보존해 '도심의 허파' 역할을 한다는 것은 긍정적 효과다. 독재정권의 초법적 조치로 출발한 그린벨트지만 어떤 해외 언론은 '한국의 환경보전 사업'이라 극찬하기도 했다. 하지만 사유재산권을 과도하게 침해하고 그린벨트 주민들의 삶의 질을 떨어뜨린다는 지적도 많다.

2000년대 들어 그린벨트는 수차례에 걸쳐 해제됐다. 집값을 잡기 위한 정책이었다. 서울과 가까운 곳에 새 아파트를 많이 공급해야 서울로 몰리는 주택 수요를 분산할 수 있기 때문이다. 실제로 분당 · 일산 등 1기 신도시, 위례신도시, 광교신도시, 하남 미사지구와 같은 대규모 주택단지가 그린벨트에 들어섰다. 보금자리주택, 뉴스테이 등 국민 임대주택도 그린벨트를 풀어 지은 사례다. 2017년 말 기준 3846㎢가 아직 그린벨트로 묶여 있다.

환경단체와 일부 지방자치단체는 그린벨트 해제에 비판적이다. 미래세대의 환경을 위해 '최후의 보루'로 남겨둬야 한다는 것이다. 그린벨트를 개발하면 도로, 철도 등도 대대적으로 깔아야 해 온통 공사판이 될 수밖에 없다. 그린벨트 해제 대신 서울 낙후지역의 도시재생 사업을 확대하거나, 재개발 · 재건축의 용적률 규제 등을 완화해 주택 공급을 늘리는 등의 대안이 거론되고 있다.

132

토지거래허가구역

땅을 사고 팔려면 허가를 받아야 하는 구역. 땅값이 급상승하거나 투기가 우려되는 지역을 골라 지정한다.

경제기사 읽기

경기도는 'SK하이닉스 반도체 특화 클러스터' 대상지로 발표된 용인시 처인구 원삼면 전역을 토지거래허가구역으로 지정한다고 17일 밝혔다. 도는 원삼면 전 지역 60.1㎢에 대한 허가구역 지정이 도 도시계획위원회에서 지난 15일 자로 의결됨에 따라 18일 공고 할 예정이다.

토지거래허가구역 지정은 정부나 해당 지역 시 · 도지사가 부동산 투기를 사전에 차단할 필요가 있을 때 취하는 행정 조치다. 토지거래허가구역으로 지정되면 일정 면적 이상 토지를 거래할 때 반드시 해당 자치단체장으로부터 허가를 받아야 한다. 토지거래허가구역 지정은 공고한 날부터 5일 후 효력이 발생하기 때문에 오는 23일부터 오는 2022년 3월 22일까지 이 구역에서 토지를 거래하려면 용인시에 허가를 받아야 한다.

— 윤종열, 'SK 반도체' 대상지 용인 원삼면…
경기도, 토지거래허가구역 지정, 〈서울경제〉, 2019.03.18

허허벌판 같던 시골 땅에 '개발'이라는 호재가 뜨면 곧바로 부동산을 보려는 사람들로 북새통을 이룬다. 2019년 초 SK하이닉스가 경기 용인 원삼면 일대를 대규모 반도체 제조공장 건설 후보지로 확정하자 주변 땅값이 두 배로 뛰어오르고, 중개업소 수십 곳이 새로 문을 열었다. 가격이 크게 오를 것이란 기대감 때문이었다. 그러자 경기도는 원삼면 전체를 토지거래허가구역으로 지정했다.

토지거래허가구역은 땅 투기가 성행하거나 지가가 급격히 상승 또는 그럴 우려가 있는 지역에 대해 국토교통부 장관이나 시 · 도지사가 5년 이내 기간을 정해 지정한다. 토지거래허가구역이 되면 일정 면적 이상의 토지 거래는 지자체장의 허가를 받아야 한다.

토지를 살 수 없다는 뜻은 아니고, 매입은 가능하나 허가받은 용도대로만 써야 한다. 허가 없이 거래한 계약은 무효가 되고, 2년 이하 징역 또는 거래가의 최대 30%까지 벌금도 내야 한다. 세금에 비해 한층 직접적이고 강력한 토지거래 규제수단으로 꼽힌다.

토지거래허가제도는 땅 투기가 기승을 부렸던 1979년 처음 도입됐다. 2000년대 후반까지는 지정규모가 계속 늘어 전체 국토의 20% 이상이 토지거래허가구역으로 지정되기도 했다. 하지만 금융위기 직후인 2009년부터 대거 해제되면서 2014년에는 국토의 0.2%만 남기도 했다. 이후에도 서울 강남 · 서초구 등은 토지거래허가구역으로 계속 묶여 있으며, 신도시 개발 등이 예정된 수도권 일부 지역은 신규 지정되는 사례가 꾸준히 나오고 있다.

133

투기지역/투기과열지구/조정대상지역

정부가 청약, 대출, 재건축 등 부동산 규제를 지역별로 차등 적용하기 위해 지정하는 지구의 종류.

경제기사 읽기

문재인정부가 부동산 투기 세력과의 '전면전'에 나섰다. 투기과열지구 · 투기지역 재지정, 세제와 금융 규제, 청약제도 개선, 분양권 전매 제한, 공급 대책까지 거의 모든 정책 수단을 총동원했다.

정부는 2일 '실수요 보호와 단기 투기수요 억제를 통한 주택시장 안정화'를 위해 강도 높은 부동산 종합 대책을 발표했다. 집값 급등의 진원지를 투기과열지구와 투기지역으로 묶어 집중 규제하고 시장을 교란시키는 다주택자의 양도세를 강화하는 등 고강도 대책을 속도감 있게 진행해 시장의 불안을 조기 진화하겠다는 게 '8 · 2 부동산 대책'의 핵심이다.

우선 노무현정부 시절인 2005년 8 · 31대책에 포함됐던 투기과열지구와 투기지역이 부활한다. 지난해 11 · 3대책이나 지난 6 · 19대책 때는 내수 위축을 우려해 조정대상지역만 선정했다. 그러나 두 대책이 투기 과열을 막지 못했다는 판단에 따라 서울 전역(25개구)과 경기도 과천시, 세종시를 투기과열지구로 지정했다. 이명박정부 때인 2011년 12월 강남 3구(강남·서초·송파)를 마지막으로 해제됐던 투기과열지구가 6년 만에 부활한 것이다.

— 서윤경 · 박세환, 투기와의 전쟁… 메가톤급 대책 총동원, 〈국민일보〉, 2017.08.03

집값이 들썩일 때 정부는 다양한 규제수단을 활용해 가격을 잠재우려 한다. 하지만 전국 부동산 시장의 상황이 똑같지 않다. 서울 집값이 폭등할 때 지방 집값은 오히려 떨어지기도 하고, 서울 안에서도 강북과 강남이 또 다르다. 시장이 과열된 특정 지역을 묶어 제각각 다른 규제를 적용하기 위해 활용하는 것이 투기지구, 투기과열지구, 조정대상지역이다.

세부적인 지정 기준은 복잡하다. 간단히 살펴보면 주택가격상승률이 물가상승률보다 현저히 높은 지역이면서 청약경쟁률, 주택보급률, 지역 여건 등을 종합적으로 고려할 때 주택 투기가 성행하고 있거나 성행할 우려가 있는 곳을 지정한다고 이해하면 된다.

대상 지역의 넓이는 투기지역→투기과열지구→조정대상지역 순으로 넓어진다. 모든 투기지역은 투기과열지구에 포함되고, 모든 투기과열지구는 조정대상지역에 포함된다. 시장 과열이 상대적으로 약한 지방 도시는 조정대상지역으로 묶였다가 매매가 얼어붙으면 해제되곤 한다. 반면 강남을 비롯한 서울 인기지역은 조정대상지역, 투기과열지구, 투기지역 세 가지에 중복 지정돼 가장 강력한 규제를 적용받은 바 있다.

조정대상지역은 투기과열지구의 주요 내용 중 청약과 관련한 것을 주로 빼내 만든 규제지역이다. 청약 1순위 요건이 강화되고, 분양 재당첨과 분양권 전매가 제한된다. LTV와 DTI를 낮춰 대출한도를 떨어뜨리는 등 여러 규제가 함께 적용된다.

투기과열지구는 조정대상지역보다 규제 수위가 높아 '부동산 규제 종합선물세트'라 불린다. 재건축조합원 지위 양도가 금지돼 재건축 아파트의 재산권 행사가 사실상 가로막히고, LTV와 DTI는 더 조여진다. 집값 안정화 정책 중 가장 강력한 무기로 꼽히지만 시장심리를 과도하게 얼어붙게 만들 가능성도 그만큼 높다.

투기과열지구가 공급, 청약 등 주택시장 자체에 대한 규제라면 투기지역은 세금, 대출 등 금융 규제 성격이 강하다. 투기지역에서는 주택담보대출이 인당 1건이 아닌 세대당 1건만 가능하고, 양도세에 가산세율도 적용된다. 정부는 투기과열지구 중 과열이 심한 곳을 골라 투기지역으로 중복 지정함으로써 규제를 한층 강력하게 적용하는 방식을 써 왔다.

134

선분양제/후분양제

선분양은 새 아파트를 건물 착공 시점에, 후분양은 공사를 일정 수준 이상 마친 후 분양하는 방식.

경제기사 읽기

분양가 상한제 시행에도 불구하고 후분양을 밀어붙이는 단지가 늘고 있다. 분양 시점을 늦추면 가격을 올릴 수 있다는 계산에서다. 오는 4월까지 주어진 상한제 유예기간 내 아파트 분양이 불가능한 서울 강남권 재건축조합과 대규모 민간개발 사업장들도 후분양 카드를 만지작거리고 있다.

상한제를 적용받으면 택지비와 건축비, 적정 이윤을 따져 분양가를 정한다. 여기서 택지비 비중이 가장 높다. 후분양을 선택하면 분양 시점인 2~3년 뒤의 땅값을 분양가에 반영할 수 있어 이득이라는 게 조합의 계산이다.

후분양 방식이 더 큰 이익을 보장하는 건 아니라는 주장도 만만치 않다. 택지비 산정의 기준이 되는 감정가격은 한국감정원의 검증을 거쳐야 하기 때문이다. 재개발 · 재건축은 조합이 부담해야 할 사업비도 그만큼 늘어날 수밖에 없다. 프로젝트파이낸싱(PF)으로 막대한 돈을 끌어오면서 이자까지 물어야 한다. 분양 시점의 주택경기가 호황일 것이라고 장담할 수도 없다.

— 전형진, 상한제 적용돼도…강북까지 "후분양하겠다", 〈한국경제〉, 2020.01.16

모델하우스 앞에 길게 줄을 선 인파는 부동산시장의 열기를 보여주는 장면으로 신문에 단골처럼 등장하는 사진이다. 사람들이 새집을 청약할 때 모델하우스로 가는 이유는 건물이 아직 지어지지 않은 상태이기 때문이다. 아파트를 짓기 전에 미리 판매하는 이런 방식을 선(先)분양제라 한다. 수억원짜리 물건을 완제품도 안 보고 산다는 게 이상하지만, 국내 아파트 시장의 오랜 관행이다.

선분양제에서는 건물 착공시점에 분양이 이뤄진다. 건설사는 소비자가 낸 계약금과 중도금으로 공사비를 충당해 아파트를 완성한다. 선분양이 국내에 도입된 건 1977년. 열악했던 경제상황이 배경이 됐다. 당시는 주택보급률이 70%에 불과할 정도로 집이 부족해 정부는 주택 공급을 최대한 늘려야 했다. 하지만 금융업이 지금만큼 발달하지 않아 건설사들이 거액의 공사비를 빌리기 쉽지 않았다. 그래서 선분양을 허용해 건설사가 소비자에게서 자금을 조달할 수 있는 길을 열어준 것이다. 소비자도 손해볼 게 없었다. 분양 후 입주 전까지 아파트값이 오르면 다른 사람에게 팔아 차익을 얻을 수 있기 때문이다. 계약금만 내고 2년 정도 여유가 생기므로 나머지 자금을 구할 시간도 벌 수 있었다.

하지만 선분양제가 부동산 투기, 주택 과잉공급, 가계부채 급증을 유발한다는 비판도 많았다. 집값 상승기에 건설사들이 주택 분양을 최대한 늘리고, 투기꾼들은 분양권 전매로 큰 돈을 벌고, 실수요자들은 중도금이나 잔금을 은행 대출로 메꾸는 게 보편화됐기 때문이다.

선분양과 달리 아파트를 지은 뒤 분양하는 방식을 후(後)분양제라 한다. 다만 100% 완성해야 한다는 뜻은 아니고 공정률 80%, 즉 지상층 골조공사 정도를 마친 시점에 분양한다. 후분양의 장점은 새 아파트에서 자주 벌어지는 품질 분쟁을 줄일 수 있다는 것이다. 실물을 보여주고 팔아야 하니 건설사는 부실공사 방지에 공을 들이게 된다. 공급과 입주 시기를 일치시켜 아파트 시장의 수급 불균형을 완화하는 효과도 기대할 수 있다. 그러나 아파트 가격이 비싸진다는 것은 큰 단점이다. 건설사가 공사비를 금융사에서 빌리면서 발생한 이자비용이 집값에 고스란히 반영된다. 인건비나 자재비도 해마다 오르기 때문에 선분양에 비해 후분양 집값이 더욱 비싸지게 된다.

후분양제는 공공아파트 일부에 적용되고 있으나 전체 시장에서 차지하는 비중은 미미하다. 노무현 정부는 투기를 잡기 위해 후분양제 전면 도입을 검토했으나 성사되지 않았다. 문재인 정부는 후분양제 확대를 다시 추진했다.

135

분양가상한제

주택을 새로 지을 때 택지비와 건축비에 건설업체의 적정이윤을 보탠 분양가격을 산정하고, 그 가격 이하로만 분양하도록 하는 제도

경제기사 읽기

정부가 서울 강남 등에 '핀셋' 지정했던 민간택지 분양가 상한제를 서울 강북과 경기 지역으로 확대 적용하기로 했다. 이전에 지정된 곳을 합쳐 앞으로 전국 322개 동이 분양가 상한제를 적용받게 된다.

국토교통부는 16일 '12 · 16 부동산 대책'을 통해 서울 강남 · 서초 · 송파 · 마포구 등 13개 자치구 전 지역(272개 동)과 강서 · 노원 · 은평구 등 5개 자치구 37개 동을 분양가 상한제 대상으로 추가 지정했다. 국토부는 또 과천 · 광명 · 하남시의 13개 동도 상한제 대상 지역으로 묶었다. 이들 지역은 집값 상승세가 가파르거나 정비사업 등이 이뤄져 부동산 시장을 자극할 수 있다는 이유로 규제받게 됐다.

정부는 지난달 초 강남 4개 구와 마포 · 용산 등의 27개 동만 분양가 상한제를 지정했다. 상한제를 대규모 지정하면 새 아파트 공급이 위축될 것이란 지적을 의식해서였다. 이 같은 정부 계획은 한 달 만에 바뀌었다. 상한제를 피해 간 양천, 과천 등에서 집값이 급등하는 풍선효과가 나타나면서다.

— 양길성, 분양가 상한제 '핀셋' 포기…322개 동 '무더기' 지정,
〈한국경제〉, 2019.12.17

서울에서 지어지는 새 민간 아파트를 분양받으려면 돈이 얼마나 필요할까. 주택도시보증공사의 2019년 6월 말 통계를 보면 3.3㎡당 2678만원으로, 1년 만에 21% 올랐다. 이 즈음 서울 집값이 계속 들썩이자 정부는 강력한 추가 대책을 뽑아들었다. 전국 투기과열지구의 민간택지에 분양가상한제를 도입한다는

아파트 ㎡당 분양가 (단위: 만원)

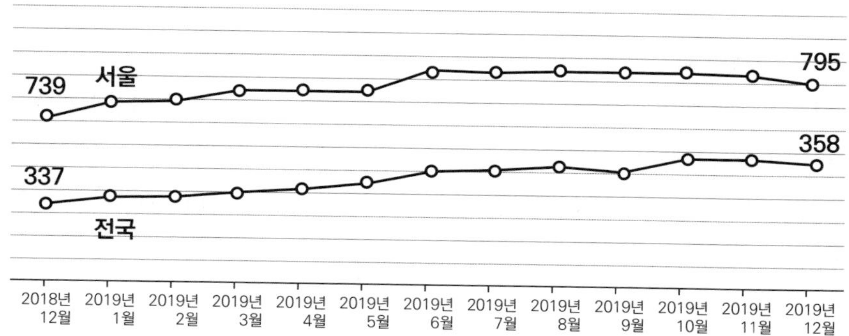

신규분양 민간아파트 기준. 자료: 주택도시보증공사

계획을 발표했다.

분양가상한제는 말 그대로 정부가 새 아파트 가격에 상한선을 설정하는 것이다. 공공기관이 개발 · 공급한 택지에는 2005년부터 분양가상한제가 적용되고 있었는데, 민간으로 범위를 넓힌 것이다. 정부가 이 제도를 확대한 이유는 비싼 값에 분양된 새 아파트가 주변의 기존 주택 가격까지 끌어올리는 현상이 나타났기 때문이다. 강남 재건축 아파트가 대표적 사례다. 당시 서울 분양가 상승률은 집값 상승률보다 약 3.7배 높게 나타났다.

분양가상한제를 시행하면 주택 실수요자 입장에서는 보다 저렴한 비용으로 내 집을 마련할 수 있는 기회가 만들어지는 측면이 있다. 재건축조합이나 건설사가 분양가를 높게 책정하는 것을 막아 집값 상승세를 가라앉힐 수 있다. 하지만 부동산시장 전문가들은 대체로 이 제도에 찬성하지 않는다. 시장을 얼어붙게 해 당장은 집값 상승 억제 효과를 낼 수 있겠지만, 중 · 장기적으론 경제 전반에 심각한 후유증이 우려된다는 것이다.

분양가가 낮아지면 재건축조합과 건설사 입장에선 수익성이 떨어지므로 재건축 · 재개발 사업을 미루거나 접게 된다. 이렇게 되면 특히 서울에선 주택 공급이 더 위축돼 기존 아파트값이 올라가는 풍선효과를 불러올 수 있다. 당첨만

되면 시세보다 과도하게 낮은 가격에 '로또 아파트'를 얻는 셈이어서 청약 열기를 과열시킬 수도 있다. 분양가를 깎으면 공사비도 깎아야 하는 만큼 새 아파트 품질을 떨어뜨릴 것이란 우려도 나온다.

사유재산인 민간택지에 대한 직접적인 가격 제한은 자본주의 시장경제에서 '극약처방'이라 할 수 있다. 국토교통부가 적극적인 움직임을 보일 때 기획재정부나 여당 일각에서 분양가상한제 확대에 신중론이 나왔던 것도 이런 이유에서다.

136

젠트리피케이션(gentrification)

낙후된 지역에 고급 상업·주거지역이 새로 형성되면서 기존 거주자나 상인들이 비싸진 임대료를 감당하지 못해 다른 지역으로 내몰리는 현상.

경제기사 읽기

지난 20일 오후 7시30분 서울 이태원 경리단길. 사람들이 몰릴 저녁 시간이지만 인스타그램에 4000여 번 태그된 한 식당에는 손님이 한 명도 없었다. 가게 직원은 "임차료가 오르면서 주변 가게들이 빠지기 시작했다"며 "게다가 상권이 망했다고 소문까지 나 손님이 더 줄었다"고 하소연했다. 이 식당은 더 이상 버티기 힘들어 올 하반기 계약이 끝나면 문을 닫을 예정이다.

2~3년 전부터 인기를 끈 망원동 망리단길도 빈 건물이 여기저기 눈에 띄었다. 한 건물에는 1층 점포 세 곳이 모두 비어 있었다. 건물 맞은편 가게의 직원 신모씨는 "가게가 나간 지 3~4개월 지났다"며 "이 거리가 처음 뜰 때 있던 가게들은 대부분 문을 닫거나 주인들이 바뀌었다"고 말했다. 망리단길에서 21년째 꽃집을 운영하는 최모씨(66)는 "외부에서 건물을 사서 들어온 건물주들이 임대료를 크게 올리자 젊은 사장들이 을지로나 성수동으로 넘어가는 분위기"라고 말했다.

— 노유정 · 이주현, "비싼 임대료 주고 왔는데…"
인스타 맛집도 망하는 '~리단길', 〈한국경제〉, 2019.06.22

가로수길, 경리단길, 홍대, 북촌…. 젊은층 사이에서 뜨는 상권으로 주목받은 이들 지역에서 공통적으로 나타난 모습이 있다. 다른 곳에서 볼 수 없는 개성 있는 상점들이 입소문을 타면서 상권이 번성했다가, 어느 순간부터 기존 상인들은 하나둘 사라지고 대기업의 유명 브랜드 매장으로 채워졌다는 점이다. 이런 현상을 젠트리피케이션이라 부른다.

젠트리피케이션은 1964년 영국 사회학자 루스 글래스가 처음 만든 말이다. 상류층을 뜻하는 젠트리(gentry)에 OO화(化)를 의미하는 피케이션(fication)을 합쳤다. 간단히 말하면 '부자 동네가 되는 현상'이라 할 수 있다.

젠트리피케이션이 발생하는 경로는 대체로 이렇다. 임대료가 저렴한 낙후지역에 소규모 상점과 문화 · 예술가들의 작업공간이 둥지를 튼다. 이 지역의 참신한 매력이 소셜미디어(SNS) 등을 통해 널리 알려지면서 사람들이 몰린다. 늘어난 유동인구를 따라 주택이 상점으로 바뀌고, 막강한 자본력을 가진 대형 프랜차이즈 매장도 몰려온다. 이 과정에서 임대료는 급등하고, 기존 상인과 원주민들은 부담을 감당하지 못해 다른 곳으로 이탈한다. 이 지역만의 정체성이 옅어지면서 상권은 다시 정체기를 맞게 된다.

젠트리피케이션은 낙후된 구도심이 활성화된다는 긍정적 측면과 영세상인이 쫓겨난다는 부정적 측면을 함께 갖고 있다.

부작용은 어떻게 막을 수 있을까. 일부 지방자치단체는 건물주와 세입자 간의 '상생 협약'을 유도해 상권의 개성을 보존하려는 시도를 하고 있다. 가장 손쉬운 방법은 임대료를 많이 못 올리게 막는 것이다. 2017~2018년 젠트리피케이션이 사회적 문제로 떠오르자 정부는 임대료 인상률 상한을 5%로 정하고, 재계약을 보장하는 계약갱신청구권 행사기간을 10년으로 늘리는 등의 조치를 내놨다. 하지만 이런 규제를 지나치게 강화하면 부작용도 있다. 건물주가 첫 계약을 맺을 때부터 임대료를 비싸게 부르거나, 세입자를 까다롭게 골라 받을 수 있다.

137

공급면적/전용면적

전용면적은 방, 거실, 욕실 등 거주자가 독점하는 주거공간의 넓이. 공급면적은 전용면적에 현관, 엘리베이터 등 주거공용면적을 더한 넓이.

경제기사 읽기

소형아파트 인기에 눌려 몇년간 '찬밥 신세'로 전락했던 대형 아파트의 반란이 시작됐다. 특히 올해는 소형보다 높은 상승률을 보이며 몇년간 받았던 서러움을 한꺼번에 씻어내고 있다. 정부의 다주택자 세금 중과를 피해 주택 수는 줄이고 규모는 넓히는 이른바 '똘똘한 한 채' 수요가 늘면서 몸값이 급등한 것으로 풀이된다.

23일 부동산 큐레이션 업체 경제만랩이 KB국민은행의 주택가격동향 아파트 규모별(소형·중소형·중대형·대형) 평균 매매가격을 조사한 결과 올 들어 대형(전용면적 135㎡ 이상)의 가격 상승률이 가장 높았다. 9월 기준 대형의 평균 매매가격은 18억8160만원으로 1월(18억1961만원)에 비해 9개월 새 3.41%나 상승했다.

이어 중형아파트(전용 95.9~135㎡) 평균 매매가격이 1월 8억9033만원에서 9월 9억2025만원으로 3.36% 오르며 뒤를 이었다. 중소형(전용 40~62.8㎡)은 5억8291만원에서 6억254만원으로 세 번째로 높은 상승률을 보였다.

— 박민, '대형의 반란'…서울 아파트값 상승률 1위, 〈이데일리〉, 2019.10.24

부동산 시세를 분석하는 기사에는 "OO아파트 전용 OOm^2의 가격은…" 처럼 늘 전용면적이라는 말이 등장한다. 아파트 분양 홍보물을 보면 전용면적 외에 공급면적, 공용면적, 서비스면적 등 더 많은 종류의 면적이 등장한다. 이처럼 다양한 유형의 면적은 각각 무슨 의미일까. 집을 고를 때는 어떤 것을 봐야 할까.

실수요자에게 가장 중요한 것은 전용면적이다. 전용면적은 주택 소유자가 독점적으로 사용하는 공간의 넓이다. 방, 주방, 거실, 욕실, 화장실 등이 포함된다. 쉽게 말해 현관문을 열고 들어가면 나오는 '우리 가족만의 공간'이라 보면 된다. 아파트 청약, 세금 부과, 부동산 규제 등도 전용면적을 기준으로 이뤄진다.

공용면적은 여러 사람들이 함께 쓰는 공간의 넓이로, 주거공용면적과 기타공용면적으로 나뉜다. 주거공용면적은 공동현관, 계단, 엘리베이터, 복도 등 같은 동 주민들과 공동 사용하는 면적이다. 기타공용면적은 주차장, 경비실, 관리사무소 등 건물 밖 부대시설의 면적이다.

분양광고나 매물정보에는 전용면적과 함께 공급면적이 표시된다. 공급면적은 전용면적과 주거공용면적을 합친 것을 말한다.

서비스면적은 건설사가 '덤'으로 제공하는 공간의 넓이다. 대표적인 사례가 발코니다. 발코니 공간은 전용면적, 공용면적, 공급면적 등 어디에도 포함되지 않지만 집주인이 사실상 마음대로 쓸 수 있다. 똑같은 전용면적의 아파트라면 발코니가 있는 곳이 유리한 셈이다. 건설사들은 한 뼘이라도 숨은 공간을 찾아내 집을 넓게 쓸 수 있도록 아이디어를 짜내고 있다.

138

건폐율/용적률 (building coverage ratio/floor area ratio)

건폐율은 1층 바닥면적을 대지면적으로 나눈 값. 용적률은 건축물의 연면적을 대지면적으로 나눈 값.

경제기사 읽기

서울시가 도심 주택 공급 확대를 위해 상업 · 준주거지역 용적률 규제를 3년간 완화한다. 늘어난 용적률의 절반은 임대주택으로 공급해야 한다.

서울시는 이 같은 내용을 담은 '서울특별시 도시계획 조례' 개정안을 28일부터 2022년 3월까지 시행한다고 27일 밝혔다. 이번 개정안에 따라 상업지역의 주거복합건축물 비주거 비율이 줄고, 상업지역의 주거용 용적률 및 준주거지역의 용적률이 완화된다. 상업지역 비주거 의무비율은 당초 중심지 체계에 따라 20~30%로 차등 적용했으나 이를 20%로 일괄 하향 적용한다. 상업지역의 주거용 용적률은 당초 400%에서 600%로 올리고, 준주거지역의 상한 용적률을 400%에서 500%로 높인다.

이번 조치는 박원순 서울시장이 지난해 12월 국토교통부 '2차 수도권 주택공급 계획'에서 "서울 시내에 8만 가구를 추가 공급하겠다"고 제시한 것이다. 조례는 28일부터 시행되지만, 실제 건설 현장에 적용하는 데는 한 달 이상의 시간이 더 걸릴 것으로 보인다.

— 최진석, 서울 도심 용적률 규제 완화…3년간 "1만6800가구 공급",
〈한국경제〉, 2019.03.28

누군가 나에게 서울 도심의 널찍한 금싸라기땅을 선물하면서, 원하는 모양대로 새 건물도 하나 지어주기로 약속했다고 해 보자. 대부분의 사람은 최대한 크고 높은 빌딩을 짓길 원할 것이다. 부동산 가치와 임대수익을 극대화하려면 당연한 선택이다. 하지만 현실에서는 넓이와 높이를 마음대로 정할 수 없다. 건폐율과 용적률에 제한이 있기 때문이다.

건폐율은 건물을 얼마나 '넓게' 지을 수 있는지를 나타내는 지표다. 전체 대지면적(땅 넓이)에서 건축면적(1층의 바닥면적)이 차지하는 비율을 말한다. 예를 들어 위에서 내려다봤을 때 1000m^2 대지 위에 600m^2의 건물이 있다면 건폐율은 60%가 된다. 나머지 40%는 마당이나 녹지공간이 된다. 하나의 대지에 2개 이상의 건축물이 들어서면 건축면적의 합계로 계산한다.

용적률은 건물을 얼마나 '높게' 지을 수 있는지를 뜻한다. 전체 대지면적에서 건축물의 연면적(모든 층 바닥면적의 합계)이 차지하는 비율이다. 예를 들어 1000m^2 대지에 바닥면적이 각각 400m^2인 2층 건물이 서있다면, 연면적은 800m^2(1층 400㎡+2층 400㎡)이기 때문에 용적률은 80%가 된다. 참고로 용적률을 계산할 때 지하층이나 주민 공동시설 등은 제외한다.

건폐율과 용적률을 정하는 이유는 도시를 쾌적하게 유지하기 위해서다. 건물이 다닥다닥 붙어있고 초고층 빌딩이 빽빽하게 들어서면 미관상 답답할 뿐만 아니라 일조, 채광, 통풍 등에도 지장이 많다. 용적률은 재개발 · 재건축 사업에 있어 수익성과 직결되는 요소이기도 하다. 용적률이 높으면 분양물량이 증가해 투자 수익이 높아진다. 하지만 무조건 용적률이 높다고 좋은 것도 아니다. 아파트를 재건축할 때는 토지에 대한 지분을 세대주들이 나눠 가져야 하는데, 용적률이 클수록 세대 수가 늘어나 대지 지분은 더욱 잘게 쪼개진다.

건폐율과 용적률은 국토계획법에서 최대 한도 범위를 규정하고 있으며, 이를 근거로 각 지방자치단체가 지역 상황에 맞게 정하고 있다.

139

역세권

철도와 가까운 지역. 명확한 기준은 없으나 보통 반경 500m 이내 또는 도보 5~10분을 말한다.

경제기사 읽기

서울 동북부의 교통 허브로 재탄생하는 청량리역 일대에 재개발 바람이 불고 있다. 9개 전철이 지나는 다중 역세권이어서 재개발 이후 인기 주거지역으로 거듭날 전망이다.

24일 부동산업계에 따르면 청량리역 주변 재개발사업이 속도를 내고 있다. 인근 전용 84㎡ 아파트값이 10억원을 속속 넘으면서 분양가도 오르는 추세다.

청량리역 일대는 서울 동북부 교통허브로 개발되고 있다. 청량리역은 서울지하철 1호선과 경의중앙선, 경춘선(ITX), KTX 강릉선 등이 지나는 다중 역세권이다. 2018년부터는 왕십리역까지 운행하던 분당선이 청량리까지 연장됐다. 서울 도심권과 강남권으로 20~25분대에 이동할 수 있다.

여기에 인천 송도신도시에서 서울 용산, 경기 남양주로 이어지는 수도권 광역급행철도(GTX)-B노선과 경기 의정부에서 청량리를 지나 양재, 경기 수원으로 가는 GTX-C노선이 들어선다. 또한 서울시가 지난해 2월 발표한 '제2차 도시철도망 구축계획'에는 강북횡단선(목동~청량리)과 면목선 경전철(청량리~신내동)이 포함됐다. 서울 및 경기도로 연결되는 버스 노선도 60개에 달한다.

— 윤아영, 교통허브 '상전벽해' 청량리, 新주거지로 뜬다, 〈한국경제〉, 2020.02.25

서울 공덕역 근처엔 중대형 호텔이, 홍대입구역 인근엔 200곳이 넘는 게스트하우스가 줄줄이 들어섰다. 서울역 안에 있는 대형마트는 중국인 관광객 매출 비중이 급증해 10%를 넘어섰다. 공항철도 개통 후 이들 역세권의 접근성이 눈에 띄게 좋아지면서 나타난 변화다.

신문 기사나 부동산 광고에 자주 나오는 역세권이라는 말은 '전철역 주변 지역'이라는 뜻이다. 유동인구가 많아 상권이 잘 발달하고, 출퇴근이 편리해 주거 수요도 몰린다. 노선 2~3개가 교차하는 환승역 주변은 '더블 역세권' '트리플 역세권'이라 해서 더 주목받는다. 강남역은 하루 평균 승 · 하차 인원 20만5229명(2019년 1~7월 기준)으로 모든 지하철역 중 1위인데, 인근 상권의 월 임대료 역시 ㎡당 70만원 선으로 국내 최고 수준이다. 부동산114 집계를 보면 역세권 아파트의 평균 청약경쟁률(30.52 대 1)은 비역세권(3.49 대 1)보다 아홉 배가량 높았다. "길 뚫리면 돈 몰린다"는 부동산시장의 속설을 잘 보여준다.

역세권의 영향력은 해외에서도 마찬가지다. 일본 부동산 가격이 폭락한 '버블 붕괴' 당시 역세권 건물은 상대적으로 시세 하락이 작았다. 호텔스닷컴에 따르면 미국 뉴욕에선 같은 4성급도 타임스스퀘어 42번가역에서 도보 5분 이내인 호텔과 10분 이상인 호텔의 숙박비가 10만원 이상 차이 났다.

물론 모든 역세권이 다 뜨는 건 아니다. 수도권 지하철역은 꾸준히 늘어나 700개에 육박한다. 역과 가깝지만 학교, 병원, 마트 등 기반시설이 갖춰지지 않아 찬밥 신세인 아파트단지도 있다. 역 근처는 공해, 교통 정체 등이 심할 수 있다는 단점도 감안해야 한다.

역세권의 개념에서 파생된 재미난 신조어도 많다. 주변에 좋은 학교가 있으면 '학세권', 숲이나 공원이 가까우면 '숲세권', 대형 쇼핑몰 근처는 '몰세권'이라 한다. 다소 장난스러운 표현이긴 하지만 매력적인 입지의 중요성은 다양한 영역에서 통한다는 점을 알 수 있다.

140

PF (project financing, 프로젝트 파이낸싱)

대규모 개발사업을 추진하는 사업자에게 신용도나 담보와 관계없이 해당 사업의 미래 수익성을 보고 대출해주는 금융기법.

경제기사 읽기

정부가 100조원대에 이르는 부동산 프로젝트파이낸싱(PF) 위험 노출액을 관리하기 위해 내년 4월부터 증권사와 여신전문금융사(여전사)의 채무보증 한도를 제한한다. 비(非)은행권을 중심으로 고위험 · 고수익의 부동산PF 대출과 채무보증이 빠르게 늘어나고 있는 데 따른 조치다. 부동산PF 대출이 부실화되면 대출과 채무보증을 취급한 금융사들의 건전성이 악화될 수 있다.

금융위원회, 기획재정부, 금융감독원 등은 5일 정부서울청사에서 손병두 금융위 부위원장 주재로 제3회 거시건전성 분석협의회를 열고 이런 내용의 '부동산 PF 익스포저 건전성 관리 방안'을 확정했다. 지난 6월 말 기준 금융권의 부동산PF 대출 잔액(71조 8000억원), 채무보증(28조 1000억원) 등 위험노출액은 100조원에 이른다.

— 장진복, 부실 위험 100조원대 부동산PF 죈다, 〈서울신문〉, 2019.12.06

부동산 경기가 침체에 빠지면 "부동산 PF의 부실화가 우려된다"는 기사를 자주 보게 된다. PF는 아파트, 주상복합, 상가 같은 부동산은 물론 사회간접자본(SOC), 에너지 등 대규모 개발사업에 다양하게 활용되는 금융기법이다.

대형 건설사업에는 엄청난 돈이 들기 때문에 웬만한 대기업도 자신의 신용도나 담보만으로 자금 전체를 조달하기 쉽지 않다. 그래서 사업이 성공리에 마무리됐을 때 발생할 미래의 현금흐름과 자산을 담보로 돈을 빌리는 방식이 고안됐고, 이것이 바로 PF다. 위험이 크지만 수익성도 높아 미국, 유럽 등에서는 1960년대부터 유행했다.

부동산 개발 과정에는 시행사, 시공사, 금융회사가 낀다. 시행사는 개발을 추진하는 사업주체이고, 시공사는 시행사 의뢰를 받아 실제 공사를 하는 건설사다. 금융회사는 자금 공급을 맡는다. 보통 시행사는 영세한 경우가 많아 금융회사는 시공사의 보증을 요구한다. 건설사가 직접 자금을 투입하고 분양해 수익금을 얻는 일반적인 부동산 개발과 달리 PF는 금융회사가 실패 위험을 부담하는 구조다.

PF 계약이 체결되면 금융회사는 시행사에 토지매입 자금 등을 빌려준다. 시행사는 그 돈으로 땅을 사고 관청의 인 · 허가를 받아 건물을 짓는다. 분양이 잘 되면 계획대로 대출금을 갚아 3자 모두 높은 수익을 챙길 수 있다. 하지만 경기 침체와 같은 돌발요인으로 사업이 지연되거나 미분양이 많아지면 대출 상환에 차질이 생긴다. 분양수익이 대출금보다 적다면 보증을 선 건설사가 빚을 떠안게 되고, 건설사가 망하면 금융회사의 건전성도 부실해질 수 밖에 없다.

PF의 성패는 사업성에 대한 면밀한 평가능력이 좌우한다. 국내에선 2000년대 들어 부동산 PF가 '황금알을 낳는 거위'로 떠올라 은행, 저축은행, 보험, 증권 등 많은 금융회사가 뛰어들었다. PF 대출의 수익률이 연 30%를 넘기기도 했다. 하지만 금융위기 이후 경제가 얼어붙으면서 상황이 급반전했다. PF에 몰빵 투자했던 저축은행들이 줄줄이 문을 닫으면서 2010년 초 '저축은행 사태'를 불러오기도 했다.

141

리츠(REITs, Real Estate Investment Trusts)

주식 발행을 통해 여러 투자자에게서 자금을 모아 부동산이나 부동산 관련 유가증권 등에 투자한 뒤 생긴 이익을 배당하는 투자회사.

경제기사 읽기

국내 증시에 리츠(REITs·부동산투자회사) 상장이 잇따르고 있다. 롯데그룹(롯데리츠)과 농협자산운용(농협리츠)에 이어 국내 1위 부동산 자산운용사인 이지스자산운용도 연내 리츠 상장에 나선다. 커피 한 잔 값으로 대형 빌딩에 투자할 수 있는 공모 리츠가 초저금리 시대의 투자 대안으로 뜨고 있다.

2일 투자은행(IB)업계에 따르면 이지스자산운용은 서울 태평로빌딩과 제주 조선호텔을 기초자산으로 하는 리츠를 오는 11월 상장할 계획이다. 목표 공모 규모는 2350억원, 예상 배당수익률은 연 6%대다.

롯데그룹 유통매장을 담은 롯데리츠(예상 공모 규모 4300억원)가 다음달, 삼성물산 서초사옥 등 서울 유명 사무용빌딩 지분에 투자하는 농협리츠(1000억원)가 11월 차례로 증시 입성을 앞두고 있다. 오는 4분기에만 8000억원에 가까운 리츠 공모 물량이 쏟아질 전망이다.

— 김진성 · 이고운, 超저금리 투자 대안 '리츠 큰 장' 선다, 〈한국경제〉, 2019.09.03

흔히 부동산 투자는 '큰손' 자산가들의 전유물이라는 인식이 강하다. 하지만 커피 한 잔 값 정도의 소액으로 수백억~수천억원짜리 부동산에 투자하는 효과를 누리는 방법이 있다. 바로 리츠(REITs)에 돈을 넣는 것이다.

리츠는 불특정 다수에게서 자금을 모집해 빌딩, 상가, 호텔 등 부동산에 투자한 뒤 여기서 발생한 수익을 투자자에게 되돌려주는 특수회사를 말한다. 국내에는 2001년 처음 도입됐는데, 부동산 간접투자에 대한 관심이 높아지면서 투

리츠, 어떻게 운영하나

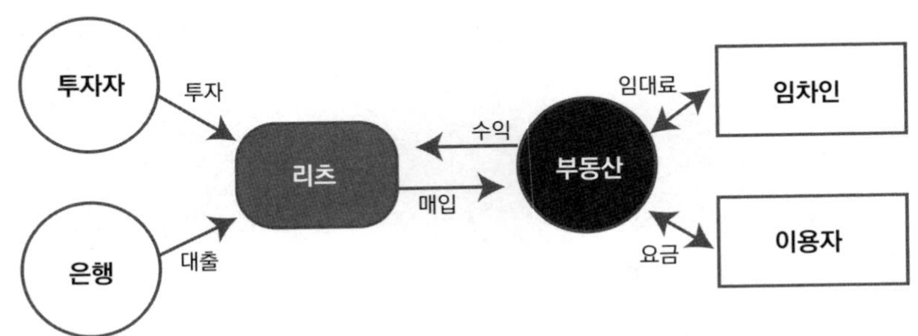

자 문턱이 꾸준히 낮아지는 추세다.

법적으로 리츠는 상법에 따라 설립되는 회사다. 그래서 일반적인 기업과 마찬가지로 주식시장에 상장해 자유롭게 사고팔 수도 있다. 예를 들어 코스피에 있는 '이리츠코크렙'이라는 종목은 이랜드의 5개 유통점포에서 임대료를 거둬 수익을 내는 리츠다. 역시 코스피에 상장된 '맥쿼리인프라'를 사면 백양터널, 부산항 신항, 인천대교 등을 비롯한 여러 사회기반시설(SOC)에 간접 투자하는 효과를 얻게 된다.

리츠의 장점은 여러 명의 돈을 모아 운영되기 때문에 적은 돈으로도 부동산 투자에 나설 수 있다는 것이다. 리츠마다 여러 종류의 부동산을 편입하고 있어 분산 투자도 기대할 수 있다. 무엇보다 수익률이 꽤 좋다. 2018년 국내 리츠의 평균 수익률은 연 8.5%를 기록했다. 같은해 은행 예금의 평균 금리는 연 1.78%에 불과했다. 정부는 리츠 시장을 활성화하기 위해 세금까지 깎아주고 있다. 초보자에겐 쉽지 않은 부동산 매입, 임대, 관리 등의 업무를 전문가들이 대신해 준다는 점도 매력으로 꼽힌다.

다만 부동산 분양이나 임대가 실패해 손해가 나더라도 그 누구도 원금을 보장해주진 않는다는 점을 기억해야 한다. 리츠를 운용하는 투자회사가 어디인지, 어떤 부동산을 담는지 등을 꼼꼼히 따져보는 것이 중요하다.

1000
10000
FG760337G
日本銀行券
BK34605051
10
10000

8장

칠레에 든 풍년이 한국 물가를 떨어뜨리는 이유

글로벌 경제

142

WTO (World Trade Organization, 세계무역기구)

상품, 서비스, 지적재산권 등 모든 교역분야의 자유무역 질서 확대를 목적으로 하는 국제기구.

경제기사 읽기

정부가 일본을 세계무역기구(WTO)에 제소했다. 고순도 불화수소 등 반도체 · 디스플레이 관련 3개 소재에 대한 일본의 수출제한 조치가 WTO의 자유무역 원칙에 어긋난다는 판단에서다. 지난 7월 4일 일본이 수출을 규제한 지 69일 만에 '법적 대응'에 나선 것이다.

유명희 통상교섭본부장은 11일 정부서울청사에서 기자간담회를 열어 "반도체 · 디스플레이 부문 3개 품목에 대해 한국을 특정해 포괄허가를 개별허가로 전환한 것은 WTO 협정의 차별 금지 및 최혜국 대우 의무 위반"이라며 "정치적 목적으로 교역을 악용하는 행위가 반복되지 않도록 제소를 결정했다"고 말했다.

정부는 이날 일본 정부(주제네바 일본대사관)와 WTO 사무국에 양자협의 요청서한(제소장)을 발송했다. 일본이 요청에 응하면 60일간 합의를 시도하지만 합의가 불발하면 1심 절차에 들어간다. 일본이 "수출규제는 국가 안보 차원에서 수출관리를 개선한 조치일 뿐"이라며 반발하고 있어 최종 결론이 나기까지 3년 이상 걸릴 가능성이 있다는 관측도 나온다. 당장 수출규제 철회와 같은 실질적 효과를 기대하기 어렵다는 지적이 나오는 이유다.

— 조재길, 정부 '日 수출규제 조치' WTO에 제소, 〈한국경제〉, 2019.09.12

국가 간 무역분쟁이 극단으로 치달으면 세계무역기구(WTO) 제소 카드가 꼭 등장한다. 무역질서를 수호하는 국제기구인 WTO는 '경제 분야의 국제연합(UN)'으로 불린다. 여러 나라가 수출 · 수입을 원활히 하도록 지원하고, 분쟁이 생기면 옳고 그름을 판단해 주는 역할도 한다. 2020년 2월 기준 164개국이 가입했다.

WTO 제소의 첫 절차는 상대국에 양자협의 요청서를 보내는 것이다. 양자협의에서 합의에 실패하면 재판부 격인 패널 설치를 요청하게 된다. 이때부터 WTO 사무국이 개입해 재판관을 선출하고 1심 절차에 들어간다. 구두심리, 서면, 답변서 등을 통해 사실관계를 다툰다. 1심 판결 이후 상소가 없으면 WTO 회원국들의 동의로 판결이 자동 채택된다. 하지만 당사자가 불복하면 상소기구로 사건이 올라간다. 제소 후 상소심 최종 결론이 나기까지 보통 3~4년이 걸린다.

WTO의 전신은 1947년 체결된 '관세와 무역에 관한 일반협정(GATT·가트)'이다. 2차 세계대전 이후 세계 각국이 자유무역의 제도적 틀을 만들자는 데 뜻을 모아 맺은 협정이다. 하지만 GATT는 정식 국제기구가 아니어서 보호무역 꼼수를 부릴 수 있는 허점이 많았다. GATT를 대체할 강력한 기구가 필요하다는 공감대가 형성됐고, 1995년 WTO 출범으로 이어졌다. WTO는 GATT에 없던 무역분쟁 조정, 관세 인하 요구, 반덤핑 규제 등 강력한 권한과 구속력을 행사한다. 전통적인 상품교역 외에 서비스, 지식재산권, 투자 등의 영역도 폭넓게 다룬다.

WTO 출범 이후 무역장벽이 지속적으로 낮아지면서 국제교역 증가, 자본이동 활성화, 신흥국의 경제발전 등에 기여했다는 평가를 받는다. 다만 대규모 자유무역협정(FTA)이 늘어남에 따라 WTO의 위상이 예전 같지 않다는 얘기가 나오기도 한다. 한국은 1967년부터 GATT 회원국이었고, WTO 출범과 함께 원년 멤버로 합류했다.

143

FTA (Free Trade Agreement, 자유무역협정)

2개 이상의 국가가 상호무역 증진을 위해 맺는 협정. 주로 관세 철폐에 초점이 맞춰진다.

경제기사 읽기

국내 소비자 중 67%가 자유무역협정(FTA) 이후 상품 선택 폭 확대, 가격 하락 등을 들어 "전반적 구매 만족도가 높아졌다"고 응답했다. 구매 만족도가 가장 높은 품목으로는 술, 과일, 건강기능식품 등이 꼽혔다.

한국소비자원은 'FTA 소비자 후생 체감도' 설문조사 결과 FTA가 국내 시장에 전반적으로 긍정적인 영향을 줬다고 응답한 비율이 67.5%로 나타났다고 21일 밝혔다. 이번 설문조사는 2004년 국내 첫 FTA인 한-칠레 FTA가 발효된 지 15년을 맞아 진행된 것이다. 설문 참여자 중 88.1%는 FTA를 통해 상품 선택의 폭이 확대됐다고 응답했으며 FTA를 통한 가격 하락 효과가 있었다고 응답한 비율도 66.6%였다.

— 박세인, 술 · 건강식품 · 과일… FTA 뒤 구매 만족도 높아, 〈한국일보〉, 2019.10.22

한국은 자유무역협정(FTA)으로 지구촌 경제영토의 70% 이상을 확보한 'FTA 강국'이다. 2020년 2월 기준 미국, 중국, 유럽연합(EU), 아세안(동남아시아국가연합), 인도, 호주, 캐나다 등 55개국과 16건의 FTA를 체결했다. 세계 4대 경제권으로 꼽히는 미국, EU, 중국, 아세안과 모두 FTA를 맺고 있다.

FTA는 상품, 서비스, 투자, 지식재산권, 정부 조달 등의 관세 · 비관세장벽을 완화하는 특혜무역협정이다. 무역 활성화의 '특효약' 역할을 한다. 협정문에는 다양한 내용이 포함되지만 핵심은 관세 철폐다. 소비자 입장에서 가장 피부에 와닿는 것은 대형마트에서 장을 볼 때일 것이다. 고급 와인, 치즈, 과일 등 먹거리 가격이 과거에 비해 낮아져 소비자의 선택 폭이 넓어졌다. 자동차 등 주력품목의 수출 규모도 증가 추세다.

한국이 맺은 최초의 FTA는 칠레로, 1999년 협상을 시작해 2004년 적용에 들어갔다. 당시 "값싼 칠레 농산물이 들어와 국내 농업이 다 망할 것"이라며 반대 시위가 격렬했다. 거대 교역국인 EU, 미국, 중국 등과 FTA를 추진할 때도 마찬가지였다. 하지만 시간이 흐르면서 FTA 확대는 여러 모로 득이 되는 선택이었음이 입증되고 있다.

최근에는 두 나라끼리 맺는 '양자 FTA' 대신 여러 국가가 참여하는 '메가 FTA'가 주목받고 있다. 환태평양경제동반자협정(TPP), 역내포괄적경제동반자협정(RECP), 아시아태평양자유무역지대(FTAAP), 범대서양무역투자동반자협정(TTIP) 등이 대표적이다. 하지만 강대국 간의 외교관계가 얽혀 있어 신중하게 접근해야 하는 경우도 있다.

FTA 체결국이 갑자기 늘어나면 예상치 못한 혼란도 나타날 수 있다. 나라마다 다른 원산지 규정, 통관 절차 등을 확인하느라 기업의 업무 부담이 가중되는 현상을 '스파게티볼 효과'라고 한다. 스파게티 면이 복잡하게 엉킨 모습 같다고 해서 이런 이름이 붙었다.

144

관세장벽(tariff barriers)

수입을 억제할 목적으로 관세를 부과하는 조치.

경제기사 읽기

미국이 유럽연합(EU) 제품에 징벌적 관세를 매기면서 미국의 프랑스 와인 수입량이 한 달 만에 반 토막 난 것으로 나타났다.

로이터통신은 작년 11월 프랑스의 대미(對美) 와인 수출액이 전달보다 44% 감소했다고 8일(현지시간) 전했다. 도널드 트럼프 미국 정부는 지난해 10월 항공기 제조사 에어버스에 대한 유럽 국가들의 불법 보조금을 문제 삼아 75억달러 규모의 EU 회원국 생산품에 징벌적 관세를 부과했다. EU에서 수입되는 에어버스 항공기에는 10%, 프랑스 와인 · 스코틀랜드 위스키 · 이탈리아 치즈 등을 포함한 농산물과 공산품에는 25%의 징벌적 관세를 매겼다.

— 심은지, 프랑스 와인농가 덮친 트럼프 관세폭탄, 〈한국경제〉, 2020.02.10

국가 간의 자유무역을 제약하는 인위적 조치를 무역장벽이라 부른다. 이 장벽을 최대한 없애자는 것이 자유무역주의, 반대로 탄탄하게 쌓자는 것이 보호무역주의다. 무역장벽에는 다양한 방법이 있는데 크게 관세장벽과 비관세장벽으로 나눌 수 있다.

관세장벽은 수입품에 물리는 세금, 즉 관세(關稅)를 활용한다. 해외여행길에 마음에 드는 명품을 발견하고도 공항에서 관세 낼 것이 부담스러워 포기한 경험을 가진 사람이 있을 것이다. 기업이 외국에서 들여오는 제품에 높은 관세를 매겨도 수입량이 줄어드는 효과가 있다. 관세는 품목, 수량, 용도 등에 따라 달리 매길 수도 있어 각국의 통상정책에 중요한 수단으로 활용된다. 경제 상황에 따라 신축적으로 조절할 수 있는 관세들을 탄력관세라 한다.

할당관세는 물가 안정, 산업경쟁력 강화 등을 위해 세율을 한시적으로 낮춰주는 것이다. 예를 들어 삼겹살, 계란, 설탕 등의 가격이 급등할 때는 관세를 0%로 낮춰 수입을 촉진한다. 반면 조정관세는 취약산업 보호, 세율 불균형 개선 등을 목적으로 세율을 한시적으로 높이는 것이다. 국내 농어민을 보호하기 위해 꽁치, 명태, 오징어, 새우젓 등에 비싼 관세를 물리는 게 대표적이다. 긴급관세는 특정 물품의 수입이 급증해 피해를 봤을 때 부과하는 탄력관세다. 계절관세는 특정 기간에만 높은 세율을 부과하는 것으로 농산물에 주로 활용된다. 감귤 농가를 보호하기 위해 미국산 오렌지에 대해 9~2월(감귤 성수기)엔 50%, 3~8월엔 30% 관세를 물리는 식이다.

상계관세는 특정국 정부에서 보조금을 받은 물품이 수입될 때, 반덤핑관세는 수입품이 국내에 비정상적으로 낮은 가격에 들어올 때 국내 산업의 피해를 막기 위해 추가로 물리는 관세다. 세계적으로 공급 과잉상태인 철강과 화학 제품에서 상계관세와 반덤핑관세가 늘고 있다. 세이프가드는 특정 물품의 수입이 급증해 자국 산업이 피해를 입을 때 수입을 임시 제한하거나 관세를 인상하는 '긴급 수입제한 조치'를 말한다. 선진국은 잘 쓰지 않는 규제인데, 미국은 2017년 한국산 세탁기에 최대 50% 관세를 물리는 세이프가드를 16년 만에 발동했다.

보복관세는 다른 나라에서 불이익을 받았을 때 맞불을 놓기 위해 그 나라 제품에 고율의 관세를 물리는 것이다.

관세장벽을 높이는 게 나라 경제에 반드시 도움이 되진 않는다. 1930년 미국은 자국산업 보호를 위해 2만여개 품목에 사상 최고 관세율을 적용한 '스무트-홀리법'을 발효했다. 그러자 영국 등 23개국이 보복관세를 매기면서 '관세전쟁'이 불붙었다. 결과는 모두의 패배로 끝났다. 세계 무역액은 4년 만에 3분의 1로 쪼그라들었고, 대공황을 맞은 미국의 국내총생산(GDP)은 50% 이상 급감했다.

145

비관세장벽 (non-tariff barriers)

관세를 제외하고 수입을 억제할 목적으로 활용되는 모든 조치.

경제기사 읽기

국경 없는 자본의 성격을 내세워 한국 시장 공략에 박차를 가하는 중국은 자국 시장에 대해선 각종 무역 장벽을 동원하는 '이중 행태'를 보이고 있다. 반덤핑 등 수입규제 조치는 물론, 자국 제품에 혜택을 주거나 수입품에 까다로운 규정을 적용하는 비관세장벽도 최근 수위를 높이고 있어 무역업계의 시름이 깊다.

2일 산업통상자원부와 한국무역협회에 따르면 현재 우리나라에 대한 전 세계 주요 비관세장벽 49건 중 53.1%에 이르는 26건이 '중국발(發)'로 집계됐다. 그 뒤를 잇는 베트남과 인도네시아가 각각 4건이라는 점을 감안하면 압도적인 수치다.

— 이근평, 韓 겨냥 비관세장벽 53%가 '중국發', 〈문화일보〉, 2017.02.02

세계무역기구(WTO) 체제가 출범하고 자유무역협정(FTA) 체결이 확대되면서 관세장벽은 크게 낮아졌다. 하지만 비관세장벽은 여전히 자유무역의 상당한 장애물로 작용하고 있다.

비관세장벽은 관세를 뺀 나머지 모든 무역제한 조치를 통칭하는 말이다. 수입품에 대한 수량 제한, 가격 통제, 유통경로 제한 등을 비롯해 자국 품목에 대한 보조금 지급, 외국인에 대한 투자 · 정부조달 참여 제한 등이 모두 해당된다. 통관, 위생검역 등 행정절차를 까다롭게 해 간접적으로 수입을 억제하는 것도 비관세장벽이다. 중국은 외국 제품을 통관할 때 포장지의 깨알 같은 글씨까지 온갖 꼬투리를 잡아 퇴짜를 놓는 것으로 악명이 높았다.

WTO 보고서에 따르면 비관세장벽에 빈번하게 활용되는 것은 '기술'과 '검역'이다. 예를 들면 국제표준을 인정하지 않고 그 나라에서만 쓰는 인증마크를 획득할 것을 요구하거나, 서류작업과 검사를 복잡하게 만드는 것은 수출업체에 큰 부담이다. 식품을 수출하기 전 제품 검사를 받고, 판매 허가를 받은 뒤 사후 검역을 또 요구하는 나라도 있다. 수량 제한은 가장 직접적인 효과를 내긴 하지만 너무 대놓고 티가 나기 때문에 요즘은 많이 쓰이지 않는다.

비관세장벽은 국제적으로 통일된 분류기준이 마련되지 않았고 객관적으로 입증하기도 어려워 국제기구를 통한 관리 · 감독에 한계가 있다. 특히 비관세장벽을 쌓은 국가가 국민 안전, 환경 보호 등과 같은 공공성을 근거로 들면 반박하기 힘든 경우도 많다.

146

교역조건(terms of trade)

수출상품과 수입상품의 교환비율. 무역이 유리해졌는지 불리해졌는지를 파악하는 지표다.

경제기사 읽기

외국에 물건 하나를 팔고 받은 돈으로 다른 나라 물건을 얼마나 살 수 있는지 보여주는 순상품교역조건지수가 추락했다. 4년10개월 만에 90선이 무너졌다. 수출 부진이 계속되면서 교역조건은 19개월째 하락세를 이어갔다.

한국은행이 24일 공개한 올해 6월 무역지수 및 교역조건을 보면 순상품교역조건지수는 지난해 같은 달보다 4.6% 내린 89.96을 기록했다. 89.69까지 떨어졌던 2014년 8월 이후 최저 수준이다.

— 강창욱, 교역조건 19개월째 하락… 4년10개월 만에 최악, 〈국민일보〉, 2019.07.24

장사를 잘 하려면 물건을 살 때 가급적 싸게 사고, 팔 때는 최대한 비싸게 팔면 된다. 국가 차원에서 보면 수입은 싸게, 수출은 비싸게 하면 유리하다. 국가 간 무역에서 이러한 상품 수출입의 유 · 불리를 파악하기 위해 계산하는 것이 교역조건이다. 교역조건에는 ①순상품교역조건 ②총상품교역조건 ③소득교역상품조건 ④요소교역조건 등 여러 종류가 있다. 일반적으로 많이 쓰는 것은 순상품교역조건과 소득교역조건이다.

순상품교역조건지수(=수출물가지수÷수입물가지수×100)는 해외에 물건 하나를 수출해 받은 돈으로 외국 물건을 몇 개나 수입할 수 있는지를 뜻한다. 순상품교역조건은 가격 변동만을 고려하고 물량 변동은 감안하지 않는다는 단점이 있다. 이 한계를 보완하기 위해 교역물량까지 반영한 것이 소득교역조건지수다.

소득교역조건지수(=순상품교역요건지수÷수입물가지수×100)는 해외에 물건을 수출해 받은 총액으로 수입할 수 있는 외국산 제품의 양을 말한다. 순상품교역조건과 소득교역조건을 함께 작성하게 되면 수출입상품의 가격 변동뿐 아니라 수출물량 변동까지 고려해 교역조건을 보다 종합적으로 파악할 수 있다. 둘은 꼭 같은 방향으로 움직이진 않는다. 예컨대 수출가격을 10% 내려 총 수출물량이 40% 늘었다고 하자. 순상품교역조건은 나빠지지만 소득교역요건지수는 개선될 수 있다.

한국의 교역조건 추이를 보면, 순상품교역조건지수는 1995년 이후 하락세를 나타냈다. 반도체와 정보통신기기 등의 단가 하락에 따라 수출단가지수는 낮아지고, 원유 등 국제원자재 가격 상승에 따라 수입단가지수는 오른 영향이 컸다. 소득교역조건지수는 상승 추세였다. 수출물량 자체가 크게 늘었기 때문이다.

147

일물일가 법칙(law of indifference, 一物一價 法則)

효율적인 시장에서 같은 물건은 어느 곳에서든 같은 가격으로 거래된다는 이론.

경제기사 읽기

한국에서 파는 맥도날드의 빅맥 햄버거 가격이 아시아에서 싱가포르에 이어 두 번째로 비싼 것으로 나타났다. 경제 주간지 이코노미스트는 한국의 7월 '빅맥지수'가 3.86으로 지난 1월 3.59보다 7.5%(0.27포인트) 올랐다고 26일 보도했다. 한국의 빅맥 햄버거 1개 가격(4400원)을 달러로 환산하면 3.86달러라는 의미다.

빅맥지수는 전 세계에 점포를 둔 맥도날드의 빅맥 가격을 비교 기준으로 각국 통화의 구매력, 환율 수준 등을 평가하기 위해 만든 지표다. 같은 물건은 어디서든 가격이 같아야 한다는 '일물일가' 원칙을 바탕으로 이코노미스트가 1986년 고안했다. 매년 1월과 7월 두 차례 발표한다. 빅맥지수가 낮을수록 달러화보다 해당 통화가 저평가됐다는 의미다.

한국 빅맥지수는 원화 가치가 올초보다 상승하면서 조사 대상 56개국 중 지난 1월 24위에서 6개월 만에 23위로 한 단계 뛰었다.

한국 빅맥 가격은 이번 조사에서 5위를 차지한 미국 빅맥 가격(5.04달러)에 비해 23.5% 낮은 것으로 나타났다. 한국 원화의 실제 거래 가치가 적정 가치보다 23.5% 저평가돼 있다는 뜻이다. 빅맥 가격이 가장 비싼 나라는 스위스로 개당 6.59달러였다.

— 홍윤정, 아시아서 두번째로 비싼 한국 '빅맥', 〈한국경제〉, 2016.07.27

"여기서 이게 2유로잖아? 한국에선 1만원이 넘어. 많이 사는 게 무조건 이득이야." 취재차 독일 출장을 갔을 때 다른 회사 동료가 독일산 발포 비타민제를 한가득 사오면서 나에게도 구매를 권했다. 스마트폰을 검색해보니 '독일 여행 갈 때 필수 쇼핑 리스트'에 들어있는 유명한 제품이라 한다.

경제학원론에는 일물일가 법칙이라는 이론이 나온다. 영국의 경제학자 윌리엄 제번스가 만든 것으로, 완전경쟁시장에서는 동일한 제품이 어느 곳에서든 동일한 가격에 판매된다는 내용이다. 시장별 가격에 일시적으로 차이가 발생할 수는 있다. 하지만 그 순간 저렴한 시장에서 물건을 떼어다 비싼 시장에서 파는 재정거래(arbitrage)가 생겨난다. 이를 통해 여러 시장에서 가격은 하나로 수렴하게 된다는 게 제번스의 설명이다.

그런데 왜 발포 비타민은 한국에서 7~8배 비쌌을까. 일물일가 법칙에 한계가 존재하기 때문이다. 제번스는 완전경쟁이 이뤄지는 시장을 전제로 깔았지만, 현실은 그렇지 않다. 독일 제품을 한국에 들어오면 운송비와 관세가 추가로 들고 각종 비관세장벽도 넘어야 한다. 품질이 같은 국산 발포 비타민도 많지만, 일부 소비자는 유럽 브랜드를 선호해 기꺼이 높은 가격을 지불할 수도 있다. 현실에서 일물일가 법칙이 성립하지 않는 이유다.

다만 국제무역의 문턱이 낮아지면서 같은 상품의 국가별 가격이 크게 차이나는 경우는 줄어드는 추세다. 물류산업의 발달로 운송비가 낮아졌고, 자유무역협정(FTA) 체결이 확대돼 각종 관세도 인하되고 있어서다. 2010년대 초 해외 직구 열풍이 불자 수입 패션 브랜드들이 한국 판매가를 줄줄이 인하한 사례도 있다. 완벽한 일물일가까진 아니더라도 그에 준하는 방향으로 유통이 발전하고 있다고 볼 수 있다.

148

공정무역(fair trade)

저개발국에서 생산된 제품을 정당한 대가를 주고 구입하는 윤리적 소비 운동.

경제기사 읽기

공정무역 제품과 친환경 제품 구매 비율 등으로 매긴 한국인들의 '착한 소비 지수'가 40점대에도 못 미치는 낙제점인 것으로 조사됐다.

마스터카드가 아시아 · 태평양 지역 14개국을 대상으로 조사해 13일 발표한 자료를 보면 한국인들의 착한 소비 지수는 100점 만점에 37.4점을 기록했다. 전체 14개국 중 11위에 해당하는 수치다.

가장 높은 점수를 받은 국가는 인도네시아(73.2점)였다. 2위는 태국(69.6점), 3위는 중국(68점)이었고 인도(66.2점)와 필리핀(65.6점)이 4위와 5위를 차지했다. 한국 뒤에 있는 국가는 홍콩(37.1점), 뉴질랜드(29.2점), 호주(27.7점)였다.

— 오현태, '착한소비'와 거리가 먼 한국인들, 〈세계일보〉, 2016.05.14

2013년 4월 24일 방글라데시에서 대형 참사가 터졌다. 수도 다카 인근의 의류공장이 무너져 1138명이 숨졌다. 이 건물에서 일하던 노동자들은 방글라데시 최저임금의 3분의 1에도 못 미치는 돈을 받고 있었다. 오래 전부터 기둥 곳곳이 갈라져 퇴거명령이 내려졌지만 생산은 강행됐다고 한다. 이 소식이 알려진 후 세계 곳곳의 '패션 피플'들이 큰 충격을 받았다. 공장의 원청업체가 H&M, 자라, 망고 등 유명 SPA 패션 브랜드라는 사실이 밝혀졌기 때문이다. 저렴한 가격에 세련된 디자인을 앞세운 SPA가 '노동착취의 결과물'이라는 민낯이 드러났다.

많은 글로벌 기업들이 원가를 절감하기 위해 값싼 노동력이 풍부한 저개발국에 생산기지를 둔다. 하지만 이 과정에서 노동착취와 환경오염 등을 일으키기도 한다. 기업들은 이윤을 극대화하지만, 현지인들에겐 합당한 보상이 돌아가지 못한다는 비판이 많다.

공정무역은 이런 문제의식에서 출발한 '윤리적 소비' 운동이다. 기업은 제3세계의 소외된 노동자와 생산자를 배려해 제품을 생산하고, 소비자는 제값을 주고 제품을 구입해 이들의 경제적 자립을 돕자는 게 핵심이다. 1950~1960년대 유럽에서 시작해 여러 지역으로 확산됐다. 국내에는 2000년대 들어 아름다운가게 등 시민단체를 중심으로 공정무역 운동이 본격화했다.

공정무역의 5대 상품으로는 커피, 초콜릿, 설탕, 홍차, 면화가 꼽힌다. 제국주의 시대 식민지였던 가난한 국가의 농민들이 주로 재배한다는 공통점이 있다. 시중에서 쉽게 볼 수 있는 '공정무역 커피'의 경우 어린이 등 사회적 약자의 노동력을 착취하지 않고, 생산자에 정당한 대가를 지급했으며, 환경친화적 방식으로 생산했음을 보증하는 공정무역 인증마크가 붙어 있다.

공정무역 운동을 삐딱하게 보는 사람도 있다. 저개발국에 실질적 도움을 주지 못하는 '가진 자들의 자기만족'일 뿐이라는 게 비판의 요지다. 공정무역 제품에 대한 수요가 늘고, 최빈국에 글로벌 스탠더드의 노동 환경을 요구할수록 이들 국가에선 오히려 일자리를 잃는 사람이 늘어난다는 것이다. 극단적으로 "비공정무역 제품을 많이 소비하는 것이 그들의 빠른 빈곤 탈출을 돕는 길"이라 말하는 이도 있다. 어떻게 보면 피도 눈물도 없다는 느낌도 들고, 한편으론 설득력 있는 얘기 같기도 하다. 당신의 생각은 어떠신지.

149

발틱운임지수(Baltic Dry Index, BDI)

발틱해운거래소가 발표하는 해운운임지수. 교역이 활발한지를 파악하는 지표로 쓰인다.

경제기사 읽기

해상운송 업황을 보여주는 발틱운임지수(BDI)가 치솟고 있다. 벌크선 비중이 큰 국내 해운업체 주가가 오르는 이유다.

5일 유가증권시장에서 대한해운은 750원(2.71%) 상승한 2만8450원에 마감했다. 지난달 이후 18.30% 올랐다. 팬오션도 이날 3.14% 올라 6월 이후 13.73% 상승했다. 영국 발틱해운거래소가 집계하는 BDI는 지난 4일 1700포인트로 마감해 전날보다 9.75% 올랐다. 6월 이후로는 55.11% 상승했다.

2016년 2월 290을 바닥으로 꾸준히 상승 궤적을 그리던 BDI는 올초 1200대에서 590대로 고꾸라졌다. 지난 1월 브라질 댐 붕괴 사고로 세계 최대 철광석업체 발레의 생산량이 대폭 줄어든 탓이다.

최근 BDI가 반등한 배경엔 발레의 조업 재개, 중국으로의 철광석·석탄 물동량 증가, 국제해사기구(IMO) 환경 규제 등이 자리하고 있다는 분석이다. 내년 1월 1일부터 IMO의 황산화물 배출 규제가 시행되면 노후 선박 운항이 줄면서 선복량(화물 운송 능력)이 감소할 것이란 전망이 나온다.

— 임근호, 발틱운임지수 급반등에…'뱃고동' 울리는 해운株, 〈한국경제〉, 2019.07.06

배로 물건을 실어나르는 해운산업은 '경제의 혈맥'이라 불린다. 우리나라 수출입화물의 99.7%는 선박을 통해 운송되며 원유, 철광석, 원료탄 등은 100% 해상 수송이다. 경제가 활발하게 돌아가면 해운업도 호황을 누리지만 반대의 경우엔 동반 타격을 받을 수 밖에 없다.

경제신문에서 세계 경기나 해운업 상황을 설명할 때 BDI라는 지표가 단골로 등장한다. BDI는 영국 런던에 있는 발틱해운거래소가 발표하는 해운운임지수다. 철광석, 석탄, 곡물 등을 포장하지 않고 덩어리(bulk)째 실어나르는 배를 벌크선이라 한다. BDI는 세계 26개 주요 항로의 벌크선 운임과 용선료 등을 종합해 산출한다. 1985년 1월 4일의 가격을 1000으로 잡고 특정 시점의 벌크선 운임 수준을 숫자로 보여준다.

BDI가 올라가면 해운업계는 물론 경제 전체에 호재다. 경기가 좋아지면 각국의 원자재 수요가 증가한다. 산업 투자가 늘면서 철강 등의 수요가 많아지고, 소비가 활발해져 곡물 등의 수요도 늘어난다. 이런 원자재를 실어나를 벌크선을 찾는 사람들이 많아지면 운임은 비싸질 수 밖에 없다. 단기적으로 동원 가능한 선박 수는 고정돼 있기 때문이다. 따라서 BDI는 해운업체 주가 전망은 물론 경기 선행지표로도 활용된다.

BDI는 2008년 5월 1만1793을 기록해 사상 최고점을 찍었다. 하지만 금융위기 이후 세계 경제가 위축되면서 2016년 2월에는 역대 최저치인 290까지 떨어졌다. 한국의 대표적인 해운업체들이 이 보릿고개를 견디지 못하고 무너졌다. 한때 국내 1위, 세계 7위였던 한진해운은 2017년 파산선고를 받고 문을 닫았다. 최근 세계 해운산업은 대형업체들이 결성한 3대 해운동맹(2M, 오션 얼라이언스, 디 얼라이언스) 체제로 재편됐다.

150

쌍둥이 적자(Twin Deficit)

경상수지와 재정수지가 동시에 적자인 상태.

경제기사 읽기

미국의 지난 2월 무역적자가 9년 만에 최대 규모로 확대됐다. 도널드 트럼프 미국 대통령이 무역적자 축소를 위해 수입품에 고율관세를 부과하는 등 보호무역을 강화하고 있는 가운데 무역적자는 오히려 더 늘어난 것이다.

미 상무부는 5일(현지시간) 지난 2월 무역적자가 576억달러(약 61조원)를 기록했다고 발표했다. 글로벌 경제 위기로 미국이 경기 침체에 빠졌던 2008년 10월 602억달러 이후 최대 규모다. 수출 증가는 원유 등 원자재와 자동차·부품이 주도했고 수입은 자본재와 컴퓨터, 식품이 큰 폭으로 늘었다.

무역적자에 이어 재정적자까지 확대되면 '쌍둥이 적자'가 더 심각해질 수 있다는 분석도 나온다. 세제 개편으로 세수는 줄어드는 반면 국방비 등 정부 지출은 늘면서 미 연방정부 재정적자는 지난해 6550억달러에서 올해 8000억달러 이상으로 확대될 것으로 전망된다. 이는 달러 가치 하락으로 이어질 수 있다.

전문가들은 무역 규모가 아니라 적자에만 초점을 맞추는 것은 근시안적 정책이라고 지적했다. 리처드 페리 핸텍마켓츠 애널리스트는 "무역전쟁을 위해 수입을 줄이면 상대 국가의 보복으로 수출도 감소하고, 경제 성장이 둔화하면서 달러 가치에 부정적인 영향을 미친다"고 말했다.

— 추가영, 美 2월 무역적자 9년 만에 최대… '쌍둥이 적자' 더 심화되나, 〈한국경제〉, 2018.04.07

잘나가는 기업은 꾸준히 이익을 내는 기업이다. 적자가 계속되면 자본금을 까먹다 결국 망할 수밖에 없다. 그렇다면 '세계 최고 경제대국'이라는 미국의 살림살이는 항상 흑자 아닐까? 그렇지 않다. 경상수지와 재정수지 모두 어마어마한 적자를 기록하곤 했다. 이런 상태를 쌍둥이 적자라고 부른다.

경상수지 적자는 수입이 수출보다 많고, 재정수지 적자는 정부가 세수보다 더 많은 돈을 지출한다는 뜻이다. 두 적자가 겹쳤다는 것은 나라 곳간 여기저기 구멍이 뚫린 상태와 같다.

미국의 대표적인 쌍둥이 적자 사례는 1980년대 레이건 정부 때다. 당시 미국은 수출보다 수입이 많아 심각한 무역 불균형을 겪고 있었다. 레이건은 소련을 의식해 국방비 지출을 확대하는 동시에 경제를 살리기 위해 세금도 깎아줬다. 불어나는 쌍둥이 적자를 견디지 못한 미국은 1985년 '플라자 합의'를 통해 일본 엔화와 독일 마르크화의 통화가치를 인위적으로 끌어올리기에 이른다.

이후 개선되기도 했던 쌍둥이 적자는 이라크 전쟁에 군비를 쏟아부은 부시 정부, 대대적인 감세에 나선 트럼프 정부 등에서 다시 확대되는 양상을 보였다. 쌍둥이 적자를 벗어나려면 허리띠를 바짝 졸라매 경상 · 재정수지 적자를 줄이면 된다. 하지만 미국이 갑자기 이렇게 하면 세계 경기가 동반 침체될 수 있다. 또 기축통화를 찍어내는 나라는 국제 유동성을 유지하기 위해 경상수지 적자를 일정 부분 감수해야 하는 측면이 있는데, 이를 트리핀의 딜레마(Triffin's dilemma)라 부른다. 속 시원한 해법을 내놓기 쉽지 않다.

151

리쇼어링(reshoring)

해외로 생산기지를 옮겼던 기업이 다시 자국으로 돌아가는 현상.

경제기사 읽기

해외에 진출했다 자국으로 복귀하는 이른바 '유턴 기업'이 한국에는 연평균 10.4개에 불과했지만 미국에서는 정부의 강력한 정책으로 연평균 482개 기업이 자국으로 돌아간다는 조사 결과가 나왔다.

2일 전국경제인연합회 산하 한국경제연구원에 따르면, 미국은 자국 기업의 유턴 촉진 기관인 '리쇼어링 이니셔티브'를 인용해 지난 2010년 95개에 불과하던 유턴 기업 수는 2018년 886개를 기록하며 9배 가량 증가했다고 밝혔다. 이는 한국의 유턴 기업(2014~2018년)이 52개에 그친 것과는 대조적이다.

— 이세진, 美 유턴 기업수 한국의 46배…한미 '리쇼어링' 극과극, 〈헤럴드경제〉, 2019.09.02

미국 가전업체 제너럴일렉트릭(GE)은 중국과 멕시코에 뒀던 세탁기 · 냉장고 생산라인을 미국 켄터키주로 돌렸다. 독일 아디다스는 베트남에 이은 새 운동화 생산공장을 독일 바이에른주에 지었다. 일본 캐논은 오이타현에 로봇화 공장을 만들어 자국 내 카메라 생산비율을 60%로 끌어올렸다.

리쇼어링은 GE, 아디다스, 캐논 등과 같이 해외로 빠져나간 자국 기업이 생산기지를 본국으로 다시 이전하는 것을 말한다. 한동안 국내외 제조업체 사이에선 인건비와 생산원가를 아끼기 위해, 혹은 빠르게 성장하는 신흥시장을 공략하기 위해 공장을 저개발국으로 옮기는 오프쇼어링(offshoring)이 대세였다. 리쇼어링은 이와 정반대 개념이다.

요즘 세계 각국 정부는 리쇼어링 촉진에 사활을 걸고 있다. 선진국들은 2008

년 금융위기 이후 '제조업의 가치'에 다시 주목하기 시작했다. 고용과 투자를 늘리는 데 제조업만한 게 없다고 느낀 것이다. 오프쇼어링을 방치한 결과 자국 내 제조업 생태계는 취약해졌고, 그저 다른 나라에서 만든 제품을 열심히 소비하는 역할에 그쳤다고 판단했다.

리쇼어링은 애국심에 호소한다고 되는 게 아니다. 기업을 고향으로 돌아오게 만들 법한 '당근'을 줘야 한다. 법인세를 깎아주고, 투자에 각종 세제혜택을 주고, 사업이 걸림돌이 되는 규제를 풀어주는 것 등이 각국 정부가 꺼내든 리쇼어링 정책의 기본 방향이다.

최근에는 4차 산업혁명이 리쇼어링을 촉진할 것이란 분석도 나오고 있다. 인공지능(AI)과 로봇이 사람을 대체하는 스마트 공장이 확산되면, 굳이 값싼 노동력을 찾아 외국으로 나갈 필요가 없기 때문이다. 자국 내 고숙련 · 고임금 노동자에 대한 수요가 다시 살아날 것이란 전망이다.

152

FDI (Foreign Direct Investment, 외국인직접투자)

외국인이 경영 참여, 기술 제휴 등 국내 기업과 지속적인 경제적 관계를 목적으로 투자하는 것.

경제기사 읽기

지난해 외국인직접투자(FDI)가 전년보다 13.3% 줄어든 것으로 나타났다. 2013년 이후 6년 만에 감소세로 돌아섰다.

산업통상자원부는 2019년 FDI가 신고 기준 233억3000만달러로 집계됐다고 6일 발표했다. 2015년 이후 5년 연속 200억달러를 넘겼지만 전년(269억달러)에 비하면 13.3% 줄었다. 실제 도착한 FDI를 기준으로 보면 감소폭은 더 커진다. 작년 도착 기준 FDI는 127억8000만달러로, 전년 대비 26% 줄었다.

국가별로는 중국(-64.2%·신고 기준) 유럽연합(-20.1%) 등으로부터의 투자가 크게 감소했다. 정부는 외국인투자기업에 대한 법인세 감면 혜택 폐지를 앞두고 2018년에 조기 신고한 FDI가 크게 늘면서 지난해 실적이 상대적으로 저조했다고 설명했다.

그러나 전문가들은 국내 기업환경이 악화된 게 원인이라고 지적한다. 성태윤 연세대 경제학부 교수는 "대외환경이 불확실한 가운데 급격한 최저임금 인상, 주 52시간 근로제 등 정책비용의 급증이 FDI 감소에 영향을 미쳤다"고 분석했다.

— 구은서, 투자매력 사라진 한국…FDI 13%↓, 〈한국경제〉, 2020.01.07

해외에 공장을 짓는 국내 기업인들은 현지에서 '특급 대우'를 받을 때가 많다. 1997년 영국 웨일즈에서 열린 한라그룹의 건설중장비 공장 준공식에는 엘리자베스 여왕 내외가 참석해 정인영 명예회장 등과 공장가동 스위치를 눌렀다. 2019년 롯데가 미국 루이지애나에 석유화학공장을 짓자 도널드 트럼프 대통령은 신동빈 회장을 집무실로 초청해 각별하게 고마움을 표했다. 고착화되는 저성장, 고용 없는 성장에 고민이 깊은 주요 국가들이 외국인직접투자(FDI) 유치에 사활을 걸고 있음을 보여주는 장면들이다.

FDI가 활성화되면 공장이나 법인 설립을 통해 일자리가 창출되는 것은 물론 국내 자본 형성에도 기여해 경제 성장을 촉진한다. 해외 기업의 우수한 기술을 국내 인력이 넘겨받아 생산성 향상에도 도움을 받게 된다. FDI는 해외 자본이 경영에 실질적인 영향력을 행사할 목적으로 지속적인 관계를 맺는 점이 특징이다. 단순히 그 나라 주식, 채권 등에 돈을 묻어두는 사모펀드 등의 투자와는 다르게 봐야 한다는 얘기다.

한국에 유입되는 FDI는 잠시 주춤할 때도 있지만 전반적으로 우상향 그래프를 그리고 있다. 외국인투자기업들이 꼽는 한국의 장점은 주력 산업인 자동차, 반도체, 전자 등의 분야에서 시너지 효과를 낼 수 있다는 것이다. 세계 최대 시장인 중국과 지리적으로 가깝고, 고급 인재가 많다는 점도 긍정적 요인으로 평가받고 있다.

해외 기업들이 과감하게 투자할 만한 매력도를 더욱 끌어올리는 게 한국의 과제다. 노무, 세무 등 외국인투자기업이 겪는 애로사항을 개선하고, 해외 기업의 국내 연구개발(R&D)에 대한 인센티브를 확대하는 등 우호적인 투자환경을 조성할 필요가 있다는 지적이 나오고 있다.

153

ISD (Investor-State Dispute Settlement, 투자자-국가 간 소송)

외국 투자기업이 현지 정부의 불합리한 정책, 차별 대우, 계약 위반 등으로 손실을 봤을 때 정부를 해당국 법원이 아닌 세계은행 산하의 독립적 중재기구인 국제투자분쟁해결센터(ICSID)에 제소할 수 있는 제도.

경제기사 읽기

옛 대우일렉트로닉스(현 위니아대우) 인수합병(M&A) 관련 투자자-국가 간 소송(ISD)에서 한국 정부의 패소가 확정됐다. 한국 정부가 ISD에서 패소한 첫 사례다. 정부는 이란 다야니가(家)에 730억원을 물어줘야 한다. 금융위원회는 지난 21일 보도참고자료를 통해 "이란 다야니 가문 대 대한민국 사건의 중재 판정 취소 소송에서 영국 고등법원은 중재 판정을 취소해달라는 한국 정부의 청구를 받아들이지 않았다"고 밝혔다.

유엔 산하 국제상거래법위원회 중재 판정부는 한국 정부가 이란 가전업체 소유자 다야니 가문에 계약보증금과 보증금 반환 지연 이자 등 약 730억원을 지급해야 한다고 지난해 6월 판결했다. 2010년 대우일렉트로닉스 매각 과정에서 자산관리공사(캠코)를 포함한 한국 채권단의 잘못이 있었다는 이유다. 한국 정부는 이의를 제기하며 지난해 7월 중재지인 영국의 고등법원에 판정 취소 소송을 냈다.

— 박신영, 정부, '대우일렉 ISD' 패소 확정…이란 투자자에 730억원 물어줘야, 〈한국경제〉, 2019.12.23

타향살이는 고된 일이다. 원대한 꿈을 안고 해외에 진출한 기업인들도 많은 시행착오를 경험한다. 현지 문화에 어둡기도 하고, 그 나라 사람들 텃세에 시달리기도 한다. 팔은 안으로 굽는다고 했던가. 정부 관료들조차 은근슬쩍 자국 기업 편을 들어줄 때가 많다. 예컨대 한국 기업이 A국에 투자했는데, 정부는 자국 중소기업의 피해를 우려해 인·허가를 내주지 않을 수 있다. 역으로 한국에 투자한 A국 기업이 비슷한 경험을 할 수도 있다.

이런 일을 막기 위해 도입된 제도가 투자자-국가 간 소송(ISD)이다. ISD는 쉽게 말해 외국 기업이 정부의 잘못으로 손해를 봤을 때 소송으로 배상받도록 하는 제도다. 현지 법원에는 공정한 판결을 기대하기 어려우니 ICSID라는 국제 중재기구에 제소하도록 했다. 외국인 투자를 유치하기 위한 최소한의 투자 보호 장치로 인식돼 대부분의 자유무역협정(FTA)에 포함되고 있다. 한 · 미 FTA 국회 비준을 앞두고 ISD가 한국에 불리한 독소조항이냐 아니냐를 놓고 논쟁이 붙기도 했다.

ISD로 한국 정부를 제소한 첫 사례는 미국 사모펀드 론스타였다. 2003년 외환은행을 인수한 뒤 2012년 하나금융에 되팔기까지 우리 정부가 매각 작업을 자꾸 방해해 손실을 봤다는 이유에서다. 한국 정부가 최종 패소한 최초의 사례는 2019년 이란 다야니 가문이 제기한 ISD다. 이들은 대우일렉트로닉스를 인수하려다 무산되는 과정에서 계약금을 돌려받지 못하자 소송을 냈다.

ISD는 한국 정부에 위협이 될 수 있지만 한국 기업에 무기가 될 수도 있다. 하지만 국내 투자자가 해외에서 ISD의 도움을 받았다는 사례는 잘 보이지 않고 있다. 국제 중재는 결론이 나기까지 보통 3~4년이 걸린다. 전문가들은 우리 정부와 로펌들이 ISD에 대한 전문성과 대응역량을 높여야 한다고 지적한다.

154

커플링/디커플링(coupling/decoupling)

커플링은 한 나라의 경제가 특정 국가나 세계경제 흐름과 비슷하게 움직이는 동조화 현상. 디커플링은 독자적으로 움직이는 탈동조화 현상.

경제기사 읽기

지난해 상관계수가 0.8~0.9에 이를 정도로 강한 동조화를 보였던 한 · 중 증시는 지난달 중순부터 다른 길을 가고 있다. 코스피지수와 상하이종합지수는 올 들어 지난달 15일까지 각각 7.6% 올랐다. 하지만 이후 7일 현재까지 등락률은 각각 -1.4%와 15.8%로 차이가 크게 벌어졌다. 올해 상승률도 코스피지수는 6.1%에 그치고 있지만 상하이종합지수는 24.6%에 달한다.

지난해에는 글로벌 투자자들이 미 · 중 무역분쟁과 신흥국 불안에 놀라 무더기로 중국과 한국 주식을 던졌지만 지금은 상대적으로 매력이 더 높은 중국 주식을 집중적으로 사들이고 있다는 분석이 나온다. 곽현수 신한금융투자 연구원은 "외국인이 2016년 12월 선강퉁 시행 이후 가장 강한 강도로 중국 주식을 사들이고 있다"며 "국내 증시는 상대적으로 외면받고 있다"고 말했다.

— 임근호, 中 올라도 코스피는 '뚝뚝'…디커플링 본격화?,
〈한국경제〉, 2019.03.08

흔히 커플링이라 하면 연인끼리 사랑의 징표로 끼는 반지(couple ring)가 떠오른다. 하지만 경제학자나 투자자들은 다른 의미의 커플링을 먼저 생각할 것이다. 경제뉴스에 등장하는 커플링은 한 나라의 경제가 그 나라와 연관이 있는 주변국이나 세계 경제와 비슷하게 흘러가는 동조화 현상을 가리킨다.

여의도 증권가에는 "미국이 재채기를 하면 한국은 감기에 걸린다"는 말이 있다. 미국 주가가 출렁이면 한국 주가도 뒤따라 요동치는 일이 많았기 때문이다. 한국과 미국의 주식시장은 단단히 커플링됐다는 뜻을 담고 있다. 증권사 직원이나 전업투자자들이 국내 주식시장 개장 전 반드시 미국 등 해외 증시부터 분석하는 것도 이런 이유에서다.

커플링은 주가 외에도 환율, 금리, 경제성장률 등 다양한 지표를 설명하는 데 활용할 수 있다. 세계 모든 나라가 외부와 끊임없이 영향을 주고받는 오늘날 지구촌에서 커플링은 어찌보면 지극히 당연한 현상이다.

그러나 때론 특정 국가나 시장이 대세를 따르지 않고 독자적으로 움직이기도 하는데, 이런 탈동조화 현상은 디커플링이라 부른다. 2000년대 후반에는 중국, 인도, 브라질 등 신흥국이 디커플링 사례로 많은 주목을 받았다. 당시 미국 등 선진국 경제는 지지부진한 상태였지만, 이들 신흥국은 거대 인구와 자원에서 나오는 성장 잠재력이 부각되면서 많은 투자금을 끌어들였다. 디커플링을 이어가다 다시 비슷하게 움직이는 재동조화 현상을 의미하는 리커플링(recoupling)이란 용어도 있다.

155

양적완화(Quantitative Easing, QE)

금리 인하로 경기부양 효과를 기대할 수 없을 때 중앙은행이 채권을 사들이는 방식으로 시중에 돈을 푸는 정책.

경제기사 읽기

미국 중앙은행(Fed)이 23일 '무제한 양적완화'를 선언했다. 달러를 무한정 찍어 국채 등을 사들이겠다는 계획이다. 이전까지의 대책에는 빠져 있던 회사채 매입에도 본격 나서기로 했다. 신종 코로나바이러스 감염증(코로나19) 사태로 경제와 금융시장이 마비될 조짐을 보이자 사상 초유의 조치를 취한 것으로 풀이된다.

Fed는 이날 미 국채와 준정부기관이 발행한 주택담보증권(MBS), 상업용부동산담보증권(CMBS)을 제한 없이 매입하겠다고 발표했다. Fed는 이제까지 기준금리를 제로 수준으로 인하하고 7000억달러 규모의 양적완화와 1조달러 규모의 기업어음(CP) 매입 방침을 밝혔다. 하지만 주가가 폭락하고 투기등급 회사채 금리가 급등하는 등 금융시장 불안이 여전하자 '무제한 양적완화'라는 카드를 꺼내들었다. 글로벌 금융위기 때 7년간 6조7500억달러의 양적완화를 시행했지만 이번엔 그 한도를 없앴다.

— 김현석, 美 Fed "무제한 양적완화 하겠다", 〈한국경제〉, 2020.03.24

불황에 빠진 경기를 띄우려면 정부가 재정을 풀거나 중앙은행이 금리를 내리는 것이 정석이다. 그러나 2008년 금융위기 이후 전통적인 방식의 약발이 먹히지 않는 상황이 왔다. 중앙은행들이 금리를 0%에 근접하는 수준으로 낮췄고, 각국 정부가 재정부담을 감수하며 지출을 늘렸지만 효과가 없었다. 미국 중앙은행(Fed)은 이전과 다른 파격적인 통화정책을 꺼내들었다. 한동안 하루가 멀다 하고 경제신문에 등장했던 양적완화(QE)다.

양적완화는 영어를 직역하다 보니 쓸데없이 어려운 말이 됐는데, 쉽게 말하면 중앙은행이 채권을 사들여 시중에 돈을 푸는 것이다. 벤 버냉키 당시 Fed 의장은 "헬리콥터로 공중에서 돈을 뿌려서라도 경기를 부양한다"는 어록으로 유명하다. 물론 양적완화가 진짜 하늘에서 돈을 뿌리는 건 아니다. 대신 중앙은행만의 필살기인 발권력을 활용한다. 현금을 왕창 찍어 시중의 국공채, 주택저당증권(MBS), 회사채 등을 직접 매입한다. 중앙은행이 채권값으로 지불한 돈이 정부, 은행 등으로 건네져 민간으로 흘러가는 원리다.

Fed는 2009~2014년 세 차례(QE1·QE2·QE3)에 걸친 양적완화로 무려 4조5000억 달러를 풀었다. 0%대이던 경제성장률이 3%대에 근접하는 등 소기의 목적을 달성하자 더는 채권을 사지 않겠다고 선언하고 기준금리도 다시 올렸다. 비슷한 시기 유럽중앙은행(ECB)과 일본 중앙은행(BOJ)도 대규모 채권 매입에 나섰다. 유럽과 일본은 Fed의 양적완화 공식 종료 이후에도 돈 풀기를 이어갔다. 2020년 3월 코로나19 사태가 걷잡을 수 없이 번지자 Fed는 다시 '무제한 양적완화' 카드를 꺼내들었다. 고육지책에 가까웠던 양적완화가 선진국의 보편적 통화정책이 된 셈이다.

양적완화로 풀린 풍부한 자금은 부동산, 주식, 채권 등에 투자돼 경제에 활기를 불어넣을 수 있다. 하지만 돈의 가치가 떨어지는 만큼 물가 상승과 자산가격 거품을 불러올 위험을 동시에 안고 있다. 양적완화를 점진적으로 축소하는 것은 테이퍼링(tapering)이라 한다. 경제가 안정되면 채권을 다시 팔아 돈을 거둬들여야 하는데, 이 과정에서 신흥국 자본이 선진국으로 급격히 유출되면 또 다른 혼란을 불러올 수도 있다. 뒷수습이 더 중요하다는 얘기다.

156

외환보유액

정부와 중앙은행이 비상사태에 대비해 비축한 외화자산.

경제기사 읽기

한국의 외환보유액이 넉 달 연속 사상 최대치를 갈아치웠다.

한국은행이 5일 발표한 '2020년 1월 말 외환보유액'을 보면 지난달 말 외환보유액은 한 달 전보다 8억4000만달러 늘어난 4096억5000만달러로 집계됐다. 외환보유액은 지난해 10월부터 지난달까지 4개월 연속 사상 최대치를 기록했다.

외환보유액이 늘어난 것은 한은이 보유한 미국 국채 등의 매매 차익과 이자 수익이 증가한 영향이다.

하지만 지난달 달러화 가치가 뛰면서 유로화 엔화 등 비달러화의 달러 환산액은 줄었다. 외환보유액을 자산별로 보면 국채 · 회사채 등 유가증권(3784억5000만달러)은 전달에 비해 65억8000만달러 줄었다.

— 김익환, 외환보유액 4096억弗…넉 달 연속 '사상 최대',
〈한국경제〉, 2020.02.05

외환보유액은 정부와 중앙은행이 쌓아둔 외화자산을 말한다. 금융회사들의 해외 차입이 막혀 대외결제가 어려워지는 긴급상황에 대비하고, 외화가 부족해 환율이 급상승할 때 외환시장을 진정시키는 데도 쓰인다. '국민경제의 안전판'이라 불리는 이유다.

외환위기가 절정으로 치달았던 1997년 12월18일, 한국의 외환보유액은 39억달러까지 떨어진 적이 있다. 국가부도 직전까지 갔다는 얘기다. 그랬던 외환보유액이 4000억달러 이상으로 넉넉해진 것은 국가의 대외지급 능력이 좋아졌다는 의미다. 국가신인도가 높아져 투자 유치가 쉬워지고, 민간 기업과 금융회사의 해외 자본조달 비용도 낮아지는 효과를 기대할 수 있다.

우리나라 외환보유액은 한국은행 보유분과 정부 보유분(외국환평형기금)으로 나뉜다. 정부 보유분은 대부분 한국은행에 예금되기 때문에, 외환보유액 운용은 한국은행이 책임진다고 볼 수 있다. 외환보유액은 위기가 감지되면 언제든 꺼내쓸 수 있어야 하는 만큼 유동성과 안전성을 확보하는 게 중요하다. 그래서 80%가량을 우량채권으로 굴린다. 또 달러, 유로, 엔, 파운드 등 여러 통화에 분산 투자하고 있다.

다만 외환보유액이 지나치게 많아도 논란이 뒤따른다. 정부가 외화를 쌓아두는 데 따른 기회비용이 발생하기 때문이다. 외환보유액은 대부분 안전자산에 투자되기 때문에 높은 수익률을 기대하기 어렵다. 다른 쏠쏠한 투자기회를 잃는다는 뜻과 같다.

외환보유액의 '적정 수준'은 명확한 기준이 없다. 다만 신흥국일수록 유사시에 대비해 가급적 넉넉히 확보하려는 경향을 보인다. 반면 미국 같은 나라는 어차피 자국통화가 기축통화이니 외환보유액을 많이 쌓아둘 필요를 느끼지 않는다. 우리 정부는 "소규모 개방경제에 지정학적 특수성이 강한 한국의 상황을 감안하면, 충분한 수준의 외환보유액을 유지하는 게 위기재발 방지를 위해 중요하다"고 설명하고 있다.

157

고정환율/변동환율(fixed exchange rate/floating exchange rate)

고정환율제는 정부나 중앙은행이 환율을 일정 수준으로 유지하는 방식. 변동환율제는 외환시장의 수요·공급에 따라 환율이 자유롭게 결정되는 방식.

경제기사 읽기

미얀마가 35년 동안 유지하던 고정환율제를 폐기한다. 서방 세계와 관계 개선을 모색하고 있는 미얀마 정부가 해외 기업의 투자와 교역을 확대하기 위한 것으로 풀이된다.

블룸버그통신은 현재 달러당 760~780차트 선에서 고정환율제도를 유지하고 있는 미얀마가 곧 변동환율제도로 전환할 예정이라고 익명의 관리를 인용, 5일 보도했다. 블룸버그통신은 "현 정부의 경제개방 의지를 드러낸 것"이라고 평가했다.

그동안 미얀마의 군부 독재정권은 35년간 고정환율제도를 유지해왔다. 군부정권은 한때 차트화 공식환율을 암시장 시세의 100분의 1로 고시하는 등 실제 화폐가치를 제대로 반영하지 못했다. 이 때문에 외국기업들은 미얀마 투자를 꺼려왔다. 국제통화기금(IMF)과 세계은행은 미얀마 정부에 환율제도 개혁을 지속적으로 요구했다.

미얀마의 새로운 환율제도는 완전한 시장변동환율제도보다 관리변동환율제도에 가까울 것으로 예상된다. 정부가 차트화 가치 급락을 막기 위해 환율이 달러당 800차트를 넘을 때는 중앙은행을 통해 개입할 수 있도록 했다.

— 임기훈, 미얀마 개방 신호탄…고정환율제 버린다, 〈한국경제〉, 2012.03.06

서울 외환시장은 평일 오전 9시부터 오후 3시30분까지 열린다. 은행의 외환거래를 맡는 딜링 룸(dealing room)은 이때 전쟁터를 방불케 할 만큼 급박하게 돌아간다. 외화를 사고팔려는 기업과 금융회사가 전화 주문을 쏟아내면, 딜러가 다급한 목소리로 호가를 외치고 키보드를 두드려 거래를 성사시킨다. 딜러들은

한국 환율제도 변천사

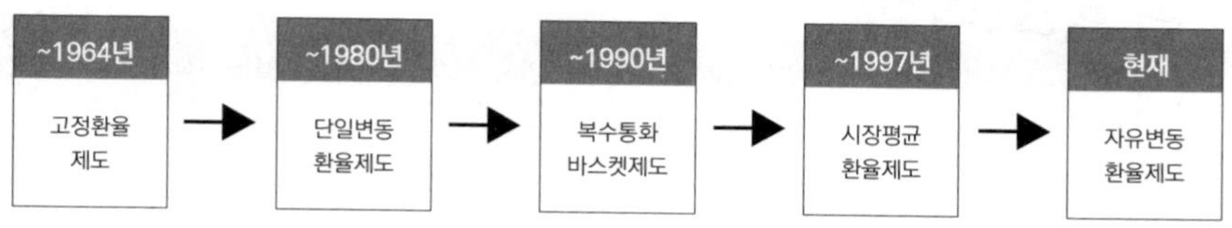

책상에 모니터를 7~8개씩 켜두고 해외 뉴스와 경제지표를 수시로 확인한다. 단 0.1초 차로 어마어마한 돈이 왔다갔다하는 곳이다.

환율제도는 크게 고정환율과 변동환율로 나뉘고, 둘을 절충한 다양한 방식이 함께 존재한다. 서울의 딜링 룸이 바쁘게 돌아가는 건 한국이 완전한 변동환율제를 채택하고 있어서다. 선진국은 대부분 변동환율이다.

두 방식은 각각 장단점이 명확하다. 고정환율은 미국 달러와 같은 특정 통화에 자국 환율을 묶는 페그(peg·말뚝이라는 뜻)제가 일반적이다. 환율 급변동에 따른 충격을 완화하고, 정부가 정책의 주도권을 쥘 수 있다는 건 장점이다. 하지만 특정 환율을 유지하기 위해 자본이동을 인위적으로 통제해야 하고, 위기상황에선 오히려 환투기 공격에 쉽게 노출될 수 있다.

변동환율은 자본이동이 자유롭고, 외부 충격을 환율이 자연스럽게 흡수하는 것이 장점이다. 국내 외환시장에 달러 공급이 많아지면 달러가치가 떨어져 원·달러 환율이 하락하고, 달러 수요가 많아지면 그 반대가 된다. 다만 외환시장 변동성에 고스란히 노출되기 때문에 힘이 약한 개발도상국일 수록 경제 교란요인으로 작용할 위험이 있다.

경제학자들은 환율제도의 '정답'은 없다고 말한다. 국가마다 경제발전 단계와 구조적 특성을 고려해 선택할 문제라는 것이다. 다만 어떤 환율제도든 ①통화정책의 자율성 ②자유로운 자본이동 ③환율 안정이라는 세 가지 정책목표를 동시에 만족하는 것은 불가능하다. 이를 환율제도의 '삼불 원칙(impossible trinity)'이라 한다. 대략 세계 국가의 35%는 변동환율제, 15%는 고정환율제, 50%는 중간 형태의 환율제도를 채택하고 있다.

158

환율조작국

수출 확대 등의 목적으로 정부가 인위적으로 외환시장에 개입해 자국에 유리하게 환율을 조작하는 국가. 미국 재무부가 지정한다.

경제기사 읽기

미국이 중국과의 1단계 무역합의 서명을 앞두고 중국을 환율조작국에서 제외했다. 작년 8월 환율조작국으로 전격 지정한 지 5개월여 만이다. 양국 간 갈등이 관세뿐 아니라 환율 등 경제 전반에서 완화될 것이란 관측이 힘을 얻고 있다. 외신들은 미국의 이 같은 '선물'에 화답해 중국이 2000억달러 규모의 미국산 상품을 추가 구매하기로 했다고 보도했다.

미 재무부는 13일(현지시간) '주요 교역국의 거시경제 및 환율정책 보고서(환율보고서)'를 발표하고 중국을 환율 관찰대상국으로 지정했다. 지난해 8월 지정한 환율조작국에서 제외한 것이다. 이는 미국이 중국과 1단계 무역합의에 서명하기 이틀 전에 이뤄진 조치다. 류허 국무원 부총리를 대표로 한 중국 대표단은 서명을 위해 이날 워싱턴DC에 도착했다.

미 재무부는 "중국을 환율조작국으로 지정한 뒤 협상을 통해 1단계 무역합의에 이르렀다"며 "중국이 이 합의에서 경쟁적 통화 절하를 삼가고 이의 이행을 강제하는 약속을 했다"고 설명했다. 또 중국이 환율과 관련한 정보들을 공개하는 데 동의했다고 덧붙였다.

— 김현석, 美, 中 환율조작국 제외 '선물'…中은 2000억弗 추가 수입 '화답', 〈한국경제〉, 2020.01.15

운동선수가 기록을 높이려고 금지약물을 투여하면 벌을 받는다. 공정한 경쟁이 아니기 때문이다. 국제무역을 하는 나라들도 수출을 늘리기 위해 환율에 손대고 싶은 유혹에 빠질 수 있다. 달러를 왕창 사들여 자국화폐 가치만 떨어뜨리면, 수출경쟁력이 자동으로 높아지기 때문이다. 만성적인 무역수지 적자에 시달려온 미국이 이런 꼴을 가만히 보고 있을 리 없다. 환율 조작이 의심되는 나라의 명단을 작성해 압박을 가한다.

미국 재무부는 1년에 두 번 의회에 보고하는 환율보고서에서 환율조작국을 지정한다. 점잖은 말로 '심층분석대상국'이라 부르기도 한다. 미국은 1988년 종합무역법과 2015년 교역촉진법(BHC법)에 환율조작국 지정의 근거를 마련했다.

환율조작국은 세 가지 요건을 모두 충족하는 나라다. ①1년 동안 대미 무역수지 흑자가 200억달러를 넘고 ②경상수지 흑자가 국내총생산(GDP)의 2%를 넘고 ③GDP의 2%를 초과하는 외환을 순매수한 나라다. 환율조작국에 해당하진 않지만 예의주시할 필요가 있는 나라는 관찰대상국으로 분류한다. 지정 요건 중 두 개를 충족하거나 대미 무역흑자가 과도한 경우다.

환율조작국으로 지정됐을 때 큰 제재가 있는 것은 아니다. 미국 정부가 구매하는 물품에 환율조작국 제품은 제외하고, 환율조작국에 투자하는 미국 기업에는 투자나 보증을 서지 않는다는 정도다. 하지만 세계 최대 강대국인 미국이 이를 명분 삼아 무역보복에 나설 수 있다는 게 더 무섭다. 미국과의 관계가 악화되고 국제사회 평판이 떨어질 수 있다는 점도 부담이다.

한국은 1988년 환율조작국으로 지정됐다가 2년 만에 풀려난 적이 있다. 관찰대상국 명단에는 꾸준히 포함되고 있다. 미국은 1998년 이후 환율조작국을 지정하지 않았다. 하지만 중국과의 무역분쟁이 고조된 2019년 중국을 환율조작국으로 전격 지정했고, 합의를 이루자 반년 만에 해제했다. 환율조작국 제도를 협상의 지렛대로 쏠쏠하게 활용한 셈이다.

159

캐리 트레이드 (carry trade)

금리가 낮은 국가에서 돈을 빌려 높은 수익률이 기대되는 나라에 투자해 차익을 얻는 거래.

경제기사 읽기

글로벌 금융시장에서 신흥국을 향한 캐리트레이드가 부활하고 있다. 월스트리트저널(WSJ)은 8일(현지시간) 이머징마켓포트폴리오리서치(EPFR) 글로벌의 자료를 인용해 올해 들어 지난 3일까지 신흥국 채권펀드에 총 232억3,000만달러의 투자자금이 유입됐다며 수익률에 목마른 투자가들이 신흥국 캐리트레이드를 되살리고 있다고 전했다.

신흥국 채권펀드는 지난해 10월부터 연말까지 지속적인 자금이탈에 시달렸으나 올해 들어서는 2월 한 주를 제외하면 주간 단위로 꾸준히 순유입을 기록하고 있다.

캐리 트레이드가 늘어나는 것은 올해 선진국 금리가 더 이상 오를 기미가 보이지 않는 상황에서 높은 수익률을 제시하는 신흥국 자산의 매력이 높아졌기 때문이다.

— 김영필, 美 등 선진국 금리동결에 캐리트레이드 부활, 〈서울경제〉, 2019.04.10

높은 수익률을 얻기 위해 어디든 찾아가는 것은 투자자의 본능이다. 만약 한국에서 연 1% 금리로 대출을 받을 수 있고, 동남아 A라는 나라에 연 10% 수익률이 보장되는 투자기회가 있다면? 당연히 한국에서 돈을 빌려 A국에 투자하려는 수요가 생겨날 것이다. 이처럼 국가별 금리 차를 활용해 국경을 넘어 이뤄지는 투자가 '캐리 트레이드'다. 캐리 트레이드의 투자 대상은 안전한 예금, 채권부터 고위험 고수익을 추구하는 주식, 파생상품 등까지 다양하다.

캐리 트레이드는 차입하는 통화에 따라 여러 종류가 있다. 가장 유명한 건 '엔 캐리 트레이드'다. 1990년대 장기 불황에 빠졌던 일본에선 오랫동안 0%에 가까운 저금리가 이어졌다. 반면 2000년대 들어 선진국과 신흥국들은 경제가 호황을 맞아 금리가 오르기 시작했다. 글로벌 헤지펀드는 이 기회를 파고들어 일본에서 엔화로 대출을 받아 금리가 높은 영국, 호주, 브라질 등에 투자하기 시작했다. 일본의 기관투자자와 개인들도 뒤따랐다. 영국 경제잡지 이코노미스트는 당시 남편 월급으로 캐리 트레이드를 했던 일본 주부들에게 '와타나베(일본의 흔한 성씨 중 하나) 부인'이라는 별명을 붙였다.

2008년 금융위기 이후에는 '달러 캐리 트레이드'가 떴다. 금융위기의 진앙지였던 미국은 경기 부양을 위해 기준금리를 확 낮춘 반면 브라질, 러시아, 인도네시아 등 신흥국은 금리를 올렸기 때문이다. 유럽의 유로화를 활용한 '유로 캐리 트레이드' 등도 있다.

캐리 트레이드 자금은 고수익을 좇아 유랑하는 '핫 머니(hot money·투기성 단기 자금)' 성격이 강하다. 투자 매력이 떨어지는 즉시 빠져나가기 때문에 기초체력이 약한 신흥국에는 위험요인으로 작용할 수도 있다. 캐리 트레이드의 수익률은 환율에도 많은 영향을 받는다. 금리 차로 수익을 얻더라도 환차손이 더 크게 나면 최종적으로 손실을 볼 수 있다.

160

핫 머니/토빈세(hot money/Tobin tax)

핫 머니는 단기 수익을 목적으로 국제 금융시장을 이동하는 투기성 자본. 토빈세는 핫 머니의 유출입으로 인한 혼란을 방지하기 위해 단기 외환거래에 부과하는 세금.

경제기사 읽기

중국 상하이증시가 7일 7% 이상 폭락, 개장 29분 만에 조기 마감했다. 증시가 급락할 때 주식 거래를 중단시키는 서킷브레이커가 발동됐기 때문이다. 위안화 가치 급락이 촉발한 핫머니(단기투기성 자금) 대탈출에다 공포에 휩싸인 개인투자자들의 투매가 겹치면서 증시가 걷잡을 수 없이 미끄러졌다는 분석이다.

상하이종합지수는 이날 1.55% 하락한 3309.66으로 거래를 시작했다. 매도 물량이 쏟아지면서 두 차례에 걸친 서킷브레이커가 발동, 오전 9시59분 거래가 완전히 중단됐다. 이날 상하이종합지수는 7.04% 급락한 3125.00에 마감했다.

— 김동윤 · 임근호, 핫머니 대탈출…또 멈춘 중국 증시, 〈한국경제〉, 2016.01.08

'뜨거운 돈!' 핫 머니는 국제 금융시장을 빠르게 이동하는 단기 자금을 말한다. 핫 머니의 특징은 자금이 매우 유동적이고 대량으로 이동한다는 것. 국가별 금리나 환율 차이를 파고들어 수익을 내고, 정치 · 경제 상황이 불확실해졌다고 판단하면 안정적인 곳으로 옮겨가기도 한다. 이익을 충분히 봤다고 판단하면 잽싸게 빠져나가는 투기적 성향을 보인다.

핫 머니라는 단어를 처음 사용한 사람은 1935년 미국의 루스벨트 대통령으로 알려져 있다. 당시는 세계 각국이 금본위제를 이탈하면서 외환시장 변동이 심해지던 때였다.

고성장 신흥국에 이런 돈이 대규모로 유입되면 개발 밑천으로 활용되거나 주식 · 외환시장 안정에 기여할 수도 있다. 하지만 통화가치 상승, 자산가격 거품 등을 유발해 불안 요인으로 작용할 위험도 크다. 핫 머니가 한꺼번에 이탈하면 그 나라 외화 사정이 심각한 위기에 빠지게 된다. 외환위기를 맞은 1997년의 한국이 그랬다.

노벨경제학상 수상자인 제임스 토빈 미국 예일대 교수는 국경을 넘나들며 단기 수익만을 좇는 핫 머니가 금융시장의 안정성에 독(毒)이 된다고 봤다. 1978년 그는 모든 단기성 외환거래에 약 0.1%의 세금을 물리자는 아이디어를 내놨다. 일종의 외환거래세인 이 세금은 제안자의 이름을 따 토빈세로 불리게 됐다.

토빈세는 제안 당시에는 별다른 관심을 받지 못했지만, 1990년대 이후 새삼 재조명받았다. 미국발 금융위기 직후인 2009년 유럽연합(EU) 27개 회원국 정상들은 "토빈세가 세수 증대에 기여할 수 있다"며 국제통화기금(IMF)에 토빈세 도입 검토를 요구하는 성명을 발표했다.

토빈세는 실체가 명확한 일반 무역거래나 장기 자본투자는 제약하지 않으면서, 투기자본 이동을 억제하고 세금 수입을 늘리는 효과가 있다. 벌어들인 세금은 저개발국 지원이나 환경문제 개선에 쓰자는 게 토빈의 생각이었다.

하지만 치명적 약점도 있다. 모든 나라가 동시에 도입해야 한다는 것이다. 이 제도를 일부 국가만 시행하면 국제자본은 토빈세 없는 나라로 옮겨가면 그만이다. 금융거래를 위축시키고 시장을 왜곡하는 부작용이 더 크다는 비판도 있다. 브라질은 2009년 세계 최초로 2~6%의 토빈세를 도입했다가 4년 만에 폐지했다. 경제가 탄탄하지 않은 브라질이 세금까지 물리자 외국인 투자가 멕시코 등으로 빠져나갔기 때문이다. 이후 토빈세 시행국은 더 나오지 않고 있다.

161 수쿠크(sukuk)

이슬람국가들이 발행하는 채권.

경제기사 읽기

내년 상장을 준비중인 사우디 국영 석유회사 아람코가 채권발행에 나선다고 영국 파이낸셜타임스(FT)가 21일(현지시간) 보도했다.

아람코는 이번주 당국의 승인을 거쳐 이르면 다음주께 20억달러어치 수쿠크(이슬람 채권)를 발행한다. 사우디는 이후에도 채권 발행을 통해 총 100억달러를 조달할 계획이다. 이를 통해 상장에 필요한 자금을 모으고 투자심리를 확인하려는 게 목표다.

— 조목인, 사우디 아람코, 20억달러 수쿠크 발행…IPO 투자심리 확인, 〈아시아경제〉, 2017.03.22

이슬람 율법인 샤리아는 돈을 빌려주는 대가로 이자를 받는 것을 엄격히 금지하고 있다. 정당하게 일해서 번 돈이 아니라 다른 사람에게 기생(寄生)해 얻은 부당이득이라는 이유에서다. 하지만 원유 수출로 막대한 오일 머니를 벌어들이는 이슬람 지역에서 금융거래를 완전히 포기할 수는 없는 일이다. 교리를 지키면서 자금을 융통할 수 있는 '우회로'로 개발된 대표적 금융상품이 바로 수쿠크다.

수쿠크는 이슬람국가에서 발행되는 채권이다. 원래 채권은 구입한 사람에게 이자를 돌려주지만, 수쿠크는 실체가 있는 특정 사업에 투자한 뒤 여기서 얻는 수익을 배당금 형태로 지급하는 것이 특징이다. 다만 이슬람 율법에 어긋나는 술, 돼지고기, 도박, 담배, 무기 등과 관련된 사업에는 투자하지 않는다.

예컨대 수쿠크 발행기관은 부동산과 같은 자산을 특수목적회사(SPC)에 임대한 뒤, 여기서 나오는 임대료를 투자자에게 이자 개념으로 지급한다. 원금은 실물 자산을 채권자가 채무자에게 재매입토록 하거나 다른 투자자에 매각하는 방식으로 회수하게 된다. 자산유동화증권(ABS)과 비슷한 원리라고 보면 된다.

이슬람 교리를 준수하는 금융상품으로 수쿠크 외에도 타카풀(보험), 무다라바(신탁금융), 무샤라카(출자금융), 무라바하(소비자금융), 이스티스나(생산자금융), 이자라(리스금융) 등이 개발됐다. 석유 의존에서 탈피해야 하는 이슬람 국가들 사이에서 경제개발에 필요한 자금을 조달하려는 수요가 늘고 있는 만큼 '이슬람 금융'의 발전 전망은 밝다는 평가를 받고 있다.

162

할랄(halal)

무슬림이 먹고 쓸 수 있도록 허용된 식품, 의약품, 화장품 등 각종 제품에 붙는 인증.

경제기사 읽기

할랄 시장이 식품업계의 필수 공략지로 떠오르고 있다. 대상은 세계에서 무슬림이 가장 많이 거주하는 인도네시아에 집중했다. 마요네즈, 김, 올리브유, 빵가루 등 11개 품목에서 인도네시아 할랄 인증을 획득했다. 인도네시아 현지 법인의 할랄 제품 매출은 매년 300억원에 달한다.

뚜레쥬르는 무슬림의 식습관을 고려해 후식으로 즐길 만한 메뉴를 동남아시아 시장에 선보였다. 이슬람은 문화적 특성상 남성도 술과 담배를 즐기지 않는 대신 단맛이 강한 간식거리를 찾는 경향이 있다. 뚜레쥬르는 이 같은 특성에 맞춰 달콤함을 강조한 단팥빵에 심혈을 기울였다. 해가 뜬 시간 동안 음식을 먹을 수 없는 라마단 기간에는 바나나 푸딩 등 라마단 시즌 전용 메뉴를 선보인다.

삼양의 '할랄 불닭볶음면' 역시 돼지고기 분말을 제외하는 등 이슬람 율법에 따라 할랄 인증을 받아 말레이시아 등 동남아 무슬림에게 큰 인기를 얻고 있다.

— 안효주, 단맛 간식 즐기는 무슬림 겨냥… 뚜레쥬르 '할랄 단팥빵' 선보여, 〈한국경제〉, 2018.05.05

지구촌 인구 네 명 중 한 명은 이슬람교도다. 무슬림은 약 18억 명으로 세계 인구의 24%를 차지한다. 이들이 따르는 이슬람 율법은 규칙이 엄격하기로 유명하다. 흡연, 음주, 이혼 등은 금기시되며 게으름을 부리는 것도 큰 죄다. 먹거리에도 돼지고기나 알코올이 들어가선 안 되고, 다른 고기는 단칼에 정맥을 끊어 도축한 것만 먹어야 한다. 이슬람국가들이 물건을 수입할 때는 이런 원칙을 지켜 생산했는지 꼼꼼히 따진다.

이슬람국가에 수출하려면 반드시 할랄 마크 인증이라는 것을 받아야 한다. 할랄의 사전적 의미는 '허용된 것'. 식품, 의약품, 화장품 등이 할랄 인증을 받으면 '신이 허락했다'는 종교적 의미뿐 아니라 제조 · 유통 과정에 철저한 검증을 거쳤다는 의미로 통해 현지 시장에서 인기가 좋다. 반대로 이슬람 율법에 위배될 소지가 있어 '금지된 것'은 하람(haram)이라 한다.

할랄 제품의 대부분은 음식류가 차지하는데, 재료의 종류는 물론 조리 과정도 중요하다. 돼지고기와 같은 하람 식품이 한 번이라도 거쳐간 식기를 썼다면 할랄 인증을 받을 수 없다. 고기의 도축과 검수는 무슬림이 맡아야 하고, 포장 · 운반 과정에서도 하람 식품과 분리돼야 한다. 채소, 과일, 곡류, 해산물은 자유롭게 사용할 수 있다.

한국할랄진흥원에 따르면 할랄 식품의 시장규모는 2019년 2조5000억달러로 중국의 1.6배, 미국의 1.7배인 거대 시장이다. 한국 식품업체들도 내수시장 포화를 극복하기 위해 속속 진출하고 있다. 신라면, 햇반, 콘칩, 빼빼로 등이 할랄 인증에 맞춘 제품으로 변신하고 있다고 한다. 무슬림들의 입맛을 제대로 사로잡길 기대해 본다.

163

3대 원유

여러 원유 중 시장에 영향력이 큰 미국 서부텍사스유(WTI), 북해 브렌트유, 중동 두바이유를 가리킨다.

경제기사 읽기

미국의 이란 경제 제재에 따라 국제 유가가 급등할 조짐을 보이면서 국내 정유사들의 근심도 깊어지고 있다. 휘발유 등 제품 수요가 좀처럼 살아나지 않는 상황에서 원재료인 원유 가격이 상승하면 이익이 크게 줄어들 가능성이 높기 때문이다.

23일 정유업계에 따르면 싱가포르거래소에서 두바이유는 지난 22일 배럴(158.9L)당 73.4달러로 전날보다 3.2% 상승했다. 지난해 11월 1일 73.4달러 이후 5개월여 만의 최고치다. 미국이 한국과 중국 등에 대한 이란산 원유 수입 금지 유예를 다음달 2일까지만 유지하기로 하면서 세계 3대 원유인 두바이유와 서부텍사스원유(WTI), 북해산 브렌트유 등이 동반 상승하는 추세다.

정유업체들은 유가 상승이 수요 확대가 아니라 공급 축소에 따른 것이라는 점에서 실적 악화를 우려하고 있다. 정유업체 실적은 제품 가격에서 원유값을 뺀 정제 마진에 크게 좌우되기 때문이다.

경기가 좋을 때는 제품 가격이 먼저 오르고 유가가 뒤따라 상승하기 때문에 정제 마진도 커진다. 그러나 최근처럼 글로벌 경기가 부진한 상황에선 공급 감소로 원유 가격이 올라도 제품값은 크게 변하지 않으면서 마진이 줄어든다.

— 강현우, 유가 껑충…정유업계 '시름' 깊어지나, 〈한국경제〉, 2019.04.24

국제 원유시장에서는 수백 종류의 원유가 거래된다. 관심을 가장 많이 받는 것은 '3대 원유'인 미국 서부텍사스유(WTI), 북해 브렌트유, 중동 두바이유다. 이

세계 10대 원유 생산국 (단위: %)

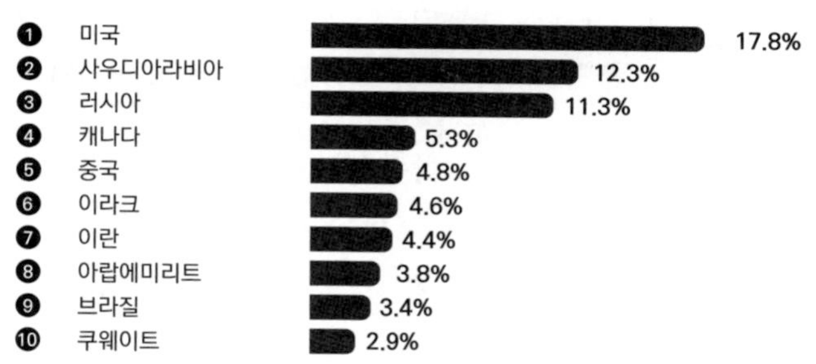

2018년 기준. 세계 생산량 대비 비중. 자료: 국제에너지기구(IEA)

들 원유는 세계 각 지역 원유 가격의 기준이 된다. 3대 원유 시세에 일정액을 더하거나 빼서 나머지 원유의 가격이 결정되는 구조다. 3대 원유는 거래시장이 잘 발달해 가격이 투명하게 정해진다는 특성이 있다.

이들의 이름은 모두 생산지와 관련이 깊다. WTI는 서부 텍사스에서 생성된 것(West Texas Intermediate)라는 뜻이다. 브렌트유는 영국과 유럽 대륙 사이의 북해(北海)라는 바다에서, 두바이유는 중동 아랍에미리트 쪽에서 만들어져 이런 이름이 붙었다. 즉 WTI는 미주, 브렌트유는 유럽, 두바이유는 아시아 일대의 원유 가격을 대표한다고 이해하면 된다.

품질은 미국산 WTI가 가장 좋고, 유럽산 브렌트유가 그 다음으로 좋고, 중동산 두바이유는 다소 떨어진다. 그래서 가격도 WTI, 브렌트유, 두바이유 순으로 비싸다. WTI는 거의 미국 안에서만 소비되지만 세계 최대 선물시장인 뉴욕상업거래소(NYMEX)에 상장돼 대량 거래된다는 점 때문에 국제 유가의 대표적 지표로 활용되고 있다.

한국은 원유의 70~80%를 중동에서 수입해 두바이유에 가장 큰 영향을 받는다. 다만 두바이유의 가격 변동이 국내 기름값에 바로 반영되진 않는다. 원유를 배에 실어 들여오기 때문에 통상 2~3주가량 시차가 있다.

원유 가격은 단순히 수요와 공급에 따라 결정되지 않는다. WTI와 브렌트유의 경우 거래소에서 사고파는 선물 가격이 현물 가격을 이끌고 있다. 금융시장과 실물시장의 상호작용 하에 가격이 형성되고, 투기자본의 움직임도 지대한 영향을 미친다. 두바이유는 현물로만 거래되고 있으나 중동의 정세 불안이나 산유국의 생산 전략에 따라 높은 변동성을 보일 때가 있다.

164

OPEC (Organization of the Petroleum Exporting Countries, 석유수출국기구)

주요 석유 생산·수출국들이 영향력을 높이기 위해 1960년 결성한 협의체.

경제기사 읽기

사우디아라비아 등 석유수출국기구(OPEC) 회원국과 러시아 등 10개 비(非) OPEC 산유국 간 공식적인 협력 관계 구축이 추진되고 있다.

월스트리트저널(WSJ)은 5일(현지시간) OPEC의 주요 회원국인 사우디와 아랍에미리트(UAE) 등이 러시아, 멕시코 등 10개 비회원국에 산유량을 함께 결정하고 이행 여부를 감시하는 회의를 정기적으로 열 것을 제안했다고 보도했다. 미국의 셰일가스 생산량이 증가하고 있는 데다 도널드 트럼프 미 대통령이 국제 유가를 낮게 유지하도록 압력을 가하고 있는 상황에서 산유국 영향력을 유지하기 위한 움직임으로 해석되고 있다.

OPEC와 러시아 등은 2016년 말 원유 감산에 합의한 후 밀접한 관계를 유지하고 있다. 이들 산유국은 오는 18일 오스트리아 빈에서 만나 공식적인 협력 논의를 시작할 예정이다.

— 추가영, 美 셰일오일 물량공세 맞서 OPEC+러 '감산 동맹' 추진,
〈한국경제〉, 2019.02.07

산유국 상당수가 이렇다할 신산업 발전 없이도 부유하게 사는 것은 기름 팔아 번 돈, 즉 '오일 머니'가 넘쳐흐른 덕분이다. 이들에게 석유는 축복인 동시에 한계다. 국제유가가 뛰면 돈방석에 앉지만 급락하면 나라 경제에 직격탄이 된다.

1950년대 중동과 아프리카에서 대형 유전이 잇따라 발견되자 원유의 공급과잉 사태가 빚어졌다. 스탠더드오일, 엑손모빌 등 미국의 거대 석유기업은 다른

산유국에 '가격 후려치기' 갑질을 시작했다. 주요 산유국이 뭉쳐 미국에 맞서고, 원유가격 하락도 막아보자는 움직임이 꿈틀댔다. 1960년 이라크 주도로 사우디아라비아, 이란, 베네수엘라, 쿠웨이트까지 5개 산유국이 뭉친 게 OPEC의 시작이다. 이후 카타르, 리비아, 아랍에미리트, 알제리, 나이지리아, 에콰도르, 가봉, 앙골라, 적도기니, 콩고가 합류했다.

초창기 OPEC은 정보 교환을 통해 유가 하락을 방어하는 가격 카르텔의 성격이 강했다. 하지만 1970년대 세계 원유 생산량의 절반 이상을 차지하게 되자 석유 생산량을 '무기'로 삼는 생산 카르텔로 변신했다. OPEC 회원국의 원유 감산이 유가 폭등을 불러온 1973년 1차 오일쇼크가 대표적이다. 당시 가격이 3~4배 뛰면서 산유국은 앉아서 떼돈을 벌었다. 이후 기세등등해진 OPEC은 석유시장을 쥐락펴락하면서 '지구 최대의 카르텔'로 이름을 떨쳤다.

하지만 2000년대 들어 OPEC의 석유 패권은 흔들리고 있다. 미국이 셰일 오일을 펑펑 캐내 기존 산유국을 위협하면서다. 셰일 오일에 위기감을 느낀 OPEC은 2014년부터 원유를 증산해 유가를 떨어뜨리는 작전을 썼다. 생산비용이 상대적으로 높았던 셰일 오일을 고사시키기 위해서였다. 하지만 미국은 기술 혁신으로 셰일 오일의 생산단가를 더 낮췄고, 2018년 사우디아라비아를 제치고 세계 최대 산유국에 올라섰다.

국제 원유시장에서 OPEC의 힘은 여전히 강하지만, 과거에 비해 많이 빠졌다는 평가가 지배적이다. 초창기 핵심 멤버였던 카타르가 2019년 1월 OPEC을 전격 탈퇴해 회원국도 14개로 줄었다. 역시 세상에 영원한 권력은 없는 모양이다.

165

사우디 비전 2030

사우디아라비아의 차기 왕위 계승자인 무함마드 빈 살만 왕세자가 2016년 4월 발표한 정치, 경제, 사회 전반의 대대적인 개혁 계획.

경제기사 읽기

폐쇄적인 사회 분위기로 이름났던 중동의 '석유 왕국' 사우디아라비아가 확 바뀌고 있다. 일상생활부터 기업 환경까지 곳곳에 있던 제한 규정이 풀렸다.

사우디는 올해 세계에서 기업 환경이 가장 크게 개선된 국가로 꼽혔다. 세계은행의 2020년 비즈니스 환경 보고서에 따르면 사우디는 세계 190개국 중 62번째로 기업 친화적이다. 전년(92위) 대비 30계단 뛰어올랐다. 세계은행은 "사우디가 그간 부실했던 기업 지원 제도를 완전히 뜯어고치며 장족의 발전을 이루고 있다"고 평가했다.

사우디는 경제 수입원 다각화를 위해 초대형 사업을 추진 중이다. 비전 2030의 하이라이트 격인 네옴 프로젝트가 대표적이다. 사우디 수도 리야드의 북서쪽 사막 한복판에 사우디판 실리콘밸리와 할리우드를 조성하는 게 목표다. 이집트 요르단과 맞닿아 있는 곳에 2만6500㎢ 규모로 들어선다. 서울의 43.8배 규모다. 빈 살만 왕세자는 2030년 네옴이 조성되면 1000억달러(약 119조원)의 경제 효과를 낼 것이라고 주장한다. 이 사업에는 5000억달러가 투입된다.

— 선한결, 脫석유 나선 사우디…'사막의 실리콘밸리'에 5000억弗 투입, 〈한국경제〉, 2019.12.09

2018년 6월 24일 세계 주요 신문에는 환하게 웃으며 자동차 운전대를 잡은 사우디아라비아 여성들의 사진이 일제히 실렸다. 여성 운전을 금지하는 세계 유일의 국가였던 사우디는 이날부터 여성에게도 면허증을 발급하기 시작했다. 이슬람 율법을 엄격히 지키는 사우디는 보수적인 문화와 여성 차별, 국제 표준에 뒤처진 인권 수준 등으로 많은 비판을 받아 왔다. 그랬던 사우디가 오랜 금기를 하나하나 스스로 허물면서 '사우디가 변하고 있다'는 메시지를 대외적으로 던지고 있다.

사우디의 변신을 주도하는 인물은 무함마드 빈 살만 왕세자다. 그는 사우디의 차기 왕위 계승자이자 최고 권력자다. 모든 것을 다 가졌고 무엇이든 다 할 수 있다고 해서 '미스터 에브리싱(Mr. Everything)'으로 불린다. 빈 살만이 2019년 6월 문재인 대통령 초청을 받아 한국을 공식 방문했을 때 국내 4대 그룹 총수가 총출동하기도 했다.

빈 살만은 2016년 4월 '사우디 비전 2030'이라는 개혁안을 발표했다. '활기찬 사회' '번영하는 경제' '진취적인 국가'를 3대 축으로 정치 · 경제 · 사회 전반을 대대적으로 개혁한다는 내용이다. 핵심은 역시 경제에 있다. 사우디 경제에서 석유 의존도를 낮추고, 민간의 활력을 높여 새로운 성장동력을 만든다는 것이다.

사우디 비전 2030은 비석유부문 수출의 국내총생산(GDP) 대비 비중을 2016년 16%에서 2030년 50%로, 민간 부문의 GDP 기여도는 40%에서 65%로 끌어올리는 걸 목표로 잡았다. 거대 석유기업 아람코의 기업공개(IPO)를 통해 국부펀드 실탄을 채우고, 이를 정보기술(IT)과 신재생에너지 등 미래산업에 집중 투자하기로 했다. 직업훈련을 강화해 여성과 청년의 경제활동을 독려하고, 재정흑자를 달성해 국제 유가가 하락하더라도 나라살림이 흔들리지 않도록 하겠다는 구상도 담았다.

사우디의 이런 움직임은 '셰일 혁명'으로 인해 중동의 석유 패권이 위협받고, 청년실업률은 40%에 육박하는 등 경제의 위협 요인을 해소하기 위한 자구책으로 볼 수 있다. 최고위층 주도로 본격 추진되는 만큼 여성 지위 향상, 대중문화 육성 등의 파격적인 개혁이 큰 내부 반발 없이 순조롭게 이뤄지고 있다는 평가가 나오기도 한다.

하지만 국제 외교무대에서는 빈 살만을 '잔혹한 독재자'로 보고 거리를 두려는 움직임도 있다. 사우디 비전 2030을 통해 '개혁의 아이콘'으로 떴지만 대내적으로는 무자비한 반대파 숙청, 1인 지배체제 강화 등을 답습하고 있어서다. 특히 2018년 사우디 반정부 언론인 자말 카슈끄지 암살사건의 배후가 빈 살만이라는 의혹은 그에게 오랫동안 꼬리표로 남을 것으로 보인다. 사우디의 청사진이 현실이 될지는 좀 더 시간이 지나야 알 수 있을 것 같다.

166

희토류(稀土類, rare earth metal)

자연계에서 드물게 존재하는 금속 원소를 담고 있는 흙. 란탄 계열 15개 원소(원자번호 57~71번)와 스칸듐, 이트륨을 합친 17개 원소를 가리킨다.

경제기사 읽기

중국이 미국과의 무역전쟁에서 희토류를 보복 카드로 쓸 수 있다고 강력 시사했다.

중국 경제정책을 총괄하는 국가발전개혁위원회는 희토류와 관련해 한 책임자가 관영 CCTV와 인터뷰한 내용을 29일 홈페이지에 게재했다. 이 책임자는 인터뷰에서 "만약 누군가 우리가 수출하는 희토류로 제조한 제품을 이용해 중국의 발전을 저지하고 압박하려 한다면 중국 인민 모두 불쾌할 것"이라고 말했다. 또 "중국은 희토류 자원의 국내 수요를 우선시한다는 원칙을 견지하며 세계 각국의 정당한 수요를 만족시킬 용의가 있다"고 덧붙였다. 공산당 기관지 인민일보의 자매지 환구시보의 후시진 편집인도 이날 트위터에서 "중국은 희토류의 미국 수출을 제한하는 것을 심각하게 검토하고 있다"고 전했다.

— 강동균, 희토류로 對美 보복…中당국자 강력 시사,
〈한국경제〉, 2019.05.30

희귀광물 17종을 뜻하는 희토류는 대중에게 이름조차 생소하지만 여러 산업에서 필수 원료로 활용된다. 휴대폰, 반도체, 자동차 같은 제품은 물론 미사일, 레이더 등 군사무기의 핵심 부품에 폭넓게 쓰인다. 철강, 세라믹 등과 재생에너지, 의료 분야에서도 사용된다. 독특한 자기적 성질을 띠면서 전자파를 흡수하는 등의 특징이 있어 모터, 자기부상열차, 모니터 등을 만드는 데도 필요하다. 일명 '첨단산업의 비타민'으로 불리는 이유다.

천연자원 확보는 세계 경제의 주도권을 잡는 데 중요한 변수가 된다. 중국은 세계 희토류 생산량의 95%를 차지하고 있다. 미국은 수입 희토류의 80%를 중국에서 조달하고 있다. 미국과 치열한 무역전쟁을 벌인 중국은 자국 영토에 대규모로 묻혀 있는 희토류를 무기로 반격에 나섰다. 중국은 일본과 외교 갈등을 겪던 2010년에도 "일본에 더 이상 희토류를 팔지 않겠다"고 으름장을 놓은 적이 있다. 당시 일본은 며칠 만에 항복했다.

희토류는 '희귀할 희(稀)'라는 이름이 붙어 있어 매장량 자체가 적다고 생각할 수 있지만 실제론 그렇지 않다. 지구 곳곳에 묻혀 있을 뿐만 아니라 국내 강원, 충북 등에서도 많이 발견된다. 다만 원석에서 차지하는 비율이 매우 낮다. 소량을 얻기 위해 많은 돌을 가공한 뒤 버려야 하기 때문에 생산비가 많이 들고 환경에도 해롭다. 선진국들이 자체 생산을 하지 않고 대부분 중국에서 가져다 쓰는 배경이다.

미국은 마음만 먹으면 희토류를 자국 영토에서 채굴할 수 있다. 그러나 중국 수준의 생산량과 채산성을 확보하려면 시간이 필요하다는 분석이 많다.

167

일대일로(一帶一路)

시진핑 중국 국가주석이 주도하는 신(新) 실크로드 전략. 중국과 동남아시아, 중앙아시아, 아프리카, 유럽을 육로와 해로로 연결해 새로운 경제권을 형성한다는 구상.

경제기사 읽기

미국이 중국의 '일대일로' 프로젝트를 막기 위해 '은밀한 작전'을 벌이고 있는 것으로 알려졌다.

9일(현지시간) 월스트리트저널(WSJ)에 따르면 미국 국제개발기구(USAID)는 지난해 경제학자, 외교관, 법률가 등으로 구성된 '미국팀'을 파견해 미얀마 정부가 중국 국유 시틱그룹과 체결한 73억달러(약 8조3000억원)짜리 일대일로 프로젝트를 13억달러 규모로 축소하는 것을 도왔다. 중국이 일대일로 프로젝트를 통해 주변국에 영향력을 확대하려는 시도에 제동을 건 것이다.

— 주용석, 시진핑의 일대일로 막아라…美 '은밀한 작전',
〈한국경제〉, 2019.04.11

"2100년 전 한나라의 장건은 중국과 서역을 잇는 실크로드를 개척했다. 현대에 사는 우리는 실크로드 경제권을 만들어 중국과 중앙아시아 모두 번영하는 미래를 만들어야 한다."

2013년 9월 카자흐스탄을 방문한 시진핑 중국 국가주석은 한 대학 강연에서 의미심장한 구상을 꺼냈다. 고대 동 · 서양의 내륙 교통로였던 실크로드를 다시 잇자는 것이다. 한 달 뒤인 10월 인도네시아 국회 연설에서는 해상 실크로드 구축의 필요성도 역설했다. 땅과 바다의 길을 연결해 중국 주도의 새로운 경제권을 형성하자는 일대일로 전략은 이렇게 모습을 드러냈다.

일대일로는 지구촌에서 정치 · 경제 · 문화적 영향력을 높이기 위한 중국의 야심을 보여주는 초대형 프로젝트다. '일대'는 중국에서 시작해 중앙아시아와

중국의 일대일로 구상

유럽을 잇는 육상 실크로드를, '일로'는 동남아시아와 유럽을 지나 아프리카까지 닿는 해상 실크로드를 각각 상징한다. 이를 위해 65개 나라에 도로, 철도, 송유관을 깔고 항만, 공항을 짓는 대규모 토목 사업이 추진됐다.

중국은 일대일로 구상을 실행하기 위해 새로운 국제 금융기구도 만들었다. 2016년 중국 주도로 출범한 아시아인프라투자은행(AIIB)이다. AIIB는 중국과 중앙아시아를 중심으로 교통, 통신, 에너지, 농촌개발, 수자원 등 인프라 투자를 지원하는 게 목표다. 한국을 포함한 70개(2019년 기준) 나라를 회원국으로 두고 있다.

일대일로는 2049년 완성을 목표로 장장 30년 넘게 추진될 예정이다. 실크로드 경제권이 계획대로 완성된다면 인구 30억명을 아우르는 경제공동체가 탄생한다. 중국은 경제협력을 연결고리로 중앙아시아를 우군으로 확보함으로써 미국의 외교 패권에 맞설 힘도 얻게 된다.

그런데 중국 뜻대로 될지는 아직 미지수다. 중국의 러브콜을 덥썩 받았던 주변국들이 "다시 생각해 보자"며 차갑게 돌아서고 있어서다. 일대일로는 중국이 자금을 빌려주면 이 돈으로 중국 기업이 사업하는 방식이라 공사비가 이웃나라의 국가부채로 전가되는 구조다. 이들은 처음엔 중국의 투자를 고마워했지만,

공사 후 빚더미에 올라앉으면서 문제가 불거졌다. 파키스탄은 건설비의 80%를 중국에서 빌렸다가 불어난 이자에 허덕이고 있다. 네팔은 중국 기업에 공사를 맡겼던 수력발전소를 직접 짓기로 했고, 말레이시아는 해안철도 연결 사업을 아예 중단시켰다. 경제공동체라는 중국의 설명과 달리 실속은 중국 기업들이 챙기고, 주변국은 빚더미를 떠안고 중국에 종속당하는 게 아니냐는 의구심이 곳곳에서 나오는 이유다.

여기에 미국이 새로운 태평양 외교 · 안보 전략인 '인도 · 태평양 구상'을 앞세워 일대일로를 노골적으로 견제하고 나섰다. 일대일로 전략이 새로운 경제벨트의 탄생으로 결실을 맺을지, 중국의 단꿈에 그칠지는 좀 더 지켜볼 일이다.

패권을 꿈꾸는 중국의 야망을 상징하는 또 다른 말로 '굴기(崛起)'가 있다. 굴기의 사전적 의미는 '우뚝 일어섬'. 신산업에 대한 중국 정부 · 기업의 공격적 투자나 빠른 성장세를 언급할 때 많이 쓰인다. '5G 굴기' 'AI 굴기' '수소차 굴기' 같은 신조어는 이 맥락에서 이해하면 된다.

168

BRICS(브릭스)

21세기 들어 부상한 5개 신흥국인 브라질(Brazil), 러시아(Russia), 인도(India), 중국(China), 남아프리카공화국(South Africa)의 머릿글자를 따서 묶은 말.

경제기사 읽기

지난 2008년 금융위기 이후 수익률이 급락했던 브릭스 펀드가 10여년만에 반등 조짐을 보이고 있다. 최근 브라질 증시가 급등하며 브릭스 펀드의 수익률도 회복되고 있다는 평가다. 다만 원금 회복을 기다리던 투자자들이 대거 환매에 나서며 펀드에서는 자금이 유출되고 있다.

25일 금융정보업체 에프앤가이드에 따르면 연초 이후 브릭스 펀드의 수익률은 6.55%를 기록하며 해외 주식형 펀드 가운데 브라질 펀드(7.68%) 다음으로 높은 수익률을 기록했다. 브릭스 펀드의 수익률은 최근 1년간 -14.83%, 6개월 -5.00%를 기록했으나 최근 3개월과 1개월에는 각각 3.87%, 6.71%로 급등했다.

— 김미정, 브라질 증시 급등… 브릭스 펀드 10년만에 부활,
〈파이낸셜뉴스〉, 2019.01.26

2001년 11월 골드만삭스자산운용 회장이던 짐 오닐(Jim O'Neill)은 〈더 나은 글로벌 경제, 브릭스의 구축〉이라는 보고서를 냈다. 9 · 11 테러 직후 미국의 영향력이 주춤해진 틈을 타고 새롭게 떠오르는 신흥국으로 브라질, 러시아, 인도, 중국을 지목했다. 그리고 이들 4개국의 머릿글자를 따서 브릭스(BRICs)라 명명했다.

네 나라는 지도상으론 멀리 떨어졌지만 거대한 영토, 넘쳐나는 인구, 풍부한 지하자원 등이 비슷하다. 아직 발전수준이 낮지만 향후 경제대국으로 발전할 잠재력을 가졌다는 얘기다. 오닐은 "2050년 경제강국 서열이 중국, 미국, 인도,

일본, 브라질, 러시아 순으로 바뀔 수 있다"고 주장했다. 실제 이들 4개국의 경제성장에 탄력이 붙기 시작하면서 막대한 외국인 투자금이 유입됐다. 2003년 브릭스 국가의 주식이나 채권에 주로 투자하는 '브릭스 펀드'가 등장해 국내 개인투자자 사이에서 큰 인기를 누렸다.

브릭스의 존재감이 높아지자 4개국 정상이 모이는 정례회담까지 출범했다. 2009년 러시아를 시작으로 매년 번갈아가며 열린 '브릭스 정상회의'다. 2010년에는 아프리카 대륙에서 가장 주목받는 신흥국인 남아프리카공화국이 새 멤버로 영입됐다. 이때부터 기존 브릭스에 붙던 소문자 s를 대문자로 바꿔 브릭스(BRICS)라 부르고 있다.

브릭스의 미래가 밝지만은 않다는 평가도 있다. 인도를 뺀 나머지 국가는 경제가 심한 부침을 겪었다. 브라질과 러시아의 성장률은 마이너스로 떨어지기도 했고, 중국은 오랫동안 이어온 연 7%대 성장이 깨졌다. 남아프리카공화국은 정국 불안이 경제의 발목을 잡고 있다. 뒤떨어진 인권, 환경오염과 빈부격차 등도 고질적으로 지적받는 한계다. 브릭스 신조어를 만든 골드만삭스 내부에서조차 "브릭스 시대는 끝났다"고 입장을 바꿨다.

하지만 '5인조 완전체'로 재정비한 브릭스는 미국 중심의 국제사회에서 똘똘 뭉쳐 제목소리를 내겠다는 의지를 다지고 있다. 5개국 인구를 모두 합치면 세계 전체 인구의 40%를 넘는다.

169

모디노믹스(Modinomics)

인도의 나렌드라 모디 총리가 추진하는 경제정책. 친시장적 개혁을 통해 빠른 경제성장을 목표로 삼고 있다.

경제기사 읽기

나렌드라 모디 인도 총리의 총선 승리가 확실시되자 23일 인도 증시의 센섹스(Sensex) 지수는 장중 역대 최고치를 기록했다. 글로벌 경제의 둔화 흐름에도 연초보다 7% 이상 오른 인도 주가는 '모디노믹스(모디의 경제정책)'의 효과에 시장이 높은 점수를 주고 있음을 보여준다. 하지만 재선에 성공한 모디 총리가 펼칠 '2기 모디노믹스'는 동시에 높은 실업률과 부실한 인프라 등 해결해야 할 난제도 여럿 안고 있다.

24일 외신 등에 따르면, 모디노믹스는 친기업 · 고성장 정책으로 대표된다. 모디 정부는 특히 해외직접투자(FDI)를 늘리는 데 큰 성과를 거뒀다. 세계적인 FDI 감소 추세와 반대로 인도의 FDI는 2014년 모디 집권 이후 계속 증가(2013년 281억달러→2018년 422억달러)하고 있다.

— 인현우, 인도 '모디노믹스' 2기… 실업률 · 인프라 개선이 숙제, 〈한국일보〉, 2019.05.25

주요국에 새로운 정치지도자가 집권하면 그의 경제정책은 일명 'OO노믹스'라는 이름으로 많은 주목을 받게 된다. 트럼프의 경제정책은 트럼프노믹스, 아베는 아베노믹스, 문재인 대통령은 J노믹스로 불렸다. 빠르게 성장하는 신흥국 인도의 경제정책도 지난 몇 년 동안 비상한 관심을 모았다. 2014년 5월 인도 총리로 취임한 나렌드라 모디가 추진 중인 '모디노믹스'다.

모디노믹스는 규제를 풀어 기업하기 좋은 환경을 만들고, 외국 자본을 적극 유치해 사회간접시설(SOC) 투자를 늘리자는 친(親)시장 정책이다. 인도를 글로벌 기업의 새로운 제조기지로 육성해 일자리를 늘리자는 '메이크 인 인디아(Make in India)' 노선을 강조하고 있다. 영국 대처 총리처럼 작은 정부를 지향한다는 점에서 '인도판 대처리즘'이라는 평가를 받는다.

모디 총리는 철도, 국방, 보험 등 주요 산업에서 외국인 투자지분 제한을 완화하고 인 · 허가 절차를 간소화했다. 정부 보조금을 축소하고 물가를 끌어내려 인도의 고질적인 재정적자와 인플레이션도 가라앉혔다. 주(州)마다 제각각이던 세금을 전국 단일체계인 통합부가가치세(GST)로 개편하는 등 거침없는 개혁에 나섰다.

금융위기 이후 잠시 주춤했던 인도 경제는 모디노믹스에 힘입어 고성장을 이어가고 있다. 모디 총리 집권 1기(2014~2019년)에 인도의 경제성장률은 연평균 7%대를 기록, 중국을 앞질렀다. 이런 성과에 힘입어 모디 총리는 2019년 선거에서 재집권에 성공했다. 집권 2기엔 모디노믹스 추진에 한층 속도를 낼 것으로 예상된다.

인도의 최대 강점은 중국에 맞먹는 인구와 영토다. 국민 13억명 중 중산층이 6억명에 달해 거대 소비시장으로도 위상이 높아졌다. 영어에 능통한 젊은 노동력이 풍부하고, 시장경제와 민주주의 전통이 뿌리 깊은 것도 장점이다. 다만 빈부격차가 너무 심하고 SOC가 낙후된 시골이 많아 경제 발전에 걸림돌이 될 수 있다는 지적도 함께 받는다.

170

브렉시트(Brexit)

영국의 유럽연합(EU) 탈퇴. 영국(Britain)과 탈퇴(Exit)를 합친 말이다.

경제기사 읽기

한 · 영 자유무역협정(FTA)에 대한 비준 동의안이 28일 국회 본회의를 통과했다. 국내 비준 절차가 끝나면서 향후 영국이 유럽연합(EU)을 탈퇴하는 즉시 새 FTA가 효력을 갖게 된다.

정부는 브렉시트(영국의 EU 탈퇴) 이후에도 한 · 영 통상관계의 연속성을 확보하기 위해 FTA 체결을 추진해 왔다. 영국이 탈퇴조건 등에 대한 합의 없이 오는 31일 EU를 일방적으로 탈퇴하는 '노딜 브렉시트'가 발생하면 영국과 거래관계에서 적용되던 기존 한 · EU FTA는 무력화된다. 이 경우 현재 수출시 무관세 적용을 받는 자동차 관세가 10%로 오르는 등 각종 무역 특혜가 사라진다.

— 권혜민, 한 · 영 FTA 국회 비준…'브렉시트' 즉시 발효, 〈머니투데이〉, 2019.10.29

2020년 1월31일 밤 11시. 영국은 EU 회원국에서 공식 탈퇴했다. 2016년 6월 국민투표 가결 이후 3년 7개월 동안 세계 경제를 불확실성에 몰아넣었던 브렉시트가 완결되는 순간이었다.

브렉시트는 2010년대 초 유럽 재정위기가 심화되면서 불거졌다. EU 회원국이라는 이유로 재정이 부실한 다른 회원국에 돈을 지원해야 하는 데 회의론이 적지 않았다. 이민자 유입으로 일자리가 갈수록 줄고, EU의 온갖 규제를 적용받는 점도 불만을 키웠다. 2013년 보수당의 데이비드 캐머런 총리는 이들의 표를 의식해 EU 탈퇴 국민투표를 시행하겠다고 선언했다. 국론 분열에 가까운 찬반 여론전 끝에 2016년 6월 이뤄진 국민투표의 결과는 찬성 51.9%, 반대 48.1%. 부결될 가능성이 높다는 예상을 깨고 덜컥 통과됐다.

실제 이혼도장을 찍기까지 우여곡절이 많았다. EU와의 관계를 완전히 끊는 '하드 브렉시트'를 할지, 분담금을 내고 일정 수준의 혜택은 유지하는 '소프트 브렉시트'를 할지를 놓고 여론이 또 갈라졌다. 아예 EU 탈퇴를 없던 일로 하자는 목소리도 컸다. 혼란을 정리할 구원투수로 투입된 테리사 메이 총리는 2017년 EU에 탈퇴 의사를 통보하고, 이듬해 11월 브렉시트 협상을 마무리했다. 하지만 EU와의 합의안이 하원에서 잇따라 부결되면서 브렉시트 시한은 두 차례 연기됐다. 메이의 후임자인 보리스 존슨 총리는 합의를 못 보는 '노딜 브렉시트'를 감수하더라도 EU를 탈퇴하겠다고 했다. 하원을 물갈이하기 위한 조기 총선 배수진이 먹혀들면서 브렉시트를 위한 입법절차를 모두 마쳤다.

EU의 울타리를 벗어난 영국은 '대영제국 시절'의 잘나가던 위상을 되찾길 꿈꾸고 있다. 브렉시트가 영국과 EU에 독이 될지, 약이 될지는 좀 더 지켜봐야 한다. 영국은 EU 의존도가 높은 무역구조를 다변화하고, 다른 나라와 자유무역협정(FTA) 등을 통해 경제의 판을 새로 짜야 하는 과제를 안고 있다. 1993년 출범 후 첫 탈퇴국이 나온 EU는 적지 않은 타격을 입었다. 특히 유럽 내 2위 경제대국이던 영국의 탈퇴는 EU의 영향력을 위축시킬 것이란 지적이 많다.

171

블랙 프라이데이/광군제(Black Friday/光棍節)

미국과 중국의 유통업체들이 벌이는 대규모 할인행사. 블랙 프라이데이는 추수감사절 다음날인 11월 마지막주 금요일. 광군제는 11월11일.

경제기사 읽기

블랙프라이데이를 시작으로 막이 오른 미국 연말 쇼핑 시즌의 소비가 온라인에서 불붙고 있다. 미 언론은 미국인들이 오프라인에서 온라인으로 쇼핑지를 옮겨가고 있다며 온라인 쇼핑의 위세가 더 강해질 것으로 전망했다.

지난달 30일(현지시간) 어도비의 마케팅 데이터 분석 솔루션인 어도비애널리틱스에 따르면 29일 블랙프라이데이 하루 동안 미국 내 온라인 쇼핑 규모는 74억달러(약 8조7320억원)를 기록했다. 블랙프라이데이 기준으로 역대 최대다.

블랙프라이데이 하루 전인 28일 추수감사절에 이뤄진 온라인 쇼핑 규모도 42억달러에 달한 것으로 집계됐다. 작년 같은 기간보다 14.5% 증가했다. 미국 소비자들이 추수감사절과 블랙프라이데이 이틀간 116억달러어치를 온라인에서 산 셈이다.

소비의 중심축이 온라인으로 이동하는 데 따른 가장 큰 수혜자는 세계 최대 전자상거래업체 아마존이 꼽힌다. 컨설팅회사 베인앤드컴퍼니에 따르면 연말 쇼핑시즌의 온라인 매출 가운데 42%를 아마존이 차지할 것으로 전망했다.

올해 블랙프라이데이 오프라인 소매유통 매출은 전년 동기 대비 6.2% 감소했다고 소매유통 컨설팅업체 쇼퍼트랙이 전했다. 대형 백화점 업계가 큰 타격을 받았다. 메이시스, 콜스 등의 매출이 작년에 비해 25% 이상 감소했다. 오프라인 신발매장 풋로커도 25% 넘게 매출이 줄었다.

— 김현석, '블프' 이틀 만에 116억弗 클릭, 〈한국경제〉, 2019.12.02

해외 직구가 대중화하면서 미국의 블랙 프라이데이는 한국인에게도 익숙한 쇼핑축제가 됐다. 블랙 프라이데이는 추수감사절 다음날(매년 11월 마지막주 금요일) 열리는 대대적인 할인행사다. 평소 적자(red)를 보던 상점도 이날만큼은 흑자(black)를 본다고 해서 붙은 이름이다. 전미소매협회에 따르면 블랙 프라이데이에 미국인은 1인당 1000달러 이상을 쓴다. 이날 미국의 오프라인 매장에는 최대 80~90% 싸게 나온 물건을 먼저 잡으려는 사람들로 북새통을 이룬다. 바로 그 다음 돌아오는 월요일은 사이버 먼데이(Cyber Monday)라 한다. 추수감사절 연휴의 쇼핑객을 잡기 위해 온라인 쇼핑몰들이 할인 대열에 합류한다.

블랙 프라이데이와 사이버 먼데이를 신호탄으로 개막하는 연말 쇼핑시즌은 미국 유통업체 1년 매출의 20% 이상을 차지한다. 미국의 소비심리를 파악하는 잣대이기도 한다.

'모방의 천재' 중국은 블랙 프라이데이를 베낀 쇼핑축제도 만들었다. 중국 최대 인터넷 쇼핑몰 알리바바 주도로 11월11일 열리는 광군제다. 광군제는 1이 네 번 겹친다고 해서 '솔로의 날'을 뜻한다. 알리바바가 2009년 독신자를 위한 세일을 시작한 것이 해마다 판이 커졌다. 2019년 광군제 때 알리바바 매출은 96초 만에 100억위안을 돌파했다. 중국 전체의 광군제 매출은 1조4800억위안을 기록했다. 그리스, 뉴질랜드 등의 국내총생산(GDP)과 맞먹는 금액이다.

한국 정부도 비슷한 행사를 키운다며 2015년 '코리아 세일 페스타'를 만들었는데 반응은 신통찮다. 유통구조와 내수시장 환경의 차이 때문이다. 미국 유통업체는 물건을 직접 매입해 재고를 책임지고 가격도 마음대로 매긴다. 반면 한국은 물건을 매입하지 않고 입점업체에 공간만 빌려주는 방식이 대부분이다. 인구대국인 중국처럼 규모의 경제를 기대하기도 어렵다. 정부가 주도하고 기업은 울며 겨자 먹기 식으로 참여하는 행사라는 비판이 늘 따라다닌다.

1000
10000
FG760337G
日本銀行券
中国人民银行
BK34605051
10000

9장 | 대기업도 1인 기업도 모두 같은 기업

172

주식회사/유한회사

회사 형태의 대표적 유형. 주식회사는 주식 발행으로 여러 사람으로부터 자본금을 조달해 설립되는 회사다. 유한회사는 주식회사와 비슷하나 자율성과 폐쇄성이 강하다.

경제기사 읽기

앞으로 루이비통, 구찌, 샤넬 등 명품업체를 비롯해 애플, 마이크로소프트, 구글 등 외국계 회사의 국내법인이 외부감사를 받을 것으로 보인다. 지난달 '주식회사의 외부감사에 관한 법률'이 개정돼 외부감사 대상에 유한회사가 추가됐기 때문으로 그 대상은 2천개가 넘을 전망이다.

그동안 일정 규모의 유한회사들은 주식회사와 큰 차이 없이 영업을 하면서도 감사를 받지 않는다는 지적이 많았다. 또 일부 기업은 감사를 피하기 위해 주식회사에서 유한회사로 법인 형태를 바꾸는 등 꼼수를 부린다는 지적도 있었다.

— 박상돈, 루이비통 · 구찌 · 애플 · MS도 국내서 감사받는다, 〈연합뉴스〉, 2017.10.09

우리가 일상적으로 쓰는 '회사'라는 단어의 정확한 정의는 뭘까. 상법에 따르면 회사는 상행위나 그 밖의 영리를 목적으로 설립한 법인을 말한다. 회사의 종류는 ①주식회사 ②유한회사 ③합명회사 ④합자회사 ⑤유한책임회사 다섯 가지로 나뉜다.

한국에 설립된 회사의 94.6%(2014년 기준), 즉 우리가 알고 있는 대부분의 회사는 주식회사다. 주식회사는 주식을 발행해 여러 사람으로부터 자본금을 조달받아 설립되는 회사다. 주식을 매입해 주주가 되면 회사의 주요 의사결정에 자신이 가진 지분만큼 영향력을 행사할 수 있다. 장사가 잘돼 이익이 나면 배당금을 받을 수 있고, 주식을 다른 사람에게 자유롭게 양도할 수도 있다.

주식회사의 중요한 특징은 '주주의 유한책임'이다. 주주는 주식 인수한도 내에서만 출자의무를 지며 그 밖엔 아무 책임을 지지 않는다. 예컨대 1억원어치의 주식을 갖고 있는데 회사가 망해 주가가 0원이 됐다면, 내가 투자한 1억원을 손해볼 뿐 회사 부채 등은 갚을 필요가 없다. 실패의 부담이 적은 만큼 불특정다수에게서 자본을 조달하기 수월하다.

근대적 형태의 주식회사는 1600년 영국의 동인도회사로 알려져 있다. 주식회사는 사기업 중 가장 일반적이고 고도로 발달한 형태라는 점에서 '현대 자본주의의 꽃'이라 할 수 있다.

국내에 있는 회사의 4.6%는 유한회사다. 주식회사만큼은 아니지만 심심찮게 볼 수 있다. 유한회사는 주주가 출자액만큼 유한책임을 지는 등 기본 원리는 주식회사와 비슷하지만, 주식회사보다 폐쇄적으로 운영된다. 설립 절차가 간단하고 경영의 자율성을 폭넓게 인정받는 회사 형태다. 소규모 가족기업, 소수의 전문가집단이 운영하는 법무법인과 회계법인, 외부 노출을 꺼리는 외국계기업 한국법인들이 유한회사 형태를 많이 채택하고 있다.

과거에는 유한회사가 외부감사를 받을 의무가 없었다. 그래서 외국계기업들이 한국 매출, 영업이익, 납세액 등을 공개하지 않기 위한 수단으로 유한회사를 택하는 사례가 많았다. 논란이 일자 정부는 법을 바꿔 2020년부터 일정 규모 이상의 유한회사도 외부감사를 받도록 했다. 그러자 일부 유한회사가 공시 의무가 없는 또다른 법인 형태인 유한책임회사 등으로 전환하려는 움직임이 나타나기도 했다.

173

지주회사(Holding company)

다른 회사 주식을 소유하고 사업활동을 지배하는 것이 주된 목적인 회사.

경제기사 읽기

중견기업들이 잇따라 지주회사 전환을 선언하고 있다. 회사를 지주회사와 사업회사로 인적분할한 뒤 오너 일가가 가진 사업회사 지분을 지주회사 신주로 바꿔 단숨에 후대 경영인의 지배력을 키우기 위한 포석이다. 조만간 이 같은 지주사 전환 관련 세제 혜택이 대폭 축소되는 것을 고려하면 '막차'를 타려는 기업이 줄을 이을 전망이다.

CJ그룹이나 아모레퍼시픽그룹 등 일부 대기업은 일정 기간 후 보통주로 전환이 가능한 신형우선주 발행 등 새로운 승계 방법을 꺼내고 있다. 하지만 오너 일가의 자금력이 부족한 중견기업들은 단기간에 승계를 마무리할 수 있다는 점에서 지주사 전환을 더 매력적인 방법으로 여기고 있다는 평가다.

IB업계에선 조만간 지주회사 전환에 대한 세제 혜택이 축소되는 것을 고려하면 중견기업들이 더 적극적으로 지주사 전환에 나설 것이란 관측이 나온다. 정부는 주주가 사업회사 주식을 지주회사에 현물출자하는 과정에서 발생하는 양도차익에 대한 과세 특례를 2022년부터 중단하기로 했다. 해당 내용을 담은 세법 개정안이 지난해 말 국회 본회의를 통과했다. 2년 뒤부터는 인적분할 이후 현물출자 유상증자를 통해 지주회사로 변신하려는 기업의 주주는 이 과정에서 얻는 차익에 대한 세금을 4년 거치 후 3년간 분할 납부해야 한다.

— 김진성, 중견기업, 속속 '지주사 전환' 막차 탄다, 〈한국경제〉, 2020.02.17

식당이 장사가 잘 되면 2호점, 3호점을 열기 시작한다. 한식에서 일식, 양식 등 전혀 다른 메뉴로 확장하기도 한다. 기업도 비슷하다. 회사가 성장하는 과정에서 사업영역을 계속 넓히고, 규모가 커지면 독립된 회사로 분리하게 된다. A라는 회사가 B라는 회사 지분을 보유해 지배하는 관계일 때 A를 모회사(지배회사), B를 자회사(종속회사)라 부른다. B가 지배하는 C라는 자회사가 또 설립된다면 A에게 C는 손자회사가 된다.

회사 중에는 '다른 회사 거느리는 것'을 본업으로 삼는 곳이 있다. 이런 기업을 지주회사라 부른다. 공정거래법에 따르면 지주회사는 주식 보유를 통해 자회사를 지배하는 것을 주된 사업으로 하는 회사를 말한다. 지주회사는 자회사로부터 지급받는 배당금, 그룹 브랜드 사용료(로열티) 등을 수입원으로 삼는다.

과거 한국은 지주회사 설립을 금지했지만, 1999년 허용한 이후 오히려 장려하는 쪽으로 돌아섰다. 외환위기 당시 대기업의 연쇄부도 사태가 복잡한 순환출자 구조에서 비롯됐다고 봤기 때문이다. 그 결과 2019년 국내 지주회사 수는 173개로 늘어났다.

지주회사 체제를 도입하면 그룹 지배구조가 투명하고 간결해진다는 게 장점이다. 경영전략 수립과 사업 기능이 분리되고, 자회사별 책임경영을 촉진하는 효과가 기대된다. 미국의 구글도 사업영역이 광범위해지자 2015년 알파벳이라는 지주회사를 만든 바 있다. 일부 자회사가 자금난에 빠졌을 때 그룹 전체가 흔들리는 일도 줄일 수 있다. 국내에서 지주회사로 묶인 계열사끼리는 지급보증을 설 수 없고, 지주회사 부채비율은 200%를 넘지 못하도록 제한을 받는다.

대기업으로의 경제력 집중을 오히려 심화시킬 수 있다는 것은 지주회사 체제의 단점으로 꼽힌다. 대기업이 지주회사로 전환하려면 지분관계를 정리하는 데 돈도 많이 든다. 진보 성향 시민단체들은 "오너의 상속을 쉽게 하는 도구로 악용된다"고 주장하기도 한다.

지주회사는 자회사 지분 관리만 맡는 '순수지주회사'와 지분 관리도 하면서 자체 사업도 벌이는 '사업지주회사'로 나뉜다. 예를 들어 LG그룹의 지주회사인 ㈜LG는 순수지주회사이고, SK그룹의 지주회사인 SK C&C는 정보기술(IT) 사업 부문을 함께 운영하는 사업지주회사다.

174

사회적 기업 (social enterprise)

이윤 추구 외에 사회적 가치 실현도 중시하며 생산, 판매 등 영업활동을 수행하는 기업.

경제기사 읽기

정부가 다양한 형태와 목적의 사회적 기업을 육성하기 위해 현행 인증제를 등록제로 개편하기로 했다. 시장 진입장벽을 낮춰 혁신기업과 1인 창업자들이 사회적 기업으로 활동할 수 있도록 하고 이를 통한 일자리 창출도 독려하는 차원이다. 하지만 사회적 기업 상당수가 정부의 재정 지원에 의존하고 이들 중 절반가량이 적자인 상황에서 자칫 '유령 사회적 기업'을 양산할 것이라는 우려가 나온다.

정부는 20일 국무회의를 열어 사회적 기업 육성법 일부 개정안을 심의·의결했다. 개정안은 인증제를 등록제로 개편하는 대신 평가 기준을 엄격히 해 투명성을 강화한다는 게 골자다.

정부가 사회적 기업 등록제 전환을 추진하는 것은 그동안 수적으로는 크게 늘었으나 기업 형태와 목적이 취약계층 일자리 창출 등에 국한돼 다양한 사회적 가치를 담아내지 못하고 있다는 판단에 따른 것이다. 사회적 기업은 관련 법이 제정된 2007년 55개에서 지난달 말 기준 2249개로 늘어났다. 12년 만에 40배 이상 급증했다. 2017년 말 기준 전체 사회적 기업 매출은 3조5530억원, 기업 한 곳당 평균 매출은 19억5000만원이었다.

취약계층 일자리 창출과 복지확충을 동시에 해결하겠다는 법 취지대로 취약계층 고용창출 효과는 작지 않았다. 지난달 현재 사회적 기업이 고용하고 있는 인원은 총 4만7241명이다. 이 가운데 장애인, 고령자 등 취약계층 근로자는 2만8450명(60.2%)에 달한다.

— 백승현 · 노경목, 사회적 기업 절반이 적자인데…등록제 전환으로 '유령 기업' 양산 우려, 〈한국경제〉, 2019.08.21

기업의 목표는 무엇이 되어야 하는가. 경제학 교과서에 나오는 정답은 '이윤 추구'다. 요즘 회사마다 상생과 사회공헌을 강조하면서 '착한 기업' 이미지를 심기 위해 힘을 쏟고 있지만 기본적으로 기업은 돈을 잘 벌어야 한다. 이익을 많이 내서 꾸준히 성장해야 직원과 협력업체를 먹여살리고 기부도 할 수 있다는 얘기다.

사회적 기업은 이런 전통적인 기업론에 반기를 들고 등장한 새로운 개념의 기업이다. "이윤 추구가 기업의 유일한 목적이 될 수는 없다"는 게 핵심이다. 사회적 기업은 취약계층에 일자리, 교육, 보건, 복지 서비스를 제공하는 등 사회적 목적을 추구하면서 생산, 판매, 영업 등의 활동으로 수익을 창출하는 회사를 말한다. 영리기업과 비영리단체(NGO)의 중간 형태로 볼 수 있다.

사회적 기업은 NGO와 비슷하게 사회문제 해결이 최대 목표다. 다만 NGO는 정부나 기부자의 도움이 없으면 유지가 쉽지 않다는 게 한계다. 사회적 기업은 외부 지원에 기대지 않고 재정 자립을 이뤄내기 위한 수단으로 영리활동을 선택하는 것에 가깝다는 얘기다.

사회적 기업은 유형에 따라 ①사회서비스 제공형 ②일자리 제공형 ③지역사회 공헌형 ④혼합형 ⑤기타형 등으로 분류한다. 사회적 기업으로 정부 인증을 받으면 인건비 보조, 세금 감면, 정책자금 공급, 판로 지원, 경영 컨설팅 등 다양한 지원을 받을 수 있다.

국내에는 2020년 2월까지 2400개 넘는 사회적 기업이 등록됐다. 대기업과 협력해 취약계층 지원에 기여하는 등 긍정적 역할을 하고 있다는 평가를 받지만, 대부분 경영 역량이 부족해 여전히 정부 예산에 의존하고 있다는 지적도 있다. 2017년 전체 사회적기업의 45%는 적자를 본 것으로 나타났다.

175

페이퍼 컴퍼니(paper company)

물리적 실체 없이 서류상으로만 존재하는 회사.

경제기사 읽기

제조업체 대표 A씨는 조세회피처인 버진아일랜드에 수년 전 서류상 회사(페이퍼컴퍼니)를 설립했다. 이후 이 페이퍼컴퍼니는 홍콩에 법인 B사를 만들었다. A씨는 자신이 운영하는 국내 제조업체가 제품을 수출할 때마다 중간에 B사를 끼워 넣었다. B사에 제품을 정상가격보다 15~20% 저렴하게 넘기고, B사는 이를 해외 현지법인에 정상가로 재판매하는 방식으로 '통행세'를 챙긴 것이다. B사가 이 같은 통행세 구조로 확보한 수백억대 자금은 고스란히 A씨의 해외 비자금이 됐다. 국세청은 최근 A씨를 조세포탈 혐의로 검찰에 고발하고 법인세 수백억원을 추징했다.

국세청은 12일 이처럼 해외에 소득이나 재산을 은닉한 개인과 법인 93명에 대해 세무조사에 착수했다고 밝혔다. 지난해 12월(37명)과 올해 5월(39명)에 이어 세 번째 역외탈세 세무조사다.

과거에는 조세회피처에 페이퍼컴퍼니를 만들어 자금을 묻어두거나, 국내 재산을 해외로 반출해 은닉하는 경우가 많았다. 하지만 최근에는 '조세회피처에 페이퍼컴퍼니 설립→직원 채용 등 정상기업 위장→자 · 손자회사 설립' 등 거래구조를 다단계로 설계해 탈세자금을 은닉하는 수법이 등장하고 있다.

— 박준석, 해외법인 '통행세'로 비자금 만들고... 해외콘서트 수익 숨기고···, 〈한국일보〉, 2018.09.13

조세피난처로 유명한 카리브해 소국에서는 작은 책상과 전화만 달랑 놓인 낡은 사무실들을 볼 수 있다. 주소지상으로 보면 수많은 기업의 본사 소재지인데,

제대로 된 기업활동을 하는 곳은 찾아보기 어렵다. 서류상으로만 존재하는 회사인 페이퍼 컴퍼니들의 거점이기 때문이다. 이 책을 읽는 당신도 인터넷을 이용하면 단돈 1달러 자본금으로 조세피난처에 페이퍼 컴퍼니를 세울 수 있다.

대중이 페이퍼 컴퍼니라는 단어에서 가장 먼저 떠올리는 것은 '탈세'다. 글로벌 기업과 재벌들이 세금을 내지 않으려고 페이퍼 컴퍼니를 활용하는 사례가 여러 번 적발된 탓이다. 하지만 페이퍼 컴퍼니 자체가 불법은 아니다. 악용될 소지가 있는 건 맞지만, 정상적인 기업활동에도 많이 활용된다. 유령회사와 페이퍼 컴퍼니는 구분해서 봐야 한다.

영화 · 드라마 제작, 해외 자원개발 등을 위해 설립되는 특수목적법인(SPC)은 페이퍼 컴퍼니의 대표적 사례다. SPC를 설립한 모기업의 재무상태에 영향을 주지 않으면서 특정 사업에 집중할 수 있고, 목적을 달성하면 손쉽게 청산할 수 있다는 점이 매력적이다.

해운회사들도 선박 발주, 운영, 관리를 손쉽게 하기 위해 페이퍼 컴퍼니를 적극 활용한다. 선박을 한 척 구입할 때마다 SPC를 세운다. 보통 금융회사는 해운회사가 파산할 경우 배가 다른 채권자에 넘어가는 일을 막기 위해 선박 소유권을 SPC에 두도록 요구한다.

인수합병(M&A)이나 부실자산 매각 과정에서 자본을 직접 조달하는 데 따른 부담을 덜기 위해 페이퍼 컴퍼니를 이용할 수도 있다. 펀드를 운영하는 금융회사는 회사 재산과 펀드를 분리하기 위해 독립된 SPC를 설립한다. 페이퍼 컴퍼니가 조세피난처 지역에 많이 설립되는 것은 사실이다. 다만 과세당국에 자금흐름을 정확히 신고하고, 정상적으로 운영한다면 문제될 것은 없다.

176

히든 챔피언(hidden champion)

외형이 작아 널리 알려지지 않았지만 자신의 분야에서 세계적 경쟁력을 갖춘 강소기업.

경제기사 읽기

독일 펀드가 최근 견조한 성적을 거두면서 투자자들의 입꼬리가 올라가고 있다. 유럽 내 경제대국인 독일의 안정적인 성장이 독일 펀드의 수익률 상승을 이끈 것으로 풀이된다.

25일 펀드평가사 KG제로인에 따르면 지난 24일 기준 독일 펀드의 올해 수익률은 9.35%를 기록했다. 금융정보업체 인베스팅닷컴에 따르면 같은 기간 독일 DAX 지수는 6.09% 올랐다. 독일 펀드의 수익률이 DAX지수 상승률보다 3%포인트 가량 높은 것이다.

투자 전문가들은 지난해 기준 국내총생산(GDP) 규모 세계 4위를 기록한 독일 경제의 수출 경쟁력이 독일 펀드의 높은 수익률로 이어졌다고 말한다. 다국적 컨설팅 기업 딜로이트의 조사 결과에 따르면 지난해 독일의 제조업 경쟁력 지수는 세계 3위였다.

— 남건우, '히든챔피언 효과' 獨 펀드수익률 호조… 펀드전망도 '쾌청', 〈파이낸셜뉴스〉, 2017.08.26

독일의 게리츠(Gerriets)라는 회사를 들어본 적 있으신지. BMW, 폭스바겐, 헨켈, 보쉬 같은 독일 회사는 알아도 게리츠는 생소한 사람이 대부분일 것이다. 1946년 직물 도매상으로 설립된 이 회사는 극장용 초대형 커튼 생산에 특화해 세계 극장막 시장점유율 100%를 차지하고 있다. 경영학자 헤르만 지몬(Hermann Simon)은 "당신이 뉴욕, 오페라, 파리, 어디에서 공연을 감상하든 그 무대의 극장막은 게리츠가 만든 것"이라고 소개했다.

게리츠와 같이 세간에 잘 알려지지 않았지만 한 분야에 독보적 기술력을 갖춰 세계시장을 지배하는 강소기업을 히든 챔피언이라 부른다. 헤르만 지몬의 베스트셀러인 《히든 챔피언(Hidden Champions of the 21st Century)》을 통해 유명해진 단어다.

지몬은 세 기준을 충족시키는 기업을 히든 챔피언으로 정의했다. 첫째, 시장점유율이 세계 1~3위거나 해당 기업이 속한 대륙에서 1위여야 한다. 둘째, 연매출액이 40억달러 이하여야 한다. 셋째, 대중적인 인지도가 높지 않은 기업이어야 한다.

지몬에 따르면 히든 챔피언의 업종은 소비재보다는 중간재, 부품 등 B2B(기업 간 거래) 쪽이 많았다. 평균 연매출은 3억2600만유로, 고용인원은 2037명, 기업 존속기간은 61년으로 집계됐다. 혁신성은 일반 대기업을 크게 앞질렀다. 고용인원 1000명당 특허 수는 대기업이 6건에 그친 반면 히든 챔피언은 31개였다. 80% 이상이 가족경영 체제라는 점도 특징이다.

제조업 강국 독일은 히든 챔피언 기업이 많은 나라로도 유명하다. 사업 범위를 좁지만 명확하게 설정하고, 내수시장을 벗어나 세계화를 통해 광범위한 수요를 발굴하는 전략을 구사하는 것이 이들의 특징이다. 강소기업을 많이 보유한 나라는 국가 경제와 기업 생태계의 허리가 튼튼하다는 점에서 높이 평가할 수 있다. 국내에서도 여러 정부부처와 공공기관이 '한국형 히든 챔피언' 육성을 목표로 다양한 지원정책을 내놓고 있다.

177

한계기업(限界企業)

영업이익으로 이자비용조차 감당하지 못하는 상태가 3년 연속 지속되는 회사.

경제기사 읽기

지난해 기업 100곳 중 14곳이 퇴출 상황에 몰린 한계기업으로 나타났다. 대출 상환 능력이 떨어지는 한계기업의 빚도 늘어나며 부실이 더 심화할 수 있다는 우려까지 커지고 있다.

한국은행이 26일 발표한 '금융안정보고서'에 따르면 지난해 외부감사를 받는 기업(2만2869개) 중 14.2%인 3236개가 한계기업이었다. 2017년 13.7%던 비중이 지난해 0.5%포인트 상승했다.

— 하현옥 · 손해용 · 염지현, '좀비기업' 다시 늘었다…100곳 중 14곳 이자도 못갚아, 〈중앙일보〉, 2019.09.27

공포영화에서 시체가 주술을 받고 살아나 선량한 사람들을 공격하는 장면을 자주 볼 수 있다. 서구권 영화에선 좀비, 중화권 영화에선 강시가 단골로 등장하는 캐릭터다. 언론과 전문가들은 한계기업의 동의어로 좀비기업(zombie company)이란 표현을 쓴다. 중국에선 강시기업(僵屍企業)이라 부른다. 한계기업의 특성이 좀비나 강시와 정확히 들어맞는 데다 대중이 이해하기 쉽기 때문일 것이다.

한계기업이란 재무구조가 망가져 스스로의 힘으로 살아남을 가능성이 줄고 있는 회사를 말한다. 정상적인 기업과 한계기업을 구분하는 기준은 '빚을 잘 갚고 있느냐'다. 이자보상배율이 3년 연속 1 미만이면 한계기업으로 분류한다. 이자보상배율은 기업의 1년치 영업이익을 그 해 갚아야 할 이자비용으로 나눈 것이다. 이 값이 1을 밑돈다면, 사업해서 번 돈으로 은행에서 빌린 채무의 이자조차 갚지 못했다는 뜻이다. 이런 상태가 3년 째 지속됐다면 경쟁력이 상당히 훼

국내 한계기업 수·비중 (단위: 개, %)

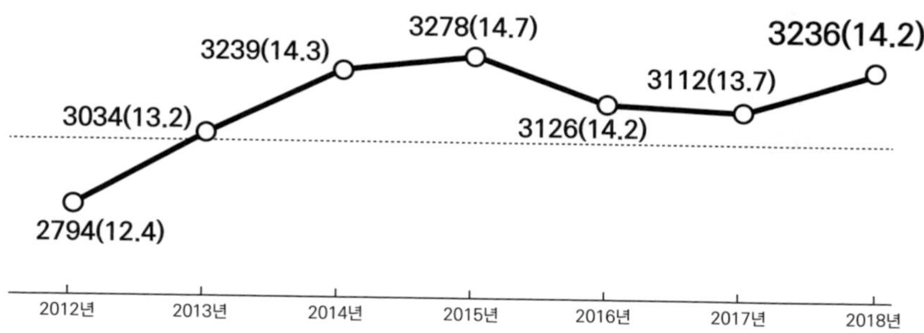

자료: 한국은행

손됐다고 보는 게 맞다. 기업은 영업이익으로 원금을 다 갚진 못하더라도 최소한 이자는 감당할 수 있어야 정상적으로 굴러간다.

시장원리대로라면 진작 정리됐어야 할 한계기업이 현실에서는 정부나 채권단의 지원으로 파산만 면하고 간신히 연명하는 사례가 많다. 문제는 좀비가 사람을 해치듯 좀비기업도 나라 경제에 악영향을 끼친다는 점이다. 자원이 한정된 상황에서 정상적인 기업이 투자를 집행하기 위해 자금을 조달하는 길을 가로막기 때문이다. 좀비기업에 빌려준 돈은 떼이기 쉽다는 점에서 금융권 부실로 이어질 가능성도 크다.

1990년대 일본은 경제 거품이 꺼지면서 좀비기업이 속출했음에도 불구하고 당장의 경제 충격을 걱정해 한계기업을 과감히 정리하지 못했다. 결국 은행이 망가지고, 일본 경제가 장기 침체로 빠져드는 한 원인이 됐다.

178

피터팬 증후군(Peter Pan Syndrome)

중소기업이 중견기업으로 올라서면 각종 정부 지원이 끊기고 규제가 강화되는 점을 꺼려 계속 중소기업으로 남으려 하는 현상.

경제기사 읽기

산업의 '허리' 역할을 하는 중견기업이 수년째 4000개 안팎에 머물러 있다. 공공 조달시장과 예산 지원 등에 기댄 중소기업의 '피터팬 증후군'과 각종 규제에 맞닥뜨린 중견기업들의 유턴(중소기업 회귀) 현상이 낳은 결과다. 자동차 반도체 등 주력 산업 침체 못지않게 중견기업의 양적 · 질적 정체가 산업생태계의 '성장 사다리'를 끊어놓고 있다는 지적이 나온다.

정부 정책이 기업의 '스케일업'보다 중소기업 보호정책에 방점을 찍다 보니 전체 중견기업의 86.6%는 매출 3000억원 미만 구간에 몰려 있다. 지난 20년간 대기업군(자산규모 10조원 이상)에 진입한 중견기업은 네이버 카카오 하림 등 3개에 불과하다.

중견기업 상당수가 대기업 납품에 의존하거나 생계형 적합업종 등을 둘러싸고 중소기업과 치열한 기싸움을 벌이고 있다. 그러다 보니 제대로 된 '유니콘 기업'(기업가치 1조원 이상 비상장사)이나 글로벌 경쟁력을 갖춘 기업이 드물다.

— 문혜정, 20년간 대기업 된 중소기업, 네이버 · 카카오 · 하림 3곳밖에 없다, 〈한국경제〉, 2019.11.11

동화 속 피터팬은 영원히 어린아이이고 싶어하는 장난꾸러기 소년이다. 피터팬이 사는 작은 섬 네버랜드에는 '어른이 되어선 안 된다'는 규칙이 있다. 다른 등장인물이 모두 원래 살던 곳으로 돌아간 뒤에도 피터팬은 네버랜드에 남았다.

기업은 규모에 따라 중소기업, 중견기업, 대기업으로 분류한다. 한국에는 350

만개 넘는 기업이 있고 99.9%는 중소기업이다. 중소기업중앙회 자료를 보면 2016년 기준 국내 기업체 수는 355만929개이며 중소기업이 354만7101개를 차지했다. 그런데 이들 중소기업 중엔 '중견기업이나 대기업으로 크기 싫고, 영원히 중소기업으로 남고 싶다'는 곳이 적지 않다. 이런 경향을 피터팬 증후군이라 부른다.

상식적으론 언뜻 이해가 되지 않는 이런 현상은, 중소기업이 중견기업으로 올라서는 순간 잃는 게 너무 많기 때문이다. 중소벤처기업부에 따르면 국내 중소기업은 조세, 금융, 인력, 판로, 보조금 등에서 495개의 정책 지원을 누린다. 중견기업이 되면 지원은 7분의 1 수준인 70개로 줄어들고 규제는 오히려 12개 증가한다. 정부의 공공구매 입찰에는 중소기업만 지원할 수 있도록 제한하는 품목이 많다.

중소기업에 지원을 몰아주도록 설계된 정책이 피터팬 증후군을 유발한다는 얘기다. 중견기업이 된 회사가 사업을 분할해 두 중소기업으로 쪼개는 촌극도 벌어지고 있다.

국내 중견기업이 대기업으로 성장하는 비율은 2015년 기준 2.24%, 중소기업이 중견기업으로 성장하는 비율은 0.008%에 그쳤다. 중소기업의 척박한 경영 여건을 고려하면 이것이 전적으로 피터팬 증후군 때문이라 말할 수는 없다. 하지만 중소→중견→대기업으로 이어지는 기업의 성장 사다리를 복원하려면 제도 보완이 절실하다는 지적이 꾸준히 나오고 있다.

179

상호출자/순환출자

상호출자는 두 회사가 상대 회사의 주식을 보유하는 것. 순환출자는 같은 그룹의 여러 계열사가 서로 돌아가며 주식을 보유하는 것.

경제기사 읽기

대기업집단의 순환출자고리 수가 2013년 9만여개에서 2018년 41개로 크게 줄어든 것으로 나타났다. 아직 순환출자고리가 남아 있는 기업집단은 삼성, 현대차, 현대중공업, 현대산업개발 등 6곳인데, 이들도 남은 순환출자고리를 해소할 방침이다.

23일 공정거래위원회가 발표한 자료를 보면, 신규 순환출자 등이 금지된 2013년 9만7658개에 달했던 순환출자고리가 지난 20일을 기준으로 6개 기업집단의 41개 고리로 축소됐다. 신규 순환출자 등이 금지된 2013년 이래 99.9%의 순환출자고리가 줄어든 것이다.

— 최현준, 재벌 순환출자고리 5년새 99.9% 감소…삼성 4개 등 41개 남아, 〈한겨레〉, 2018.04.25

공정거래위원회는 대기업으로의 경제력 집중을 억제하기 위해 일정 규모 이상의 기업집단을 '상호출자제한기업집단'으로 지정하고 여러 규제를 적용하고 있다. 상호출자 제한이 대기업의 문어발식 확장을 억제하는 데 핵심적인 수단이라는 점을 유추할 수 있다.

상호출자는 두 회사가 서로 출자해 상대 회사의 주식을 보유하는 것을 말한다. 대기업이 상호출자를 하면 왜 문제라는 걸까. 예를 들어 자본금 100억원인 A회사가 B회사에 50억원을 출자하고, B가 이 중 25억원을 다시 A에 출자했다고 하자. 그러면 A의 자본금은 실질적으로 변화가 없지만 장부상으론 125억으로 늘어난다. 이렇게 생긴 '가짜 자본금'을 가공자본이라 한다. A는

국내 대기업 순환출자 고리 (단위: 개)

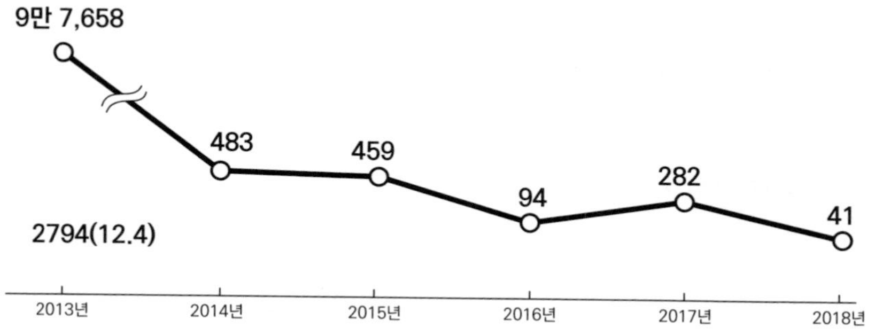

자료: 공정거래위원회

가짜 자본금이 불어난 착시효과를 활용해 은행에서 대출을 더 받거나 채권을 더 발행할 수 있게 된다. A의 대주주는 회삿돈으로 B를 지배하면서 B가 보유한 A의 지분으로 A에 대한 지배력까지 높일 수 있다. 정부는 이런 방식은 바람직하지 않다고 보고, 대기업 계열사끼리는 상호출자를 금지했다.

과거 재벌들은 상호출자 대신 순환출자도 많이 활용했다. 순환출자는 같은 그룹에서 A→B→C→A 식으로 계열사끼리 돌아가며 자본을 늘리는 것을 말한다. 고리처럼 빙글빙글 돌아가는 모양라고 해서 순환출자라 부른다. 예컨대 자본금 100억원인 A가 B에 50억원을, B가 C에 30억원을, C는 A에 다시 10억원을 출자했다고 하자. 순환출자를 통해 A의 자본금은 110억원으로 늘고 B와 C도 지배할 수 있다. 이번에도 A의 대주주는 소수 지분으로 그 이상의 지배력을 확보하게 된다. 상호출자와 비슷한 효과를 누리는 셈이다. 고리에 엮여 있는 한 계열사가 부실해지면 주식을 보유한 다른 계열사까지 부실해지는 도미노 현상이 올 수 있다는 것도 순환출자의 문제점이다.

정부는 대기업의 신규 순환출자를 금지하는 동시에 기존 상호출자도 해소할 것을 지속적으로 요구해 왔다. 그 영향으로 순환출자도 역사 속으로 사라지고 있다. 특히 순환출자 고리가 9만개를 넘었던 롯데는 형제 간의 경영권 분쟁 이후 지분구조를 뜯어고쳐 순환출자 '제로'가 됐다.

180

수직계열화(vertical integration)

모기업이 제품의 개발·생산·유통·판매·사후관리에 이르는 전 과정에 관련된 업체를 계열사로 두는 방식.

경제기사 읽기

영화를 비롯해 방송, 공연 등 국내 콘텐츠 시장이 본격적인 대형 산업화 시대로 접어들면서 콘텐츠 업계의 수직계열화 현상이 뚜렷해지고 있다. 지난 수 년 새 대형사들의 공격적인 인수합병(M&A) 행보가 이어지면서 불과 10년 전까지도 중소 규모의 드라마, 영화, 공연 제작사가 개별적으로 운영되던 콘텐츠 업계의 생태계가 빠르게 변모하고 있는 것이다. 제작 · 방송 · 배급 · 극장 · 공연 · 매니지먼트까지 전방위로 아우르는 전통적인 '콘텐츠 공룡' CJ그룹의 뒤를 이어 최근에는 카카오M과 제이콘텐트리가 공격적인 영역 확장에 나서면서 장차 콘텐츠 시장이 '3강 체제'로 재편될 것이라는 관측마저 나오고 있다.

— 연승, 콘텐츠시장 수직계열화 가속화… '공룡 톱3'로 재편되나,
〈서울경제〉, 2020.01.15

CJ는 국내 영화산업의 '큰손'으로 불린다. 영화 기획, 투자, 배급 사업을 동시에 벌이면서 CGV 극장에서 직접 상영까지 하기 때문이다. 닭고기업체 하림은 농장 · 공장 · 시장을 연결한다는 일명 '3장(場) 통합' 전략을 내세워 독보적인 점유율 1위 업체로 올라섰다. 사료 생산부터 사육, 도계, 가공, 유통, 물류까지 모든 계열사를 보유하고 있다.

CJ와 하림의 사례처럼 주력 제품의 생산 · 판매와 연관된 모든 과정을 자체적으로 처리하는 구조를 수직계열화라고 부른다. 현대자동차는 전 세계 자동차업체 중에서 수직계열화가 가장 잘 이뤄진 회사로 꼽힌다. 현대제철이 자동차용

강판을, 현대모비스와 현대위아 등이 주요 부품을 생산하면 이를 공급받은 현대·기아자동차는 자동차를 완성한다. 자동차 운송은 물류 계열사인 현대글로비스가 맡고, 차량 구매자들을 위한 할부 판매는 현대캐피탈을 통해 제공한다.

수직계열화는 일사불란한 의사결정과 원가경쟁력 확보에 유리하다. 다만 주력 제품의 업황이 나빠지면 그룹 전체의 수익성이 동시에 악화되는 취약점을 함께 안고 있다. 전체적인 산업 생태계 차원에서 보면, 특정 기업의 독식 구조가 강해지고 외부 중소업체의 설자리를 좁히는 점은 논란거리다.

수직계열화의 반대 개념으로 수평계열화가 있다. 기존 사업과 관계없는 이종(異種) 산업에서 계열사를 늘리는 것을 말한다. 과거 미국의 제너럴일렉트릭(GE)이 가전 부문과 항공기 엔진 부문을 동시에 뒀던 것이 대표적이다. 수평계열화는 한 계열사의 위기가 도미노처럼 전이될 가능성이 낮고, 그룹의 수익원을 다양화할 수 있다는 게 장점이다. 하지만 계열사끼리 시너지 효과가 크지 않고, 문어발식 확장으로 비쳐질 여지도 있다.

물론 어떤 방식으로 계열화를 추구할지에 정답은 없다. 전적으로 개별 기업의 선택에 달려 있고, 경영 환경의 변화에 따라 전략이 바뀌기도 한다.

181

전방산업/후방산업

가치사슬 상에서 해당 산업의 앞뒤에 위치한 업종. 소재·원재료에 가까울수록 후방산업, 최종 소비자와 가까울수록 전방산업이다.

경제기사 읽기

글로벌 자동차 업계가 부진하면서 부품업계도 일제히 수익성 악화에 씨름하고 있다.

완성차 판매가 정체에 빠지면서 여기에 납품하는 타이어, 철강, 부품 업체의 어깨도 무거워졌다. 전방산업의 부진은 곧 후방산업 수요 감소로 이어지며 동반 실적 부진의 늪에 빠진 모양새다. 업체마다 사정은 조금씩 다르지만, 완성차 판매 부진과 원화 강세, 원재료 가격 상승 등 자동차 업계가 겪고 있는 '삼중고(三重苦)'가 고스란히 전달됐다.

국내 1위 타이어업체 한국타이어는 글로벌 자동차 시장 수요 둔화로 작년 매출과 영업이익 모두 직격탄을 맞았다. 한국타이어는 작년 글로벌 연결 경영실적 기준 매출액 6조7954억원과 영업이익 7037억원을 기록했다고 13일 밝혔다. 매출은 전년 대비 0.3% 소폭 감소에 그쳤지만, 영업이익은 전년 대비 11.3% 급감했다.

— 이소현 · 남궁민관, 車업계 한파에…고꾸라진 타이어 · 철강 · 소재 부품 협력사, 〈이데일리〉, 2019.02.14

자동차 한 대를 만드는 데는 보통 3만개의 부품이 들어간다고 한다. 이 수많은 부품을 한 회사가 직접 다 만드는 경우는 없다. 원가를 아끼고 경영 효율성을 높이기 위해 분업(分業)이 일반화됐기 때문이다. 흔히 자동차산업이라 하면 현대, 기아, 르노, GM 같은 완성차업체부터 떠오르게 마련이지만 실제론 원재료와 부품을 공급하는 수많은 기업들이 한배를 타고 있다.

저명한 경영학자인 마이클 포터 하버드대 교수는 1985년 가치사슬(value chain)이라는 개념을 제시했다. 가치사슬은 기업이 제품과 서비스를 생산해 부가가치가 생성되는 일련의 과정을 말한다. 연구개발(R&D)부터 디자인, 부품 생산과 조달, 가공, 제조, 마케팅, 판매, 사후관리 등에 이르는 광범위한 과정이 가치사슬을 이룬다.

가치사슬에 속한 각각의 분야는 소비자와의 상대적 거리에 따라 전방산업과 후방산업으로 분류할 수 있다. 소재나 원재료를 책임지는 업종은 후방산업, 최종 소비자와 가까운 업종은 전방산업이 된다. 예를 들어 자동차에서는 제철, 부품 등이 후방산업이고 판매업체는 전방산업에 속한다. 또 식품산업에서는 사료, 낙농기계 등이 후방산업이고 완제품을 파는 제과, 제빵 등의 업체는 전방산업이 된다.

전방산업과 후방산업은 다른 산업의 생산물을 중간재로 구입해 생산 · 판매 활동을 하면서 상호의존 관계를 갖게 된다. 이를 전 · 후방산업의 연관효과라고 부른다. 후방산업에 속한 기업들의 기술력이 향상되면 전방산업에 속한 기업들의 경쟁력도 올라간다. 전방산업에 있는 업체들이 어려움에 빠지면 그 뒤에 있는 후방산업에도 동반 타격을 입게 된다.

182

블루 오션/레드 오션(blue ocean/red ocean)

블루 오션은 경쟁자가 없는 새로운 유망 시장. 레드 오션은 경쟁이 매우 치열한 포화 시장.

경제기사 읽기

"회사 관두고 조그맣게 커피숍이나 할까? 마음 편하고 좋을 것 같은데…." 직장인이라면 누구나 해봤을 법한 이 생각을 진지하게 실천에 옮기려는 사람이라면 KB금융이 발간한 '커피전문점 현황 및 시장여건 분석' 보고서를 유념해야 한다. 커피 인기가 날로 높아지고는 있지만, 커피숍 경영은 결코 만만치 않다는 점을 숫자가 말해주고 있기 때문이다.

KB금융지주 경영연구소가 6일 내놓은 보고서를 보면, 전국의 커피숍들이 각종 비용을 제외하고 버는 돈은 연평균 1050만원(2017년 기준) 정도였다. 워낙 고객 경쟁이 심하다 보니, 연간 폐업률이 14.1%로 '자영업자의 무덤'이라는 치킨집(10.0%)보다 높다.

— 김은정, 카페 폐업률 14%, 치킨집보다 높대요, 〈조선일보〉, 2019.11.07

레드 오션은 포화시장, 블루 오션은 유망시장을 의미하는 보통명사처럼 쓰인다. 하지만 사람들 입에 많이 오르내리기 시작한 건 생각보다 오래 되지 않았다. 두 개념은 2005년 프랑스 인시아드 경영대학원의 김위찬 교수와 르네 마보안(Renée Mauborgne) 교수가 쓴 《블루 오션 전략(Blue Ocean Strategy)》에서 처음 소개됐다. 이 책은 세계적 베스트셀러에 오르면서 많은 경영인 사이에서 화두가 됐다.

레드 오션은 성장의 한계가 명확하고 경쟁자도 많은 시장이다. 모두가 같은 목표와 같은 고객층을 놓고 싸운다. 블루 오션은 기존에 존재하지 않았거나 알려지지 않았던 새로운 시장이다. 경쟁자가 없으니 먼저 찾아내면 고수익과 고성장을 독식할 수 있다. 물론 블루 오션은 영원히 푸르지 않다. 경쟁자가 뒤따라

오기 때문이다. 꾸준한 연구개발(R&D)과 혁신으로 또 다른 블루 오션을 개척하는 게 기업들의 숙제다.

블루 오션과 레드 오션의 중간 개념인 퍼플 오션(purple ocean)도 있다. 완전히 새로운 걸 만들긴 쉽지 않으니 레드 오션에서 '조금 다른 상품'을 찾아보자는 것이다. 연 2조원 규모에서 정체된 국내 라면시장에서 차별화에 성공한 불닭볶음면이 좋은 사례가 될 것 같다. 2012년 출시된 불닭볶음면은 7년 뒤 수출국 76개, 누적매출 1조원을 달성했다. '무지막지하게 매운 맛'이라는 괴상한 콘셉트로 내수보다 수출을 공략한 것이 먹혀들었다. 유튜브에서 이 라면을 먹고 괴로워하는 '놀이'(불닭볶음면 챌린지)가 유행한 이후 외국에서 더 잘 팔리고 있다.

치열한 경쟁을 비유하는 또다른 말로 '제로섬 게임'과 '치킨 게임'이 있다. 제로섬 게임은 승자의 득점과 패자의 실점을 더하면 항상 0이 되는 것을 말한다. 한쪽이 무언가를 얻으면 다른 한쪽은 반드시 잃기 때문에 극한경쟁이 불가피하다. 제로섬 게임과 달리 참가자 모두가 이득을 보는 것은 '포지티브섬 게임'이라 한다.

치킨 게임은 1950년대 미국의 객기 넘치는 젊은이들에게 유행했던 경기다. 두 명이 도로 양쪽에서 차를 몰고 정면 돌진하다 먼저 핸들을 꺾어 피하는 사람이 지는 것이다. 다른 업체를 무너뜨리기 위해 가격 폭락, 수익 감소 등을 감수하며 출혈경쟁을 벌이는 상황을 치킨 게임에 비유한다.

183

네트워크 효과(network effect)

특정 상품에 대한 수요가 다른 사람들의 선택에 따라 영향을 받는 현상.

경제기사 읽기

한 통신사가 새로운 요금제를 내놓거나 파격적인 보조금을 뿌리면 다른 통신사들이 곧바로 뒤따르던 관행이 지난 주말 깨졌다. SK텔레콤이 '자사 가입자 간(망내) 음성통화를 무제한 무료로 제공'하는 새로운 요금제를 지난 22일 시행했는데도 경쟁사인 KT와 LG유플러스는 침묵하고 있다.

지난 1월 말 LG유플러스가 '데이터 무제한 요금제'를 내놓았을 당시 KT가 같은 날 오후, SK텔레콤은 그 다음날 비슷한 내용의 요금제를 도입하겠다고 발표했던 것과는 사뭇 다른 분위기다.

1위 사업자인 SK텔레콤의 장점만 부각될 수 있는 요금제이기 때문이다. 휴대폰 시장점유율이 50%인 SK텔레콤 가입자(약 2700만명)의 무료 통화 혜택이 KT(약 1660만명)나 LG유플러스(약 1000만명)에 비해 크다. KT와 LG유플러스는 비슷한 요금제를 도입하더라도 가입자 유인 효과가 그리 크지 않을 것으로 보고 있다.

— 전설리, KT · LGU+ "따라가기 부담스럽네…", 〈한국경제〉, 2013.03.25

스마트폰이 대중화된 2010년대 초반, 국내에선 다양한 메신저 앱이 등장했다. 카카오의 카카오톡, 다음의 마이피플, 네이버의 라인, SK의 네이트온, 통신 3사가 공동 개발한 조인 등이 치열하게 경쟁했다. 카카오톡이 가장 많은 가입자를 확보한 이후 나머지 업체가 서비스를 접는 데는 그리 오랜 시간이 걸리지 않았다. 네트워크 효과를 완전히 선점한 카카오톡의 아성을 뒤집는 것이 불가능하다고 판단했기 때문이다.

네트워크 효과는 어떤 상품에 형성된 수요가 다른 사람의 선택에 큰 영향을 미치는 현상을 말한다. 통상 이용자가 늘어날수록 해당 서비스의 가치가 치솟는다는 의미로 많이 쓰인다.

특히 정보통신기술(ICT) 업종에서는 얼마나 많은 사람이 이용하는지가 중요하다. 카카오톡 이후 나온 메신저 중에는 카카오톡보다 기능이 좋다는 평을 받은 것도 꽤 있었다. 그러나 메신저는 품질이 아무리 좋아도 사용자가 적으면 쓸 이유가 없다. 기선 제압에 성공한 카카오톡의 메신저시장 점유율은 95%에 이른다. 카카오에 따르면 2019년 4분기 카카오톡의 월간 순이용자(MAU)는 4485만 명, 하루 평균 송 · 수신 메시지는 110억건을 기록했다.

유행하는 상품을 너도나도 따라 사는 경향을 가리키는 밴드왜건 효과(bandwagon effect)도 네트워크 효과의 일종이다. 선거에서 지지율이 한 번 상승세를 탄 후보는 한동안 인기가 계속 오르는 현상도 밴드왜건 효과로 볼 수 있다. 이와 정반대의 네트워크 효과로 남들이 많이 사는 상품은 구입을 꺼리는 스놉 효과(snob effect)가 있다. 과시적이고 차별화된 소비를 추구하는 부자들의 소비행태를 설명하는 개념이다.

184

메기 효과(catfish effect)

강력한 경쟁자의 등장을 계기로 다른 업체들의 잠재력도 상승하는 현상.

경제기사 읽기

인터넷전문은행 카카오뱅크의 계좌를 보유한 고객이 지난 11일 1000만 명을 넘어섰다. 2017년 7월 27일 출범 후 정확히 715일 만이다. 국내 은행을 넘어 세계에서도 유례를 찾아보기 어려운 '초고속' 성장이다. 금융권에서는 카카오뱅크가 '메기'에서 '대어(大魚)'로 몸집을 키우고 있다는 분석이 나온다.

오프라인 점포가 없는 카카오뱅크는 모바일 앱을 통해 비대면으로 수신과 여신 등의 업무를 처리한다. 카카오뱅크는 '탈(脫)공인인증서'를 앞세워 고객을 끌어모았다. 공인인증서 없이 거래 가능한 '간편이체' 서비스가 확산되는 계기를 마련한 게 카카오뱅크다.

이 같은 변화는 은행뿐 아니라 카드사, 저축은행 등에 이르기까지 금융권 전반에 '메기 효과'를 일으켰다는 평가다. 너도나도 모바일 앱 고도화, 간소화 등에 뛰어들었다. 각 은행이 디지털 조직을 늘리고 관련 사업에 본격 뛰어든 것도 카카오뱅크의 영향이 크다.

— 정지은, '脫공인인증서' 앞세운 카카오뱅크, 2년 만에 가입자 1000만 넘었다, 〈한국경제〉, 2019.07.13

스웨덴 이케아가 한국에 1호점을 연 2014년, 국내 가구업체들은 극도의 긴장감에 떨었다. 이케아가 어떤 회사인가. 파격적으로 싼데 가성비는 뛰어나기로 소문난 세계 1위 가구업체 아니던가. 많은 사람들이 토종 가구업계의 몰락을 걱정했다. 그런데 결과는 정반대였다. 이케아 상륙 1년 후 한샘, 현대리바트, 에넥스, 퍼시스, 에이스침대 등 5대 가구업체 매출은 20% 안팎 뛰었다. 이케아의 저가공세에 대비해 원가를 절감하고, 이케아와 비슷한 대형 매장을 늘려 더 많은 손님을 끌어모은 덕분이었다. 결과적으로 메기 효과 덕을 톡톡히 본 셈이다.

메기 효과는 과거 북유럽 어부들이 바다에서 잡은 정어리를 항구까지 싱싱하게 운반하기 위해 어항에 천적인 메기를 풀어놨던 데서 유래했다. 원래 정어리는 그냥 놔두면 금세 죽어버리지만, 메기가 있으면 잡아먹히지 않으려 필사적으로 움직여 오랫동안 살아남았다.

생존이 걸린 절체절명의 상황에 직면할 때 숨은 잠재력을 발휘해 위기를 헤쳐나가는 습성은 물고기뿐 아니라 기업도 마찬가지다. 대형마트 시장은 지금 국내 업체들이 꽉 잡고 있지만 1990년대만 해도 상황이 달랐다. 유통시장 개방으로 미국 월마트, 프랑스 까르푸 등이 잇따라 국내에 진출했지만 당시 이마트, 롯데마트 등의 역량은 걸음마 단계였다. 국내 업체들은 한국 소비자의 특성에 맞춘 매장 구성과 서비스 강화에 사활을 걸었다. 자금력은 풍부했으나 현지화에 실패한 월마트와 까르푸는 결국 한국에서 자진 철수했다.

메기 효과의 원리는 인사정책에도 접목할 수 있다. 기업들이 다면평가제, 성과급제 등을 도입하거나 외부 전문가를 영입하는 것 등이 대표적이다. 조직의 정체된 분위기를 극복하고 생산성 향상의 유인을 제공하기 위한 조치들이다.

고인 물은 썩는 법이다. 크게 성공한 기업들의 역사를 보면, 만만찮은 상대와 치열하게 싸우는 과정에서 자신의 역량을 높여왔다는 공통점이 있다.

185

규모의 경제 (economies of scale)

기업이 생산량을 늘림에 따라 제품 하나를 만드는 단위당 비용이 하락하는 현상.

경제기사 읽기

올 들어 인터넷TV(IPTV) · 케이블TV · 위성방송 등을 아우르는 유료방송시장에 지각 변동이 일고 있다. IPTV 3위 사업자인 LG유플러스가 지난 14일 케이블TV 1위 CJ헬로를 인수한다고 발표한 데 이어 IPTV 2위 SK브로드밴드와 케이블TV 2위 티브로드가 합병을 결정했다. 채권단이 매각을 추진 중인 딜라이브(옛 씨앤앰) 인수전의 열기도 달아오를 전망이다.

지난달 김상조 공정거래위원장이 유료방송 업체 간 합종연횡에 긍정적인 신호를 보내자 수년간 지지부진하던 업계 재편에 가속도가 붙었다는 평가다. 방송과 통신을 결합한 거대 미디어 사업자가 속속 출현하면서 유료방송업계에 대형화 바람이 거세지고 있다.

SK브로드밴드와 티브로드가 합병하면 가입자 수 761만 명, 기업가치 4조원에 달하는 거대 유료방송 사업자가 탄생한다. 합병법인은 규모의 경제를 확보한 뒤 콘텐츠 투자를 본격화할 전망이다. 넷플릭스 등 온라인 동영상 서비스(OTT)에 대항하기 위해서다.

— 이동훈 · 유창재, SKB, 단숨에 LGU+ 따라잡아…"규모의 경제 확보해 넷플릭스 대항", 〈한국경제〉, 2019.02.18

동네 슈퍼가 대형마트만큼 싸게 팔기 어려운 건 구매력(buying power)에서 밀리기 때문이다. 대형마트는 전국 수백개 매장에 공급할 대규모 물량을 구입하는 조건으로 납품업체에 할인이나 덤을 요구할 수 있지만, 동네 슈퍼는 그게 안 된다.

제조업에서는 '덩치'에서 나오는 힘이 더욱 극대화된다. 반도체, 디스플레이, 배터리, 조선, 철강, 화학 같은 굴뚝산업에서는 국내외 업체 간의 증설 경쟁이 자주 벌어진다. 같은 업계 기업끼리 합치는 인수합병(M&A)도 활발하다. 생산량을 늘릴수록 수익이 높아지는 규모의 경제 효과를 노린 것이다.

생산비용은 생산량과 무관하게 들어가는 '고정비용'과 생산량에 비례해 달라지는 '변동비용'으로 나뉜다. 고정비용은 어차피 늘 일정하기 때문에 생산량을 늘릴수록 제품 하나를 만드는 단위당 비용은 내려간다. 이는 고스란히 기업의 수익으로 돌아오게 된다. 규모의 경제는 대량생산의 이익, 가입자 증가에 따른 이익, 외형성장에 따른 비용절감 이익 등을 아우르는 의미로 다양하게 쓰이고 있다.

규모의 경제와 헷갈리기 쉽지만 차이가 큰 개념은 '범위의 경제'다. 범위의 경제는 여러 종류의 제품을 함께 생산할 때 발생하는 총비용이 각 제품을 별도 기업이 생산할 때의 총비용보다 줄어드는 것을 말한다. 결론적으로 규모의 경제는 대형화, 범위의 경제는 다양화를 통해 이익을 극대화하는 전략이다. 김밥집이 2, 3, 4호점을 늘리기 시작하면 규모의 경제이고 라면, 돈까스, 덮밥 등으로 메뉴를 확장한다면 범위의 경제라 볼 수 있다.

186

카니발리제이션(cannibalization, 자기잠식효과)

기업의 신제품이 기존 주력상품의 매출을 깎아먹는 현상.

경제기사 읽기

지난해 혜성처럼 등장한 하이트진로의 '테라'. 신조어 '테슬라(테라+참이슬)'까지 만들어내며 판매 돌풍을 일으켰지만, 국내 맥주 1위 브랜드 오비맥주의 '카스'를 위협하기에는 역부족이었다. 카스는 여전히 1위 자리를 내주지 않았고, 테라가 2위로 올라선 데에는 하이트진로의 '하이트'의 점유율을 확보한 것으로 분석된다.

27일 한국농수산식품유통공사 식품산업통계정보(닐슨코리아 조사)에 따르면 지난해 국내 맥주 소매 시장 브랜드 1위는 카스(소매매출액 1조1900억원, 점유율 36%)로 집계됐다. 특히 카스는 테라가 출시된 2분기 이후에도 총 9275억원(2~4분기) 소매시장 매출 기록하며, 1위 브랜드의 위상을 굳건히 했다. 소매 매출 2위는 하이트진로의 신제품 테라로 시장점유율 6.3%(2121억원)를 차지했다.

3위는 칭따오(4.1%)이며, 4위는 하이네켄(3.7%)이 이름을 올렸다. 하이트는 2018년 기준 2위 브랜드이지만, 순위권 밖으로 밀렸다. 업계에서는 테라가 하이트의 점유율을 잠식해 지난해 2위 브랜드에 오를 수 있었던 것으로 평가했다.

— 이선애, '하이트'만 잠식한 '테라'…1위 맥주 '카스'의 벽은 높았다, 〈아시아경제〉, 2020.02.27

카메라에 필름을 넣어 사진을 찍던 시절, 필름시장의 독보적 1위 업체는 미국 코닥이었다. 1880년 설립돼 세계 표준이 된 35㎜ 필름을 내놓은 이 회사는 시장 점유율이 90%에 달했다. 하지만 디지털 카메라의 급속한 확산에 대응하지 못하고 2012년 파산했다. 지금은 '변화를 두려워하다가 망한 기업'의 대표 사례로 경영학 교재에만 남아 있을 뿐이다.

사실 코닥은 1975년 일찌감치 디지털 카메라를 개발했다. 세계 최초 디지털 카메라를 출시한 일본 소니(1981년)보다 6년 앞섰다. 하지만 만들기만 하고 시장에 내놓지 않았다. 괜히 필름 매출만 깎아먹을 것이란 우려 때문이었다. 뒤늦게 공개된 1981년 코닥의 내부 보고서에서는 디지털 카메라가 불러올 시장 충격을 정확히 예견했는데, 대응을 주저하다 최대 희생양이 된 셈이다.

코닥이 걱정했던 자기잠식효과를 카니발리제이션이라고 부른다. 동족 살해를 뜻하는 카니발리즘(cannibalism)에서 유래한 단어로, 새로 내놓은 제품이 매출 증대에 기여하는 게 아니라 오히려 기존 주력상품의 매출을 떨어뜨리는 현상을 가리킨다.

카니발리제이션은 예나 지금이나 많은 기업들의 고민거리다. 예를 들어 삼성전자가 갤럭시A라는 이름으로 중저가 스마트폰 양산에 들어갈 당시 갤럭시S 매출을 잠식하는 게 아니냐는 식의 지적이 많았다. 수익성 낮은 신제품이 수익성 높은 기존 제품을 대체하면 회사 전체의 수익성에 해를 끼칠 수 있다는 논리였다.

하지만 자기잠식에 대한 두려움 때문에 신제품 출시를 미루면 경쟁사에 기회를 내주는 꼴이 될 수 있다. 기업들은 경쟁사의 시장 침투를 막기 위해 꾸준히 신제품을 출시한다. 애플의 경우에도 맥북 수요를 빼앗을 수 있는 아이패드, 아이팟 수요를 잠식할 수 있는 아이폰 등을 지속적으로 내놓으면서도 성장을 이어 왔다. 뒤집어 보면, 자기잠식이 일어날 수 있다는 것은 시장에 아직 성장 가능성이 남아있다는 뜻도 된다.

187

글로컬라이제이션(glocalization)

세계화(globalization)와 현지화(localization)를 동시에 추구하는 경영전략.

경제기사 읽기

오리온의 대표 제품인 초코파이는 중국에서 '하오리요우(好麗友)'라는 이름으로 불린다. '좋은 친구'라는 뜻으로, 친구 간의 우정을 중시하는 중국인의 심리를 겨냥했다. 지난해 한국 과자 최초로 중국 매출 2000억원을 돌파한 '오감자'는 국내에는 없는 토마토, 스테이크, 치킨맛 등이 인기를 누리고 있다. 글로벌 시장조사 업체인 칸타월드패널은 중국에서 연간 1억100만가구가 오리온 제품을 구매한 것으로 추산했다.

이랜드 역시 중국에서는 '옷을 사랑한다'와 발음이 비슷한 '이롄(衣戀)'으로 불리고 있다. 붉은색을 선호하는 중국인의 성향에 맞춰 매장 로고 색상을 빨간색으로 정했고, 중국인이 좋아하는 곰 캐릭터를 활용한 '티니위니'를 연매출 5000억원대의 대형 브랜드로 키워냈다. 아모레퍼시픽도 중국 여성들이 수분에 관심이 많다는 점에 착안해 '라네즈 수면 팩' 등 맞춤형 제품을 다양하게 내놓고 있다.

— 임현우, 중국 기업이라해도 믿을 만큼 현지화…
이랜드 · 아모레 · 오리온 대륙의 마음 꿰뚫다, 〈한국경제〉, 2016.01.18

세계 최대 패스트푸드 업체인 맥도날드는 '자본주의의 상징'으로 불린다. 100여개국에 진출해 어느 나라를 가든 쉽게 찾아볼 수 있기 때문이다. 맥도날드는 빅맥으로 가장 유명하지만, 지역에 따라 현지화 전략을 영리하게 구사하는 것으로 유명하다. 예컨대 1988년 한국에 들어오면서는 다른 나라엔 없는 불고기버거로 국내 소비자의 입맛을 공략했다. 소고기를 신성시하는 인도에선 소고기를 뺀 햄버거를 팔고, 이슬람국가에선 매장 내 남녀 좌석을 구분하기도 한다.

맥도날드의 사례처럼 통일된 콘셉트로 적극적인 세계화 전략을 추구하는 동시에 진출국의 문화를 존중하는 경영방식을 글로컬라이제이션이라 한다. 다국적 기업의 현지화 전략을 가리키는 말로 많이 쓰인다.

과거에는 많은 기업이 세계를 단일 시장으로 간주하고 표준화된 제품과 서비스를 대량으로 보급하는 데 공을 들였다. 하지만 지역의 특성을 고려하지 않은 해외 진출은 실패하는 사례가 적지 않았다. 요즘은 진출국 문화와 소비자 요구에 맞춰 차별화된 상품을 선보이고, 현지법인에 본사 권한을 대폭 위임해 경쟁력을 끌어올리는 것이 대세로 자리잡았다. 글로컬라이제이션의 목적은 지역별 경쟁에서 우위를 점해 궁극적으로 전체 이익을 극대화는 데 있다. 다른 나라의 법률과 제도, 문화 등을 종합적으로 이해해야 가능한 만큼 결코 만만한 일이 아니다.

스타벅스 역시 획일화된 맛과 표준화된 매장을 벗어나 글로컬라이제이션을 새로운 성장동력으로 삼고 있다. 간판은 무조건 영어로 단다는 고집을 꺾고 서울 인사동 매장에 한글 간판을 내걸었다. 이천 햅쌀, 문경 오미자, 공주 밤 등을 활용한 신메뉴를 개발하기도 했다. 스마트폰 주문에 익숙한 한국인의 특성을 고려해 2014년 한국에서만 출시한 '사이렌 오더'도 큰 성공을 거뒀다. 직원과 소비자가 얼굴을 보고 주문해야 한다는 본사 원칙을 거스르는 것이었지만, 한국법인의 판단을 존중한 결과였다. 최근 스타벅스의 한국 매출은 연 1조원대로, 토종 커피전문점을 모두 제치고 압도적 1위를 유지하고 있다.

188

파레토 법칙/롱테일 법칙 (Pareto's Law/Long Tail Thoery)

파레토 법칙은 어떤 결과의 80%는 20%의 원인에 의해 발생한다는 이론. 롱테일 법칙은 주목받지 못하는 다수가 핵심적인 소수보다 더 큰 가치를 창출한다는 이론.

경제기사 읽기

최근 주요 대형주가 연일 1년 최저가로 떨어지는 등 부진하다. 하지만 최근 몇 년간 실적 측면에서 살펴보면 '소수의 대형주'가 전체 상장사에서 차지하는 비중이 꾸준히 높아진 것으로 나타났다. 실적만 놓고 보면 "20%의 중요한 소수가 전체를 지배한다"는 '파레토의 법칙'이 작동했다는 것이다.

11일 손위창 현대증권 연구원은 '파레토법칙과 롱테일법칙, 증시를 지배할 법칙은'이라는 제목의 리포트에서 "2010년 이후 코스피200 편입종목 중 영업이익 상위 20% 종목이 코스피200 전체 영업이익에서 차지하는 비중이 꾸준히 높아졌다"고 말했다. 코스피200종목 중 상위 20%에 속하는 40개 기업의 영업이익 비중이 2010년 78.4%에서 작년엔 87.9%까지 뛰었다.

손 연구원은 2008년 글로벌 금융위기 이후 코스피200 종목 내에서도 영업이익 하위권 기업의 수익성이 나빠지면서 상위권 기업이 영업이익에서 차지하는 비중이 지속적으로 높아진 것으로 해석했다. 삼성전자, 현대자동차 등 소수 대표기업의 실적만 좋아졌을 뿐 전반적인 기업 이익은 악화됐다는 것이다.

한편 주가 측면에선 실적에서 차지하는 비중이 작은 종목이 상승을 주도하고 있다. '하찮은 다수가 중요한 소수보다 뛰어난 가치를 창출한다'는 '롱테일 법칙'이 적용되는 현상이 두드러진 것이다. 올 들어 주가 상승률 상위 기업에는 화장품, 바이오, 식음료 등 시가총액이 상대적으로 작은 중소형주가 다수를 차지했다.

— 김동욱, 상장사 실적도 20:80 법칙…대형주, 비중 커졌다, 〈한국경제〉, 2015.08.12

9장 기업

19세기 이탈리아의 경제학자 빌프레도 파레토는 유럽 각국의 소득 통계를 분석하다 흥미로운 대목을 발견했다. 주요 국가에서 인구의 약 20%가 나라 전체 부(富)의 약 80%를 차지한다는 사실이다. 상위 20%가 전체의 80%를 좌우한다는 이 발견은 훗날 미국의 경영 컨설턴트 조지프 주란에 의해 '파레토 법칙'이라는 경영학 이론으로 탈바꿈했다. 이른바 '80대20의 법칙'이라는 이름으로도 널리 알려져 있다.

파레토 법칙은 파레토가 원래 관심을 가졌던 소득 분배 문제를 넘어 다양한 현상을 설명하는 강력한 이론으로 자리잡았다. 상위 20% 고객이 매출의 80%를 창출하고, 상위 20%의 우수 임직원이 회사 전체 업무의 80%를 처리한다거나, 근무시간 중 집중력을 발휘한 20%에서 업무성과의 80%를 이룬다는 등의 분석이 대표적이다. 숫자가 반드시 20과 80일 필요는 없다. 전체 성과의 대부분이 소수의 핵심 멤버에 의존한다는 의미로 받아들이면 된다.

기업들이 VIP 고객과 우수 인재에 많은 투자를 집중하는 것은 바로 이 파레토 법칙이 반영된 결과물로 볼 수 있다. 불특정다수를 공략하기보다 재력과 역량이 검증된 소수를 상대로 '선택과 집중'을 하는 것이 효율적이라는 판단에서다.

하지만 인터넷 시대가 열린 이후 파레토 법칙과 정반대의 이론이 더욱 설득력을 얻고 있다. 2004년 미국 매체 와이어드의 편집장 크리스 앤더슨이 만든 '롱테일 법칙'이다. 앤더슨은 인터넷서점 아마존에서 개별 판매량이 적은 하위 80% 책의 매출 합계가 상위 20% 베스트셀러의 매출을 뛰어넘은 점을 발견했다. 오프라인 서점에서는 서가에 진열된 서적이 사람들의 눈길을 끌게 마련이지만, 시·공간 제약이 없는 온라인 서점에서는 소비자가 각자 취향에 따라 자유롭게 검색해 책을 고르기 때문으로 분석했다. 이러한 하위 80%는 기존 파레토 곡선에선 별로 중요하지 않았던 '긴 꼬리' 부분에 해당한다는 점에서 롱테일이라는 이름을 붙였다.

롱테일 현상에 따르면 기술이 발달할수록 주목받지 못하는 다수가 핵심적인 소수보다 더 큰 가치를 창출할 수 있다. 80%의 비주류 고객이 20% VIP를 능가

하는 수익을 가져다줄 수 있다는 얘기다. 구글이나 네이버의 광고 매출도 소수의 대기업보다는 다수의 소상공인과 자영업자가 차지하는 비중이 높은 것으로 알려져 있다. 음악, 영화 등 콘텐츠 시장에서 소수의 마니아층을 인기 작품이나 희귀본의 존재감이 높아지는 것도 이 현상으로 설명할 수 있다.

9장
기 업

189

프레너미(frienemy)

서로 협력하는 동시에 다른 한편으로 경쟁하는 관계.

경제기사 읽기

삼성전자와 LG전자는 오랜 맞수다. 40여 년간 국내외 휴대폰과 가전 시장에서 치열한 경쟁을 벌였다. 지금도 TV 화질과 표준을 두고 기싸움을 펼치고 있다.

숙적 관계인 탓에 서로 부품을 교환해 사용하지 않았다. 두 회사 모두 각각의 계열사에서 부품을 조달하는 게 일반적이었다. 이런 '내 식구 챙기기' 관행이 변했다. "품질이 우선"이라며 삼성전자는 잇따라 최신 스마트폰에 LG 배터리를 쓰고 있다. LG전자는 삼성 이미지센서를 휴대폰에 넣고 있다. TV와 반도체로도 삼성과 LG의 협력 범위는 확대되는 추세다. 경쟁 일변도였던 삼성과 LG의 관계가 프레너미로 바뀌고 있다는 평가가 나온다.

25일 업계에 따르면 내년에 나오는 삼성전자 갤럭시S11 스마트폰에 LG화학 배터리가 들어가는 것으로 알려졌다. LG화학은 최고급 모델인 갤럭시S11 플러스용으로 삼성전자에 배터리를 납품하는 것으로 전해졌다. 지난 8월에 나온 삼성 갤럭시노트10에 이어 삼성 최고급 스마트폰 중 두 번째다.

경쟁사 부품을 쓰는 건 LG도 마찬가지다. LG전자는 10월 내놓은 V50S 스마트폰에 삼성전자의 이미지센서를 탑재했다. 소니의 이미지센서만 사용하다 처음으로 삼성전자가 개발한 3200만 화소 제품을 장착한 것이다.

— 정인설 · 김보형, 의리 위에 실리…삼성 · LG의 '프레너미', 〈한국경제〉, 2019.12.26

기사 속 삼성과 LG처럼 경쟁과 협력이 동시에 이뤄지는 관계를 프레너미라 부른다. 친구(friend)와 적(enemy)을 합친 말로, 영국 케임브리지대 심리학 교수인 테리 앱터(Terri Apter)가 《베스트 프렌즈》라는 책에서 처음 썼다. 친구가 잘 되길 응원하면서도 내심 자신이 뒤처지진 않을까 두려워하는 인간의 이중적 심리를 표현하면서다.

삼성은 애플과도 프레너미 관계를 유지하고 있다. 두 회사는 해마다 갤럭시와 아이폰 신작을 내놓으며 불꽃 튀는 마케팅 전쟁을 벌인다. 상대방을 깎아내리는 비교 광고는 물론 떠들썩한 특허 소송전까지 불사한 걸 보면 앙숙도 이런 앙숙이 없다. 하지만 애플이 아이폰의 많은 부품을 삼성에서 납품받고, 삼성 역시 매출의 상당 부분을 애플에 의존한다는 점은 상대적으로 덜 알려져 있다. 상황에 따라 주적이 되기도, 우군이 되기도 하는 묘한 관계인 셈이다.

미국의 마이크로소프트와 IBM, 일본의 소니와 파나소닉 등도 전형적인 프레너미 사례다. 구글은 안드로이드 운영체제를 연결고리로 스마트폰 제조업체들과 협력관계를 유지하고 있으나 스마트홈, 간편결제 등의 신사업에서는 맞수가 되기도 한다. SK, KT, LG가 앱스토어 시장에서 구글의 독주를 막기 위해 '원스토어'라는 토종 앱스토어를 함께 출범시킨 것도 비슷한 예다. 거대 기업 사이에서 벌어지는 합종연횡에서 "세상에는 영원한 친구도, 영원한 적도 없다"는 말을 새삼 느낄 수 있다.

4차 산업혁명 시대가 본격화할수록 프레너미의 등장은 더 늘어날 전망이다. 인공지능(AI), 사물인터넷(IoT), 스마트카 같은 융합형 산업에서는 전통적인 산업 간의 경계가 허물어진다. 주도권을 놓치지 않으려면 같은 업종의 경쟁사끼리도 과감히 손을 잡아야 할 때가 많이 생긴다. 기술의 진보가 빨라지고, 시장을 선점한 기업이 절대적으로 유리한 승자독식 현상이 강해지는 점도 이런 흐름에 촉매제가 되고 있다.

190

카피캣(copycat)

독창성 없이 남을 모방하는 기업 또는 제품을 일컫는 말.

경제기사 읽기

중국 정보기술(IT) 회사들은 과거 '카피캣'이란 오명을 벗어나지 못했다. 해외에서 인기가 많은 제품이나 서비스를 그대로 모방하는 사례가 적지 않았기 때문이다. 하지만 이제는 미국 IT 기업들이 중국 회사를 베끼는 기술 역전 현상이 나타나고 있다.

월스트리트저널(WSJ)은 11일(현지시간) 실리콘밸리 벤처투자자인 코니 챈을 인용해 "미국의 테크 회사들은 이제 중국 기업들의 카피캣"이라며 "애플, 라임바이크 등 미국 회사가 중국 사업 모델을 그대로 베끼고 있다"고 지적했다.

애플은 지난주 미국 새너제이의 매케너리컨벤션센터에서 열린 세계개발자회의(WWDC)에서 모바일 메시지 서비스 '아이메시지 챗'에 결제 기능을 추가한다고 발표했다. 이는 중국 인터넷 회사인 텐센트의 위챗 서비스와 비슷하다.

미국 스타트업(신생 벤처기업) 라임바이크는 중국의 자전거 공유 업체인 오포(Ofo)의 서비스 방식을 그대로 따라 했다. 오포는 스마트폰 앱(응용프로그램)으로 주변의 자전거를 찾은 뒤 QR 코드를 스캔해 잠금을 풀어 이용할 수 있는 서비스를 내놨다.

— 안정락, 뒤바뀐 카피캣…"이제는 애플이 중국업체 베낀다", 〈한국경제〉, 2017.06.13

"2011년은 카피캣의 해다."

애플의 최고경영자(CEO)였던 고(故) 스티브 잡스는 2011년 아이패드2 출시 프레젠테이션에서 삼성, HP, 블랙베리, 모토로라 등 안드로이드 스마트폰 업체들을 언급하며 이렇게 깎아내렸다. 애플이 혁신적 제품을 만들면 경쟁사들은 손쉽게 베끼기만 한다는 것이었다. 당시는 스마트폰과 태블릿PC 시장이 급성장하면서 업체 간의 기싸움이 절정에 이른 때였다. 잡스의 발언 한 방에 카피캣으로 낙인찍힌 삼성은 부정적 이미지를 바꾸는 데 오랜 시간을 들여야 했다.

카피캣은 복사(copy)와 고양이(cat)을 합친 말로, 남을 모방하기에 급급한 기업이나 제품을 가리킨다. 중세 유럽에서 고양이를 불길한 동물로 여기고, 경멸하는 사람을 고양이라 부른 데서 유래한 것으로 알려져 있다.

사실 치열한 연구개발(R&D) 전쟁이 벌어지는 산업 현장에서 누가 원조이고 누가 카피캣이냐를 따지는 건 큰 의미가 없을 때도 많다. 선두기업의 장점을 발빠르게 흡수해 격차를 좁히는 것은 패스트 팔로어(fast follower·빠른 추격자) 전략이라는 이름으로 부르기도 한다. 1970년대 일본과 1990년대 한국의 제조기업들은 패스트 팔로어 전략을 바탕으로 수출시장 점유율을 끌어올렸다.

카피캣의 끝판왕이라면 중국 업체를 빼놓을 수 없다. 샤오미, 화웨이, 오포 등 중국 스마트폰은 애플과 삼성을 노골적으로 베꼈다. 하지만 놀라운 수준의 원가경쟁력을 유지한 데다 자체 기술력도 상향 평준화하면서 이젠 점유율 면에서 애플과 삼성을 위협하는 수준이 됐다. 짝퉁의 대명사였던 중국산 전자제품이 요즘은 '대륙의 실수'라는 찬사(?)를 받고 있다.

191

특허괴물(patent troll)

개인과 기업이 보유한 특허를 매입한 뒤 이를 침해했다고 판단되는 기업에 소송을 제기해 합의금, 로열티 등으로 수익을 얻는 회사.

경제기사 읽기

스마트폰 사업을 잠정 중단한 팬택이 자사가 보유해온 기술 특허를 처분해 수익을 올리는 방식으로 경영 위기 타개를 시도하고 있는 것으로 확인됐다.

21일 미국 특허청(USPTO) 등에 따르면 팬택은 작년 10월31일 230건에 달하는 미국 특허를 골드피크이노베이션즈에 양도하는 데 합의했다. 핵심 자산인 특허를 모두 매각할 경우 일부 특허가 중국 업체 등에 넘어갈 수도 있어 논란이 예상된다.

골드피크는 지식재산 거래와 라이선싱, 자산 유동화 등을 핵심 사업 목적으로 내세운 일종의 '특허괴물'이다. 골드피크는 팬택의 특허에 관한 모든 권리를 넘겨받은 것으로 알려졌다. 이 특허에 대한 로열티를 얻거나 특허를 침해한 제조사를 상대로 소송을 낼 수 있다. 제3자에게 다시 특허를 넘길 수도 있다.

— 안정락, 팬택, 미국 특허 230건 '특허 괴물'에 넘겼다,
〈한국경제〉, 2017.05.22

특허는 발명자의 권리를 보호해 기술 개발을 장려하고 산업 발전을 촉진한다는 취지로 운영되는 제도다. 누군가 특허권을 침해하면 해당 기술 사용을 중단하거나 정당한 대가를 지불하고 쓰라고 요구할 수 있다. 그런데 이런 특허제도의 특성을 활용해 남다른 방식으로 돈을 버는 기업들이 있다. 바로 특허관리전문회사(NPE)다.

NPE는 개인과 기업이 보유한 특허를 대규모로 매입한 뒤 이들 특허를 침해했다고 판단되는 기업에 소송을 걸어 수익을 올린다. 특허는 많지만 실제 제조, 서비스 등의 생산활동은 하지 않는다. 합의금이나 로열티를 받아내는 도구로 활용할 뿐이다.

산업계는 이들 NPE를 북유럽 신화에 등장하는 괴물(troll)에 빗대 '특허괴물'이라 부른다. 특허를 마구잡이로 확보해 덫을 쳐놓고 누구든 걸리기만 하면 돈을 요구한다는 부정적 뉘앙스가 가득 담긴 표현이다. 특허제도의 본래 목적에 어긋나게 산업 발전을 방해하는 존재라고 비판받기도 한다. 2013년 버락 오바마 미국 대통령은 "특허괴물은 다른 사람의 아이디어를 가로채 돈을 뜯어낼 기회만 엿본다"고 맹비난했다.

특허괴물의 주 무대는 정보통신기술(ICT) 업종이다. 삼성전자 같은 회사는 특허소송 중 NPE와의 소송 비중이 80%에 이르는 것으로 알려졌다. 한때 잘나가는 휴대폰 제조업체였던 팬택은 문을 닫기 직전 수백 건의 특허를 NPE에 처분해 논란을 빚기도 했다. 대표적인 NPE로는 인텔렉추얼 벤처스, 라운드록 리서치, 램버스, 인터디지털, 테세라 테크놀로지 등이 꼽힌다.

전문가 사이에서는 "특허괴물을 꼭 나쁘게만 볼 필요는 없다"고 얘기하는 사람이 의외로 많다. 지식재산권을 기반으로 수익을 추구하는 것은 부동산 임대와 다를바 없는 '정당한 사업모델'이라는 것이다. 대학이나 연구소 등이 공들여 개발한 특허를 NPE가 적극 구매해주는 점을 긍정적으로 평가하기도 한다. 특허의 가치가 제대로 인정받지 못하는 한국에서는 차라리 NPE를 정책적으로 육성해야 한다는 주장도 있다.

192

워크아웃/법정관리

경영난을 겪는 기업에 대한 정상화 작업. 워크아웃은 채권단, 법정관리는 법원 주도로 이뤄진다.

경제기사 읽기

한국 자동차산업을 떠받치는 부품업체들이 말라죽기 직전이다. 지난해 중국의 '사드(고고도 미사일방어체계) 보복'에 이어 올 들어 한국GM의 군산공장 폐쇄까지 맞물리며 1년 넘게 고전해온 완성차업계의 후유증이 본격화한 탓이다. 공장 가동률은 반토막이 나고, 적자를 본 기업이 속출하고 있다. 운영 자금도 마른 지 오래다. 쓰러지는 곳도 잇따르고 있다. 현대자동차 1차 협력사인 리한이 워크아웃(기업개선작업)을 신청한 데 이어 중견 부품사 다이나맥, 금문산업 등이 줄줄이 법정관리(기업회생절차)에 들어갔다. 국내 제조업 일자리의 12%, 수출액의 13%가량(2016년 기준)을 차지하는 자동차산업이 붕괴할 수 있다는 경고가 그치지 않고 있다.

'적자의 늪'에 빠진 곳도 적지 않다. 한국경제신문이 상장 부품사 82곳의 올 상반기 실적을 조사한 결과 25곳이 적자를 낸 것으로 파악됐다. 2년 새 적자 기업은 두 배 이상으로 불어났다. 52곳은 지난해 상반기보다 매출이 줄어 성장엔진이 꺼져가고 있는 것으로 분석됐다. 업계에선 "더 이상 버티기 힘든 한계에 직면했다"고 입을 모은다.

— 장창민, '적자 늪'에 28兆 은행빚 상환 압력까지…車부품사들 "줄도산 직전", 〈한국경제〉, 2018.10.23

빚에 짓눌려 문을 닫을 위기에 처한 기업이 재기의 기회를 얻는 방법은 크게 두 가지다. 은행을 찾아가 워크아웃을 신청하거나, 법원을 찾아가 법정관리를 신청하는 것이다.

워크아웃의 정식 명칭은 '기업개선작업'이다. 경영난을 겪는 기업에 돈을 빌려준 금융회사들, 즉 채권단 주도로 이뤄진다. 워크아웃 신청을 받은 채권단은 회의를 열어 기업이 살아날 가능성이 있는지 따져본다. 채권단은 인력 감축, 자산 매각 등 자구노력을 전제로 채무 상환을 미뤄주거나 빚을 깎아주는 등 재무개선 조치를 한다.

워크아웃은 채권단의 75% 이상이 동의해야 가능하다. 워크아웃에 들어가도 대주주는 경영권을 유지할 수 있다. 그러나 채권단이 받아야 할 돈을 회사 주식으로 바꾸는 출자전환을 해 버리면 경영권이 채권단으로 넘어갈 수도 있다. 기업이 정상 궤도에 복귀하면 채권단은 다시 회의를 열어 워크아웃 졸업 여부를 결정한다. 워크아웃의 법적 근거는 2001년 만들어진 기업구조조정촉진법(기촉법)이다. 기촉법은 당초 일몰제로 도입됐으나 시한을 수차례 연장하는 방식으로 유지되고 있다.

법정관리의 정식 명칭은 '기업회생절차'다. 법정관리는 워크아웃에 비해 구조조정 강도가 훨씬 세다. 채권단이 아닌 법원이 주도권을 쥔다. 법정관리 신청을 받은 법원은 기업이 살아날 가능성이 있는지 판단해 법정관리를 개시할지, 청산 또는 파산시킬지를 결정한다. 법정관리가 개시되면 법원이 임명한 법정관리인이 회사 경영과 재산 관리를 맡는다. 채권단이 빌려준 돈을 포함해 상거래채권 등 모든 채권과 채무는 동결된다.

법원은 일단 기업의 빚을 최대한 낮춰준 이후 채무상환 계획을 성실히 지키는지 점검한다. 빚을 잘 갚으면 법정관리를 졸업하지만, 그래도 상황이 개선되지 않으면 파산절차를 밟을 수도 있다. 워크아웃으론 해결이 불가능할 정도로 재무상태가 망가진 기업이 법정관리행을 택한다. 법정관리는 '채무자 회생 및 파산에 관한 법률'(통합도산법)을 근거로 운영되는 제도다.

193

청산가치/존속가치 (liquidating value/going concern value)

청산가치는 현 시점에서 기업의 영업활동을 중단하고 청산할 경우 회수 가능한 금액, 존속가치는 정상 영업을 계속할 경우의 기업가치.

경제기사 읽기

채권단 공동관리(자율협약)를 받고 있는 성동조선해양에 대한 회계법인의 정밀실사에서 청산가치가 존속가치보다 높다는 결과가 나왔다. 19일 채권단에 따르면 수출입은행은 최근 이 같은 내용의 실사 결과를 금융위원회에 보고했다. 회계법인 실사 결과 성동조선의 청산가치는 7000억원, 계속가치는 2000억원으로 분석됐다. 성동조선을 지금 당장 청산하는 게 채권은행에 유리하다는 의미다.

금융당국은 이 같은 실사 결과를 토대로 최근 회의를 열었으나 성동조선을 청산해야 할지, 추가 자금을 투입할지 결론을 내리지 못한 것으로 알려졌다.

— 정지은, "성동조선 청산가치가 존속가치보다 높다",
〈한국경제〉, 2017.11.20

재무구조가 망가질 대로 망가진 기업이 법원이나 채권단에 도움을 청했다고 하자. 이 회사에 재기의 기회를 줄지, 아니면 살아날 가망이 없으니 그냥 문을 닫는 게 나을지를 결정해야 한다. 이를 객관적으로 판단하기 위해 계산해보는 것이 청산가치와 존속가치다. 두 금액은 회계법인의 실사를 거쳐 각각 계산된다.

청산가치는 현 시점에서 기업의 영업활동을 중단한다고 가정하고, 보유자산을 모두 처분하면 채권자와 주주 등 이해관계자들에게 나눠줄 수 있는 돈을 따진 것이다. 청산가치는 매출채권, 재고 등 유동자산과 토지 등 유형자산을 모두 평가한다. 회사를 당장 정리해서 갖고 있던 자산을 모두 팔아 '빚잔치'를 하면 얼마나 돌려줄 수 있냐는 의미다.

존속가치는 청산가치와 반대로 기업이 경영활동을 계속한다고 가정할 때 기업의 가치를 추정한 금액이다. '계속기업가치'라고도 부른다. 존속가치가 청산가치보다 낮은 기업이라면, 자금을 추가로 투입해 되살리는 것보다 빨리 청산하는 게 이해관계자들에게 유리하다.

청산가치와 존속가치가 어떻게 평가되느냐는 곧바로 부실기업의 운명과 직결된다. 그러나 현실에서는 청산가치가 더 높게 나왔다고 해도 파산으로 직행하지 않는 경우도 있다. 경제논리에 따라 이뤄져야 할 구조조정에 정치논리와 같은 외부 요인이 개입될 때 이런 일이 종종 벌어진다. 안 그래도 부실한 기업을 더욱 부실하게 만들어 구조조정을 복잡하게 만들 수 있다.

194

빅 배스(big bath)

기업이 과거에 누적된 손실과 잠재적 부실 요소를 회계장부에 한꺼번에 반영해 모두 털어버리는 행위.

경제기사 읽기

LG상사 한화 삼성중공업 등 작년에 부실자산을 한꺼번에 회계처리한 이른바 '빅 배스(big bath)' 기업에 투자자들이 주목하고 있다. '빅 배스'로 잠재 부실이 사라지면서 올해엔 실적이 큰 폭으로 개선될 것이라는 기대에서다.

21일 하이투자증권은 "지난해 자원 · 원자재사업부문에서 대규모 손실을 냈던 LG상사가 올해엔 국제 유가 상승에 힘입어 실적 개선이 될 전망"이라는 내용의 보고서를 냈다.

LG상사는 지난해 매출 1조3224억원과 영업이익 816억원을 거뒀음에도 불구하고 자원 개발 자산에 대한 손상차손 3000억원 등을 한 번에 반영하면서 순손실 2170억원을 기록했다.

자회사 한화생명의 '빅 배스'로 적자 전환한 한화그룹의 지주회사 한화도 올해 실적 개선이 기대되는 종목으로 꼽힌다. 자회사들의 실적 불확실성이 해소됐다는 점이 올해 실적엔 호재라는 분석이다. 한화는 매년 2000억~2500억원가량의 이익을 보태줬던 자회사 한화생명이 금리 하락에 따른 보증 준비금(1770억원 규모) 등을 적립하면서 작년 4분기 순손실 2946억원을 기록했다.

삼성중공업 두산중공업 등 '빅 배스'를 나타낸 조선주에 대해서도 실적 개선 가능성이 조심스럽게 점쳐지고 있다. 양형모 이베스트투자증권 연구원은 "삼성중공업은 2015년 빅 배스 이후 소폭으로 흑자를 내고 있다"며 "해양 프로젝트 등에서 추가적인 손실을 반영한다 해도 이제 규모가 크지 않을 것"이라고 말했다.

— 심은지, '빅배스'로 가벼워진 종목, 눈에 띄네, 〈한국경제〉, 2016.03.22

동네 목욕탕들은 12월 말에 장사가 참 잘 된다. 묵은 때를 싹 벗겨내고 홀가분한 기분으로 새해를 맞으려는 사람들이 몰리기 때문이다. 기업 회계에도 이런 '목욕재계'와 비슷한 행동이 있다. 그동안 쌓인 숨은 손실과 잠재적인 부실 요인을 특정 회계연도에 몰아서 반영해버리는 빅 배스다.

기업들은 통상 손실 요인이 발생하더라도 여러 해에 걸쳐 나눠 반영하는 등의 방식으로 회계장부에 최대한 덜 드러나도록 노력한다. 빅 배스는 이와 반대로 단기적인 기업 실적 하락을 감수하고 적극적으로 손실을 반영하는 것이다. 부실을 감출 목적으로 회계장부를 조작하는 분식회계와 달리 불법은 아니다.

빅 배스는 보통 최고경영자(CEO)가 바뀌고 나서 초반에 이뤄지는 경우가 많다. 두 가지 이유 때문이다. 우선 취임 초기에는 회사 실적이 좋지 않아도 "전임자 책임"이라는 변명이 통한다. 이 기회에 잠재적인 부실 요인을 선제적으로 털어내면 남은 재임기간 동안 부담이 줄어든다. 또 첫해 실적이 부진하면 이듬해에는 기저효과 덕에 실적 상승세가 더욱 도드라져보이게 된다. 신임 CEO가 자신의 공을 더욱 부각시킬 수 있는 것이다.

하지만 대규모 손실이 갑작스럽게 재무제표에 반영되는 과정에서 주가가 급락하거나 투자자들이 혼란에 빠지는 등 부작용이 생길 수 있다. 무엇보다 빅 배스의 '약발'은 그렇게 오래 가진 않는다. 2~3년이 지나면 회사의 기초체력과 CEO의 경영능력이 다시 드러나게 된다.

195

분식회계

회사의 실적을 좋게 보이도록 하기 위해 자산, 매출, 이익을 부풀리는 등 회계장부를 조작하는 것.

경제기사 읽기

대규모 분식회계 의혹을 받고 있는 대우조선해양이 2013년부터 2014년까지 2년간 2조원 규모의 손실을 축소한 것으로 드러났다. 회계 신뢰도가 바닥에 떨어지면서 수주에 어려움을 겪거나 손실 축소 기간에 주식을 사들인 소액주주로부터 집단소송을 당하는 등 큰 파장이 예상된다.

23일 회계업계에 따르면 대우조선해양 외부감사인인 딜로이트안진회계법인은 지난해 추정 영업손실 5조5000억원 가운데 약 2조원을 2013년과 2014년 재무제표에 반영했어야 한다고 결론 내리고 회사 측에 정정을 요구했다. 회사가 작성한 2013년과 2014년 재무제표를 비롯해 감사과정에서도 오류가 있었다는 사실을 스스로 인정한 것이다.

안진은 자체 조사 결과 대우조선해양의 2013~2014년 재무제표에 장기매출채권 충당금, 노르웨이 '송가프로젝트' 손실 등이 제대로 반영되지 않은 것으로 분석했다. 총공사비에 대한 예정원가 역시 과소 책정한 사실을 밝혀냈다.

당시 누락한 비용과 손실충당금을 반영하면 대우조선해양의 2013년, 2014년 실적은 흑자에서 적자로 뒤바뀐다. 대우조선해양은 앞서 2013년 4242억원, 2014년 4543억원의 영업이익을 냈다고 공시했다.

— 이동훈, "대우조선, 손실 2조 축소"…딜로이트의 실토 '파문',
〈한국경제〉, 2016.03.24

분식(粉飾)은 실제보다 좋게 보이도록 거짓으로 꾸미는 것을 의미한다. 실적이 나빠지면 주가가 떨어지고 자금 조달도 어려워지는 탓에 부실기업들은 회계장부 조작의 유혹에 빠지기 쉽다. 하지만 분식회계는 주주와 채권자에 큰 손실을 입히는 것은 물론 탈세와도 관련이 있어 법으로 엄격히 금지돼 있다.

분식회계의 대표적 수법은 없는 매출을 있었다고 기록하거나, 창고에 쌓인 재고가치를 과대평가하거나, 발생한 비용 일부를 누락시키는 것 등이 있다. 매출채권의 대손충당금을 고의로 적게 잡아 이익을 부풀리거나, 고정자산에 대한 감가상각비를 줄여서 계상하거나, 단기채무를 장기채무로 표시하기도 한다.

세계 기업 역사상 최악의 분식회계 사건으로 기록된 것은 '엔론 사태'다. 엔론은 2000년만 해도 연매출 1010억달러, 미국 7위의 잘나가는 에너지 대기업이었다. 그런데 엔론은 2001년 3분기 6억1800만달러의 손실을 봤다고 밝혀 세계 금융시장을 발칵 뒤집어놨다. 이 회사는 빚에 의존해 무리하게 사업을 키우다가, 부실이 발생하면 특수목적법인(SPC)을 세워 떠넘기는 식으로 회계장부를 조작해왔다. 숨기고 숨기다 한계가 드러나자 두 손 들고 나가떨어진 것이다. 2001년 12월 파산 신청 당시 드러난 엔론의 회계부정 규모는 15억달러, 우리 돈 2조원 가까이였다. 분식회계를 주도한 CEO는 징역 25년형을 받았고, 외부감사를 맡았던 회계법인은 영업정지 끝에 함께 망했다.

국내에서는 1998년 대우그룹, 2002년 SK글로벌, 2013년 동양그룹 등도 대규모 분식회계로 파문을 일으킨 적이 있다. 정부는 회계부정을 막기 위해 기업마다 감사를 두고, 외부 공인회계사로부터 회계감사를 받도록 했다. 금융감독원이 분식회계 여부를 다시 한 번 검증하는 감리 절차도 있다.

간혹 실적을 나쁘게 보이게 하려고 이익을 실제보다 축소하는 경우도 있는데, 이건 역(逆)분식회계라고 한다. 이익이 너무 많이 나면 세금 부담이 커지고 근로자들의 임금 인상 요구도 거세지기 때문이다.

196

내부거래/내부자거래

내부거래는 같은 그룹 계열사끼리 상품이나 서비스를 거래하는 것. 내부자거래는 기업 임직원이나 특수관계자가 업무상 취득한 정보를 이용해 주식을 부당 거래하는 것.

경제기사 읽기

베링거인겔하임이 한미약품과 맺은 8500억원 규모의 기술수출 계약을 해지했다는 악재 정보는 공시 전 많은 사람들에게 퍼져 나갔다. 한미약품과 한미사이언스에서 관련 업무를 담당한 직원들은 회사 주식을 갖고 있는 옆 부서 동료나 가족들에게 은밀하게 알렸다. 정보는 전화나 메신저로 삽시간에 퍼졌다. 1차 정보 수령자는 또 다른 지인에게 귀띔하는 식으로 꼬리에 꼬리를 물었다. 일부 기관투자가는 주가가 떨어지면 이익을 보는 공매도로 돈을 벌었다. 하지만 내부자와 결탁한 공매도 세력은 없었던 것으로 조사됐다. 한미약품의 늑장공시 의혹도 거래소 절차에 의한 것일 뿐 고의성은 없었다고 결론 내렸다.

서울 남부지방검찰청 증권범죄합동수사단(단장 서봉규 부장검사)은 이 같은 한미약품 내부자 거래 사건의 수사 결과를 13일 발표했다. 총 33억원의 부당 이득을 취한 45명을 적발했다. 한미사이언스 인사팀 황모 상무(48) 등 4명을 구속 기소하고 2명은 불구속 기소, 11명은 약식 기소했다. 2차 이상 정보 수령자 25명은 과징금 부과 대상으로 금융위원회에 통보했다.

— 황정환, 소리만 요란했던 한미약품 내부자거래 수사, 〈한국경제〉, 2016.12.14

2015년 영화 〈내부자들〉은 비자금 스캔들에 연루된 정치인, 언론인, 재벌, 조폭 등이 음모와 배신을 거듭하는 어두운 이야기를 다루고 있다. 경제신문 증권면에 종종 나오는 내부자거래는 '기업의 내부자들'이 벌이는 악취 나는 거래다.

상장사 임직원이나 주요 주주 등이 직무상 얻은 미공개정보를 활용해 자기 회사 주식을 매매하는 것을 말한다.

기업의 내부자들은 회사 정보를 일반 투자자보다 먼저 접할 수 있다. 이들이 인수합병(M&A), 증자, 신사업, 실적 향상 등 호재성 정보가 외부에 알려지기 전 주식을 사면 쉽게 차익을 보게 된다. 반대로 자본잠식, 법정관리, 부도, 실적 악화 등 악재성 정보를 미리 파악해 손실을 피해갈 수도 있다. 일반 투자자에 손해를 끼치는 일인 만큼 증권거래법은 내부자거래를 금지하고 있다. 직원이나 주주를 통해 정보를 전해들을 수 있는 가족, 지인 등과 관련 업무를 보는 공무원, 회계사, 애널리스트, 기자 등도 넓은 의미에서 내부자에 포함된다. 내부자거래가 적발되면 최고 무기징역과 함께 주식 매매로 인한 이익 또는 손실회피 금액의 5배까지 벌금형을 받을 수 있다.

내부거래는 내부자거래와 비슷해 보이지만 전혀 다른 개념이다. 동일 기업집단에 속한 회사 간에 상품이나 서비스를 사고파는 것을 말한다. 수직계열화를 추구하는 많은 그룹에서 볼 수 있는 자연스러운 거래행위다. 물론 내부거래 중에도 사회적 지탄을 받는 부당 내부거래가 있다. 일부 재벌의 '일감 몰아주기'가 대표적이다.

공정거래법은 부당 내부거래의 유형을 ①부당한 자금 지원 ②부당한 자산 · 상품 등 지원 ③부당한 인력 지원 ④부당한 거래단계 추가 등으로 정의한다. 예를 들어 부실 계열사를 지원할 목적으로 다른 계열사들이 싼 이자로 돈을 빌려주거나, 물건값이나 임대료를 시세보다 비싸게 지불하거나, 정당한 이유 없이 비계열사와의 거래를 거절하는 것 등이 해당한다. 오너 일가가 설립한 개인회사에 그룹의 각종 업무를 맡겨 손쉽게 부를 축적하도록 돕는 것도 마찬가지다. 부당 내부거래는 시정조치, 과징금, 벌금, 징역 등을 받을 수 있다.

197

담합/리니언시

담합은 기업들끼리 짜고 가격, 생산량 등을 결정해 시장 경쟁을 저해하는 행위. 리니언시는 담합 사실을 자진 신고한 기업에 처벌을 감면해 주는 제도.

경제기사 읽기

유럽연합(EU)이 16일(현지시간) 바클레이즈, 씨티그룹, JP모간, 스코틀랜드왕립은행(RBS), 일본 MUFG뱅크 등 5개 글로벌 은행에 외환거래 시장에서 담합한 혐의로 1조4000억원 규모의 과징금을 부과했다.

EU 집행위원회는 이날 바클레이즈, 씨티그룹 등의 트레이더들이 2007~2013년 전자 채팅룸을 이용해 민감한 정보와 거래 계획을 교환하는 등 공모한 것을 적발했다고 발표했다. 이들 5개 은행에는 총 10억7000만유로(약 1조4000억원)의 과징금이 부과됐다. 씨티그룹이 3억4800만달러로 가장 많은 과징금을 물게 됐고, RBS에는 2억7900만달러가 부과됐다.

스위스 투자은행인 UBS도 이 같은 공모행위에 가담했지만 2억8500만달러의 과징금을 내지 않게 됐다. UBS는 공모 행위를 제보해 리니언시(자진 신고에 따른 처벌 감면)를 적용받았기 때문이다.

— 설지연, EU, 글로벌 은행 5곳에 과징금 폭탄, 〈한국경제〉, 2019.05.18

담합의 역사는 상거래의 역사와 같다고 해도 무방할 정도로 길다. 기원전 3000년 이집트 상인들이 서로 짜고 양털 가격을 올렸다는 기록까지 있다. 13세기 초 베네치아 상인들은 십자군 전쟁의 틈바구니에서 강력한 카르텔을 형성해 동방무역의 패권을 거머쥐었다. 15세기 유럽 향신료 값이 천정부지로 치솟은 것도 유통을 맡고 있던 아랍 상인들의 담합 때문이었다.

담합은 사업자가 상호 경쟁을 회피할 목적으로 다른 사업자와 짜고 가격이나 물량을 정하는 등 경쟁을 제한하는 것을 말한다. 공정거래법은 담합을 '부당공

동행위'라는 이름으로 규정하고 엄격히 제재하고 있다. 담합은 기업의 혁신 유인을 떨어뜨리고 소비자의 가격 부담을 높이는 등 경제에 많은 폐해를 안긴다는 점에서 '시장경제의 암(癌)'에 비유된다. 경제협력개발기구(OECD) 등은 담합이 최소 10%의 소비자가격 인상을 유발한다고 추산한다.

부당공동행위에는 ①가격의 결정 · 유지 · 변경 ②거래 · 대금지급 조건 설정 ③거래 제한 ④시장 분할 ⑤설비 제한 ⑥상품의 종류 · 규격 제한 ⑦영업 주요 부문의 공동 관리 ⑧입찰 담합 ⑨다른 사업자의 영업활동 방해 등 여러 유형이 있다. 담합이 적발되면 관련 매출액의 최대 10%까지 과징금을 물 수 있다.

담합은 갈수록 교묘하고 은밀하게 이뤄지고 있어 적발이 쉽지 않다. 그래서 기업의 담합을 잡아내는 공정거래위원회는 리니언시라는 제도를 공식적으로 활용한다. 담합에 가담한 기업이 이실직고하면 제재를 줄여주는 것이다. 미국이 1978년부터 시행한 리니언시 제도를 본따 1997년 자진신고 감면제도라는 이름으로 국내에 처음 도입됐다. 맨 먼저 신고한 기업은 과징금 전액 감면과 검찰 고발 면제, 두 번째 신고 기업은 과징금 50% 감면과 검찰 고발 면제를 받을 수 있다.

리니언시는 미국, 일본, 유럽 등 40여개국에서 활용되고 있다. 미국은 리니언시로 부과된 담합 벌금이 전체의 90% 이상을 차지한다. 한국에서도 2016년 공정위에 적발된 담합 사건 45건 중 27건이 리니언시를 통해 파악됐다.

리니언시는 담합 적발의 특효약이긴 하지만 정당성에 문제가 있다는 지적도 끊이지 않는다. 전후사정이 어땠건 위법행위를 눈감아주는 건 정의에 어긋난다는 것이다. 하지만 수사권이 없는 공정위로서는 고육지책인 면도 있다. 기업들이 담합을 도모하다가도 경쟁사에 대한 불신 탓에 포기할 것이란 계산도 깔려 있다. 공정위는 리니언시 운영 방식을 가다듬으며 단점을 보완해 왔고, 앞으로도 같은 기조를 유지할 것으로 보인다.

198

집단소송/징벌적 손해배상(class action/punitive damages)

집단소송은 피해자 일부가 소송을 제기해 받은 판결로 나머지 피해자를 별도 소송 없이 구제하는 것. 징벌적 손해배상은 기업이 불법 행위로 얻은 이익에는 훨씬 큰 금액을 배상하도록 하는 것.

경제기사 읽기

국내 투자자 4972명에게 145억여원의 피해를 준 이른바 '씨모텍 주가조작' 사건 피해자들이 증권사를 상대로 낸 집단소송에서 1인당 평균 29만원을 배상받게 됐다. 대법원의 국내 첫 집단소송 선고다. 그러나 소송을 제기한 지 9년이 지나서야 피해금액의 10%만 배상받을 수 있게 돼 '상처뿐인 승리'라는 평가가 나온다. 법조계에선 소액주주를 보호하기 위해 도입된 증권 관련 집단소송 제도가 소송 기간이 길고, 배상 금액도 크지 않아 실효성이 떨어진다는 지적이 나오고 있다.

27일 대법원 3부(주심 이동원 대법관)는 2011년 씨모텍 유상증자에 참여했다가 손실을 본 투자자 이씨 등 186명이 유상증자 주관사인 DB투자증권(옛 동부증권)을 상대로 낸 집단소송 사건의 상고심에서 "DB투자증권은 피해자들이 입은 피해액 145억여원의 10%를 배상하라"고 판결한 원심을 확정했다. 이번 대법원 판결로 집단소송에 직접 참여한 원고 186명을 포함한 피해자 4972명이 1인당 평균 29만여원을 배상받게 됐다.

이번 판결은 2005년 국내 증권 관련 집단소송이 도입된 지 15년 만에 처음으로 나온 대법원의 판단이다.

— 신연수, 씨모텍 집단소송 '상처뿐인 승리'…9년 싸우고
29만원 돌려받아, 〈한국경제〉, 2020.02.28

사망자 1424명, 피해자 6509명. 한국 역사상 최악의 화학제품 참사로 기록된 '가습기살균제 사건'에 대한 환경부의 조사결과(2019년 8월)다. 자신이 구입한 제

품이 가족을 죽게 했다는 죄책감에 괴로워하는 유가족들의 모습은 많은 이들의 가슴을 아프게 했다. 여론을 더욱 들끓게 한 것은 제조업체의 황당한 태도였다. 영국계 기업인 옥시레킷벤키저 등은 쉽사리 과실을 인정하거나 보상 방안을 제시하지 않았다. "법대로 하자"에 가까워 보였다.

가습기살균제 사건을 계기로 소비자 피해를 구제할 제도적 장치를 강화해야 한다는 목소리가 높아졌다. 대표적인 것이 집단소송과 징벌적 손해배상이다.

집단소송은 피해자 일부가 가해자를 상대로 소송하면 나머지 피해자들은 별도 소송 없이 해당 판결로 피해를 구제받을 수 있는 제도다. 미국의 고엽제소송, 석면소송, 담배소송 등이 널리 알려져 있다. 피해자가 제각각 소송을 제기하면 시간과 비용이 많이 들고, 대기업을 상대로 이기기도 쉽지 않다. 집단소송제는 소비자들의 이런 어려움을 덜어주는 효과가 있다.

징벌적 손해배상은 가해자의 행위가 고의적 · 악의적이라고 판단되면 해당 행위로 인한 손해액보다 훨씬 많은 금액을 물어주도록 하는 제도다. 소비자가 입은 피해만큼 배상하는 기존 방식은 대기업 입장에선 큰 부담이 아닐 수 있다. 몇 배 이상의 금액을 물어주게 해야 기업들이 품질 관리에 더욱 신경쓸 것이라는 취지다.

국내에서 집단소송은 증권, 징벌적 손해배상은 하도급거래 등 일부 분야에 도입된 상태다. 범위를 더욱 넓히려는 움직임도 있지만 반발도 적지 않다. 재계는 이중처벌이자 과잉처벌이 될 수 있다고 우려한다. 이들 제도를 먼저 도입한 영미법계 국가에서도 기업의 부담을 우려해 요건을 강화하는 추세라는 것이다.

199

배임(背任, breach of trust)

임무에 위배되는 행위로 이득을 취하거나 조직에 손해를 끼치는 일.

경제기사 읽기

검찰이 대기업 수사 때마다 꺼내드는 특정경제범죄가중처벌법상상 횡령 · 배임 범죄 무죄율이 10%를 넘는 것으로 파악됐다. 단순 행정벌 무죄 사건을 모두 포함한 전체 사건 무죄율이 1% 안팎인 점을 감안하면 매우 높은 수치다. 배임죄를 존치할 필요가 있느냐는 해묵은 논란도 여전히 지속되고 있다.

23일 검찰에 따르면 지난해 기소된 횡령 및 배임(업무상 횡령·배임 포함) 사건의 기소 건은 총 4143건으로, 지난 5년 평균 기소 건수인 4398건보다 소폭 감소했다.

— 문재연, 경영판단? 의무위반?…배임죄 무죄율 느는데 '존치' 논란 여전, 〈헤럴드경제〉, 2020.03.23

기업의 등기이사는 회사의 의사결정 권한을 갖는 동시에 그에 따른 민 · 형사상 책임도 져야 하는 무거운 자리다. 죄를 저지르면 벌받아야 한다는 건 누구에게나 예외가 있을 수 없는 당연한 원칙. 하지만 재계에서 "걸면 걸리는 죄다, 너무 억울하다"는 항변이 유독 많이 나오는 죄가 하나 있다. 바로 배임이다.

배임죄는 쉽게 말해 자기 임무를 저버린 죄다. 형법 355조는 '타인의 사무를 처리하는 자가 그 임무에 위배하는 행위로써 재산상의 이익을 취득하거나 제삼자로 하여금 이를 취득하게 하여 본인에게 손해를 가하는 것'으로 정의한다. 기업인의 경우 상품을 적정 가격보다 싸게 팔거나 원재료를 비싸게 사는 것, 특정 계열사를 지원하려고 다른 계열사를 희생시키는 것, 영업비밀을 빼돌리는 것

등이 대표적이다. 개인적 이익을 취하기 위해 임무에 반해 행동한 내적 동기가 범죄 성립의 핵심 요소가 된다.

논란이 되는 대목은, 기업인이 경영상 판단에 따라 내린 통상적인 의사결정도 나중에 검찰이 배임죄로 문제 삼는 일이 많다는 것이다. 경영 판단이 틀렸으면 징계나 문책을 하면 되는데, 권력기관이 비리 수사처럼 개입한다는 게 기업인들의 주장이다. 배임죄를 저지르면 1500만원 이하 벌금이나 5년 이하 징역형에 처해질 수 있다. 배임죄로 얻은 이득액이 50억원 이상이면 특정경제범죄가중처벌법이 적용돼 무기징역이나 5년 이상 징역형도 가능하다. 살인죄와 같은 수준의 처벌이다.

배임을 형법으로 다스리는 나라는 일본, 독일, 스위스, 오스트리아 등 소수다. 일본에선 '손해를 가할 목적'을 명백히 입증해야 하며, 배임죄 도입의 원조인 독일은 경영 판단엔 책임을 묻지 않고 있다. 미국에는 업무상 배임죄가 존재하지 않는다.

재계와 법조계에선 배임죄 규정을 보다 구체화해야 한다는 주장이 꾸준히 나온다. 다만 일부 재벌이 회사 돈을 마음대로 쓰거나 편법 승계를 서슴지 않는 한국의 특성을 고려하면 배임죄가 필요하다는 반론도 있다. 일부 손질한다 해도 기업 내부 견제장치 강화, 외부 회계감사 투명화 등의 보완장치가 전제돼야 한다는 것이다. 국내에서 배임죄에 대한 헌법소원을 낸 기업인도 있었는데, 2014년 헌법재판소는 합헌이라고 결정했다.

200

불완전판매

금융회사가 금융상품을 판매할 때 상품의 구조와 위험성을 제대로 설명하지 않고 파는 것.

경제기사 읽기

대규모 원금 손실을 본 해외금리 연계 파생결합펀드(DLF) 투자자들에게 은행이 최대 80%를 물어주라는 금융당국의 결정이 나왔다. 투자상품 불완전판매 분쟁 중 역대 최고 배상 비율이다.

금융감독원은 5일 분쟁조정위원회를 열어 우리 · KEB하나은행 DLF 투자자 6명의 분쟁조정 신청을 심의했다. 그 결과 모두 불완전판매로 판단하고, 은행이 투자손실의 40~80%를 배상하라고 결정했다.

이날 결정은 지금까지 접수된 276건의 DLF 분쟁조정 신청 중 대표성이 큰 여섯 건을 우선 처리한 것이다. 금감원은 나머지 분쟁은 이 기준에 따라 은행과 투자자들이 자율 합의하도록 유도할 방침이다. 불완전판매만 입증되면 무조건 최소 20%, 최대 80%를 배상받게 한다는 방침이다.

— 임현우, 금감원 "DLF 손실 최대 80% 배상을", 〈한국경제〉, 2019.12.06

2019년 말 'DLF'라는 낯선 이름의 금융상품이 연일 경제신문을 큼지막하게 장식했다. 은행 권유로 DLF에 투자했다가 1억원 이상을 날린 사람이 속출해서다. "예금보다 수익률이 좋고 안전하다"는 말만 믿고 평생 모은 돈을 맡긴 은퇴자와 주부가 상당수 포함됐다. 이 상품은 독일, 영국, 미국 등의 금리가 일정 범위를 벗어나면 원금 대부분을 잃도록 설계됐다. 은행을 찾는 주부와 노인에겐 애초부터 어울리지 않았다. 금융감독원 조사 결과 은행들은 치매에 난청까지 있는 79세 노인에게 원금손실 위험을 알리지 않고 가입시키는 등 불완전판매 사례가 무더기로 드러났다. 'DLF 사태'로 불리는 이 사건은 국내 은행의 후진적 관행을 또 한 번 드러낸 흑역사로 기록됐다.

불완전판매란 은행, 증권, 보험 등 금융회사가 금융상품을 판매하면서 상품의 구조와 위험성을 제대로 설명하지 않고 파는 행위를 말한다. 높은 수익률만 강조하고 원금손실 가능성은 언급하지 않는 게 대표적이다. 불완전판매는 보험업계에도 많다. 보험은 가입 후 금방 해지하면 납입한 보험금의 상당 부분을 돌려받지 못하고, 약관이 복잡해 소비자가 보장 내용을 정확히 파악하기도 어렵다. 하지만 판매 과정에서 명확히 설명하지 않는 경우가 적지 않다.

불완전판매는 소비자에게 큰 경제적 손실과 고통을 준다는 점에서 적발되면 금융당국의 제재를 받는다. 하지만 잊을 만하면 한 번씩 반복되고 있다. 2008년 수출 중소기업의 줄도산을 유발한 키코(KIKO) 사태, 2014년 4만 명 넘는 개인투자자가 1조원 넘는 피해를 본 동양그룹 기업어음(CP) 사건 등이 대표적이다. 불완전판매 피해는 금감원의 분쟁조정이나 소송을 통해 구제받을 수 있지만, 많은 시간과 노력이 드는 데다 투자금 전액을 보상받는 경우도 없다. 투자자에게도 '자기책임 원칙'을 묻기 때문이다.

사회적으로 큰 파문을 일으킨 불완전판매 사례를 보면 금융회사의 실적 지상주의와 소비자의 금융지식 부족이 모두 드러난다. "공짜 점심은 없다"는 투자격언이 있다. 가입하면 무조건 유리하다는 식의 광고는 한 번 더 꼼꼼히 따져봐야 한다.

201

C 레벨 (C Level)

CEO, CFO, CTO, COO 등 기업의 고위 경영진을 통칭하는 말.

경제기사 읽기

동부대우전자가 'LG 출신'을 적극 영입하고 있다. 동부대우전자의 최고재무책임자(CFO), 최고운영책임자(COO), 최고인사책임자(CHO) 등 이른바 'C레벨'로 불리는 전문경영진 6명 중 3명이 올 들어 LG 출신으로 꾸려졌다.

동부대우전자는 이달 초 신임 CFO에 문덕식 부사장을 선임했다. 문 부사장은 1983년 LG전자에 입사해 청주공장 경영지원실장을 거쳐 본사 재경팀장, LG필립스디스플레이즈(현 LG디스플레이) CFO 등을 맡았다. 지난 1월 COO로 선임된 변경훈 사장도 LG전자 TV사업 해외마케팅담당 부사장 출신이다. CHO인 김문수 부사장은 LG필립스디스플레이즈에서 일했다.

나머지 C레벨 3명 중 최고경영자(CEO)와 최고생산책임자(CPO)는 삼성전자, 최고기술책임자(CTO)는 대우일렉트로닉스 출신이다. 기존 대우일렉트로닉스의 경쟁력에 삼성, LG의 강점을 고루 반영하려는 전략이란 분석이 나온다.

— 정지은, 동부대우 'C레벨' 절반은 LG 출신, 〈한국경제〉, 2016.04.06

CEO(최고경영자)라는 단어는 워낙 자주 쓰이다 보니 이제 대중에도 익숙한 용어가 됐다. 기업 고위 임원들의 명함을 보면 C로 시작하는 다양한 직함이 등장한다. CEO를 비롯해 CFO(최고재무책임자), CMO(최고마케팅책임자), COO(최고운영책임자), CSO(최고전략책임자) CHO(최고인사책임자) 등과 같이 기업의 부문별 책임자를 맡고 있는 핵심 경영진을 일명 C 레벨이라 부른다.

C 레벨의 꽃은 단연 CEO다. CEO는 통상 대표이사를 맡으면서 대내외적으로 경영상의 최고 책임을 지고 있는 사람을 가리킨다. 재무 총괄인 CFO는 회사의 자금사정을 훤히 꿰뚫고 있는 '곳간지기'로서 막중한 권한과 책임을 가진 사람이다. 기술 개발을 중시하는 정보기술(IT) 벤처에서는 CTO(최고기술책임자)와 CISO(최고정보보호책임자)가 중요한 역할을 맡고 있다.

경영 환경의 변화에 따라 새로운 명칭의 C 레벨이 생겨나기도 한다. 고객과의 관계를 강화한다는 뜻을 담아 CCO(최고고객책임자), 환경 문제와 관련한 대응을 총괄하는 CSO(최고지속가능성책임자), 회사의 대외관계 관리를 맡는 CNO(최고네트워킹책임자), 위기관리 능력 강화에 주력하는 CRO(최고리스크책임자) 등이 대표적 사례다. 기업 안에 어떤 C 레벨이 있는지를 봐도 그 회사가 지향하는 가치와 미래 전략이 드러난다.

1000
10000
FG760337G
日本銀行券
BK34605051
10
10000

10장 숫자로 벌이는 공격과 방어의 드라마

M&A

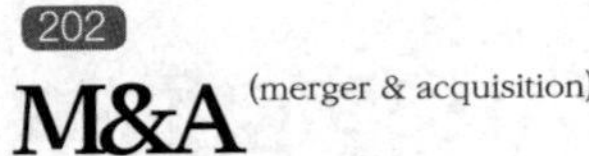

202

M&A (merger & acquisition)

기업 인수·합병. 다른 회사를 사들여 경영권을 확보하거나 회사끼리 합치는 것.

경제기사 읽기

지난해 전 세계에서 이뤄진 인수합병(M&A) 활동이 2018년 대비 6.9% 감소했지만 6년 연속 3조달러를 넘어섰다. 특히 미국 주도로 대규모 딜이 거래된 반면 미 · 중 무역갈등과 홍콩 내 반베이징 시위 등 여파로 중국의 M&A시장 비중이 축소됐다.

7일 M&A 분석 정보업체인 머저마켓이 발표한 '2019년 M&A시장 보고서'에 따르면 2019년 한 해 동안 전 세계에서 총 1만9322건의 M&A거래가 진행됐고 전체 거래규모는 3조3300억달러를 기록했다. 다만 작년 하반기 거래가 저조해 거래규모 기준으로 전 분기 대비 24.2% 감소했다.

지난해 M&A시장은 사실상 미국이 주도했다. 2019년 이뤄진 M&A 거래의 47.2%를 차지하며 2001년 이후 가장 높은 비중을 기록한 것이다. 유럽과 아시아태평양 지역은 2018년 대비 거래규모 기준으로 각각 21.9%, 22.5% 감소했다.

— 김경아, 전세계 M&A 거래 절반은 美가 주도, 〈파이낸셜뉴스〉, 2020.01.08

최근 경제신문 사이에서 가장 불꽃 튀는 취재 경쟁이 벌어지는 분야는 M&A다. 기업들이 신성장동력 확보에 사활을 걸고, 투자은행(IB) 업계에 많은 자금이 유입되면서 M&A 시장의 판 자체가 커지고 있어서다. 많은 삼성맨을 충격에 빠뜨린 '삼성 · 한화 빅딜', 재계 순위를 한순간에 바꿔놓은 '현대산업개발의 아시아나항공 인수', 독점 논란으로 불붙은 '요기요 · 배달통의 배달의민족 인수' 같

세계 M&A 시장 거래규모 (단위: 조달러)

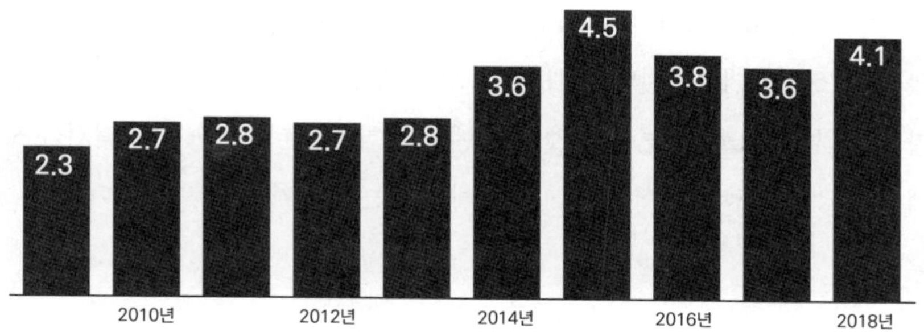

자료: JP모간

은 뉴스가 M&A 판에서 수시로 쏟아지고 있다. 저출산을 버티지 못하고 중국 자본에 넘어간 아가방의 사례처럼, 사회구조의 변화를 상징적으로 보여주는 M&A도 있다.

M&A가 본격 주목받기 시작한 것은 1997년 외환위기 이후. 과거에는 부실기업 구조조정을 위해 이뤄진다는 이미지가 강했다. 하지만 최근에는 성장성이 떨어진 사업을 선제적으로 정리하거나, 다른 기업의 뛰어난 기술과 인재를 확보하기 위해 M&A에 나서는 기업이 많아졌다. 구글의 유튜브, 페이스북의 인스타그램, 삼성전자의 삼성페이 등은 서비스를 직접 개발하지 않고 유망 스타트업을 인수해 '내 것'으로 만든 사례다.

사모펀드가 주도하는 M&A가 늘고 있는 점도 눈에 띄는 특징이다. 이들은 기업을 인수할 때부터 오래 갖고 있을 생각이 전혀 없다. 저평가된 기업의 가치를 끌어올려 3~5년 안에 다른 기업에 되팔 목적으로 M&A에 뛰어드는 금융 전문가 집단이다.

M&A는 외부 자원을 활용해 기업의 경쟁력을 손쉽게 높일 수 있다는 게 장점이다. 그러나 전혀 다른 조직을 유기적으로 통합해 시너지 효과를 창출하는 과정이 결코 만만치 않다. 무리하게 빚을 내 M&A를 했다가 자금난에 빠지는 '승

자의 저주'도 조심해야 한다.

M&A는 기본적으로 기존 대주주의 주식을 사들이는 방식으로 이뤄진다. 거래가 양측의 상호 합의에 따라 이뤄지면 '우호적 M&A'라 하고, 상대 기업의 반대를 무릅쓰고 밀어부쳐지면 '적대적 M&A'라 부른다. 수익을 위해서라면 물불을 가리지 않는 사모펀드는 적대적 M&A에도 거침이 없다. 이 때문에 기업들 사이에서 정당한 경영권 방어 장치를 보장해 달라는 요구가 높아지고 있다.

203

기업결합심사

일정 규모 이상의 기업이 인수합병(M&A)할 때 공정거래위원회의 심사를 받도록 한 제도. 시장 경쟁을 저해하는 기업결합이라 판단되면 조건부 허용하거나 불허할 수 있다.

경제기사 읽기

음식 배달 앱 1위 업체 배달의민족 사업자인 우아한형제들이 2위 요기요와 3위 배달통을 거느린 독일 딜리버리히어로(DH)에 인수되면서 공정거래위원회가 이를 어떻게 처리할지에 시장의 관심이 쏠리고 있다. 3사 점유율을 합하면 시장점유율이 99%에 달하기 때문이다. 우아한형제들은 이르면 연내에 공정위 기업결합신고 절차를 밟을 예정이다.

15일 법조계와 투자은행(IB)업계에 따르면 업계에서는 대체로 이들의 기업결합신고를 공정위가 받아들일 가능성이 높다고 보고 있다. 전례가 여럿 있는 데다 현 정부가 이 문제에는 비교적 유연한 잣대를 적용하고 있다는 이유에서다. 한 법조계 관계자는 "전자상거래 등 온라인 부문은 시장 트렌드가 쉽게 바뀌고 신규 사업자가 진입하기 어렵지 않다고 보기 때문에 공정위도 제조업 등에 비해 상대적으로 유연하게 판단하고 있다"고 설명했다.

2009년 당시 국내 오픈마켓 2위 옥션을 운영하던 미국 이베이가 국내 1위 G마켓을 인터파크에서 사들인 것이 대표적 사례다. 당시 G마켓과 옥션의 점유율을 합하면 오픈마켓 시장의 90%에 육박했다. 공정위는 이와 같은 기업결합을 모두 승인했다.

— 이상은 · 이태훈, 배달 앱 1~3위가 모두 '한 가족'…공정위 심사 통과할 수 있을까, 〈한국경제〉, 2019.12.16

M&A는 순기능과 역기능을 함께 갖고 있다. 기업 경영의 효율성을 높이고, 경쟁력 낮은 기업을 정리한다는 것은 장점이다. 하지만 경쟁사 간의 M&A는 독과

점을 유발해 소비자에 불리한 결과를 가져올 수도 있다. 이런 점 때문에 한국을 비롯한 70여개국은 일정 규모 이상의 M&A는 경쟁당국의 승인을 받도록 하는 기업결합심사 제도를 운영하고 있다.

한국의 경우 인수기업의 자산 또는 매출이 3000억원 이상, 피인수기업의 자산 또는 매출이 300억원 이상이거나 그 반대인 경우 공정거래위원회에 신고하고 심사를 받아야 한다. 원칙적으론 모든 M&A 건을 심사해야겠지만 현실적으로 어렵기 때문이다.

공정위는 이들 기업의 시장점유율과 시장집중도를 검토해 경쟁을 제한할 소지가 없으면 기업결합을 승인한다. 하지만 경쟁제한성이 있다고 판단되면 M&A를 아예 금지할 수 있다. 일부 자산 매각, 가격 인상 제한 등을 전제로 조건부 허용하기도 한다. 2005년 맥주업계 1위 하이트맥주가 소주업계 1위 진로를 인수할 때 공정위는 "향후 5년 동안 가격을 소비자물가상승률 이상 올리지 말고, 맥주와 소주의 영업망을 합치지 말라"는 등의 조건을 달아 승인했다. 2016년 이동통신 1위 SK텔레콤이 케이블TV 1위 CJ헬로비전을 인수할 땐 "독과점 폐해가 클 수 있다"며 불허해 M&A가 무산됐다.

글로벌 기업의 M&A는 여러 진출국의 기업결합심사를 모두 통과해야 하는 복잡한 과정을 거친다. 특정국이 기업결합을 불허하거나 무리한 조건을 달면 M&A를 포기하는 일도 심심찮게 벌어진다. 2016년 미국 퀄컴은 네덜란드 NXP를 인수하는 반도체업계 사상 최대 규모의 M&A 계약을 맺었다. 미국, 유럽연합(EU) 등은 모두 승인했으나 중국은 끝내 승인하지 않았다. 퀄컴은 결국 2년 후 위약금을 내고 NXP 인수를 포기했다.

국가별로 심사 기준이 제각각이어서 일관된 원칙이 필요하다는 지적이 꾸준히 나오고 있지만, 아직 갈 길이 멀다. 대형 M&A일수록 기업결합심사가 거래 성사 여부를 결정짓는 중요한 관문인 만큼 시도 단계에서부터 치밀한 검토가 필요하다.

204

승자의 저주(winner's curse)

치열한 경쟁에서 이겼지만 승리를 위해 과도한 비용을 치른 탓에 오히려 위험에 빠지거나 큰 후유증을 겪는 상황.

경제기사 읽기

한때 '황금알을 낳는 거위'로 여겨졌던 국내 면세점 시장에서 한화그룹이 철수하기로 했다. 대기업들이 유통업의 새로운 성장동력을 확보하겠다며 신규 허가를 받기 위해 치열한 경쟁을 벌인 지 불과 4년 만에 첫 번째 이탈자가 나온 것이다. 주 고객인 중국인 관광객 감소, 업체간 출혈 경쟁 등으로 면세점 수익 구조가 악화하면서 이른바 '승자의 저주'가 본격화할 거라는 전망이 나오고 있다.

한화갤러리아타임월드는 29일 이사회 의결을 통해 오는 9월 '갤러리아면세점 63'의 영업을 종료한다고 밝혔다. 한화갤러리아타임월드는 2016년 178억원의 영업 손실을 낸 후 매년 적자를 거듭해 3년간 1,000억원 이상의 적자를 기록했다.

— 윤태석, 한화, 면세점 사업 철수… 승자의 저주 본격화하나,
〈한국일보〉, 2019.04.29

마음에 드는 것을 갖기 위해 덜컥 질러놨는데 뒷감당이 안 되는 상황. 기업 동향과 관련한 경제뉴스에서 종종 볼 수 있는 '승자의 저주'를 간단히 요약한 말이다.

승자의 저주는 정부 입찰, 경매, 인수합병(M&A) 등의 경쟁에서 이겼지만 이로 인해 더 큰 후유증을 치르는 상태를 가리킨다. 1992년 미국 시카고대 경영대학원의 리처드 탈러(Richard Thaler) 교수가 쓴 《승자의 저주(The Winner's Curse)》라는 책을 통해 널리 알려졌다.

이 용어의 뿌리는 1950년대로 거슬러 올라간다. 당시 미국 석유기업들은 멕시코만 석유 시추권 공개 입찰에 앞다퉈 참여했다. 기업마다 이 지역 석유 매장

량을 추정해 입찰가를 결정했는데, 최고가인 2000만달러를 써낸 기업이 시추권을 따냈다. 문제는 기업들이 매장량을 정확히 파악할 역량이 없는 상태에서 경쟁만 과열됐다는 것이다. 이후 드러난 실제 석유매장량의 가치는 1000만달러에 불과했고, 낙찰자는 1000만달러의 손실을 봤다.

2000년 영국의 3세대 이동통신(3G) 주파수 입찰에서는 통신사들의 기싸움에 불이 붙어 1800억원에서 출발한 주파수 가격이 10조원 이상으로 치솟기도 했다.

국내에선 금호아시아나, 웅진, STX 등이 승자의 저주에 발목잡힌 사례로 자주 거론된다. 공격적인 M&A로 사세를 키우는 데는 성공했지만, 무리한 금액을 지불한 탓에 훗날 그룹 전체가 유동성 위기에 빠졌다.

경쟁 입찰에서는 매물의 가치를 제대로 평가하고, 자금 조달 계획을 꼼꼼히 세우는 것이 무엇보다 중요하다. 하지만 '일단 세게 지르고 보자'는 생각이 앞서 이런 절차를 건너뛰어버리면 승자의 저주를 피하기 어렵다. 개인이든 기업이든 때론 과감한 모험이 필요한 순간이 있지만, 자기 능력 이상의 과욕은 위험천만한 법이다.

205

주주총회(general meeting of stock-holders)

주식회사의 주주들이 모여 회사의 중요 사안을 결정하는 최고 의사결정 회의.

경제기사 읽기

정부가 하루에 주주총회를 여는 기업 수를 제한해 주총 개최를 분산하는 방안을 추진한다. 또 주주들이 안건을 충분히 분석할 수 있도록 주총 소집 통지일을 주총 2주 전에서 4주 전으로 연장하기로 했다. 이에 따라 주로 매년 3월에 열렸던 12월 결산 상장사의 주총이 이르면 내년부터 5, 6월로 상당수 늦춰질 것으로 전망된다. 지금은 특정 날짜에 수백 개 기업의 주총이 한꺼번에 몰려 소액 주주의 주총 참여를 제한한다는 지적이 많았다.

금융위원회는 24일 이런 내용이 담긴 '상장사 주주총회 내실화 방안'을 발표했다.

— 김형민, 주주총회 기업수 날짜별 제한… '슈퍼주총데이' 사라진다, 〈동아일보〉, 2019.04.25

"주주총회를 소집해 회장님 해임안을 올릴 겁니다." "훗, 주주들은 우리 편이야. 어디 한 번 해 보시지!" 재벌가를 배경으로 한 막장 드라마에는 주주총회를 놓고 등장인물들이 옥신각신하는 장면이 자주 등장한다. 드라마만 보면 주주총회가 맨날 밥그릇 싸움만 하는 곳 같은데, 사실 그렇진 않다.

주식회사에는 의사결정기관으로 주주총회, 업무집행기관으로 이사회, 감사기관으로 감사가 있다. 주주총회는 주식을 보유한 주주들이 모두 모여 회사의 중요 사항을 정하는 최고 의사결정 회의다. 재무제표의 승인, 임원의 임명 · 면직, 정관 변경, 회사의 인수 · 합병 등 다양한 안건을 다룬다. 회사 주식을 1주 이상 갖고 있다면 누구나 참석할 권리를 갖는다. 소액이라도 주식에 투자했다면 주주총회에 한 번쯤 가 보는 게 좋은 '경제 공부'가 된다. 직접 참석하기 어려우면 위임장을 써서 보낼 수도 있다.

주주총회는 매년 1회 개최하는 정기 주주총회와 필요에 따라 수시로 여는 임시 주주총회로 나뉜다. 정기 주주총회는 결산기(보통 1~12월)를 마감한 뒤 3개월 이내에 개최한다. 임시 주주총회는 회사에 중요한 일이 있을 때 지분 3% 이상을 확보한 주주들이 소집을 요구할 수 있다.

주주총회의 결의 사항은 안건이 통과되는 기준선에 따라 보통결의사항, 특별결의사항, 특수결의사항으로 분류한다. 대부분의 안건은 보통결의사항으로 출석 주주 의결권의 절반 이상, 발행주식 총수의 4분의 1 이상 찬성표를 받으면 통과된다. 하지만 임원 해임, 정관 변경, 인수합병 등 민감한 사안은 특별결의사항으로 출석 주주 의결권의 3분의 2 이상, 발행주식 총수의 3분의 1 이상 찬성이 필요하다. 특수결의사항은 모든 주주의 동의를 얻어야 하는 예외적인 경우다.

국내 기업의 정기 주주총회는 3월 하순에 몰려 있는데, 이런 날을 일명 '슈퍼 주총데이'라 부른다. 주주총회가 특정일에 집중되면 여러 회사에 투자한 소액주주는 참석이 어려워 주주권을 행사하기 어렵다. 이 때문에 금융당국은 주주총회 날짜의 분산을 유도하고 있다.

206

스튜어드십 코드(stewardship code)

기관투자가가 기업의 의사결정에 적극 참여해 주주로서의 역할을 충실히 수행하고, 위탁받은 자금의 주인인 국민이나 고객에게 이를 투명하게 보고하도록 하는 행동지침.

경제기사 읽기

2018년 스튜어드십 코드(기관투자가의 의결권 행사 지침) 도입 이후 주주총회에서 국민연금의 반대 의결권 행사가 많아진 것으로 나타났다. 한 재계 관계자는 "국민연금의 반대가 때로 적절한 측면도 있다. 하지만 최근 자본시장법 시행령 개정 등 국민연금의 경영 개입 우려가 커지고 있어 정부의 입김이 세질까 걱정"이라고 말했다. 국민연금 기금운용위원회의 위원장은 보건복지부 장관이다.

5일 기업평가사이트 CEO스코어는 국민연금이 지난해 정기 및 임시 주주총회에서 의결권을 행사한 577개사의 안건을 전수 조사한 결과 총 626회 주총에서 4139건의 안건이 다뤄졌다고 밝혔다.

전체 안건 중 국민연금은 682건(16.48%)에 반대한 것으로 집계됐다. 스튜어드십 코드가 도입되기 전인 2017년 반대율 11.85%에 비해 4.63%포인트 상승했다. 같은 기간 찬성 비율은 87.34%에서 83.11%로 4.23%포인트 떨어졌다.

— 허동준, '스튜어드십 코드' 2018년 도입 이후… 입김 세진 국민연금, 주총서 'NO' 늘었다, 〈동아일보〉, 2020.02.06

2019년 3월 대한항공 주주총회. 지금은 고인이 된 조양호 한진그룹 회장의 사내이사 재선임 안건이 표결에 부쳐졌다. 결과는 충격적인 부결. 2대 주주인 국민연금이 반대표를 던진 영향으로 3분의 2 찬성 요건을 충족하지 못했다. 당시는 땅콩 회항, 물컵 던지기, 폭언과 폭행 등 잇단 '갑질 파문'으로 한진 오너 일가에 대한 비판이 극에 달한 때였다. 국민연금은 "조 회장이 기업가치 훼손

스튜어드십 코드 도입 기관투자자 (단위: 개)

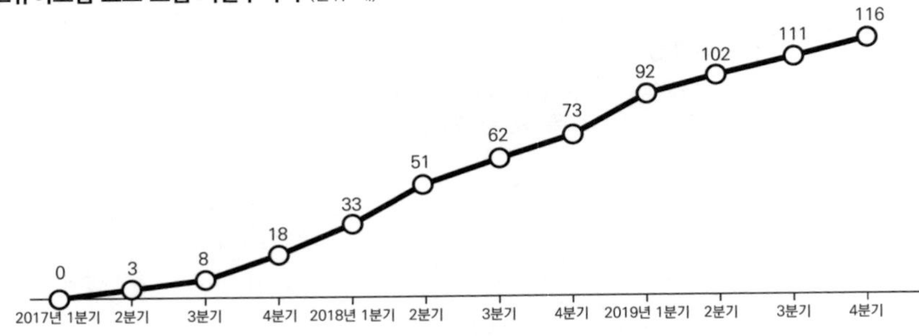

자료: 한국기업지배구조원

내지 주주권 침해의 이력이 있다"고 했다. 국민의 노후자금으로 운영하는 국민연금이 국내 1위 항공사 대표를 끌어내린 것은 초유의 사건으로 평가됐다.

과거 국민연금은 기업이 올린 주주총회 안건에 대부분 찬성만 해 '거수기'라는 비난을 많이 받았다. 하지만 2018년 스튜어드십 코드 도입 이후 사안에 따라 찬 · 반을 달리하며 주주로서의 권리를 적극 행사하는 쪽으로 바뀌고 있다.

스튜어드는 주인을 보필하는 집사(steward)를 뜻한다. 스튜어드십 코드란 연기금, 자산운용사 등 기관투자자가 특정 기업의 주주로서 이행해야 할 원칙을 열거한 모범규준을 말한다. 기관투자자는 다른 사람들의 돈을 맡아 관리하는 집사이니, 투자기업의 가치를 극대화하기 위해 노력하라는 취지의 '행동지침'인 것이다. 통상적인 의결권 행사를 넘어 경영진 면담, 사외이사 후보 추천, 주주대표 소송 제기 등이 포함된다.

스튜어드십 코드는 2010년 영국이 처음 도입한 이후 여러 나라로 확산되고 있다. 국내에서도 국민연금에 이어 다른 연기금과 공제회, 자산운용사 등으로 확대될 전망이다.

스튜어드십 코드에 대한 찬반은 첨예하게 엇갈린다. 찬성 측은 주식시장의 '큰손'인 기관투자자가 의결권을 적극적으로 행사하면 기업의 투명성이 높아지고 실적도 좋아질 것이라고 주장한다. 반대 측은 기관투자자의 지나친 간섭이 경영활동을 위축시키고, 단기 실적주의를 확산시킬 수 있다고 지적한다. 정부가 국민연금 등을 동원해 특정 기업에 영향력을 행사할 가능성을 우려하기도 한다. 스튜어드십 코드가 아직 도입 초기 단계인 만큼 효과를 면밀히 검증하고 문제점을 개선해 나가야 할 것으로 보인다.

207

행동주의 투자(activist investment)

지배구조 문제나 실적 부진을 겪는 기업의 주식을 사서 일정 수준의 의결권을 확보한 뒤 회사 경영에 적극 참여해 기업가치를 높이는 투자전략.

경제기사 읽기

국내 1위 연예기획사인 에스엠엔터테인먼트에 대해 행동주의 펀드가 경영 참여를 선언했다. 창업자 이수만 회장이 회삿돈을 개인회사로 가져가는 것을 문제 삼고 이사 선임을 통해 막겠다고 했다. 에스엠은 시가총액 1조원이 넘는 증시 대표 엔터테인먼트주다.

KB자산운용은 5일 에스엠 사외이사를 추천해 경영에 참여하겠다는 내용의 공개 주주서한을 보냈다. KB자산운용은 주주가치 증대를 목적으로 하는 행동주의 펀드(KB주주가치포커스)를 통해 에스엠 지분 7.59%를 보유한 3대 주주다.

KB운용은 "이 회장 개인회사인 라이크기획이 에스엠 영업이익의 46%를 매년 자문료 형태로 빼가 회사 가치를 심각하게 훼손하고 있다"고 주장했다. KB운용은 "라이크기획과 에스엠 간 합병을 요구한다"며 "다음 주주총회에서 신규 사외이사 후보를 추천해 이사회 감시와 견제를 강화하겠다"고 밝혔다.

KB운용에 이어 에스엠 4대 주주인 한국투자밸류자산운용(지분 5.06% 보유)도 "에스엠의 불투명한 경영 개선을 위해 적극 개입하겠다"고 했다. 이들 기관과 2대 주주인 국민연금(8.07%)의 지분을 합치면 20.72%로 이 회장 측 지분(19.08%)을 넘어선다.

— 최만수, 행동주의 펀드, 이수만 정조준…"816억 빼간 개인회사 합병하라", 〈한국경제〉, 2019.06.06

10장
M & A

주식으로 재테크에 나선 철수와 영희, A전자 주식을 함께 샀다. 철수는 "A전자 경영진은 능력 있는 사람들이니 믿고 기다리겠다"고 한다. 영희는 "무슨 소리냐, 회사가 더 잘 되려면 우리도 의견을 내자"고 한다. A전자가 이익이 적은 사업부문을 정리하고, 배당도 늘려야 한다는 게 영희의 생각이다. 영희는 최고경영자(CEO)에게 자신의 제안을 담은 편지를 보내고, 다른 주주들과 뭉쳐 임시주주총회 소집을 요구할 기세다.

영희처럼 주주로서의 권리를 적극 행사해 기업가치를 높이는 투자전략을 행동주의 투자라 부른다. '주주 행동주의(shareholder activism)'라고도 한다. 주주가 시세차익이나 배당금에 만족하던 데서 벗어나 지배구조와 경영에도 개입하며 이익을 추구하는 것이다.

행동주의 투자는 외국계 헤지펀드들이 주도하고 있다. 폴 싱어, 칼 아이칸, 빌 애크먼, 넬슨 펠츠 등이 대표적 행동주의 투자자다. 이들은 비주력사업 구조조정, 인수합병(M&A), 자사주 매입, 배당 확대 등은 물론 경영에 직접 관여하기 위해 이사회 참여를 요구하기도 한다. 경영진 입장에선 부담스러운 일이다. 소액주주들에겐 유리할 때가 많다. 막강한 자금력을 보유한 대형 펀드가 대기업을 대신 압박해 배당금도 받아내고 주가도 올려주기 때문이다.

행동주의 투자에 대한 평가는 양극단을 달린다. 한쪽에선 경영진의 전횡을 견제하고 주주가치를 높인다며 열광적인 찬사를 보낸다. 반면 경영에 사사건건 간섭해 기업의 발목을 잡는다는 비난도 거세다. 행동주의 투자자는 단기간에 주가를 올린 뒤 팔고 떠나면 그만이지만, 기업은 각종 요구사항을 받아주느라 장기 연구개발(R&D) 투자 등에 지장을 받는다는 것이다.

영국 이코노미스트에 따르면 2009년 이후 S&P500 대기업의 15%가 행동주의 헤지펀드로부터 회사 경영진 교체, 경영전략 변화, 구조조정 실시 등을 요구받았다. 삼성, 현대자동차, SK, 한진 등 국내 주요 대기업들도 이들의 공격을 한 번씩 받아봤다. 최근 '강성부 펀드'로 유명한 KCGI 등 한국형 행동주의 펀드의 존재감이 높아지는 추세다.

208

ISS (Institutional Shareholder Services)

세계 최대 의결권 자문사. 이 회사가 주요 기업의 주주총회 안건을 분석해 제시한 찬·반 의견은 대형 기관투자자의 결정에 큰 영향력을 미친다.

경제기사 읽기

'1억1700만원.' 국내 주식시장에서만 시가총액의 7%에 달하는 132조원의 자금을 굴리는 국민연금이 한 해 동안 의결권 자문에 책정한 예산이다. 국민연금이 투자한 국내 상장사는 800여 개. 의결권 자문사들은 상장사 한 곳당 10만원이라는 헐값에도 생존을 위해 '울며 겨자 먹기' 식으로 계약 따내기에 안간힘을 쓰고 있다.

1일 금융투자업계에 따르면 국민연금은 최근 국내 주식 의안분석 전문기관으로 한국기업지배구조원(KCGS)을 선정했다. 대신지배구조연구소와의 입찰 경쟁을 거쳐 나온 결과다. 입찰을 거치면서 단가는 1억원 수준으로 떨어졌다. KCGS는 향후 1년간 800여 개 상장사의 정기 및 임시주총에 올라오는 모든 안건에 대한 분석은 물론 의결권 행사 지침 등을 국민연금에 제공해야 한다.

국민연금이 국내 의결권 자문사에 대한 보수를 낮게 유지하는 이유는 글로벌 시장을 장악한 미국계 자문사 ISS가 '종목당 100달러'라는 가격으로 서비스를 제공하고 있기 때문이라는 게 업계의 정설이다. 국민연금은 투자 중인 해외 기업의 의결권 자문사로 ISS를 이용하고 있다.

— 황정환 · 김은정, 의결권 자문사의 '10만원 보고서'에 떨고 있는 상장사,
〈한국경제〉, 2020.03.02

경영자와 주주 사이에는 대리인 문제(principal-agent problem)의 위험이 늘 도사린다. 원래 기업의 주인은 주주다. 경영자는 주주들이 '회사를 잘 운영해 달라'며

권한을 위임한 대리인일 뿐이다. 하지만 경영자가 자신의 임무를 게을리하거나, 주주의 이익에 반해 사익을 추구할 가능성이 존재한다.

물론 주주들은 주주총회를 통해 회사의 중요한 의사결정에 참여할 수 있다. 하지만 모든 주주가 회사 사정을 속속들이 꿰뚫고 있긴 어렵다. 투자은행, 증권사, 자산운용사, 연기금, 국부펀드 같은 대형 기관투자자일수록 더더욱 그렇다. 투자한 기업이 너무 많아서다.

이런 기관투자자들을 위해 주요 기업의 주주총회 안건을 분석하고, 찬 · 반 의견을 조언하는 회사를 의결권 자문사라고 한다. ISS라는 업체는 세계 의결권 자문사 가운데 시장점유율이 60%를 넘는 독보적인 업체다. 매년 800만건 이상의 주주총회 안건을 분석, 의결권 행사 방향을 제시한다. 해외 기관투자자들은 현지 사정에 어둡기 때문에 ISS의 보고서를 사실상 '의사결정 지침서'로 삼는 편이다.

그래서 찬 · 반이 팽팽한 사안에는 ISS가 캐스팅보트를 쥐고 있다. 2002년 미국 HP가 컴팩을 인수할 때 주주들의 반대가 극심했는데, ISS가 HP를 지지하고 찬성을 권고한 것에 힘입어 주주총회에서 2%포인트 차로 컴팩 인수안이 통과됐다. 국내에선 2018년 현대자동차가 내놓은 지배구조 개편안에 ISS가 반대를 권고하면서 주주총회 통과 가능성이 낮아지자, 현대차가 주주총회를 취소하고 계획을 백지화한 일도 있었다.

ISS에 대해 주주들의 의사결정에 도움을 준다는 긍정적인 시각이 많지만, 평가가 너무 자의적으로 이뤄지는 게 아니냐고 비판받기도 한다. ISS의 주인은 사모펀드인 데다, 자회사를 통해 기업 컨설팅 사업도 벌이고 있어 이해상충 문제가 있다는 지적도 있다.

209

섀도 보팅(shadow voting)

정족수 미달로 주주총회가 무산되는 일을 막기 위해 불참한 주주도 참석한 주주들의 찬반 비율대로 투표한 것으로 간주하는 일종의 의결권 대리행사 제도

경제기사 읽기

코스닥 상장사인 A사는 작년 6월 임시 주주총회를 열흘 앞두고 직원 총동원령을 내렸다. 직원 190여 명 중 60여 명이 주주 1000여 명을 만나 주총 참석을 읍소했다. 섀도 보팅(의결권 대리행사) 제도가 없어지면서 3월 주총에서 무산된 감사 선임을 재시도하기 위한 궁여지책이었다. 하지만 의결 정족수(발행 주식 총수의 25%)에 한참 모자란 6.9%를 확보하는 데 그쳤다. 회사 관계자는 "본업을 소홀히 한 탓에 손실이 컸는데, 이를 반복해야 한다"고 토로했다.

의결 정족수 부족으로 인한 '주총대란'이 올해 더 심각해질 것이란 우려가 나오고 있다. 30일 한국상장회사협의회에 따르면 올해 정기 주총에서 의결 정족수 미달로 감사 · 감사위원 선임 안건이 부결될 가능성이 높은 기업은 154개로 조사됐다. 지난해(56개)의 약 3배로 늘어났다.

— 김우섭, '섀도보팅 폐지' 無대책…극심한 주총대란 예고, 〈한국경제〉, 2019.01.31

주주총회를 열려면 일단 주주들이 모여야 한다. 일반적으로 안건을 통과시키기 위해선 최소 전체 의결권의 25% 이상이 필요하다. 하지만 매번 모든 주주들을 불러모으는 게 현실적으로 쉽지 않다. 기업 규모가 클수록 오너 일가부터 기관투자가, 외국인, 소액주주까지 다양한 사람들이 주식을 나눠갖고 있어서다.

사실 '개미'들은 주식을 싸게 사서 비싸게 팔려는 단기 투자 목적이 많아 주주총회에는 큰 관심이 없는 편이다. 한국상장사협의회에 따르면 소액주주의 주주총회 참여율은 1.88%(주식 수 기준)에 불과하다. 상장사 주주들의 평균 주식보유 기

간이 유가증권시장은 7.3개월, 코스닥시장은 3.1개월에 그친다는 통계도 있다.

의결정족수를 채우지 못해 주주총회가 무산되는 일을 막기 위해 1991년 도입된 제도가 섀도 보팅이다. 이른바 '그림자 투표'라 불리는 이 제도는 주총에 참석하지 않은 주주들도 투표한 것으로 간주하는 것이다. 예컨대 주주 100명 중 10명이 주총에 참석해 찬성과 반대가 7 대 3으로 나왔다면, 나머지 90명도 이 비율대로 표결한 것으로 본다.

국내에서 섀도 보팅은 2017년 말 완전히 폐지됐다. '주주권 침해' 논란이 거셌기 때문이다. 주총에 불참한 주주의 찬반 의사를 자의적으로 추정하는 것이 합리적이지 못하고, 대주주나 경영진을 견제하지 못하도록 악용될 소지가 있다는 이유에서다. 기업들이 소액주주와의 적극적인 소통과 설득을 통해 참석률을 끌어올리기보다 섀도 보팅에 안주했다는 지적도 있다.

재계는 섀도 보팅 폐지에 따른 보완책을 꾸준히 요구하고 있다. 전자투표와 전자위임장 제도를 도입하는 방법이 있긴 하지만 주주들에게 강제할 길이 없다는 게 기업들의 주장이다. 미국, 독일, 스위스, 스웨덴, 네덜란드 등은 의사정족수 요건이 아예 없는 만큼 한국도 기준을 완화하자고 제안하기도 한다.

210

그린 메일(green mail)

투기성 자본이 경영권이 취약한 기업의 지분을 사들인 뒤 대주주에게 자신의 지분을 높은 가격에 매입할 것을 요구하는 행위.

경제기사 읽기

행동주의 헤지펀드들이 1980년대 유행했던 '그린메일' 전략으로 짭짤한 수익을 올리고 있다. 지배구조개선 요구와 이사회 개혁 등을 통해 기업가치를 높이는 투자전략을 취해온 행동주의 투자자들이 과거 즐겨 사용해온 그린메일 전략으로 복귀한 것.

시장조사업체인 팩트셋에 따르면 최근 1년간 빌 애크먼 등 행동주의 투자자들이 지분을 보유하다가 해당 기업에 되판 사례는 최소 10건이다. 케이스 마이스터가 이끄는 헤지펀드 코벡스매니지먼트가 지난해 11월 보안업체 ADT 지분 5.3%를 매각, 1년 만에 20%에 가까운 수익률을 올린 것이 대표적이다. 기업사냥꾼으로 유명한 칼 아이칸도 2009년 매입한 비디오게임업체 테이크투 주식 915만주를 지난해 11월 매각하면서 2600만달러의 차익을 챙겼다.

최근 행동주의 투자자들의 지분 재매각은 과거 그린메일과 달리 회사로부터 프리미엄을 받지 않고 적대적 인수 위협이 없지만 내용상으로는 그린메일과 다름없다고 월스트리트저널(WSJ)은 지적했다. 대주주들은 경영권 간섭 부담과 지배구조에 대한 비판을 우려해 주가가 올라 비싼 값을 내야함에도 이들의 지분을 되사고 있다.

— 이심기, 치고 빠지는 '그린메일' 전략…행동주의 헤지펀드는 콧노래,
〈한국경제〉, 2014.06.23

그린(green)이 붙은 단어는 대부분 자연, 친환경, 휴식 같은 편안한 느낌을 주는

말이 많다. 그런데 인수합병(M&A)의 세계에서 많이 쓰는 그린 메일은 이와 정반대의 살벌한 의미를 갖고 있다.

그린 메일은 공갈 · 협박을 뜻하는 블랙 메일에 미국 달러화의 색상인 초록색을 합쳐 만든 말이다. 그린 메일을 보내는 투자자를 '그린 메일러'라 하는데, 투기적 성향이 강한 기업 사냥꾼이 많다. 이들은 최대주주 지분율이 높지 않아 경영권이 취약한 기업의 지분을 집중적으로 매집해 일정 지분을 확보한다. 이후 임시 주주총회 소집, 경영진 교체, 사업 구조조정 등과 같이 대주주와 경영진에게 껄끄러운 요구사항을 내건다. 계속 간섭받고 싶지 않다면 자신의 지분을 높은 가격에 되살 것을 은연 중에 압박한다. 원하는 방향으로 거래가 성사되지 않으면 적대적 M&A에 나서기도 한다.

그린 메일 공격을 받은 기업은 경영권을 지키기 위해 많은 비용을 지출해야 한다. 이로 인해 재무구조가 취약해져 주가가 떨어지면 제2, 제3의 그린 메일러를 불러들이는 악순환에 빠질 수 있다. 평범한 주주들은 그린 메일러와 같은 특혜를 받을 수 없다는 점도 문제로 꼽힌다.

1980년대 미국에서 기승을 부렸던 그린 메일은 한국에도 여러 번 날아들었다. 1999년 SK텔레콤의 3대 주주였던 타이거펀드가 경영권을 위협하자 SK가 타이거펀드 지분 7%를 고가로 매입한 게 유명한 사례다. 타이거펀드는 몇 달 새 6300억원의 이익을 챙겼다. 최근 급성장하는 행동주의 헤지펀드들도 그린 메일 전략으로 짭짤한 재미를 보고 있다. 과거 그린 메일처럼 대놓고 프리미엄(웃돈)을 받진 않지만, 기업의 경영권 불안을 자극해 실질적으로 지분 매각 차익을 노린다는 분석이다.

211

흑기사/백기사(black knight/white knight)

적대적 인수합병(M&A)이 벌어질 때 공격을 시도하는 세력을 돕는 제3자를 흑기사, 기존 경영진의 경영권 방어를 돕는 제3자를 백기사라 부른다.

경제기사 읽기

미국 델타항공이 한진그룹 지주회사인 한진칼 지분 매입에 나섰다. KCGI(강성부 펀드)와 경영권 분쟁을 벌이고 있는 조원태 한진그룹 회장에게 강력한 원군(援軍)이 등장했다는 분석이 나온다.

델타항공은 20일 한진칼 지분 4.3%를 매입했다고 발표했다. 에드 바스티안 델타항공 최고경영자(CEO)는 "양국(한·미) 규제당국의 허가가 나오는 대로 한진칼 지분율을 10%까지 높일 계획"이라고 말했다.

델타항공은 남극을 제외한 세계 모든 대륙에 325개 노선을 운항하는 세계 최대 항공사 중 하나다. 한진그룹 주력 계열사인 대한항공은 델타항공과 함께 19개 글로벌 항공사 동맹체인 스카이팀을 결성하고 있다. 양사는 양국 간 직항 13개 노선과 370여 개 지방도시 노선을 함께 운항하는 조인트벤처(합작사)도 운영 중이다.

이번 델타항공의 한진칼 지분 매입은 최근 KCGI로부터 경영권 위협을 받고 있는 조 회장을 지원하는 조치로 항공업계는 분석했다.

— 강현우 · 김보형, 美 델타항공 '백기사'로…한진칼 지분 4.3% 샀다, 〈한국경제〉, 2019.06.21

10장 M & A

술자리에서 주량이 약한 사람의 술을 대신 마셔주는 사람을 '흑기사'라 부르곤 한다. 중세시대를 배경으로 한 문학작품에서 궁지에 몰린 사람을 구하는 정의의 사도로 묘사되는 흑기사의 이미지와 잘 맞아떨어지기 때문이다.

적대적 M&A에도 흑기사가 있다. 특정 기업을 목표로 삼고 공격을 시도하는 세력은 주주총회 표 대결에서 이기기 위해 최대한 많은 지분을 확보하려 노력한다. 그러나 혼자만의 힘으론 버거우면 제3자에 도움을 청하게 되는데, 이 때 우군으로 합류하는 쪽을 흑기사라 한다. 흑기사는 공격 대상 기업의 주식을 매입해 적대적 M&A에 힘을 실어준다. 통상 경영권 분쟁이 벌어지면 주가가 뛰기 때문에, 흑기사들은 향후 지분 매각을 통해 쏠쏠한 차익을 기대할 수 있다.

경영권을 방어해야 하는 기존 경영진 입장에서 흑기사는 원망스러운 존재다. 이들 또한 자신들을 도와줄 제3자를 찾게 되는데, 흑기사에 맞서 경영진 편에서는 우호세력은 백기사라 부른다. 적대적 M&A 공격에 노출된 기업은 백기사의 지분율을 늘려주기 위해 다양한 수단을 동원할 수 있다. 우선 제3자 배정 유상증자를 단행하거나, 미래에 주식으로 바꿀 수 있는 채권인 전환사채(CB)를 발행해 백기사에 준다. 자사주(기업이 보유한 자기주식)를 백기사에 매각하는 방법도 있다. 원래 자사주는 의결권이 없어 주주총회 표 대결이 벌어져도 기업 측이 방어수단으로 활용할 수 없지만, 다른 사람에게 팔면 의결권이 되살아난다. 이런 방식을 활용해 우호지분을 늘리고 공격 세력의 지분율을 떨어뜨리는 것이다.

국내외 M&A 시장에서 백기사와 흑기사의 사례는 셀 수 없이 많다. 2015년 재계를 떠들썩하게 한 '삼성물산-제일모직 합병'을 예로 들어보자. 외국계 사모펀드 엘리엇은 삼성물산 지분 7.12%를 사들인 뒤 합병을 무산시키려 했다. 당시 삼성물산 지분을 갖고 있던 일성신약은 합병 반대 의사를 밝히면서 엘리엇의 흑기사로 등장했다. 그러자 삼성물산은 자사주를 KCC에 매각했고, KCC는 합병 찬성 입장을 밝히면서 백기사로 나섰다. 하지만 과거 백기사였던 기업이 흑기사로 돌변하는 사례도 심심찮게 찾아볼 수 있다. M&A의 세계는 냉정한 법이다.

212

황금낙하산/포이즌 필(golden parachute/poison pill)

황금낙하산은 인수합병(M&A)으로 사퇴하는 임원에 거액의 보상을 주는 제도. 포이즌 필은 적대적 M&A 공격을 받을 때 기존 주주에 새 주식을 싼값에 매입할 권리를 주는 제도.

경제기사 읽기

세계 최대 사무실 공유업체 위워크의 신임 공동 최고경영자(CEO)들이 '황금낙하산' 계약 덕분에 1700만달러(약 197억원)가량의 퇴직금을 챙길 수 있는 것으로 드러났다. 회사가 경영난을 겪는 상황에서 지나치다는 지적이 나온다.

30일 파이낸셜타임스(FT)에 따르면 위워크는 지난 9월 애덤 뉴먼 창업자 겸 전 CEO가 회사를 떠난 뒤 아티 민슨과 서배스천 거닝햄을 공동 CEO로 선임하면서 이들이 다양한 이유로 해고되거나 퇴사할 경우 각각 830만달러를 받도록 했다. 제니퍼 버렌트 최고법률책임자(CLO)도 회사를 그만두면 150만달러를 받는다. 버렌트 CLO는 해고되더라도 1200만달러에 달하는 근속 보너스를 토해내지 않아도 된다.

위워크는 경영난을 이유로 글로벌 사업을 축소하는 등 대대적인 구조조정을 하고 있다. 전체 직원의 약 20%에 해당하는 2400명은 이미 해고됐다. FT는 위워크의 황금낙하산 조항이 이번 위기로 해고됐거나 해고될 예정인 직원들의 분노를 자극할 것으로 전망했다.

— 안정락, 위워크 새 CEO '황금낙하산'…퇴직금 1700만달러 챙긴다,
〈한국경제〉, 2019.12.31

M&A가 성사돼 기업의 최대주주가 바뀌면 통상 경영진부터 새 주인의 입맛에 맞는 사람들로 교체되기 마련이다. 그런데 이 회사 정관에 '임원을 자르려면 어마어마한 퇴직금을 줘야 한다'는 조항이 있다면? 새 주인 입장에선 적지

않은 부담을 느낄 것이다. 황금낙하산은 바로 이 점을 노린 경영권 방어장치다. 인수를 시도하는 쪽이 더 많은 돈을 들이도록 만들어 적대적 M&A의 유인을 줄이는 효과가 있다. 황금낙하산으로 지급되는 퇴직금은 평범한 직장인의 퇴직금을 뛰어넘는 '억' 소리 나는 액수로 매겨진다.

황금낙하산은 1980년대 말 미국에서 처음 등장했다. 기업을 먹잇감으로 삼는 투기성 자본이 기승을 부리자 이에 대한 대응책으로 고안됐다. 이 제도에는 긍정적 평가와 부정적 평가가 엇갈린다. 건실한 회사들이 적대적 M&A에 노출될 위험을 줄이고, 경영진이 소신을 갖고 일할 수 있다는 점에선 유익하다. 하지만 인수 희망자에게 너무 불리한 제도인 데다 일부 경영진의 사익 추구에 악용될 수 있다는 지적도 있다.

2008년 글로벌 금융위기 직후 미국과 유럽에선 황금낙하산에 대해 거센 비판이 일었다. 부실기업이 줄줄이 망하면서 경제가 흔들리는 와중에 극소수 임원들만 황금낙하산을 메고 막대한 퇴직금을 챙겨 떠났기 때문이다. 저축은행 워싱턴 뮤추얼의 CEO 앨런 피시맨은 딱 18일 근무하고 황금낙하산 규정에 따라 1365만달러(약 160억원)를 받았다. 한국기업지배구조원에 따르면 2018년 말 기준 국내 상장사 198곳이 정관에 황금낙하산 규정을 두고 있다.

적대적 M&A에 대한 또다른 방어수단으로 포이즌 필이 있다. 기존 주주들에게 회사가 새로 발행하는 주식을 매우 싼 값에 사들일 수 있는 권리를 미리 부여해 놓고, 경영권 공격이 생기면 이를 행사할 수 있도록 하는 제도다. 포이즌 필은 영어로 '독약'을 뜻한다. 경영권을 집어삼키려 달려드는 사람에게 독약을 먹이는 것과 같다는 뜻에서 붙은 이름이다.

포이즌 필은 1982년 미국에서 처음 고안됐는데, 한국에선 아직 허용되지 않고 있다. 재계는 경영권 방어 차원에서 도입을 요구하고 있지만, 재벌에게 철통 방어막을 쳐 주는 특혜가 될 수 있다는 반대 목소리도 거세다.

213

차등의결권/황금주 (dual class stock/golden share)

차등의결권은 특정인에게 실제 보유한 지분보다 많은 의결권을 행사할 수 있도록 한 제도다. 황금주는 단 1주만 갖고 있어도 거부권을 행사할 수 있는 주식이다.

경제기사 읽기

중국 정보기술(IT) 기업 샤오미(小米)가 오는 9월 홍콩증시에 상장할 예정이라고 홍콩 언론 사우스차이나모닝포스트(SCMP)가 내부 소식통을 인용해 1일 보도했다. 홍콩증시가 샤오미 상장 유치를 놓고 미국 뉴욕증시와 벌인 경쟁에서 승리했다는 평가가 나온다. 홍콩증시가 상장규정을 개정해 차등의결권 제도를 도입한 게 결정적이었다는 분석이다.

1990년대 후반 중국 기업들의 해외 증시 상장 바람이 불기 시작한 이후 홍콩증시는 중국 기업들의 1순위 고려 대상이었다. 중국공상은행, 페트로차이나, 시노펙, 텐센트 등 중국 대표기업 대부분이 홍콩증시에 상장돼 있다.

그러나 2014년 9월 중국 최대 전자상거래 기업 알리바바가 뉴욕증권거래소(NYSE)에 상장하면서 홍콩증권거래소는 충격에 휩싸였다. 상장 이후 알리바바 주가가 고공행진을 지속하면서 "중국의 국부를 미국에 빼앗겼다"는 비판이 나왔다.

이후 마윈(馬雲) 알리바바 회장이 NYSE를 선택한 결정적인 이유가 차등의결권제도 때문이었다는 사실이 공개돼 '2차 충격'을 가했다. 홍콩에선 이 제도를 서둘러 도입해야 한다는 목소리가 높아졌다. 홍콩증권거래소는 작년 12월 상장규정을 대폭 완화해 신(新)경제 및 바이오테크 기업에 한해 차등의결권을 허용하기로 했다.

— 김동윤, 홍콩증시 '차등의결권' 전략 먹혔다… 120조원 샤오미 상장 유치, 〈한국경제〉, 2018.02.02

민주주의 선거가 '1인 1표'를 핵심으로 하듯, 기업의 의결권은 '1주 1표'가 기본 원칙이다. 하지만 해외에선 최대주주나 경영진의 권한을 강화해 줄 목적으로 일부 주식에 특별히 많은 수의 의결권을 부여하는 경우를 많이 볼 수 있다. 이런 제도를 차등의결권이라 한다.

'투자의 귀재' 워런 버핏이 운영하는 벅셔해서웨이가 대표적이다. 이 회사 회장인 버핏이 보유한 주식에는 일반 주주보다 200배 많은 의결권이 주어져 있다. 경영권을 확실히 보장할 테니 투자에 전념해달라는 의미다. 버핏의 지분율은 20% 정도로 알려졌지만, 적대적 인수합병(M&A)에 대한 걱정 없이 강력한 권한을 행사하고 있다. 구글, 페이스북, 알리바바, 샤오미 등 유명 정보기술(IT) 기업들도 차등의결권을 통해 창업자의 경영권을 보장한 사례다.

차등의결권의 가장 극단적인 형태는 황금주다. 단 1주만 갖고 있어도 주주총회에서 거부권을 행사할 수 있는 특별주식으로, 강력한 경영권 방어수단으로 꼽힌다. 황금주는 1984년 영국이 브리티시텔레콤(BT)을 민영화하면서 처음 등장했다. 정부 소유의 통신사였던 BT를 민영화한 이후에도 공익성을 유지하기 위한 안전장치였다. 이후 네덜란드, 스페인, 이탈리아 등 유럽에서 황금주를 채택하는 국가가 줄을 이었다.

차등의결권은 최대주주가 외부 공격에 흔들리지 않고 장기적 관점에서 회사를 안정적으로 운영하도록 하는 효과가 있다. 투자금을 유치하는 과정에서 창업자 지분율이 희석되더라도 경영권이 유지되는 것도 장점으로 꼽힌다. 미국 정부는 1980년대 적대적 M&A가 급증하면서 경영권 보호장치를 요구하는 기업들의 목소리가 높아지자 1994년 차등의결권을 도입했다.

물론 주주 간의 평등권을 지나치게 해친다는 비판도 많이 따라붙는다. 황금주의 경우 유럽연합재판소가 2002년 폐지를 권고한 이후 '본토'인 유럽에서 사라지는 추세다. 자유로운 자본 이동을 제한한다는 문제 제기가 적지 않았기 때문이다. 한국은 '재벌 특혜'가 될 수 있다는 우려에 차등의결권을 전혀 허용하지 않고 있다. 하지만 지속적인 투자 유치가 필요한 벤처기업을 보호하기 위해서라도 차등의결권을 일부는 허용해야 한다는 요구가 꾸준히 나오고 있다.

214

SPAC(Special Purpose Acquisition Company, 기업인수목적회사)

비상장기업 인수합병(M&A)을 목적으로 하는 페이퍼 컴퍼니.

경제기사 읽기

기업인수목적회사(SPAC·스팩) 제도 도입 이후 상장된 스팩의 약 3분의 2가 다른 회사와 합병에 성공한 것으로 나타났다. 한국거래소는 26일 '스팩 제도 도입 이후 10년의 성과 및 시사점' 보도자료를 통해 이같이 밝혔다.

지난 2009년 12월 스팩 제도를 시작한 이후 지금까지 총 174개의 스팩이 신규 상장했고 이 중 79개사가 다른 회사와 합병했다. 이 가운데 지난 2017년 이후 상장해 존립 기간(3년)이 남은 스팩을 제외하고 지난 2016년까지 상장한 스팩 104개사 중 70개사(67.3%)가 합병에 성공해 상장 목적을 달성했다.

또 지난 10월까지 합병에 성공한 스팩 74개사의 경우 합병 이후 3개월간 주가가 스팩 공모가(2천원) 대비 평균 39.1% 상승한 것으로 집계됐으며, 주가 상승 스팩이 56개사로 하락(18개사) 스팩의 약 3배에 이르렀다.

이처럼 스팩 성공 사례가 늘면서 최근 들어 2017년 20개사, 2018년 20개사, 올해 30개사의 스팩이 신규 상장하는 등 스팩 제도가 안정적으로 정착되고 있다고 거래소는 설명했다.

— 박진형, 스팩 도입 10년…3개 중 2개꼴로 합병 성공,
〈연합뉴스〉, 2019.12.26

일반적인 기업은 상품이나 서비스를 판매해 이익을 내서 기업가치를 끌어올리는 것을 목표로 한다. 하지만 스팩(SPAC)은 오직 다른 기업 M&A만을 목표로 세워진 특수목적회사다. 제품을 만들어 판매하는 등의 활동은 하지 않고, 서류상으로 존재하는 페이퍼 컴퍼니다.

다른 기업을 사려면 돈이 있어야 한다. 스팩의 특징은 자금을 불특정다수의 개인 투자자에게서 공개적으로 모은다는 점이다. 스팩은 맨 처음엔 소수의 발기인들이 비상장회사로 설립한다. 하지만 곧 주식시장에서 기업공개(IPO), 즉 상장을 통해 일반 투자자로부터 자금을 모집하게 된다. 자금을 확보한 스팩은 M&A 대상을 물색한다. 성장 가능성이 높은 우량 비상장기업을 발굴한 뒤 주주총회를 열어 인수 여부를 결정한다.

국내에 스팩 제도가 시행된 것은 2009년 12월. 우량 비상장기업이 주식시장에 상장할 수 있는 기회를 넓히고, 개인 투자자가 쉽게 접근할 수 없었던 M&A 시장에 참여하는 길을 연다는 뜻이 있었다. '애니팡' 게임으로 유명한 선데이토즈, 포미닛과 비스트 소속사였던 큐브엔터테인먼트 등과 알짜 중소 제조기업들이 스팩을 통해 우회상장했다.

스팩은 상장 3년 후에도 인수 대상을 찾지 못하면 주주들에게 원금과 이자를 돌려주고 청산해야 한다. 회사의 유일한 목적이 M&A인데, 3년이란 시간을 줬는데도 못 했으면 그만 문을 닫으라는 얘기다. M&A가 성공적으로 이뤄져 주가가 오르면 투자자들은 주식을 매각해 수익을 올릴 수 있다.

상장된 스팩의 주가는 웬만해선 공모가 이하로 떨어지지 않는 특성이 있어 손실 가능성이 상대적으로 낮다는 평을 받는다. 다만 성장성이 애매한 회사를 인수하면 손해를 볼 수도 있는 만큼 투자자들이 정보를 꼼꼼히 파악해야 한다. 한때 스팩이 '황금알을 낳는 거위'라 해서 투자 열기가 과열된 적도 있었지만 다른 투자상품과 마찬가지로 옥석을 가려야 한다. 스팩의 성과는 공모를 통해 모은 자금으로 우량기업을 인수해 그 기업의 가치를 끌어올릴 때 비로소 실현된다. 스팩의 경영진이 좋은 회사를 골라내는 혜안과 관리 능력이 있는지 잘 따져보고 투자하는 게 좋다.

1000
10000
FG760337G
日本銀行券
壱万円
中国人民銀行
BK34605051
10
10000

11장 자본주의의 꽃

주식시장

215

공시(公示, disclosure)

기업 주가에 영향을 줄 만한 사안을 정기 또는 수시로 투자자에게 알리도록 의무화한 제도

경제기사 읽기

"임상 3상 승인을 위해 미 식품의약국(FDA)과 대면 미팅이 예정됐다". 투자판단을 흐리게 하는 홍보성 내용이나 불리한 항목은 빠뜨리는 제약 · 바이오 기업의 공시 관행에 제동이 걸린다.

금융위원회와 한국거래소는 9일 공시의 투명성을 높이고 투자 위험을 명확히 파악할 수 있도록 '코스닥 제약 · 바이오 업종 기업의 공시 가이드라인'을 시행한다고 밝혔다. 가이드라인은 투자자가 공시내용을 잘못 판단하도록 유도하거나 이해하기 어려운 제목은 간결하고 쉽게 바꾸도록 했다. 예를 들어 ㄱ사는 난해한 '무용성 평가'(약이 치료제로 가치가 있는지를 따져 임상지속 여부를 판단)란 용어를 사용해 임상 시험 결과를 확인했다고 공시했는데, 정작 핵심인 임상시험 중단 권고를 받은 사실은 누락했다. ㄴ사는 임상에 관한 '계획'을 승인받았을 뿐인데 임상 승인을 받았다고 공시했다.

제약 · 바이오 기업은 기술개발, 임상시험, 품목허가 등 단계별로 불확실성이 높아 주가가 급변한다. 그동안에는 기업이 진행 상황을 자체 판단해 공시해왔는데 충실도가 떨어지거나 투자위험을 알기 어려운 경우가 적지 않았다. 이에 앞으로는 임상시험 중지, 의약품 사용금지 조치, 품목허가 취소, 판매 · 유통금지 조치 등을 구체적으로 공시해야 한다.

— 한광덕, 투자자 현혹하는 '제약 · 바이오 공시' 제동,
〈한겨레〉, 2020.02.10

"어느 종목이 뜬다더라"는 얘기만 믿고 덥석 주식을 샀다가 낭패를 보는 사

람, 아직도 생각보다 정말 많다. 투자의 성공확률을 높이려면 '카더라 통신' 말고 기업의 공시 정보부터 활용해야 한다. 공시는 기업의 재무상황, 영업실적, 경영상 중요 사안 등을 이해관계자에게 알리는 제도다. 주식시장을 공정하게 운영하기 위해 투자자들의 의사결정에 영향을 줄 수 있는 정보를 공개하는 것이다.

증권을 발행한 기업에는 법에 따라 공시 의무가 부과된다. 공시는 주기적으로 올려야 하는 정기공시와 특별히 알려야 할 일이 있을 때 올리는 수시공시로 나뉜다. 주가에 영향을 줄 수 있는 소문이 돌거나 언론 보도가 나올 때, 한국거래소가 사실 여부를 질문하면 상장사는 의무적으로 답변해야 하는 조회공시라는 제도도 있다.

정기공시의 대표적 항목인 사업보고서(1년 단위), 반기보고서(6개월 단위), 분기보고서(3개월 단위) 등에는 각종 재무제표가 들어있다. 기업의 경영 상태를 주기적으로 확인할 수 있다. 수시공시에는 인수합병(M&A), 대규모 신규 투자, 생산 중단, 부도 등 기업 활동과 관련한 중요 정보가 담겨 있는 만큼 꼭 챙겨봐야 한다.

공시는 누구나 투명하게 볼 수 있도록 하는 게 중요하기 때문에 인터넷(금융감독원 전자공시시스템, dart.fss.or.kr)으로 모두 공개한다. DART에는 '정보의 홍수'라 느껴질 만큼 온갖 회사의 온갖 정보가 쏟아진다. 경제신문 기자들은 공시만 잘 봐도 남들이 놓치는 분석 기사를 여러 개 쓸 수 있다고 할 정도다.

공시제도가 운영되는 것은 기관투자자에 비해 개인투자자는 대부분 정보력 면에서 열세이기 때문이다. 중요 정보를 소수가 독점해 이득을 취하는 일을 줄일 수 있다는 점에서 중요한 의미를 갖고 있다고 할 수 있다. 그래서 기업이 고의였든 실수였든 잘못된 내용을 공시하면 강력한 제재를 받게 된다. 부실 · 허위 공시가 드러나면 불성실공시법인으로 지정되거나 형사 고발 등까지 당할 수 있다.

216

포트폴리오(portfolio)

투자위험을 줄이기 위해 특성이 다른 여러 자산에 분산투자하는 것. 또는 분산투자한 상품의 묶음을 가리키는 말.

경제기사 읽기

국내 증시의 최대 '큰손'인 국민연금이 최근 조정장을 맞아 포트폴리오를 대대적으로 교체했다. 유가증권시장의 대형주 비중을 늘리고 바이오, 5세대(5G) 이동통신 관련주 같은 중소형주는 줄였다.

국민연금은 4일 5% 이상 지분을 보유 중인 유가증권 및 코스닥시장 상장사 중 80개 종목에 대한 지분 변화 내역을 공시했다. 현대자동차(9.05%→10.05%), 한화에어로스페이스(12.76%→13.77%), 삼성전기(11.03%→12.03%), KT(11.66%→12.67%) 등 57개 기업 지분을 늘렸다. 그밖에 GS건설 한국조선해양 삼성증권 대한해운 SK이노베이션 농심 등의 주식 투자를 늘려 지분 10% 이상을 확보했다.

국민연금 보유내역 공시가 이날 대거 몰린 것은 최근 조정장에서 대규모 자금을 투입하며 포트폴리오를 교체한 데 따른 것이다. 한국거래소에 따르면 국민연금 등 연기금은 코스피지수가 2000선 밑으로 떨어지기 시작한 8월 이후 두 달간 유가증권시장에서 5조1376억원어치 순매수했다.

— 최만수, 포트폴리오 물갈이…국민연금 "바이오 묻고 대형株 더블로 가!", 〈한국경제〉, 2019.10.05

"계란을 한 바구니에 담지 말라." 투자에 관심이 없는 사람들도 한 번쯤 들어봤을 유명한 투자격언이다. 계란을 한 곳에 몰아서 보관하면 실수로 떨어뜨렸을 때 전부 깨질 수 있듯, 투자할 때도 한 가지 자산에 '몰빵'하지 말라는 애기다. 이 말을 남긴 사람은 1981년 노벨경제학상 수상자인 제임스 토빈 예일대 교수다. 그는 기자회견장에서 "포트폴리오 이론을 쉽게 설명해 달라"는 질문을 받고 이 한마디로 명쾌하게 정리해 냈다.

주식투자자가 노출되는 위험은 체계적 위험(systematic risk)과 비체계적 위험(unsystematic risk)으로 나눌 수 있다. 체계적 위험은 환율 변동, 물가 상승, 정치적 사건 등 거시경제 차원의 위험이다. 비체계적 위험은 사업 실패, 유동성 위기, 경영진 교체 등 특정 기업 차원의 위험이다. 포트폴리오를 구성해 여러 종목에 분산투자하면 비체계적 위험만큼은 확실히 낮출 수 있다.

포트폴리오를 짜는 방식은 여러 가지다. 가장 기본은 여러 산업에 걸쳐 투자 업종을 다양화하는 것이다. 분산투자의 범위를 개별 주식이 아닌 자산 전체로 넓힐 수도 있다. 보유자산을 예금, 주식, 채권, 부동산, 현금 등에 골고루 나누는 식이다. 국내를 벗어나 선진국과 신흥국의 다양한 금융상품에 분산하는 것도 좋은 선택이 될 수 있다. 혹시 투자대상을 무한정 늘리면 유리할까? 꼭 그렇진 않다. 자산 종류가 늘어날수록 위험이 낮아지지만, 위험의 감소 폭은 점차 줄고 새로운 자산을 편입하는 데 따른 비용이 증가하기 때문이다. 따라서 위험 감소 효과와 거래비용 등을 종합적으로 고려해야 한다.

잘 짠 포트폴리오는 투자자가 평정심을 유지하는 데 많은 도움을 준다. 한 번 짠 포트폴리오를 방치하지 말고 틈틈이 바꿔주는 것도 중요하다. 포트폴리오에 편입한 투자자산 비중을 조정하는 작업을 리밸런싱(rebalancing)이라 한다.

217

시가총액(aggregate value of listed stocks)

전체 주식의 가치를 시장가격으로 평가한 금액. 주가에 발행주식 수를 곱해 구한다.

경제기사 읽기

애플의 주가가 올 들어 70%가량 올라 시가총액이 1조2000억달러에 육박하고 있다. 라이벌 마이크로소프트(MS)에 잠깐 내준 세계 1위 시가총액 기업 자리를 되찾았다. 애플의 시가총액은 한국 유가증권시장 전체 시가총액도 곧 넘어설 기세다.

2일 영국 파이낸셜타임스(FT)에 따르면 애플 시가총액은 지난 1일 기준 1조1874억달러로 집계됐다. 이날 원 · 달러 환율 1183원10전으로 환산하면 1404조8000억원에 이른다. 이날 종가 기준 유가증권 시가총액 1404조9000억원에 불과 1000억원 모자라는 수치다. 한국 1위 삼성전자의 334조8000억원(우선주 포함)보다는 4배 크다.

FT는 "애플 주가가 올 들어 69.2% 올랐다"며 "애플 시가총액 규모가 엑슨모빌, 쉐브론 등 글로벌 에너지기업을 비롯한 미국 S&P500 에너지 부문 주식 가치 전부를 합한 금액보다 크다"고 보도했다.

애플은 시가총액 1조달러를 넘긴 세계 세 기업 중 하나다. 애플이 작년 8월, 아마존이 작년 9월, MS가 지난 4월 각각 시가총액 1조달러를 돌파했다. 이 중 아마존은 배송 서비스 투자 확대와 미 · 중 무역분쟁 영향으로 실적이 악화되면서 지난 2분기께부터 시가총액 1위 경쟁에서 나가떨어졌다. 아마존의 3분기 순이익은 전년 동기 대비 30% 줄었다. 미국의 주요 IT 기업 중에선 구글의 시가총액이 아마존과 비슷한 수준이다.

— 선한결, 질주하는 애플, 시총 1404.8조원…'코스피 전체 몸값' 추월 눈앞, 〈한국경제〉, 2019.12.03

코스피·코스닥 시가총액 (단위: 조원)

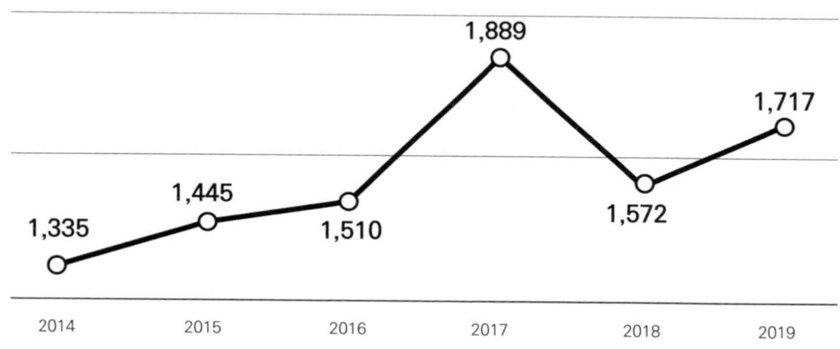

자료: 한국거래소

삼성전자의 기업가치는 얼마로 평가할 수 있을까. 잘나가는 재벌기업이니 통크게 어림잡아 100조원? 아니면 1년 매출이 200조원을 넘으니 한 200조원? 상장된 기업의 가치는 시가총액(시총)으로 간단명료하게 파악할 수 있다. 주식 수에 주가를 곱하면 된다.

주가는 매일 달라지기 때문에 시총도 매일 바뀐다. 예컨대 2020년 3월13일 삼성전자 종가는 4만9950원, 주식 수는 59억6978만2550주였다. 따라서 이날 삼성전자 시총은 298조1906억3837만2500원이다. 시총은 기업이 시장에서 얼마나 대접받고 있는지를 나타낸다. "A의 시총이 B를 넘어섰다"거나 "C의 시총이 하루 만에 ○○조원 증발했다"처럼 시총을 비교하는 기사가 경제신문에 자주 등장하는 이유다.

시총이 1조원을 넘어선 이른바 '1조 클럽' 기업 수는 경제상황을 보여주는 잣대로도 활용된다. 한국의 시총 1조 클럽은 2017년 211개에서 2019년 187개로 줄었다. 2년 새 경기 침체, 미 · 중 무역분쟁, 일본의 무역보복 등으로 증시가 부진한 모습을 보였기 때문이다. 미국에서도 시총 10억달러 이상 기업은 '빌리언 달러 클럽(Billion Dollar Club)'이라 부르고 의미 있는 기준으로 삼는다.

시총은 특정 주식이 아닌 전체 주식시장의 값어치를 따질 때도 활용된다. 예를 들어 코스피시장에 상장된 모든 종목의 시총을 더하면 그날그날 코스피 시총을 구할 수 있다. 국가별 시총은 각국의 자본시장 규모를 비교하는 국제지표로 많이 쓰인다. 시총은 주가지수를 만드는 데도 활용된다. 코스피, S&P500, FTSE100 등이 시총에 기반해 산출되는 대표적 주가지수다. 해외 기관투자가들은 시총을 근거로 국가별 투자비율을 결정하기도 한다. 시총은 이래저래 쓰임새가 참 많은 숫자다.

218

증자/감자(增資/減資)

증자는 자본금을 늘리는 것, 감자는 자본금을 줄이는 것을 말한다.

경제기사 읽기

아시아나항공 인수에 나선 HDC현대산업개발이 대규모 유상증자를 발표하면서 신저가를 새로 썼다.

HDC현대산업개발은 13일 유가증권시장에서 1100원(4.64%) 떨어진 2만 2600원을 기록했다. 장중 1년 최저가(2만2300원)까지 떨어졌다. 지난해 12월부터 기관은 345억원 규모 HDC현대산업개발 주식을 순매도했다.

지난 10일 장 마감 후 아시아나항공 인수대금 마련을 위해 4075억원 규모(약 2196만 주) 신주를 발행하기로 했다고 공시한 게 주된 요인이라는 평가다. 신주는 총발행 주식 수의 50%에 달한다. 발행가는 주당 1만8550원으로 10일 종가(2만3700원)보다 22%가량 싸다.

삼성증권, 이베스트투자증권 등 상당수 증권사들은 "기존 주주가치 훼손이 불가피하다"며 목표주가를 잇따라 내렸다.

— 김동현, HDC현산, 4000억 유상증자에 '뚝', 〈한국경제〉, 2020.01.14

주식회사는 주주들이 댄 자본금을 '장사 밑천'으로 삼아 움직인다. 이 자본금을 늘리는 게 증자, 줄이는 게 감자다. 증자와 감자는 보통 주가에 부정적 영향을 주는 탓에 투자자들에겐 민감한 사안이다. 기업들은 왜 밑천을 늘리거나 줄이려 하고, 주가에는 왜 영향을 줄까.

증자는 회사가 커지거나 신사업, 인수합병(M&A) 추진 등으로 자본금이 더 필요할 때 많이 이뤄진다. 주식회사는 회사를 세울 때부터 정관에 발행할 수 있는 주식의 총수를 정해놓는다. 주식을 추가 발행해 자본금(=발행주식 수×액면가)

11장 주식시장

를 늘리는 것이 바로 증자다. 증자는 유상증자와 무상증자로 나눈다. 유상증자는 새 주식을 돈을 받고 파는 것, 무상증자는 기존 주주에게 공짜로 주는 것이다.

보통 증자라 하면 유상증자를 가리킬 때가 많다. 유상증자로 발행주식이 늘면 한 주당 가치는 떨어지기 때문에 주가 하락 요인으로 작용한다. 다만 조달한 자금이 부채 상환, 신규 투자 등에 잘 쓰인다면 중장기적으로 호재가 될 수도 있다. 기업에게 유상증자는 매력적인 자금조달 수단이다. 은행에서 대출받으면 이자를 내지만 증자는 그럴 필요가 없다. 증자를 위해 주식을 발행할 때 가격은 주가보다 낮게 매긴다. 시장보다 비싸면 누구도 참여할 이유가 없기 때문이다. 무상증자는 돈이 들어오지 않기 때문에 자금조달 목적으론 쓰지 않는다. 기업 내에 쌓아둔 유보금이 과도하거나 주식 수가 너무 적을 때 주주에 대한 보상 차원에서 한다.

증자는 새 주식을 누가 받아가느냐에 따라 주주배정 증자, 일반공모 증자, 3자배정 증자로도 나눈다. 주주배정 증자는 기존 주주에게 먼저 선택권을 주고 미달되면 일반인에게도 청약을 받는다. 3자배정 증자는 회사가 기존 주주가 아닌 제3자를 콕 집어 신주를 발행한다.

이와 반대로 감자는 재무구조가 부실한 기업에서 이뤄질 때가 많다. 적자가 누적돼 잉여금이 바닥나고 납입자본금까지 모두 까먹은 상태인 자본잠식이 대표적이다. 감자도 유상감자와 무상감자로 나눈다. 기업들이 어려운 상황이니 대부분은 무상감자다. 기업은 자본금을 줄이는 대신 남은 돈으로 회계상 손실을 덜어낼 수 있다. 감자를 거쳐 회사가 정상화되기도 하므로 무조건 나쁜 것은 아니다.

부실이 심각한 기업은 감자와 증자를 동시에 하는 경우도 있다. 재무구조를 개선하기 위해 일단 감자를 하고, 신규 투자를 유치하기 위해 곧바로 증자를 하는 것이다. 감자 후 유상증자가 이뤄지면 기존 주주들은 지분율 하락을 감수해야 한다.

219

IPO(Initial Public Offering, 기업공개)

기업이 처음으로 외부 투자자에 주식을 공개하고 판매하는 것. '증시 상장'과 같은 개념으로 쓰인다.

경제기사 읽기

사우디아라비아 국영 석유회사 아람코가 역대 최대 규모의 기업공개(IPO)에 나선다. 공모가를 기준으로 산정한 기업가치는 1조7000억달러(약 2025조 1000억원)에 이른다. 세계 시가총액 1위 기업인 애플(1조1790억달러)을 훌쩍 뛰어넘는 규모다. 아람코의 기업가치는 국내 코스피 시가총액(6일 종가 기준 1398조 7700억원)과 코스닥 시가총액(225조2000억원)을 합친 것보다도 크다.

5일(현지시간) 로이터통신 등에 따르면 아람코는 이날 주당 공모가를 32리얄(약 1만473원)로 결정했다. 이를 기준으로 아람코는 오는 11일 사우디 증시(타다울)에 상장할 예정이다.

IPO로 아람코 전체 주식의 1.5%인 30억 주를 매각해 256억달러를 조달한다는 계획이다. 이는 중국 알리바바가 2014년 미국 뉴욕증시 IPO 때 기록한 250억달러보다 많은 사상 최고액이다. 공모가를 기준으로 계산한 아람코의 기업가치는 1조7000억달러에 달한다.

— 안정락, 11일 상장 아람코, 시총 2025조원…'코스피+코스닥'보다 크다,
〈한국경제〉, 2019.12.07

IPO는 폐쇄적인 소유구조로 운영하던 기업이 불특정다수에게 기존 주식을 매도하거나 새 주식을 발행함으로써 주식을 분산시키는 것이다. 주식을 거래소에서 사고팔 수 있도록 등록하는 상장(上場)과는 개념 차이가 약간 있지만, 기업들이 IPO를 거쳐 상장하는 과정을 거치다보니 동의어처럼 쓰이고 있다.

비상장이던 알짜기업이 상장에 나서면 이른바 '대어(大漁)급 IPO'로 세간의 주

목을 받는다. 미국 증시에선 2014년 중국 알리바바(250억달러), 한국에선 2010년 삼성생명(4조9000억원)이 IPO 규모 1위 기록을 지키고 있다. 아람코의 상장은 '세계에서 가장 비싸고 이익을 많이 내는 기업'의 IPO라는 점에서 많은 관심을 끌었다. 세계 산유량의 10%를 차지하는 사우디는 경제발전에 투자할 자금을 외부에서 조달하기 위해 IPO에 나섰다.

IPO 과정은 크게 사전 준비, 상장 예비심사, 일반 공모, 상장 · 매매 개시의 네 단계로 나눌 수 있다. 우선 IPO 작업을 도와줄 증권사를 대표주간사로 선정하고, 증권을 어떤 형태로 모집할지 등을 정하는 사전준비 단계를 거친다. 다음으로 한국거래소에 상장 예비심사 청구서를 제출하고, 이게 통과되면 일반 공모에 나선다. 일반 공모는 기업과 주간사가 기업설명회(IR)를 열어 투자수요를 예측하고 공모가를 결정하는 과정이다. 이후 공모주 청약에 참여한 투자자들에게 주식을 배정하고, 증시에 상장해 본격적으로 거래를 시작한다.

공모주 배정은 청약경쟁률에 따라 달라진다. 경쟁률이 10 대 1이라면 10주를 청약한 사람은 1주밖에 못 받는다. 투자자는 배정받은 주식을 상장 후 적당한 시점에 팔아 현금화할 수 있다. 상장 후 주가가 공모가보다 올랐다면 차익을 얻지만, 떨어지면 손해를 볼 수도 있다.

220

상장폐지(delisting)

상장된 유가증권이 증권시장에서 자격을 상실해 상장이 취소되는 것.

경제기사 읽기

실적 발표 시즌을 맞아 상장폐지 위기에 몰린 코스닥 상장사가 속속 나오고 있다. 5년 연속 영업손실 등으로 거래가 정지된 후 거래소의 상장폐지 심사를 받게 된 상장사가 올 들어서만 5개에 달하는 것으로 나타났다. 작년 실적 발표가 진행 중인 점을 감안할 때 관리종목 또는 상장폐지 심사 대상에 걸리는 기업이 더 나올 것으로 예상된다.

13일 한국거래소에 따르면 2015~2019년 5년 연속 영업손실이 발생해 올 들어 주권 거래가 정지된 종목은 국순당, 한국정밀기계, 스카이문스테크놀로지, 유아이디, 알톤스포츠 등 5개다.

전통주 제조기업인 국순당은 지난해 54억원 영업손실을 내 이달 10일부터 거래가 정지됐다. 현금성 자산 및 투자부동산이 500억원(작년 3분기 기준)에 달해 거래소가 쉽게 상장폐지 결정을 내리지 않을 것이란 의견이 적지 않다. 하지만 거래 정지로 투자금이 묶인 소액주주들의 불안은 커졌다.

— 김동현, 코스닥 '상폐 쓰나미' 닥치나, 〈한국경제〉, 2020.02.14

증시에 상장한 첫날 모든 기업은 거래소 한가운데서 박수를 치고 기념사진을 찍는 세리머니를 한다. 상장(listing)은 기업이 발행한 주식이나 채권을 증시에서 거래할 수 있도록 허용하는 것이다. 까다로운 상장 요건을 통과한 '검증된 기업'이란 의미이니 충분히 자축할 만하다. 그러나 상장할 땐 우량기업이었어도 나중에 경영이 어려워질 수 있다. 증권거래소는 투자자 피해를 막기 위해 부실기업을 주기적으로 퇴출시키는데, 이를 상장폐지라 한다.

상장폐지는 상장된 유가증권이 일정 요건을 충족하지 못하면 상장자격을 취소하는 것이다. 줄여서 '상폐'라고 부르며 상장사와 투자자들에겐 공포의 대상이다.

코스피와 코스닥의 상폐 기준은 공시서류 미제출, 자본잠식, 매출액 미달, 주가 · 거래량 · 시가총액 미달, 공시의무 위반, 회생절차 · 파산신청 등 다양하다. 세부 요건은 시장에 따라 차이가 있지만 '부실화 징후'를 보여주는 현상이 폭넓게 포함됐다고 보면 된다. 회계법인이 기업의 회계처리를 신뢰할 수 없다며 부적정 또는 의견거절의 감사의견을 내도 상폐 사유가 된다. 코스닥에서는 매출이 2년 연속 30억원 미만이거나 5년 연속 영업손실을 봐도 퇴출이다.

상장폐지가 하루아침에 날벼락처럼 떨어지는 건 아니다. 거래소는 상폐 기준에 들어갈 우려가 있는 종목을 사전에 '관리종목'으로 지정한다. 이런 주식은 선불리 투자하지 않는 게 좋다. 상폐가 확정되면 거래소는 투자자에 마지막 거래 기회를 주는 '정리매매'를 진행한 뒤 상폐 절차를 마친다. 이후 장외시장에서 주식을 거래할 순 있지만 상폐라는 주홍글씨가 찍힌 이상 쉽지 않은 게 보통이다. 해마다 수십 개 기업이 이런 쓴맛을 본다.

상장사가 실적에 문제가 없는데도 자발적으로 상폐를 선언하는 특이한 경우도 가끔 있다. 대주주가 외부인의 경영 간섭을 받기 싫어서다. 자본조달이 수월해지는 상장의 득(得)보다 각종 공시의무, 규제 등을 받는 실(失)이 더 크다고 판단한 것이다. 자진 상폐는 주주총회에서 주주들의 동의를 얻어 전체 지분의 95% 이상을 사들여야 한다.

배당(dividend)

기업이 올린 이익의 일부를 주주들에게 나눠주는 것.

경제기사 읽기

지난해 국내 주요 상장사의 순이익이 40% 넘게 줄었지만 배당은 거의 줄지 않은 것으로 나타났다. 9일 금융정보업체 에프앤가이드에 따르면 지금까지 작년 실적과 결산배당을 공시한 137개 상장사의 지난해 연간 배당금(중간배당 포함)은 21조3175억원으로 전년(22조171억원)보다 3.2% 감소하는 데 그쳤다. 같은 기간 이들 상장사의 연결 순이익은 101조4740억원에서 58조8838억원으로 42.0% 급감했다.

순이익은 급감했는데 배당은 전년 수준을 유지하면서 배당성향(배당금/순이익)은 큰 폭으로 뛰었다. 137개사의 작년 배당성향은 36.2%로 2018년의 21.7%에서 14.5%포인트 올랐다.

기업들이 어려워진 지갑 사정에도 배당을 줄이지 않는 것은 기관투자가의 스튜어드십 코드(수탁자 책임 원칙) 채택과 행동주의펀드 증가 등에 따른 주주권 행사 확대 추세에 대응하기 위한 것이라는 관측이 나온다. 국민연금은 작년 말 채택한 적극적 주주활동 가이드라인에서 배당성향이 낮고 합리적인 배당정책이 없거나 해당 정책을 준수하지 않는 기업 등을 중점관리사안으로 선정해 관리를 강화하기로 했다.

— 임근호, 작년 상장사 순이익 40% 줄었지만…배당은 그대로,
〈한국경제〉, 2020.02.10

주식에 투자하면 여러 가지 쏠쏠한 재미가 있다. 미래에 주가가 오르면 시세차익을 볼 수 있고, 주식을 보유한 기간에는 주주로서 회사 경영에 참여할 수도

있다. 또 하나 빼놓을 수 없는 게 배당이다. 증시에서 배당이란 회사가 일정 기간 영업활동으로 벌어들인 이익의 일부를 주주들에게 나눠주는 것을 말한다. 결산시점에 주주명부에 이름을 올린 주주만 받을 수 있다.

증권가엔 '찬바람이 불면 배당주에 투자하라'는 말이 있다. 국내 기업들은 대부분 12월 말을 기준으로 배당하기 때문에 배당을 많이 주는 회사 주식을 연말에 사두라는 얘기다. 최근 기업들이 주주친화 경영을 강화하고 있고, 저금리도 이어지면서 배당수익의 상대적인 매력이 높아졌다. 배당은 통상 연말에 이뤄지지만 중간배당을 통해 다른 시기에 할 수도 있다. 현금으로 줄 수도 있고 주식으로 줄 수도 있다.

배당수익을 얻고 싶지만 특정 종목을 직접 사는 건 부담스럽다면 펀드를 활용하는 방법도 있다. 배당을 많이 주는 종목에 주로 투자하는 펀드를 '배당주펀드'라 한다. 펀드에 담은 기업들의 주가가 크게 오르지 않더라도 배당시점까지 주식을 보유해 배당수익을 벌 수 있는 게 장점이다. 다만 이 펀드도 기본적으로 주식에 투자하는 상품인 만큼, 주가가 떨어지면 손실을 볼 수 있다는 점을 염두에 둬야 한다.

배당을 열심히 하는 회사는 이익도 잘 내고 주주를 중시한다는 점에서 긍정적으로 평가할 수 있다. 하지만 배당이 과하면 미래에 대비한 연구개발(R&D) 투자가 위축되는 측면도 있다. 한 번 시작한 배당을 줄이는 건 매우 어렵다는 점도 기업 입장에선 부담이다. 이익을 많이 내면서도 배당을 거부하기로 유명했던 회사가 스티브 잡스 시절의 애플이다. 경영을 잘 해서 주가가 오르는 것으로 보상할 테니 배당은 요구하지 말라는 게 잡스의 지론이었다. 애플이 잡스가 숨진 뒤인 2012년 이 원칙을 깨고 현금배당을 단행한 것이 화제가 되기도 했다.

222

보통주/우선주(common stock/preferred stock)

보통주는 의결권이 있는 일반적인 주식. 우선주는 의결권이 없는 대신 배당 등에 우선권을 갖는 주식.

경제기사 읽기

지배구조 개편 등으로 시장의 관심이 쏠린 우선주의 과열 현상이 지속되고 있다. 배당수익률은 높지만 의결권이 없어 통상적으로 낮은 평가를 받는 우선주 가격이 보통주 가격을 넘어서는 사례도 늘고 있다. 전문가들은 상장 주식 수가 적은 우선주 위주로 투기적 수요가 몰리고 있어 투자에 유의해야 한다고 조언한다.

19일 유가증권시장에서 동원시스템즈 우선주는 가격제한폭까지 뛰어 9750원(30.0%) 상승한 4만2250원으로 마감했다. 이틀 연속 상한가다. 전날 급등한 동원시스템즈가 이날 차익 매물로 6.11% 하락한 3만6850원으로 거래를 마친 것과 대조적이다. 동원시스템즈는 동원그룹 계열사로 김남정 부회장의 2세 경영 체제가 본격화되면서 수혜주로 주목받았다.

한진그룹 지주사인 한진칼 우선주는 5거래일 연속 가격제한폭까지 오르며 세 배 이상 급등했다. 아시아나항공 매각을 결정한 금호산업의 우선주도 이달 들어 다섯 차례 가격제한폭까지 올랐다. 과열 현상이 지속되면서 한국거래소는 한진칼우와 금호산업우 등을 투자경고종목으로 지정했다.

— 김기만, 보통주값 넘어선 우선주…'폭탄 돌리기' 주의, 〈한국경제〉, 2019.04.20

경제신문을 넘기다 보면 큼지막한 주식시세표가 한 개 면을 차지한다. 사실 스마트폰이 발달한 요즘 이걸 보는 사람은 많지 않다. 하지만 여전히 신문으로 시세를 확인하는 소수의 독자를 위해 경제신문들은 시세표를 없애지 않고 있다.

시세표를 보면 '우'라는 글자가 붙어있는 종목들을 볼 수 있다. 예를 들어 현대차 밑에는 현대차1우, 현대차2우, 현대차3우가 있다. 여기서 맨 처음 현대차는 보통주, 나머지 셋은 우선주(優先株)를 가리킨다. 1우는 첫 번째로 발행한 우선주이고 2우는 두 번째로 발행한 우선주라는 뜻이다. 우리가 흔히 주식이라 얘기할 때는 보통주를 의미한다.

우선주는 주주총회에서 의결권을 행사할 수 없는 대신 보통주보다 배당을 더 받는 주식이다. 회사가 망해 남은 재산을 분배할 때도 보통주보다 우선권을 갖는다. 경영 참여에는 관심이 없고 투자 측면에서 실속을 챙기려는 사람들에게 우선주는 좋은 선택지가 될 수 있다.

상법에 따라 모든 주식회사는 보통주와 우선주를 함께 발행할 수 있다. 기업들이 우선주를 발행하는 이유는 주식 수를 늘려도 경영권에 영향을 받지 않고 자금을 쉽게 조달할 수 있기 때문이다. 우선주는 보통주와 마찬가지로 주식시장에 상장해 거래할 수 있다.

다만 우선주는 발행주식 수가 보통주보다 적기 때문에 주가 변동성이 상대적으로 크다. 그래서 일반적으로 보통주보다 크게 할인된 가격에 거래된다. 선진국 증시에서 우선주와 보통주의 가격 차는 평균 10% 미만이다. 그런데 한국 증시에선 40% 안팎으로 유독 높은 편이다.

223

황제주/동전주

황제주는 통상 한 주에 100만원을 넘는 초고가 주식, 동전주는 1000원이 안 되는 값싼 주식을 비유하는 말.

경제기사 읽기

주당 100만원이 넘어 '황제주'로 불리는 롯데칠성음료가 액면가를 10분의 1로 낮추는 주식분할을 결정했다고 6일 공시했다.

이 회사는 이날 이사회를 열어 액면가 5000원을 500원으로 낮추는 주식분할을 결정했다. 오는 28일 주주총회 승인을 거쳐 5월3일 신주가 상장되면 발행주식 수가 10배 늘어나는 대신 주가는 10분의 1로 낮아진다. 이날 종가 160만원을 기준으로 하면 16만원이 된다. 보통주 79만9346주는 799만3460주로, 우선주 7만7531주는 77만5310주로 늘어난다.

롯데칠성이 1973년 상장한 이후 46년 만에 주식분할에 나선 것은 1985년 1만원이던 주가가 160만원에 이를 정도로 올라 주식분할을 요구하는 투자자의 요구가 커졌기 때문이다.

최고가였던 롯데칠성의 주식분할로 100만원이 넘는 주식은 이제 LG생활건강(6일 종가 124만원)과 태광산업(151만2000원) 두 종목만 남게 됐다. 50만원을 넘는 주식으로는 영풍(80만5000원), 오뚜기(76만6000원), 롯데푸드(66만7000원), 남양유업(62만9000원), 메디톡스(56만1500원) 등이 있다.

— 임근호, '황제주' 롯데칠성, '국민주' 변신…5000원→500원으로 액면분할, 〈한국경제〉, 2019.03.07

백화점 1층 쇼윈도에는 유명 명품업체들의 상품이 화려하게 진열된다. 황제주는 이런 명품 같은 느낌의 주식이라 할 수 있다. 황제주는 정식 증시용어가 아니어서 정확한 기준은 없지만, 일반적으로 한 주에 100만원을 넘는 주식을 가리킨다. 주식시장을 대표하는 종목이면서 가격이 비싸 개인투자자가 쉽게 접근하기 어렵다.

명품 마니아들은 '아무나 갖지 못하는 물건'이란 만족감을 즐기지만, 황제주를 보유한 주주 입장에선 아무나 쉽게 못 사는 주식이라는 게 좋은 것만은 아니다. 보통 거래량이 적어 유동성이 떨어지기 때문이다. 그래서 주가가 너무 많이 뛴 기업은 액면분할을 단행하는 경우가 많다. 액면분할은 한 주당 액면가를 잘게 쪼개 주식 수를 늘리는 것이다. 기업가치는 달라지지 않지만 가격이 저렴해져 거래가 활발해진다. 이 때문에 보통 액면분할을 하면 주가가 오른다. 삼성전자와 아모레퍼시픽은 주가가 200만원을 넘어선 이후 각각 50분의 1, 10분의 1로 액면분할한 적이 있다.

이와 반대로 동전주는 한 주가 1000원을 넘지 않는 값싼 주식을 말한다. 지폐 한 장보다 싸다고 해서 붙은 별명이다. 동전주가 되는 이유는 다양하다. 주식이 너무 저평가됐거나 액면분할이 매우 잘게 이뤄져서일 수도 있고, 기업가치가 정말 형편없어서일 수도 있다.

동전주는 누구나 손쉽게 대량으로 살 수 있다는 점 때문에 작전세력의 표적이 되기 쉽다. 며칠 만에 몇 배씩 폭등하는 테마주에 동전주가 많다. 싸다고 무턱대고 샀다간 손해를 볼 위험도 높으니 꼼꼼히 검토하고 투자하는 게 좋다.

224

블루칩(blue chip)

대형 우량주. 안정적으로 이익을 내고 재무구조가 건전한 기업의 주식.

경제기사 읽기

글로벌 투자은행(IB) 모건스탠리가 지난달과 이번달 잇달아 반도체 산업에 대한 부정적 보고서를 발표하는 등 반도체주가 출렁거리는 가운데, 국내 대장주인 삼성전자와 SK하이닉스를 담은 펀드 역시 고전을 면치 못하고 있다. 이들 펀드의 연초 이후 수익률이 대부분 마이너스 10%에 달해 국내 액티브 펀드(-6.96%)보다 수익률이 더 나쁘다. 삼성전자는 올 초만 해도 국가대표주에 반도체주 호황이 더해지면서 펀드시장에서 '안전자산'으로 불릴 정도로 수익성과 안전성을 모두 갖췄다는 평가를 받았다. 실제 올 연초 기준 삼성전자를 100% 편입한 펀드의 1년 수익률은 30%에 달했다. 하지만 모건스탠리 쇼크 등 반도체 고점 논란이 일면서 이를 담은 펀드들도 비상이 걸렸다.

9일 금융정보업체 에프앤가이드에 따르면 삼성전자 비중이 20%를 넘은 펀드는 450여개로 이들 펀드는 연초 이후 모두 손실을 기록중이다.

— 김보리, 연초엔 블루칩으로 통했는데...반도체주 담은 펀드들 '비상',
〈서울경제〉, 2018.09.09

인기 절정을 누리는 연예인에겐 '방송가의 블루칩' '광고계의 블루칩' 같은 수식어가 붙곤 한다. 블루칩은 원래 카지노 도박판에서 쓰는 말이다. 포커 게임에서 돈을 대신해 쓰는 흰색, 빨간색, 파란색 세 종류의 칩 중에서 가장 가치가 높은 게 파란 칩이었기 때문이다.

증시에서도 잘나가는 우량주식에 블루칩이라는 별명이 붙는다. 수익성과 재무구조가 탄탄해 웬만한 경기 변동에 쉽게 흔들리지 않는 회사를 가리킨다. 일반적으로 시가총액이 크고 업종의 대표성이 있는 회사여야 한다.

블루칩은 주가도 비싼 편이라 자본력이 풍부한 기관투자자나 외국인들이 특히 선호한다. 벤처기업처럼 폭발적인 성장을 기대하긴 어렵다. 하지만 기본 이상의 실력을 확실히 갖추고 있기 때문에 '믿고 사는 주식'으로 인정받는 것이다.

미국 증시의 대표적 블루칩은 다우지수(다우존스 산업평균지수)에 편입된 30개 종목을 꼽을 수 있다. 3M, 애플, 보잉, 코카콜라, 엑손모빌, 골드만삭스, 인텔, IBM, 맥도날드, 마이크로소프트, 나이키, 월마트, 월트디즈니 등 이름만 들으면 누구나 아는 유명 회사들이 포진했다. 한국 증시에서는 삼성전자, 현대자동차, SK텔레콤, 포스코, 네이버 등과 같이 각 산업을 대표하는 1위 업체들이 통상 블루칩으로 분류된다.

225

스톡옵션(stock option, 주식매수선택권)

임직원에게 회사 주식을 시세보다 낮은 가격에 살 수 있는 권리를 주고, 향후 주가가 오르면 마음대로 처분해 차익을 볼 수 있도록 하는 제도.

경제기사 읽기

간편 송금 서비스 토스가 전 직원에게 1억원 상당의 스톡옵션을 지급하고 연봉도 모두 50% 인상하기로 했다.

토스 운영업체인 비바리퍼블리카는 이달 말 180명 임직원 전원에게 1인당 각각 5000주씩의 스톡옵션을 지급한다고 14일 밝혔다. 토스의 기업 가치에 따라 현재 주당 2만원으로 평가된다. 이에 따라 5000주는 1억원 상당으로 평가할 수 있다.

비바리퍼블리카는 기존 직원뿐 아니라, 총 직원이 300명이 될 때까지 새로 채용하게 될 직원들에게도 일정 기간이 지나면 일괄적으로 5000주의 스톡옵션을 지급하기로 했다. 아울러 모든 임직원 연봉도 일괄적으로 50% 인상하기로 했다. 비바리퍼블리카 관계자는 "스톡옵션과 연봉 인상은 기존의 우수 인재들에게 합당한 보상을 하고 새롭게 우수 인재를 영입하기 위한 것"이라고 밝혔다.

— 한광범, 토스, 직원 1인당 스톡옵션 1억 지급…연봉도 50% 일괄인상,
〈이데일리〉, 2019.01.15

스톡옵션은 '더 열심히 일하자'는 유인을 주기 위한 보상제도다. 기업이 임직원에게 회사 주식을 일정 한도 내에서 액면가 또는 시세보다 낮은 가격으로 매입할 수 있는 권리를 부여한 뒤, 일정 기간이 지나면 자유롭게 처분할 수 있는 권한을 주는 것이다. 회사가 잘 돼 상장에 성공하고 주가가 쭉쭉 오르면 스톡옵션을 행사해 상당한 차익을 누릴 수 있다. 스톡옵션을 부여받을 때 약속한 낮은

가격으로 주식을 취득해 시장에서 비싼 값에 되팔면 되기 때문이다.

뒤집어 말하면 월급만 받고 게을리 일하는 걸 막는 효과도 있다. 경제학에서는 주주와 경영자의 이해관계가 달라 생기는 문제를 '주인 · 대리인 문제'라 부른다. 주주는 회사에 자본금을 댄 주인, 경영자는 주주를 대신해 경영을 위임받은 대리인이다. 경영자는 주주보다 회사 사정을 속속들이 알기 때문에 회사의 장기적 발전보다 자신의 이익이나 단기 성과를 우선시하는 '도덕적 해이' 우려가 늘 도사린다. 스톡옵션 부여는 양쪽의 이익을 일치시켜 주인 · 대리인 문제를 완화하는 역할을 한다.

스톡옵션은 1997년 국내에 도입된 이후 벤처기업들이 유능한 인재를 확보하는 수단으로 많이 활용됐다. 선진국에선 스톡옵션으로 연봉보다 훨씬 많은 돈을 버는 최고경영자(CEO)도 흔하다.

어느 회사 아무개가 스톡옵션으로 '대박'을 터뜨렸다는 뉴스는 평범한 월급쟁이들에게 부러움의 대상이 되곤 한다. 외부에 알리고 싶지 않아도 어쩔 수 없이 공개된다. 상장사는 스톡옵션을 부여할 때마다 자세한 내용을 공시해야 하기 때문이다. 스톡옵션을 받았다고 반드시 대박으로 연결되진 않는다. 주가가 부진하면 휴지조각이기 때문이다.

스톡옵션은 여러모로 장점이 있지만 부작용에 대한 비판도 많다. 단기에 주가를 띄우기만 하면 거액의 보상을 챙기게 되니 또 다른 도덕적 해이를 불러온다는 게 대표적이다. 공적자금을 수혈받거나 경영난에 빠진 회사가 CEO에 스톡옵션을 부여해 구설수에 오른 적도 있다. 핵심 인재가 스톡옵션 행사 후 줄줄이 퇴사하거나, 스톡옵션을 받지 못한 직원들이 위화감을 느낄 수 있다는 지적도 있다.

226 자사주(自社株, treasury stock)

기업이 보유한 자기 회사의 주식.

경제기사 읽기

'현대자동차, LG상사, 포스코, 한국가스공사….' 한국 주식시장을 대표하는 기업들이 주가 방어를 위한 자사주 매입 발표를 이어가고 있다. 배당 확대와 같은 주주가치 환원 요구가 많았던 데다 정부가 나서 자사주 매입 규제까지 풀어주면서 과거엔 좀처럼 보기 어려웠던 '통 큰' 자사주 매입이 쏟아지고 있다. 신종 코로나바이러스 감염증(코로나19)으로 주가가 폭락해 있어 '자사주 매입=주가 상승' 약발도 어느 때보다 잘 먹히고 있다. 주가 변동성이 커질수록 자사주 매입에 거금을 들이는 기업들이 잇따를 것으로 분석되고 있다.

한국가스공사는 13일 5.72% 오른 2만6800원에 장을 마쳤다. 지난 10일 장마감 후 500억원 규모(약 204만 주) 자사주를 취득하겠다고 발표한 영향이다.

이날 코스피지수가 2% 가까이 떨어졌지만 '통 큰' 자사주 매입을 발표한 포스코는 1.69% 상승한 18만1000원에 마감됐다. 3거래일 동안 12.4% 뛰었다.

— 박재원 · 고윤상, 자사주 통 크게 사들이는 기업들…주가 약발 받을까, 〈한국경제〉, 2020.04.14

'주주친화 경영'을 선언하는 대기업이 늘고 있다. 해외에 비해 국내 기업들이 주가 관리나 주주 배려에 너무 인색하다는 지적을 많이 받았기 때문이다. 이때 단골로 등장하는 조치가 자사주 매입 또는 소각이다. 규모도 어마어마해 수천억~수조원을 쏟아붓는 일도 많다. 기업이 자기 회사 주식을 사들이거나 태워 없애는 게 주주에게 어떻게 도움을 준다는 걸까.

자사주 매입의 1차 노림수는 주가가 저평가됐다는 신호를 시장에 보내는 것이다. 상식적으로 가치가 오를 것이란 판단이 서지 않는 물건을 기업이 거액을 들여 살 이유가 없다. 나중에 이 회사에 뭔가 좋은 일이 있지 않겠느냐고 생각하는 투자자가 늘어날 것이다. 돈이 빠듯하면 자사주 매입 자체가 불가능하니 회사의 현금 사정이 양호하다는 사실을 자랑하는 효과도 있다.

매입한 자사주를 아예 소각해버리면 주가가 오를 가능성은 더 커진다. 시중에 유통되는 주식이 그만큼 귀해져 가격을 끌어올리는 요인이 되기 때문이다. 실질적으로 주주에게 현금을 배당하는 것과 똑같은 효과도 낸다.

자사주 매입은 경영권 방어를 염두에 두고 이뤄지기도 한다. 상법상 자사주에는 의결권이 없다. 평소엔 주주총회에서 표를 행사할 수 없는 무용지물이란 얘기다. 하지만 다른 사람에게 팔면 의결권이 되살아난다. 만에 하나 경영권 분쟁이 생겼을 때 우호세력(백기사)에 넘겨 요긴하게 쓸 수 있다. 회사가 임직원을 위해 우리사주를 발행하거나 스톡옵션을 부여하려 할 때, 신주 발행 없이 자사주 매입으로 필요한 주식을 확보하기도 한다.

하지만 자사주 매입이 주가 상승을 보장하는 건 아니다. 회사가 가격과 수량을 못박고 주식을 사주기 때문에 이를 확실한 매도 기회로 삼는 투자자가 늘어날 수 있다. 자사주 매입의 의미가 복합적인 만큼 시장의 평가도 매번 다르게 나온다. 또 하나 짚어볼 점은, 남는 현금을 미래를 위한 투자에 쓰지 않고 주주 달래기에 소진하는 게 무조건 바람직하냐는 것이다. 주가를 끌어올리는 '정공법'은 좋은 경영성과를 보여주는 것이다.

227 테마주(theme株)

기업 실적과 관련 없이 특정 이슈와의 직·간접적 연관성을 이유로 주가가 오르내리는 종목들을 통칭하는 말.

경제기사 읽기

금융위원회는 급등락을 거듭하는 '코로나19 테마주'에 대한 모니터링과 불공정거래 단속을 강화하겠다고 10일 발표했다.

금융위는 최근 2개월간 코로나19 테마주로 분류된 69개 종목의 최고가와 최저가 사이 등락률을 의미하는 평균 주가변동률이 107.1%에 달한다고 설명했다. 같은 기간 코스피지수 변동률(55.5%)의 2배에 달하는 수준이다. 당국은 코로나19 확산과 무관한 회사나 사업 실체가 불분명한 회사가 실적과 상관없이 코로나 테마주로 부각되고 무분별한 추종매매가 뒤따르면서 주가 변동률이 극심해진 것으로 분석했다.

이에 대응하기 위해 금융당국은 금융감독원과 한국거래소에 설치된 루머 단속반을 가동해 주식게시판과 문자메시지 등 정보유통 채널을 통한 허위사실 유포를 집중 단속해 매매 거래와의 연관성을 확인할 방침이다.

— 전범진, 금융당국, 코로나 테마주에 '옐로 카드', 〈한국경제〉, 2020.04.11

헌법재판소가 간통죄는 위헌이라고 결정한 2015년 2월27일 오후 2시. 주식시장에서 난데없이 급등하는 종목이 쏟아졌다. 콘돔 제조기업 유니더스는 거래량이 10배 뛰어 상한가를 찍었다. 사후피임약을 만드는 현대약품은 이날 9.7% 올랐고 등산복, 주류, 속옷 등을 만드는 업체들 주가도 들썩였다. 일명 '불륜 테마주'라는 민망한 이름과 함께.

테마주는 정치, 경제, 사회, 문화 등 증시 외부에서 발생한 이슈를 계기로 투자자들의 주목을 받아 가격이 움직이는 종목들을 말한다. 기업 실적과 무관하게 '앞으로 이 회사 뜰 것 같다'는 막연한 기대감이 재료로 작용하는 경우가 많다. 환율, 금리, 유가 등 모든 종목에 광범위한 영향을 미치는 거시변수는 재료로 잘 치지 않는다.

한류 열풍이 불어 백화점, 면세점, 항공사 주가가 뛰거나 폭염이 극심할 때 아이스크림, 에어컨업체 주가가 오르는 것은 합리적인 테마주의 사례다. 하지만 경제신문에서 테마주는 비판의 대상일 때가 더 많다. 앞서 간통죄 사례처럼 황당한 테마도 많은 탓이다. 대선이 가까워지면 어김없이 등장하는 정치인 테마주도 마찬가지. A라는 기업은 OO 후보의 공약에 가장 큰 수혜를 본다는 식의 이유는 점잖은 수준이다. B기업 사외이사가 △△ 후보 사돈의 팔촌이라는 풍문도 주가를 끌어올리곤 한다.

테마주는 코스피보단 코스닥, 대형주보단 소형주, 특히 1000원 미만의 동전주에서 많은 편이다. 전문가들은 테마주 투자는 위험할 수 있다고 늘 경고한다. 금융감독원이 2017년 대선 테마주 147개 종목을 특별조사한 결과 33개에서 불공정거래 정황이 발견됐다. 출마 예정자의 지인을 위장 영입한 상장사, 인터넷에 정치인 루머를 퍼뜨린 개인투자자, 고가 주문을 쏟아낸 시세조종 세력 등이 적발됐다. 거품처럼 부풀었던 주가는 금세 꺼졌다. '꾼들의 작전'에 개미들만 피해보기 딱 좋은 환경이었다는 얘기다.

228

가격제한폭(price fluctuation ceiling)

주가 급변동으로 인한 혼란을 방지하기 위해 하루 최대 상승폭과 하락폭을 설정한 제도.

경제기사 읽기

국내 주식 가격제한폭이 ±30%로 확대된 이후 주가 변동성이 크게 줄어든 것으로 조사됐다. 상 · 하한가 제한폭은 2015년 6월 중순 ±15%에서 두 배로 확대됐다.

20일 한국거래소에 따르면 가격제한폭 확대 시행 2년차인 지난 1년(2016년 6월15일~올해 6월14일) 동안 하루 상한가 종목은 유가증권시장 1.2개, 코스닥시장 2.2개 등 3.4개에 불과했다. 도입 첫해(2015년 6월15일~2016년 6월14일) 유가증권시장 2.4개, 코스닥시장 3.7개 등 6.1개에서 크게 줄어들었다. 가격제한폭이 확대되기 직전 한 해 하루 상한가 종목은 19개에 달했다. 하한가 종목도 확대 시행 전 4.2개에서 시행 후 0.3개~0.4개로 급감했다. 거래소 관계자는 "상한가에 근접할수록 자석처럼 투자자들을 유인하는 이른바 '자석 효과'가 크게 완화되면서 이상 급등이 줄어들었다"고 평가했다.

주가지수 변동성도 크게 줄었다. 지난 1년 동안 하루 평균 지수 변동성(당일 고가와 저가 차이를 지수 평균으로 나눈 값)은 코스피 0.7%, 코스닥 1.0%로 줄었다. 제도 시행 첫해엔 각각 1.0%, 1.4%로 시행 전(0.8%, 1.1%)보다 변동성이 다소 커졌다.

— 김동현, 가격제한폭 확대 2년…주가 변동성 되레 줄었다,
〈한국경제〉, 2017.06.21

놀이공원에서 롤러코스터를 한 번 타면 정신이 혼미해지게 마련이다. 담력이 약한 사람은 구토를 하거나 울음을 터뜨리기도 한다. 수많은 투자자가 거래하

는 주식시장에서 주가가 롤러코스터처럼 급상승과 수직낙하를 반복한다면 어떻게 될까. 시장이 쉽게 과열되거나 공포감이 급속히 확산돼 큰 혼란이 벌어질 수 있다.

이를 막기 위해 여러 국가는 증시에 가격제한폭을 두고 있다. 개별 종목마다 전일 종가를 기준으로 당일 오르내릴 수 있는 최대한의 범위를 정해놓은 것이다. 주가가 가격제한폭까지 상승했으면 '상한가', 가격제한폭까지 떨어졌으면 '하한가'를 기록했다고 부른다.

현재 코스피시장과 코스닥시장의 가격제한폭은 ±30%다. 한국 증시의 규모가 성장하는 데 발맞춰 가격제한폭은 꾸준히 확대돼 왔다. 1995년만 해도 ±6%에 불과했지만 1996년 ±8%로, 1998년에는 두 차례에 걸쳐 ±12%과 ±15%로 상향됐다. 2015년에는 ±30%로 대폭 넓어졌다. 일본은 ±21%, 대만은 ±7%, 중국은 ±10%, 태국과 말레이시아는 ±30% 등의 가격제한폭을 두고 있다.

가격제한폭 제도는 시장 혼란을 방지하는 안전장치라는 점에서 긍정적 효과가 있다. 하지만 시장의 역동성과 효율성을 떨어뜨린다는 비판도 적지 않다. 기업의 내재가치와 새로운 정보가 가격에 신속하게 반영되지 못하게 가로막기 때문이다. 가격이 상한가나 하한가에 근접하면 시장이 과민반응해 등락이 오히려 더 심해지는 '자석 효과'를 가져오기도 한다.

이런 한계 때문에 미국, 유럽 등 선진국 증시는 가격제한폭을 전혀 두지 않고 있다. 한국 정부도 장기적으로 가격제한폭을 없애는 게 바람직하다는 입장이다. 다만 증시의 규모가 훨씬 커지고 내실도 탄탄해져야 가능한 일이어서 단기간에는 쉽지 않을 것으로 보인다.

229 랠리(rally)

증시가 약세에서 강세로 전환하는 것. 서머 랠리, 산타 랠리, 허니문 랠리 등 여러 표현에 활용된다.

경제기사 읽기

미국 증시에 '산타 랠리 축포'가 터졌다. 다우지수, S&P500지수, 나스닥지수가 26일(현지시간) 또다시 나란히 사상 최고치를 기록했다. 특히 나스닥지수는 사상 처음 9000선을 돌파했다. 나스닥지수는 마이크로소프트(MS), 애플, 알파벳 등 기술주 선전 속에 작년 저점이던 12월 24일부터 따지면 1년여 만에 45.7% 폭등했다. 미 · 중 1단계 무역 합의로 불확실성이 걷힌 데다 경기 개선 움직임이 뚜렷해 내년에도 상승세가 이어질 것이란 관측이 많다.

나스닥지수는 이날 전 거래일보다 69.51포인트(0.78%) 오른 9022.39에 거래를 마쳤다. 종가 기준으로 10일 연속 사상 최고 기록을 갈아치웠다. 이는 '닷컴버블' 때인 1998년 이후 최장 기록이다. 나스닥지수는 지난해 8월 27일 8000선을 넘어선 이후 16개월 만에 9000선에 올랐다. 이날 다우지수는 0.37% 상승한 28,621.39, S&P500지수는 0.51% 오른 3239.91을 기록했다. 모두 사상 최고치다.

월가에선 랠리가 당분간 이어질 것이란 관측이 강하다. 파이퍼 제프리는 내년 말 S&P500지수가 3600에 달할 것으로 전망하고 있다. 현재보다 11% 더 오를 것이란 예측이다. 크레디트스위스는 3425, 골드만삭스와 JP모간은 3400으로 예상한다. 크리스 럽키 MUFG 수석이코노미스트는 "증시 상승세가 멈추지 않을 것 같다"며 "경제도 지속해서 활기가 넘치고 있다"고 말했다.

— 김현석, 美 증시 거침없는 '산타랠리' 나스닥 9000 첫 돌파, 〈한국경제〉, 2019.12.28

주식시장 관련 뉴스에서 자주 볼 수 있는 랠리라는 단어는 원래 스포츠 용어다. 도로 위를 질주하는 자동차 경기나 테니스, 배구 등에서 벌어지는 난타전을 가리킨다. 박진감 넘치는 그 느낌을 본떠 증시의 강세장을 뜻하는 말로 쓰이고 있다.

랠리에는 여러 종류가 있다. 우선 6~7월께 나타나는 여름 급등장은 '서머 랠리(summer rally)'라고 부른다. 펀드매니저와 투자자들이 긴 여름휴가를 떠나기 전 미리 주식을 사두려는 수요가 몰리면서 증시의 단기 상승으로 이어진다는 분석이다.

증시가 전반적으로 하락 국면을 걷다가 반짝 상승하는 현상은 '인디언 랠리(Indian rally)'라 부르기도 한다. 북미 대륙에서 늦가을에서 겨울로 넘어가기 전 여름만큼 무더운 날씨가 잠시 나타나는 기간인 인디언 서머에서 따온 말이다.

새 정부가 출범한 직후 주가가 상승하면 '허니문 랠리(honeymoon rally)'라고 부른다. 대선이 끝나 정치 · 사회 · 경제 전반의 불확실성이 해소된 데다 새 정부에 대한 기대감이 반영돼 주가 상승을 견인하는 것이다. 어느 대통령이든 취임 초기에는 지지율이 비교적 높고 언론과의 관계도 좋은 편인데, 이를 신혼부부에 빗대 허니문 기간이라고 부르는 데서 유래했다.

기사에 등장하는 '산타 랠리(santa rally)'는 크리스마스를 전후로 12월 말~1월 초 발생하는 강세장을 가리킨다. 기업들이 두둑한 연말 보너스를 지급하는 때인 데다 선물 소비 증가로 기업들 매출도 호조를 보이면서 주가 상승에 탄력이 붙을 때가 많다. 이와 별도로 새해 초 증시에서는 '1월 효과(January effect)'라는 말도 회자된다. 뚜렷한 이유 없이 1월의 주가 상승률이 다른 달에 비해 높은 현상이 나타날 때다. 새로운 시작에 대한 기대감이 반영된 심리적 요인 때문으로 분석된다.

230

박스권

주가가 일정 범위를 벗어나지 않고 등락만 반복하는 현상.

경제기사 읽기

최근 증시가 부진하면서, 상대적으로 내년 코스피 밴드에 대한 장밋빛 전망이 주목받고 있지만, 각 증권사의 코스피 상하단은 작년 이맘때 올해 밴드로 제시됐던 1850~2500과 거의 동일한 것으로 나타났다. 2400~2500에 달하는 코스피 상단에만 이목이 쏠리지만 올해와 다름없는 지루한 '박스피'가 예상되는 셈이다.

21일 금융투자업계에 따르면 메리츠종금증권, KB증권, 키움증권 등 주요 증권사의 내년 코스피 밴드는 1830~2500선이다. 작년 전망한 올해 밴드인 1850~2530과 별 차이가 없다.

한 증권사 관계자는 "재작년 이맘때 삼성증권, 대신증권 등에서 제시했던 코스피 전망이 3000까지 치솟았으나 작년 증시결과 크게 빗나가면서 보수적 기조로 바뀌었다"며 "메리츠종금증권이 2500을 제시하면서 장밋빛 전망이 부각받고 있지만 각사 하단은 1830~1950선이라는 점을 염두에 둬야 할 것"이라고 말했다.

— 윤호, "1850~2500"…내년 밴드도 '박스피' 전망, 〈헤럴드경제〉, 2019.11.21

한국을 대표하는 주식시장인 코스피에 2010년대 들어 새롭게 붙은 별명이 있다. 바로 '박스피'다. 박스권에 갇힌 코스피라는 뜻으로, 답답하고 짜증난다는 감정이 실린 표현이다. 투자자 사이에서 워낙 널리 회자되다보니 2014년 국립국어원 선정 신어(新語)에 올라갔을 정도다. 당시 코스피는 1800~2200선

2010~2017년 코스피지수

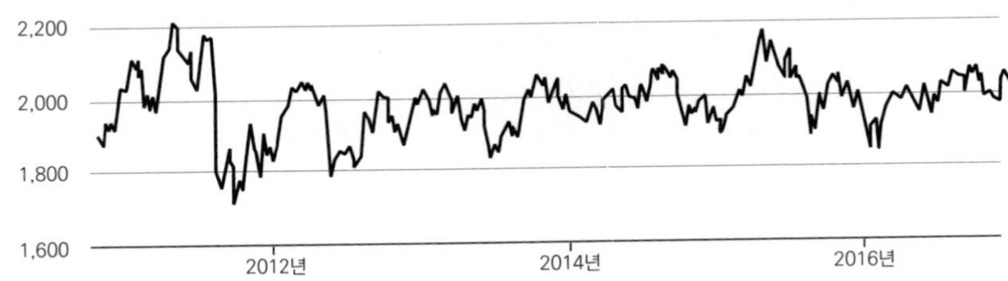

자료: 한국거래소

에서 박스권을 형성한 채 수년 간 답보상태를 이어갔다.

박스권이란 주가가 일정 범위 안에서 오르내리며 상한선과 하한선을 좀처럼 깨지 못하는 상황을 가리킨다. 주가란 모름지기 쭉쭉 올라야 좋은 것인데, 늘 거기서 거기라면 투자자들로서 달가울 리 없다. 박스권 장세에서는 주식투자에 대한 관심이 시들해져 거래량도 차츰 줄어드는 경향을 보인다.

역으로 박스권 장세를 활용해 수익을 추구하는 사람도 나타난다. 비교적 간단한 방법은 지수형 상장지수펀드(ETF) 매매다. 예를 들어 지수가 박스권 하단에 근접하면 ETF를 많이 사들였다가, 상단에 가까워지면 지수형 ETF를 팔거나 인버스 ETF(지수가 떨어지면 수익이 나도록 설계된 ETF)로 갈아타는 식이다.

주가가 박스권을 맴도는 것은 매수세력과 매도세력의 힘이 엇비슷하다는 의미다. 박스권을 벗어나려면 이 균형이 깨져야 한다. 매수세력이 매도세력보다 강해지면 주가는 상단을 벗어나 강하게 상승할 수 있다. 반대로 매도세력이 더 세지면 박스권 아래를 뚫고 내려갈 수도 있다.

코스피가 박스권에 갇힌 근본적 이유는 경제 전반의 활력이 떨어진 탓이라는 지적도 많다. 주식시장은 결국 실물경제를 반영하는 '거울'이기 때문이다. 2000년대 초반 5%대였던 한국의 잠재성장률은 계속 낮아져 2~3%조차 사수하기 어려운 상황이다. 경제 전체에 온기가 돌고 기업들이 신명나게 뛴다면 코스피가 답답한 상자를 벗어나는 게 한결 쉬워지지 않을까.

231 유동성(liquidity)

자산을 신속하게 현금화할 수 있는 정도. 시중에 풀린 현금이라는 의미로도 많이 쓴다.

경제기사 읽기

최근 개인투자자들이 국내 증시에서 수급의 주체로 부상하고 있다. 코로나19 사태 이후로 각국이 경쟁적 금리인하 기조로 유동성 장세가 본격화되면서 개인의 자금이 증시로 쏠리고 있다는 분석이 나온다.

19일 한국거래소에 따르면 최근 한 달간 개인투자자는 국내 주식시장에서 4조4952억원어치를 사들였다. 같은 기간 외국인과 기관은 각각 1조6661억원어치, 3조4184억원어치를 팔아치웠다. 코스닥시장에서도 이 기간 개인은 홀로 1조5669억원을 순매수했다. 지난해 개인이 국내 증시에서 5조5000억원을 순매도한 것과 대조적인 모습이다.

개인의 이 같은 수급 변화는 금리인하 기조에 따른 유동성 효과에 기인한다는 설명이다. 지난 14일 한국은행이 발표한 '2019년 12월 중 통화 및 유동성' 자료에 따르면 지난해 12월 통화량 증가율은 전년동기 대비 7.9%로 3년 10개월 만에 가장 컸다.

— 김미정, '유동성 장세' 개인만 나홀로 매수, 〈파이낸셜뉴스〉, 2020.02.20

시중자금 유입이 주가 상승을 이끄는 국면을 '유동성 장세'라 부른다. 마땅한 투자처를 찾지 못한 돈이 주식시장으로 이동하면서 기업 실적과 무관하게 주가를 끌어올리는 현상이다.

경제기사를 읽다 보면 자주 나오는 유동성이라는 단어는 '돈'으로 바꾸면 쉽게 이해할 수 있다. 원래 경제학에서 유동성은 자산이 얼마나 쉽게 교환의 매개가 될 수 있는지를 나타내는 용어다. 현금은 그 자체가 교환의 매개여서 유동성이 가장 높다. '유동성=현금'이라는 맥락으로 많이 쓰이는 이유다. 특정 자산을 팔아 현금화하는 데 오래 걸릴수록, 또 자산을 서둘러 팔려면 시장가격보다 값을 많이 깎아 내놓아야 할수록 유동성은 떨어진다. 월급통장에 들어있는 예금은 만기가 정해진 정기 예 · 적금에 비해 유동성이 높다. 아무나 사기 힘든 수천억원짜리 상업용 빌딩은 유동성이 상당히 떨어지는 자산이라 할 수 있을 것이다.

유동성은 빚을 감당할 수 있는 능력으로 해석되기도 한다. 예를 들어 "○○그룹이 심각한 유동성 위기에 빠졌다"면 ○○그룹은 돈이 모자라 빚을 갚기 힘든 상황이라는 뜻이다. 기업에게 유동성 관리는 매우 중요하다. 장사를 잘해 장부상으로 이익을 내고 있는데도 잠시 현금이 부족해 부도가 나는 경우를 '흑자도산'이라 한다. 유동성 관리에 실패했다는 얘기다.

금리를 인하해도 투자와 소비가 늘지 않고, 사람들의 화폐 보유만 늘어나는 현상은 '유동성 함정(liquidity trap)'이라 한다. 일반적으론 중앙은행이 금리를 낮추면 시중에 돈이 많이 풀려 경기부양 효과를 내는 게 정상이다. 하지만 금리가 더 하락하기 힘든 바닥까지 내려갔다면, 사람들은 금리가 언젠가 다시 오를 것으로 예상하고 현금을 비축하려는 경향을 보인다.

사이드 카/서킷 브레이커(side car/circuit breaker)

증시 급변동으로 인한 충격을 예방하기 위한 안전장치. 사이드 카는 선물가격 급등락 시 프로그램 매매를, 서킷 브레이커는 주가지수 폭락 시 모든 거래를 일시 중단하는 제도

경제기사 읽기

13일 국내 증시에서 18년 만에 서킷브레이커가 발동됐다. 이날 코스피지수는 장이 열리자마자 8% 급락해 한때 1700선이 무너졌다. 오후 들어 낙폭이 줄었지만 투자자의 경계심은 극에 달하고 있다. 이날 증권가에선 신종 코로나바이러스 감염증(코로나19) 사태가 장기화돼 글로벌 금융 · 실물 복합위기로 치닫게 된다면 코스피지수가 1100선까지 떨어질 수 있다는 전망도 나왔다.

코스피지수는 이날 62.89포인트(3.43%) 내린 1771.44로 마감했다. 2012년 7월 25일(1769.31) 후 최저다. 1800선이 깨진 것은 2013년 6월 26일(1783.45) 후 약 7년 만이다.

전날 1834.33으로 마감한 코스피지수가 장 초반 1690선으로 뚝 떨어지자 한국거래소는 잇따라 증시 안정 장치를 가동했다. 오전 9시6분 사이드카를, 9시 46분에는 1단계 서킷브레이커를 발동했다. 서킷브레이커가 발동된 것은 미국 '9 · 11테러'가 일어난 2001년 9월 12일(종가 기준 -12.02%) 후 약 18년 만이다.

장중 최대 13.56% 하락한 코스닥시장에서도 올해 첫 사이드카와 역대 여덟 번째 서킷브레이커가 발동됐다. 코스닥지수는 39.49포인트(7.01%) 하락한 524.00으로 거래를 마쳤다.

— 임근호, 코스피 18년 만에 서킷브레이커…"최악 땐 1100까지 밀린다",
〈한국경제〉, 2020.03.14

아무리 투자 경험이 많은 사람도 주가가 폭락할 때 평정심을 유지하긴 쉽지 않다. 주가가 뚝뚝 떨어지면 손절매를 위해 주식을 내던지는 사람이 늘고, 이것이 하락 폭을 더 증폭시키는 악순환이 나타난다. 이런 일을 막기 위해 주요국 거래소는 증시가 급등락할 때 거래를 잠시 멈추는 안전장치를 두고 있다. 대표적인 두 가지가 사이드 카와 서킷 브레이커다.

사이드 카는 달리는 차 옆에 따라붙어 과속을 막는 경찰차에서 유래한 말이다. 코스피200 선물가격이 전날보다 5%, 코스닥 선물가격은 6% 넘게 상승하거나 하락한 상태가 1분 이상 지속되면, 한국거래소는 사이드 카를 발동해 프로그램 매매를 5분 간 중단시킨다. 사이드 카는 선물시장의 급변동이 전체 증시의 불안으로 이어지기 전에 미리 싹을 잘라내는 역할을 한다. 컴퓨터를 통해 이뤄지는 프로그램 매매가 갑자기 폭주하면 선물가격이 요동치고, 이는 현물시장에도 영향을 미치기 때문이다.

사이드 카가 증권시장의 '경계경보'라면, 서킷 브레이커는 상황이 더 심각해질 때 발령하는 '공습경보'라 할 수 있다.

서킷 브레이커는 전기가 과열되면 자동으로 회로를 차단하는 두꺼비집에서 유래한 용어다. 코스피지수나 코스닥지수가 전날보다 8%, 15%, 20% 하락할 때 3단계로 나눠 적용된다. 우선 지수가 8% 이상 하락하면 한국거래소는 1단계 서킷 브레이커를 발동해 모든 주식 거래를 20분 간 중단시킨다. 투자자들이 잠시 숨 돌릴 틈을 갖고 이성을 되찾아 매매에 참여하라는 뜻이 담겨 있다. 이후 지수가 15% 이상 떨어지면 2단계로 또 다시 매매를 20분 정지한다. 만약 20% 이상 무너지면 3단계가 발동돼 그날 장이 종료된다.

두 안전장치는 1987년 '블랙 먼데이'를 경험한 미국 뉴욕에서 처음 시행됐다. 각국으로 확산돼 효과가 입증되면서 국내에도 1998~2001년에 걸쳐 단계적으로 도입됐다.

233

반대매매(liquidation)

증권사에서 돈을 빌려 산 주식의 가치가 일정 수준 이하로 떨어지거나 외상으로 산 주식의 결제대금을 갚지 못하면, 고객의 의사와 관계없이 주식을 강제로 팔아버리는 것.

경제기사 읽기

지난주 코로나 쇼크 여파로 대다수 종목의 주가가 크게 하락하면서 주식 반대매매 규모가 11년 만에 최대치를 기록했다. 반대매매란, 개인이 증권사에서 자금을 빌려 주식을 산 후에 약속한 만기 내에 갚지 못해 증권사가 강제로 주식을 처분하는 것을 말한다. 증권사는 투자자가 외상으로 주식을 산 후에 3거래일이 지나도 돈을 갚지 않으면 4일째 되는 날부터 남은 주식을 팔 수 있다.

15일 금융투자협회에 따르면, 이달 들어 12일까지 주식 반대매매 규모는 하루 평균 137억원으로, 지난 2009년 5월(143억원) 이후 10년 10개월 만에 최대치였다. 하루 평균 반대매매 규모는 지난해 12월 94억원에서 올해 1월 107억원, 2월 117억원으로 계속 늘어나고 있다.

— 이경은, 빚내 투자했다가 깡통… '반대매매' 11년만에 최대,
〈조선일보〉, 2020.03.16

무리하게 빚을 내 주식하면 안 된다고 그렇게들 말려도, 많은 개미들이 대박의 꿈을 좇아 '빚투'(빚내서 투자한다는 뜻의 신조어)에 나선다. 물론 이렇게 산 주식의 가격이 오르면 '레버리지 효과'에 힘입어 쏠쏠한 수익률을 올릴 수 있다. 문제는 주가가 떨어질 때다. 급락장에서는 빚을 내 투자한 사람들이 반대매매 공포에 떤다는 기사를 자주 볼 수 있다.

가진 돈보다 많은 금액의 주식을 매수하는 방법으로 우선 '미수(未收) 거래'가 있다. 일정 비율만 증거금으로 내고, 나머지는 실제 대금 결제가 이뤄지기 전까

지 사흘(정확히는 휴일을 제외하고 3거래일) 동안 증권사에서 빌리는 방식이다. 이 돈을 3거래일 안에 갚지 못하면 증권사는 반대매매로 주식을 처분할 수 있다.

미수거래보다 길게 수개월에 걸쳐 주식 매입자금을 대출받는 '신용거래 융자'도 있다. 주가 상승을 예측하는 개인투자자가 늘면 신용융자 잔고도 불어나는 경향을 보인다. 신용융자를 받아 투자하면 주식가치가 대출액에 비해 일정 수준 이상 높게 유지돼야 한다. 이 조건을 담보유지비율이라 하는데, 증권사들은 통상 140%를 하한선으로 두고 있다.

예를 들어 내 돈 5000만원, 신용융자 5000만원을 합쳐 A주식을 1억원어치 샀다고 하자. 이 때 담보비율은 200%(대출 5000만원, 주식 1억원)다. 그런데 A주식이 30% 하락해 7000만원이 됐다면? 담보비율은 140%(대출 5000만원, 주식 7000만원)로 떨어진다. 만약 주가가 더 내려가면? 증권사는 계좌에 돈을 채워 넣어 담보유지비율을 맞추라고 요구(마진 콜)한다. 여기에 응하지 못하면 증권사는 담보로 잡아둔 A주식을 반대매매로 팔아치운다.

100% 내 돈으로 투자했다면 주가가 하락해도 오랫동안 버티며 반등을 기다릴 수 있다. 하지만 외상으로 사서 반대매매를 당하면 이런 기회조차 날아간다. 반대매매가 늘어나면 애꿎은 다른 투자자들도 피해를 보게 된다. 주식물량이 증가해 주가 하락 요인으로 작용하기 때문이다. 빚투에 함부로 뛰어들지 말자.

234

블록 딜(block deal, 시간외 대량매매)

정규 거래시간 외에 이뤄지는 대규모 주식 거래.

경제기사 읽기

삼성그룹이 순환출자 구조를 해소하기 위해 실시한 삼성물산 블록딜(시간외 대량매매)에서 물량 전부가 최고가에 매각됐다. 증권가에서는 이번 블록딜이 삼성물산 지분을 처분한 삼성화재와 삼성전기, 그리고 삼성물산 모두에 호재로 작용할 것이란 분석이 쏟아졌다.

삼성화재와 삼성전기는 대량의 현금을 확보하는 동시에 삼성물산 주가 하락이 실적에 부정적 영향을 미칠 위험을 없앴다는 평가다. 삼성물산은 그동안 주가를 짓눌러온 오버행(대량 대기매물) 부담을 해소했다는 점에서 긍정적이라는 분석이다.

21일 투자은행(IB)업계에 따르면 삼성화재와 삼성전기는 삼성물산 보유지분 3.98%(762만 주)를 전량 주당 12만2000원에 매각했다. 전날 장 마감 후 블록딜을 할 때 기관투자가들에 제시한 할인율 5.1%(12만2000원)~8.2%(11만8000원) 가운데 가장 낮은 할인율이 적용됐다. 할인율이 낮을수록 매각회사가 확보하는 현금이 많아져 성공한 거래로 평가된다. IB업계 관계자는 "삼성그룹의 사실상 지주회사 격인 삼성물산의 투자메리트가 매우 높았기 때문에 가장 낮은 할인율에도 물량이 모두 소화됐다"고 말했다. 모건스탠리와 씨티그룹글로벌마켓증권, 크레디트스위스(CS)가 매각주관사를 맡았다. 이번 거래로 삼성전기와 삼성화재는 각각 6100억원과 3193억원을 확보했다.

— 정영효 · 마지혜, 삼성물산 지분 3.98% 최고가에 전량 블록딜,
〈한국경제〉, 2018.09.22

블록 딜은 많은 양의 주식을 덩어리(block)째 거래한다고 해서 붙은 이름이다. 보유 지분을 나눠서 팔지 않고 통으로 처분한다는 얘기다. 대기업이 이런저런 사정으로 갖고 있던 다른 회사 주식을 팔거나, 오너 일가가 지배구조 문제로 지분을 정리할 때 블록 딜을 많이 활용한다. 이런 거래는 주식시장의 정규 거래시간(오전 9시~오후 3시30분)을 피해 매도자와 매수자끼리 따로 한다. 블록 딜을 우리말로 '시간외 대량매매'라고 번역하는 이유다.

블록 딜을 택하는 목적은 무엇보다 주가에 충격을 주지 않고 제값에 팔기 위해서다. 주가는 수요와 공급에 따라 움직이는 만큼 공급이 갑자기 늘면 떨어지게 마련이다. 혹여나 대주주가 장내에서 지분을 판다는 소식이 돌면 투자자들이 막연한 불안감에 앞다퉈 '팔자'에 나설 위험도 있다. 블록 딜을 이용하면 이런 혼란을 최소화하면서 원하는 가격에 지분을 넘길 수 있다. 블록 딜로 나온 지분을 사가는 쪽은 자금이 풍부한 국내외 기관투자자다. 주식을 대량 매입하는 조건으로 가격을 5% 이상 할인해주는 경우가 많아 이들에게도 이득이다.

일반적으로 블록 딜은 매도자가 증권사를 주간사로 선정하고, 주간사가 매수자를 물색해 거래를 성사시키는 방식으로 이뤄진다. 물량이 큰 만큼 증권사는 짭짤한 중개수수료를 얻을 수 있어 적극적으로 나선다. 이 때 매도자가 가격과 수량을 정할 수도 있고, 매수자끼리 경쟁입찰을 붙을 수도 있다. 물론 사겠다는 사람이 없으면 불발될 수도 있다. 2015년 현대차그룹 정몽구 회장과 정의선 부회장은 '일감 몰아주기' 논란을 피하려고 현대글로비스 지분 13.4%를 블록 딜로 매각하려 했지만, 조건이 맞지 않아 한 차례 무산되기도 했다.

블록 딜이 성사되면 주가는 어떻게 될까. 보통 하락하는 경향을 보이지만, 이 거래가 회사의 성장에 도움이 될 것이란 전망이 우세하다면 상승할 수도 있다.

235

공매도(空賣渡, short stock selling)

주식, 채권 등을 보유하지 않은 상태에서 남에게 빌려 파는 것. 가격 하락을 예상하고 차익을 노리는 투자기법이다.

경제기사 읽기

다음주부터 6개월간 국내 주식시장에서 공매도가 전면 금지된다. 공매도가 주식시장 하락을 키운다는 지적에 따른 한시적 대책이다.

금융위원회는 13일 정부서울청사에서 긴급회의를 열어 이 같은 내용을 핵심으로 한 시장안정조치를 시행하기로 의결했다고 발표했다.

금융위는 주가 하락을 부추긴다는 지적을 받아온 공매도에 대해 모든 상장종목을 대상으로 이달 16일부터 9월 15일까지 6개월 동안 한시적 금지조치를 내렸다.

금융위는 지난 10일 공매도 거래가 금지되는 과열종목 지정 요건을 완화하는 내용을 담은 공매도 규제 강화방안을 내놨다. 하지만 신종 코로나바이러스 감염증(코로나19)의 세계적 대유행에 대한 우려로 증시 급락세가 이어지자 일시적 공매도 전면 금지라는 극단적 처방을 꺼내들었다.

금융당국이 공매도를 금지한 것은 글로벌 금융위기가 터진 2008년 10월과 유럽 재정위기가 불거진 2011년 8월에 이어 이번이 세 번째다.

— 오형주 · 하수정, 6개월간 공매도 전면 금지, 〈한국경제〉, 2020.03.14

"공매도와의 싸움에 질렸다. 내 지분을 해외에 모두 매각하겠다." 유명 바이오기업 셀트리온의 서정진 회장은 2013년 이런 폭탄선언으로 세간을 발칵 뒤집어놨다. 셀트리온은 오랫동안 공매도 세력의 '먹잇감'으로 시달린 회사다. 이들에게서 주가를 방어하기 위해 비용과 노력을 소진하다 지친다는 게 서 회장뿐 아니라 많은 최고경영자(CEO)들의 하소연이다. 공매도가 대체 뭐길래 자신이 일

투자자별 공매도 비중 (단위: %)

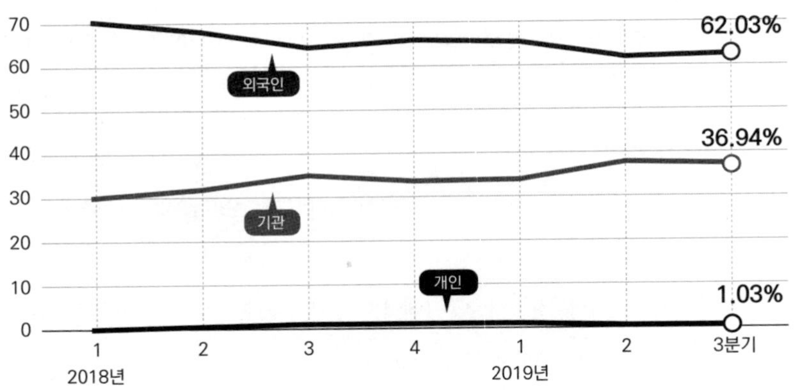

자료: 한국거래소

군 회사를 포기할 극단적 생각까지 하게 만든 걸까(그는 나중에 발언을 번복하고 계속 회장을 지내긴 했다).

공매도는 빌 공(空)이라는 글자에서 알 수 있듯, 갖고 있지 않는 주식을 파는 것이다. 봉이 김선달 같은 얘기로 들리지만 실제 주식시장에 존재하는 투자기법이다. 주식 매도계약을 먼저 맺고, 실제 주식은 나중에 넘길 수 있기 때문이다.

예를 들어 흥부는 현재 5만원인 A기업 주가가 하락할 것으로 예상했다고 하자. 흥부는 오늘 A주식을 5만원에 팔고, 주식을 3일 후 넘겨준다는 계약을 놀부와 맺는다. 3일 후 주가가 정말 4만원으로 떨어졌다. 그러면 흥부는 다른 곳에서 A주식을 4만원에 사온 뒤 놀부한테 5만원을 받고 넘긴다. 앉아서 1만원을 번 것이다. 물론 예상이 빗나가 주가가 올랐다면 흥부는 그만큼 손해를 보게 된다.

공매도에는 두 종류가 있다. 주식을 빌려서 파는 '차입 공매도'와 주식이 아예 없는 상태에서 파는 '무차입 공매도'다. 국내에선 전자만 허용됐고 후자는 금지됐다.

일반적인 주식 투자와 달리 공매도는 주가가 하락할수록 이득이다. 그래서 주가를 떨어뜨리려는 작전세력이 활개치게 만들고, 증시를 교란한다는 비판이 고질적으로 따라붙는다. 공매도 거래를 외국인이 주도하고 있어 국내 개인투자자가 손실을 뒤집어쓴다는 지적도 많다. 주가가 요동치면 경영진이 회사 사업보다 주가 방어에 매달리는 경우도 생긴다.

하지만 공매도가 주가를 끌어내린다는 증거가 불분명하고, 오히려 합리적인 주가 결정에 기여한다는 반론도 만만치 않다. 순기능이 크기 때문에 선진국들도 공매도를 인정하고 있다는 것이다. 어떤 종목이 실제 가치보다 터무니없이 올랐을 때 공매도가 늘면 '이 종목은 과열상태'라는 신호가 될 수 있다. 공매도 기법을 활용하면 하락장에서도 수익을 낼 수 있고, 주가연계증권(ELS)과 같은 다양한 투자상품 개발도 가능해진다.

236

대차거래/대주거래

대차거래는 기관과 외국인이 중개기관을 통해, 대주거래는 개인이 증권사를 통해 공매도용 주식을 빌리는 것을 말한다.

경제기사 읽기

작년 4분기 급감했던 대차거래 잔액이 올 들어 증가세로 돌아섰다. 작년 12월부터 증시가 쉬지 않고 오르면서 조만간 조정받을 가능성이 높아졌다고 보는 투자자들이 늘어났기 때문이란 분석이다.

27일 한국예탁결제원에 따르면 지난 22일 기준 대차잔액은 52조4746억원으로 집계됐다. 지난달 말과 비교하면 5조671억원(10.6%) 증가했다. 지난해 8월 58조2069억원으로 정점에 달했던 대차잔액은 10월 55조3347억원→11월 54조1680억원→12월 47조476억원으로 쪼그라들었다. 새해 들어선 V자형으로 반등하고 있다.

대차거래는 차입자가 기관투자가 등에게 일정한 수수료와 담보를 제공하고 주식을 빌린 뒤 나중에 상환하기로 하는 거래를 말한다. 공매도 투자자들이 대차거래를 이용해 미리 주식을 빌려서 판 뒤, 주가가 하락하면 싼값에 사들여 갚기 때문에 공매도의 선행지표로 통한다.

증권업계 관계자는 "미 · 중 1단계 무역합의와 반도체 업황 반등에 대한 기대로 증시 상승폭이 커지면서 조만간 조정받을 가능성이 있다는 인식도 퍼진 것으로 보인다"고 말했다.

— 김동현, 증시 조정?…대차거래 잔액 증가세, 〈한국경제〉, 2020.01.28

없는 주식을 파는 공매도 거래를 국내에서 하려면, 주식을 다른 누군가에게 빌려와야 한다. 투자자가 주식을 빌리는 방법은 크게 대차거래와 대주거래가 있다. 대차거래는 기관과 외국인, 대주거래는 개인이 이용한다.

대차거래란 기관투자자나 외국인투자자가 한국증권금융, 예탁결제원, 증권사 등 중개기관에 일정 수수료를 지급하고 주식을 빌리는 것이다. 큰손들 간의 거래인 만큼 종목과 수량에 사실상 제한이 없고 수수료가 낮다. 1996년부터 기관에, 1998년부터 외국인에 대차거래가 허용된 것을 계기로 공매도 규모가 커졌다.

대주거래는 개인이 증권사에 예치금을 맡기고 일정 기간 공매도용 주식을 빌리는 것을 말한다. 하지만 빌릴 수 있는 종목, 수량, 기간이 제한적이고 수수료도 대차거래보다 비싸다. 대주거래를 이용한 개인의 공매도가 제도적으론 허용됐지만 실상은 제약이 많다.

이런 배경 때문에 우리나라 공매도 시장은 '기울어진 운동장'에 가깝다. 개인투자자의 비중이 1% 안팎에 그칠 정도로 미미하다. 주가가 떨어질 때 큰손들은 공매도로 수익을 얻는데, 개미들은 피해를 뒤집어쓰니 불만이 많을 수 밖에 없다. 대주거래의 예치금을 낮추고 빌리는 기간을 늘리거나, 공매도를 위해 거래되는 주식의 일부를 개인투자자 몫으로 남겨놓는 등 제도 보완이 필요하다는 지적이 꾸준히 제기됐다. 최근 핀테크 기업을 중심으로 P2P(개인 대 개인) 방식의 대차거래 등을 개발하려는 시도도 나오고 있다.

237

5% 룰/10% 룰

상장기업의 경영권 방어를 위해 누구든 그 회사 지분을 5% 또는 10% 이상 보유하게 된 이후에는 주식보유 현황과 변동 내역을 신고하도록 한 제도

경제기사 읽기

공격 성향을 지닌 헤지펀드들이 보유한 소수 지분이 재계에 공포증(포비아)에 가까운 우려를 자아내는 건 이들이 '늑대무리(wolf pack) 전략'을 구사하기 때문이다. 소수 지분이지만 ISS 등 해외 의결권 자문사를 매개로 외국인 투자자들과 연대해 주주총회 등을 통해 경영을 위협하는 전략이다. 현대자동차그룹의 지배구조 개편 작업을 중단시킨 미국계 헤지펀드 엘리엇매니지먼트가 대표적인 사례다. 엘리엇의 투자 전략을 답습해 국내 기업들을 공략하는 투기자본이 급증할 것이란 관측이 나온다.

글로벌 투자은행(IB) JP모간에 따르면 지난해 아시아 지역에서 행동주의 펀드들이 기업 경영에 개입한 사례는 106건으로 집계됐다. 2011년(10건)에 비해 10배 이상으로 늘어난 규모다. 이 가운데 한국 기업을 대상으로 한 사례는 24건이다.

헤지펀드들의 행동주의가 증가한 원인 중 하나로 늑대무리 전략이 꼽힌다. 늑대가 사냥할 때 무리를 구성하듯 공시 의무가 없는 5% 미만 지분을 확보한 뒤 외국인 투자자들을 규합해 공세에 나서는 '가성비' 높은 공격법이다.

한 미국계 로펌 변호사는 "글로벌 헤지펀드끼리는 정보 교류가 활발하다"며 "유명한 헤지펀드가 어느 기업에 투자했다는 소문이 돌면 다른 펀드들도 지분을 사들여 암묵적으로 연대하는 경우가 많다"고 전했다.

— 김익환, 헤지펀드 타깃은 외국인 지분 많은 기업… 늑대 사냥하듯 떼지어 공격, 〈한국경제〉, 2018.05.28

주식이 시장에서 수시로 거래되는 상장사는 회사 주식을 누가 얼마나 갖고 있는지를 실시간으로 파악할 수 없다. 누군가 소리소문없이 주식을 사 모은 뒤 갑자기 나타나 경영권을 위협하는 적대적 인수합병(M&A)에 노출될 우려도 있다. 이런 일을 막기 위해 누구나 상장사 주식을 대량으로 취득하면 일정한 의무를 부과하는 제도가 5% 룰과 10% 룰이다.

5% 룰의 정식 명칭은 '대량 보유상황 보고' 제도다. 상장사 지분을 5% 이상 새로 취득하거나, 5% 이상 보유한 상태에서 1% 이상 사거나 팔 때는 5일 이내에 당국에 보고해야 한다는 규정이다. 예를 들어 지분을 꾸준히 사모으더라도 4.99%까지는 보고할 필요가 없고, 5%를 넘어가면 공시해야 한다. 또 5.5%를 보유한 상태에서 6.5%로 늘거나 4.5%로 줄면 보고해야 한다. 누구든 지분을 일정 수준 이상 사들였다면 자신의 정체를 드러내도록 해 기존 대주주와 경영진에 대비할 기회를 주는 것이다. 주식을 사들인 것이 '단순투자 목적'인지 '경영참가 목적'인지도 밝혀야 한다.

10% 룰은 상장사 지분을 10% 이상 보유한 이후에는 단 한 주라도 지분 변동이 있을 때마다 보고해야 한다는 규정이다. 10% 이상을 가진 주요 주주는 내부자로 간주돼 '단기매매차익 반환'이라는 제도도 적용받는다. 6개월 이내에 주식을 팔아 차익을 봤다면, 내부정보를 이용했는지 여부를 불문하고 그 차익을 회사에 돌려줘야 한다. 10% 룰은 기업 경영이 대형 기관투자자나 특정 펀드에 휘둘리는 것을 막고, 펀드 수익률이 특정 기업 주가에 과도하게 의존하는 것을 방지하는 취지도 있다.

2020년 초 정부가 기관투자자에 5% · 10% 룰 적용을 완화하는 방안을 시행하면서 찬반 논란이 일기도 했다. 연기금이 주주권을 행사할 때 두 가지 룰의 제약을 덜 받도록 규제를 풀어준 것인데, 재계는 국민연금 등의 경영 간섭이 심해질 수 있다고 반발했다.

238

밸류에이션(valuation)

실적 대비 주가 수준. 애널리스트가 적정 기업가치와 주가를 평가하는 작업을 뜻하기도 한다.

경제기사 읽기

'미래산업에 대한 정당한 가치 평가인가, 펀더멘털(기초체력)을 무시한 과도한 상승인가.'

2차전지 관련주가 날아가고 있다. 관련 종목뿐 아니라 상장지수펀드(ETF)도 예외가 아니다. 연초 증시를 이끌던 반도체주로부터 바통을 이어받은 모양새다. 주가가 단기 급등하면서 적정 밸류에이션(실적 대비 주가 수준) 논란에 휩싸였다. 2차전지주 급등장에서 소외된 개인은 지금 들어가도 될지를 저울질하며 눈치를 보고 있다.

11일 유가증권시장에서 삼성SDI는 2만1500원(6.69%) 오른 34만3000원에 장을 마쳤다. 1979년 상장 이후 가장 높은 가격이다. 코스닥시장 상장기업 에코프로비엠도 9600원(12.31%) 오른 8만7600원을 기록해 사상 최고가를 찍었다. 에코프로비엠의 코스닥시장 시가총액 순위는 14위에서 9위로 단숨에 5계단 높아졌다. 이들 종목은 전기차용 2차전지를 개발하거나 여기에 들어가는 소재 및 부품을 생산한다.

급격한 주가 상승으로 인한 밸류에이션 고평가를 우려하는 목소리도 있다. 전기차가 미래산업으로 부각되고 있지만 당장 올해 실적이 뒷받침되지 못하면 가파른 조정을 받을 수 있다는 게 이런 우려가 나오는 주된 원인이다.

— 양병훈, 테슬라 따라 질주하는 2차전지株…'미래 가치' 논란,
〈한국경제〉, 2020.02.12

'○○○, 올해 실적 개선으로 밸류에이션 매력적' '밸류에이션 부담 커진 △△

△, 그래도 목표가 상향'….

증권사 보고서와 경제신문 증권면에 수시로 나오는 단어인 밸류에이션은 '주가 수준'으로 바꿔읽으면 뜻이 대부분 통한다. 사전적으로 밸류에이션은 특정 자산의 현재가치와 적정가격을 평가하는 작업을 말한다. 이런 과정을 통해 산정된 주가 수준 자체로 의미가 넓어졌다. 밸류에이션 매력이 있다는 건 주가가 저평가됐다는 것, 밸류에이션 부담이 있다는 건 주가가 고평가됐다는 얘기다.

밸류에이션의 기법은 매우 다양하다. 증권사 애널리스트들은 기업의 매출, 이익, 자산, 현금흐름 등과 자본조달 구조, 경영진 구성, 전반적인 업황, 미래 성장성 등을 종합적으로 분석해 실적 대비 주가수준을 설명한다. 주가수익비율(PER), 주가순자산비율(PBR), 주당순이익(EPS), EV/EBITDA 등 다양한 지표도 활용한다. 한 종목이 아니라 특정 업종이나 주식시장 전체가 분석 대상이 될 수도 있다.

주관적 판단이 개입되는 영역인 만큼 같은 시기, 같은 대상에 엇갈린 밸류에이션이 나오는 일은 흔하다. 대부분 과거와 현재 시점의 숫자에 의존해 분석하다 보니, 미래 수익성 악화가 우려되는 상황에서 밸류에이션이 낮게 평가되는 오류도 생길 수 있다. 이런 현상은 '밸류에이션 함정(valuation trap)'이라 한다. 이 함정에 빠진 투자자들은 지금 떨어진 주가가 저가매수 기회라고 착각해 주식을 사는 실수를 저지르게 된다.

239

EV/EBITDA

기업가치(EV)를 상각전영업이익(EBITDA)으로 나눈 값. EV/EBITDA가 낮을수록 주가가 저평가됐다는 의미로 통한다.

경제기사 읽기

삼성물산과 삼성SDI가 보유하고 있는 한화종합화학(옛 삼성종합화학) 지분 24.1%를 전량 매각한다. 2015년 삼성그룹의 화학 및 방산 계열사를 한화그룹에 통째로 매각한 '삼성-한화 빅딜' 당시 삼성 측이 남겨 놓은 잔여지분으로 매각 가격은 1조원이 넘을 전망이다. 삼성물산은 이 돈으로 새로운 성장동력 확보를 위한 투자에 나설 것으로 알려졌다.

7일 투자은행(IB)업계에 따르면 삼성물산(지분율 20.05%·약 852만주)과 삼성SDI(4.05%·약 172만주)는 한화종합화학 지분 총 24.1%(약 1024만주)를 팔기로 결정하고 외국계 증권사 한 곳을 매각주관사로 선정했다.

2015년 말 2656억원이던 한화종합화학의 감가상각비 차감 전 영업이익(EBITDA)은 지난해 5753억원으로 121% 급증했다. 보통 석유화학회사의 총기업가치(EV)가 EBITDA의 6~8배라는 점을 고려하면 한화종합화학의 현재 가치는 약 3조5000억~4조6000억원이라는 계산이 나온다. 올해 실적이 더 개선될 것이라는 점을 감안하면 삼성물산 보유지분 가치는 1조~1조5000억원에 달할 전망이다.

— 정영효 · 좌동욱, 삼성물산, 한화종합화학 지분 20% 다 판다, 〈한국경제〉, 2017.11.08

당신은 어마어마한 부자여서 애플과 아마존 중 하나를 인수하기로 마음먹었다. 애플을 사면 투자금을 5년 안에 회수할 수 있고, 아마존은 10년이 걸린다고 한다. 어떤 기업을 인수하겠는가? 당연히 애플일 것이다. 증권사 보고서에 빠지지 않고 등장하는 EV/EBITDA는 이처럼 인수합병(M&A)의 원리를 응용해 기업의 적정주가를 판단할 수 있도록 도와준다. 한글로 대체할 마땅한 표현이 없어 그냥 소리나는대로 '이브이에비타'라고 부른다.

분자에 있는 EV(Enterprise Value)는 기업가치를 뜻한다. 기업의 시가총액에서 순부채(차입금-현금성자산)을 더하면 구할 수 있다. EV는 이 회사를 인수하려면 얼마가 필요한지를 뜻한다. 부채를 더하는 이유는 기업을 인수할 때 빚도 함께 떠안기 때문이다.

분모에 있는 EBITDA(Earnings Before Interest, Taxes, Depreciation and Amortization)는 기업이 영업활동으로 벌어들인 현금창출능력을 나타낸 숫자다. 원칙적으로 이자비용과 법인세를 공제하기 전 이익에서 감가상각비와 무형자산상각비를 더해 구한다. 편의상 영업이익과 감가상각비의 합으로 계산한다. 감가상각비는 실제 지출 없이 회계장부에만 잡히는 비용이므로, 실질적인 영업력을 보다 잘 파악하기 위해 다시 더하는 것이다.

EV를 EBITDA로 나누면, 기업가치가 순수 영업활동을 통해 창출한 이익의 몇 배인지가 나온다. 이는 곧 기업을 인수했을 때 투자원금을 몇 년 만에 회수할 수 있느냐는 뜻이 된다. 따라서 EV/EBITDA가 낮은 기업일수록 저평가됐다고 볼 수 있다. 주가는 낮은데(EV↓) 영업은 잘 한다(EBITDA↑)는 뜻이어서다.

당기순손실이 발생하면 계산 자체가 불가능한 주가수익비율(PER)과 달리 EV/EBITDA는 적자가 났을 때도 계산할 수 있다. 감가상각 방식, 법인세, 금융비용 등의 영향을 배제하기 때문에 다른 나라 기업과 비교하기 쉽다는 것도 장점으로 꼽힌다. 하지만 EV를 산정할 때 자회사, 자사주, 비영업자산 등 까다로운 부분이 많은 건 약점이다. 재무건전성의 중요 요소인 이자비용 등을 무시하고 있다는 점도 한계라 할 수 있다.

240

EPS(earnings per share, 주당순이익)

당기순이익을 발행주식 수로 나눈 값. EPS가 높을수록 실적이 좋고 배당여력이 많다는 의미로 통한다.

경제기사 읽기

국내 코스피 기업의 1분기 주당순이익(EPS)이 전년 동기 대비 10% 이상 하락할 것으로 전망된다. 그나마 자동차와 식품주는 업황 개선 등에 힘입어 전년 대비 증가세를 보이며 반등을 꾀할 것으로 예상된다.

16일 금융정보업체 에프앤가이드에 따르면, 증권사 컨센서스(시장 전망치)가 있는 코스피 144개 기업의 올 1분기 EPS 예상치는 24만8835원이다. 이는 지난해 1분기(29만8416원)보다 16.6% 감소한 수준이다. 분기별 EPS의 감소세는 2분기까지 계속될 것으로 예상된다.

— 김현일, 코스피'EPS 불황'…숨은진주 '車 · 식품株', 〈헤럴드경제〉, 2019.04.16

11장 주식 시장

명품 란제리로 소문난 미국의 빅토리아 시크릿, 내복과 메리야스로 친숙한 한국의 BYC. 같은 속옷회사지만 덩치는 크게 차이 나는 두 기업의 투자가치를 비교할 수 있을까? 순이익 자체만 보면 빅토리아 시크릿이 앞서지만, 주식 한 주당 순이익으로 따지면 BYC가 이긴다. 2018년 빅토리아 시크릿의 EPS는 3.42달러, BYC의 EPS는 1만833원이었다.

EPS는 기업이 벌어들인 당기순이익을 그 기업이 발행한 주식 수로 나눈 값이다. 한 주당 이익이 얼마 났냐는 뜻이다. 예를 들어 주식을 100주 발행했고 1년 동안 100만원의 순이익을 낸 회사의 EPS는 1만원이 된다. 일반적으로 EPS가 높을수록 투자가치를 좋게 평가받는다. 경영실적이 양호하고 주주에게 배당할 수 있는 여력도 많다는 의미이기 때문이다.

전문가들은 EPS가 여러 해에 걸쳐 꾸준히 오르는 종목을 긍정적으로 본다. 단순히 최근 순이익이 높았던 기업이 아니라, 장기적으로 우상향하는 기업이 탄탄한 투자처라는 얘기다. 경제가 좋지 않을 때 EPS가 증가하는 회사라면 경기가 좋든 나쁘든 수익을 낼 만큼 경쟁력을 갖췄다고 볼 수 있다. 다만 EPS는 현재 주가와는 무관한 값이므로, 이것이 증가 추세여도 주가가 지나치게 고평가된 상태라면 판단은 달라질 수 있다. 또 EPS가 높다고 반드시 배당을 많이 한다는 의미는 아니다.

EPS는 기본 EPS와 희석 EPS로 구분되며 두 가지 모두 공시된다. 기본 EPS는 일반적인 주식인 보통주 수만 반영한 것이다. 희석 EPS는 전환사채, 전환우선주, 신주인수권부사채, 주식매수선택권 등이 모두 보통주로 바뀐 상황을 가정하고 계산한 값이다. 주식 수가 늘면(분모↑) EPS는 자동으로 떨어지기 때문에 투자자들이 미리 참고하라고 알려주는 것이다.

EPS는 주가수익비율(PER)을 계산하는 데 활용된다는 점에서도 중요한 의미가 있다. PER은 기업의 현재 주가를 EPS로 나눈 값으로, 수익성에 비해 주가가 싼지 비싼지 볼 수 있다.

241

PER(price earnings ratio, 주가수익비율)

현재 주가를 주당순이익(EPS)으로 나눈 값. PER가 낮을수록 주가가 저평가됐다는 의미로 통한다.

경제기사 읽기

카카오톡 채팅창에 광고를 도입한 뒤 개선된 실적을 내놓은 카카오에 대한 긍정적 주가 전망이 줄을 잇고 있다. 지난해 실적 기준 주가수익비율(PER)이 100배를 넘지만 향후 수익성 개선을 감안하면 현재 주가는 오히려 밸류에이션 매력이 넘친다는 분석이다.

11일 금융투자업계에 따르면 카카오는 2분기 컨센서스(시장 예상치)를 웃도는 실적을 내놓은데 이어 앞으로 본격적인 수익화 구간에 진입할 것이란 전망이 쏟아지고 있다. 하반기 톡비즈보드(채팅창) 광고가 본격화하면서 이익 개선에 속도를 낼 것이란 관측이다.

에프앤가이드에 따르면 카카오가 2분기 실적을 발표한 다음날인 지난 9일 총 17곳의 증권사에서 카카오에 대한 '매수' 보고서가 쏟아졌다.

— 김대웅, 카카오, 'PER 168배'에도 증권가 호평 쏟아지는 이유, 〈이데일리〉, 2019.08.12

1992년 1월3일은 한국 주식시장에 외국인의 직접투자가 처음 허용된 날이다. 외국인들은 증시 개방 첫해 1조5000억원 순매수를 시작으로 25년 동안 500조원어치의 한국기업 주식을 사들였다. 당시 국내 투자자들은 이들이 사용하는 생소한 투자기법에 놀랐다. 외국인들이 PER가 낮은 종목을 콕콕 집어 쓸어 담으면 주가가 여지없이 팍팍 뛰곤 했다. 이른바 '저(低) PER주 혁명'이라 불린 이 현상은 소문이나 감에 의존하지 않고 기업 분석을 토대로 투자하는 문화를 정착시켰다는 평가를 받는다.

적정주가와 기업가치를 가늠하는 여러 지표 중 가장 유명한 것 하나만 고르자면 PER일 것이다. 주가를 EPS로 나눈 것으로, '퍼'라고 읽는다. PER는 주식 한 주가 수익에 비해 몇 배나 높게 팔리고 있는지를 나타낸다. PER는 가치투자의 창시자 벤저민 그레이엄(1894~1976)이 적극적으로 사용한 것으로 알려져 있다. 이젠 증권가 전문가는 물론 개인투자자들도 워낙 많이 써서 '식상하다'는 얘기가 나올 정도다.

PER가 낮을수록 저평가, 높을수록 고평가됐다는 뜻으로 통한다. 다만 절대적인 기준은 없고 동종업계 기업들과 비교하는 상대적인 수단으로 활용한다. 대체로 역사가 길고 안정적인 이익을 내는 기업은 PER가 낮다. 고속 성장하는 벤처기업은 PER가 수십 배로 치솟기도 한다. 한국 주식시장 전체의 PER를 다른 나라 증시와 비교해 투자 매력도를 따질 수도 있다.

PER는 업종에 관계 없이 폭넓게 적용할 수 있고, 선진국에서도 널리 쓰는 '검증된 지표'라는 게 장점. 하지만 단점도 있기 때문에 과신해선 안 된다. 우선 분모를 이루는 EPS에 과거 실적을 넣느냐, 미래 추정치를 넣느냐에 따라 값이 완전히 달라질 수 있다. 또 순손실이 났을 땐 계산 자체가 불가능하다. 근래 이익을 많이 냈지만 향후 영업전망이 불투명해 주가가 내렸어도 PER는 시장 평균보다 낮게 나올 수 있다. 우량기업을 골라내려면 PER와 함께 기업의 성장성, 업종 전망 등을 다각도로 분석할 필요가 있다.

242

PBR(price on book value ratio, 주가순자산비율)

현재 주가를 주당순자산(BPS)으로 나눈 값. PBR이 낮을수록 주가가 저평가됐다는 의미로 통한다.

경제기사 읽기

보유현금이 시가총액보다 많은 대표적 '현금부자' 종목 대한방직이 최근 개인들의 '사자'가 이어지며 강세를 보이고 있다. 전문가들은 "대한방직이 보유한 토지, 건물 등 자산 매각에 대한 기대가 반영된 결과"란 분석을 내놓고 있다.

24일 유가증권시장에서 대한방직은 200원(1.22%) 오른 1만6600원에 장을 마쳤다. 대한방직은 지난 12일부터 9거래일 연속 상승해 이 기간 20.29% 급등했다. 대한방직은 본업에선 2017~2018년 연속으로 영업손실을 내는 등 부진한 모습을 보이고 있다.

그런데도 최근 주가가 계속 오르는 것은 보유자산 가치가 부각되고 있기 때문이란 분석이 나온다. 금융감독원에 따르면 대한방직은 지난해 말 기준으로 884억원의 현금 및 현금성 자산을 보유하고 있다. 이날 종가 기준 시가총액(880억원)보다 많다. 토지 · 건물 등 유형자산과 비영업용 투자부동산의 장부상 가격은 총 1000억원에 육박한다. 주가순자산비율(PBR:주가/주당순자산)은 0.5배 미만에 불과하다.

대한방직 대주주인 설범 회장(지분율 19.88%)이 최근 대법원에서 특정경제범죄가중처벌법상 횡령 혐의에 대해 무죄 판결을 받으면서 회사 보유자산 매각이 탄력을 받을 것이란 기대가 작용했다는 분석도 있다.

— 이호기, '시총보다 현금 많은' 대한방직…개인 매수에 급등세,
〈한국경제〉, 2019.04.25

기업 중에 수익은 많이 나지 않는데도 '알짜' 소리를 듣는 곳이 있다. 예를 들

어 강남이 허허벌판일 때 사옥을 지었는데 그 땅값이 요즘 천정부지로 치솟았다거나, 오래전 다른 회사 지분을 사뒀는데 주가가 대박을 터뜨렸을 때다. 갖고 있는 자산만 팔아도 큰 돈을 벌 수 있다는 얘기다. 이런 기업들의 특징은 PBR이 낮다는 것. PBR은 주가수익비율(PER)과 더불어 주가 분석에 널리 활용되는 지표다. PER은 순이익에 비해 주가가 저평가된 기업을 찾는 데 쓰이고, PBR은 기업이 모아둔 자산의 가치에 비해 주가가 저평가된 기업을 찾는 데 쓴다.

PBR은 현재 주가를 BPS로 나눠 구할 수 있다. 여기서 BPS란 기업의 순자산(=총자산-부채)을 발행주식 수로 나눈 값이다. 예컨대 주가가 5000원, BPS는 1만원인 회사가 있다면 PBR은 0.5배가 된다.

PBR은 주식 한 주가 자산가치에 비해 몇 배나 높게 팔리고 있는지를 뜻한다. 돌려 말하면, 기업을 청산해 자산을 모두 정리한다고 가정할 때 주주들이 한 주당 가져갈 수 있는 자산을 의미하기도 한다. PBR이 0.5배라면 회사가 망하면 1만원을 받을 수 있는 주식이 5000원에 거래되고 있다는 것이다.

알짜 자산을 많이 보유한 자산주에 투자하려면 PBR이 1배 미만인 주식을 고르면 된다. PBR이 낮으면서 재무상태와 실적까지 양호하다면 금상첨화다. 경제의 불확실성이 높아질 때는 실적을 장담하기 힘든 대형주 대신 저PBR주를 사들이는 투자자가 늘어나기도 한다.

하지만 PBR이 1배 미만이라고 모두 자산주는 아니다. 개발되지 않은 땅은 많지만 용도변경이 불가능하거나 담보로 잡혀 있다면 쓸모가 없다. 매출채권, 미수금 등 떼일 위험이 높은 자산이 많아도 마찬가지다. 또 자산가치는 금리, 물가 등의 요인에 영향을 받는 만큼 PBR만 믿어선 곤란하다. 전문가들은 PBR과 함께 PER, ROE 등을 종합적으로 볼 것을 권한다.

243

배당수익률

한 주당 배당금을 현재 주가로 나눈 값.

경제기사 읽기

시멘트 제조사인 쌍용양회가 연초 건설 업황 둔화 우려 탓에 약세를 면치 못하고 있다. 과도한 주가 하락에 따라 배당 매력은 오히려 커졌다.

쌍용양회 주가는 지난 21일 유가증권시장에서 125원(2.65%) 하락한 4590원에 마감했다. 종가 기준으로 2018년 4월 17일 이후 최저 수준이다. 쌍용양회 주가는 올 들어서만 19.04% 하락했다. 올해 전방산업인 건설업이 부진하면서 국내 시멘트 수요가 줄어들 것이라는 우려가 작용한 것으로 풀이된다. 하지만 경쟁사 대비 영업이익률이 높은 만큼 시멘트 수요 감소에도 꾸준한 이익창출 능력을 보여줄 것으로 증권업계는 기대하고 있다.

올 들어 낙폭이 컸던 탓에 배당 매력은 더욱 높아졌다는 평가도 나온다. 분기 배당을 하는 쌍용양회는 최근 지난해 4분기 배당금으로 주당(보통주) 110원을 책정했으며 지난해 연간 기준으로 420원을 지급했다. 송 연구원은 "쌍용양회의 현금창출 능력에 문제가 없는 만큼 올해도 주당 450원가량의 배당이 기대된다"고 했다. 쌍용양회의 21일 종가를 고려할 때 배당수익률은 9.8%에 달한다.

— 전범진, '주가 뚝뚝' 쌍용양회, 배당수익률 9.8%!,
〈한국경제〉, 2020.02.24

어느 기업이 배당에 후한지 인색한지는 어떻게 알 수 있을까. 액면가가 똑같이 5000원인 A주식과 B주식이 있다고 하자. A의 현재 주가는 5만원에 한 주당 배당금은 1만원이고, B의 주가는 1만원에 한 주당 배당금은 2500원이다. 배당의 절대 금액만 보면 A주식을 선택하는 게 나아보이지만, 배당수익률을 따지면 다른 결과가 나온다.

기본적으로 배당 투자는 배당수익률이 높은 종목을 고르는 게 좋다. 배당수익률은 한 주당 배당금을 현재 주가로 나눈 것이다. A와 B의 배당수익률은 각각 20%, 25%가 된다. 투자금 대비 배당수익을 고려하면 B가 낫다는 얘기다. 배당은 많고 주가는 낮은 기업을 고르는 게 현명한 선택이다.

배당성향은 회사의 당기순이익 중 현금으로 지급된 배당금 총액의 비율이다. 기업이 1년 동안 벌어들인 돈에서 얼마만큼을 주주들에 나눠줬는지를 뜻한다. C라는 회사가 100억원의 당기순이익을 내고 20억원을 배당금으로 지급했다면 배당성향은 20%다. 배당성향이 높을수록 이익 중 배당금이 차지하는 비율이 커서 투자매력이 있다. 배당성향이 낮을수록 이익의 사내유보율이 높고 배당이나 무상증자의 여력이 있음을 나타낸다.

배당수준을 가늠하는 아주 단순한 지표로 배당률이라는 것도 있다. 액면가에 대한 배당금의 비율이다. 앞서 B기업의 사례를 보면, 액면가 5000원에 배당금은 2500원이니 배당률은 50%가 된다.

과거 한국 증시는 '짠물 배당'으로 악명이 높았다. 이익을 주주와 나누는 데 인색하다는 평가 탓에 해외에서 한국 주식이 저평가받는 '코리아 디스카운트' 현상에 일조했다는 지적도 받았다. 최근 행동주의 투자가 확산하고 기업들도 주주환원 정책에 신경 쓰기 시작하면서 국내 상장사들의 배당 규모는 늘어나는 추세다. 배당주를 잘만 고르면 한두 달 만에 은행 정기예금 금리를 웃도는 수익을 얻을 수도 있다.

244

ROE(return on equity, 자기자본이익률)

당기순이익을 자기자본으로 나눈 값. ROE가 높을수록 탄탄한 우량기업으로 통한다.

경제기사 읽기

국내 은행의 수익성이 미국 웰스파고, 캐나다 TD뱅크 등 글로벌 은행과 비교해 지나치게 낮다는 지적이 나왔다. 자산관리 수수료 비중이 높은 미국, 캐나다와 비용 효율을 극대화하는 호주 은행을 주목해야 한다는 조언이다.

9일 하나금융경영연구소가 발표한 '주요 글로벌 은행들의 수익 및 비용 구조 분석' 보고서에 따르면 글로벌 자산 상위 80개 은행 중 지난 2016~2018년 연속 자기자본이익률(ROE) 10% 이상인 은행은 미국 3곳, 캐나다 3곳, 호주 2곳 등 총 8곳으로 나타났다(러시아·중국·브라질 은행 제외).

이 중 국내 은행과 포트폴리오가 같은 7곳의 지난해 평균 ROE는 13.9%다. 캐나다 RBC의 ROE는 16.3%, 미국 US뱅코프는 14.1%로 많게는 국내 은행 평균(8%)의 두 배에 달했다.

— 권해영, 국내은행 ROE 8%, 글로벌 은행 '반토막', 〈아시아경제〉, 2019.09.09

'투자의 귀재' 워런 버핏은 ROE가 15% 이상인 기업에 투자하는 것을 원칙으로 삼았다. '전설의 펀드매니저' 존 템플턴은 ROE가 3년 이상 10%를 넘는 기업은 무조건 사라고 했다. 투자 천재들은 왜 ROE를 강조했을까.

ROE는 당기순이익을 자기자본으로 나눈 비율이다. 예컨대 자기자본 1000원인 회사가 1년 동안 순이익 100원을 벌었다면 ROE는 10%다. 여기서 자기자본은 기업의 총자본에서 부채를 뺀 것으로, 갚을 의무가 없는 회사 고유의 재산을 말한다. 따라서 ROE는 기업이 빚을 제외한 자기 돈으로 얼마나 많은 이익을 창출했는가를 의미한다. 주식회사의 자기자본은 주주들 몫이기 때문에 ROE가 높은 기업은 주주에게 많은 이익을 안겨준다.

ROE가 높을수록 경영을 잘 한다는 뜻이고, 주가도 비싼 경향이 있다. 요즘 국내 코스피 상장사의 평균 ROE는 10%가 안 된다. 적자를 보는 곳도 있고, 자본금은 많지만 이익은 적은 곳이 많아서다. 버핏이나 템플턴의 눈높이에 맞을 만한 회사는 생각처럼 많지 않다는 얘기다. 만약 ROE는 그대로거나 떨어졌는데 주가는 계속 오른다면, 경영성과에 비해 주가가 과대평가됐다고 해석할 수도 있다.

ROE를 끌어올리려면 분자를 늘리고(이익↑) 분모를 줄이면(자기자본↓) 된다. 통상적으로 기업의 이익이 늘면 ROE도 올라간다. 하지만 자기자본의 증가속도가 더 빠르다면 ROE는 낮아지는 현상이 벌어질 수도 있다. ROE를 떨어뜨리는 요인 중 하나는 기업이 벌어들인 이익을 효율적으로 사용하지 못할 때다. 자기자본에는 이익잉여금도 포함되는데, 기업이 이익잉여금을 투자나 배당에 쓰지 않고 쌓아두기만 하면 자기자본이 비대해져 ROE가 하락하게 된다.

245

CMA(Cash Management Account, 종합자산관리계좌)

고객이 맡긴 돈을 채권 등에 투자한 뒤 수익을 돌려주는 증권사의 금융상품. 은행의 수시입출금 계좌처럼 이용하면서 보다 높은 이자를 받을 수 있다.

경제기사 읽기

투자처를 찾지 못한 '갈 곳 잃은 뭉칫돈'이 증권사 종합자산관리계좌(CMA)로 몰렸다.

30일 금융투자협회에 따르면 CMA 잔고는 28일 53조 1000억원으로 역대 최대치를 기록했다. 잔고는 올해 4월 18일 52조 6000억원 이후 7개월여 만에 최대치를 넘었다.

금투협 관계자는 "증시 거래대금이 줄어들고 관망하는 투자자가 늘면서 시중 투자자금이 CMA로 몰린 것으로 보인다"고 분석했다. 또 최근 기업공개(IPO)가 활발해지면서 청약 대기자금이 늘어난 것도 CMA 잔고 증가 요인으로 꼽힌다.

2003년 국내에 도입된 CMA는 은행 보통예금처럼 수시 입출금 기능과 이체 · 결제기능을 갖추면서 상대적으로 높은 이자를 주는 증권종합계좌로, 증권사들이 취급한다.

— 문영규, '갈곳 잃은 뭉칫돈' CMA로 몰렸다…잔고 53조1000억 '역대 최대', 〈헤럴드경제〉, 2016.11.30

재테크족 중엔 월급을 받고 생활비를 자동이체하는 주거래계좌로 CMA를 활용하는 사람들이 꽤 있다. 일반적으로 은행들은 수시입출금 계좌에 0%에 가까운 '쥐꼬리 금리'를 준다. 현금이 수시로 들락날락해 은행 수익에 별 도움이 안 되는 데다, 이자를 안 줘도 그냥 쓰는 사람이 많아서다. 증권사와 종합금융회사가 판매하는 CMA는 은행보다 통상 1~2%포인트 높은 금리를 준다. 수시입출금이 가능한 것은 물론 자동이체, 체크카드, 인터넷 · 모바일뱅킹 등 웬만한 기능은 은행 계좌와 거의 똑같이 갖췄다.

CMA는 2000년대 중반부터 직장인 사이에서 입소문을 타면서 이젠 상당히 널리 알려진 금융상품이다. 원래 CMA는 종금사에만 존재하던 단기금융상품이었다. 몇몇 업체가 가입금액 제한을 없애고 입 · 출금 방식을 개선해 공격적인 마케팅에 나서면서 CMA의 장점이 부각되기 시작했다. 2005년 증권사들도 CMA를 내놓고 가입자 유치 경쟁에 뛰어들었다.

CMA는 고객이 맡긴 돈을 국공채, 양도성예금증서(CD), 단기 회사채 등에 투자한 뒤 고객이 현금 인출을 요구하면 자동으로 매도해 지급한다. 종금사에서 가입한 CMA는 예금자보호법을 적용받아 5000만원까지 원금이 보장된다. 증권사 CMA는 원금 보장은 되지 않는다. 다만 신용도가 우량한 채권 등에만 돈을 굴리기 때문에 손실 가능성은 현실적으로 크지 않다.

CMA는 월급통장에 조금이라도 높은 이자를 받고 싶거나, 정기예금을 넣기엔 애매한 단기 여유자금 등을 보관하는 데 유용하게 활용할 수 있다. 이자가 하루 단위로 정산돼 잔액이 불어나는 것을 볼 수 있는 뿌듯함도 소소한 즐거움이다. 다만 입 · 출금 등의 편의성이 많이 좋아지긴 했어도 은행에 비해선 살짝 뒤처진다는 점은 감안해야 한다.

246

액티브 펀드/패시브 펀드(active fund/passive fund)

액티브 펀드는 시장 평균보다 높은 수익률을 목표로 삼는 펀드를, 패시브 펀드는 특정 시장이나 지수와 동일한 수익률을 목표로 삼는 펀드를 통칭한다.

경제기사 읽기

신흥국 증시가 흔들린 최근 3개월 동안 중국에 투자하는 펀드 중에선 액티브 펀드, 베트남 펀드 중에선 패시브 펀드가 상대적으로 선전한 것으로 나타났다. 시장 주도주, 외국인 투자 규제 등 시장 특성에 따라 펀드 성과가 갈렸다. 시장 전문가들은 시황과 시장 특성에 따라 액티브와 패시브 펀드를 선별 투자하라고 조언했다.

6일 펀드평가사 에프앤가이드에 따르면 최근 석 달간 중국 증시에 투자하는 액티브 펀드는 평균 8.0%의 손실을 냈다. 같은 기간 중국 대표지수인 상하이종합지수(-12.0%)나 홍콩항셍중국기업지수(-10.5%) 등에 비해 선방했다는 평가다.

중국에 이어 국내 신흥국 펀드 규모 2위인 베트남에 투자하는 펀드 가운데선 패시브가 선전했다. 최근 3개월 동안 베트남 증시에 투자하는 액티브 펀드는 평균 10.15% 손실을 냈다. 같은 기간 베트남 대표지수인 VN지수(-6.5%)보다 손실폭이 크다.

— 나수지, 中은 액티브, 베트남은 패시브 '선방', 〈한국경제〉, 2018.08.07

다른 사람보다 앞서지 않으면 직성이 안 풀리는 사람이 있고, 다른 사람들 평균과 비슷하게만 가도 만족하는 사람이 있다. 두 사람이 펀드 투자에 나선다면 어떤 전략을 쓰게 될까. '무조건 이기자'는 쪽은 액티브 펀드가, '중간만 가자'는 쪽은 패시브 펀드가 알맞을 것 같다. 액티브 펀드나 패시브 펀드라는 이름의 상품이 따로 있는 건 아니고, 추구하는 투자전략에 따라 펀드의 유형을 분류한 용어다.

액티브 펀드는 시장의 평균적인 수익률보다 높은 성과를 목표로 한다. 투자자가 감수할 수 있는 위험수준 내에서 최대 수익을 추구한다. 이를 위해 펀드매니저가 적극적으로 개입한다. 펀드에 담는 종목을 적절한 시점에 사고 팔면서 구성을 수시로 조절한다. 액티브 펀드의 성과는 펀드매니저와 운용사의 역량이 크게 좌우한다.

패시브 펀드는 특정 주가지수의 수익률과 비슷한 성과를 목표로 한다. 이를 위해 코스피200, S&P500 등의 지수를 구성하는 종목을 펀드에 똑같이 편입한다. 인덱스펀드나 상장지수펀드(ETF)가 대표적인 패시브 펀드다. 펀드 수익률이 주가지수와 비슷하게 움직이니 결과를 예상하기 쉽다. 펀드매니저가 할 일이 많지 않기 때문에 수수료도 싸다.

'액티브가 낫냐, 패시브가 낫냐'는 1950년대부터 투자업계의 오랜 논쟁거리였다. 월스트리트의 전설적 투자자 벤저민 그레이엄(Benjamin Graham)은 1949년 《현명한 투자자(The Intelligent Investor)》라는 책에서 저평가된 기업에 투자하는 가치투자 이론을 내세웠고, 이는 액티브 펀드의 뿌리가 됐다. 경제학자 해리 마코위츠(Harry Markowitz)는 1952년 〈포트폴리오 이론〉 논문에서 좋은 종목을 고르기보다 최적의 포트폴리오로 분산투자하는 게 유리하다고 주장했고, 이는 패시브 투자의 발전으로 이어졌다. 물론 아직도 정답은 없다. 투자자의 성향과 시장 상황에 따라 유 · 불리가 달라지기 때문이다.

247

인덱스펀드(index fund)

특정 주가지수를 구성하는 주식을 동일한 비중으로 골고루 매입해 해당 지수와 같은 수익률을 올릴 수 있도록 설계한 펀드

경제기사 읽기

워런 버핏 벅셔해서웨이 회장은 언론 인터뷰와 주주총회 질의응답, 주주들에게 보내는 서한 등을 통해 다양한 투자 방법론을 설파했다. 가장 강조한 것은 장기 투자와 복리효과였다. 버핏은 1965년 1월 주주들에게 보낸 서한에서 미국 인디언이 맨해튼 섬 판매대금으로 받은 24달러를 연 수익률 6.5% 펀드에 투자했다면 338년 후 420억달러(약 47조6154억원)로 늘어났을 것이고, 만약 0.5%를 더 받아 연 7%로 수익률을 높인다면 현재 가치는 2050억달러가 된다고 설명했다.

버핏은 직접 종목을 선정해 펀드를 운영하지만 지수에 투자하는 인덱스펀드에 대해서도 긍정적인 태도를 보였다. 주식투자를 통해 고통을 얻기보다는 차라리 지수에 투자하라고 조언했다. 그는 "인덱스는 일반적으로 상대하기가 벅찬 경쟁자임이 증명됐다"고 말하기도 했다. 또 자신이 죽으면 유산이 아내에게 갈 텐데 그걸 관리하는 사람에게 90%를 인덱스 펀드에 넣으라고 할 것이라고도 했다.

버핏은 "대형 강세장에 매수하지만 않으면 장기적으로 인덱스 펀드의 수익률이 채권보다 높을 것"이라며 "인덱스 펀드에 묻어두고 일터로 돌아가라"고 말했다.

— 강영연, "인덱스에 묻어두고 일터로 돌아가라", 〈한국경제〉, 2019.03.12

많은 개미 투자자가 '대박 한 방'을 꿈꾸며 주식에 발을 들여놓지만, 사실 주식 투자에는 이런저런 노력과 비용이 많이 든다. 수많은 상장사의 정보를 수시

로 파악해 투자 종목을 조정해야 하고, 사고 팔 때마다 수수료도 내야 한다. 만약 경제가 꾸준히 성장하고 증시도 장기적으로 상승할 것이라 확신한다면, 이런 수고를 덜 수 있는 간단한 방법이 있다. 인덱스펀드에 돈을 넣는 것이다.

인덱스펀드는 특정 주가지수에 미치는 영향력이 큰 종목을 위주로 펀드의 투자 대상에 편입함으로써 펀드 수익률이 주가지수 움직임을 따라가도록 만든 상품이다. 예컨대 코스피시장에 딱 3개 종목이 상장돼 있고 시가총액에서 차지하는 비중은 A사 50%, B사 30%, C사 20%라고 해 보자. 인덱스펀드는 투자자들에게서 모은 돈으로 A사 50%, B사 30%, C사 20%의 비중으로 주식을 사들인다. 코스피시장을 완전히 '복제'한 인덱스펀드가 탄생한 것이다. 이렇게 되면 코스피지수가 오르거나 내릴 때 인덱스펀드 수익률도 똑같은 방향과 폭으로 움직인다. 한국의 대표 지수인 코스피200 외에 미국의 S&P500, 일본의 닛케이225 등 해외 지수를 기초로 한 다양한 인덱스펀드가 판매되고 있다.

인덱스펀드는 위험을 줄이는 보수적인 투자법의 하나로 꼽힌다. 특정 주식에 '몰빵'하지 않고 증시를 주름잡는 우량 기업에 분산 투자하는 효과가 있어 시장 평균 수익률을 기대할 수 있다. 다른 펀드에 비해 운용 수수료도 저렴하다. 펀드매니저가 편입종목과 비중만 틈틈이 조정하면 되니 관리에 큰 노력이 들지 않아서다. 워런 버핏 벅셔해서웨이 회장은 이런 장점을 강조하며 '인덱스펀드 투자 전도사'를 자처하는 것으로 유명하다.

인덱스펀드의 투자 위험이 상대적으로 낮긴 하지만 원금이 보장되진 않는 상품이라는 점은 꼭 알고 투자해야 한다. 또 지수를 잘 쫓아가는 인덱스펀드가 있고, 그렇지 않은 인덱스펀드가 있다. 같은 지수를 추종하더라도 펀드매니저가 어떤 종목을 골라 어떤 비중으로 섞느냐가 다르기 때문이다. 인덱스펀드에 투자할 땐 과거 운용 실적이 어땠는지, 추종하는 지수와 오차가 크게 벌어진 적은 없었는지 등을 종합적으로 확인하는 게 중요하다.

248

적립식 펀드/거치식 펀드

적립식 펀드는 일정 금액을 꾸준히 펀드에 투자하는 방식을, 거치식 펀드는 목돈을 한꺼번에 펀드에 투자하는 방식을 말한다.

경제기사 읽기

2000년대 중반 직장인 사이에서 적립식 펀드 열풍이 불었다. 월 50만~100만원씩 꼬박꼬박 넣어 연 20~30%의 수익을 올린 사람이 많았다. 월급쟁이라면 반드시 들어야 하는 재테크 수단으로 떠오르면서 '1억 만들기' '3억 만들기' 등의 이름을 내건 펀드들이 인기를 끌었다. 하지만 2008년 금융위기 이후 공모펀드 시장이 내리막을 타면서 상황이 바뀌었다. 펀드에 대한 불신은 안정적으로 금융자산을 굴릴 수 있는 적립식 투자문화까지 외면하게 했다. 대신 목돈을 굴리는 고위험 상품인 주가연계증권(ELS), 브라질 채권, 레버리지 상장지수펀드(ETF) 등이 재테크 시장을 꿰찼다.

전문가들은 매달 일정 금액을 넣어 목돈을 마련하는 적립식 펀드가 직장인의 자산 형성에 효율적이라고 입을 모은다. 강창희 트러스톤자산운용 연금교육포럼 대표는 "재테크의 기본 원칙은 장기 · 분산투자인데, 적립식 펀드는 여기에 잘 부합하는 상품"이라고 말했다. 그는 "다만 국내 공모펀드가 몰락하면서 적립식 투자를 할 만한 매력적인 상품이 마땅찮은 것이 큰 문제"라고 지적했다.

— 최만수, 적립식 투자는 구닥다리 취급…ELS · 브라질채권에 목돈 '단타', 〈한국경제〉, 2019.04.29

은행에서 매달 차곡차곡 돈을 모으려면 적금을, 한번에 큰돈을 맡겨 불리려면 예금을 선택하게 된다. 적립식 펀드는 적금, 거치식 펀드는 예금과 원리가 똑같다. 펀드에 정기 또는 수시로 돈을 넣으면 적립식, 목돈을 일시에 넣으면 거치식이 된다. 적립식이나 거치식으로 투자해야 하는 상품이 따로 정해진 건 아니다. 소비자의 선택에 따라 펀드에 투자하는 방식의 차이일 뿐이다. 다만 동일한 총액을 투자하더라도 적립식이냐 거치식이냐에 따라 펀드 수익률은 크게 달라질 수 있다.

거치식 펀드는 주가 상승기에 효과를 크게 볼 수 있다는 게 장점이다. 예를 들어 A펀드가 1년 동안 20% 수익률을 냈다고 하자. 수수료가 없다고 가정하면 1년 전 거치식으로 이 펀드를 매입한 투자자는 20% 수익을 고스란히 얻는다. 반대로 A펀드가 20% 손실을 봤다면 투자자도 20% 손실을 뒤집어쓴다. 거치식 펀드는 사고 파는 타이밍을 잘 잡는 게 관건이다. 따라서 투자경험이 풍부하고 고수익을 추구하는 사람에게 적합하다.

전문가들은 초보자에겐 적립식 펀드를 권한다. 주가 상승기에 거치식만큼 대박을 누리진 못해도, 급락기에 쪽박 찰 위험도 적기 때문이다. 그 배경에는 코스트 애버리징(cost averaging), 즉 '평균 매입단가 하락 효과'가 있다. 매월 같은 금액을 펀드에 투자하면 주가가 비싼 달엔 적은 주식을 사지만 주가가 떨어진 달엔 더 많은 주식을 살 수 있다. 이게 반복되면 장기적으로 평균 매입단가는 낮아진다. 주가가 다시 오를 때 원금 회복이 거치식 펀드보다 빠르고, 주가가 첫 가입 시점만큼 회복되지 않아도 수익을 낼 수 있다.

물론 주가가 계속 떨어지면 적립식 펀드도 손실을 피할 수 없다. 그렇다고 중간에 적립을 중단하면 코스트 애버리징 효과를 포기하는 것이다. 흔히 적립식 펀드의 강점은 '시간과 망각의 힘'이라 한다. 주가에 일희일비하지 말고 꾸준히 붓는 게 유리하다는 얘기다. 목표수익률을 달성하면 기존 펀드를 정리하고 다른 적립식 펀드를 시작하는 것도 좋은 방법이 될 수 있다.

249

클래스(class)

펀드에 가입하면 내야 하는 수수료와 보수의 부과방식을 유형별로 구분해 상품명 뒤에 알파벳으로 표시한 것.

경제기사 읽기

주식형펀드를 중심으로 공모펀드의 부진한 성과가 이어지고 있는 가운데 투자자들이 온라인 전용 펀드시장에 몰리고 있다. 상품구조는 오프라인에서 가입하는 상품과 같지만 수수료 및 운용보수가 싼 온라인펀드에 가입해 조금이라도 수익률을 개선하려는 목적에서다. 온라인펀드 순자산 총액은 지난달 말 11조5000억원을 돌파해 올해 들어서만 30% 가까이 불어났다.

2일 금융투자협회에 따르면 온라인펀드 순자산 총액은 지난달 말 11조5467억원을 나타냈다. 작년 말(8조9182억원)에 비해 29.5% 늘어난 금액이다. 온라인펀드 순자산 총액은 지난 2월 말 10조원을 돌파한 데 이어 상반기 말에 11조원을 넘었다.

온라인펀드는 오프라인펀드에 비해 수수료 및 운용보수가 0.2~0.5%포인트 낮다. 미래에셋자산운용의 '미래에셋전략배분TDF2025' 펀드는 총보수가 오프라인 상품(C클래스)은 0.91%, 온라인전용 상품(CE클래스)은 0.63%다. 삼성자산운용의 '삼성중소형FOCUS' 펀드는 오프라인이 2.28%, 온라인이 1.68%다.

— 양병훈, 온라인펀드 자산 올 2.5兆 늘었다, 〈한국경제〉, 2019.08.03

5년 전 입사동기 철수와 영희는 OO증권의 △△주식형펀드가 유망하다는 얘길 듣고 함께 투자하기로 했다. 최근 수익률을 까보니 이게 웬걸. 철수의 수익률이 영희보다 3%나 높았다. 분명 같은 상품을 골랐지만 '클래스'가 달랐기 때문이다. 철수는 인터넷에 접속해 Ae클래스에 가입했고, 영희는 창구에 찾아가 C

클래스에 가입한 것이 이런 차이를 만들었다.

금융회사들이 팔고 있는 펀드 목록을 보면 상품명 끝에 알파벳이 붙어 있다. 펀드의 세계에선 이런 알파벳을 클래스라 부른다. 상품마다 제각각인 수수료 · 보수 체계를 몇 가지로 구분하고 각각의 유형에 알파벳을 붙여둔 것이다. 같은 이름의 펀드도 클래스가 다르다면 금융회사가 떼어가는 금액이 다르므로 수익률에 차이가 생긴다.

수수료는 펀드를 사고팔 때 내는 1회성 비용이다. 가입할 때 내는 선취 판매수수료, 환매할 때 내는 후취 판매수수료, 정해진 기간보다 미리 환매할 때 내는 환매수수료가 있다. 보수는 운용, 판매, 수탁 등 펀드를 굴려주는 대가로 해마다 지급하는 것이다.

판매수수료에 따른 클래스는 A(수수료 선취), B(수수료 후취), C(수수료 미징구), D(수수료 선후취)가 있다. A는 가입할 때 수수료를 먼저 떼기 때문에 보수는 다른 클래스보다 낮은 편이다. C는 선취 없이 투자기간에 비례해 수수료를 부과하는 상품이다. 보통 장기 투자라면 처음에 수수료를 떼는 대신 보수가 적은 A클래스, 단기 투자라면 판매수수료가 없고 보수를 좀 더 떼는 C클래스를 추천한다.

온라인 전용상품을 뜻하는 e(온라인)나 S(펀드슈퍼마켓)를 선택하면 수수료와 보수를 아낄 수 있다. A클래스와 C클래스 상품을 온라인용으로 내놨으면 Ae, Ce 식으로 표시한다. 이와 별도로 CDSC(보수체감), G(무권유저비용), P1(개인연금), P2(퇴직연금) 등도 있다. 연금 클래스는 장기 투자를 유도하기 위해 다른 클래스에 비해 보수가 더 낮다.

250

파생금융상품(financial derivatives)

주가, 금리, 환율 등 기초자산의 가치 변동에 따라 가격이 결정되는 금융상품. 선물과 옵션 등이 대표적이다.

경제기사 읽기

선물, 옵션 등 국내 파생상품시장이 쪼그라들고 있다. 투자자들이 해외 파생상품으로 눈을 돌리면서다. 한때 세계 1위였던 국내 파생상품시장 규모는 9위로 처졌다. 파생상품을 '투기적인 거래'로 접근한 금융당국의 규제 탓이 크다. 규제보다는 건전한 육성이 필요하다는 게 전문가들 견해다.

20일 금융투자협회에 따르면 올 들어 3월까지 국내 투자자의 해외 파생상품 거래액은 월평균 4074억달러(약 486조원)에 달했다. 사상 최대 규모다. 월평균 거래액은 4년 전보다 두 배가량 급증했다.

국내 파생상품 거래액은 매년 줄어드는 추세다. 2011년 1경6442조원에 달했지만 작년에는 1경982조원으로 33% 이상 줄었다. 지난해 국내 투자자들의 해외 파생상품 거래액(5704조원)은 국내 거래액의 절반에 육박했다.

국내 투자자들이 한국 파생상품시장을 외면하는 이유는 강도 높은 규제 때문이다. 금융당국은 투기적 거래를 막는다는 이유로 코스피200 옵션 승수 상향 조정(2012년), 기본예탁금 3000만원 예치(2014년) 등 규제를 잇달아 도입했다. 금융투자협회 관계자는 "거래 제한이 생긴 개인들은 너도나도 규제가 없는 해외 파생상품으로 눈을 돌리고 국내 시장은 거래 단위가 큰 외국인들 차지가 되고 있다"고 말했다.

— 임근호, 투자자 해외로 내쫓는 파생상품 '거미줄 규제', 〈한국경제〉, 2019.05.21

금융산업에서 한국이 1등하는 게 많지 않은데, 2009~2011년 파생금융상품

시장이 세계 1위였던 적이 있다. 2011년 국내 파생상품 거래액은 1경6442조원에 달했다. 코스피200 옵션은 세계에서 가장 인기 있는 상품으로 자리매김했다. 고위험 고수익의 주식워런트증권(ELW)도 개인투자자를 끌어모았다. 하지만 이후 파생시장 규모는 급격히 쪼그라들어 10위권 밖으로 밀려났다. 거래액은 전성기에 비해 30% 이상 줄었다.

파생금융상품은 주가, 금리, 환율 등의 변동으로 인해 기초자산의 가치가 달라지는 위험을 회피하기 위해 고안된 금융상품을 말한다. 숫자가 오르내리는 것이면 모두 기초자산으로 삼아 파생상품을 만들 수 있다. 대표적인 파생상품은 선물과 옵션이다. 선물은 미래 특정 시점에 현물을 넘겨준다는 조건으로 매매 계약을 맺는 것이다. 옵션은 특정 시점에 사고 팔 수 있는 권리를 매매하는 것이다. 살 수 있는 권리를 콜옵션(call option), 팔 수 있는 권리를 풋옵션(put option)이라 한다.

파생상품은 거래 당사자 간에 위험을 이전시키는 특성을 가지고 있다. 가격변화에 따른 위험을 줄이기 위한 거래를 헤지(hedge)라 부른다. 이와 동시에 투기적 성격이 강하고 가격을 조종하려는 세력이 많은 측면도 있다. 금융시장의 변동성을 확대시키는 요인으로 작용한다. 한 번 손실이 나면 크게 나기 때문에 개인투자자가 무턱대고 접근하기 힘든 영역이기도 하다.

한국 파생시장이 급격히 위축된 것은 이런 투기성을 문제 삼아 정부 규제가 강화된 영향이 컸다. 도이치증권의 옵션 쇼크, 키코(KIKO) 투자기업의 대규모 손실, 검찰의 ELW 수사 등이 이어지면서 파생상품에 대한 악화된 여론이 악화됐기 때문이다.

251

ELS/DLS(주가연계증권/파생결합증권)

ELS는 주가, DLS는 주가 이외 기초자산의 가격 움직임에 따라 수익률이 결정되는 상품.

경제기사 읽기

저금리 기조가 이어지면서 고위험 파생결합증권(DLS·ELS) 발행과 투자가 빠르게 증가하고 있다. 대규모 중도 환매가 발생하거나 기초자산 변동성이 급격히 확대될 경우 상품의 원금 손실 우려가 있으므로 시장의 불확실성에 유의해야 한다는 지적이 나온다.

26일 한국은행이 금융통화위원회에 보고한 '2019년 9월 금융안정상황'에 따르면 올해 7월 기준 파생결합증권 발행 잔액은 117조4,000억원으로 지난 2008년(26조9,000억원)에 비해 90조5,000억원 증가했다. 이는 연평균 약 20%씩 증가한 수치로 2008년 이후 최대치다. 예 · 적금금리가 1%대로 낮아지면서 고위험을 감수하면서 파생결합증권에 투자하려는 심리가 커지고 있는 것으로 해석된다. 주가와 연계된 ELS가 76조원으로 전체의 64.7%를 차지했으며 금리 · 신용위험 등을 기초자산으로 하는 DLS는 41조4,000억원으로 35.3%로 나타났다.

한은은 "고위험 파생결합증권에 투자한 사람들이 대규모로 중도 환매에 나서거나 기초자산 변동성이 확대될 경우 금융시장이 영향을 받을 수 있다"며 "특히 증권사는 상대적으로 유동성이 낮은 회사채 · 여전채 등 신용물 채권 매도에 어려움을 겪을 수 있다"고 분석했다.

— 백주연, DLS · ELS 잔액 117조… 금융위기 이후 최대, 〈서울경제〉, 2019.09.27

'은행 예 · 적금은 이자가 너무 짜고, 주식에 직접 투자하긴 부담스럽고….' 이런 생각에서 중위험 중수익 상품을 찾아나선 투자 초보들이 가장 많이 접하게 되는 상품이 ELS와 DLS다. 2003년 첫 등장 이후 '국민 재테크'라 불릴 정도로 인기를 누린 ELS 먼저 살펴보자.

ELS는 주가연계증권(Equity-Linked Securities)이라는 말대로 수익률이 주가와 연계해 수익률이 결정되는 상품이다. 일반 주식은 주가가 상승하면 이익, 하락하면 손해다. 하지만 ELS에서는 단순히 주가가 올랐냐 내렸냐는 중요하지 않다. 주가가 일정 기간 동안 정해진 범위 안에서 움직이면 약속한 수익을 받고, 범위를 벗어나면 손실을 본다. 수익률의 기준(기초자산)이 되는 주가는 코스피지수, 홍콩H지수 등 주가지수가 될 수도 있고 삼성전자, SK텔레콤 등 개별종목 가격이 될 수도 있다.

DLS는 ELS와 기초자산 종류만 다를 뿐 상품구조는 거의 같다. 주가가 아닌 원유, 금, 통화, 금리, 신용위험 등의 가격 움직임에 따라 수익률이 결정된다.

ELS와 DLS는 예측이 잘 맞으면 상대적으로 높은 수익률을 기대할 수 있다. 기초자산이나 지급조건을 바꾸면서 시장 상황에 유연하게 대처할 수 있는 점도 매력적이다. 금융회사들은 선물과 옵션 같은 다양한 파생금융상품을 활용해 ELS와 DLS를 만들어낸다. 다만 한 번 투자하면 중간에 돈을 빼는 데 제약이 있고, 원금 보장은 되지 않는다는 점을 유의해야 한다.

ELS와 DLS를 펀드에 담아 팔면 주가연계펀드(ELF)와 파생결합펀드(DLF)가 된다. 신탁으로 팔면 주가연계신탁(ELT)와 파생결합신탁(DLT)이 된다.

252

왝더독(Wag the dog)

'꼬리가 몸통을 흔든다'는 뜻. 증시에서는 선물시장이 현물시장에 큰 영향을 미치는 현상을 가리킨다.

경제기사 읽기

한국 증시도 알고리즘 투매와 상장지수펀드(ETF)의 역습에 안전지대는 아니다. 국내 주식시장에 투자하는 ETF 순자산이 1년여 만에 10조원 이상 불어나 액티브 주식형 펀드와 비슷한 규모로 커지면서다.

6일 펀드평가사 제로인에 따르면 국내 주식시장에 투자하는 162개 ETF의 순자산은 26조7778억원(지난 5일 기준)으로 집계됐다. 작년 초 16조4792억원에서 1년1개월 만에 62.49%(10조2986억원) 늘어났다. 국내 액티브 공모펀드(28조2680억원)의 94.72% 수준이다. 이 자금 대부분이 '코스피200'과 '코스닥150'지수에 몰려 있다.

ETF 순자산이 급증하면서 시장 전체에 영향을 주는 '큰손'으로 떠올랐다. 이른바 꼬리(ETF)가 몸통(지수)을 흔드는 '왝더독(wag the dog)' 현상이 벌어질 가능성이 있다는 지적이 나오는 이유다. 증권사가 ETF 현물을 사면 이 중 80~90%의 자금이 주식시장에 흘러들어간다. 증시에 자금이 유입되면 시장을 시가총액 순으로 밀어올리지만 반대일 경우 매도 물량이 급증한다. ETF 환매가 지수를 끌어내리면 손실을 본 투자자들이 ETF를 다시 파는 '악순환'으로 이어질 가능성이 있다.

— 김우섭, 국내 ETF 1년새 10조 급증… 시장 변동성 키워, 〈한국경제〉, 2018.02.07

1997년 나온 할리우드 영화 〈왝더독(WAG THE DOG)〉은 미국 대통령이 섹스 스캔들로 궁지에 몰리자 적대국과 참혹한 전쟁을 일으킨다는 내용을 담았다. 왝

11장 주식시장

더독은 꼬리가 몸통을 흔든다는 뜻으로, 주객(主客)이 전도된 상황을 말한다. 이 말이 정치적으로 쓰이면 사안의 본질을 흐리기 위해 연막을 치는 행위를, 주식시장에서는 선물시장이 현물시장을 뒤흔드는 현상을 뜻한다.

원래 증시에선 현물이 몸통, 선물이 꼬리다. 선물은 태생 자체가 현물거래의 위험을 줄이기 위해 개발된 파생상품이다. 현물은 계약을 체결하는 동시에 상품을 주고받는 것, 선물은 미래의 특정 시점에 특정 가격으로 상품을 사고팔기로 약속하는 것이다. 투자자들은 현물가격 급변으로 손실을 볼 가능성을 줄이는 헤지(hedge) 수단으로 선물을 활용하는 경우가 많다.

하지만 선물시장 규모가 커지면서 이제는 현물시장을 좌지우지하는 일도 가능해졌다. 선물과 현물의 가격차만 이용해도 돈을 벌 수 있기 때문이다. 어느 시장에서든 싼 물건을 사고 비싼 물건을 팔면 차익을 본다. 선물이 현물보다 싸면 선물을 사고 현물은 팔려는 수요가 늘고, 이렇게 되면 현물시장에 매도물량이 쏟아져 주가를 떨어뜨리는 요인이 된다. 반대로 선물이 현물보다 비싸면, 현물주식을 사려는 수요가 늘어 주가를 밀어올릴 수 있다.

왝더독 현상은 투자심리가 위축되고 증시 체력이 취약한 상황에서 주로 발생한다. 특히 기관투자자의 프로그램 매매 비중이 높아질수록 심해진다. 프로그램 매매는 컴퓨터에 미리 입력해 둔 조건이 충족되면 자동으로 거래하는 방식을 말한다. 컴퓨터가 선물 · 현물 가격을 봐가며 주문을 마구 쏟아내니 증시의 변동성이 높아지는 것이다. 주식시장이 강세를 보이고, 거래대금이 늘면서 프로그램 매매 비중이 줄면 왝더독 현상은 사그라든다.

참고로 선물 · 현물 가격에 관한 전문용어 몇 개를 보자. 선물가격에서 현물가격을 뺀 값, 즉 선물과 현물의 가격차는 베이시스(basis)라 부른다. 선물이 더 비싸 베이시스가 양(+)이면 콘탱고(contango), 현물이 더 비싸 베이시스가 음(-)이면 백워데이션(backwardation)이라 한다. 외울 필요는 없지만 어려운 기사엔 가끔 나오니 알아두면 좋다.

253

쿼드러플 위칭 데이(quadruple witching day)

주가지수 선물, 주가지수 옵션, 개별주식 선물, 개별주식 옵션의 네 가지 파생상품 만기일이 겹치는 날.

경제기사 읽기

14일 코스피지수가 '네 마녀의 심술'로 장 막판 하락 반전한 채 장을 마쳤다.

선물 · 옵션 동시 만기일인 이날 코스피지수는 11.07포인트(0.45%) 내린 2469.48로 장을 마감했다. 6.02포인트(0.24%) 오른 2486.57로 장을 시작한 코스피는 상승폭을 조금씩 키워 장중 한때 2514.61까지 올랐다. 이때까지만 하더라도 미국 중앙은행(Fed)이 12월 연방공개시장위원회(FOMC) 회의에서 기준금리를 1.25~1.50%로 인상한 게 불확실성이 해소된 것으로 받아들여졌다는 게 증권업계의 설명이다.

하지만 장 막판 프로그램 매도세가 대거 몰리자 동시호가 시간에 지수가 급락했다. 김용구 하나금융투자 연구원은 "장 후반 비차익거래를 중심으로 기관의 프로그램 매도세가 대규모로 몰렸다"며 "차익거래에서도 국가 · 지자체가 막판에 대거 순매도로 돌아섰다"고 설명했다.

— 김동현, 2500 넘었다가 장막판 급락… '네 마녀 심술'에 운 코스피, 〈한국경제〉, 2017.12.15

국내 증시에서 매년 3, 6, 9, 12월 둘째 주 목요일은 '네 마녀의 날'로 불린다. 마치 네 마녀가 빗자루를 타고 날아다니는 듯 혼란스럽다고 해서 이렇게 부른다. 정식 명칭은 쿼드러플 위칭 데이. 판타지 영화 제목 같은 낭만적인 이름이지만 투자자들에겐 불안불안한 날이다. 이날은 주가지수 선물, 주가지수 옵션, 개별주식 선물, 개별주식 옵션이라는 네 가지 파생상품의 만기가 동시에 돌아온다. 그 영향으로 주식시장이 어느 방향으로 움직일지 예측이 어렵다.

선물과 옵션은 미래의 거래를 미리 약속하는 파생상품이다. 계약은 미리 맺지만 돈이 오가는 거래는 만기 때 이뤄진다. 만기가 다가오면 주가지수나 개별 주식에 연계된 선물 · 옵션 거래에서 이익을 실현하기 위해 현물 주식을 팔거나 사려는 물량이 급격히 늘거나 줄어든다. 그래서 주가가 과도하게 오르락내리락하는 일이 심심찮게 벌어진다.

선물 · 옵션을 많이 들고 있는 기관투자자들은 만기를 연장할 수도 있고, 물량을 그대로 시장에 쏟아낼 수도 있다. 주식 공급이 급증하면 가격은 뚝 떨어지게 된다. 물론 주가가 무조건 폭락한다는 보장은 없다. 기관들이 쏟아낸 우량주식을 저가 매수하려는 수요도 함께 몰리기 때문이다. 평소와 크게 다르지 않은 보합세를 보이기도 한다.

위칭 데이라는 말을 처음 만든 곳은 월스트리트다. 미국 투자자들은 선물 · 옵션 만기가 겹치는 날 유독 주식시장 변동성이 크다는 사실을 경험적으로 발견해 냈다. 과거에는 주가지수 선물, 주가지수 옵션, 개별주식 옵션만 거래했기 때문에 '트리플(triple) 위칭 데이'로 불렸다. 미국에서 2002년, 한국에선 2008년 개별주식 선물이 추가되면서 쿼드러플 위칭 데이가 됐다. 다만 주식옵션 거래량이 많지 않은 편이라 트리플 위칭 데이와 사실상 큰 차이는 없다.

254

팻 핑거(fat finger)

금융상품 거래 과정의 주문 실수. 손가락이 굵어 키보드를 잘못 눌렀다는 데서 유래했다.

경제기사 읽기

파생상품 거래로 거액의 손실을 봤던 한맥투자증권이 결국 파산했다.

17일 서울중앙지법 파산12부(이재권 부장판사)는 전날인 지난 16일 한맥투자증권에 대해 파산을 선고하고 예금보험공사를 파산관재인으로 선임했다고 밝혔다.

한맥투자증권은 2013년 12월12일 파생상품 자동주문 프로그램 설정 값을 잘못 입력해 대규모 착오거래를 발생시켜 약 463억원의 매매손실을 입었고 그 결과 부채가 자산을 약 311억원 초과하게 됐다. 이로 인해 지난해 1월15일 금융위원회로부터 부실금융기관 결정과 영업정지, 경영개선명령 등을 받았고 자본금 증액 등 경영개선명령의 이행 가능성이 희박하게 돼 지난해 12월24일 금융투자업 인가 취소를 받았다. 금융위는 지난달 16일 서울중앙지법에 파산을 신청했다.

— 김연하, '463억 주문 실수' 한맥투자증권 결국 파산, 〈서울경제〉, 2015.02.18

PC나 스마트폰을 쓰다가 황당한 오타를 낸 경험, 누구나 한 번쯤 있을 것이다. 지인과의 단톡방에서 생긴 실수라면 웃고 넘기면 되지만 금융시장에서는 한 번의 오타가 돌이킬 수 없는 결과를 불러올 수 있다. '굵은 손가락'이라는 뜻의 팻 핑거는 금융회사 직원들이 거래 과정에서 주문을 잘못 입력해 생긴 사고를 뜻한다. 의도하지 않은 단순 실수일 때 쓰는 말이다.

유명한 팻 핑거 사례는 2010년 5월 미국에서 벌어진 '플래시 크래시' 사건이다. 한 투자은행 직원이 주식을 파는 주문을 내다가 m(100만)을 누른다는 게 b(10억)를 누르는 실수를 했다. 너무나도 비정상적인 주문이 튀어나오자 여러 금융회사의 프로그램 매매 알고리즘이 연쇄적으로 작동했다. 다우지수가 15분 만에 9.2% 폭락하면서 시장 전체가 혼란에 빠졌다.

국내에는 팻 핑거 때문에 망한 회사도 있다. 기사에 등장한 한맥투자증권의 한 직원은 옵션상품 만기일을 365일이 아닌 0일로 잘못 입력하는 사고를 내 하루 만에 463억원의 손실을 냈다. 이 회사는 증권사들과 협상해 잘못 거래한 금액의 일부를 돌려받았지만, 외국인 투자자에게선 끝내 돈을 돌려받지 못해 파산하고 말았다. 회사 측은 "미국계 헤지펀드가 특정 회사의 주문 실수를 노리고 뿌려둔 덫에 걸렸다"고 억울함을 호소했다. 하지만 엎질러진 물을 주워담을 수 없었다.

파생상품 시장이 커지고 초단타 거래가 늘면서 팻 핑거의 저주는 곳곳에 도사리고 있다. 정부가 비정상적인 가격으로 성립된 거래를 취소할 수 있도록 하는 등의 보완장치를 도입하기도 했지만 한계가 있다. 아무리 단순 실수라 해도, 투자자의 소중한 돈을 다루는 금융회사에서 팻 핑거는 용납될 수 없는 일이다. 정신을 바짝 차리는 수밖에 없다.

1000
10000
FG760337G
日本銀行券
BK34605051
10

12장 기업을 중심으로 한 돈의 흐름 자본시장

255

회사채/기업어음(corporate bond/commercial paper)

회사채는 기업이 장기자금 조달을 목적으로 발행하는 채권, 기업어음(CP)은 단기자금 조달을 위해 발행하는 어음.

경제기사 읽기

우량 기업들의 기업어음(CP) 발행이 늘고 있다. 신종 코로나바이러스 감염증(코로나19) 확산으로 회사채 시장이 얼어붙으면서 단기 차입이 유리해진 결과라는 분석이다.

20일 한국예탁결제원에 따르면 국내 최상위 신용등급(A1) 일반 CP 발행잔액은 이날 약 53조4700억원에 달했다. 3개월 전인 1월 20일 44조9700억원 대비 18.9% 늘었다. 이달 들어 SK에너지와 SK이노베이션, GS리테일, KCC 등이 회사채의 대체 자금조달 성격인 만기 6개월 이상 CP를 발행한 것으로 나타났다.

기업 자금담당자들은 최근 장기 회사채 발행 추진에 큰 부담을 느끼고 있다. 투자수요 위축으로 채권평가사가 제시하는 적정 금리(민평금리)보다 높은 금리를 얹어주지 않으면 모집금액을 채우기 어려워서다. 'AA급' 우량 신용등급을 갖춘 롯데쇼핑과 호텔신라, SK에너지는 이달 3년 만기 회사채 희망공모금리로 민평금리 대비 최고 0.60%포인트의 가산금리를 각각 제시했다.

— 김은정 · 김진성, "회사채 흥행 불확실"…CP로 자금 조달하는 기업들, 〈한국경제〉, 2020.04.21

기업들이 사업자금을 조달하는 방법은 여러 가지가 있다. 가장 손쉬운 방식은 은행에서 대출받는 것(간접금융)이다. 하지만 주식이나 회사채, 기업어음(CP) 등을 발행하는 방식(직접금융)도 많이 활용되고 있다. 회사채와 CP는 투자자에게서 돈을 빌린다는 점은 비슷하지만 만기와 발행방식에서 차이가 있다. 통상 회사채는 만기 3년 이상인 장기자금, CP는 1년 미만인 단기자금을 조달하는 데 쓴다. CP는 회사채에 비해 발행절차가 간단하고 규제가 적다는 것도 큰 차이점이다.

회사채는 채권의 일종이다. 원금, 이자, 만기 등을 정해놓고 돈을 빌리면서 써주는 차용증이라 할 수 있다. 정부가 발행하는 채권은 국채, 금융회사가 발행하는 채권은 금융채이고 일반적인 주식회사가 발행하는 채권이 회사채다. 회사채 발행과 주식 발행이 다른 점은 돈을 갚아야 할 시점이 정해져 있고, 이익이 나든 안 나든 확정된 이자를 지급해야 한다는 점이다. 주식을 가진 주주는 회사 경영에 참여할 권리를 얻지만, 채권을 산 투자자는 경영권에 간섭하거나 배당을 요구할 수 없다는 것이 기업 입장에선 매력적이다.

하지만 세상에 공짜는 없다. 기업 신용을 믿고 장기간 돈을 빌려주는 상품인 만큼 회사채 발행은 깐깐한 절차를 거친다. 이사회 결의가 필요하고, 증권사로부터 기업 실사를 받아야 하며, 금융당국에 증권신고서도 제출해야 한다. 또 증권사는 회사채 발행을 앞두고 기관투자자를 대상으로 수요예측을 벌이는데, 이 과정에서 발행물량과 금리가 정해진다. 투자자들은 신용평가회사가 매긴 기업의 신용등급 등을 참조한다. 반응이 시큰둥하면 회사채 발행이 무산되기도 한다.

반면 CP는 의사회 의결 없이 대표이사가 도장만 찍어도 발행할 수 있다. 만기 1년 미만이면 증권신고서를 낼 필요도 없다. 기업 입장에선 자금 조달이 쉽고, 투자자 입장에선 짧은 기간에 은행보다 높은 수익률을 얻을 수 있다는 게 CP의 장점이다. 물론 담보가 없는 만큼 아무 회사나 CP를 찍어낼 수 있는 건 아니다. 기업 신용등급이 A는 돼야 잘 유통된다.

중소기업이 거래처에서 받은 상업어음을 은행에 가져가 현금화(어음 할인)하듯, 기업이 발행한 CP는 증권사가 할인한 가격에 사들인 뒤 여러 기관투자자와 개인에게 쪼개판다. 수익률에만 혹해 CP에 덜컥 투자했다간 낭패를 볼 수도 있다. STX, LIG, 웅진, 동양 등이 줄줄이 부실화됐던 2010년대 초 이들 기업의 CP를 산 개인투자자들이 큰 피해를 봤다.

256

CB(Convertible Bond, 전환사채)

발행기업의 주식으로 전환할 수 있는 권리가 붙은 회사채.

경제기사 읽기

드라마 '밥 잘 사주는 예쁜 누나'의 주인공 정해인 소속사로 주목받았던 에프엔씨엔터테인먼트가 지난해 영업 적자로 돌아섰다. 여기에 150억원 규모 전환사채(CB)까지 발행하기로 하면서 주가에 부담이 될 것이란 분석이 나온다.

에프엔씨엔터는 지난해 4월 정해인이 드라마 '밥 잘 사주는 예쁜 누나'를 통해 스타덤에 오르면서 한때 1만3000원대까지 치솟았다. 이후 리더 정용화를 필두로 씨앤블루 멤버들이 줄줄이 군 입대하면서 실적에 대한 기대가 크게 낮아졌다. 한 증권사 관계자는 "내년 씨앤블루 복귀 전까진 음반과 공연 부문에서 이익을 내기가 쉽지 않을 것"이라고 말했다.

대규모 CB 발행도 부담이다. 이번에 발행되는 CB에는 주가가 하락할 경우 전환가를 낮춰 더 많은 신주를 발행할 수 있도록 전환가액 조정(리픽싱) 조항이 있다. 앞으로 에프엔씨엔터 주가가 하락해 리픽싱으로 신주 발행 규모가 늘어나면 기존 주주의 지분가치는 그만큼 희석되는 셈이다.

— 오형주, 실적 악화 · CB 발행 '겹악재'…에프엔씨엔터 주가 제동 걸리나, 〈한국경제〉, 2019.03.11

기업이 발행한 회사채는 "돈을 빌려 쓰고, 나중에 갚겠다"고 약속하는 증서다. 그런데 만기가 다가올 때 투자자에게서 빌린 돈을 꼭 현금으로만 갚아야 할까? 주식으로 갚아도 되지 않을까? 이런 생각에서 만들어진 회사채가 전환사채(CB)다. CB는 '전환'이란 말에서 알 수 있듯, 미리 정해둔 조건에 따라 주식으로 전환할 수 있는 선택권이 부여된 회사채를 말한다.

예를 들어 만기 1년, 만기보장수익률 10%, 전환가격 1만원 조건으로 발행된 CB가 있다. 투자자에겐 두 가지 선택지가 있다. 우선 1년 동안 주가가 1만원을 밑돌면 주식으로 바꾸지 않고 만기까지 그냥 채권으로 보유해 10% 이자를 받고 거래를 끝낸다. 만약 주가가 상승해 5만원이 됐다면 CB를 주식으로 전환해 시장에 내다팔면 4만원의 차익을 볼 수 있다. 선택하기에 따라 주식이 될 수도, 채권이 될 수도 있는 카멜레온인 셈이다.

투자자 입장에서 CB의 매력은 채권의 확정이자와 주식의 시세차익을 동시에 노릴 수 있다는 것이다. 채권 자체가 주식으로 바뀌기 때문에 주식 사는 돈이 더 들어가지도 않는다. 하지만 주식 전환권을 얻는 조건으로 채권금리는 일반 회사채보다 낮다. 신용등급이 낮은 기업도 CB를 발행할 수 있다는 점 역시 유의해야 한다.

기업 입장에서 CB의 장점은 일반 회사채보다 적은 비용으로 자금을 조달할 수 있다는 것이다. 주식 전환권이 덤으로 붙어있기 때문에 금리를 낮게 줘도 사겠다는 사람이 나온다. CB가 주식으로 전환되면 회계장부에서 부채(회사채)가 자본(주식)으로 바뀌므로, 부채비율(=부채÷자본)이 낮아져 재무구조가 개선되는 효과도 얻을 수 있다. 다만 경영권이 흔들릴 위험은 감수해야 한다. CB를 왕창 사들인 투자자가 주식으로 전환하면 기존 주주들의 지분율은 낮아지고, 극단적인 경우 최대주주가 바뀔 수도 있다. 또 전환권 행사로 주식물량이 늘어나면 주가 하락 요인으로 작용한다.

유상증자를 통한 자금조달이 어려운 부실기업이나, 신사업을 앞두고 장기자금이 필요한 벤처기업들이 CB를 많이 활용한다. 경기가 좋지 않아도 기업의 CB 발행이 늘어나는 경향이 있다. 이 금융상품은 삼성의 경영권 편법승계 논란으로 이어진 1990년대 '삼성에버랜드 CB 사건'을 계기로 사회적 주목을 받은 적이 있다.

257

BW(Bond with subscription Warrant, 신주인수권부사채)

발행기업의 주식을 매입할 수 있는 권리가 붙은 회사채.

경제기사 읽기

유가증권시장 상장사 금호전기가 3개월 만에 또다시 200억원 규모의 공모 신주인수권부사채(BW)를 발행한다. 향후 신주 발행에 따른 주가 희석 부담이 한층 더 커질 것으로 전망된다.

16일 투자은행(IB)업계에 따르면 금호전기는 이르면 이달 안에 200억원 규모의 공모 BW를 찍을 계획이다. 최근 국내 신용평가사로부터 신용등급을 'B(안정적)'로 평가받고 본격적인 발행 작업에 들어갔다. 조만간 만기, 금리, 신주인수권 행사가격 등 발행 조건을 정할 것으로 알려졌다.

잇따른 BW 발행으로 투자자를 모으는 게 녹록하지 않을 것이라는 관측도 나온다. 이 회사는 지난해 10월에도 5년 만기의 공모 BW 200억원어치를 발행했다. 만기 수익률은 5%, 표면 금리는 3%로 다소 높게 책정됐다. 연이은 BW 발행으로 주가 희석 부담이 커졌다. 작년 10월 발행한 BW는 당시 주식 총수 대비 29.23%에 달하는 288만1844주로 전환이 가능하다. 이번 BW도 비슷한 규모의 신주로 전환할 수 있는 조건이 붙을 전망이다.

— 김병근, 잇단 BW에 짓눌린 금호전기, 대규모 주식전환 가능성 우려, 〈한국경제〉, 2019.01.17

신주인수권부사채(BW)는 주식과 채권의 중간 성격을 띠고 있다는 점에서 전환사채(CB)와 함께 자주 언급된다. BW와 CB 모두 기업들이 즐겨 쓰는 자금조달 방식인데, 차이점은 있다. CB는 기업의 기존 주식(보통주)으로 바꿀 수 있는 선택권을 준다는 것, BW는 기업이 새로 발행하는 신주(新株)를 살 수 있는 선택권을 준다는 것이다.

예를 들어 주식을 주당 1000원에 인수할 권리가 부여된 BW가 있다. BW를 구입한 투자자는 이 회사 주가가 2000원으로 올랐다면 자신의 권리를 행사, 시장 가격의 반값에 주식을 살 수 있다. 주가가 1000원보다 낮다면 신주인수권을 행사하지 않고 만기까지 그냥 채권으로 보유, 약속된 원금과 이자를 받을 수 있다.

BW의 또 다른 매력은 B(bond)와 W(warrent)를 쪼갤 수 있다는 점이다. 채권과 신주인수권을 떼어내 따로 거래할 수 있는 BW를 '분리형 BW'라 한다. 분리형 BW에 투자하면 신주인수권만 팔아 투자비용을 아끼거나, 채권을 팔아 주가 시세차익만 노리는 게 가능해진다. 분리형 BW 발행은 오너 일가의 지배력 확장에 악용된다는 지적이 많아 2013년 금지됐다가 2015년 다시 허용됐다.

기업이 BW를 활용하면 일반 회사채보다 적은 비용으로 자금을 조달할 수 있다. 신주인수권을 주는 조건으로 금리가 낮기 때문이다. 신주인수권 행사가 대규모로 이뤄지면 기존 주주들의 지분율은 떨어지게 된다. CB는 주식 전환 후 부채(채권)가 자본(주식)으로 바뀌면서 기업의 재무구조가 개선되는 효과가 있지만, BW는 신주인수권 행사 이후에도 부채(채권)가 그대로 남게 된다. 투자자 입장에서는 CB는 주식 전환에 돈이 더 들지 않지만, BW는 주식을 살 권리만 받기 때문에 실제 주식을 취득하려면 자금이 더 필요하다는 점이 다르다.

BW와 CB처럼 채권과 주식의 성격을 동시에 가진 상품에 투자하는 것을 메자닌(Mezzanine)이라 부른다. 메자닌은 건물 1층과 2층 사이에 있는 라운지를 뜻하는 이탈리아 건축용어. 발행기업의 채무불이행 가능성을 꼼꼼히 따져보는 게 메자닌 투자의 관건이다.

258

ABS(Asset Backed Securities, 자산유동화증권)

대출채권, 외상매출금, 부동산 등 각종 자산을 담보로 발행하는 증권. 당장 현금화가 어려운 자산을 활용해 자금을 조달하는 데 쓴다.

경제기사 읽기

7000억원 규모 아시아나항공 자산유동화증권(ABS) 투자자들의 불안감이 커지고 있다. 신종 코로나바이러스 감염증(코로나19) 확산으로 공항에 머무는 비행기가 늘어나서다. ABS 원리금을 갚을 재원인 항공운임 매출이 회복되지 않으면 4월 이후 '조기 지급 조건'이 발동돼 회사 재무 상황을 압박할 수 있다는 우려가 나온다.

12일 한국거래소에 따르면 아시아나항공이 장래매출채권을 담보로 발행한 색동이 시리즈 ABS 중 '색동이제22차1-16호'의 장내 매매 평균가격은 전날보다 130원(1.3%) 하락한 9900원 수준을 나타냈다. 지난달부터 내리기 시작해 1월 말 최고 1만700원 대비 7% 넘게 떨어졌다. 다른 70여 종의 색동이 시리즈 ABS 가격도 비슷한 움직임을 보이고 있다.

신용평가사들에 따르면 지난달 아시아나항공의 ABS 관련 항공운임 매출은 1월 대비 40~50% 감소했다. ABS는 과거 매출 실적을 고려해 필요한 원리금의 5배수 정도의 장래 매출 실적을 담보로 잡아놓기 때문에 투자자들이 당장 돈을 떼일 걱정은 없다. 문제는 ABS에 달린 조기 지급 계약이다. 나이스신용평가에 따르면 실제 매출이 ABS 원리금 회수에 필요한 금액의 3배수 밑으로 내려와 3개월 연속 개선되지 않으면 조기 지급 계약 조항이 발동될 수 있다. 이 경우 아시아나항공은 투자자들에게 추가 담보를 제공해야 한다.

— 이태호, "비행기 떠야 하는데"…불안한 아시아나 ABS 투자자들,
〈한국경제〉, 2020.03.13

수천개였던 과거보단 줄었다지만 전국에는 여전히 1000개 넘는 전당포가 성업 중이다. 전당포는 값나가는 물건은 많은데 현금이 부족한 사람이 보석, 시계, 명품백 등을 맡기고 돈을 빌려쓰는 곳이다. 기업 중에서도 자산이 많고 사업도 잘 되는데 당장 융통할 현금이 아쉬운 곳이 있다. 이럴 때 자금조달 수단으로 유용하게 쓰이는 금융기법이 자산유동화증권(ABS)이다.

ABS는 대출채권, 외상매출금, 부동산 등 미래에 현금흐름이 발생할 수 있는 자산을 담보로 미리 돈을 당겨쓰기 위해 발행하는 증권이다. 예를 들어 밀가루 구입에 100억원이 필요한 제과업체 A를 보자. A는 150억원짜리 빌딩이 있지만 이런 비싼 건물을 팔려면 시간이 한참 걸린다. A는 빌딩을 처분할 권리를 다른 업체에 맡기고, 이 빌딩을 담보로 원금과 이자를 갚겠다는 1000만원짜리 증서 1000장을 만들어 판다. 회사가 망해도 150억원짜리 건물이 있으니 안심하고 응하는 투자자가 나온다. A는 나중에 과자를 팔아 번 돈으로 원리금을 갚고 빌딩을 되찾아온다. 이런 원리로 발행 · 유통되는 증서가 ABS다.

ABS는 담보로 삼는 자산에 따라 여러 종류가 있다. 주택저당채권이 담보면 주택저당증권(MBS), 회사채면 채권담보부증권(CBO), 은행 대출채권이면 대출채권담보부증권(CLO)이라 부른다. 2019년 국내 ABS 발행액은 51조7000억원. 카드사는 결제일에 가입자들한테서 받을 카드대금, 항공사는 예매를 마친 티켓값, 통신사는 2년 간 거둬들일 스마트폰 할부대금 등으로 ABS를 활발하게 발행하고 있다. 서민에 최장 30년까지 주택자금을 빌려주는 주택금융공사는 MBS로 미래 자금을 조기 회수해 대출재원으로 삼는다.

ABS의 매력은 현금화가 힘든 자산을 쉽게 사고팔 수 있는 증권으로 바꾸는 '유동화'를 통해 자금에 숨통을 트여준다는 점이다. 여러 개의 ABS를 묶어 부채담보부증권(CDO)이라는 또다른 채권을 발행할 수도 있다. CDO를 또 묶어 2차, 3차 CDO도 만들 수 있다. 2008년 부실 CDO에 거액을 투자했던 리먼브러더스의 파산은 세계 금융위기의 단초를 제공하기도 했다.

259

영구채(perpetual bond, 신종자본증권)

만기가 사실상 영구여서 원금 상환 없이 이자만 계속 지급하는 회사채.

경제기사 읽기

회계처리 방식을 둘러싼 논란에도 불구하고 기업들의 영구채(신종자본증권) 발행이 줄을 잇고 있다. 금융당국이 영구채를 회계상 부채로 볼 수 있다는 뜻을 내비쳤지만, 제도 변경까지 상당 기간이 걸릴 것으로 판단한 기업들이 영구채를 계속 활용하고 있다는 분석이다. 영구채는 발행회사의 결정에 따라 만기를 연장할 수 있어 현재 회계상 자본으로 인정받고 있다.

27일 투자은행(IB)업계에 따르면 CJ대한통운은 29일 3500억원 규모 영구채를 발행할 계획이다. 만기는 30년이며 5년 뒤 CJ대한통운이 조기상환권(콜옵션)을 행사할 수 있는 권리가 붙어 있다. 지난해 12월 영구채 2000억원어치를 발행했던 이 회사는 추가 자본 확충을 통해 재무구조를 개선하기로 했다. CJ대한통운의 부채비율은 인수합병(M&A) 및 투자에 따른 차입 증가로 2015년 말 89.8%에서 지난해 말 150.9%로 증가했다.

이마트는 다음달 말 4000억원 규모 영구채를 발행한다. 이마트는 최근 국내 증권사 두 곳을 주관사로 선정하고 발행 작업에 들어갔다.

— 김진성, 회계처리 방식 논란에도…잇단 영구채 발행, 〈한국경제〉, 2019.03.28

두산그룹 계열의 기계회사인 두산인프라코어는 2012년 10월 국내 기업 최초로 영구채라는 낯선 이름의 회사채를 발행했다. 일반적인 채권은 사전에 정한 만기가 다가오면 원금과 이자를 갚아야 한다. 두산이 발행한 이 채권의 만기는 30년이고 회사가 마음대로 연장할 수 있어 사실상 영구(永久)였다. 영원히 이자만 갚을 수 있다는 얘기다. 두산 이후 5년 간 국내 기업들은 30조원 넘는 영구채를 발행해 자본조달에 쏠쏠히 활용했다.

영구채는 주식과 채권의 성격을 동시에 띤다고 해서 신종자본증권(하이브리드 채권)으로도 불린다. 가장 큰 특징은 채권으로 조달한 자금이 국제회계기준(IFRS)상 부채가 아닌 자본으로 분류된다는 것이다. 기업 입장에선 은행 차입처럼 부채비율이 늘지도 않고, 유상증자처럼 지배구조에 변동을 주지도 않으니 일석이조다. 5년 정도 지나면 발행회사가 조기 상환할 수 있다는 콜옵션을 붙여 자금사정이 좋아지면 쉽게 갚을 수도 있다.

투자자 입장에선 우량기업 채권으로 높은 수익률을 기대할 수 있다는 게 장점이다. 영구채는 발행회사 파산 시 변제순위가 뒤로 밀리는 점을 반영해 금리가 보통 회사채보다 높다. 조기 상환이 이뤄지지 않으면 이자는 더 올라간다.

이래저래 장점이 많은 채권이지만 논란도 거셌다. 회계장부에서 영구채를 부채가 아닌 자본으로 처리하는 것이 과연 적절하냐는 지적이 많았다. 일단 금융당국이 나서 자본으로 인정해주면서 논쟁은 정리되는 듯 했다. 하지만 2018년 국제회계기준위원회(IASB)는 기업을 청산할 때 발행자가 갚아야 하는 금융상품이라면 부채로 봐야 한다는 입장을 표명했다. 이런 원칙에 따라 향후 영구채의 분류가 부채로 바뀔 가능성도 남아 있다.

260

코코본드(contingent convertible bond, 조건부자본증권)

유사시 투자원금이 주식으로 강제 전환되거나 상각된다는 조건이 붙은 회사채.

경제기사 읽기

국내외 시중금리가 급격하게 상승(채권 가격 하락)하면서 비교적 높은 이자를 받을 수 있는 고금리 채권 수요가 늘고 있다. 예상보다 가파른 금리 상승에 놀란 글로벌 주식시장이 큰 폭의 조정을 받자 발 빠른 일부 시중 유동자금이 채권시장으로 몰려들고 있다는 분석이 나온다. 개인투자자들은 분산투자 차원에서 '위험 자산'인 주식과 달리 고정된 수익을 안정적으로 올릴 수 있는 채권에 관심을 보이고 있다.

증권사 창구를 통해 고금리 회사채를 매입하는 개인도 늘고 있다. DGB금융지주가 1500억원 규모의 조건부자본증권(코코본드)을 발행하기 위해 지난달 31일 벌인 수요예측(사전 청약)에는 3040억원의 매수 주문이 몰렸다. DGB금융지주의 코코본드 발행을 주선한 KB증권 관계자는 "개인 대상 소매 판매(리테일) 물량을 확보하려는 증권사들이 약 2000억원의 주문을 넣었다"고 했다. 이 채권의 표면금리는 연 4.47%다. 앞서 지난달 22일 DGB금융지주 자회사 대구은행이 1000억원어치 코코본드를 발행하기 위해 한 수요예측에도 다수 증권사가 각각 수백억원의 '사자' 주문을 냈다.

— 하헌형 · 김진성, 금융 불안에 안전자산 부각… 주식서 채권으로 '머니 무브' 조짐, 〈한국경제〉, 2018.02.07

은행들은 자본을 확충하기 위해 코코본드라는 유가증권을 발행하고 있다. 코코본드는 금융회사가 발행하는 채권의 일종이다. 평상시에는 채권이지만, 특정한 사유가 발생했을 때는 투자자가 보유한 채권을 주식으로 강제 전환하거나 돈을 갚지 않을 수 있다는 조건이 붙어 있다. 여기서 '특정 사유'는 코코본드를 발행할 때 미리 약속하는데, 자기자본비율이 일정 수준 이하로 떨어지거나 공적자금이 투입되는 등 은행이 부실화되는 상황으로 정해진다.

코코본드는 경우에 따라 주식으로 바뀔 수 있다는 점에서 전환사채(CB)와 비슷한 면이 있다. 다만 CB는 투자자가 원할 때 전환하는 것이고, 코코본드는 발행기업이 강제로 바꾸는 것이 다르다.

코코본드로 조달한 자금은 은행의 회계장부에 부채가 아닌 자본으로 잡히기 때문에 재무건전성을 개선하는 효과를 낸다. 만에 하나 망한다 해도 원금을 갚을 필요가 없다. 영구채와 똑같이 사실상 만기가 없는 형태로 발행할 수도 있다. 발행기업에 일방적으로 유리한 상품으로 보이지만 그래도 잘 팔린다. 요즘 은행들의 재무건전성이 대체로 좋고, 현실적으로 은행이 망할 가능성은 높지 않기 때문에 코코본드에 관심을 갖는 투자자가 많다.

코코본드는 2008년 금융위기로 은행들이 줄줄이 부실화되자 새로운 국제 은행감독기준인 '바젤Ⅲ'가 적용되면서 등장했다. 이전까지 은행이 자본을 늘리는 주요 수단 중 하나는 후순위채였다. 하지만 바젤Ⅲ에서는 후순위채를 자본으로 인정하지 않는 대신 코코본드로 강화된 자본요건을 충족할 수 있도록 했다. 세계 최초의 코코본드는 2009년 영국 로이드은행이 발행했다. 국내에서는 2014년 JB금융지주가 첫 코코본드를 선보였다.

261

후순위채(subordinated bonds)

발행기업이 파산할 경우 다른 채권자의 부채를 모두 청산한 다음 마지막으로 상환받을 수 있는 채권.

경제기사 읽기

하나금융투자가 창사 이후 최대 규모 후순위채를 발행한다. 공격적으로 해외 부동산 투자를 확대하는 과정에서 하락한 순자본비율(NCR)을 개선하기 위해서다.

20일 투자은행(IB)업계에 따르면 하나금융투자는 이달 28일 5년6개월 만기 후순위채 3000억원어치를 발행할 계획이다. 채권 금리는 민간 채권평가사들이 시가평가한 5년 만기 'AA-'등급 회사채 금리에 0.9~1.4%포인트를 더한 수준으로 결정할 방침이다. 지난 17일 기준으로 추산하면 연 2.86~3.36% 수준이다. 국내 신용평가사들은 하나금융투자가 이번에 발행 예정인 후순위채 신용등급을 기업 신용도(AA)보다 한 단계 낮은 'AA-'로 매겼다.

하나금융투자가 전례 없던 대규모 후순위채 발행에 나선 것은 재무건전성을 개선하기 위해서다. 지난해 말 1176%였던 이 증권사 NCR은 올 6월 말 849%로 떨어졌다.

— 김진성, 하나금투, 창사 최대 3000억 후순위채 발행, 〈한국경제〉, 2019.10.21

중세시대 이탈리아 상인들은 사업이 망했을 때 물건을 진열하던 좌판을 부숴 버림으로써 더 이상 장사를 할 수 없음을 알렸다고 한다. 부숴진 벤치(banca rotta)는 파산을 뜻하는 영단어(bankruptcy)의 어원이 됐다. 우리 조상들은 빚을 감당하지 못하면 소위 빚잔치라는 걸 했다. 몰려온 빚쟁이들에게 그나마 남은 세간을 전부 내어주고 빚을 청산하는 것이다.

오늘날 기업이 파산하면 법에 따라 '질서정연한 빚잔치'가 이뤄진다. 회사 보유자산을 모두 처분한 뒤 채권자와 주주들이 순서대로 나눠 갖는다. 우선 이 기업이 발행한 회사채를 갖고 있는 사람에게 우선권이 있다. 주주는 그 다음이다. 채권 소유자에게 돈을 다 돌려준 뒤 그래도 재산이 남으면 지분율만큼 나눠 갖는다.

그런데 채권 투자자 사이에도 우선순위가 또 있다. 원리금을 먼저 변제받는 채권을 선순위채, 그보다 늦게 변제받는 채권을 후순위채라 부른다. 채무변제 순위가 밀리는 탓에 후순위채 이자율은 일반적인 채권보다 높다. '고위험 고수익' 원칙을 떠올리면 당연한 얘기다.

후순위채는 금융지주, 은행, 증권사, 보험사 등 금융회사들이 발행한다. 자본을 확충해 국제결제은행(BIS) 자기자본비율, 순자본비율(NCR), 지급여력(RBC)비율 등의 업종별 재무건전성 지표를 개선하려는 목적에서다. 후순위채는 만기가 되면 갚아야 하는 부채의 성격이 있지만 회계처리할 때는 자본으로 인정된다.

후순위채는 우량 금융회사의 자금조달 수단으로 많이 활용되고 있다. 하지만 2010년 초 일부 부실 저축은행이 발행한 후순위채는 개인투자자에 큰 손실을 안기기도 했다. 금융회사가 망하면 휴지조각에 가까워지는 후순위채의 속성 때문이다. 당시 저축은행들은 후순위채가 예금자보호대상이 아니라는 사실을 알리지 않은 채 금융지식이 부족한 중장년층에 무분별하게 팔았다. 이 사건은 역대 최악의 불완전판매 사례 중 하나로 기록돼 있다.

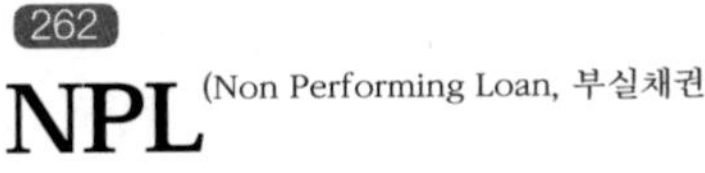

262

NPL (Non Performing Loan, 부실채권)

원리금 상환이 3개월 이상 밀린 대출채권.

경제기사 읽기

부실채권(NPL) 전문 투자회사들의 물량 확보 경쟁이 뜨겁다. 연평균 5조원 규모인 NPL시장이 경기 침체로 크게 성장할 것으로 보고 시장 선점에 나섰다는 분석이다.

7일 금융투자업계에 따르면 하나은행 자회사인 하나에프앤아이(옛 외환캐피탈)는 작년에만 약 5700억원(채권 원금 기준 약 7000억원) 규모 NPL을 새로 사들였다. 올 3월 말 현재 보유 NPL 자산총액은 7787억원으로, 2016년 4572억원에서 2년여 만에 70% 급증했다.

후발 업체들이 공격적으로 시장에 뛰어들면서 1위인 연합자산관리와 2위 대신에프앤아이 점유율은 완만한 감소세다. 8개 은행을 주주로 두고 있는 연합자산관리는 2018년 NPL시장(입찰 물량)의 40%를, 대신에프앤아이는 20%를 점유했다. 2008년 글로벌 금융위기 직후 두 회사 점유율이 80%에 달했던 점을 감안하면 시장 지배력이 다소 약해졌다. 하나에프앤아이 뒤로는 미래에셋자산운용, KB자산운용, 이지스자산운용 등이 5~10% 정도의 점유율로 순위 다툼을 벌이고 있다.

NPL 투자회사들은 경기 침체 징후가 짙어지자 조만간 큰 장이 설 것으로 기대하고 있다. NPL시장의 수익성은 은행들이 부실화한 대출 자산을 적극적으로 처분할 때 높아진다. 금융위기 여파로 구조조정 매물이 급증했던 2011년 은행들의 NPL 매각 규모가 7조원을 웃돌자 연합자산관리는 직원 36명이 913억원의 순이익을 올렸다. ROE는 15%에 달했다.

— 이태호, 경기 침체에…부실채권 시장 '큰 장' 선다, 〈한국경제〉, 2019.08.08

은행들은 3개월 이상 연체된 대출은 부실채권으로 처리한다. 석 달을 기다렸어도 답이 없다면 돌려받을 가능성은 낮다고 봐서다. 은행에게 이런 부실채권은 썩은 사과나 마찬가지다. 비중이 일정 수준 이상 높아지면 재무건전성 나쁜 회사로 찍히기 때문이다. 그래서 썩은 사과는 회계장부에 손실로 처리하거나, 한 번씩 모아 헐값에 땡처리로 팔아버린다.

하지만 썩은 사과라 해서 가치가 '제로'가 된 건 아니다. 어떤 대출은 좋은 담보를 끼고 있고, 어떤 대출은 열심히 독촉하면 갚기도 한다. 부실채권을 사들인 뒤 채무를 회수하거나 매입가보다 비싸게 처분하면 수익을 올릴 수 있다. 예를 들어 100억원이 연체된 대출채권을 90% 할인해 10억원에 샀다면, 이 중 20억원만 회수해도 10억원을 번다. 이런 목적으로 부실채권을 거래하는 곳이 NPL 시장이다.

NPL 시장은 불황을 먹고 산다. 국내 NPL 시장은 1997년 외환위기를 계기로 형성됐다. 유동성 위기로 망하는 기업이 쏟아지면서 부실채권 규모 자체가 커졌다. 당시 론스타, 골드만삭스, 모건스탠리 등 외국계 금융회사는 우량 NPL 매물을 싹쓸이해 노다지 수익을 얻어갔다. 2003년 카드대란, 2008년 금융위기 등은 시장을 키우는 기폭제로 작용했다. 요즘은 토종 증권사와 자산운용사들도 NPL 시장에 적극 뛰어들고 있다. 저금리가 이어지면서 대체투자 수단으로 떠올랐기 때문이다. 공기업인 캠코, 유암코 등은 부실채권 관리 전문업체로 역량이 높아졌다.

한때 개인투자자 사이에서 NPL이 주목받은 적도 있지만 이곳은 기본적으로 '큰손들의 리그'다. 대부업체나 저축은행의 NPL을 원금의 5%도 안 되는 값에 사들인 뒤 끈질긴 추심으로 채무자들을 괴롭히는 업체들이 생겨나 지탄받기도 했다.

263

국제채(international bond)

기업이 자국이 아닌 해외에서 발행하는 채권. 발행국 현지통화로 발행하면 외국채, 다른 통화로 발행하면 유로채라 한다.

경제기사 읽기

중국 2위 항공사인 중국동방항공이 사상 최대 규모의 아리랑본드 발행에 나선다. 아리랑본드는 외국 기업이 한국 시장에서 발행하는 원화채권이다. 2년 전 중국 기업 최초로 아리랑본드를 발행한 이 회사는 한국 영업에 힘을 싣기 위해 한국 내 자금 조달 규모를 늘리기로 했다.

1일 투자은행(IB) 업계에 따르면 동방항공은 다음달 국내 채권시장에서 3년 만기 원화채권 3000억원어치를 발행할 계획이다. 최근 국내 신용평가사들에 채권 신용등급 평가를 의뢰하는 등 본격적인 발행 준비에 들어갔다. KB증권이 발행 주관을 맡았다.

역대 최대 규모의 아리랑본드 발행이다. 기존 최대 금액 역시 동방항공이 2017년 발행한 1750억원어치다. 외국 기업이 국내에서 위안화, 달러화 등 외국 통화로 발행한 채권까지 모두 포함해 보더라도 하이난항공그룹(위안화·3350억원어치), 공상은행(위안화·3090억원어치)에 이어 역대 세 번째로 많은 금액이 될 전망이다.

동방항공이 또 한 번 한국에서 대규모 채권 발행을 추진하고 나선 것은 한국 내 영업에 필요한 자금을 조달하기 위해서다. 이 항공사는 한국과 중국 간 노선뿐 아니라 미국과 유럽 등 장거리 노선을 지속적으로 확대하면서 한국 영업을 강화하고 있다. 채권시장에선 동방항공이 이번 아리랑본드 발행을 계기로 한국 시장에서 자금 조달을 정례화할 것이란 관측이 나오고 있다.

— 김진성, 中 2위 항공사 동방항공…사상 최대 아리랑본드 발행,
〈한국경제〉, 2019.10.02

김치본드, 딤섬본드, 양키본드, 판다본드, 사무라이본드…. 채권에 대한 기사를 읽다 보면 특정 국가를 연상시키는 재미난 이름들이 나온다. 기업이 해외에서 발행하는 채권인 국제채의 다양한 종류다. 원래 기업이 회사채를 발행할 때는 자기 나라에서 자국통화로 하는 게 일반적이다. 하지만 자본 이동과 기업 활동에 국경이 없는 시대가 되면서, 다른 나라에서 다양한 통화로 발행하는 사례도 빈번해졌다.

국제채는 표시통화와 발행국가가 일치하는지에 따라 크게 둘로 나눈다. 발행국 현지통화로 발행하면 외국채(foreign bond), 제3의 통화로 발행하면 유로채(Eurobond)라 한다.

외국채의 예로 해외 기업이 한국에서 원화로 발행하는 아리랑본드를 들 수 있다. 발행자 국적이 외국인일 뿐 다른 국내 채권과 비슷하게 거래되며 우리나라 금융당국의 규제도 받는다. 최초의 아리랑본드는 1995년 아시아개발은행(ADB)이 발행했다. 외국인이 미국에서 달러화 표시 채권을 발행하면 양키본드, 중국에서 위안화로 발행하면 판다본드라고 한다. 일본에는 사무라이본드, 호주엔 캥거루본드, 영국엔 불독펀드가 있다.

유로채의 예로 해외 기업이 한국에서 달러화, 유로화 등으로 발행하는 김치본드가 있다. 최초의 김치본드는 2006년 미국 투자은행 베어스턴스가 발행했다. 표시통화와 발행국이 일치하지 않는 채권을 왜 하필 유로채라 부를까. 1960년대 미국 기업들은 규제 탓에 미국 내 채권 발행이 어려워지자 달러 유동성이 풍부했던 유럽에서 달러화 표시 채권을 발행했다. 이것이 시초가 돼 굳어진 이름이다. 지금은 유럽과 전혀 관계없는 유로채가 많다. 외국인이 일본에서 엔화가 아닌 통화로 발행한 채권은 쇼군본드, 홍콩에서 위안화로 발행하면 딤섬본드라 한다.

2008년 금융위기 이후 국내 기업의 해외법인들이 한국에서 김치본드를 활발하게 발행하기도 했다. 김치본드로 빌린 달러를 곧바로 원화로 환전해 사실상 국내자금 조달 목적으로 활용했다. 선진국의 대대적인 금리 인하로 외화표시 채권의 금리가 원화표시 채권보다 훨씬 낮아지면서 생긴 일이었다. 하지만 김치본드 판매 과정에서 단기외채가 늘고, 원화 환전 과정에서 환율이 하락하는 등 부작용이 많아 이런 목적의 발행은 2011년 금지됐다.

264

정크본드(junk bond)

신용도가 낮은 기업이나 국가가 발행하는 투자부적격 등급 채권.

경제기사 읽기

올 들어 호황을 구가하던 미국 정크본드 시장에 최근 찬바람이 불고 있다. 신용등급이 낮은 기업이 발행한 고위험 · 고수익 채권을 뜻하는 정크본드의 시장 동향은 보통 금융시장의 거품 여부를 판단할 수 있는 바로미터 역할을 한다.

월스트리트저널(WSJ)은 정크본드와 미 국채 간 금리 격차가 지난 9일 3.79%포인트까지 확대됐다고 12일 보도했다. 두 채권의 금리 격차는 올 들어 지속적으로 축소돼 지난달 24일에는 3.38%포인트로 글로벌 금융위기 이후 최소치를 기록했다. 금리 격차가 축소됐다는 건 금융시장에 위험 요인이 적어 투자자들이 적극적으로 정크본드에 투자하고 있음을 뜻한다. 정크본드와 미 국채 간 금리 격차는 그러나 지난달 24일을 기점으로 빠르게 확대되고 있다.

— 김동윤, 투자자 발 빼는 정크본드… 미국 '위험한 파티' 끝났나,
〈한국경제〉, 2017.11.13

인스턴트 음식을 흔히 정크푸드라 부른다. 정크(junk)는 쓰레기라는 뜻. 몸에 해롭다는 건 알지만 맛있어서 먹는다. 채권시장에선 신용도가 떨어지는 기업이나 국가가 발행한 채권을 정크본드라 한다. 위험한 건 알지만 기대수익률도 높아 그 맛에 투자한다.

기업과 국가가 자금을 조달하는 주된 방법 중 하나가 채권 발행이다. 투자자들은 채권 발행자의 신용도를 판단할 때 신용평가회사가 매긴 등급을 본다. 정

크본드는 '투자부적격' 또는 '투기' 등급으로 분류된 채권을 가리킨다. 신용평가회사마다 등급체계가 다른데 스탠더드앤드푸어스(S&P)는 BB+ 이하, 무디스는 Ba1 이하, 피치는 BB+ 이하 등급의 채권이 정크본드에 해당한다. 국내 신용평가회사에선 BB 이하를 의미한다.

정크본드는 높은 수익률(high yield)을 준다는 뜻에서 '하이일드 채권'으로 부르기도 한다. 신용이 좋지 않으면 더 많은 이자를 약속해야 채권을 팔 수 있다. 투자자 입장에선 고위험 고수익 상품인 셈이다. 최근에는 신용은 낮지만 기술력과 성장성이 뛰어난 중소 · 벤처기업이 발행한 채권 등으로 의미가 넓어졌다. 보유자산을 정크본드에 집중적으로 투자하는 펀드인 '하이일드 펀드'도 있다.

정크본드를 세계적으로 주목받게 만든 것은 미국 증권맨 출신 마이클 밀켄이다. 1980년대 아무도 거들떠보지 않던 정크본드에 투자해 '정크본드의 황제'라는 수식어를 얻었다. 밀켄은 재무제표 분석을 통해 신용등급이 낮은 기업에서 우량채권들을 골라내 큰 성공을 거뒀다.

경기가 좋을 때는 정크본드의 투자위험이 줄어들기 때문에 매력적인 투자처로 떠오르곤 한다. 하지만 경기가 나쁠 땐 채무불이행이라는 최악의 상황도 각오해야 한다. 2010년대 초 재정위기에 빠진 그리스와 헝가리는 국채가 정크본드로 추락하는 수모를 당했다.

265

RCPS(Redeemable Convertible Preference Shares, 상환전환우선주)

상환권과 전환권이 부여된 우선주. 스타트업의 투자유치 수단으로 많이 활용된다.

경제기사 읽기

국내 VC들이 벤처기업에 투자하면서 절반 이상을 RCPS 형태로 투자하는 것으로 나타났다. 투자 리스크가 적어 국내 VC 업계가 선호하는 방식이지만 다른 VC로부터 추가투자를 받는 데 걸림돌이 되고 벤처기업들이 어려움을 겪을 때는 투자금을 회수할 수 있어 '독이 든 성배'로 불린다.

26일 한국벤처캐피탈협회에 따르면 국내 VC가 올해 8월말까지 신규투자한 1조2785억원 중 RCPS 투자액이 6529억원으로 집계됐다. 보통주 투자액(2255억원)의 약 3배에 달하는 수준으로 전체 신규투자 중 RCPS 비중은 51.1%를 차지했다.

국내 VC의 신규투자 중 RCPS 비중은 2012년 39.6%에서 2015년 42.1%, 올해 8월말 51.1%까지 확대되는 등 꾸준히 증가하는 추세다. 국내 VC업계가 신규투자시 RCPS 방식을 활용해 안전판을 마련하려는 경향이 점점 짙어지고 있는 셈이다.

— 권해영, 무늬는 주식, 실상은 채권…벤처 울리는 RCPS 투자의 덫,
〈아시아경제〉, 2016.10.26

대형 연예기획사 YG엔터테인먼트는 2014년 루이비통 계열 투자회사에서 610억원을 투자받아 화제를 모았다. 2019년 '버닝썬 사건'에 휘말린 YG는 루이비통에서 받은 투자금에 이자까지 쳐서 670억원을 돌려줘야 했다. 주가가 폭락해 회사가 곤란한 상황이 됐다곤 하지만, 왜 거액을 한 번에 뱉어내게 됐을까. 답은 루이비통의 투자가 RCPS로 이뤄졌기 때문이다.

RCPS는 기본적으로 '우선주'지만 특정 시점에 투자금을 돌려받는 '상환권' 혹은 보통주로 바꾸는 '전환권'을 행사할 수 있다는 조건이 붙어 있다. 주식과 채권의 성격을 동시에 가진 하이브리드형 증권이다.

루이비통은 YG에 RCPS를 투자하면서 5년 뒤 주당 4만3000원에 보통주로 전환하거나 연 2% 이자를 붙여 상환받기로 했다. 공교롭게도 만기가 돌아왔을 때 YG 주가는 버닝썬 탓에 2만원대로 떨어져 있었다. 보통주 전환을 선택할 이유가 없었던 것이다.

RCPS는 국내와 해외에서 스타트업들의 투자유치 수단으로도 널리 활용되고 있다. 투자자인 벤처캐피털(VC)에게는 유리한 방식이다. 상황에 따라 수익과 리스크를 조절할 수 있기 때문이다. 스타트업이 잘 되면 보통주를 받아 상장 후 시세차익을 기대할 수 있고, 스타트업이 잘 안 되면 상환권을 행사해 원금을 지킬 수 있다.

비상장기업의 회계처리 기준인 한국회계기준(K-GAAP)에서는 RCPS를 자본으로 잡는다. 하지만 증시에 상장하려면 국제회계기준(IFRS)을 채택해야 하는데, IFRS에서는 RCPS를 부채로 인식한다. 이 때문에 기업공개를 앞둔 회사는 RCPS를 미리 보통주로 전환하는 등 사전 교통정리가 필요하다. 투자받은 RCPS가 한꺼번에 부채로 잡히면 멀쩡한 회사가 자본잠식 상태로 바뀔 수도 있어서다.

RCPS와 달리 상환권만 있는 우선주인 '상환우선주', 전환권만 있는 우선주인 '전환우선주'도 있다.

266

크라우드 펀딩(crowd funding)

자금이 필요한 개인이나 기업이 온라인으로 사업계획을 공개하고 불특정다수에게 투자금을 모을 수 있도록 하는 서비스

경제기사 읽기

개인 소액 투자자들이 스타트업(신생 벤처기업)과 중소기업에 투자할 수 있는 크라우드펀딩 시장이 빠르게 성장하고 있다. 매년 두 배 이상 덩치를 불리면서 스타트업과 중소기업의 새로운 자금 조달 창구로 떠올랐다는 평가가 나온다.

7일 크라우드펀딩업계 1위인 와디즈에 따르면 이 회사의 올해 펀딩 금액은 1000억원을 돌파했다. 2013년 서비스를 시작해 지난해까지 누적 펀딩 금액이 1000억원이었다는 점을 감안하면 가파른 성장세다. 와디즈는 올해 말까지 크라우드펀딩 금액이 1600억원, 내년에는 5000억원에 달할 것으로 예상하고 있다. 크라우드펀딩업계는 와디즈의 시장 점유율이 50% 안팎에 이르는 것으로 추정하고 있다.

— 나수지, '크라우드펀딩' 매년 2배 이상↑…스타트업 · 中企 자금조달 창구로, 〈한국경제〉, 2019.10.08

2009년 미국에서 문을 연 크라우드 펀딩 사이트 킥스타터(Kickstarter)는 '쇼핑 덕후들의 놀이터'로 통한다. 정보기술(IT) 기기부터 게임, 식품, 생활용품, 예술작품에 이르기까지 다른 곳에서 보기 힘든 독특한 상품이 넘쳐나서다. 2012년 삼성 · 애플보다 먼저 스마트워치를 개발한 스타트업 페블은 이곳에서 27만명으로부터 100억원 넘는 돈을 끌어모아 화제가 되기도 했다.

크라우드 펀딩은 군중(crowd)과 자금 조달(funding)을 합친 말이다. 중소기업, 1인 창업자, 예술가 등이 자신이 구상하고 있는 계획을 올리고 여러 사람한테서

국내 크라우드펀딩 시장규모 (단위: 억원)

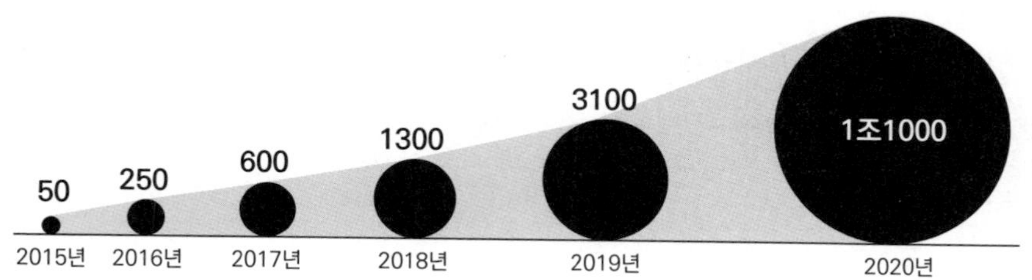

자료: 업계 추산

십시일반(十匙一飯)으로 돈을 후원받을 수 있도록 연결해주는 서비스다. 이 자금으로 상품, 작품, 사업 등을 완성해 투자자들에게 돌려준다. 좋은 아이디어는 있지만 제도권 금융회사를 이용하기 힘든 스타트업들에 새로운 자금 조달 창구로 떠올랐다. 세계 최초의 크라우드 펀딩은 2008년 미국 인디고고로 알려져 있다. 몇 년 뒤 한국에도 와디즈, 텀블벅 등이 창업했다.

크라우드 펀딩은 크게 '보상형'과 '투자형'으로 나뉜다. 보상형은 투자를 받아 제품으로 돌려주는 것으로, 사실상 인터넷 쇼핑몰과 유사하다. 기업 입장에선 신상품에 대한 소비자 수요를 예측하는 데 도움을 받을 수 있다. 투자형은 중개회사를 통해 스타트업 지분에 투자하는 것으로, 비상장주식 투자와 비슷하다. 한 기업이 연간 15억원까지 크라우드 펀딩으로 투자받을 수 있다. 투자자는 시세차익이나 배당수익을 기대할 수 있지만 다소 고위험 투자로 분류된다.

크라우드 펀딩의 투자 대상은 계속 넓어지고 있다. 영화 〈인천상륙작전〉 〈너의 이름은〉 〈82년생 김지영〉 등은 제작비 일부를 크라우드 펀딩으로 확보해 흥행에 성공한 사례다. 전시, 공연, 축제 등 문화행사나 자영업자, 중소기업 등의 투자 유치 경로로 널리 활용되는 추세다.

다만 투자자 보호장치가 완벽하지 않아 옥석을 잘 가릴 필요가 있다. 블룸버

그에 따르면 킥스타터 펀딩에 IT 제품 중 75%는 개발에 실패한 것으로 나타났다. '크라우드 펀딩계의 전설'로 꼽혔던 페블도 이렇다할 성과를 남기지 못한 채 2016년 사라졌다. 투자금에 문제가 생겼을 때 크라우드 펀딩 업체들은 '중개자일 뿐'이라는 점을 들어 큰 도움을 주지 않을 때도 많다.

267

테슬라 상장(이익 미실현기업 상장)

적자를 내는 기업도 성장 전망이 밝다면 코스닥 상장을 허용하는 제도. 미국 테슬라의 나스닥 상장 사례를 본떠 만들었다.

경제기사 읽기

미래의 성장 가능성을 담보로 특례상장을 통해 증시에 입성한 기업들의 '성공 신화'가 흔들리고 있다. 지난 9월 성장성모델특례 제3호로 상장한 올리패스와 이달 11일 제4호로 상장한 라파스 주가가 공모가를 밑돌고 있는 가운데, 14일 적자기업 상장특례(이른바 '테슬라 요건 상장') 제2호로 코스닥에 입성한 제테마가 상장 첫날부터 공모가 아래로 급락했다.

이들 특례상장 종목의 주가가 앞으로 상당기간 공모가를 회복하지 못하면 공모주 투자자들이 풋백옵션을 행사해 주관사에 되팔 수 있게 돼 해당 증권사들은 상당한 손해를 볼 것이란 우려가 나온다.

올여름까지만 해도 테슬라 요건 상장과 성장성모델특례 상장은 투자은행(IB) 업계에서 '성공 공식'으로 통했다. 테슬라 요건 상장 제1호인 카페24는 지난해 2월 공모가 5만7000원으로 코스닥에 입성해 같은 해 7월 20만4600원까지 급등했다.

성장성모델특례 제1호 셀리버리는 지난해 11월 공모가 2만5000원으로 상장해 올해 3월 8만2000원까지 상승했다. 그러자 바이오업계에선 한때 "셀리버리의 기업공개(IPO)를 주관한 DB금융투자를 주관사로 '모시기' 위한 경쟁이 벌어졌다"는 소문이 돌기도 했다.

— 이우상, 달리던 '테슬라 · 특례 상장' 기업, 잔치 끝났나, 〈한국경제〉, 2019.11.15

미국 전기차업체 테슬라가 세워진 것은 2003년이었다. 페이팔 사업으로 큰돈

12장 자본시장

을 번 일론 머스크가 "미래엔 전기차가 휴대폰처럼 흔해질 것"이라며 패기 넘치게 창업했다. 테슬라가 처음 흑자를 낸 것은 2013년 1분기였다. 무려 10년 내리 적자를 봤다는 얘기다. 테슬라가 암흑기를 버틸 수 있었던 것은 2010년 나스닥 상장 덕이 컸다. 당시 이 회사는 1년에 2억달러 넘게 적자를 내고 있었지만 나스닥은 상장을 받아줬다. 증시에서 조달한 자금을 기반으로 전기차 개발을 이어갔고 '혁신의 아이콘'으로 우뚝 올라섰다.

한국에선 몇 년 전까지 주식시장 상장 조건이 꽤 까다로웠다. 매출과 이익이 검증돼야 코스피나 코스닥에 입성할 수 있었다. 2005년 남다른 기술을 갖춘 기업에 예외를 인정하는 '기술 특례 상장' 제도가 생기긴 했다. 하지만 몇몇 바이오 기업을 빼곤 여전히 문턱이 높았다. 정부가 테슬라의 성공사례를 참조해 2017년 추가한 제도가 일명 테슬라 상장이라 불리는 '이익 미실현기업 상장'이다.

테슬라 상장의 기준은 외형이다. 시가총액 500억원, 매출 30억원, 2년 연속 매출 증가율 20% 등의 요건을 충족하면 된다. 시총이 크거나 자기자본이 많으면 다른 조건이 조금 처져도 상장할 수 있다. 다만 누구나 안심하고 투자하긴 어려운 기업이라는 점에서 상장을 주도한 증권사에 일부 책임을 지웠다. 상장 후 주가가 10% 이상 떨어지면 상장 주간사가 투자자들 주식을 공모가의 90%에 사주도록 했다.

비슷한 시기에 '성장성 특례 상장'이라는 제도도 마련됐다. 외형은 크게 따지지 않고 자기자본 10억원 이상, 자본잠식률 10% 미만이면 된다. 기술이 아닌 사업모델의 독창성을 기준으로 판단하는 '사업모델 기반 특례 상장'도 함께 도입됐다. 테슬라 상장과 마찬가지로 잠재력 있는 스타트업의 자금 조달 길을 넓히기 위한 제도라 할 수 있다.

비상장주식

코스피, 코스닥, 코넥스 등 정규 주식시장에 상장되지 않은 회사의 주식.

경제기사 읽기

신종 코로나바이러스 감염증(코로나19) 사태에도 장외 주식시장이 달아오르고 있다. 경기 침체로 장외기업의 기업공개(IPO) 시기가 늦어질 것으로 우려되지만 '대박' 기대가 높은 바이오 기업을 중심으로 거래가 오히려 늘고 있다.

20일 금융투자협회에 따르면 K-OTC 시장에 등록된 오상헬스케어 장외주식 가격(가중평균주가)은 이날 30% 급등해 1만6250원으로 조사됐다. 이 회사가 개발한 코로나19 진단키트가 미국 식품의약국(FDA)으로부터 긴급 사용승인을 받았다는 소식이 전해지면서 매수세가 쏠렸다. 연초 오상헬스케어 장외주가는 4375원에 출발했다. 이후 약 110일 동안 271% 상승했다.

올해 장외주식 거래는 한 해 전과 비교해 크게 늘었다. 올 들어 K-OTC 거래대금은 3035억원(20일 기준)에 이른다. 지난해 같은 기간 1833억원보다 65.6% 증가한 규모다. 바이오 및 의료기기 업체들이 거래 상위권을 휩쓸었다.

전문가들은 장외주식으로 '대박' 수익을 내는 경우도 있지만 '쪽박'을 차는 일도 비일비재하다고 지적한다. 컬러강판 생산업체인 아주엠씨엠 장외 주가는 작년 6월 1만5000원 수준이었지만 한 달이 채 되지 않아 1705원까지 추락하기도 했다.

— 박재원, "바이오株 어디 있나"…장외주식까지 쓸어담는 개미들,

〈한국경제〉, 2020.04.21

2017년 총쏘기 게임 '배틀그라운드'가 국내외에서 돌풍을 일으키자 이 게임

을 만든 블루홀의 주가는 그해 10월 78만원까지 치솟았다. 블루홀은 정규 주식시장에서 거래되지 않는 비상장사였다. 그런데도 이 회사를 '될성 부른 떡잎'이라 여기고 미리 주식을 사두려는 사람들이 장외시장에 몰려든 것이다.

한국거래소가 운영하는 코스피, 코스닥, 코넥스 등에 정식으로 상장하려면 자본금, 매출, 이익 등 이런저런 조건을 충족해야 한다. 상장 요건을 갖추지 못한 회사 주식은 바깥에서 거래할 수 밖에 없다. 사설 중개업체나 개인 간 협의를 통해 비상장주식을 거래하는 것은 합법이다. 다만 거래소처럼 공신력 있는 기관의 보호장치가 없을 뿐이다.

상장이 예정됐거나 상장 전망이 밝은 비상장주식일수록 인기가 좋다. 간혹 '대박'을 노리고 비상장주식 투자에 몰두하는 사람도 있는데, 고수익만큼 고위험을 감수해야 한다. 기업에 대한 정보를 얻기 어렵고 검증 안 된 소문에 휩쓸리기도 쉬워서다. 허수 주문, 결제 불이행, 탈세 등도 장외거래의 부작용으로 지적돼 왔다.

이런 문제점을 보완하기 위해 금융투자협회는 2014년 장외주식시장 'K-OTC'를 출범시켰다. 미국 나스닥의 장외시장인 OTCBB을 본뜬 것으로 알려져 있다. K-OTC의 전신은 2000년 문을 연 '프리보드'다. 비상장주식 거래 활성화를 위해 만들었다지만 살 수 있는 기업이 많지 않고 거래도 부진해 유명무실했다. K-OTC는 중소기업, 중견기업, 대기업 계열사 등으로 거래가능 종목을 확대했으며 2019년 누적 거래대금 2조원을 돌파했다. 삼성SDS, 카페24 등이 정식 상장 전까지 이곳에서 거래되면서 K-OTC를 활성화하는 역할을 톡톡히 했다.

269

레버리지 효과(leverage effect, 지렛대 효과)

빚을 적극적으로 활용해 수익률을 극대화하는 투자전략.

경제기사 읽기

연기금 · 공제회, 증권회사, 보험회사 등 국내 기관투자가가 작년에 사들인 유럽 부동산이 125억유로(약 16조1000억원)에 이르는 것으로 나타났다. 2018년 투자액 54억유로의 두 배가 넘는 규모다. 마이너스 금리에 따른 부동산 가격 상승 기대 등으로 국내 기관이 너도나도 유럽 부동산 투자를 늘린 결과다.

국내 기관이 지난해 유럽 부동산 투자를 대폭 늘린 것은 높은 수익률 때문이다. 유럽 대도시 중심가 빌딩의 임대수익률은 서울 도심 오피스 빌딩과 비슷하다. 하지만 레버리지(부채 조달)까지 감안한 투자수익률은 유럽이 한국보다 2~3%포인트 높다는 설명이다. 유럽 현지 금융기관에선 연 1%대 초반의 싼 금리로 대출을 받을 수 있어서다. 여기에 유럽 부동산 가격이 상승하면 투자 회수 시점에 매각 차익도 기대할 수 있다.

윤재원 세빌스코리아 해외투자자문 팀장은 "유럽은 작년에 이어 올해도 저금리로 인한 레버리지 효과와 유로-원화 간 환 프리미엄으로 인한 추가 수익을 기대할 수 있을 것으로 보인다"며 "올해는 유럽 뿐 아니라 미국 등 지역 다변화도 이루어질 것"이라고 전망했다.

— 이현일, 'K머니'도 유럽 부동산 쇼핑…작년에만 16조원 넘어,
〈한국경제〉, 2020.01.13

정부가 '투기와의 전쟁'을 벌여도 사람들은 자꾸 빚을 내 집을 사려 한다. 부동산이 계속 오를 것이란 기대 때문이다. 특히 이럴 땐 빚을 많이 낸 사람이 이득(?)이다. 예컨대 내 돈 2억원에 은행 대출 3억원을 합쳐 5억원짜리 아파트를

샀다. 아파트가 6억원으로 올랐다면 집값 상승률은 20%다. 하지만 내 진짜 수익률은 50%다. 대출을 뺀 순수한 내 돈은 2억원 뿐이기 때문이다. 부채를 활용해 자기자본이익률(ROE)을 극대화하는 레버리지 효과를 본 것이다. 지렛대라는 뜻의 레버리지는 금융 분야에선 '차입'을 의미한다.

기업들도 부채를 적절히 활용해 지렛대로 삼는다. 10억원의 자기자본으로 사업을 벌여 1억원의 이익을 냈다면 ROE는 10%다. 하지만 10억원 중 5억원을 부채로 조달했다면 ROE는 20%로 두 배가 된다. 이자비용보다 높은 수익이 예상될 때는 타인자본(부채)을 끌어들여 투자하는 게 유리하다는 얘기다. 기업이 대출, 회사채 등에 지급하는 이자는 비용으로 처리돼 법인세도 줄일 수 있다. 무조건 '무차입 경영'을 고집하는 게 효율을 담보하진 않는 셈이다. 국내 대기업들의 2018년 평균 부채비율(=부채÷자기자본)은 67%였다.

레버리지 효과는 '빚을 감당할 능력이 될 때'에 한정된다. 부채비율이 몇 %가 적절하냐는 정답은 없으며 업종 특성에 따라 제각각이다. 하지만 차입이 과도해 이자도 갚지 못하는 회사라면 지렛대를 쓰기 전 부도나 파산부터 맞을 것이다. 기업이 부채를 쓴 뒤 손실을 내면 자기자본 대비 손실률은 더 커진다. 레버리지가 양날의 검에 비유되는 이유다. 외환위기가 터진 1997년 대기업 평균 부채비율은 400%대에 달했다. 2008년 금융위기의 출발점도 미국 주택 구입자와 금융회사들이 끌어당긴 과도한 빚이었다.

부채와 차입을 줄이는 것은 디레버리지(deleverage)라고 부른다. 디레버리지의 주체는 개인과 기업은 물론 국가가 될 수도 있다. 레버리지는 경기가 호황일 때, 디레버리지는 침체일 때 많이 나타난다.

270

세일&리스백(sale and lease back, 매각 후 재임차)

기업이 소유한 부동산, 기계, 설비 등을 매각한 뒤 임대료를 내고 빌려쓰는 것. 보유자산을 활용해 현금을 확보하는 기법이다.

경제기사 읽기

이마트, 롯데쇼핑, 홈플러스 등 대형마트 3사가 일제히 부동산 유동화에 나서고 있다. 부동산 자산을 외부로 매각한 뒤 이를 다시 빌려쓰는 '세일 앤드 리스백(sale & leaseback)' 방식을 택한다는 점에서는 모두 유사하다. 다만 각 사의 목적이 투자자금 확보, 재무구조 개선, 재무적투자자(FI)의 투자금 회수 등으로 조금씩 다른 모습이다.

14일 투자금융(IB) 업계에 따르면 이마트는 KB증권과 업무협약을 맺고 연내 1조원의 자산유동화를 추진 중이다. 매각 점포 선정과 투자자 모집 등을 연내 모두 마무리하겠다는 입장이다. 공모로 조성될 외부 부동산 펀드에 매각하는 방안이 유력한 것으로 전해졌다.

롯데쇼핑 또한 백화점, 아울렛, 마트 등을 아우르는 부동산 유동화 작업을 한창 진행 중이다.

— 최준선, 점포 팔아 돈 만드는 대형마트 3사 '동상삼몽', 〈헤럴드경제〉, 2019.08.14

국내 유통업계 1위 롯데는 '땅 부자'로 유명하다. 창업주인 고(故) 신격호 명예회장은 부동산에 대한 애착이 남달랐다. 1960년대부터 백화점, 마트, 공장 등을 세우기 위해 전국 곳곳에 땅과 건물을 사들였다. 그런데 아들 신동빈 회장이 경영 전면에 나선 2010년대 전략이 바뀌기 시작했다. 세일&리스백이라는 방식을 활용해 핵심 점포의 부동산을 유동화했다. 신사업에 진출할 실탄을 마련하기 위해서였다.

세일&리스백은 우리말로 '매각 후 재임차'다. 보유하고 있던 건물, 기계, 설비 등을 매각해 소유권을 넘기는 동시에 장기임차 계약을 맺어 그 자산을 계속 빌려쓰는 것을 말한다. 큰 돈이 들어오고 작은 돈이 나가니 재무구조가 좋아지고, 기존 영업활동에는 지장을 주지 않는 게 장점이다. 자산을 매입하는 쪽은 대부분 금융 · 투자회사다. 임차인을 따로 구할 필요 없이 안정적으로 임대료 수익을 받을 수 있으니 이들에게도 매력적이다.

롯데와 같은 방식으로 SK는 주유소, KT는 전화국, SC제일은행은 영업점, KT&G는 담배창고 등의 건물을 세일&리스백으로 처분해 현금을 확보한 바 있다. 이런 계약서에는 일정 기간이 지나면 원래 주인에게 우선매수권을 주는 조항이 들어가는 경우가 많다. 현금 사정이 좋아지면 되살 수 있다는 얘기다.

세일&리스백을 잘 활용하면 사업장 이전 부담 없이 현금을 확보하고, 부동산 경기 침체에 따른 자산가치 하락에 대비할 수 있다. 다만 매년 지급하는 임대료도 만만치 않기 때문에 영업활동이 원활하게 뒷받침되지 않으면 또다른 부담을 안게 될 수 있다.

정부는 기업들의 구조조정 수단이던 세일&리스백을 서민 주거정책에 도입하기도 했다. 주택담보대출을 갚지 못해 쫓겨날 처지가 된 사람들의 아파트를 캠코가 매입한 뒤, 임대료를 내고 같은 집에서 계속 살 수 있게 해 주는 방식이다.

271

IFRS(International Financial Reporting Standards, 국제회계기준)

기업의 회계처리와 재무제표에 대한 국제적 통일성을 높이기 위해 국제회계기준위원회(IASB)가 정한 회계기준.

경제기사 읽기

"국제회계기준(IFRS) 본고장인 유럽은 회계 전문가의 판단을 중시하고 회계오류에 대해선 제재를 하지 않습니다. 한국은 2011년 IFRS를 전면 도입했지만 아직도 과거 일반기업회계기준(K-GAAP) 감독체계에서 벗어나지 못하고 있습니다."

한국의 회계감독체계가 원칙 중심 회계기준인 IFRS와 맞지 않는다는 지적이 나왔다. 10일 서울 세종대로 대한상공회의소에서 열린 한국회계정보학회 심포지움에서다.

김종현 한양대 회계세무학과 교수는 이날 'IFRS시대 회계 전문가의 역할과 책임'이란 주제로 발표에 나서 "영국과 독일 등 IFRS를 적용하는 유럽에선 공무원이 아니라 회계사, 회계학자 등 민간 회계 전문가들이 회계감독에 중요한 역할을 한다"고 소개했다.

이날 심포지움에선 한국도 IFRS 시대에 맞는 감독 개편 논의를 시작해야 한다는 의견이 쏟아졌다. 지현미 계명대 회계학과 교수는 "회계 판단에 관해 감독원이 의견을 내고 제재를 하다 보니 기업들이 과거 K-GAAP 시절처럼 감독원만 쳐다보고 있다"며 "감독당국은 '제재자'가 아니라 회계처리의 올바른 기준을 세우는 '촉진자'로서 역할을 해야 한다"고 말했다.

— 하수정, "IFRS 9년차 한국, 감독당국만 쳐다봐", 〈한국경제〉, 2019.04.11

회계(會計)의 역사는 인류의 상거래와 함께 시작했다고 할 정도로 길다. 고대 그리스 · 로마부터 돈이 들어오고 나간 내역을 기록했고, 상업이 급성장한 중세 유럽에서는 복식부기가 등장했다. 산업혁명은 원가계산, 회계기간, 발생주의, 실현주의 등 다양한 회계이론과 기법을 만들어냈다. 고려시대 개성 상인들도 '사개송도치부법'이라는 회계처리 방식을 고안해 썼다.

국경을 넘나들어 투자하는 시대에 접어들면서 '경영의 언어'인 회계에도 국제 표준이 중요해졌다. 가장 널리 쓰이는 것이 한국을 포함해 150여개국에 채택된 IFRS다.

IFRS는 회계 전문가들이 영국 런던에 설립한 민간단체인 IASB가 1973년 만든 국제회계기준서(IAS)가 이름을 바꾼 것이다. 1995년 유럽연합(EU)의 다국적기업에, 2001년 전세계 기업에 사용이 권고됐다. 2000년 미국에서 터진 초대형 회계부정 사건 '엔론 사태'를 계기로 주요 국가들이 속속 도입했다. 한국도 IFRS 원리를 반영한 한국채택 국제회계기준(K-IFRS)을 완성해 2011년 모든 상장사에 의무 적용했다. 요즘 우리가 경제신문에서 보는 대부분의 국내 기업 실적은 IFRS에 따라 작성된 것으로 보면 된다.

IFRS의 핵심은 연결재무제표다. 자회사가 있다면 자회사의 매출, 이익, 자산, 부채 등을 모회사 실적에 합산해 반영한다. 또한 자산, 부채 등을 평가할 때 취득시점의 가격이 아닌 현재 시가(공정가치)로 반영하는 것도 중요한 특징이다.

우리나라가 IFRS를 채택한 것은 한국식으로 작성된 국내 기업의 재무제표가 해외에서 제대로 인정받지 못하는 '코리아 디스카운트'를 해소하기 위해서였다. 다만 건설, 보험 등 일부 업종에선 회계기준 전환만으로 멀쩡한 회사가 장부상 빚이 많은 부실기업으로 바뀌는 등의 부작용이 나타나 기업들이 어려움을 호소했다. IFRS는 강제력이 없기 때문에 미국, 일본, 중국 등은 자체 회계기준을 고집하기도 한다. 국내에도 옛 회계기준(K-GAPP)을 쓰는 회사가 남아있다.

272

외부감사(external audit)

기업과 이해관계가 없는 외부의 회계전문가가 수행하는 감사제도.

경제기사 읽기

삼성전자의 외부 감사인이 40여년 만에 삼일회계법인에서 안진회계법인으로 바뀐다. 금융감독원은 내년부터 시행되는 '주기적 감사인 지정제'의 대상이 되는 회사 220곳을 선정해 지정 감사인을 15일 사전 통보했다.

주기적 감사인 지정제는 기업이 6년간 감사인을 자유롭게 선임하면, 다음 3년은 정부가 지정해주는 감사인을 선임하도록 하는 제도다. 외부 감사인을 '강제 교체'함으로써 기업 · 회계법인 간 유착 관계를 막겠다는 취지다. 그러나 주요 기업의 외부 감사인이 대대적으로 바뀌면서 회계 관련 분쟁이 늘어날 것이라는 우려도 나온다.

삼성전자의 새 감사인으로는 안진이 지정됐다. 삼성전자는 지난 1970년대부터 삼일에 감사를 맡겨왔다. SK하이닉스의 감사인은 삼일로 바뀔 전망이다. 신한금융지주와 KB금융지주의 새 감사인은 각각 삼일, 한영이 지정됐다.

— 이기훈, 삼일에서 안진으로… 삼성전자 40여년만에 감사인 교체,
〈조선일보〉, 2019.10.16

회사 규모가 어느 정도 커지면 기업이 스스로 정리한 회계장부가 제대로 작성됐는지를 반드시 공인회계사에 검증받아야 한다. 기업이 주식, 채권, 대출 등으로 자금을 조달하려 할 때 상대방은 그 회사의 재무제표를 보게 된다. 재무제표가 정확하지 않으면 투자자나 금융회사는 피해를 본다. 물론 회사 안에도 회계팀이 있고 감사팀이 있겠지만, 직원이 상부의 지시 때문에 부실을 감췄을 가능성을 100% 배제하기 어렵다. 아무런 이해관계가 없는 외부인에게 한 번 더 확인

받으면 회계정보의 신뢰도를 한결 높일 수 있다. 이런 제도가 바로 외부감사다.

국내에서 자산 또는 매출이 500억원 이상인 주식회사와 유한회사는 무조건 외부감사를 받아야 한다. 중소기업에 과도한 부담을 주지 않기 위해 일부 예외를 뒀다. 주식회사는 자산 120억원 미만, 부채 70억원 미만, 매출액 100억원 미만, 종업원 100명 미만 중 3개에 해당하면 외부감사 대상에서 빠진다. 유한회사는 이들 요건에 사원 수 50인 미만 기준을 추가해 5개 중 3개를 충족하면 제외된다.

외부감사는 회계법인들이 맡는다. 이들은 재무제표 등 각종 회계자료를 검증한 후 적정, 한정, 부적정, 의견거절 등의 감사의견을 담은 감사보고서를 작성한다. 앉아서 서류만 훑어보는 게 아니라 사무실과 공장 곳곳을 대조해야 하므로 큰 기업의 회계감사는 업무량이 어마어마하다. 회계사 수십 명이 수개월을 달라붙어 일하고 억대 보수를 받아간다.

외부감사는 회계업무상의 도덕적 해이를 막기 위한 것이지만, 기본적으로 기업이 회계법인을 골라 일감을 주기 때문에 '갑(甲)과 을(乙)의 관계'에서 오는 회계부정 가능성을 완벽히 차단하기 어렵다. 분식회계를 눈감아준 회계사들이 징역형을 받은 '대우조선해양 회계 스캔들'이 대표적 사례다.

이런 한계를 보완하기 위해 기업이 6년 연속 자율적으로 회계법인을 선임했으면 다음 3년은 정부가 정한 회계법인에 외부감사를 받아야 하는 '주기적 감사인 지정제'가 2020년 도입됐다. 감사인 미선임, 회계기준 위반, 관리종목 지정 등의 이력이 있는 회사는 정부가 회계법인을 정해주는 '외부감사인 지정제도'도 1990년부터 운영되고 있다.

273

감사의견(auditor's opinion)

기업의 재무재표가 정확하게 작성됐는지에 대해 감사를 맡은 공인회계사가 제시하는 의견. 적정, 한정, 부적정, 의견거절 중 하나로 표시한다.

경제기사 읽기

회계감사가 한층 깐깐해지면서 지난해 감사보고서에서 상장사 43곳이 의견거절 등 '비적정 의견'을 받은 것으로 나타났다. 가까스로 적정 의견을 받았지만 기업의 미래가 우려돼 감사보고서 강조사항에 '계속기업 불확실성'이 기재된 상장사도 85곳이었다.

금융감독원은 상장법인 2230곳의 2018회계연도 감사보고서를 분석한 결과, 비적정 의견을 받은 상장법인이 43곳으로 전년보다 11곳 늘었다고 13일 밝혔다. 회계법인은 기업의 재무제표가 적법한 회계 기준에 따라 작성됐는지 감사한 뒤 △적정 △한정 △의견거절 △부적정 등 4가지 의견 중 하나를 담아 감사보고서를 제출하는데, 적정 의견을 뺀 나머지는 모두 비적정 의견이다. 이번에 비적정 의견을 받은 기업 중에는 한정 의견을 받은 곳이 8곳, 의견거절이 35곳이었고 부적정은 한 곳도 없었다.

— 장윤정, 상장사 43곳 감사결과 '비적정'… 1년새 11곳 늘어, 〈동아일보〉, 2019.08.14

국내 2위 항공사이자 코스피 상장사인 아시아나항공. 불어난 빚을 감당하지 못해 2019년 12월 금호그룹에서 HDC현대산업개발로 매각됐다. 아시아나의 유동성 위기에 대한 시장의 불안감을 증폭시킨 것은 그해 3월 감사의견 '한정'을 받은 감사보고서가 공개되면서다. 대기업이 감사의견 '적정'을 받지 못한 건 이례적인 일이라 뭔가 문제가 있다는 신호로 받아들여졌다.

기업의 외부감사를 맡은 회계법인은 재무제표를 꼼꼼히 따져본 다음 이것이 정확하게 작성됐는지에 대해 ①적정 ②한정 ③부적정 ④의견거절 중 하나로 의견을 낸다. 이를 감사의견이라 부른다.

적정은 기업이 회계처리 기준을 잘 지켰다는 의미다. 매년 국내 상장사의 99%는 감사의견 적정을 받는다. 적정이 나오는 게 정상이니 당연한 결과다. 다만 재무제표를 규정에 맞게 작성했다는 뜻일뿐 재무상태의 좋고 나쁨에 대한 평가는 아니라는 점은 유의해야 한다.

한정은 회계기준 위반이나 감사범위 제한(회사 측이 감사에 필요한 증거를 충실히 제공하지 않은 것)으로 인해 적정 의견을 내긴 곤란하지만, 심각한 문제는 아닐 것 같다는 뜻이다. 감사범위 제한으로 인한 한정은 코스피에선 관리종목 지정, 코스닥에선 퇴출 사유다.

부적정이나 의견거절 판정을 받으면 상황이 심각해진다. 코스피와 코스닥 모두 상장폐지 사유다. 부적정은 재무제표가 회계처리 기준에 맞지 않아 정보로서의 가치가 없다는 뜻이다. 의견거절은 감사범위 제한이 심각했거나 기업 존립에 의문이 들 정도로 중대한 결함이 발견됐을 때다. 의견을 내고 말고 하는 게 의미 없으니 차라리 '노 코멘트'하겠다는 것이다.

상장사들의 감사보고서가 쏟아지는 매년 3월에는 증시에서 퇴출당할 기업의 윤곽이 드러난다. 감사의견에서 적정을 받지 못한 기업은 투자에 유의해야 한다. 감사보고서는 정기주주총회 1주일 전까지 공시해야 하는데, 제출기한을 넘기며 우물쭈물하는 회사도 의심해봐야 한다. 비상장사는 감사의견 적정을 못 받아도 제재는 없지만 투자자 유치 등에 어려움을 겪게 된다.

274

그림자 금융(shadow banking, 섀도 뱅킹)

은행과 비슷한 기능을 수행하지만 은행과 달리 엄격한 규제를 받지 않는 금융회사와 금융상품을 통칭하는 말이다.

경제기사 읽기

전세계 그림자금융 규모가 45조달러를 넘어선 것으로 집계됐다.

5일(현지시간) 영국 파이낸셜타임스(FT)는 주요 20개국(G20) 재무장관과 중앙은행 총재들이 모여 설립한 금융안정위원회(FSB)의 자료를 인용해 2016년도 말 기준 전세계 그림자금융 규모가 보수적으로 책정하더라도 8% 증가한 45조달러를 넘어선 것으로 집계됐다고 보도했다. 전세계 금융자산의 약 13%가 그림자금융이란 얘기라고 FSB는 전했다.

FSB는 중국 그림자금융 규모가 전세계 그림자금융의 15.5%에 해당하는 7조달러로 가장 큰 부분을 차지한다고 진단했다. 투자은행과 펀드들이 몰려 있는 룩셈부르크 역시 7.2%의 비중, 3조2000억달러로 집계됐다.

— 박선미, 전세계 그림자금융 규모 45조弗, 〈아시아경제〉, 2018.03.06

국내외 금융시장의 위험성을 경고하는 기사에 그림자 금융이라는 말이 자주 등장한다. 그림자 금융은 은행과 비슷한 신용중개 기능을 수행하면서도, 은행이 아니라는 이유로 금융당국의 엄격한 관리 · 감독은 받지 않는 비(非)은행 금융회사를 가리킨다. 규제의 사각지대에 놓인 음지(shadow)라는 뜻이 담겨 있다. 투자은행, 사모펀드, 구조화투자회사(SIV) 등이 대표적이다.

은행은 예금자가 돈을 찾으러 올 것에 대비해 일정 수준의 현금을 늘 준비해야 하고, 국제결제은행(BIS)이 정한 자기자본비율을 유지해야 하는 등 제약이 많다. 하지만 그림자 금융은 규모가 작은 곳이 많고 원금 보장의무도 없어 규제의 강도가 낮다.

그림자 금융은 이들이 취급하는 각종 금융상품을 의미하기도 한다. 머니마켓 펀드(MMF), 환매조건부채권(RP), 신용파생상품, 자산유동화증권(ABS), 자산유동화 기업어음(ABCP) 같은 것들이다. 각종 자산과 채권을 활용한 금융기법의 발달이 그림자 금융의 탄생을 가능케 했다.

은행은 예금주와 대출자를 연결하는 단순한 구조지만, 그림자 금융의 자금중개 경로는 복잡하다. 예를 들어 자산운용사가 파는 MMF를 보자. 소비자가 MMF에 투자하면 자산운용사는 이 돈을 기업어음(CP), 양도성예금증서(CD) 등 단기금융상품에 투자한다. CP로 넘어간 자금은 기업으로 흘러가 사업자금으로 쓰인다. 자금의 공급자(투자자)와 수요자(기업)를 연결하는 기능은 은행과 비슷하지만 보다 많은 과정을 거친다.

어감이 칙칙해서 그렇지 그림자 금융이 나쁜 것은 아니다. 은행이 제공하지 못하는 높은 수익률과 다양한 자금 수요를 충족시키기 때문이다. 그림자 금융 내부에서도 업체들의 경쟁이 치열한 만큼 소비자 편익을 높이는 효과도 있다. 하지만 잘못 관리하면 '부실의 뇌관'이 될 위험이 높다. 그림자 금융은 고위험 고수익을 노리는 과정에서 차입을 동원하거나 파생상품에 투자하는 일이 많다. 건전성 규제는 약한데 손익은 투명하게 드러나지 않는다. 미국의 금융이 주기적으로 위기를 맞은 배후에도 그림자 금융이 있다는 지적을 받아 왔다.

한국은행에 따르면 우리나라 그림자 금융 규모는 2017년 말 기준 최대 1998조원으로 추산됐다. 한국은 금융시장이 은행 중심이고 규제도 엄격한 편이라 그림자 금융이 해외보단 작은 편이다. 다만 4년 만에 50% 늘어나는 등 성장세는 빠르다. 유형별로 보면 펀드 618조원, 증권 449조원, 카드 · 리스 220조원, 신탁 390조원, 유동화기구 305조원 등을 차지했다.

275

대체투자(alternative investment)

주식, 채권 등 전통적 투자상품이 아닌 다른 대상에 투자하는 것. 대상은 사모펀드, 부동산, 사회간접자본(SOC), 원자재 등 무궁무진하다.

경제기사 읽기

증권사 및 자산운용사의 대체투자 상품이 마치 블랙홀처럼 시중 자금을 빨아들이면서 '쏠림 현상'을 경계하는 목소리도 적지 않다. 이들 투자 상품의 대다수가 유동성이 떨어지는 국내외 부동산이다 보니 향후 경기 하방에 따른 손실 리스크가 커지고 있다는 지적이 나온다.

14일 금융투자협회에 따르면 전체 펀드자산 총액(614조원)에서 부동산 펀드가 차지하는 비중은 2014년 말 7.8%에서 지난 12일 현재 13.6%로 급증했다. 인프라 등 특별자산 펀드나 투자 구성비를 공개할 필요 없는 혼합자산 펀드에도 부동산이 상당 부분 포함돼 있다는 사실을 감안할 때 전체 펀드자산 내 부동산 비중은 20%가 넘을 것으로 추정된다. 금융투자협회 관계자는 "특별자산 펀드 내 도로 항만 철도 등 인프라 투자가 차지하는 비중이 60%에 가깝다"며 "매년 설정액이 두 배씩 커지고 있는 혼합자산 펀드에도 부동산과 관련된 자산이 상당수 섞여 있을 것"이라고 말했다.

부동산 쏠림 현상에 따른 부작용도 우려된다. 실제 2007년 국내 굴지의 시중은행과 자산운용사가 손잡고 수백억원을 투자했던 한 러시아 골프장 건설 사업이 당시 글로벌 금융위기로 좌초되면서 거액의 손실을 보기도 했다.

— 이호기, 너도나도 부동산 대체투자…출혈경쟁 · 무리한 투자로 손실 우려, 〈한국경제〉, 2019.06.15

금융위기 이후 10년 넘게 저금리 기조가 이어지고 있다. 돈을 빌리는 사람들은 반갑겠지만 투자하는 사람들은 '죽을 맛'이다. 수익률을 높이기가 너무 어려워져서다. 이자를 한 푼이라도 더 얻을 수 있는 새로운 투자처로 눈을 돌리는 대체투자가 주목받는 배경이다.

대체투자는 주식과 채권을 뺀 나머지 자산을 대상으로 한 모든 투자를 통칭하는 말이다. 사모펀드, 헤지펀드, 부동산, 벤처기업, 원자재, SOC 등이 대표적이다. 주식보다는 위험성이 낮고, 예금이나 채권보다는 높은 수익률을 기대할 수 있다는 게 장점이다. 선박, 미술품, 지식재산권, 유전 등에도 투자한다. 이런 대체투자 상품을 주로 편입하는 대체 뮤추얼펀드와 상장지수펀드(ETF)도 등장했다.

대체투자의 인기 비결은 높은 기대수익률과 분산투자 효과다. 기관투자자들은 금융위기를 전후로 주식과 채권에서 큰 손실을 보면서, 전통자산에만 분산투자해선 소용이 없다는 것을 온몸으로 배웠다. 컨설팅업체 PwC에 따르면 세계 대체투자 시장은 2013년 7조9000억달러에서 2020년 15조3000억달러로 클 전망이다. 선진국 기관투자가들의 대체투자 비중은 적게는 20%, 많게는 50%가 넘는다. 이런 흐름을 따라 국내 대체투자도 2010년 이후 연평균 15%씩 성장하면서 펀드시장의 주류가 됐다. 다만 세계 시장에서 차지하는 비중은 2% 정도다.

물론 대체투자는 만만한 일이 아니다. 대체투자 자산은 주식만큼 잘 표준화되지 않았고 유동성이 떨어진다. 또 대부분 레버리지(빚을 끼고 투자)가 활용되기 때문에 시장이 얼어붙으면 더 위험할 수 있다. 주식 전문가를 핵심 인재로 우대했던 국내 증권사 · 자산운용사들은 대체투자 경험자를 확보하는 데 사활을 걸고 있다. 전문인력이 그만큼 부족하다는 얘기다.

1000
10000
FG760337G
日本銀行券
BK34605051
10000

13장 오늘보다 나은 내일을 위해 혁신과 규제

276

스타트업(start-up)

창업한 지 얼마 되지 않은 신생 벤처기업.

경제기사 읽기

스타트업들이 산업 생태계 곳곳에서 '젊은 피' 역할을 톡톡히 하고 있다. 복잡한 유통구조를 혁신하는가 하면 침체한 상권과 노후 건물에 벤처들이 모여들어 활기를 불어넣고 있다.

축산물 유통 스타트업인 미트박스는 육류 수입 · 가공업자와 식당, 정육점을 연결해주는 직거래 앱을 운영한다. 중간 유통상이 없어 고깃값이 10~30% 싸다는 입소문을 타고 거래액이 2015년 89억원, 2016년 352억원, 지난해 875억원으로 뛰었다. 각종 시세정보가 무료로 공개돼 서울 마장동 축산시장 업자들도 자주 접속한다.

몇 년 전만 해도 낙후된 지역이던 서울 익선동 한옥마을은 요즘 젊은이들로 북적인다. 변화를 이끈 주역은 서울시청도 종로구청도 아닌, 익선다다라는 스타트업이다. 이 회사는 2014년부터 크라우드 펀딩을 통해 투자금을 모아 동네 곳곳에 10여 개의 특색 있는 상점을 열었다. 익선동은 억대 권리금이 붙은 '핫 플레이스'로 탈바꿈했다.

식품 · 유통, 금융, 전통 제조업 등에서도 새로운 기회를 찾아낸 스타트업이 대거 등장했다. 오프라인 판매만 고수하던 동대문 도매상가의 원단을 해외 디자이너에게 판매한 패브릭타임에는 80여 개국에서 구매 문의가 들어오고 있다. 2015년 창업한 신선식품 배송 스타트업 마켓컬리는 2년 만에 회원 40만 명, 연간 거래액 530억원으로 급성장했다.

— 임현우 · 배태웅, 마장동 우시장 · 동대문 원단시장 확 바꾼 스타트업들, 〈한국경제〉, 2018.01.17

스타트업은 창업한 지 얼마 되지 않은 초기 단계의 벤처기업을 가리킨다. 1990년대 후반 미국에서 '닷컴 버블'로 불리는 정보기술(IT) 창업 붐이 일었을 때 처음 등장한 말이다. 한국에서도 2010년대 들어 스마트폰 대중화와 인공지능(AI) 확산을 계기로 창업이 활발해지면서 대중에게 친숙한 용어가 됐다.

스타트업은 IT 업종이 많지만 반드시 IT 회사일 필요는 없다. 언뜻 보면 스타트업이 일반적인 신생 기업과 뭐가 다른지 구분하기 어렵다. 전문가들은 스타트업의 핵심은 '사람들이 불편해하는 문제를 찾아 기술로 해결하려는 정신'이라고 설명한다. 남들이 하던 대로 물건을 만들어 파는 정도라면 평범한 중소기업에 그칠 것이다. 스타트업의 제품과 서비스는 혁신성이 생명이며, 현재 가치보다 미래 가치로 평가받는다.

스타트업은 참신한 기술과 아이디어를 갖고 있지만, 인력과 자금은 풍부하지 않은 빠듯한 환경에서 굴러가는 회사다. 외부 투자를 꾸준히 유치하며 빠른 성장을 이어가야 살아남을 수 있다. 통상 스타트업의 투자 유치는 단계에 따라 시드→시리즈A→시리즈B→시리즈C 등의 순으로 이어진다. 시드(seed) 단계에서는 말 그대로 초기 개발을 위한 종잣돈을 확보한다. 이후 사업이 본격화하면서 추가로 받는 투자금은 시리즈 A, B, C 등으로 구분한다.

스타트업은 '고위험 고수익'의 도전이다. 차리기도 쉽지만 망하기도 쉽다. 단기간에 성과를 올리지 못하면 자금난이 찾아오면서 어려움을 겪는 경우가 흔하다. 보통 창업 후 3~5년차에 찾아오는 이 고비를 '죽음의 계곡'에 빗대 데스 밸리(death valley)라 부른다.

세계 각국은 스타트업 생태계를 활성화하는 데 사활을 걸고 있다. 전통 대기업이 잇따라 성숙기 · 쇠퇴기에 접어드는 상황에서 차세대 유망 기업이 필요하기 때문이다. '스타트업의 요람'으로 꼽히는 미국의 실리콘밸리, 중국의 선전, 이스라엘의 텔아비브 등은 뜨거운 창업 열기에 정부 · 투자자의 전폭적인 지원이 뒷받침돼 시너지 효과를 내고 있다. 국내 스타트업들은 서울 강남 테헤란로와 경기 판교 일대에 많이 몰려 있다.

277

유니콘(unicorn)

기업가치가 10억달러를 넘어선 비상장 벤처기업.

13장 혁신과 규제

경제기사 읽기

국내에서 11번째 유니콘 기업이 탄생했다. 바이오시밀러 제조업체인 에이프로젠이 주인공이다. 국내에서 바이오 기업이 유니콘으로 성장한 첫 사례다.

중소벤처기업부는 10일 미국 시장조사회사인 CB인사이트에 에이프로젠이 유니콘 기업으로 등재됐다고 발표했다. 에이프로젠은 바이오시밀러와 이중항체 신약을 개발하고 있다. 중기부 관계자는 "그동안 등재된 유니콘 기업은 주로 정보통신기술(ICT) 분야에 집중됐다"며 "처음으로 생명공학 분야에서 유니콘 기업이 탄생해 업종이 다양해지고 있다는 점에서 의미가 크다"고 설명했다.

에이프로젠이 11번째 유니콘 기업에 오르면서 한국의 유니콘 기업 순위는 독일과 함께 공동 5위가 됐다. 한국의 유니콘 기업 순위는 지난해 6월 7위에서 지난 5월 5위로 상승했다. 이후 7월 독일에서 유니콘 기업이 추가로 배출되면서 6위로 내려갔다.

국내 유니콘 기업의 탄생 속도는 빨라지는 추세다. 과거 유니콘 기업이 추가로 배출되는 데 1년 이상 시간이 걸렸지만 지난해에는 3개사, 올 들어 5개사가 새로 유니콘 기업 대열에 합류했다.

— 나수지 · 임유, 에이프로젠, 바이오업계 첫 유니콘 기업 올랐다, 〈한국경제〉, 2019.12.11

쿠팡, 배달의 민족, 토스, 야놀자, 무신사···. 이들 회사는 대한민국을 대표하는

한국의 유니콘 기업

	기업명	등재시점	창업연도
1호	쿠팡	2014.05	2013
2호	옐로모바일	2014.11	2012
3호	L&P 코스메틱	2017.04	2009
4호	크래프톤	2018.08	2007
5·6호	비바리퍼블리카·우아한 형제들	2018.12	2013·2011
7호	야놀자	2019.02	2007
8호	위메프	2019.04	2010
9호	지피클럽	2019.06	2003
10호	무신사	2019.11	2012
11호	에이프로젠	2019.12	2000

2020년 3월 기준. 자료: 중소벤처기업부

스타트업인 동시에, 다른 많은 스타트업은 갖지 못한 영광스러운 타이틀을 갖고 있다. 바로 '유니콘' 반열에 오른 스타트업이라는 것이다.

유니콘이란 비상장 벤처기업 가운데 기업가치가 10억달러(국내에선 통상 1조원)를 넘어선 곳을 가리킨다. 신화 속 동물인 유니콘과 같이 현실에서 보기 쉽지 않다고 해서 붙은 이름이다. 2013년 미국 벤처캐피털 카우보이벤처스의 에일린 리 대표가 IT 매체 테크크런치 기고문에서 처음 쓴 이후 널리 퍼졌다.

스타트업의 기업가치가 100억달러를 돌파하면 데카콘이라 부른다. 유니콘의 유니(uni)가 숫자 1을 뜻하는 데서 착안해 숫자 10을 뜻하는 접두어 데카(deca)로 바꾼 것이다. 회사 가치가 더 불어나 1000억달러를 넘어가면 헥토콘이라 한다. 숫자 100을 의미하는 헥토(hecto)를 활용해 만든 신조어다.

주식시장에 상장한 회사의 가치는 시가총액으로 가늠할 수 있지만 비상장기업의 몸값을 객관적으로 평가하긴 쉽지 않다. 창업자가 제아무리 "우리는 유니콘"이라고 외쳐도 곧이곧대로 믿을 수 없지 않은가. 스타트업의 기업가치는 창업 이후 수차례 외부 투자를 유치하는 과정에서 투자자들의 냉정한 평가를 거쳐 산정된다. 얼마를 투자해 지분을 몇 % 가져갈지 정해야 하기 때문이다. 몸값이 조(兆) 단위에 진입했다는 것은 일정 수준 이상의 성과를 이룬 '대박 벤처'로 공인받았다는 의미가 있다.

시장조사업체 CB인사이트가 발표하는 '세계 유니콘 기업 목록'을 보면 2020년 3월 기준 452개 업체가 유니콘으로 공인받았다. 미국(49%)과 중국(37%) 회사가 대부분이고, 한국 기업은 앞서 언급한 곳을 포함해 11개다. 유니콘에 오른다고 탄탄대로가 보장되는 건 아니다. 사업이 부진해져 유니콘에서 이탈한 사례 또한 적지 않고, 유니콘 지위는 유지하고 있지만 '거품론'에 시달리는 회사도 있다.

278

벤처캐피털/엔젤투자(venture capital/angel investment)

유망 벤처기업에 돈을 대는 투자전문회사 또는 이들의 자본은 벤처캐피털이라 하고, 개인투자자 또는 이들의 자본은 엔젤투자라고 부른다.

경제기사 읽기

지난해 벤처투자가 4조원을 돌파하면서 역대 최대치를 경신했다. 중소벤처기업부, 한국벤처캐피탈협회, 한국엔젤투자협회는 29일 작년 벤처투자액이 4조2777억원으로 집계됐다고 밝혔다.

벤처투자액은 2017년 2조3803억원에서 2018년 3조4249억원으로 꾸준히 증가했다. 지난해 투자액은 전년 대비 25%, 2017년과 비교하면 2년만에 1.8배 증가했다. 이 중 순수 민간펀드에서 투자된 금액은 1조4768억원으로 35%를 차지했다. 이 비중은 2015년 21.4%에서 2016년 24.6%, 2017년 32.3%, 2018년 33.8%, 지난해 34.5%로 꾸준한 증가세를 보이고 있다.

지난해 4조원 넘는 벤처투자 실적 덕분에 GDP 대비 벤처투자의 비중은 0.22%로 상승했다. OECD 최신 통계인 2017년을 보면 이 비중이 미국이 0.40%, 중국이 0.38%, 이스라엘이 0.27%였다. 당시 한국은 0.13%였으나 2년만에 0.09%포인트가 상승하며 세계 4위권을 넘보는 위치가 됐다.

— 도현정, 벤처투자 '4조원 돌파' 역대 최대치 경신,
〈헤럴드경제〉, 2020.01.29

스타트업이 제아무리 뛰어난 기술력과 장래성을 갖고 있더라도 은행에서 대출받긴 쉽지 않다. 국내 은행은 부동산처럼 확실한 담보를 요구하는 것이 오랜 관행이기 때문이다. 이런 벤처기업들에 '고위험 고수익'을 기대하고 적극적으로 돈을 대 주는 자본이 있다. 바로 벤처캐피털과 엔젤투자다.

벤처캐피털은 고도의 기술력과 장래성은 있지만 자본력이 취약한 벤처기업

에 투자하는 금융회사 또는 이들의 자본을 말한다. 담보를 요구하지 않는 대신 주식 취득 등의 방식으로 자금을 공급한다. 창업자에게 자금은 물론 경영, 기술 등의 노하우를 종합적으로 지원하기도 한다. 투자한 기업이 성공하면 이들이 갖고 있는 주식도 '대박'을 터뜨리게 되고, 높은 수익률을 누릴 수 있게 된다.

국내에선 2000년대 초반 벤처 붐에 힘입어 벤처캐피털도 활발하게 활동했으나, 몇 년 뒤 벤처기업 거품론이 퍼지면서 투자가 위축된 적이 있다. 하지만 IT 스타트업 창업이 다시 활발해짐에 따라 '제2 벤처 붐'에 대한 기대가 높아지고 있다. 벤처캐피털협회에 따르면 2019년 벤처투자액은 사상 처음 4조원을 돌파했다.

굳이 벤처캐피털회사를 차리지 않고 개인들이 일종의 투자클럽을 결성해 벤처기업에 투자하기도 하는데, 이런 방식은 엔젤투자라고 부른다. 엔젤투자의 기원은 1920년대 미국 브로드웨이로 거슬러 올라간다. 창작 오페라에 자금을 대 공연을 성공리에 마치도록 도운 '천사 같은 후원자'를 가리키던 말이 스타트업 용어로 굳어졌다. 국내 엔젤투자 규모 역시 정부의 세제 혜택에 힘입어 연간 5000억원 선으로 커졌다.

엔젤투자자 중에는 유명 연예인도 많다. 애쉬튼 커처는 스카이프, 우버, 에어비앤비 등에 초기 투자한 '촉 좋은 엔젤투자자'로 유명하다. 국내에는 마켓컬리 지분을 갖고 있는 이제훈을 비롯해 배용준, 최시원, 이동국 등이 개인 자격으로 스타트업에 투자해 화제를 모은 적이 있다.

279 엑시트(exit)

창업자나 투자자가 자금을 회수하기 위한 출구전략.

경제기사 읽기

대통령 직속 4차산업혁명위원회 위원장을 맡고 있는 장병규 크래프톤(옛 블루홀) 이사회 의장은 2011년 김봉진 대표가 갓 창업한 우아한형제들에 3억원의 초기 자금을 출자했다. 자신이 세운 벤처캐피털(VC) 본엔젤스를 통해서다.

그로부터 8년여가 흐른 지난 13일 우아한형제들은 독일 딜리버리히어로가 자사의 국내외 투자자 지분 87%를 인수한다고 발표했다. 딜리버리히어로가 평가한 이 회사 가치는 40억달러(약 4조7500억원). 우아한형제들 지분 6.3%를 보유한 본엔젤스는 2993억원을 거둬들이게 된다. 앞서 2017년 보유 지분 7.8% 중 1.5%포인트를 처분해 약 67억원을 거머쥐었다. 본엔젤스가 두 차례에 걸쳐 회수하는 돈은 총 3060억원. 투자 8년 만에 원금 대비 약 1020배의 투자 수익을 기록하는 셈이다.

우아한형제들이 국내 스타트업(신생 벤처기업) 사상 최고 가격으로 팔리면서 국내외 VC들은 '잭팟'을 터뜨릴 전망이다.

— 김채연, '배달의민족' 매각으로 벤처캐피털도 '잭팟', 〈한국경제〉, 2019.12.19

성공한 스타트업의 창업자와 투자자들은 어떻게 돈방석에 앉게 될까. 월급이나 배당을 차곡차곡 저축하는 방법도 있겠지만, 기업가치가 일정 수준에 도달했을 때 지분을 다른 누군가에게 팔아 현금화하는 '한방'이 대부분이다. 이처럼 창업자나 투자자가 자금을 회수하고 빠져나가는 것을 엑시트라 부른다.

스타트업의 엑시트 전략은 여러 가지가 있다. 대표적으로 회사를 경쟁사나 대기업에 매각하는 인수합병(M&A)과 회사를 주식시장에 상장하는 기업공개(IPO)를 들 수 있다. 성공적인 엑시트는 스타트업 창업자들의 꼭 이루고 싶은 공통의 꿈이다.

지금은 인식이 많이 바뀌었지만 한때 스타트업의 엑시트를 '먹튀'와 비슷하게 오해하는 사람도 많았다. 그러나 엑시트에 성공한 기업가들의 이후 생활을 보면, 백수로 지내는 일은 거의 없다. 새로운 사업을 구상해 연쇄창업에 나서거나 투자자로 변신해 다른 유망 스타트업을 발굴하는 사람이 많다. 엑시트는 재창업과 재투자를 촉진한다는 점에서 스타트업 생태계의 선순환에 크게 기여한다.

안타깝게도 한국은 창업 후 엑시트가 쉽지 않다는 지적을 받아 왔다. 한국무역협회 분석에 따르면 2013~2015년 초기 투자를 받은 한국 스타트업 중 엑시트에 성공한 곳은 5.8%에 그쳤다. 미국(12.3%)의 반토막도 안 된다. 국내에선 2019년 독일 업체에 인수된 배달의 민족이 그나마 성공 사례로 꼽히는데, 해외와 비교하면 규모가 크다고 보기 어렵다.

원인은 여러 가지를 꼽을 수 있다. 스타트업이 국내에서 대규모 투자금을 지속적으로 유치하기 어려워 성장 정체에 빠지는 경우도 많고, 각종 규제에 대한 부담 때문에 대기업이 스타트업 M&A에 소극적인 점도 영향을 준다는 지적이다. 결국 창업자들의 역량, 모험자본의 꾸준한 공급, 대기업과 스타트업 간의 협력관계 등 전반적인 환경이 함께 무르익어야 엑시트도 활발해질 수 있다는 얘기다.

280

FAANG

미국 IT업계의 대표 기업인 페이스북, 애플, 아마존, 넷플릭스, 구글.

경제기사 읽기

미국의 전기자동차 업체 테슬라의 주가가 연일 폭등하면서 시가총액이 한때 넷플릭스를 넘어섰다. 뉴욕 증시를 이끌어온 'FAANG'이 'FAAGT'로 재편될 것이란 관측까지 나온다. 넷플릭스 대신 테슬라가 핵심 기술주에 포함될 것이란 얘기다.

4일(현지시간) 뉴욕증시에서 테슬라는 전날보다 13.73%(107.06달러) 급등한 주당 887.06달러에 거래를 마감했다. 장중 한때 24% 솟구친 주당 968.99달러까지 올랐다. 전날에도 19.89% 오른 테슬라는 올 들어 상승률이 112%에 달한다. CNN은 이날 테슬라 주식에 대해 "이 세상 주식이 아니다"고 평가했다.

테슬라의 시가총액은 이날 1700억달러까지 치솟았다가 1598억달러로 마감됐다. FAANG 주식의 하나인 넷플릭스(1619억달러)와 21억달러 차이다. 장중에는 넷플릭스를 웃돌기도 했다.

월스트리트저널은 테슬라의 주가 급등세가 과거 2000년 닷컴 버블, 2008년 유가 폭등, 2017년 비트코인 버블 때보다 더 가파르다고 지적했다.

— 김현석, 테슬라 '미친 주가' 2017년 비트코인 능가…
FAANG→FAAGT 되나, 〈한국경제〉, 2020.02.06

경제계에서는 그때그때 주목받는 나라나 기업들의 머리글자를 딴 신조어가 등장한다. 최근 증시에서는 미국의 잘나가는 5대 정보기술(IT) 기업을 뜻하는 FAANG(팡)이라는 말이 자주 쓰인다. 페이스북(Facebook), 애플(Apple), 아마존

(Amazon), 넷플릭스(Netflix), 구글(Google)의 머릿글자를 딴 것이다. 기술기업이 많이 상장된 나스닥시장을 대표하는 IT 회사라는 공통점이 있다. 세계를 무대로 사업을 벌이는 만큼 한국인에게도 친숙한 곳들이다.

간혹 '거품 논란'에 휘말려 주가가 등락을 거듭하기도 하지만 FAANG 기업의 꾸준한 실적 호조는 미국을 넘어 세계 증시의 상승세를 주도했다는 평가를 받는다. 4차 산업혁명이 화두인 만큼 IT 기술주에 대한 관심은 당분간 뜨겁게 이어질 것으로 전망된다.

미국에 FANG이 있다면 아시아에는 STAT(스탯)이 있다. STAT은 아시아의 대표 IT 기업으로 꼽히는 한국 삼성전자(Samsung), 중국 텐센트(Tencent)와 알리바바(Alibaba), 대만 반도체 기업 TSMC를 가리킨다. 영국의 투자회사 세븐인베스트먼트는 스탯을 '아시아의 네 마리 용'으로 지칭하며 "미국의 대형 IT 기업보다 더 매력적"이라는 분석을 내놓은 적이 있다. 선진국에 비해 신기술을 빠르게 흡수하는 아시아 소비자를 기반으로 하고 있으며, 아시아 지역의 전체 경제성장률이 선진국보다 높기 때문에 잠재력이 훨씬 크다는 이유다.

일본 증시에서는 오랜 부진을 털어내고 주가가 뛰어오른 소프트뱅크(Softbank), 닌텐도(Nintendo), 리크루트(Recruit), 소니(Sony)를 묶어 SNRS라고 부르기도 했다.

최근 해외 투자의 문턱이 낮아지면서 국내 개인 투자자 중에도 직·간접적으로 FAANG 주식을 보유한 사례가 적지 않다. 글로벌 주식시장이 쭉쭉 활기를 이어가 FAANG, STAT, SNRS 외에 새로운 스타 기업들로 많은 신조어를 만들어내길 기대해 본다.

281

오픈 이노베이션(open innovation)

기업에 필요한 기술과 아이디어를 얻기 위해 다른 기업이나 연구조직과 유기적인 협력 관계를 구축하는 혁신 전략.

경제기사 읽기

잇몸 치약 '시린메드'로 잘 알려진 부광약품은 요즘 제약업계의 부러움과 시샘을 동시에 받고 있다. 국내외 바이오 기업 투자로 약 1400억원을 벌어들이면서다. 국내 대형 제약사인 유한양행, 한독, 일동제약 등도 바이오 분야에 투자해 짭짤한 수익을 올리고 있지만 부광약품과는 비교가 안 된다. 지금까지 회수한 금액만 계산했을 때 부광약품은 75억원으로 1385억원을 벌어 18배 넘는 차익을 남겼다. 내세울 만한 신약도, 히트 제품도 없는 중소 제약사가 '투자의 신'으로 등극한 배경에 관심이 쏠리는 이유다.

이 작은 회사가 1년치 매출과 맞먹는 투자 수익을 올린 비결은 첫째 '오픈 이노베이션'에 있다. 부광약품의 오픈 이노베이션은 철저한 아웃소싱에 기반한다. 수십억원이 들어가는 만큼 투자할 회사와 파이프라인(후보물질)을 면밀히 검토할 것 같지만 정반대다. 투자 대상을 선정하는 작업은 외부에 과감히 맡긴다.

회사는 초기 리서치 단계부터 참여하지만 기본적인 검토만 한다. 가능성이 보이면 컨설팅회사나 외부 연구소에 용역을 준다. 적은 인원으로 수백 개 기업을 속속들이 파악할 수 없을뿐더러 안다고 하더라도 시장성과 성공 여부는 별개 문제이기 때문이다.

— 전예진, 치약 팔던 부광약품 '바이오 투자 귀재' 된 비결,

〈한국경제〉, 2019.05.18

회사가 성장하려면 혁신적인 신상품과 신기술을 꾸준히 확보하는 것이 중요

하다. 과거 기업들은 내부 역량을 키우는 연구개발(R&D) 투자로 이를 해결하려 했다. 이른바 '폐쇄형 혁신'이라 불리는 방식이다. 하지만 하루가 멀다 하고 새로운 기술이 쏟아지는 요즘, 한 회사가 모든 것을 스스로 해내긴 쉽지 않은 환경이 되어가고 있다.

2003년 헨리 체스브로(Henry Chesbrough) 미국 버클리대 교수는 《오픈 이노베이션(Open Innovation)》이라는 책에서 새로운 화두를 던졌다. 기업 안팎의 경계를 과감하게 허물라는 것이다. 혁신을 위해 필요한 기술과 아이디어는 다른 기업이나 외부 연구조직에서 가져다 쓰고, 내부 자원을 외부에 개방해 남들도 활용할 수 있게 하라는 주장이다. 우리말로 '개방형 혁신'이라 불리는 오픈 이노베이션은 기업 경영의 핵심 키워드로 자리잡고 있다.

오픈 이노베이션은 여러 조직이 각자의 강점을 공유해 최고의 결과물을 만들어내는 데 집중하는 '팀플레이'다. 학교에서 수업을 들을 때 개인별 과제보다 팀별 과제가 더 골 아프듯, 오픈 이노베이션도 쉬운 일이 아니다. 국내 기업들은 수직적인 조직문화에 순혈주의도 강해 외부 조직과 협력하고 융화하는 데는 아직 서툰 측면이 있다. 어렵사리 개발한 지식재산권을 이것저것 공개하면 경쟁사에 따라잡힐 것이란 우려도 버리기 어렵다.

그럼에도 불구하고 많은 기업이 오픈 이노베이션에 도전하고 있다. 혁신에 드는 비용을 줄이고 성공 가능성을 높일 수 있기 때문이다. 자동차업계는 외부 정보통신기술(ICT) 전문가와 협력해 인공지능(AI), 자율주행 등의 역량을 높이고 있다. 제약업체들은 신약 개발을 위해 국내외 유망 바이오 벤처기업과 과감하게 손잡기 시작했다.

282

애자일 조직(agile organization)

부서 간 경계를 허물고 필요에 맞게 소규모 팀을 구성해 업무를 수행하는 조직문화.

경제기사 읽기

오렌지라이프(옛 ING생명)가 지난 4월 보험업계에서 처음으로 도입한 애자일(agile) 조직이 국내 기업의 벤치마킹 대상으로 떠올랐다. 애자일 조직은 각기 다른 직무를 가진 구성원이 업무를 중심으로 한 팀에 모여 수평적 의사결정을 통해 업무를 신속하게 처리하는 것이 특징이다.

오렌지라이프는 영업, 마케팅, 상품기획, 정보기술(IT) 등 각 부서에서 헤쳐 모인 직원 9명으로 구성된 소그룹 '스쿼드(분대)' 18개를 꾸렸다. 조직개편 후 오렌지라이프는 종전 2개월가량 걸리던 신상품 준비 기간이 3~4주로 대폭 단축됐고, 보험설계사(FC) 채널의 보험계약 유지율도 직전 3개월 대비 평균 2%포인트 개선됐다.

— 서정환, '오렌지라이프 애자일 조직' 열공하는 기업들, 〈한국경제〉, 2018.12.03

"이건 저희 팀 소관이 아니에요. 담당자 연결해 드릴게요." "옆 부서 담당인데, 그쪽에 물어보세요."

관공서나 콜센터에서 업무를 볼 때 '담당자'를 찾다가 진을 뺀 불쾌한 경험, 누구나 한 번쯤 있을 것이다. 기업들도 조직을 운영할 때 부서 간 경계를 명확하게 구분하는 게 오랜 관행이었다. 하지만 최근 거대 단위의 조직을 통·폐합해 한층 유연하게 재편하려는 시도가 늘고 있다. 이른바 애자일 조직이다.

애자일(agile)은 '민첩한, 기민한'이라는 뜻의 영단어다. 애자일 조직이란 부서 간 경계를 허물고 필요에 따라 소규모 팀을 구성해 업무를 수행하는 조직문화를 뜻한다. 소그룹에 의사결정 권한까지 부여해 민첩한 대응을 추구하는 것이 특징이다. 상명하복식의 수직적 조직구조를 깨고, 직원 개개인의 역할을 확대하는 데 초점을 맞춘다.

애자일 조직은 1990년대 이후 구글, 페이스북, 아마존 등 미국의 정보기술(IT) 혁신기업을 중심으로 발달한 운영 방식이다. 한국에서는 몇 년 전부터 은행, 카드, 보험 등 금융권을 중심으로 잇따라 도입됐다. 요즘은 제조업, 건설업 등 보수적인 '굴뚝산업'에서도 애자일 조직에 많은 관심을 보이고 있다.

반드시 애자일 조직이라는 이름이 아니더라도, 기업 규모가 커지면서 나타나는 관료화 현상을 막기 위한 실험은 곳곳에서 활발하다. 네이버, 카카오, 엔씨소프트 등은 기존 부서를 독립성 강한 소단위 조직으로 계속 쪼개고 있다. 성과가 좋으면 자회사로 분사시키기도 한다. 사내벤처, 사내독립기업(CIC), 시드(seed), 캠프(camp) 등 이름은 제각각이지만 조직의 효율성을 높인다는 취지는 일맥상통한다고 볼 수 있다.

283

오픈 소스(open source)

소프트웨어의 소스코드를 공개해 누구나 자유롭게 수정해 쓸 수 있도록 개방하는 것.

경제기사 읽기

마이크로소프트(MS)가 세계 최대 오픈소스 커뮤니티 깃허브(Github)를 인수했다. MS는 지난 4일 "75억달러 상당의 MS 주식을 지급하고 깃허브를 인수하는 데 합의했으며 올해 말께 인수 작업이 마무리될 것"이라고 발표했다.

2008년 설립된 깃허브는 세계 유명 정보기술(IT) 업체의 개발자들이 일상적으로 쓰고 있어 '개발자들의 놀이터' '프로그래머들의 페이스북' 같은 수식어로 불린다. 2400만 명의 소프트웨어 개발자가 사용 중이며 8000만 개에 달하는 소스코드를 보유하고 있다. 소프트웨어 개발자들은 깃허브에서 자신이 짠 코드를 저장하거나 다른 개발자들과 공유할 수 있다. 공개된 개발코드를 놓고 여러 이용자가 아이디어를 덧붙여가며 더 나은 결과물을 만들어내는 협업이 이뤄진다.

과거 폐쇄적 운영체제(OS)인 윈도를 기반으로 급성장한 MS는 최근에는 오픈소스 생태계에서의 주도권 확보에 관심을 보여왔다. 이번 협상은 사티아 나델라 MS 최고경영자(CEO)가 진두지휘한 것으로 알려졌다. MS는 깃허브를 인수하기 위해 지난해 말부터 협상에 공을 들였다. CNBC는 인수 협상에 정통한 소식통을 인용해 "MS는 깃허브와 공동 마케팅 파트너십 체결에만 3500만달러 투자를 고려했을 정도로 관심이 높았다"고 전했다.

— 임현우, '개발자 놀이터' 깃허브 품은 MS, 오픈소스 주도권 확보 속도낸다, 〈한국경제〉, 2018.06.12

맛집 요리사들은 자신이 공들여 개발한 레시피를 쉽게 발설하지 않는다. 정보기술(IT) 업체들도 비슷하다. 소프트웨어의 구성을 파악할 수 있는 설계도 격인 소스코드는 극비에 부친다. 하지만 소스코드를 외부에 공개해 누구나 자유롭게 바꿔쓸 수 있도록 하는 사례가 늘고 있다. 이런 소프트웨어를 오픈 소스라 부른다. PC 시절 마이크로소프트(MS) 윈도우의 대항마로 꼽혔던 리눅스(Linux)가 대표적이다.

오픈 소스로 가장 성공한 사례는 구글의 스마트폰 운영체제(OS)인 안드로이드를 꼽을 수 있다. 구글은 노키아의 심비안, MS의 윈도 모바일, 블랙베리의 림 등보다 출발이 늦었다. 하지만 구글은 누구나 비용 부담 없이 활용할 수 있는 오픈 소스 전략으로 순식간에 스마트폰 OS 시장을 석권했다. 현재 안드로이드는 삼성, LG, 화웨이, 샤오미 등 애플을 뺀 거의 모든 스마트폰의 OS로 채택돼 점유율이 70~80%에 이른다.

구글은 안드로이드를 무상으로 보급하는 대신 구글 계열 앱의 이용을 유도해 광고 매출을 높인다. 유료 앱 판매액의 30%도 수수료로 가져간다. 무엇보다 큰 수확은 세계의 스마트폰 제조업체, 이용자, 앱 개발자들을 구글의 생태계 안에 묶어놨다는 점이다. 몇몇 기업이 '구글 종속'에서 벗어나기 위해 독자 OS를 개발하려 했지만 판세를 뒤집는 것은 불가능했다.

IT업계에서는 소프트웨어로 단기 수익을 올리는 것보다 이용자 생태계 구축이 중요하다는 공감대가 확산하면서 오픈 소스 열풍이 뜨거워지고 있다. 많은 사람들이 개발, 편집, 수정에 참여하는 과정에서 소프트웨어의 완성도를 더욱 높일 수 있다는 것도 오픈 소스의 장점이다.

284

공유경제(sharing economy)

물건, 지식, 경험 등을 공유하며 합리적 소비와 가치 창출을 추구하는 신개념 경제. 개인 소유를 기본으로 한 전통 경제와 대비되는 개념이다.

경제기사 읽기

중국의 공유경제 시장 규모가 1년 새 2배로 성장했다. 가파른 성장에는 공유경제의 대상을 지식, 의료 등으로 확대하고 중국 맞춤형 사업을 구현한 데 있다는 분석이 나온다. 공유경제의 성장이 고용 증가와 창업 촉진으로 이어진다는 점에서 한국도 중국 사례를 적극적으로 참고해야 한다는 주장도 나왔다.

14일 한국무역협회 청두(成都)지부는 '최근 중국 공유경제의 발전 현황 및 시사점' 보고서에서 지난해 말 기준 중국 공유경제의 시장 규모는 3조4520억 위안(약 552조3000억 원)으로 2015년보다 103% 증가했다고 밝혔다. 산업별로 보면 지식 · 콘텐츠 공유 산업이 2015년 200억 위안(약 3조2000억 원)에서 지난해 610억 위안(약 9조8000억 원)으로 205% 확대돼 성장 폭이 가장 컸다. 주택 공유 산업은 1년 새 131% 성장했고 의료 공유 산업은 121% 증가했다.

지난해 중국의 공유경제 서비스 이용자 수는 6억 명 이상으로 추정되며 전년보다 1억 명 이상 증가했다. 공유경제 플랫폼을 제공하는 회사에 속한 취업 인구는 585만 명으로 전년보다 85만 명 증가했다.

— 한우신, 공유경제 모범생 中, 1년새 2배로 성장, 〈동아일보〉, 2017.05.15

"제 아들도 면허 딸 생각을 안 해요. 밀레니얼 세대는 자동차의 소유가 아닌 공유를 희망합니다. 사업 방향을 전환하면 해법을 찾을 수 있습니다."

정의선 현대자동차그룹 수석부회장이 2019년 5월 한 콘퍼런스에서 밝힌 말이다. 당시 세계 승용차 판매는 10년 만에 처음 감소세로 돌아서고 있었다. 전문가들은 불황으로 인한 일시적 후퇴가 아니라 세대 변화에 따라 구조적 하향기에 접어든 것이라고 봤다. 정 부회장의 말처럼 자동차업계도 '소유'보다 '공유'를 중시하는 소비 흐름을 고민하기 시작했다.

공유경제는 미국발 금융위기가 세계를 강타한 2008년 이후 이후받기 시작했다. 로렌스 레식 하버드대 교수는 대량생산과 대량소비가 특징이었던 20세기 자본주의와 대비시켜 공유경제라는 신조어를 만들어 냈다. 미국의 시사주간지 타임은 2011년 '세상을 바꿀 수 있는 10가지 아이디어'의 하나로 꼽기도 했다.

공유경제라는 개념이 대중에 유명해진 것은 우버, 에어비앤비, 위워크 등 공유경제를 전면에 내세운 기업들이 빠르게 성장하면서다. 공유경제는 차량과 숙박공간, 사무공간은 물론 인력, 자금, 콘텐츠 등 유 · 무형의 모든 재화와 서비스를 대상으로 한다. 빌리거나 같이 쓸 수 있는 것은 모두 포함될 수 있다는 얘기다. 공유경제는 개인에게 보다 많은 수익 창출 기회를 제공하고, 개인 간의 협업을 활성화해 공동체의 신뢰 향상에 기여하는 장점이 있다.

하지만 문제가 생겼을 때 법적 책임에 대한 규정이 명확하지 않은 것은 문제다. 우버, 에어비앤비 등에서 발생한 강력범죄는 공유경제 전반에 대한 신뢰를 떨어뜨렸다. 중국에선 오포, 모바이크 등 공유자전거 업체들이 경영난에 빠지자 도시 곳곳에 자전거가 흉물처럼 방치돼 논란이 일었다.

285 긱 이코노미(gig economy)

필요에 따라 단기 비정규직이나 프리랜서로 일하는 사람들이 늘어나는 경제현상.

경제기사 읽기

지난 18일 배달의민족, 요기요 등 배달업체 종사자 150여명으로 구성된 배달원 노동조합 '라이더유니온'이 서울시로부터 노조설립 신고필증을 교부받았다. 이로써 '라이더유니온'은 배달 플랫폼 종사자의 첫 합법노조 지위를 얻게 됐다.

이튿날인 19일. 대리운전 기사를 근로자로 인정하는 법원의 첫 판결이 나왔다. 법원은 대리운전 기사들도 단체교섭이나 파업 등 '노동 삼권' 행사가 가능한 노동조합법상 근로자로 인정했다.

비정규직 노동시장으로 분류되던 '긱 이노코미(Gig economy, 임시직 경제)' 시장이 흔들리고 있다. 긱 이노코미 분야가 IT기술을 덧입고 '디지털 플랫폼 산업'으로 진화와 확산을 거듭하면서, 본격적인 시장 성숙기를 앞두고 노동 문제가 시험대에 오르고 있다.

— 박세정, '긱 이코노미' 시장이 흔들린다, 〈헤럴드경제〉, 2019.11.25

1920년대 미국 재즈클럽에선 '긱'이라는 공연이 자주 열렸다. 밴드 멤버를 미리 짜지 않고, 공연장 주변에서 연주자를 그때그때 섭외해 펼치는 즉석 합주다. 100년이 지난 지금, 긱은 지구촌 곳곳에서 뜨거운 화두로 다시 떠올랐다. 승차공유, 음식배달 같은 O2O(온·오프라인 연계) 플랫폼을 타고 급성장한 긱 이코노미 때문이다.

긱 이코노미는 정보기술(IT) 플랫폼을 활용해 원할 때 자유롭게 계약을 맺고 일하는 노동자가 늘어나는 경제 현상을 뜻한다. 우버나 타다의 운전기사, 배달의민족이나 요기요에서 주문한 음식을 나르는 배달기사 등이 대표적 사례다. 디자인, 번역, 마케팅 등 전문 분야 프리랜서를 연결해 주는 스마트폰 앱도 인기다. 이들은 일반적인 직장인처럼 오전 9시에 출근해 오후 6시에 퇴근하지 않는다. 본인이 원하는 시간에 원하는 만큼 근무한다. 쉽게 말해 IT 플랫폼을 활용해 일하는 '자발적 비정규직'이라 할 수 있다.

2018년 보스턴컨설팅그룹(BCG)이 긱 이코노미에 참여한 경험이 있는 11개국 근로자를 조사한 결과 플랫폼에서 구한 일자리를 본업으로 삼은 사람은 미국, 영국, 독일 등 선진국에선 1~4%에 그쳤다. 본업은 따로 있고, 부업 삼아 추가 수입을 올리는 사람이 훨씬 많다는 얘기다. 중국, 인도 등 개발도상국에선 긱 이코노미로 부수입을 올린다는 비중이 30%를 훌쩍 넘었다. 누구나 자신의 재능을 활용해 더 많은 소득을 얻을 수 있도록 돕는 것은 긱 이코노미의 순기능으로 꼽힌다.

하지만 긱 이코노미가 기존 노동자의 밥그릇을 빼앗고 '질 낮은 일자리'를 양산할 것이란 주장도 만만치 않다. 택시기사들이 우버와 타다를 필사적으로 저지하는 것은 승객이 줄어들 것이란 불안감 때문이다. 기업들이 전문인력을 채용하거나 육성하지 않고, 필요할 때만 데려와 쓰고 내보내는 관행이 퍼질 것이란 지적도 나온다. 근로자에게 보장하는 '노동 3권'과 '4대 보험'을 긱 이코노미 체제에서 어디까지 인정할지도 논쟁거리다.

286

모빌리티(mobility)

정보기술(IT)을 기반으로 사람들의 이동을 편리하게 만드는 각종 교통 관련 서비스

경제기사 읽기

"오늘 발표는 시작에 불과합니다. 앞으로 현대자동차그룹은 더 많은 혁신적인 장치와 서비스를 내놓을 계획입니다."

정의선 현대차그룹 수석부회장이 글로벌 시장을 향해 승부수를 던졌다. 그는 미국 라스베이거스에서 열린 세계 최대 전자쇼 'CES 2020'에서 도심항공 모빌리티(UAM)-목적기반 모빌리티(PBV)-모빌리티 환승거점(허브)을 중심으로 하는 미래 비전을 제시했다. 1946년 현대차가 설립된 이후 74년간의 업(業)이던 완성차 제조에 더 이상 집착하지 않겠다는 선언이다.

이날 현대차가 발표한 미래 비전의 중심에는 개인용 비행체(PAV)가 있다. PAV 콘셉트 'S-A1'은 전기를 동력원으로 사용한다. 조종사를 포함해 다섯 명이 탑승할 수 있도록 설계됐다. 현대차는 자율비행 PAV도 개발하겠다는 계획이다. 2028년 상용화가 목표다.

— 도병욱, 미래 모빌리티 시동 건 정의선… 3대 키워드는 '혁신 · 협업 · 인간중심', 〈한국경제〉, 2020.01.08

산업계 소식을 다루는 기사에 모빌리티라는 단어가 자주 등장하고 있다. 카카오T와 타다에 이어 승차공유, 전기자전거, 전동킥보드 등을 선보이는 많은 스타트업은 자신들을 '종합 모빌리티 플랫폼'이라 소개한다. 대기업들도 새로운 성장동력을 모빌리티에서 찾겠다며 속속 뛰어들고 있다. 유행어처럼 퍼진 모빌리티라는 말, 무슨 뜻이고 왜 쓰는 걸까.

영한사전에서 모빌리티를 찾으면 '이동성'이라는 해석이 적혀 있다. IT업계에

선 사람들의 이동을 편리하게 만드는 각종 서비스를 폭넓게 아우르는 용어로 통한다. 사실 모빌리티라는 단어는 '이동수단'이나 '교통'으로 바꿔도 뜻이 다 통한다. 좋은 우리말을 놔두고 일부러 어려운 외래어를 쓴다는 느낌이 들기도 한다. 업계 관계자들은 "모빌리티의 핵심은 전통적인 교통수단에 IT를 결합해 효율과 편의성을 높였다는 것"이라며 "새로운 개념을 적확하게 담아내는 용어"라고 설명한다.

지난 몇 년 새 세계적으로 큰 성공을 거둔 스타 벤처기업의 상당수는 모빌리티 업종에서 탄생했다. 미국 우버, 중국 디디추싱, 싱가포르 그랩 등은 차량호출 서비스로 출발해 많은 이용자를 끌어모은 뒤 쇼핑, 금융, 콘텐츠사업 등으로 확장하고 있다. 대중교통이나 찻길로 닿기 힘든 단거리 이동을 보완하는 공유자전거, 전동킥보드 등은 소형 이동수단이라는 뜻에서 '마이크로 모빌리티'라고 부르기도 한다.

모빌리티 산업의 꽃은 자율주행차라고 할 수 있다. 구글, IBM 같은 IT 기업은 물론 현대자동차, 도요타, GM, 포드, 닛산 등 완성차업체들도 대거 뛰어들어 치열한 기술개발 경쟁을 벌이고 있다. 컨설팅업체 맥킨지는 세계 모빌리티 시장 규모가 2015년 300억달러에서 2030년 1조5000억달러 규모로 성장할 것으로 예상했다.

모빌리티 산업을 활성화하면 소비자 편의가 높아지는 것은 물론 교통 관련 빅데이터가 누적돼 다양한 분석과 신사업에 응용할 수 있다. 안타깝게도 글로벌 모빌리티 시장에서 한국은 존재감이 낮은 편이다. 카카오 카풀이나 타다는 까다로운 규제에 가로막혔고, 자율주행차 연구도 어려움을 겪고 있다. 모두가 안타까워하는 현실인데 쉽게 달라지진 않고 있다.

전장(電裝)

차량에 들어가는 모든 전기·전자 장비. 자동차에 정보기술(IT)이 결합되면서 고성장 산업으로 주목받고 있다.

경제기사 읽기

삼성전자가 지난해 자동차용 반도체 브랜드 '엑시노스 오토'를 공개한 데 이어 글로벌 완성차업체 아우디에 제품을 공급하면서 전장(電裝) 시장을 본격적으로 공략한다. 메모리 반도체 경기 '고점(高點)론'이 현실화된 가운데 2019년 180조 원 규모로 급성장할 자동차용 반도체 시장은 PC와 스마트폰을 잇는 새로운 수요처로 주목받고 있다.

삼성전자는 오는 2021년 아우디에 차량용 반도체 '엑시노스 오토 V9'을 공급한다고 3일 밝혔다. 이 제품은 삼성전자가 지난해 10월 자동차용 반도체 브랜드 엑시노스 오토를 공개한 이후 처음으로 선보이는 인포테인먼트 시스템용 고성능 · 저전력 프로세서다. 엑시노스 오토는 자동차에서 '머리' 역할을 맡는 시스템 반도체다. 각 응용처에 맞춰 인포테인먼트 시스템(IVI)용 'V시리즈', 첨단 운전자 보조 시스템(ADAS)용 'A시리즈', 텔레매틱스 시스템용 'T시리즈' 등 3가지로 세분화돼 있다.

— 권도경, 아우디 올라탄 삼성 차량용 반도체…'전장시장 앞으로',
〈문화일보〉, 2019.01.03

과거 자동차가 '달리는 기계'였다면 이제는 '달리는 전자제품'에 가깝다. 자동차에 들어가는 각종 전기 · 전자 장비를 통칭하는 말이 전장(電裝)이다. 차량용 반도체와 디스플레이를 비롯해 배터리, 모터, 카메라 모듈 등이 대표적이다. 차선이탈방지 시스템, 에어백 등의 안전장치와 탑승객에 다양한 시청각 콘텐츠를 보여주는 인포테인먼트 장비 등도 모두 포함된다.

컨설팅업체 맥킨지는 자동차 제조원가에서 전장 부품이 차지하는 비중을 2004년 19%에서 2030년 50% 이상으로 예상했다. 커넥티드 카와 자율주행차의 시대가 다가오면서 전장 산업은 더 가파르게 성장할 것이란 전망이다.

삼성전자는 2016년 미국의 하만(Harman)이라는 회사를 80억원을 들여 인수했다. 국내 기업의 해외 인수합병(M&A) 역사상 최대 규모였다. 하만은 고급 음향기기에서 출발해 내비게이션, 텔레매틱스, 보안장비 등 정보기술(IT)을 결합한 자동차 장비 분야에서 선두를 달리는 회사다. 삼성이 이 회사를 큰맘 먹고 인수한 건 전장 사업을 키우기 위한 포석이었다.

삼성 외에도 LG, SK 등 국내 주요 대기업은 전장 분야에서 보폭을 넓혀가고 있다. 전자, 석유화학 등 전통 주력사업의 성장이 정체된 상황에서 새 먹거리를 찾겠다는 의지가 강하다. LG전자는 전장사업부 매출을 2015년 1조원대, 2018년 4조원대로 키웠다. SK하이닉스는 메모리반도체 기반의 자동차용 반도체 시장을 공략하고 있다.

전장은 한 번 잘 키워놓으면 장기간 안정적인 공급물량을 확보할 수 있는 것이 장점이다. 자동차 부품의 특성상 개발 단계부터 차 · 부품 제조업체와 협력하는 경우가 많고, 계약을 맺으면 해당 차종이 판매되는 동안은 공급이 보장된다.

288

바이오시밀러(biosimilar)

특허가 만료된 원조 바이오의약품을 복제해 만든 의약품.

경제기사 읽기

미국 식품의약국(FDA)의 품목허가를 받은 국내 의약품 3개 중 1개는 바이오의약품 복제약인 '바이오시밀러'인 것으로 나타났다. 특히 셀트리온과 삼성바이오에피스가 앞서거니 뒤서거니 하면서 미 공략 선봉에 섰다.

1일 한국제약바이오협회의 '2019 제약산업 데이터북'을 보면 LG화학의 항상제 '팩티브'가 2003년 4월 최초로 미 FDA 허가를 얻은 후 지난해 11월까지 FDA 허들을 넘은 K-바이오 의약품은 모두 22개로 집계됐다. 바이오시밀러 제품이 총 8개(36%)로 가장 많다. 이어 동아에스티의 항상제 '시벡스트로' 등의 화학 합성신약과 SK케미칼의 치매치료제 등 제네릭(복제약)이 각각 5개(23%). 대웅제약의 보톡스 제품 '주보' 등 바이오신약과 한미약품의 항궤양제 '에소메졸' 등 개량신약이 2개(9%)씩으로 뒤를 이었다.

— 노희준, 역시 K-바이오 '엔진' 바이오시밀러,
美 FDA 승인 국내약 중 '최다', 〈이데일리〉, 2020.01.02

제약업계에서 신약개발은 '전설' 혹은 '신화'에 비유되곤 한다. 1만개의 후보물질을 만들면 제품화에 최종 성공하는 것은 한 개 남짓이기 때문이다. 미국 통계에 따르면 신약 개발을 시작해 허가 심사를 받기까진 최소 12년, 최소 1300억원이 투입된다.

최근 한국 기업들은 바이오시밀러를 무기로 해외시장에서 존재감을 높이고 있다. 바이오시밀러는 특허가 만료된 기존 바이오의약품을 복제해 만든 의약품을 말한다. 바이오(bio) 기술을 기반으로 원래 약과 거의 비슷하게(similar) 만들었다는 뜻이다. 누구나 자유롭게 쓸 수 있도록 풀린 '레시피'를 활용하는 것이니 법적으로 문제가 없다. 가격은 원조 제품보다 최대 50% 안팎 저렴하게 매길 수 있어 시장성이 좋다. 세계적으로 유명한 '블록버스터 의약품'의 특허가 줄줄이 만료를 앞두고 있다.

바이오시밀러는 효능을 입증하기 위한 임상실험을 비롯해 복잡한 과정을 거친다. 임상은 일반적으로 1~3상 단계로 이뤄지는데 1상은 안정성을, 2상은 유효성을 검증하기 위한 절차다. 3상에서는 수백 명의 환자를 대상으로 약의 효능을 종합적으로 따져본다. 임상실험에서 문제가 없다고 인정받으면 각국 정부에서 판매 승인을 받게 된다.

과거에도 화학물질로 만든 합성약을 단순 복제한 제품은 많았다. 다만 바이오의약품을 본떠 만드는 바이오시밀러는 일반 화학의약품과 달리 개발에 수천억원이 들어간다. 살아 있는 세포로 치료제를 만들기 때문에 사실상 신약 개발과 맞먹는 노력이 필요하다는 설명이다. 국내 바이오 기업들은 일찌감치 바이오시밀러 개발에 공을 들여왔다. 셀트리온의 램시마, 삼성바이오에피스의 베네팔리 등이 대표 사례로 미국, 유럽 등 세계 곳곳에서 판매되고 있다. 최근 복제약을 넘어 혁신적인 신약 개발에 도전하는 국내 기업도 늘고 있다.

'100세 시대'를 누군가는 축복, 누군가는 불행이라 말한다. 세계적인 고령화 흐름을 타고 급성장하는 바이오산업이 한국 기업들에게 큰 축복이 되길 기대해 본다. 미래산업으로 주목받는 바이오산업에는 분야별로 색깔 이름이 붙는다. 의약품과 헬스케어는 '레드 바이오', 농업과 환경 문제에 주력하면 '그린 바이오', 지구 온난화와 기후 변화 문제를 해결하는 영역은 '화이트 바이오'라고 부른다. 바이오기술이 다양한 분야와 융합하면서 경제지도를 크게 바꿔놓을 것이라는 게 경제협력개발기구(OECD)의 전망이다.

289

원격의료(telemedicine)

환자가 병원을 방문하지 않고 통신망이 연결된 의료장비 등을 이용해 의사의 진료를 받을 수 있는 서비스

경제기사 읽기

신종 코로나바이러스 감염증(코로나19) 확산으로 '의료 대란' 우려가 커지자 정부가 한시적으로 원격의료를 허용하기로 했다. 이르면 다음주부터 전국 모든 병원에서 전화 상담 · 진료와 이메일을 통한 약 처방을 받을 수 있게 됐다. 미국 중국 일본 등 상당수 국가가 오래전 도입한 원격의료를 한국은 비상사태가 터진 뒤에도 '급한 불 끄기' 용도로만 활용한다는 비판이 나온다.

박능후 보건복지부 장관은 이날 코로나19 중앙사고수습본부 브리핑에서 "환자가 의료기관을 방문하지 않고도 의사로부터 전화 상담 및 처방을 받을 수 있도록 한시적으로 허용하겠다"고 말했다.

정부는 종합병원을 포함한 모든 병 · 의원에서 원격의료를 받을 수 있도록 했다. 상담 내용에도 제한을 두지 않는다. 복지부 관계자는 "어떤 질환이든 의사가 재량껏 판단해 환자와 상담할 수 있도록 할 방침"이라며 "중증질환은 전화로 진료하는 데 한계가 있는 만큼 원격의료는 감기 등 가벼운 질환 위주로 이뤄질 가능성이 높다"고 말했다. 약 처방전도 병원 방문 없이 팩스나 이메일 등을 통해 받을 수 있다. 의약품 배송까지 허용할지는 검토 후 추후 결정하기로 했다.

— 서민준, 이제서야…원격의료 한시 허용한다는 정부, 〈한국경제〉, 2020.02.22

"주부 A씨는 아침에 어린 딸이 고열과 함께 식은땀을 흘리고 있는 것을 발견한다. 휴대폰과 연결된 스마트체온계로 딸의 체온을 잰다. 원격청진기와 화상대

화로 A씨 딸을 진료한 소아과 의사는 10분 만에 배달받을 수 있는 약을 처방한다. 모든 과정이 30분도 채 걸리지 않는다."

LG경제연구원이 2003년 보고서에서 "미래 보건의료는 원격 서비스가 중심이 될 것"이라며 언급한 가상 사례다. A씨가 받은 원거리 진료는 해외 각국에서 현실화되고 있지만, 한국에선 여전히 상상 속 미래에 머물러 있다.

원격의료는 의료인이 정보기술(IT)을 이용해 멀리 떨어진 환자에게 질병 관리, 진단, 처방 등의 의료 서비스를 제공하는 것을 말한다. 의료시설이 없는 산간벽지 거주자뿐 아니라 고령화에 따라 늘고 있는 노년층, 직장과 육아로 바쁜 30~40대 맞벌이 부부 등까지 다양한 계층이 혜택을 볼 수 있다. 한국은 IT 강국이고 우수한 의사도 많아 일찌감치 원격의료의 '적임지'로 꼽혀왔다. 하지만 2000년 강원도에서 시범사업을 시작했을 뿐 한발짝도 나가지 못했다.

의사단체와 시민단체의 반대가 워낙 강했기 때문이다. 이들은 불완전한 의료행위가 늘어나고, 중소형 병원의 자립이 힘들어진다는 점을 우려한다. '의료 민영화'로 가기 위한 사전 포석이라는 주장을 펴기도 한다. 하지만 세계적 흐름과 신성장동력으로서의 가능성을 고려해 규제를 풀어야 한다는 목소리 또한 거세지고 있다.

한국에서 원격의료 시행이 미뤄지는 사이 미국, 일본, 유럽 등 선진국은 물론 중국, 동남아시아 등도 관련 산업을 확대하고 있다. 미국 원격의료 시장은 2012~2017년 연평균 45%의 성장세를 보였다. 2016년 원격의료를 허용한 중국의 시장규모는 2020년 900억위안(약 15조원)에 이를 전망이다. 2019년 보건복지부는 원격의료라는 단어가 오랜 논쟁에 휩싸이는 동안 고정관념이 생겼다며 '스마트 진료'로 용어를 바꿔 도입을 재추진하기로 했다.

290

AI(Artificial Intelligence, 인공지능)

인간이 생각하는 것과 같은 과정을 컴퓨터로 수행하는 연구 분야.

경제기사 읽기

전 세계적으로 인공지능(AI) 분야의 기술 선점 경쟁이 가열되는 가운데 AI 연구개발을 이끄는 최고급 인재의 절반가량이 미국에 집중된 것으로 나타났다.

니혼게이자이(닛케이)신문이 2일 캐나다 인공지능 전문기업인 '엘리먼트 AI' 자료를 인용해 보도한 내용에 따르면 AI 분야의 세계 정상급 인력은 2만 2천400명이다. 이 가운데 거의 절반에 육박하는 1만295명(46%)이 미국에 있고, 미국에 한참 뒤진 중국이 두 번째로 많은 2천525명(11.3%)을 보유하고 있다. 그 뒤를 영국(1천475명, 6.6%), 독일(935명, 4.2%), 캐나다(815명, 3.6%), 일본(805명, 3.6%)이 쫓고 있다.

엘리먼트 AI는 작년 한 해 동안 21개의 주요 국제학회에서 발표된 논문의 저자와 경력 등을 조사해 AI 최고급 인재 분포를 산출했다.

일본은 AI 최고급 인재 확보 비율이 전 세계의 4%도 안 돼 중국이나 영국에 뒤진다는 사실에 경각심을 갖고 정부와 기업 차원에서 만회 대책을 마련하고 있다.

— 박세진, 세계 최고급 AI 인재, 거의 절반은 미국에 있다, 〈연합뉴스〉, 2019.06.02

'인간의 두뇌, 인공지능에 무릎 꿇었다.'

이세돌 9단이 구글의 인공지능(AI) 알파고와 첫 대국에서 패배한 소식을 전하는 2016년 3월 10일자 신문들의 1면 머릿기사다. 당시 한국 사회 전체가 경악을 금치 못했다. AI를 연구하는 공학자 상당수조차 이세돌이 이길 것으로 예상하던 터였기 때문이다. 충격적인 패배이긴 했지만, 이를 계기로 AI와 기술 투자에 대한 국민적 관심이 높아지는 계기가 되기도 했다.

인류는 오래 전부터 인간처럼 생각하는 기계를 상상했다. 이런 생각이 AI라는 용어로 구체화된 것은 1950년대. 한동안 답보 상태에 머물다가 머신러닝의 발전에 힘입어 눈부신 속도로 발전하고 있다. 머신러닝은 컴퓨터가 방대한 데이터를 학습하는 과정에서 스스로 규칙을 찾는 방법이다. 전문가가 수많은 규칙을 일일이 컴퓨터에 입력해 만들었던 과거 AI에 비해 학습능력이 크게 앞설 수밖에 없다. 이세돌을 이긴 알파고도 엄청난 양의 바둑 대국 자료를 컴퓨터가 학습해 이기는 전략을 스스로 터득하도록 만들어졌다.

AI는 4차 산업혁명의 핵심 기술로 추앙받는 동시에 인간의 일자리와 존엄성을 파괴할 것이라는 두려움의 대상이기도 하다. AI는 크게 '약한 AI'와 '강한 AI'로 구분할 수 있다. 약한 AI는 인간의 지적 노동을 자동화하고 대량 생산하는 것으로, 일상에서 접하는 대부분의 AI 기반 서비스가 여기에 해당된다. 강한 AI는 자유의지를 갖고 움직이는 영화 속 로봇과 같은 수준인데, 현실화 가능성은 매우 낮다는 게 중론이다. AI로 인한 일자리 감소와 관련해서는 "일부 전문직군을 제외한 대부분이 대체될 것"이라는 전망과 "비관적 시나리오가 지나치게 부풀려져 있다"는 반론이 맞서고 있다.

국내외 주요 기업들은 AI 인재 확보에 사활을 걸고 있다. 텐센트는 세계적으로 필요한 AI 인력이 100만명을 넘지만 공급은 30만명에 불과하다고 분석했다. 한국에서 S급 인재로 부를 만한 AI 전문가를 채용하는 것은 불가능하다고 한다. 미국, 중국 등의 유명 IT 기업에서 억대 연봉과 최고 대우를 약속받고 해외로 빠져나가고 있어서다.

291

VR/AR/MR/XR(가상현실/증강현실/혼합현실/확장현실)

VR은 가상의 세계, AR은 현실과 가상을 결합한 세계에서 다양한 체험을 할 수 있도록 하는 신기술이다. MR과 XR은 VR과 AR의 장점을 융합해 발전시킨 기술이다.

경제기사 읽기

한국의 증강 · 가상현실(AR·VR) 기술력이 선진국에 뒤처지고 중국에 쫓기고 있다는 분석이 나왔다. 본격적인 AR · VR 시대가 열리기 전 한국형 제품 개발이 시급하다는 지적이다.

15일 한국과학기술기획평가원(KISTEP)의 최근 보고서 '기술동향 브리프 AR/VR 기술'을 보면 AR · VR산업은 2022년 전 세계에서 1050억 달러(약 119조 원)의 거대 시장을 형성할 전망이다.

시장은 커지고 있지만 한국의 기술력은 주요 국가와 격차가 나는 것으로 조사됐다. 2016년 기준으로 미국에 비해선 1년7개월 정도 뒤처졌고 유럽과 일본에도 각각 10개월, 7개월 밀리고 있었다. 중국은 5개월 수준의 근소한 차이로 한국을 추격하는 양상이다.

특히 가상의 영상을 실시간으로 그려내는 렌더링 기술, 사용자 · 기기 간 상호 작용과 관련된 인터랙션 및 인터페이스 기술에서 격차가 크다고 보고서는 진단했다. 그러면서 보고서는 "독자적인 한국형 디바이스 제품 개발과 상용화가 시급하다"고 조언했다.

— 유성열, "2020년 세계 AR 시장, VR보다 6배 성장할 것", 〈국민일보〉, 2018.07.16

불과 10~20년 전만 해도 먼 미래의 기술로 여겨졌던 가상현실(VR·Virtual Reality)과 증강현실(AR·Augmented Reality)이 생활 곳곳에 들어오고 있다. 프로야구에서 5G 통신망을 활용한 AR 입체 중계가 시작됐고, 시내 곳곳에 VR 체험관이 들어서 젊은 층을 끌어모으고 있다. VR과 AR의 단점을 보완한 혼합현실(MR·Mixed Reality)에 대한 연구도 활발하다. 미래 사회를 소재로 한 〈마이너리티 리포트〉 같은 영화에서나 보던 것처럼 현실과 가상의 경계가 사라지는 듯하다.

VR은 실제로 존재하지 않는 상황을 마치 실존하는 것처럼 현실감 있게 구현하는 기술이다. 이용자의 시야가 완전히 차단되고 오로지 가상으로 만들어진 세계만 보여준다. AR은 실제 세계를 배경으로 하되, 그 위에 다양한 이미지와 부가정보를 얹어 새로운 경험을 제공한다. VR과 달리 가상세계와 현실세계의 중간쯤에 있다고 볼 수 있다.

두 기술 모두 인공지능(AI), 블록체인, 클라우드, 빅데이터, 모빌리티 등 어떤 기술과도 융합할 수 있다는 점에서 4차 산업혁명의 저변을 넓히는 '촉매' 역할을 할 것이란 기대를 받고 있다. 2010년대 들어 스마트폰이 빠르게 보급되고, 대형 IT 기업을 중심으로 제품 출시가 본격화하면서 본격 성장가도에 올랐다.

뒤이어 주목받고 있는 MR은 VR과 AR의 단점을 보완해 한층 진화한 가상세계를 구현하는 기술이다. 실제 공간과 사물을 정밀하게 측정하고, 3D 가상 이미지를 더해 사실감을 끌어올린 점이 특징이다. VR, AR, MR을 모두 아우르는 개념으로 확장현실(XR·extended reality)이라는 용어도 생겨났다. 문자 X가 변수(變數)를 의미한다는 점에서 미래에 등장하는 모든 관련 기술을 포괄할 수 있을 것이란 설명이다.

시장조사업체 디지털캐피털에 따르면 세계 AR · VR 시장규모는 2022년 약 1050억달러까지 커질 전망이다. AR이 VR보다 6배 이상 고성장이 예상된다. AR 시장규모는 900억달러, VR 시장규모는 150억달러 선으로 전망된다. 게임, 공연, 여행 같은 오락용 콘텐츠 외에도 의료, 제조, 국방, 교육 등 다양한 산업에 접목되는 추세다.

292

5G(fifth generation, 5세대 이동통신)

최대 20Gbps, 최소 100Mbps 이상의 데이터 전송속도를 내는 이동통신 서비스

경제기사 읽기

5G 가입자가 당초 전망을 뛰어 넘어, 초고속으로 증가하고 있다. 오는 2025년 글로벌 5G 가입자가 26억명에 달할 것이란 전망이 나왔다. 올해 연말에는 1300만명에 넘어설 것이란 예상이다. 지난 4월 세계 최초로 5G 상용서비스를 시작한 우리나라에 이어 미국, 유럽, 중국 등이 속속 5G 대열에 뛰어들며 글로벌 5G 가입자도 초고속 성장세를 보이고 있다.

19일 글로벌 네트워크 장비업체 에릭슨은 서울 중구 시그니쳐타워에서 기자간담회를 열고 이 같이 밝혔다. 이는 올 연말 글로벌 5G 가입자가 1000만명을 기록할 것이란 지난 6월 전망보다 늘어난 숫자다.

이날 발표한 에릭슨 모빌리티 리포트에 따르면, 2025년 5G 가입자 수는 26억명으로 전 세계 모바일 가입자의 29%를 차지할 것으로 예상된다. 커버리지는 세계 인구의 65% 수준이다. 현재까지 전 세계에서 약 50개 통신사가 5G를 구축한 상태다.

— 정윤희, 초고속 5G 가입 '2025년 지구촌 26억명',
〈헤럴드경제〉, 2019.12.19

'LTE급 속도'라는 말을 유행시킨 4G가 등장한 게 불과 몇 년 전이었는데, 이보다 더 빠른 5G가 본격 보급되고 있다. 국제전기통신연합(ITU) 정의에 따르면 5G는 데이터 전송속도가 최대 20Gbps, 최소 100Mbps 이상인 이동통신 서비스를 말한다.

5G의 특징은 '초고속' '초저지연' '초연결'로 요약할 수 있다. 우선 5G 속도는

4G에 비해 최소 20배 이상 빠르다. 15GB 정도 되는 초고화질(UHD) 영화를 6초 안에 내려받을 수 있는 속도다. 데이터 용량을 많이 잡아먹는 탓에 활성화되지 않았던 가상현실(VR), 증강현실(AR), 3차원(3D) 화상통화 등을 5G 망에서는 수월하게 구현할 수 있다.

데이터 송수신 과정에서 생기는 지연 시간은 0.001초 이내에 불과하다. 이런 5G의 특성은 특히 로봇, 자율주행차, 스마트 공장 등 실시간 반응이 중요한 서비스에서 힘을 발휘한다. 예를 들어 시속 100km로 달리는 자율주행차 앞에 장애물이 나타났을 때, 4G 망에서는 차가 1m 이상 주행한 후 긴급제동 명령을 수신하게 된다. 반면 5G 망에서는 불과 3cm만 더 나가 정지 신호를 받기 때문에 사고를 획기적으로 줄일 수 있다.

또 5G망은 반경 1km 이내에 사물인터넷(IoT) 기기 100만개와 동시에 연결할 수 있는 수용능력을 갖추고 있다. 각종 스마트기기와 생활가전 제품, 수도 · 가스 계량기, 자동차 · 보도 센서 등 기하급수적으로 늘어날 IoT 기기를 수용하기 위해 필수적인 요소다. 이런 5G의 특성은 기존 이동통신망으로 구현하기 힘들었던 새로운 서비스를 가능하게 해 준다.

한국은 5G를 세계 최초로 상용화한 기록을 갖고 있다. 국내 통신 3사는 2018년 12월 1일 기업용 5G 서비스를, 2019년 4월 3일에는 개인용 5G 서비스를 세계 최초로 시작했다.

293

Amazoned(아마존화)

세계 최대 전자상거래 업체인 아마존이 사업 영역을 넓힐 때마다 해당 분야의 전통 기업들이 큰 타격을 입는 현상.

경제기사 읽기

아마존은 더 이상 단순 전자상거래 업체가 아니다. 모든 산업계의 상식을 바꾸는 '게임 체인저'가 됐다. CNBC에 따르면 지난 7~8월 2분기 실적 발표 때 스탠더드앤드푸어스(S&P)500 기업 중 67개사의 최고경영자(CEO)가 아마존에 우려를 나타냈다. 업종도 소매유통뿐 아니라 소비자용품, 자동차부품, 제약 등 다양했다. 이는 아마존이 진출하면 그 분야 기업은 매출이 급감하는 등 큰 타격을 입고 있어서다.

가장 큰 충격을 받고 있는 곳은 소매유통업계다. 올 들어 미국에서 파산을 신청한 유통업체는 토이저러스를 비롯해 페이리스슈소스, BCBG맥스아즈리아그룹, 리미티드스토어스 등 25개로 전년 동기(11개)보다 두 배 이상 많다.

소매유통업계는 생존을 위해 안간힘을 쓰고 있다. 전략은 갖가지다. 아마존에 '투항'하는 곳도 있고 '혈투'를 선택하거나 가만히 있다가 '자멸'하기도 한다.

— 김현석, 미국 유통업체들이 '아마존 정글'서 살아남는 법,
〈한국경제〉, 2017.09.21

인터넷 기업의 급성장은 지구촌의 산업 지형도를 크게 바꿔놓고 있다. 미국의 전자상거래 업체 아마존에서 유래한 'Amazoned'는 이런 현상을 가장 상징적으로 보여주는 신조어다. 점잖게 번역하면 '아마존화', 좀 더 와닿게 번역하자면 '아마존에 당했다' '아마존 때문에 폭삭 망했다' 쯤이 적절할 듯 싶다.

1994년 미국에서 창업한 아마존은 처음엔 책과 음반을 파는 인터넷 서점이

었다. 이후 다양한 상품을 추가하면서 세계 최대 인터넷 쇼핑몰로 성장했다. 아마존의 2018년 매출은 2329억달러로, 미국 온라인 소비 지출의 40%를 장악하고 있다. 모든 것을 아마존에서 사는 사람이 늘다 보니 장사가 안 돼 문을 닫는 소매업체가 줄을 이었다. 장난감 전문점 '토이저러스'의 파산, 전자제품 전문점 '베스트바이'의 실적 부진, 대형 백화점 '시어스'와 '메이시스'의 사업 축소 등은 모두 아마존에게 손님을 빼앗긴 게 직격탄이었다는 분석이 지배적이다.

아마존의 사업 확장은 '문어발'이라는 비판을 받을 정도로 거침이 없다. 무인(無人) 점포 '아마존 고'를 앞세워 오프라인 상점을 늘리고 있고, 유기농 식품 전문점 '홀푸드'와 의약품 판매 스타트업 '필팩'을 인수했다. 아마존웹서비스(AWS)를 통해 IT 클라우드 서비스 시장에서 주도권을 잡았고 로봇, 드론, 자율주행 기술도 개발하고 있다. 아마존의 창업자이자 최고경영자(CEO)인 제프 베이조스는 세계 1위 부자에 올라섰다.

아마존화 현상은 기업 이름만 다를 뿐 한국에서도 나타나고 있다. 쿠팡, G마켓, 11번가 등의 인터넷 쇼핑몰은 초고속 성장을 이어가는 반면 전통적인 유통 강자였던 이마트, 롯데마트, 홈플러스 등의 실적은 꺾이고 있다. 쿠팡의 경우 조(兆) 단위 적자를 감수하면서 수년 째 공격적인 마케팅을 멈추지 않고 있다. 다른 업체들도 여기에 대응해 IT 시스템과 물류망에 대대적으로 투자하고 있다.

온라인 쇼핑의 주도권을 차지하기 위한 이들의 혈투는 소비자들에겐 어쨌든 좋은 일이다. 더 다양한 물건을, 더 싸고 편리하게 구입할 수 있는 기회가 많아지기 때문이다.

MICE(마이스)

관광산업의 새 먹거리로 주목받는 기업 회의, 포상 관광, 컨벤션, 전시회를 묶어 부르는 말.

경제기사 읽기

한국이 홍콩 시위 사태로 인한 대체 행사 개최지로 '몸값'이 치솟고 있다. 홍콩은 마이스(MICE)산업이 전체 관광산업의 15%를 차지하는 아시아 최대 마이스 국가다. 하지만 지난 6월 범죄인 인도 법안(송환법) 반대로 시작된 시위가 장기화하자 이 수요가 한국으로 급속히 흘러들고 있다. '반짝특수' 효과는 서울 시내 주요 특급호텔 예약률 증가로 나타나고 있다. 서울 코엑스인터컨티넨탈호텔과 그랜드인터컨티넨탈파르나스호텔은 내년 상반기 연회장 예약이 올해보다 50% 이상 증가했다. 광화문 더플라자호텔도 같은 기간 예약이 매출 기준 20%가량 치솟았다.

짝수 해는 격년 행사가 몰려 예약 수요가 늘어나는 게 일반적이다. 2020년은 이를 감안해도 증가폭이 크다는 게 호텔 업계의 설명이다. 인터컨티넨탈호텔 관계자는 "규정상 특정 기업이 홍콩에서 한국으로 장소를 변경했다고 밝히기는 어렵지만 전례없던 수요가 유입된 것은 맞다"고 전했다. 그랜드워커힐, 그랜드힐튼호텔 등 연회장과 대형 회의실 예약이 평년 수준인 곳에서도 조만간 예약이 늘어날 것으로 기대하고 있다.

업계에선 이해관계가 복잡한 국제회의, 전시 · 박람회에 비해 계획 변경이 상대적으로 쉬운 기업회의, 단체 포상관광 행사가 이번 특수를 주도하는 것으로 보고 있다. 중국과 동남아 기업뿐만 아니라 글로벌 제약사와 보험사, 유통 · 제조회사 등이 한국행을 집중적으로 선택하고 있다는 설명이다.

— 이선우, 홍콩 · 도쿄 덕에 웃는 마이스업계, 〈한국경제〉, 2019.12.27

스위스의 다보스는 인구가 1만명 남짓에 불과한 작은 지방도시다. 취리히공항에서 내려 3시간쯤 기차를 타고 가야 닿을 정도로 외진 곳이다. 이 시골마을이 유명해진 계기는 1970년대 세계경제포럼(WEF)을 유치하면서다. 매년 1월 세계 정 · 재계 유명인사들이 총집결하는 이 행사는 '다보스포럼'이라는 별칭으로 유명하다. 다보스는 국제 회의에 적합한 최신식 행사장, 접근성 좋은 교통망, 아름다운 알프스산의 풍경 등을 동시에 갖춰 컨벤션 개최지로 인기가 높다. MICE 산업을 잘 키워 도시 브랜드를 높인 대표 사례로 자주 언급된다.

MICE는 기업 회의(Meeting), 포상 관광(Incentive trip), 컨벤션(Convention), 전시회(Exhibition)의 앞글자를 딴 말이다. 좁은 의미에서 국제 회의와 전시회를 주축으로 한 유망 산업을 뜻하며, 넓은 개념으로 참여자 중심의 인센티브 여행과 대형 이벤트 등을 포함한 융 · 복합 산업을 가리킨다.

MICE는 지역경제 활성화는 물론 일자리와 부가가치 창출 효과가 뛰어나다는 점에서 '굴뚝 없는 황금산업'으로 주목받고 있다. 우리가 해외여행을 가서 숙박, 식사, 관광, 쇼핑 등에 상당한 돈을 쓰는 점을 떠올리면 쉽게 이해할 수 있을 것이다.

MICE로 유입되는 해외 관광객은 대규모 단체인 경우가 많고, 1인당 소비액이 개인 관광객보다 월등히 많은 경향을 보인다. 또 각국에서 사회적으로 왕성하게 활동하는 계층이기도 해 '입소문 효과'도 기대해 볼 수 있다. 영토가 작고 자원이 부족한 싱가포르, 홍콩 등은 일찌감치 MICE를 주력 산업으로 육성해 왔다. 서울을 비롯한 다른 많은 도시들도 새로운 성장동력으로 MICE에 기대를 걸고 있다.

295

핀테크/테크핀(fintech/techfin)

금융과 IT를 결합해 소비자 편의와 혁신성을 높인 새로운 금융 서비스

경제기사 읽기

국내 양대 포털기업 카카오와 네이버가 테크핀 분야에서의 경쟁에 본격 돌입한다.

여민수 카카오 공동대표는 13일 지난해 4분기 및 연간 실적 발표 후 실시한 컨퍼런스콜에서 테크핀 분야로 본격 진출하겠다는 의지를 밝혔다. 특히 머니2.0전략으로 인슈어테크(보험+기술) 기반의 혁신적 아이디어를 추진하고 상품 개발 · 마케팅 등 전 영역에서 기술과 데이터를 활용하는 디지털 손해보험사를 만들 계획이라고 제시했다.

앞서 네이버 역시 지난달 30일 열린 컨퍼런스콜에서 테크핀 영역에서의 확장을 선언한 바 있다. 한성숙 대표는 "지난해 11월 분사 이후 미래에셋으로부터 8000억원의 투자를 받은 네이버 파이낸셜을 통해 '핀테크' 영역에서의 역량 강화에도 본격 착수한다"며 "올해 상반기 '네이버 통장'을 시작으로 신용카드 추천 · 증권 · 보험 등 다양한 금융 서비스를 결제 속에서 경험하게 하는 데 주력할 것"이라 말한 바 있다.

— 신동윤, 카카오 vs 네이버 '금융전쟁' 시작됐다,

〈헤럴드경제〉, 2020.02.13

2015년 스마트폰 송금 앱으로 출발한 '토스'는 금융회사에 흩어진 계좌정보를 한눈에 조회하고, 국내외 투자상품도 판매하는 종합 금융 서비스로 영역을 넓혔다. 토스의 월간 접속자 수는 2019년 1000만명을 돌파, 웬만한 은행의 모바일뱅킹 이용자를 앞질렀다. 보험 판매점, 증권사, 인터넷은행 설립에도 도전해

금융권의 주목을 받고 있다.

금융과 정보기술(IT)의 결합은 시장의 질서를 빠르게 바꿔놓고 있다. 전통적인 금융회사들은 오프라인 점포, 보안과 안정성, 제도권 데이터에 기반을 둔 신용평가 등을 무기로 활용했다. 핀테크 업체들은 혁신적 아이디어와 첨단 기술을 결합해 소비자 편의를 강조하는 새로운 금융 모델에 승부를 걸고 있다. 단순한 결제나 송금 기능을 넘어 개인정보, 신용도, 소비성향 등의 빅데이터 분석에 기반한 자산관리 분야 등으로 확장하는 추세다.

금융과 기술의 합성어인 핀테크(finance+techonology)는 대중에게 친숙한 용어가 됐다. 최근에는 핀테크와 약간 다른 차원의 혁신인 테크핀(technology+finance)도 주목받고 있다. 핀테크와 테크핀은 금융 혁신을 지향한다는 큰틀에서는 일맥상통하지만, 혁신을 누가 주도하느냐에 따라 약간의 구분을 둔 개념이다.

테크핀이라는 말을 처음 만든 사람은 중국 알리바바의 창업자 마윈이다. 그는 핀테크가 은행, 증권, 카드 등 전통적인 금융회사들이 IT를 접목하는 성격이 강하다고 봤다. 테크핀은 태생부터 IT사업으로 시작한 기업이 주도하는 혁신적인 금융 서비스라는 점에서 핀테크와 차별화된다는 게 마윈의 생각이다. 이 신조어가 세계적으로 유행하면서 IT · 금융업계의 화두로 자리잡았다.

수억 명의 소비자를 확보한 거대 IT 기업까지 금융업에 본격 진출하면서 기존 은행에 위협요인으로 떠올랐다. 구글은 스마트폰에서 은행 계좌를, 애플을 신용카드를 발급하기 시작했다. 일각에선 IT 업체가 금융정보까지 쥐게 되면 부작용이 만만치 않을 것이라고 지적한다. 이런 우려에도 불구하고 금융과 IT의 결합이 거스를 수 없는 대세가 됐다는 데는 이견이 없다.

296 은산분리(銀産分離)

산업자본이 은행을 소유·지배해선 안 된다는 규제 원칙.

경제기사 읽기

'네이버는 왜 일본에서 '라인뱅크'를 만들까?' 제3 인터넷전문은행 출범이 좌절된 것은 은산분리 규제의 탓이 크다는 비판이 많다. 산업자본의 은행 진출을 막는 규제가 금융 혁신을 가로막고 있다는 시각이다. 은산 융합을 택한 일본에서는 10여 곳의 인터넷전문은행이 혁신 경쟁을 벌이고 있다. 국내에서 성장한 대표적 기업인 네이버도 인터넷은행 사업지로 일본을 택했다.

현행법에 따르면 산업자본은 인터넷뱅크 지분을 최대 34%까지만 보유할 수 있다. 이마저도 10% 미만이었던 것을 지난해 완화한 수치다. 반면 일본은 한국보다 10여 년 앞선 2008년 금융청 주도로 산업자본의 은행 지분 소유 한도를 완화했다. 산업자본의 출자 제한이 풀리면 인터넷은행들은 자본금을 적극적으로 확충할 수 있게 된다. 기존 은행과 달리 대주주 사업과 연계한 신사업 분야도 발굴할 수 있다. 다양한 분야의 일본 기업이 인터넷은행 설립에 나선 이유다.

지난해 인터넷 은행업 참여설이 돌았던 네이버가 국내 사업을 포기한 것도 은산분리 규제와 무관하지 않다는 게 업계 평가다. 대주주 보유 지분 규정이 34%로 완화되긴 했지만 독자적인 사업을 하기에는 부족하다고 판단했을 가능성이 높다는 것이다. 네이버는 지난해 말 일본 자회사 라인을 통해 일본 미즈호은행과 손잡고 '라인뱅크'를 설립하겠다고 발표했다.

— 정소람, 은산분리에 막혀…네이버, 일본으로 발 돌려, 〈한국경제〉, 2019.06.14.

국내 대기업은 제조업부터 서비스업에 이르기까지 다양한 사업을 겸업하는 곳이 많다. 하지만 '삼성은행'이나 'LG은행'은 존재하지 않는다. 금융지주들도 많은 계열사를 갖고 있지만 '신한전자'나 'KB화학' 같은 회사는 없다. '재벌은 은행을 가질 수 없다'는 은산분리 규제 때문이다. 금융자본과 산업자본을 분리한다는 의미에서 '금산분리'라고 부르기도 한다.

현행법상 본업이 금융업이 아닌 회사는 은행 경영에 참여할 수 있는 길이 사실상 막혀 있다. 은행법에 따르면 산업자본은 의결권이 있는 은행 지분을 4% 이상 보유할 수 없다. 의결권을 행사하지 않는 것을 전제로 금융위원회 승인을 받아도 최대 10%까지만 가질 수 있다.

다만 다른 은행에 비해 은산분리 원칙이 다소 느슨하게 적용되는 은행도 있다. 카카오뱅크, 케이뱅크, 토스뱅크 같은 인터넷전문은행이다. 정보기술(IT) 기업이 혁신적인 금융 서비스를 시도한다는 인터넷은행의 취지에 맞게 산업자본이 지분을 34%까지 가질 수 있도록 했다.

은산분리는 대기업이 은행까지 갖게 되면 은행 돈을 개인 금고처럼 끌어다 쓰거나 경영권 유지, 승계 등에 악용할 수 있다는 우려에서 도입됐다. 재벌의 탐욕으로 인해 은행을 믿고 돈을 맡긴 개인고객과 기업고객이 피해를 보거나, 금융시장 전체의 안정성이 흔들리는 일을 막아야 한다는 취지다. 반면 국내 산업자본의 금융시장 참여를 제한해 외국계 자본만 혜택을 누렸다는 지적을 받기도 했다. 유럽연합(EU)은 지분 제한이 50%, 일본은 20%로 한국보다 높고 금융당국 승인을 받으면 그 이상도 가능하다. 은산분리는 "완화해야 한다"는 보수 진영과 "더 강화해야 한다"는 진보 진영의 주장이 늘 팽팽하게 맞서는 사안이다.

297

포지티브 규제/네거티브 규제

규제를 적용하는 두 가지 상반된 원칙. 포지티브 규제는 허용된 것이 아니면 모두 금지하며, 네거티브 규제는 금지된 것 외에는 모두 허용한다.

경제기사 읽기

국내 스타트업은 시장에 진입하자마자 거미줄 같은 규제에 가로막힌다. 기존 시스템은 스타트업이 만든 새로운 비즈니스에 제동을 건다. 스타트업은 규제를 피하기 위해 방어적으로 사업을 하고, 투자자는 국내 규제 상황에 움츠러든다. 이런 시장 환경에선 스타트업의 혁신성장을 기대하기 힘들다. 치열한 글로벌 시장에서 한국의 스타트업 생태계가 살아남을 수 있는 '골든타임'이 얼마 남지 않았다는 위기의식마저 팽배하다.

정보기술(IT) 전문 로펌인 테크앤로가 지난해 시뮬레이션을 해보니 세계 100대 스타트업 가운데 13곳은 한국에서 사업을 시작할 수 없었다. 44곳은 조건부로만 가능한 것으로 나타났다. 우버와 그랩 등 차량공유 업체는 여객자동차 운수사업법에 걸린다. 숙박공유 업체 에어비앤비는 공중위생관리법에, 원격의료 업체 위닥터는 의료법의 허들을 넘을 수조차 없다.

— 김정은, 거미줄 규제…세계 100대 스타트업 절반, 한국선 사업 못해, 〈한국경제〉, 2019.06.26

2015년 프랜차이즈업체 BBQ는 치킨 배달에 활용하기 위해 1~2인승 초소형 전기차를 들여왔다. 유럽에서 1만대 넘게 팔린 '트위지'라는 모델이었다. 그런데 정부에서 운행허가를 받지 못해 1년 넘게 주차장에 멀뚱멀뚱 세워둬야 했다. 왜 이런 일이 생겼을까.

당시 규정상 차종 분류가 애매했기 때문이다. 자동차관리법은 자동차를 이륜차, 승용차, 승합차, 화물차, 특수차 등 다섯 가지로 구분했다. 트위지는 승용차로 보기엔 구조가 너무 달랐고, 바퀴가 네 개라 이륜차로 볼 수도 없었다. 공무원들은 허가를 내 주지 않았다. 언뜻 보기에 황당한 특이 케이스 같지만, 규제당국을 오가는 국내 기업들은 비슷한 일을 숱하게 겪는다.

정부가 규제를 운영하는 방식은 크게 두 가지로 나뉜다. 허용하는 것을 나열하고 나머지는 모두 금지하는 '포지티브 규제'와 금지하는 것 이외에는 모두 허용하는 '네거티브 규제'가 그것이다. 당연히 포지티브가 네거티브보다 더 까다롭고 강력한 규제다.

한국의 규제는 대부분 포지티브 방식을 채택하고 있다. 문제는 시대 흐름을 반영해 개정되지 못하고 수십년째 그대로인 법과 규정이 널려있다는 점이다. 산업현장에서는 공유경제, 빅데이터, 헬스케어 등 혁신기술이 쏟아지는데 '허용하는 근거조항이 없다'는 이유로 금지당하는 사례가 적지 않다. 역대 정권마다 포지티브 규제를 네거티브 규제로 바꿔가겠다고 공언했으나 제대로 지키지 못했다.

중국의 경우 신기술을 시장에 자유롭게 출시하도록 놔두고, 부작용이 발견되면 사후 개입한다. 물론 멀쩡한 기업을 하루아침에 문 닫게 만들기도 하는 사회주의국가인 중국을 한국과 직접 비교하긴 어려운 측면도 있다. 하지만 포지티브 규제의 낡은 틀을 어떻게든 바꾸지 않고서는 4차 산업혁명 시대의 숨 가쁜 변화를 쫓아가기 쉽지 않을 것이란 점은 분명해 보인다.

일몰제

법률이나 규제의 효력이 정해진 기한을 지나면 자동적으로 없어지도록 하는 제도.

경제기사 읽기

LG유플러스가 케이블TV 1위 사업자 CJ헬로를 인수하기로 한 데 이어 SK텔레콤이 인터넷TV(IPTV) 자회사 SK브로드밴드와 케이블TV 2위 업체 티브로드를 합병하기로 방향을 확정했다.

이런 가운데 국회가 IPTV, 케이블TV, 위성방송을 아우르는 유료방송업계 간 합종연횡을 막을 수 있는 점유율 합산규제 재도입을 추진해 논란이 일고 있다. 합산규제가 부활하면 국내 업체들은 손발이 묶여 덩치를 키울 수 없다. 한국 시장 공략을 강화하는 글로벌 온라인동영상서비스(OTT) 넷플릭스 등을 방어하기가 어려울 수 있다.

국회 과학기술정보방송통신위원회는 오는 25일 법안심사2소위원회를 열어 유료방송 합산규제 재도입 여부를 결정한다. 유료방송시장에서 특정사업자의 합산 점유율이 3분의 1(33.3%)을 넘지 못하도록 하는 규제다. KT스카이라이프를 보유한 KT 때문에 마련된 법으로 2015년 6월 도입됐다. 작년 6월 일몰됐지만 국회에서 재도입 논의가 진행되고 있다.

— 이승우, 덩치 키워 넷플릭스 대항해야 하는데… 국회는 유료방송 합산규제 재추진, 〈한국경제〉, 2019.02.19

2014년 10월 시행된 단말기유통구조개선법(단통법)은 취지는 좋았으나 많은 소비자에게 불편을 안긴 '실패한 규제'로 평가받고 있다. 단통법의 핵심은 단말기 지원금 상한제였다. 출시 15개월이 지나지 않은 최신 휴대폰에는 통신사가 지원금을 일정 금액 이상 주지 못하도록 제한한 것이다. 업체들이 이 조항을 핑계로 지원금을 줄이면서 소비자 부담이 커졌고, 불법 보조금 영업은 오히려 교묘한 방식으로 기승을 부렸다. 단말기 지원금 상한제는 3년 뒤인 2017년 9월 말, 소리 소문 없이 폐지됐다. 단통법이 시행될 때 이 조항이 '3년 일몰제'로 도입됐기 때문이다.

일몰제란 해가 저무는 일몰(日沒)에서 유래한 것으로, 법률이나 규제의 효력이 일정 기한을 지나면 자동 소멸하는 제도다. 사회경제적인 상황이 변해 타당성이 없어졌는데도 구시대적인 규제가 지속되는 부작용을 방지하기 위해 1997년 도입됐다. 단통법 외에도 다양한 정책에 적용되고 있다.

과거나 지금이나 한 번 만들어진 규제는 좀처럼 없어지지 않는 경향이 있다. 규제가 사라지면 정부나 국회의 힘이 줄어드는 측면이 있기 때문에 공무원과 정치인들은 규제 혁신에 소극적인 태도를 보이곤 한다. 일몰제는 규제 도입 당시부터 존속기한을 설정함으로써 해당 제도의 타당성을 주기적으로 재점검하도록 유도하는 긍정적 효과가 있다.

하지만 일부 제도는 연장에 재연장을 거듭하며 '무늬만 일몰제'가 되는 사례도 적지 않다. 대표적 사례로 신용카드 소득공제 제도를 꼽을 수 있다. 1999년 처음 도입된 이 제도는 연말정산 때 카드 사용금액 일부에 대해 소득공제 혜택을 주는 것이다. 이때만 해도 카드 사용이 지금처럼 활성화되지 않아 세원 양성화에 기여한다는 확실한 명분이 있었다. 하지만 총 아홉 차례에 걸쳐 일몰이 연장돼 아직도 시행되고 있다. 소득공제를 폐지하면 결국 세금 부담이 늘어나는데, 유권자의 반발을 우려한 정부와 국회가 일몰제 시한을 계속 연장했기 때문이다.

299

풍선효과(baloon effect)

어떤 문제를 해결하기 위한 규제가 다른 부작용을 유발하는 현상.

경제기사 읽기

지난해 법정 최고이자율이 인하됐으나 사금융 시장에서는 이보다 높은 금리의 대출이 여전히 이뤄지고 있는 것으로 나타났다.

불법사금융을 이용하는 인원은 전년보다 줄었으나 개인당 대출금액은 되레 늘어났다. 최고금리 인하로 수익성이 떨어진 대부업체들이 문턱을 높이면서 신용도가 낮은 이들이 불법사금융으로 내몰린 결과로 보인다. 법정 최고금리 인하의 풍선효과인 셈이다.

9일 금융감독원이 발표한 '2018년 불법 사금융시장 실태조사 결과'에 따르면 지난해 말 기준으로 불법사금융 이용잔액 규모는 7조1000억원에 이른다. 전년 6조8000억원에 비해 3000억원 증가한 수치다.

불법사금융 이용자 수는 전년(52만명)보다 11만명 감소한 41만명이었다. 전체 성인인구(4100만명)를 감안하면 100명 중 1명이 여전히 불법사금융에 손을 빌리고 있는 것이다.

— 이희진, 높아진 대부업체 문턱…불법사금융 내몰리는 40 · 50 · 60,
〈세계일보〉, 2019.12.09

좋은 취지로 만든 규제가 꼭 좋은 결과로 이어지는 것은 아니다. 주된 원인 중 하나가 '풍선효과'. 정부가 규제하는 행위가 음지로 숨어들어 더 기승을 부리거나, 전혀 다른 곳에서 새로운 문제가 생기는 것을 말한다. 풍선 한쪽을 누르면 다른 쪽이 튀어나오는 모습에서 유래한 단어다.

1970년대 마리화나 밀수입이 늘어 골머리를 앓던 미국 정부는 강력한 단속에 나섰다. 국경이 맞닿은 멕시코를 비롯, 마약수입 의심국으로 지목한 몇몇 나라에 대한 통관절차를 엄격하게 강화했다. 마약당국은 이 조치로 밀수입이 줄어들 것으로 기대했지만 현실은 달랐다. 밀매업자들이 콜롬비아에서 마리화나를 들여오기 시작한 것이다. 미국이 콜롬비아에 대한 단속을 강화하자 이번엔 또 다른 남미 국가에서 마약 반입이 급증했다.

풍선효과의 사례는 국내에서도 숱하게 찾아볼 수 있다. 강남 집값을 잡기 위해 재건축 규제를 강화하면 서울의 나머지 지역 아파트 가격이 뛰어오르는 것이 대표적이다. 부동산 가격을 떨어뜨리려면 공급을 늘리는 게 정석인데 다른 곳에서 답을 찾다 보니 생긴 일이다. 계약직을 2년 이상 고용하지 못하도록 하는 비정규직법이 시행된 이후 정규직이 늘어난 게 아니라 오히려 파견, 용역 같은 간접고용이 늘기도 했다.

풍선효과는 정책의 파급효과에 대한 면밀한 분석 없이 표면적인 현상을 '일단 막고 보자'는 식으로 접근할 때 나타난다. 법과 공권력을 앞세운 인위적인 규제만으로는 결코 시장을 이길 수 없다는 점을 보여준다.

300

규제 샌드박스

혁신적인 제품이나 서비스를 개발하려는 기업에 심사를 거쳐 일정 범위에서 규제를 완화해주는 제도.

13장 혁신과 규제

경제기사 읽기

정부가 규제 혁신에 적극행정 원칙을 적용해 규제 샌드박스 적용사례를 연간 200건 이상으로 확대하기로 했다. 규제 혁신을 두고 이해관계가 대립할 때는 주관 부처별로 갈등조정위원회를 구성해 사회적 대화의 틀에서 대안과 합의점을 모색한다.

정부는 23일 정부세종청사에서 정세균 국무총리 주재로 국정현안점검조정회의를 열고 '규제 샌드박스 시행 1년 평가와 향후 보완대책'을 논의해 이 같은 내용을 담은 규제 샌드박스 발전 방안을 발표했다.

이 방안에 따르면 정부는 '선(先) 적극행정, 후(後) 규제 샌드박스' 원칙을 적용해 기업이 규제 샌드박스 제도를 신청할 경우 해당 부처가 적극행정을 통해 특례 없이 현 제도의 틀에서 즉시 개선이 가능한지를 우선 검토한다. 또 비슷하거나 동일한 사안에 대해 적용하는 신속처리 제도를 보강해 기존 특례 사업과 사업 모델이 동일하면 접수에서 승인까지 걸리는 기간을 1개월 이내로 줄인다.

— 박찬구, "규제샌드박스 연 200건 이상 확대"… 혁신 기업 뿌리내린다, 〈서울신문〉, 2020.01.24

어린 시절 놀이터나 해수욕장에서 모래놀이를 해본 경험이 누구나 한 번쯤 있을 것이다. 이곳에서 아이들은 모래 위에 그림을 그리고 탑을 쌓으며 마음껏 뛰어논다. 문재인정부의 역점 정책 중 하나인 규제 샌드박스는 바로 이 모래밭 놀이에서 유래한 용어다. 일종의 규제 예외 구역인 모래통(sandbox)를 만들어 주고, 기업들이 이런저런 시도를 자유롭게 해 보라는 것이다. 창의적인 연구개발(R&D)을 활성화해 신산업 발전을 앞당기자는 취지에서 고안됐다.

규제 샌드박스는 '실증특례' '임시허가' '신속처리' 등의 절차로 이뤄진다. 실증특례란 제품과 서비스를 검증하는 동안 제한된 구역에서 규제를 없애는 조치이고, 임시허가는 시장 출시를 일시적으로 허용하는 제도다. 신속처리는 기업들이 규제 존재 여부를 정부에 문의할 때 30일 안에 답하지 않으면 규제가 없는 것으로 간주하는 것이다.

정부는 2019년부터 기업들이 낸 규제 샌드박스 신청을 심의해 대거 허용해주기 시작했다. 서울 도심에 수소차 충전소를 설치할 수 있도록 해 주고, 민간 기업을 통한 유전자 검사의 폭을 넓히는가 하면, 카카오톡이나 문자메시지로 각종 행정·공공기관 고지서를 받아보는 등의 서비스가 규제 샌드박스에 힘입어 시장에 선보일 수 있게 됐다.

한국에 앞서 영국, 일본, 싱가포르 등이 규제 샌드박스를 도입해 소기의 성과를 거둔 바 있어 국내 산업계에도 새로운 '돌파구'가 될지 관심을 모으고 있다. 규제 샌드박스를 신청하는 기업이 꾸준히 늘고 있어 적용 대상도 계속 확대될 전망이다.

다만 일시적인 예외 적용은 임시방편에 가까운 만큼 규제체계 전반을 개혁하는 근본적 해법을 모색해야 한다는 지적도 만만치 않다. 규제 샌드박스로 선정된 서비스의 면면을 보면 '이런 것도 지금까지 규제 때문에 못 했다는 말인가'라는 생각이 드는 게 적지 않은 것이 사실이다. 한국의 규제는 사전규제는 강하고 사후규제는 약한 구조다. 미국 등 선진국이 사전규제는 약하게, 사후규제는 깐깐하게 설계하는 것과 정반대다.

부자는 매일 아침
경제기사를 읽는다

초판 1쇄 발행 · 2020년 4월 20일
초판 4쇄 발행 · 2023년 1월 20일

지은이 · 임현우
펴낸이 · 김동하

책임편집 · 양현경
기획편집 · 김원희
온라인마케팅 · 이인애

펴낸곳 · 책들의정원
출판신고 · 2015년 1월 14일 제2016-000120호
주소 · (03955) 서울시 마포구 방울내로9안길 32, 2층(망원동)
문의 · (070) 7853-8600
팩스 · (02) 6020-8601
이메일 · books-garden1@naver.com
포스트 · post.naver.com/books-garden1

ISBN · 979-11-6416-053-2(03320)

· 잘못된 책은 구입처에서 바꾸어 드립니다.
· 책값은 뒤표지에 있습니다.
· 이 도서의 국립중앙도서관 출판예정도서목록(CIP)은 서지정보유통지원시스템 홈페이지(http://seoji.nl.go.kr)와 국가자료공동목록시스템(http://www.nl.go.kr/kolisnet)에서 이용하실 수 있습니다. (CIP2020011141)